雨花年鉴 2023

YUHUA YEARBOOK

长沙市雨花区年鉴编纂委员会　编

方志出版社
Publishing House of Local Records

图书在版编目（CIP）数据

雨花年鉴. 2023 / 长沙市雨花区年鉴编纂委员会编.
北京 : 方志出版社, 2023.12
ISBN 978-7-5144-6161-9

Ⅰ. ①雨… Ⅱ. ①长… Ⅲ. ①区(城市)—长沙—2023—年鉴 Ⅳ. ①Z525.41

中国国家版本馆CIP数据核字(2023)第253252号

责任编辑：齐笑
责任校对：张玉霞
责任印制：梅中英
出 版 者：方志出版社
地　　址：北京市朝阳区潘家园东里9号（国家方志馆4层）
邮　　编：100021
网　　址：http://www.zgfzcb.cn
发　　行：方志出版社图书营销中心（010-67110500）
印　　刷：湖南省美如画彩色印刷有限公司
开　　本：889毫米×1194毫米　1/16
印　　张：32
字　　数：1050千字
版　　次：2023年12月第1版
印　　次：2023年12月第1次印刷
定　　价：160.00元

《雨花年鉴（2023）》编纂委员会

《雨花年鉴（2023）》编辑部

《雨花年鉴（2023）》组稿人员

（按篇目顺序排列）

唐清明	罗宇聪	李　元	尹丹平	张小彤	丁雨晨	曾　鑫	何　明
刘　群	文　江	卢艳霞	骆　慧	龚　鹏	李　灿	李　丹	刘　麟
蔡琳琼	彭　理	陈湘海	刘雅婷	胡　靖	黄文博	张秋莲	袁　姣
孙　琴	曹佳君	刘青帝	肖梦琴	何英姿	周　高	彭玥莹	欧阳莹
龙钰蓉	邝　鋆	李　杨	曾灿红	王　瑞	高秀丽	李　波	周　静
刘　兵	钟　毅	秦　俭	黄　迪	周永平	彭　礼	刘荟琪	陈　璐
张　璐	邓　昶	彭昕昱	龙辉明	王　瑞	王　艳	赵红丽	丁子媛
张　爱	张　晨	杨　烁	陈思光	熊　娟	邓　帆	石文龙	关　迅
罗立志	成雨景	王怡臻	汤　娟	钟　敏	刘子溶	冷冰然	张　丽
邹　蛟	文　卓	粟常云	张珊珊	余　意	陈芬芬	唐心怡	曾彩逸
张　波	符梓薇	颜　丹	丁　翔	侯文艳	隋小阳	罗华杰	刘　莉
周　坤	刘文涛	张帅云	唐品佳	卓强东	谭晖甫	骆训武	王银平
何　静	陈　灿	吴文静	涂立夫	胡云蔚	严　瑾	锯泽莹	朱青梅
彭佳玉	吴　伟	毛俊芳	石梦霞	王诗雨	胡　琼	叶　萍	刘希贤

编　辑　说　明

一、《雨花年鉴》是长沙市雨花区人民政府主办、长沙市雨花区年鉴编纂委员会编纂的年度资料性文献，2013 首次出版，每年出版一卷，本卷为第 11 卷。

二、《雨花年鉴（2023）》（以下简称“本年鉴”）以马克思列宁主义、毛泽东思想、邓小平理论、“三个代表”重要思想、科学发展观、习近平新时代中国特色社会主义思想为指导，坚持辩证唯物主义和历史唯物主义的立场、观点和方法，系统反映长沙市雨花区自然、政治、经济、文化、社会等方面情况。记述时限为 2022 年 1 月 1 日至 12 月 31 日。

三、本年鉴采用分类编辑法，设类目、分目、条目 3 个层次，部分分目下设次分目，条目为记述基本层次。

四、本年鉴中有些地区性、部门性数据，由于统计数据的来源、口径、方式、时间不同等原因，所载数据存在不一致，请读者以统计局提供的统计资料为准。

五、本年鉴时间表述采用公元纪年。各种名称，第一次出现时用全称，名称过繁者，括注简称，再次出现时用简称。文中党、党组织如无特殊说明，均指中国共产党及其各级组织。

六、本年鉴文字按《出版物汉字使用管理规定》有关国家标准使用，标点符号按《标点符号用法》（GB/T 15834—2011) 有关国家标准使用，数字按《出版物上数字用法》（GB/T 15835—2011) 有关国家标准使用，计量单位采用国家技术监督局 1993 年 12 月发布的《量和单位》系列国家标准。

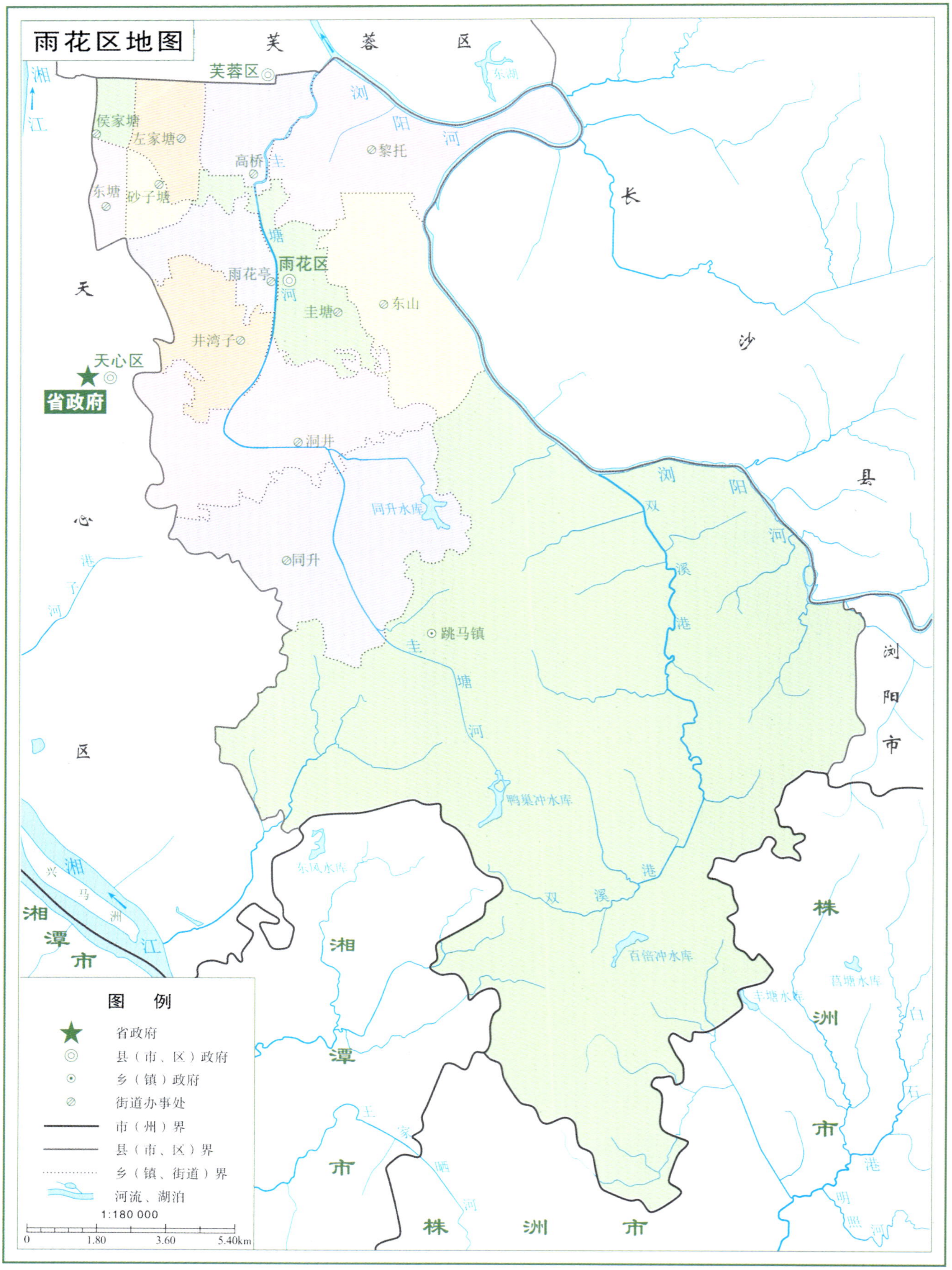

审图号 湘S（2023）265号

湖南省自然资源厅 监制 湖南省第三测绘院 编制 二〇二三年七月

雨花年鉴（2023）

开放雨花

▲ 长沙南站 （曾彩逸 供图）

▲ 圭塘河 （吴 伟 供图）

▲ 悠游小镇 （吴 伟 供图）

▲ 京港澳高速雨花枢纽 （毛俊芳 供图）

▲ 花侯路 （杨 佳 供图）

花侯新市民公园
（曾彩逸　供图）

燕子岭公园
（曾彩逸　供图）

沙湾公园
（张　波　供图）

溪悦荟
（涂立夫 供图）

溪悦荟街区
（涂立夫 供图）

溪悦荟风车
（涂立夫 供图）

▲ 杜花路口　　（杨　佳　供图）

▲ 雨花巷　　（区融媒体中心　供图）

▲ 雨花亭街道非物质文化传播新阵地　　（涂立夫　诶图）

▲ 黎托街道东澜湾社区国际人才会客厅　　（毛俊芳　供图）

▲ 雨花亭街道雨新路社区卫计新村“爷爷奶奶的花园”　　（涂立夫　供图）

◀ 运达中央广场 （吴慕云 摄）

◀ 长沙大道 （毛俊芳 供图）

▲ 比亚迪 DM-i 动力工厂

（张秋莲 供图）

▲ 雅塘片区重点项目“金茂越秀·雨花金茂智慧科学城”

（涂立夫 供图）

长沙·雨花
CHANGSHA·YUHUA
雨花年鉴（2023）

学习贯彻落实中共二十大精神

▲ 2022年10月16日，雨花区领导班子和有关部门负责人集中收看中国共产党第二十次全国代表大会开幕会（区融媒体中心 供图）

▲ 2022 年 6 月 28 日，洞井街道龙庭社区开展“喜迎二十大 奋进新征程”活动　　（石梦霞　供图）

▲ 2022 年 7 月 15 日，长沙市“喜迎二十大　光影耀潇湘”优秀影片展映展播活动雨花专场暨同升街道“红色电影进企业”活动　　（陈　岚　摄）

▲ 2022 年 7 月 28 日，雨花区直机关“奋力强省会 喜迎二十大”理论微宣讲决赛（戴美兰 供图）

▲ 2022 年 9 月 8 日，“喜迎二十大 安全促发展”雨花区职工安全生产知识抢答赛（罗华杰 供图）

▲ 2022年10月16日，雨花区税务局集中收看中国共产党第二十次全国代表大会开幕会（胡瑾 供图）

▲ 2022年10月16日，长沙市公安局雨花分局集中收看中国共产党第二十次全国代表大会开幕会（李波 供图）

2022 年 10 月 27 日，雨花区教育系统传达学习党的二十大精神会议　（文　江　供图）

2022 年 10 月 28 日，洞井街道传达学习党的二十大精神大会　（王　勇　摄）

2022 年 10 月 31 日，雨花区纪委监委传达学习党的二十大精神会议　（周　高　供图）

▲2022 年 11 月 2 日，东塘街道新雨社区党总支传达学习党的二十大精神大会 （彭佳玉　供图）

▲ 2022 年 11 月 2 日，跳马镇喜雨村“学习党的二十大 送法走进百姓家”宣讲活动 （熊　娟　供图）

▲ 2022 年 11 月 5 日，“喜迎二十大 巧手绘环保”2022 年雨花区生态文明宣传活动 （杨松林　供图）

▲ 2022 年 11 月 11 日，雨花区委书记刘素月（主席台左三）到跳马镇宣讲中共二十大精神（区融媒体中心　供图）

▲ 2022 年 11 月 17 日，雨花区委副书记、区长黄军其（主席台左二）到井湾子街道宣讲中共二十大精神
（区融媒体中心　供图）

▲ 2022 年 11 月 18 日，雨花区民族宗教界代表人士学习党的二十大精神 （吴文静　供图）

▲ 2022 年 11 月 18 日，雨花区委常委部门学习贯彻党的二十大精神宣讲会举行 （区融媒体中心　供图）

▲ 2022 年 11 月 23 日，“宣传贯彻党的二十大精神，奋力促进人与自然和谐共生”2022 年雨花区生态文明宣传活动

（隋小阳　供图）

▲ 2022 年 11 月 25 日，左家塘街道传达学习党的二十大精神大会

（严　瑾　供图）

▲ 2022年11月30日，雨花区科级以上领导干部学习贯彻党的二十大精神集中轮训研讨班（区融媒体中心 供图）

▲ 2022年12月14日，雨花经开区学习贯彻党的二十大精神党员示范培训班（张秋莲 供图）

雨花年鉴（2023）

对口帮扶

▲ 雨溆工业园 （张秋莲 供图）

▲ 2022 年 1 月 20 日，雨花区分别与湘西土家族苗族自治州吉首市、泸溪县、凤凰县，怀化市溆浦县签署劳务协作协议

（刘雅婷　供图）

▲ 2022 年 1 月 27 日“雨润花开·情系溆浦”雨花区对口帮扶溆浦县困境儿童“暖冬关爱行动”在高桥物流园发车

（龚　鹏　供图）

2022年2月10日，雨花区“春风行动”援企招工小分队从溆浦县发出第一批次2台“送工入企”直通车 （刘雅婷 供图）

2022年2月12日，溆浦县籍务工人员统一乘坐雨花区“就业援助直通车”抵达长沙比亚迪汽车有限公司（刘雅婷 供图）

2022年2月17日，共青团雨花区委在龙山县石牌镇举办爱心助学公益活动（龙钰蓉 供图）

▲ 2022年5月9日，雨花区溆浦县乡村振兴对口帮扶工作联席会议　（区融媒体中心　供图）

▲ 2022年5月14日，雨花区政府组织召开对口帮扶溆浦县乡村振兴工作调度会　（区融媒体中心　供图）

▲ 2022 年 7 月 9 日，雨花区到溆浦县考察调研乡村振兴对口帮扶工作　　（区融媒体中心　供图）

▲ 2022 年 7 月 22 日，2022 雨花·溆浦市场采购贸易专场活动签约仪式　　（区融媒体中心　供图）

2022 年 7 月 22 日，雨花·溆浦“共建园区”招商引资推介暨项目签约
（张秋莲　供图）

2022 年 8 月 10 日，雨花区到溆浦县职业中等专业学校开展产业人才转移就业对接工作
（刘雅婷　供图）

2022 年 9 月 2 日，龙山县来（雨花）区对接对口帮扶工作座谈会
（胡　靖　供图）

▲ 2022年9月3日，溆浦县职业中等专业学校2022年第一批126名毕业生统一乘车到长沙比亚迪汽车有限公司，开展为期4个月的顶岗实习（刘雅婷 供图）

▲ 2022年9月15日，2022年乡村振兴雨花区对口帮扶溆浦县大型招聘会在溆浦县中心城区举行（刘雅婷 供图）

◀ 2022年9月15日，2022年乡村振兴雨溆对口帮扶“订单式”技能培训（电工）班开班仪式在溆浦县育德职业技能培训中心举行
（刘雅婷 供图）

▲ 2022年9月16日，雨花区驻溆浦县劳务协作工作站在溆浦县人社局揭牌并投入运行 （刘雅婷 供图）

2022 年 9 月 25 日，长沙农村商业银行雨花支行在雨溆工业园“三移交”“两授信”活动上成为首笔授信银行（彭昕昱　供图）

▲ 2022 年 11 月 9 日，雨花经开区规划提升、项目观摩暨雨溆工业园工作调度会　（区融媒体中心　供图）

长沙·雨花
CHANGSHA·YUHUA
雨花年鉴（2023）

经贸发展

▲ 2022 年 1 月 5 日，雨花经开区与长沙农商银行雨花支行签约“潇湘财银贷” （彭昕昱　供图）

▲ 2022 年 2 月 24 日，2022 年"迎老乡、回故乡、创三湘"座谈会暨项目签约仪式　　（刘雅婷　供图）

▲ 2022 年 3 月 8 日，雨花区经济数据智慧 e 平台启动仪式　　（区融媒体中心　供图）

▲ 2022 年 4 月 18 日，雨花区强产业“三帮三促”工作暨纾困暖企行动推进会　（区融媒体中心　供图）

◀ 2022 年 5 月 26 日，长沙市雨花区农业农村局与中南林业科技大学林学院花木产学研合作协议签约仪式举行　（胡　靖　供图）

2022 年 7 月 7 日，中建三局集团有限公司与雨花经开区企业——湖南申亿精密零部件股份有限公司签署战略合作协议 ▶
（张秋莲　供图）

▲ 2022 年 7 月 14 日，老挝湘企调研雨花座谈会 （龚 鹏 供图）

▲ 2022 年 7 月 19 日，大族激光中西南区域总部落户雨花经开区 （张秋莲 供图）

▲ 2022 年 11 月 15 日，首届雨花区旅游发展大会开幕式　（罗　真　供图）

▲ 2022 年 12 月 14 日，雨花区政企恳谈会　（龚　鹏　供图）

雨花年鉴（2023）

城市建设

▲ 2022 年 2 月 7 日，雨花区项目集中开工活动　　（区融媒体中心　供图）

2022 年 9 月，阳青东路交付通车　　（毛俊芳　供图）

2022 年 9 月 6 日，金茂越秀 · 雨花金茂智慧科学城举行交付承诺揭牌仪式　　（涂立夫　供图）

2022年10月28日，雨花区二十三冶棚户区改造项目拆除（张 丽 供图）

2022年10月31日，跳马消防站启动建设（刘荟琪 供图）

2022年12月，长株潭绿心绿道项目一期完成主体建设（肖 鹏 摄）

▲ 保利·大都汇三期B地块项目 （吴 伟 供图）

▲ 改造后的桂花树街 （唐心怡 供图）

▲ 绿化维护作业 （曾彩逸 供图）

▲ 高升路雨水箱涵施工现场（邹 蛟 供图）

▲ 黎托街道自建房整治（毛俊芳 供图）

▲ 全塘路完成油面摊铺（邹 蛟 供图）

▲ 石马雅苑小区（文 卓 供图）

泰禹小学扩建项目
（吴 伟 供图）▶

新花侯路浏阳河跨桥项目内拆迁现场　（毛俊芳　供图）

岳麓山实验室林业科学院片区项目　（吴　伟　供图）

▲ 中天·星耀城　（吴　伟　供图）

▲ 卓越·伊景苑　（吴　伟　供图）

长沙·雨花
CHANGSHA·YUHUA

雨花年鉴（2023）

科教文体

▲ 长塘里思远小学 （李 静 摄）

▲ 2022年5月，雨花区图书馆2022“春暖花开季 正是读书时——春风十里·猜猜你”读图猜书名阅读活动

（刘长梅 供图）

▲ 2022年5月19日，2022年雨花区“超级壹加壹 探探圭塘河”城市定向赛 （张杨 供图）

▲ 2022 年 5 月 19 日“中国旅游日”长沙推广活动——长沙市首届“圭塘河岸”休闲旅游节启动式暨雨花城市定向赛启动（封 蕾 供图）

▲ 2022 年 5 月 27 日，雨花区青少年素质教育大讲堂第一讲（刘长梅 供图）

▲ 2022 年 5 月 31 日，雨花区承办第二届“健康湖南”全民运动会长沙市选拔赛乒乓球比赛　　（张　杨　供图）

▲ 2022 年 6 月 10—15 日，雨花区组队参加 2022 长沙市“公仆杯”篮球赛（张　杨　供图）

▲ 2022 年 6 月 11 日，雨花非遗周末剧场第三场木偶戏专场在雨花非遗馆上演（骆　慧　供图）

2022 年 6 月 14 日，“党建聚合力·奋进新征程”雨花区第四届职工气排球比赛 （朱彦谕 供图）

2022 年 6 月 21 日，雨花区承办第二届“健康湖南”全民运动会长沙市选拔赛拔河比赛

（张 杨 供图）

2022 年 7 月 18 日，2022 年雨花区少儿图书馆“儿童文学周”活动第一讲 （刘长梅 佚图）

2022 年 9 月 18 日，雨花区少儿图书馆举办青少年素质大讲堂第二讲　（刘长梅　供图）

2022 年 9 月 22 日，长沙市雨花区文化创意产业协会第三届第一次会员大会暨换届大会
（骆　慧　供图）

2022 年 9 月 27 日，长沙图书馆金屏流通服务站揭牌暨“青苗计划——阅读，一个都不能少”金屏小学馆校共建启动仪式
（刘长梅　供图）

长沙实验雨花中学
（李　静　摄）

雨花区中雅培粹双语中学
（李　静　摄）

长郡双语雨花中学
（李　静　摄）

▲ 花侯小学 （邹 蛟 摄）

▲ 燕子岭小学 （邹 蛟 摄）

▲ 井圭路小学 （邹 蛟 摄）

砂子塘集美小学
（李 静 摄）

长塘里立心小学 （李 静 摄）

砂子塘嘉汇小学
（李 静 摄）

▲ 枫树山明宸小学（李 静 摄）

▲ 枫树山悦东方小学（李 静 摄）

▲ 砂子塘万境第二小学（李 静 摄）

▲ 璀璨天城幼儿园　（李　静　摄）

▲ 半岛蓝湾第二幼儿园　（李　静　摄）

▲ 大都汇幼儿园　（李　静　摄）

▲ 保利城幼儿园　（李　静　摄）

雨花年鉴（2023）

人民生活

▲ 2022年1月13日，雨花区医保基金社会监督员聘任会议（何 静 摄）

◀ 2022 年 3 月 2 日，雨花区东塘税务所送政策进社区

（胡 瑾 供图）

▲ 2022 年 4 月 12 日，“创响新时代 共圆中国梦”——第五届“中国创翼”创业创新大赛长沙市雨花区选拔赛初赛

（刘雅婷 供图）

2022 年 4 月 14 日，左家塘司法所在辖区桂花社区文化广场开展国家安全教育法治宣传活动 ▶

（高秀丽 供图）

▲ 2022年4月21日，“创响新时代 共圆中国梦”——第五届“中国创翼”创业创新大赛长沙市雨花区选拔赛决赛（刘雅婷 供图）

▲ 2022年4月24日，“浓情拥军 情暖雨花”直播活动（陈 灿 供图）

▲ 2022年4月28日至5月13日，雨花区2022年“小手拉大手 环保齐步走”儿童绘画作品征集活动作品（隋小阳 供图）

2022 年 5 月 20 日，雨花区妇幼所开展免费婚孕检服务宣传活动
（唐品佳　供图）

2022 年 5 月 25 日，湖南省民族宗教事务委员会为湖南高桥大市场股份有限公司授牌“全国民族团结进步示范企业”
（吴文静　供图）

2022 年 5 月 25 日，湖南省民族宗教事务委员会为长沙农村商业银行天翼支行信贷办公室授牌“全省民族团结进步示范岗位”
（吴文静　供图）

2022 年 5 月 25 日，湖南省民族宗教事务委员会为雨花区桂园小学授牌授牌“全省民族团结进步示范学校”并考察调研该校　（吴文静　供图）

▲ 2022年5月31日，以"美好生活·民法典相伴"为主题的普法宣传进社区活动 （张 晨 供图）

▲ 2022年6月1日，雨花区企业招聘团到湘潭市岳塘区华伦步步高商业广场开展招聘活动 （刘雅婷 供图）

▲ 2022年6月15日，雨花区疾控中心在跳马镇双骄幼儿园开展特定健康问题哨点监测工作 （龙花君 供图）

▲ 2022年6月23日，雨花区举办民族宗教领域安全生产培训和消防应急演练活动（吴文静 供图）

▲ 2022年6月24日，“医保微服务”进社区宣传活动在跳马镇举办（何 静 摄）

▲ 2022年6月24日，东山司法所在黎郡小学开展禁毒宣传活动（高秀丽 供图）

▲ 2022 年 9 月 20 日，雨花区跳马镇田心桥村医保一体化服务示范点为民服务现场（郭博文　摄）

▲ 2022 年 8 月 11 日，2022 年长沙市“十行状元，百优工匠”乡村美食制作技能竞赛雨花区选拔赛在石燕湖金茂大酒店举行（胡　靖　供图）

▲ 2022 年 8 月 24 日，长沙银行朝阳支行雨花医保服务驿站挂牌成立（何　静　摄）

▲ 2022 年 8 月 29 日，雨花区食安办牵头对永定美食七街等夜市开展食品安全联合执法行动 （邓 帆 供图）

▲ 2022 年 9 月 2 日，雨花区"守护农民工、喜迎二十大、忠诚保平安"根治欠薪政策宣讲培训会议

（刘雅婷 供图）

▲ 2022 年 9 月 19 日，2022 年长沙市雨花区第一期乡村领雁培训班开班典礼 （刘雅婷 供图）

◀ 2022 年 9 月 30 日，雨花区黎托街道沙湾社区举行揭牌仪式

（毛俊芳 供图）

2022 年 10 月 31 日，雨花区民政局婚姻登记中心搬迁至雨花市民之家新址　　（王银平　供图）

2022 年 11 月，雨花市民之家医保业务综合窗为民服务现场
（刘　哲　摄）

2022 年 11 月 4 日，雨花区在建项目根治欠薪专项培训暨“雨花劳动在线”小程序推广部署培训
（刘雅婷　供图）

目　录

雨花区人民代表大会

雨花区人民政府

中国人民政治协商会议雨花区委员会

中国共产党雨花区纪律检查委员会 雨花区监察委员会

民主党派·工商联

群众团体

法 治

军　事

经济管理

农业农村·林业·水利

工业·软件信息产业

商贸服务业

自贸区·园区

城市建设

城市管理

生态环境

应急管理

教育·科技

文化·旅游·体育

卫生健康

社会生活

街道·镇

附 录

索引

特　载

编辑　唐清明

强产兴城热潮涌动，开放雨花动能澎湃

历史的地平线是由奋进者标注的。当时光的列车停驻在2023年的站台，回首2022年，一条上扬曲线尽展雨花精彩。

春寒料峭，行走在雨花大地上，扑面而来的是蓬勃的建设激情与发展活力。

这是春天的故事，是生长的力量。它来自现代化的车间厂房，藏于塔吊林立的工地现场，绽放在日夜奋战的建设者脸上……

区域发展，项目为王。

2022年，雨花区厚植高质量发展理念，攻坚克难，真抓实干，抓牢抓实项目建设“牛鼻子”，以强产业“三帮三促”为主线，聚焦帮扶重点项目，不断为区域经济注入新的活力。

2022年，雨花区共铺排重点项目245个，项目总投资1553.81亿元，年度计划投资263.36亿元。全区共有3个项目纳入省重点建设项目，2个项目纳入省重大产业项目，6个项目纳入“强省会”战略项目；1个项目纳入市“五个十大”项目，144个项目纳入全市重大项目投资计划，总投资1479.77亿元，年度计划投资260.84亿元。目前省、市重点项目均顺利推进，全年市重大项目累计完成投资333.88亿元，完成率达128%。

“看似寻常最奇崛，成如容易却艰辛。”一连串数字，是雨花区抓高质量项目促高质量发展逆势上扬的写照，也是127万雨花人凝心聚力全力以赴的结果。

“抓项目就是抓发展，谋项目就是谋未来。”雨花区委书记刘素月表示，雨花区一直将推进项目建设作为落实党的二十大精神、实施“强省会”战略、推进区域经济高质量发展的重要抓手。要继续把项目工地当阵地，把项目现场当考场，强化项目谋划，强化超前布局，强化要素保障，强化服务对接，以项目建设加速推进区域高质量发展，奋力建设全国一流现代化强区。

“我们坚持‘项目为王’，把项目作为推进经济高质量发展的生命线，保持‘闯’的精神、‘创’的劲头、‘干’的作风，全力以赴抓项目、优服务、促发展。”雨花区委副书记、区长黄军其表示，将始终把项目建设作为经济发展的原动力、改善民生的硬支撑、优化环境的主推手，奋勇争先、创新实干，为深入实施“强省会”战略、全面建设现代化新长沙贡献雨花力量。

产业在升级、城市在提质、开放在提速、民生在提档……项目驱动的引擎发出强劲的轰鸣声，推动雨花在高质量发展的道路上一路疾驰。

强产业 转型升级为高质量发展积蓄动能

20世纪，硅谷的崛起成为一个神话，也让“谷”成为高、精、尖技术发源地的代名词。

2022年以来，雨花区紧盯制约产业发展的关键领域、引领未来发展的核心技术，深入推进一批技术含量高、带动效应强的创新项目，蓄力打造浏阳河·雨花数谷和中部（长沙）工程技术创新智谷。

一个好项目，就是一个经济增长点；一个好产业，就是一条经济增长极。

数字经济是经济增长的新变量，也是经济转型发展的新蓝海。党的二十大报告指出，加快发展数字经济，促进数字经济和实体经济深度融合，打造具有国际竞争力的数字产业集群。

九曲浏阳河，弧度最大、最美的一道湾就在雨花。它毗邻长沙火车南站，交通便捷、区位优越，加之天然的河湾美景，吸引了不少房地产商伸出橄榄枝。然而，就是这样的一段黄金河岸，雨花区却坚定地将它留给最有前景的数字产业，蓄力打造浏阳河·雨花数谷。

2022年11月3日，上海爱数信息全国总部落户；4日，中国联通中南研究院正式落户；8日，零食很忙数字化总部供应链中心落户……2022年11月伊始，雨花区招商引资捷报频传。落户项目中，既有数字产业的行业翘楚，也有本土成长的网红品牌，而“数智”二字成为这批项目的最大特色。

随着一系列数字经济重大项目落地，如今从数字产业产品到服务解决方案，从软件信息技术到大数据、人工智能，一个上中下游齐头并进、各领域融合发展的多元数字产业方阵，正在雨花汇聚成型。

而在传统老商圈东塘，这个承载老长沙城市记忆的地方，工程技术创新智谷正在崛起，肩负起新雨花的繁荣梦想。

雨花区依托域内设计院所，采取一中心（科创公共服务中心）、一基金（科创产业基金）、一基地（创新创业示范基地）一体化运作模式，汇聚东塘创新创业、成果转化、工程设计等科创要素，打造工程智谷，预计五年内将实现产值过千亿元。

什么是雨花争当“三个高地”排头兵的最强动能，又是什么能让雨花在深入落实“强省会”战略中一往无前？

是项目建设的支撑，是产业创新的澎湃！雨花区始终以大项目、新项目、好项目为支撑，围绕做强做优先进制造业和实体经济，为高质量发展聚集新能量、催生新动能。一手抓新兴产业的智能化培育，一手抓传统产业的智能化改造，雨花区高擎项目建设之手，积极抢占先进制造业制高点。

作为雨花区发展工业经济的主阵地、主战场，2022年，雨花经开区成为全市首个全年技工贸总收入突破千亿的省级园区，提前三年实现第一个“千亿”目标。走进位于雨花经开区的申亿精密高端装备零部件智能制造工厂，一台“万能材料试验机”引人注目，它的最大拉力可达500吨，可用于金属材料的拉伸、压缩、弯曲、剪切等试验。据了解，该项目的车铣复合加工中心、车削中心、萨克玛冷镦机等属于首次研制和应用国内乃至全球首台套重大技术装备，采用“冷镦”关键技术，成功突破紧固件行业“卡脖子”关键核心技术。全部建成投产后将实现年产值15亿元以上，利税过2亿元，成为国内首个集高端精密零部件技术攻关、设计生产和标准检测于一体的智慧化样板工厂。

将小零件做成大产业。该项目产品广泛应用于“大国重器”领域，在铸造全球最大吨位履带起重机、全球首台永磁电机驱动盾构机等“大国重器”过程中提供了精密紧固连接件解决方案。在庆祝中华人民共和国成立70周年阅兵仪式上，申亿精密助力三一集团制造的6台起重机稳稳举起一面长90米宽60米的巨幅国旗，为其提供了全方位紧固件连接一站式服务。

一个个先进制造业项目快马加鞭，推动产业链“微笑曲线”不断延伸，为雨花转型升级注入澎湃活力。

圭塘河畔，工业引擎澎湃轰鸣；溆水两岸，青山绿水逶迤相望。相距300余千米的雨花区和溆浦县，因为一次“联姻”，彼此紧紧联系在了一起。继雨韶工业园、雨华工业园后，雨花区在区域合作领域再攀高峰，雨溆工业园2022年9月精彩亮相。

新探索蓄势腾飞，新征程扬帆起航。2022年，两地启动共建“飞地园区”项目，以产业项目协作，赋能乡村振兴，谋求互利共赢发展。目前，雨溆工业园已交付首批入园企业厂房钥匙、营业执照和优惠政策。预计到2025年，雨溆工业园落户企业将完成投资过50亿元，主导产业产值过100亿元，税收过5亿元。

一年来不停奔跑，一次次比学赶超，2022年2月7日，新春上班首日，雨花区举办一季度重大项目集中开工仪式，以起步就是冲刺、开局就是决战的姿态擂响项目建设的战鼓号角。4月15日，雨花区举行二季度重大项目集中开竣工活动，12个重大项目集中竣工，15个重大项目集中开工。10月30日，雨花区举行四季度重大项目集中开竣工活动，12个重大项目集中竣工，7个重大项目集中开工……围绕项目建设，雨花区委、区政府一以贯之，坚持常态化部署开展区内拉练、观摩和讲评活动。

特别是2022年8月，雨花区启动项目建设“百日竞赛”活动，深入高铁新城、雅塘、红星三大片区召开项目建设拉练及讲评。在车间里、工地上，各项目负责人说项目如数家珍，谈产业信心满满。大家用心听、仔细看，找差距、增信心，实地感受项目火热推进、比拼赶超的浓厚氛围，触摸雨花经济高质量发展的强劲脉搏，在全区上下掀起齐抓共管项目热潮，吹响“产业升级 项目攻坚”的冲锋号。

促开放 联通世界做大国际朋友圈

湘江潮涌，开放以兴。党的二十大报告指出，坚持高水平对外开放，加快构建以国内大循环为主体、国内国际双循环相互促进的新发展格局。

2022年11月3日，又一“国字号”开放平台落地雨花，商务部等决定，在全国增设29个国家进口贸易促进创新示范区，雨花区位列其中，是全省唯一。

锚定“打造内陆地区高端现代服务业中心、中非经贸深度合作先行区”的目标，雨花区扎实推进自贸区雨花区块建设，以产业提质、项目提速，做大国际朋友圈，向世界递出一张开放新“名片”。

自贸区获批以来，雨花区建成1万平方米中非经贸博览会常设展馆，包含中非经贸深度合作先行区展厅、国内国际双循环展厅、37个非洲国家展厅和1个综合展厅，累计引进中非经贸合作促进创新示范园等16个重点项目，总投资额超653亿元。

与展馆同楼栋、拥有12000平方米直播基地的中非电商直播孵化中心，在各社交平台通过直播带货方式，不间断推荐非洲好物。不时有非洲友人现身直播间，带网友“云参观”非洲风土人情和产品生产过程。

万家丽高架与朝晖路交会处，一栋新落成的楼宇巍然矗立，2022年9月刚刚启动试运营，就吸引了京东国际、国磊智联等知名企业抛出合作橄榄枝，皆因其自带的自贸“基因”。

“湖南·高桥国际贸易港”是自贸区雨花区块的首个“飞地楼宇”，入驻企业在自贸试验区“区内注册、区外办公”模式开展“飞地合作”，可依法享受省市区自贸相关产业扶持政策，充分发挥自贸区的辐射带动作用。

该项目将打造为RCEP数字化产业园，利用先进的数字化运营带动新型产业模式，搭建产业综合服务平台，帮助地方和国内外企业高质量对接RCEP经贸新规则，把握市场发展机遇，大力发展自贸区雨花区块贸易新经济。

观滴水可知沧海。一栋飞地楼宇的出现，反映的是自贸雨花放大自身优势，与世界相交相融的又一新尝试。

在高桥大市场内，另一个重大项目也在紧锣密鼓推进。

中非经贸总部基地项目目前已启动拆迁和设计，未来将打造成具有国际影响力的中非经贸技术交流平台，建设集办公、商贸、会议、会展、酒店为一体的中非经贸总部基地。

除高桥板块外，围绕贸易新经济、金融新经济、商务新经济、文化新经济的产业定位，高铁新城板块与高端现代服务业激情相拥，正演绎经济发展方式的华丽转身。

项目驱动，产业发展跑出加速度。自贸区雨花区块自成立以来，10 条进出口产业链初具规模，形成非洲产业品牌 106 个；2021 年完成外贸进出口总额 127.75 亿元，增长 100%，其中对非贸易 7.7 亿元，增长 24 倍；2022 年，自贸区雨花区块完成外贸进出口总额 145 亿元、同比增长 39.42%，其中对非贸易 28 亿元、同比增长 263.64%。

提品质 精雕细琢打造精致精美城区

一座城的生长与蝶变，是时代的映照。

虽是冬日，若你来到圭塘河畔，也必会沉醉于鱼翔浅底、水草繁茂的自然风光。20 年接力治水，从之前的“龙须沟”到如今的最美内河，圭塘河正是雨花区精雕细琢城市品质的一个缩影。

而漫步雨花的大街小巷，市容干净清爽，鲜花绿树点缀，日益精美的品质城区如一幅卷轴徐徐展开。

近年来，雨花区经济总量、人口数量持续增长，与之相对应的是，在项目建设的拉动下，这座城区也在悄然变美，道路在延伸，基础设施建设在完善，不断满足人民群众对美好生活的向往，朝着精品城区的目标加速蝶变。

“走出高铁站就步入大氧吧。”每月搭乘“铁的”从深圳往返长沙两次，深圳容德文化传媒集团董事长钟烨发现，熟悉的火车南站旁长出了一个新公园。

长沙火车南站是一扇城市窗口。2022 年，紧邻的黎托生态公园建成开园，扑面而来的绿意，让许多旅客“第一眼”爱上长沙。该公园占地面积约 10.9 万平方米，打造了城市阳台区、儿童游乐区、下沉花园区、艺术体验区、林荫休闲区、生态体验区六大板块，并设部分地上建筑和地下停车场。该公园的建成，也标志着长沙高铁会展新城片区生态绿轴的最后一块“拼图”完成。

德国人文地理学家拉采尔曾说过：“交通是城市形成的力。”而今的雨花，高铁飞驰，让“诗和远方”触手可及；地铁通达，1 至 8 号线交织成网；航空、高速、磁浮快线、城际轻轨立体串联，不靠海、不沿边，却构建了“六位一体”的立体交通网络，畅达八方，激荡梦想。

“以后村民们不但能住进新房，还能享受城市物业带来的持续收益，保障村集体经济可持续发展。”2022 年 11 月，洞井街道天华股份经济合作社与中铁五局集团有限公司举行天华经济合作社生产安置项目工程建设与项目运营签约仪式，开启片区更新的新模式。

雨花将高铁新城、雅塘、红星三大片区作为“引擎”。2022 年，高铁新城片区铺排重点项目 50 个，雅塘片区铺排重点项目 19 个，红星片区铺排重点项目 13 个。同时，通过加快基础设施和配套设施建设，推动片区一体更新、整体开发。

通过城市更新“理出”的空间与机遇，为项目建设腾出了空间，也助力雨花以更佳的姿态加速奔跑。除了重点片区的品质升级外，雨花区还让蝶变发生在更多的街头巷尾，让幸福触手可及。

支路街巷作为城市“里子”，关乎市容形象与市民居住环境的舒适度。最近，家住雨花区东塘街道省人大社区的居民们发现，家门口的人华路焕然一新，不但新铺设了路面，周边人行道和绿化也改造一新，还新建了毛主席诗词长廊，红色教育“抬头可见”。

2022 年，雨花区紧紧围绕让支路街巷更加整洁靓丽、规范有序、功能完善、安全舒适的目标，落实“百街千巷”综合整治提升任务，整治支路街巷 67 条、“整治 + 提质”支路街巷 45 条、提质支路街巷 25 条，已于 11 月底全部完成。

惠民生 浓墨重彩绘就城市幸福底色

步行 5 分钟，将孩子送到学校，然后到家门口的燕子岭公园散个步，上午去居家养老中心做康复理疗。2022 年，家住井湾子街道井巷社区的居民过上了这样的惬意生活。

当年下半年，新改扩建的砂子塘万境第二小学开学，新增学位 1200 个，孩子们在家门口就能上名校，与此同时，社区里的康和医院也改造升级，新增医养床位 80 个，“一揽子”解决老年人就餐、日托需求。老有所养，幼有所托，井巷的幸福生活再升级。

“怎么形容我们的学校？”“漂亮！”“宽敞！”……2022 年 9 月，随着新学期的到来，新建的枫树山悦东方小学也开门迎新，开学第一课上，孩子们纷纷为优美的校园环境点赞。2022 年秋季，雨花区新增 4 所扩建校和 6 所新建校，新增学位 15750 个；新增配套幼儿园 8 所，新增园位 2880 个。

一滴水折射出太阳的光辉，一个社区映照出百姓的幸福。

2022 年，雨花区统筹推进经济发展和民生保障，在养老、托幼、住房、教育等领域持续增进民生福祉，推出了一系列温暖人心的举措，不断增强群众的获得感、幸福感、安全感。

“别看是保障性住房，但我们的项目无论是品质、外观还是户型，都不比商品房差！”站在新封顶的东升家园楼下，项目负责人阳建渠自豪不已。

东升家园项目位于雨花区东山街道边山村，总建筑面积约 20.8 万平方米，12 栋已全部封顶，未来可提供 1523 户安置房。据了解，目前雨花区共有和景家园、东升家园、中城苑、自然苑4个在建保障性住房项目，预计可交付住房8343套，安置10826人。

在雨花，幸福栖居还有更多元的呈现。“房子不漏水了，护坡修整好了，还规范了停车位，我们小区如今大变样！”站在雨花亭街道雨新路社区的通程物流小区内，77岁的通程物流股份有限公司退休职工卢爹爹高兴地说。老旧小区改造，一头连着民生幸福，一头连着城市品质。2022年，雨花区实施54个老旧小区改造，涉及房屋403栋，改造面积113.7万平方米，惠及15090户居民。

继中部最大的“果盘子”亮相雨花后，中部“超级菜篮子”红星全球农批中心二期于2022年12月中旬试营业。2021年1月，红星全球农批中心一期投入运营，开业以来，市场交易规模和交易商品种类实现同步倍增，果类日均交易量达1万至1.2万吨，汇集国内28个省份及全球21个国家与地区的水果。红星全球农批中心二期是省重点民生工程，建设蔬菜、海鲜水产、肉食、粮油干调等四大功能板块，并配建有智慧型自动化冰温立体冷库，将打造成中部“超级菜篮子”，与项目一期的“果盘子”完成品类协同，实现生鲜品类全覆盖，市民在此可一站式购齐餐桌所需。

“环境好，服务优，办事快，真棒！”拿着新办理的营业执照，市民徐强连连点赞。2022年11月9日，雨花市民之家正式启用，共进驻部门单位35家，覆盖了全区所有对外的政务服务窗口单位，不但实现1164项事项一站式办理，还设有专门的市民书吧、母婴室、儿童游戏区、公共露台休息区，让市民办事之余感受到“家”一般的服务体验，推动服务群众“最后一公里”向“最后一百米”升级。

民生项目为民生，每个项目的背后代表的都是一份民意和期许。一个个民生项目的推进，让幸福栖居成为现实，让雨花成为更多向往的“诗和远方”，就业更有门路，就学更加公平，就医更有保障……雨花浓墨重彩绘就城市幸福底色。

（作者：周　游　郑　旷　来源：2023年1月8日《长沙晚报》）

自贸试验区雨花区块：打造改革开放新高地

2020年9月21日，中国（湖南）自由贸易试验区正式获批，高桥大市场作为中国（湖南）自由贸易试验区长沙片区重要组成部分，是中非经贸深度合作先行区的核心区。两年来，省市区主要领导多次莅临调研，自贸雨花管委会进驻园区引领发展，高桥板块聚焦中非经贸合作促进创新示范园建设、中非经贸博览会常设展馆运营、非洲非资源性产品产业链建设，坚持先行先试、完善平台建设、深化中非经贸合作，取得了显著成效，成为全国自贸试验区中非经贸战略高地。

小板块，大担当

建设自由贸易试验区，是以习近平总书记为核心的党中央在新时代推进改革开放的重要战略举措。湖南自贸试验区119.76平方千米土地，是中国改革开放的“新地标”和“试验田”。中国（湖南）自由贸易试验区长沙片区雨花区块高桥板块是“小板块、大担当”，总面积0.63平方千米，却是全国唯一以市场主体为载体的自贸试验区，通过探索中非经贸合作新路径新机制新模式，着力打造中非经贸合作示范区、国内国际双循环引领区。

自纳入湖南自贸试验区以来，高桥大市场加快自贸试验区建设，中非经贸合作促进创新示范园一期、二期总面积24万平方米先后投入使用，自贸雨花管委会、湖南省中非经贸合作促进研究会相继进驻示范园，高桥板块形成了“政研商”三位一体的运行机制。随着中非经贸博览会常设展馆、非洲非资源性产品集散交易中心、中非直播电商孵化中心等平台的落地，高桥大市场在中非合作上，架起了一座中非经贸大桥，非洲产品源源不断地从非洲进入高桥走向全国，成为企业集聚的热土、资金集聚的洼地、人才汇聚的福地，高桥大市场不断用创新底色刷新发展成色。

引进来，走出去

高桥大市场通过积极引进优秀企业“走进来”，充分利用好国际国内两种资源、两个市场，带领企业“走出去”。目前，示范园引进了贸易企业、供应链企业、全流程服务企业及商协会等中非经贸龙头110多家；入驻企业业绩突出、增长势头良好。在示范园带动下，高桥大市场外贸业绩两年迈上两个台阶，2021年外贸进出口达到127.75亿元，增长100%。2022年1—7月，预计实现进出口贸易额62亿元，同比增长129.67%，其中对非贸易额预计达到14亿元，同比增长9333%。

求创新，挖潜力

高桥大市场聚焦“优化营商环境，激发市场主体活力”，探索贸易便利化、制度创新、服务“一站式”等多个方面取得了重要突破。例如，打造自贸区“一站式”全程代办中心，推行“全程帮代办”新模式，提供“套餐式”服务，推动“一件事情”一次办好；开展市场采购贸易方式出口预包装食品业务，不但免去了备案环节，通关流程上也更便利；推动“小作坊证”制度创新落户高桥，促进咖啡产业形成非洲直采、高桥加工展示销售及咖啡馆孵化的模式。高桥大市场还与郴州、怀化等地政府签订了战略合作协议，在郴州、怀化等地共同探索推动市场采购共享新模式，推动自贸高桥模式对外复制赋能。

高桥大市场加快推进非洲产业链建设，逐步形成了咖啡、腰果、夏威夷果、可可、辣椒、芝麻等产业链，构建非洲直采模式。例如，形成了非洲腰果“产地拍卖直采—纳森加工—商户销售”模A式，首批116吨坦桑腰果在今年4月初加工销售完毕；已累计采购非洲咖啡豆等产品1000多万美元；打造非洲精品咖啡主题咖啡馆品牌“小咖主”，在第二届中非经贸博览会期间亮相。一大批项目加速推进，取得阶段性成效。

聚力量，谋新篇

在中非经贸博览会常设展馆，展示了非洲53个国家和地区的产品和产业，打造了1个综合馆、37个国家馆，1200种非洲产品在这里常年展示销售。高桥大市场通过产业链建设打造非洲产品品牌仓，以常设展馆为载体，推动非洲产品进入中国市场。近两年来，共设计出200多款非洲品牌，其中111款形成产品上市，“火酋长”辣椒酱等产品成为爆款，得到商务部、联合国国际贸易中心好评。

同时，积极推动非洲产品进商超、进直播、进电商、进社区，进驻了步步高、好润佳等五家商超门店，在小咖主设专柜13个，在29家高桥商户设立“非洲好物销售点”，还入驻非洲产品天猫、京东旗舰店、美团等平台，积极开展直播带货活动，并举办了非洲好物网购节、非洲优品网购节等一系列特色活动，深受消费者欢迎。

自贸试验区获批以来，高桥板块累计接待中非经贸企业、协会及组织193批次3000余人，扩大了先行区核心区的影响力。在今年7月的“2022年非洲驻华使节走进中非经贸深度合作先行区活动”中，阿尔及利亚、埃塞俄比亚、安哥拉、加纳、科特迪瓦、肯尼亚、卢旺达、马达加斯加、马拉维、毛里求斯、莫桑比克、南非、尼日利亚、坦桑尼亚、乌干达15个非洲国家的29名驻华使节参观中非经贸博览会常设展馆时，对高桥大市场在中非经贸合作所做的努力，为探索中非企业的巨大合作机遇树立了新典范，给予高度赞赏。

乘着湖南自贸试验区的东风，高桥大市场将充分利用自贸试验区、中非经贸博览会、市场采购贸易方式试点等平台优势，不断发挥平台的引领推动作用，深耕中非经贸合作，推进中非经贸深度合作先行区的建设，为湖南高水平开放和高质量发展贡献高桥力量。

（来源：“飞梦雨花”）

长沙市雨花区打造“绿心之芯”纪实

时间，刻录着区域的脚步。

从党的十八大提出生态文明建设战略到2022年召开的党的二十大明确我国新时代生态文明建设的战略任务，党中央以前所未有的力度，推进生态文明建设这一关系中华民族永续发展的千年大计。

长株潭生态绿心，是湖湘大地的绿色明珠。

从“区域项目协同”到长株潭一体化“十同任务”，省级层面高位协调、市里层面全面协作，区级层面主体推进……一幅青山绿水、江山如画的生态文明建设美好图景，正在三湘大地铺展；一场关乎人民福祉、关于未来永续发展的绿色变革，已经开启征程。

长沙市雨花区地处长株潭绿心核心区域。雨花区深知，守护长株潭绿心，是发展所需，也是应尽之责。

“绿水青山就是金山银山”的理念，在雨花有着生动实践。

传承——站在更大的层面审视自身发展

地处长株潭都市圈桥头堡，雨花区绿心面积达183.84平方千米，占长株潭绿心1/3以上，占长沙市绿心面积约2/3。

该用什么样的视野来看待自身与长株潭生态绿心的关系？这是一种理念的传承与践行。

2011年，习近平总书记在考察湖南时指出，建立生态绿心是保值的、增值的，是长株潭和其他城市群的一个重要区别。2020年，习近平总书记强调“长株潭一体化发展要继续抓下去，抓出更大成效”。

从党的十八大报告中提出“努力建设美丽中国，实现中华民族永续发展”的生态文明目标，到党的十九大将“建设美丽中国”提升到人类命运共同体理念的高度，再到党的二十大报告中强调“中国式现代化是人与自然和谐共生的现代化，必须牢固树立和践行绿水青山就是金山银山的理念，站在人与自然和谐共生的高度谋划发展。”

保护长株潭生态绿心，是落实习近平总书记嘱托、践行习近平总书记生态文明思想、推动长株潭一体化、承载人民美好生活向往的重要实践。

用十年光景，去践行、推动一个观念，这样的成效是显而易见的。

这些年，湖南严格落实《绿心保护条例》《绿心地区总体规划》。绿心实现了“三个转变”，由被动保护向主动生态建设转变，由生态维持向生态提升转变，由活动禁止区向生活共享区转变。

雨花区在省委、省政府，长沙市委、市政府的坚强领导下，把自身的发展融入长株潭发展浪潮，把生态文明建设融入经济社会各个方面。

据介绍，践行“两山”理念、落实绿心保护，既是雨花区责无旁贷的使命担当，更是雨花区刻不容缓的时代命题。雨花区将以更大的决心和勇气，统筹好总规设计与雨花局部、开发与保护、刚性与弹性、投入与产出等关系。

前行——落实绿心保护是善待脚下的土地，也是善待区域的未来

雨花区早已在行动。

从 2018 年起，按照中央环保督察组和省、市关于绿心地区工业企业退出相关工作要求，雨花区成立专班并研究出台《雨花区跳马镇绿心地区工业企业退出奖补办法》，为退出企业的转型发展牵线搭桥。

截至 2019 年底，该区绿心地区 196 家需退出的工业企业，除 41 家通过绿心总规局部修改调出外，其余 155 家已全部关停。

绿色产业导入等工作随之推进。比如，长沙跳马涧建材有限公司关停退出前，主营水泥生产和混凝土制造。退出绿心后，雨花区促成该公司与盛湘华教育管理有限公司合作，建设为盛高级中学。一所现代化高中将在长株潭崛起。

打造“具有世界影响的城市群生态绿心、彰显湖湘特色的长株潭中央客厅，人民美好生活的高品质共享空间”——长株潭绿心中央公园是绿心保护的开篇巨制。

其中，由雨花区承建的花卉园艺博览园是长株潭绿心中央公园 4 个的示范项目之一。未来，在花博园世界馆，八方宾客可参加碳中和高峰论坛；在花博园中国馆，中国生态文明建设体系可得到集中展示，在花博园湖湘馆，可观赏龙头企业及合作社的名优特新花木。

此外，雨花区还承担了 48 个项目建设，包括 15 个大小不一、形态各异的公园，也包括 19 千米的主干绿道和驿站，8 个交通项目和 12 个特色村落和 2 个特色小镇。

2022 年 11 月，长株潭绿心中央公园的起步工程——绿道已启动建设。

“起笔”洞株公路，“笔锋”向南掠过石燕湖景区，“笔墨”向金屏大道以及圭塘河两厢晕染开来，这条绿道慢行系统环山绕水、穿林入园，通过林荫小路、滨水空间、天然氧吧等，串起居民幸福的诗意生活。

2022 年，雨花不仅“拾掇”起满眼碧绿，也收获了发展的空间。

12 月的长沙，寒风凛冽。一支 10 余人的队伍，行走在雨花区跳马镇的农村里。他们手持地图，对照着地图定位。他们走走停停，每到一处询问情况、标注情况。

据介绍，在省里划定长株潭“三区三线”雨花区范围后，区委、区政府主要负责同志高度重视，亲自带队实地勘查，紧密对接项目落地，一周一调度，以只争朝夕的紧迫感加快推进雨花区绿心中央公园重点项目建设。

“三区三线”划定后，雨花区拓展城镇开发边界 10.1171 平方千米，国土空间布局进一步优化。雨花区委常委、常务副区长吴平辉表示：“我们将守护好雨花绿心，亮出雨花‘一心两河两园’最美丽的底色。规划建设‘绿心全域美丽大花园’，打造圭塘河景观带与浏阳河百里生态画廊，更新提升省森林植物园与省林科院公园。推动绿色生态低碳发展，加快推动省花博园、省花木产业示范园、岳麓山实验室（林科院）等重点产业项目建设，打造‘两山’理念的湖南样板。”

人与自然和谐共生的生动图景，正在雨花徐徐展开！

情怀——良好生态环境是最普惠的民生

雨花要许给全市、全省，要许给子孙后代一个什么样的“绿心之芯”？

他们的回答是：必须对全社会负责，不因一己所欲损害整体区域的共同利益；必须对子孙后代负责，不因片面追求高速增长而使长远的发展失去依托。

——民生，民生始终是底色！

雨花绘就着品质生活的新场景。

从 2022 年初起，跳马镇结合“洁净雨花”工作，号召村民整理好庭院空间，房前屋后的菜园、果园整齐划一焕然一新；种下的花卉苗木摇曳生姿、一步一景。一处院落，就是一处小型花园。车在乡村路上穿行，以红花檵木园为主打，彩叶植物园、精品园、盆景园、紫薇园等相得益彰的精品项目满眼缤纷惹人心醉。

以树构景、以景卖树、种景卖景，做到“四季有园、时时闻香、处处是景”！雨花区在增加村民收入的同时，还美

化了居住环境，提升了村容村貌。

雨花打造着乡村振兴的新样板。

在雨花区广袤农村，80% 以上的村民从事花木种植相关行业，这里还有着 155 家园林公司和苗圃、38 家园林绿化施工（设计）公司、70 余家专业合作社，从业人员达到 5 万余人。13 万余亩的种植面积，客商遍布全国各地，这里也是“百里花木走廊，万亩苗木基地”的核心区域。

雨花区借力花木产业，把“绿水青山”“人潮花海”变为当地群众增收的“金山银山”。如今，雨花区观光农业发展高歌猛进，育景园等 11 家以花木为背景的现代农庄，年接待游客达 10 余万人。

农民纷纷转型，干起了园艺、导游、园林工程设计，还有农民评起了职称、当起了新型职业农民。以人才为核心，雨花区苗木产业转型升级加速推进。当前，雨花区加快实施“三大升级战略”，推动“三大转变”。即实施提质增效的结构升级战略，推动花木生产由中高速增长向中高端提升转变；实施开放辐射的市场升级战略，花木市场由分散型经济向总部型经济转变；实施多元融合的产业升级战略，花木产业由单一产业向全产业链转变。

雨花探索着生态价值转换的新途径。

雨花区承接的 3 大代表性产业项目——湖南省花木产业示范园、种业研发中心和新能源汽车研发中心，通过绿色创新、智造引领、服务跃迁，培育绿色转型发展的新业态和新模式，促进产业生态化、生态产业化。

2022 年 5 月，湖南省花木产业示范园在雨花区挂牌成立。目前已启动示范园产业策划和规划编制工作，完成 5 个精品花木种植基地选址。在双溪港基地，835.12 亩的花卉苗木基地还将推动品类结构的更新与升级，并试水生态数据大数据采集。

一个个“生态美，产业兴，百姓富”的故事，诠释着绿心生态保护的担当与作为，汇聚成雨花高质量发展的动人景致。

路虽远，行则将至。保持加强生态文明建设的战略定力，践行“绿水青山就是金山银山”的理念，向着“具有世界影响的城市群生态绿心、彰显湖湘特色的长株潭中央客厅，人民美好生活的高品质共享空间”的总体目标——

雨花，踔厉奋发，毅勇前行。

（作者：欧阳倩 来源：2022 年 12 月 27 日《湖南日报》）

长沙市雨花区奋力建设人与自然和谐共生的美丽家园

长沙东南，远处，山木葱茏，满眼入绿；近旁，高楼林立，河水澄明。在蓝天白云的映衬下，雨花区既澎湃着强劲的经济活力，又呈现出如诗如画的生态之美。

近年来，长沙市雨花区坚决打好打赢污染防治攻坚战，着力提升生态环境质量，防范化解生态环境领域风险，筑牢生态安全屏障，在经济快速发展的同时，全区生态环境质量水平和改善幅度取得飞跃提升，数据显示：雨花区空气优良率由 2016 年度的 76.2% 提高到 2021 年度的 85.2%，提高 9 个百分点；$PM_{2.5}$ 浓度由 2016 年度的 50 微克 / 立方米降低到 2021 年度的 40 微克 / 立方米，下降 20%；氮氧化物排放总量由 2016 年度的 31.59 吨降低到 2021 年度的 18.09 吨，下降 42.7%，老百姓生态环境的幸福感、获得感和安全感都显著增强。

驰而不息护蓝天

“这辆挖掘机抽检三次均值为 0.23，国家限值是 0.5，检测是合格的。”2022 年以来，为全面落实《湖南省深入打好污染防治攻坚战工作方案》，完成实施非道路移动机械第四阶段排放标准、监督性抽测不低于国家平台登记数的 10% 非道路移动机械等任务，雨花区蓝天办会同长沙市生态环境保护综合行政执法局开展“打赢蓝天保卫战之臭氧污染防治”专项执法行动，开展非道路移动机械集中整治，共检查非道路移动机械 142 台，责令整改问题机械 4 台，处罚 2 万元。

这是雨花区持续深入打好污染防治攻坚战的缩影。2022 年以来，雨花区全面落实“六控十严禁”措施，集中力量抓好建筑工地、餐饮油烟、汽车尾气、露天焚烧、涉排企业等重点领域，引入第三方专业团队，运用先进的污染源监控分析设备，提升精准治污能力，推动大气降碳减污协同增效，进一步提升大气污染治理能力。

雨花区在“打好蓝天保卫战”过程中，以“绣花”功夫落实每一项举措。从部署生态环境保护（蓝天保卫战）工作大会、蓝天保卫战绩效考核工作调度会、臭氧污染防治专家调度会等，到针对建筑施工项目、加油站、汽车修理等行业领域进行专题调度，再到完善周例会、月通报、季讲评工作机制，聚焦臭氧污染防治、扬尘污染治理等重点，打出了一套大气污染防治的“组合拳”。

在常态长效严治理方面，雨花区成立蓝天保卫战七大专项整治行动领导小组，各街镇和相关部门“一把手”现场调度研究，深入开展工地扬尘、餐饮油烟、油气、机动车维修行业、工业企业挥发性有机物、高污染排放车辆、非道路移动机械七大专项整治工作，严控各类污染源。区城管、住建、环保、交警、公安、交运等执法部门全面强化执法力度，长期有序开展七大专项整治、部门联合行动、交叉执法等工作。发挥网格化平台作用，对重点区域、重点行业开展“三级执法、两级巡查”。2022年以来全区共办理涉气案件15559起，罚款338.09万元，保持了监管执法的高压态势。

大气污染防治既需全力以赴，更需科学防治。雨花区在辖区建成空气自动监测国控站，在园区和各街道（镇）全面建成空气自动监测小微站，提升环境空气质量精细化监测水平，完成工地扬尘在线监控、规模以上餐饮油烟在线监测、园区大气污染防治在线监控、重点工业企业污染防治设施用电监控等平台建设，同时，雨花区综合利用走航车、无人机等科技手段，对辖区内所有污染源进行摸底，重点调研了雨花区东南方向大型物流园、园区企业，根据餐饮、汽修、加油站、工地等类别，建立“一单一库”（污染源清单和污染源图库），形成挂图作战和工作清单化的工作机制。开展全区VOCs走航监测溯源和道路积尘负荷走航监测，分析VOCs排放特征以及全区的道路积尘情况，推进黑烟自动抓拍系统的试点工作。

积力之所举，则无不胜也；众智之所为，则无不成也。雨花区大气污染防治工作环环相扣，招招相连，拳拳相接，既各成路径，取“单打”之功，又浑然一体，收“组合”之效。

圭塘河畔踏歌声

漫步在圭塘河风光带，只见水清岸绿、草木葱茏，三五成群的孩子们嬉戏欢娱，乐享美好时光，曾搬离圭塘河畔如今又迁回的老街坊笑意盈盈……

问渠那得清如许？

圭塘河位于长沙市雨花区境内，长度仅28千米。上世纪90年代开始，岸边小化工厂、小作坊、高楼大厦建起来，沟沟汊汊被填平，加上圭塘河水流量不足、自净能力差，导致水质愈渐黑臭、河湖生态不断退化。

河流污染根源复杂，治理也非一蹴而就。从1999年开始，长沙市、雨花区两级政府先后投入80余亿元，推进圭塘河全流域综合治理，编制圭塘河流域总体规划，引进德国汉诺威水协“海绵城市”理念，生态引水工程实现通水，完成圭塘河全线排口截污改造和截污管道疏浚清理，完成圭塘河生态景观带二期、井塘段城市“双修”与海绵城市建设示范公园建设，水系环境持续改善。

经过治理，圭塘河彻底变了样：圭塘河2017年全面消除黑臭水体；2018年顺利通过生态环境部、住建部黑臭水体治理专项督查，治理经验在全国推介；2019年圭塘河全域年均水质稳定保持地表水Ⅳ类，2020年以来，圭塘河年均水质达到Ⅲ类标准，创有监测记录以来最好水平，获评2021年度全省“美丽河湖优秀案例”，圭塘河蝶变成生态河。

晨操、晨跑、晨读……圭塘河畔，美起来，靓起来，热起来；投资、创业、开发……圭塘河畔活起来了，火起来，红起来。

如今，圭塘河串联起生态、人文、艺术、运动、商业多个业态，一条臭水河变成一条生态河、经济河、幸福河，奏响了绿水青山就是金山银山交响曲。

圭塘河成功治理有何经验和特色？为有源头活水来。

在圭塘河治理中，雨花区坚持四个转变：一是由单纯的建设向建设与治理并重转变。改变过去侧重通过景观绿化建设带动河道两岸开发的思路，将流域整体水质改善、水岸联动治理作为主要目标，合理规划蓄洪、分洪、滞洪措施，科学实施雨洪管理和调度，分期改造渠化河道与建成区合流制管网系统。二是由分段治理向全流域治理转变。立足全流域总体规划，委托德国汉诺威水协、长沙市规划勘测设计研究院联合编制《圭塘河流域综合治理规划纲要及专项方案》，整体规划、分步实施。三是由“九龙治水”向“一龙统筹”转变。充分整合环保、水利、农业、园林、城管、市政、城乡建设、城投、属地街镇九大力量，专门成立工作指挥部，实现流域治理统一调度。成立圭塘河流域开发建设有限公司，通过市场化运作方式加快圭塘河综合整治。四是由为治水而治水向践行绿色发展理念转变。跳出片面通过硬性指标检验治水效果的思维模式，学习镇江、常德等地海绵城市建设经验，引入海绵城市建设理念对圭塘河流域进行整体规划建设，着力提升治理品质。

快马加鞭未下鞍

蓝天碧水像一面镜子，映照出雨花区治理污染的不懈努力。

求木之长者，必固其根本。雨花区深化制度建设，完善生态环境制度体系，健全雨花区生态环境保护工作责任规定、重污染天气应急预案、环境保护问题问责办法（试行）、生态环境保护“天天在线”工作制度、“清廉环保、美丽雨花”建设等制度10余项，在强化环保铁军建设、完善监管机制、明晰部门责任、强化科学考评、日常化解突出环境问题等方面发挥了积极作用。

保护生态环境离不开强有力的监管。雨花区筑牢生态环境安全底线，严格执行环境影响评价和排污许可制度，2016年以来共审批环境影响报告书项目3个、环境影响报告表项目236个，严格建设项目生态环境准入，从源头上切实防范生态环境风险。提升监管的精细化水平，全面推行排污许可“一证式”管理，实现全区112家固定污染源企业排污许可管理全覆盖，构建企业持证排污、政府依法监管、社会共同监督的新格局。

持续铁腕治污，精心呵护环境，雨花区健全突出环境问题办理跟踪、部门间信息共享、问题移交、处理督办等常态化管理机制，构建突出环境问题常态处置工作体系，2017年以来，五轮次中央、省级生态环境保护督察及“回头看”交办的640余件群众信访问题全面完成办结清零，办结率100%。近年来持续加大环境违法犯罪行为打击力度，共下达责令整改决定书257份，查封扣押42家，立案处罚257家，罚款共计1114万元；移送环境违法行政拘留案件15起，移送环境犯罪刑事案件9起，坚决整治群众身边环境问题，全力维护群众环境权益。

从铁腕治污向促进经济社会发展与环境保护相协调转变。近年来，雨花区聚焦国家重大战略打造绿色发展高地，坚决遏制高耗能高排放项目盲目发展，推动能源清洁低碳转型，推进清洁生产和能源资源节约高效利用，在全市率先启动、完成碳达峰路径研究及行动方案编制，加快推动形成绿色低碳生活方式。

越过一山又一山，快马加鞭未下鞍。雨花区将认真学习贯彻党的二十大精神，站在人与自然和谐共生的高度谋划发展，积极稳妥推进碳达峰碳中和，统筹产业结构调整、污染治理、生态保护、应对气候变化，协同推进降碳、减污、扩绿、增长，推进生态优先、节约集约、绿色低碳发展，为全面落实“三高四新”战略定位和使命任务、大力实施“强省会”战略、建设美丽新长沙贡献雨花生态环境力量。

（作者：陈　新　杨松林　来源：2022年11月11日《湖南日报》）

大事记

编辑　　唐清明

1月

1 日　长沙步步高星城天地开业。

5 日　雨花区重点工程建设领导小组会议召开。

6 日　雨花区党建工作领导小组会议召开。会议强调要扎实开展“党建聚合力”工程、党建“六大行动”，以一流的党建引领一流强区建设。

11 日　湖南省委常委、长沙市委书记吴桂英一行参观长沙比亚迪工厂。

12 日　雨花区党史学习教育总结会议召开。会议强调要不断巩固拓展党史学习教育成果，奋力开创全国一流现代化强区建设新局面。

14 日　雨花区践行“四个争当”落实“三升三降” 迈向全国十强智库活动媒体座谈会召开。

15 日　2022 年区委经济工作会议召开，下发《雨花区强产业“三帮三促”实施方案》。

同日　长株潭绿心中央公园花卉园艺博览园选址落户雨花区。

17 日　雨花区安全生产工作会议召开。

18 日　中南大学湘雅二医院 & 可孚医疗科技股份有限公司联合科技创新中心在雨花经开区揭牌成立。

20 日　雨花区入选全省真抓实干养老服务体系建设成效明显区。

21 日　雨花区两型社会建设服务中心更名为雨花区长株潭一体化发展事务中心。

24 日　区委常委班子党史学习教育专题民主生活会召开。

26 日　“尚善高桥 · 德润雨花”主题活动暨高桥好人联盟成立仪式举行。

27 日　“雨润花开 · 情系溆浦”长沙市雨花区对口帮扶溆浦县困境儿童“暖冬关爱行动”启动。

2月

7 日　雨花区 2022 年开局工作动员大会召开。

同日　雨花区 21 个重大项目集中开工，项目总投资 124.8 亿元，涵盖智能制造、文化教育、市政基础、社会民生、商务商业等多个领域。

同日　雨花区雅塘片区“两纵三横”交通路网的车站南路通车。

9 日　雨花区“三大片区”（高铁片区、红星片区、雅塘片区）工作会议召开。

10 日　中铁第四勘察设计院湖南省分院入驻中部（长沙）工程设计创新智谷揭牌仪式在雨花区举行。

同日　雨花区生态区项目建设工作会议召开。

同日　雨花区教育局增设校外教育培训监管科，民办幼教科（行政审批和政务服务科）不再承担校外教育培训监管相关职责。

11 日　雨花区自贸区工作会议召开。

同日　雨花区召开 2021 年度镇、街道和区直行业系统党（工）委书记抓基层党建工作述职评议会。

12 日　申通长沙智慧物流产业园项目和北京超粮控股（集团）有限公司的南方总部 2 个项目落户雨花区，项目总金额 20 亿元。

15 日　2022 长株潭雨花非遗集市在湖南雨花非遗馆开市。

16 日　区委书记、雨花经开区党工委第一书记刘素月带队深入雨花经开区项目一线调研，推动重点项目建设。

同日　“助力强省会 作家雨花行”中国著名作家雨花采风活动举行。

17 日　团区委赴龙山县石牌镇中心小学开展“携手龙山 ‘雨’你一起向未来”爱心助学活动。

同日　同升街道佳新社区卫生服务中心完成验收。

19—21 日　雨花区县级领导及科级主要负责同志学习贯彻党的十九届六中全会精神专题读书班在湖南省委党校举办。

21 日　2022 年第一期雨花大学堂开讲。湖南省委党校经济学教授、湖南县域经济研究会副理事长戴军作辅导报告。

22 日　湖南省知识产权（雨花经开）综合服务分中心授牌。

24 日　中共雨花区第六届纪律检查委员会第二次全体会议召开。

25 日　龙吉湾小区水改工程启动。

27 日　雨花大道高架全线通车。

3月

1 日　雨花区与长沙广电召开座谈会，深化双方在文化产业、文旅融合发展、文旅宣传策划等方面合作，推动雨花文化事业繁荣发展。

同日　长沙市 2022 年“爱心捐赠零花钱 · 关爱困难小伙伴”暨雨花区学雷锋主题活动启动仪式在雨花区枫树山中航城小学举行。

2 日　雨花区第六届人民代表大会第二次会议召开。

3 日　《人民日报》生态头版报道《推进全流域综合治理，湖南省长沙市雨花区——又见清水流圭塘（美丽中国）》。

4 日　《雨花年鉴（2023）》培训会召开，《雨花年鉴（2023）》编纂工作启动。

7 日　雨花区启动 2021 年度区本级预算执行审计工作。

8 日　长沙市儿童福利院正式投入使用。

同日　雨花区召开“三八”国际妇女节座谈会。

同日　盘小宝亲子乐园在雨花区侯家塘街道金色家族开业。

同日　雨花区启动银沃非法集资案件受损户登记工作。

9 日　雨花区召开党建工作会议，对党办、组织、宣传思想、统战、政法和机关党建工作进行系统部署。

10 日　雨花区河长制和防涝防汛工作会议召开。

19 日　“我为绿心种棵树”活动启动。

4月

1 日　雨花区“经济数据智慧 e 平台”正式上线。

12 日　雨花区发布《雨花区“三帮三促”纾困暖企行动方案》。

同日　红星商业地块轻资产（招商运营）合作开发推介会举行。

同日　湖南省林业局副局长李蔚在跳马镇调研花木精品示范基地选址工作。

14日　雨花区水旱灾害防御应急演练活动在合丰垸举行。

15日　国际会展雨花片区重大项目集中开竣工，5个重点项目，总投资30亿余元；黎托生态公园建成开园。

同日　国际会展雨花片区招商推介会举行。

同日　雨花区石碑大港片区时代阳光大道雨水箱涵工程完工。

18日　雨花区强产业“三帮三促”工作暨纾困暖企行动推进会召开。

20日　雨花区第十七届“4·20”廉政文化节开幕式暨廉政教育主题党日观摩活动举行。

21日　“创响新时代 共圆中国梦”——第五届“中国创翼”创业创新大赛长沙市雨花区选拔赛决赛在东塘街道举行。

22日　“粉上一朵小雨花”——长沙市首届“花粉节”春日赏花会在溪悦荟开幕。

23日　雨花区奋力实施“强省会”战略推进大会召开，发布《雨花区贯彻落实强省会战略行动方案（2022—2026年）》。

24日　雨花经开区召开奋力实施“强省会”战略推进大会，发布《雨花经开区贯彻落实强省会战略行动方案（2022—2026年）》。

26日　雨花区生态环境保护委员会2022年第一次全体（扩大）会议召开。

同日　2022年“尊重保护创新、全面开启知识产权强区建设新征程”知识产权宣传日活动举行。

27日　雨花区委农村工作暨“党建聚合力”工程联村共建促乡村振兴行动现场会在跳马镇召开。

28日　第四届双品网购节暨非洲好物网购节湖南专场启动仪式在中国（湖南）自由贸易试验区长沙片区雨花区块举行。

同日　雨花区委审计委员会第六次全体会议召开。

同日　雨花区经济工作专题业务培训会议召开。

同日　雨花区2022年“小手拉大手 环保齐步走”儿童绘画作品征集活动启动。

5月

1日　国务委员王勇到雨花区督导建筑安全工作。

5日　雨花区青年干部座谈会召开。

同日　《人民日报》报道《抓好党建促民生（现场评论）》，报道雨花区以“党建聚合力”工程为引领，推行小区党组织主导，业主委员会、业主监事会和物业服务企业共同参与的治理方式。

6日　2022年雨花区文明委全体（扩大）会议召开。

7日　雨花区退役军人、其他优抚对象优待证首发仪式举行。

同日　湖南省林业局副局长李蔚到雨花区跳马镇办理省人大代表《关于支持绿心地区高质量发展的建议》。

9日　雨花区溆浦县乡村振兴对口帮扶工作联席会议召开。

11日　区委编委发文，黎郡小学更名为砂子塘黎郡小学，树木岭小学更名为雨花实验第四小学；设立长郡双语雨花中学、砂子塘集美小学、砂子塘嘉汇小学、枫树山明宸小学、枫树山悦东方小学，均为雨花区教育局所属公益一类全额拨款事业单位。

13日　雨花区“5·12”全国第14个防灾减灾宣传日活动在雨花市民广场举行。

14日　雨花区政府组织召开对口帮扶溆浦县乡村振兴工作调度会。

18日　雨花区雨花实验第四小学（原树木岭小学）揭牌仪式举行。

19日　长沙市首届“圭塘河岸”休闲旅游节启动式暨雨花城市定向赛活动举行。

24日　湖南省委副书记、省长毛伟明主持召开对口帮扶溆浦县乡村振兴工作专题会议，雨花区委书记刘素月，区委副书记、区长黄军其作乡村振兴有效衔接和对口帮扶工作专题汇报。

26日　长株潭首个“飞地园区”——长沙雨花经开区（韶山）智能制造产业园正式投入运营，首批入驻的2家企业投产。

同日　湖南省重点民生工程——湖南（红星）农产品流通产业园项目推介会暨红星全球农批中心二期品牌发布会举行。

同日　雨花区与中南林业科技大学在跳马镇育景园举行中南林业科技大学花木产学研合作示范基地签约授牌仪式，并举办2022年雨花区花木产业人才培训。

26—27日　全区统战干部履职能力提升培训班暨统一战线“同心学堂”第一期举行。

27日　区委编办发文，组建长沙市雨花区应急管理综合行政执法大队。

同日　雨花区2022年开展送农业科技下乡活动。

31日　湖南省委书记、省人大常委会主任张庆伟走访慰问雨花区长塘里阳光小学师生。

同日　冯家冲农贸市场综合整治行动结束。

6月

1日　2022年“奔跑吧·少年”儿童青少年主题健身活动全国分会场（湖南）活动，在长沙同升湖实验学校启动。

同日　2022年“文化和自然遗产日”湖南省非物质文化遗产宣传展示主场活动暨第三届湖南非遗购物节在湖南雨花非遗馆启动。

同日　雨花区应急管理综合行政执法局揭牌。

2日　“长株潭”区域联合教研之“技术赋能学科，探寻深度融合”数学教师研训活动在长沙市一中雨花区新华都学校启动。

10日　雨花经开区中小企业金融普惠论坛暨长沙总部基地银企对接会举办，6家优质金融机构与园区近50家企业进行面对面互动交流。

同日　雨花区侨联青年委员会成立大会暨“强省会 创十强 雨花侨青勇担当”座谈会召开。

同日　雨花区巩固拓展脱贫攻坚成果同乡村振兴有效衔接工作培训举行。

11 日　中央电视台新闻频道《新闻直播间》刊播报道《国潮非遗·我是非遗“守”艺人 何氏父子：张灯作戏调翻新》推介雨花区非遗技艺。

14—17 日　雨花区第四届职工气排球比赛在东山全民健身中心举行。

15 日　区委统一战线工作领导小组 2022 年第一次全体会议召开。

同日　雨花区政府第 11 次常务会议专题研究通过《雨花区“送政策、解难题、优服务”联企纾困专项行动方案》。

16 日　雨花区 2022 年“遵守安全生产法，当好第一责任人”主题安全宣传咨询日活动举行。

同日　雨花区离退休干部党组织“喜迎二十大·奋进新征程——一支部一故事”主题讲演决赛。

17 日　位于雨花区井湾子街道三湘社区的 D 级危房鸳鸯楼被拆除。

22 日　民盟长沙市委会“矢志不渝跟党走、携手奋进新时代”政治交接主题教育活动暨创建“同心社区”启动式在雨花区砂子塘街道金科园社区举行。

23 日　砂子塘黎郡小学更名揭牌仪式举行。

24 日　雨花区首批市级知识产权保护驻企业工作站挂牌。

同日　全区经济工作“双过半”暨绩效考核、真抓实干工作推进会召开。

同日　长沙市“礼让斑马线 文明风景线”主题活动暨雨花区“平安出行、文明礼让”文明交通提质行动启动。

25—26 日　中央办公厅督查组到雨花区进行基层治理体系和治理能力现代化建设专项督查。

28 日　中国（湖南）自由贸易试验区长沙片区雨花区块“红领商港”党建联盟成立暨直播电商“红色 e 站”启动仪式举行。

29 日　湖南省委常委、长沙市委书记吴桂英到雨花区调研基层党建工作并下沉接访。

同日　雨花区互联网行业党委成立大会暨第一次全体（扩大）会议。

30 日　中部（长沙）工程技术创新智谷启航仪式在雨花区东塘街道中设广场举行。

同日　旭辉国际楼宇商圈站揭牌。

同日　位于雨花区洞井街道金海路与桃花塅路交会处的嘉业物流园项目违建建筑拆除，拆违面积 2 万余平方米。

7月

5 日　2022 年湖南省新就业形态劳动者集中入会行动（长沙分场）在雨花区举行。

6 日　雨花区工商联（总商会）六届二次会员大会暨 2021 年度总结表彰大会召开。

9 日　长株潭雨花非遗集市试运营。

11 日　雨花区第十七届“4·20”廉政文化节闭幕式暨“清廉雨花‘视’放精彩”短视频展播活动举行。

12 日　湖南雨花非遗馆被长沙市关工委授予“长沙市关心下一代实践体验基地”。

同日　区委网络安全和信息化委员会第四次会议召开。

同日　老挝湘企调研雨花座谈会召开。

14 日　第五届雨花区产业创新创业大赛（创客中国·雨花分赛）决赛在中部（长沙）工程技术创新智谷举行。

同日　雨花区洞井街道商会成立。

13—31 日　雨花区汽车消费节活动举行。

17 日　区委编委发文，设立白沙中学和砂子塘天华小学。

19 日　湘藏经贸中心启动试运营。

20 日　东塘街道省人大社区人大代表联络站揭牌运行。

20—22 日　雨花区开展“两新”党组织书记集中培训。

21 日　雨花区文明创建工作讲评暨培训会召开。

22 日　雨花·溆浦“共建园区”招商引资推介暨项目签约活动举行，首批入驻“雨溆工业园”的企业签署 7 个项目合约，总投资 24.3 亿元。

同日　雨花区 2022 年物业管理法律法规知识培训大会召开。

26 日　潇湘科技要素大市场长沙分市场授牌及签约仪式在中机国际工程设计研究院有限责任公司举行。

28 日　2022 年非洲驻华使节走进中非经贸深度合作先行区活动举行。

同日　雨花区红星农批中心政务服务驿站投入使用。

是月　经笔试、面试、综合考察，竞职演讲等选拔程序，面向全区竞争性选拔 7 名优秀副科级年轻干部。

8月

1 日　雨花区雅塘片区正圆小区地块（一期）阳光意愿征收项目实现签约率 100%，长沙市首个阳光意愿征收项目成功生成。

2 日　湖南省委副书记、省长毛伟明到溆浦县考察调研雨花区·溆浦县对口帮扶工作。

同日　砂子塘天华小学揭牌仪式暨 2022 年秋季开学典礼举行。

6 日　“长青缘”实践育人行动启动暨第二届“爱恋长株潭”青年人才联谊交友活动在溪悦荟举行。

14 日　自贸长沙片区雨花区块助力溆浦县产品出口非洲首单成功。

23 日　雨花区委国家安全委员会全体会议召开。

同日　雨花区委全面依法治区委员会第五次会议召开。

24 日　长沙银行朝阳支行雨花医保服务驿站挂牌成立。

26 日　雨花区检察院召开该院首例企业合规案件公开听证会。

30 日　雨花区雅塘新城片区自然苑农民安置房一号栋封顶暨整体招商签约仪式举行。

31 日　雨花区项目建设百日竞赛活动启动会议召开。

9月

3 日　雨花非遗民俗艺术特色街区入选 2022 年“全国非遗与旅游融合发展优选项目名录”。

6 日　首期“雨花梦想家”青年人才培训班开班。

同日　雨花区教育局与湘潭经开

区管委会合作办学的湘潭九华砂子塘潭州小学揭牌。

7 日　雨花区庆祝第 38 个教师节暨师德师风主题教育活动月启动仪式在雅境中学举行。

8 日　“喜迎二十大 安全促发展”雨花区职工安全生产知识竞赛举行。

19 日　雨花区获评全国第一批“央馆人工智能课程”规模化应用试点区，长塘里小学、砂子塘小学等 8 所区属学校被评为规模化应用试点校。

同日　雨花区首期“乡村领雁”创业培训班开班。

20 日　自贸区长沙片区雨花区块与广西自贸区钦州港片区签订战略合作协议。

同日　“建功强雨花 喜迎二十大”书画作品展在湖南徐悲鸿艺术馆举办。

21 日　2022 长株潭三地联动·教学评深度探索·智慧课堂“领航教师”培训在雅境中学召开。

25 日　雨溆工业园投入运营。

27 日　清泉寺排危改造修缮工程开工奠基仪式举行。

28 日　雨花区残联第六次代表大会开幕。

29 日　可孚医疗听力全国总部落户雨花区。

同日　雨花区开始开展全体干部“守一线、保平安、促发展”专项行动，聚焦聚力抓好安全生产、信访安保维稳、疫情防控、绩效考核四项中心工作。

30 日　黎托街道沙湾社区举行揭牌仪式。

10月

14 日　雨花区“智慧矫正”中心建设顺利通过湖南省司法厅验收。

16 日　雨花区四大家领导班子集中收听收看中国共产党第二十次全国代表大会开幕会。

19 日　2023 年度雨花区本级部门预算编制工作会议召开。

26 日　雨花区召开传达学习党的二十大精神大会。

28 日　第二十三届中国中部（湖南）农业博览会在长沙国际会展中心开幕。

同日　长沙市委副书记、市长郑建新到雨花区长塘里阳光小学调研民生实事工作。

11月

3 日　雨花区获批国家进口贸易促进创新示范区。

同日　上海爱数信息全国总部落户雨花区。

同日　跳马镇入选第二批长沙市生态文明建设示范镇（乡）。

4 日　中国联通中南研究院落户雨花区。

同日　“雨花劳动在线”根治欠薪小程序推广会召开。

同日　长沙市河长办对雨花区圭塘河香樟路至长沙大道段美丽幸福河创建工作进行验收，验收通过。

6 日　湖南红星农副产品大市场、高桥大市场入选 2022 年全国“诚信兴商典型案例”。

8 日　中非技术性贸易措施研究评议基地落地自贸区长沙片区雨花区块。

同日　湖南省委常委、长沙市委书记吴桂英到雨花区井湾子街道井巷社区宣讲中共二十大精神。

9 日　雨花市民之家正式启用。

同日　长株潭绿心中央公园绿道跳马片区一期开工建设。

同日　天华经济合作社生产安置项目工程建设与项目运营签约仪式举行。

15 日　首届雨花区旅游发展大会暨长沙市“浏阳河百里画廊”系列活动之雨花区乡村文旅节开幕式在跳马镇举行。

同日　雨花区参加全国首批智慧商圈、智慧商店线上评审汇报会（湖南分会场），红星商圈申报“智慧商圈”，德思勤城市广场和步步高星城天地申报“智慧商店”。

同日　长沙市“喜迎二十大 光影耀潇湘”优秀影片展映展播活动雨花专场暨同升街道“红色电影进企业”新时代文明实践活动举行。

16 日　区委编委发文，设立长沙市雨花区房屋安全管理事务中心、雨花区考古研究和文物保护中心（加挂区全民健身服务中心牌子）；雨花区林业站（长沙石燕湖森林公园管理办公室）更名为雨花区林长制事务中心（加挂雨花区林业站、长沙石燕湖森林公园管理办公室牌子）。

同日　雨花区砂子塘万境教育集团成立暨揭牌仪式在砂子塘万境水岸小学举行。

17 日　“艺赞新时代 逐梦新征程”——雨花区学习宣传贯彻党的二十大精神文艺作品征集活动启动。

同日　区委编委发文，设立砂子塘吉联第二小学、砂子塘吉联第三小学，均为雨花区教育局所属公益一类全额拨款事业单位；白沙中学更名为中雅培粹双语中学，井湾子中学更名为长沙实验雨花中学，石燕湖中学更名为周南石燕湖中学，韶山南路学校更名为长郡雨花外国语第三附属小学。

18 日　雨花区举行区委常委部门学习贯彻党的二十大精神宣讲会。

同日　中建优街（嘉和城）开业。

21 日　国家林草局中南林业调查规划院、湖南省建筑设计院有限责任公司、省自然保护地协会、省林业局、长沙市林业局联合开展石燕湖省级森林公园质量管理评估省级评估。

22 日　中非易货贸易联盟发起仪式在自贸区长沙片区雨花区块举行。

23 日　2022 年雨花区生态文明宣传主题活动在湖南省植物园举行。

25 日　“学习二十大 奋进新征程”雨花区两新党组织书记学习贯彻党的二十大精神培训班举办。

28 日　红星实业集团关心下一代工作委员会成立授牌大会举行。

29 日　雨花区科级以上领导干部学习贯彻党的二十大精神集中轮训第一期研讨班开班，研讨班为期 3 天。

30 日　北京碧水源净水科技有限公司和雨花经开区管委会签署协议，计划在雨花区建设碧水源南方总部基地，项目投资 2 亿元，分两期实施。

12月

6 日　雨花区河小青行动中心挂牌。

7日 “深入学习贯彻党的二十大精神，开启依法统计依法治统新征程”长沙市雨花区2022年统计法治宣传月活动启动。

12日 万纬长沙雨花物流园二期项目投入运营。

同日 中老铁路首列冷链香蕉国际班列接收仪式在湖南（红星）农产品流通产业园举行，首批500吨老挝新鲜香蕉抵达长沙市。这是湖南省与老挝共建“一路两园”项目以来开行的第一趟农产品班列。

13日 “智汇潇湘 才聚雨花”2022年“雨花梦想家”人才服务季政策宣讲会暨校园招聘会启动。

14日 雨花区政企恳谈会召开。

15日 2022年雨花区生态环境保护培训班结业。

17日 红星全球农批中心二期试运营。

19日 雨花区金海路雨水分流箱涵工程盾构区间顺利实现贯通。

21日 雨花区与溆浦县合力推动园区新样板模式入选省政府2022年综合大督查典型经验做法。

24日 红星片区天华生活安置小区工程顺利完成一号栋主体结构封顶。

26日 雨花区青年发展型城区建设试点工作部署推进会暨2022年青年工作联席会召开。

（本栏撰稿 唐清明）

区情概览

编辑　唐清明

自然地理

【区域位置】 长沙市雨花区位于湖南省东部偏北，长沙市东南部，是1996年7月长沙市行政区划调整设立的新城区。雨花区区名源自长沙城东南古佛道合一的名胜古迹雨花亭，建置沿革于原长沙市郊区。2014年，境域范围为北纬28° 02′ 30″ ~ 28° 11′ 30″、东经112° 57′ 30″ ~ 113° 06′ 30″。边界线全长67.72千米，其中与芙蓉区边界线13.1千米、与天心区边界线18.8千米、与长沙县边界线35.82千米。2015年，长沙县跳马镇划归雨花区，全区面积扩大至292.2平方千米。至2022年，雨花区无区域变化：东面以浏阳河为界，与长沙县榔梨街道和黄兴镇相望，以跳马镇为界，与浏阳市柏加镇相邻；南部以跳马镇为界，与株洲市石峰区相邻，与湘潭市昭山镇接壤；西面以芙蓉路、韶山路（至井湾子）和井湾子街道与文源、青园两街街界、洞井街道与桂花坪街道街界、同升街道与先锋街道街界、跳马镇与暮云街道街界为界，与天心区接壤；北以人民路（识字岭至花桥）和浏阳河为界，与芙蓉区毗邻。

【地质地貌】 雨花区地域呈南北长、东西较窄的地理走向。地形呈波状起伏，地势南高北低，境内最高点为跳马镇金坑岭，海拔274.6米；最低点为浏阳河曙光垸，海拔35米。全区地貌类型多样，主要为堆积地貌（平原）、侵蚀剥蚀地貌（岗地、丘陵）和侵蚀构造地貌（低山）。平原主要分布在洞井街道的白田铺至圭塘的溪谷平原和浏阳河黎托冲积平原；岗地主要分布在雨花亭街道、井湾子街道、同升街道、洞井街道、黎托街道和东山街道及跳马镇，跳马镇南边诸山与株洲隆起带相接。境内分布红色砂岩、砂砾岩、粉砂岩和页岩。全区成土母质以第四纪红土、河流冲积物为主。第四纪红土主要分布在洞井街道、井湾子街道、雨花亭街道一带，经垦殖后成为浅红黄泥、红黄泥、耕型红土红壤等土属，一般土层深厚，养分缺乏，呈酸性，耕性较差；河流冲积物主要分布于浏阳河两岸冲积平原，由其发育而成的土壤有河沙泥、耕型河潮土等土属，一般土层深厚，质地沙壤至壤土，呈酸性、微酸性或中性，肥力高，适种性广；紫色风化岩风化物零星散布于同升街道全境，洞井街道的和平、鄱阳、天华、牛头，黎托街道的大桥，东山街道的边山、侯照，由其发育而成的紫色土，土壤抗蚀力差，土层较浅，不耐旱，易坼裂，磷、钾含量较丰富。

【气候河流】 雨花区属亚热带季风性湿润气候区，由于位居盆地内部，距海较远，受冬夏季风转换，地势向北倾斜等因素的影响，冬冷夏热，季节变化明显。年平均气温为17.2℃，积温为5457℃。全年日照充足，年平均日照时数为1762.64小时，年平均无霜期为296 ~ 298天。全年雨水充沛，多集中在春、夏两季，年均降水量为1361.6毫米。夏、冬季长，春、秋季短，夏季118 ~ 127天，冬季117 ~ 122天，春季61 ~ 64天，秋季59 ~ 69天。春温变化大，夏初雨水多，伏秋高温久，冬季严寒少。3月下旬至5月中旬，冷暖空气相互交绥，形成连绵阴雨低温寡照天气。从5月下旬起，气温显著提高，夏季日平均气温在30℃以上有85天，气温高于35℃的炎热日，年平均约30天，盛夏酷热少雨。9月下旬后，白天较暖，入夜转凉，降水量减少，低云量日多。从11月下旬至第二年3月中旬，节至冬令，长沙气候平均气温低于0℃的严寒期很短暂，全年以1月最冷，月平均气温为4.4℃ ~ 5.1℃，越冬作物可以安全越冬，缓慢生长。2020年，雨花区年平均气温为18.23℃，极端最高气温为42℃，极端最低气温为-4℃；年降水量1685.5毫米。境内有浏阳河、圭塘河、双溪港三大水系。浏阳河自长沙县団头河入境跳马镇，经黎托街道花桥进入芙蓉区后注入湘江，蜿蜒32.6千米。圭塘河位于长沙市的东南部，系浏阳河一级支流，也是最后一条支流，发源于雨花区跳马镇鸭巢冲（石燕湖水库），由南向北贯穿雨花区，在人民东路浏阳河大桥处汇入浏阳河，起止均在雨花区境内，全程约28千米，是长沙唯一一条城市内河。双溪港水系发源于跳马镇百倍冲水库，流经复兴、关刀、三仙岭、喜雨、团然、冬斯港6个村进入浏阳河，全长22千米。

建置·区划

【建置沿革】 清末，长沙市郊区境地分属长沙、善化两县。1912年起，统属长沙县管辖。民国前期，长沙城郊属长沙县管辖。1927年3月，国民党湖南省党部正式划定长沙近郊区管辖范围。5月21日长沙“马日事变”后，长沙近郊区被迫撤销。1928年8月，长沙市政筹备处划勘市区范围，在沿界设立32处钢筋水泥标界，城区与标界之间地域成为郊区正式区划的基础。1933年，长沙市政府成立，重新划勘市区范围。城郊从长沙县划归长沙市内4区管辖。1938年8月，长沙市改区坊保甲制为镇（乡）保甲制，因城区难以管辖城郊农村，故实行城区与城郊分治，城区划为8镇，城郊从城区划出，改建为文艺、金盆、岳麓、会春4乡，由市政府直辖，即为郊区建置之始。1939年2月，裁撤长沙市政府，城区镇和城郊4乡划归长沙县管辖。1941年10月，恢复长沙市政府，城区镇和城郊4乡重归长沙市管辖，并将4乡改建为4镇。1943年12月，废镇改区，4镇改为相应的4区。

1949年8月4日，长沙和平解放，辖城东、城南、城西、城北、文艺、金盆、会春、岳麓8个区。10月，设立文艺、金盆、岳麓、会春人民区公所，直属长沙市人民政府领导。1950年3月30日，设立长沙市人民政府郊区办事处，统辖文艺、金盆、岳麓、会春4区，是为郊区建置之始。6月，撤销郊区办事处，成立郊区工作委员会。1954年9月，撤销郊区工作委员会，恢复郊区办事处。1959年1月，撤销郊区并入长沙县。1962年1月12日，恢复长沙市郊区建置。1968年4月，郊区办事处改为郊区革命委员会。1980年，郊区革命委员会改为长沙市郊区人民政府。1996年6月19日，长沙市市辖区调整，撤销郊区，设立雨花区。7月10日，雨花区挂牌成立。

【行政区划】 1950年3月30日，设立长沙市人民政府郊区办事处，统辖文艺、金盆、岳麓、会春4区。8月，废除保甲制，农业、半农业地区划分为18个乡，分别建立乡人民政府，居民区设立11个居民委员会。郊区始有真正的政权体系和独立的行政区划。1951年5月，从长沙县辖划入5个乡，改建为9个乡，郊区区划调整为4区27乡。1952年调整为4区24乡4街。1953年3月，郊区区划调整为4区22乡6个街道办事处。8月，郊区区划调整为4区25乡1镇。1956年5月，郊区撤区并乡，撤销文艺、金盆、岳麓、会春4区，所辖各乡镇区划调整为文艺、金盆岭、雨花亭、会春、岳南、岳北6乡和渫湾镇，管辖长沙农场。10月，会春乡划分为会春、洪山2乡。7个乡下设24个高级农业合作社。11月，建立44个居委会，分属各乡镇人民委员会管辖。次年，析出洪山乡太阳升高级农业社，成立长沙市国营综合农场。1958年3月，长沙农场收归省、市管理。9月，郊区撤销乡镇，建立工农兵学商五位一体、政社合一的人民公社体制，实行人民公社化。全郊设立东风、万年红、岳麓山3个公社，下辖19个大队和3个街道居委会，保留长沙市国营综合农场。1959年1月，郊区并入长沙县。1962年，恢复长沙市郊区建置，郊区辖岳麓区和雨花亭、东屯渡、伍黑路、岳麓山、洞井、南托、大托、高塘、榔梨、长冲、黎托、望仙桥、望岳、谷山14个公社及榔梨镇，共193个大队和3个居委会。10月，望仙桥公社分为望新、东岸2个公社，望岳公社分为望岳、天顶2个公社，天顶、大托、南托、洞井、望新、榔梨、高塘、长冲8个公社和榔梨镇划归长沙县。次年10月，划出黎托、谷山、望岳3个公社，郊区下设1个区5个公社共48个大队和3个居委会。1964年，伍黑路公社改为上大垅公社，并将东屯渡公社渔场、岳麓山公社岳麓渔场、上大垅公社史家湖渔业队从所在公社划出，扩建为国社合营湘湖渔场、岳麓渔场和史家湖渔场（1966年更名为红色渔场）。1965年在岳麓山公社大干岭兴建长沙市养鹿场。1968年2月，雨花亭公社改名韶山路公社。3月，岳麓山公社湘江大队划归西区管辖。12月，综合、东屯渡2个国营农场和长沙市园艺场、长沙市养鹿场划归郊区管辖。1970年，湖南农学院、农科院所属农场划归郊区，改建为团结、立新2个大队，划归东岸公社管辖。望城县境内国营东方红农场划归郊区，省高级兽医研究所下放郊区管辖，并与市园艺场合并为长沙市良种繁殖场。郊区下辖5个公社、5个农场、3个渔场、1个养鹿场，共50个大队、16个管区。1971年10月，市良种繁殖场划归市管（1973年分设为市园艺场和市畜牧农场）。1972年5月，岳麓山公社、岳麓渔场划归岳麓区。1973年6月，重新划归郊区。12月，将岳麓山公社咸家湖、望麓桥2个大队和麓山大队及望岳公社望岳大队一部分划出，建成国社合营西湖渔场。1974年3月，国营综合、东方红农场划归市管。1975年，国营综合、东屯渡、东方红、畜牧农场，园艺场，养鹿场重归郊区管辖。1978年1月，长沙县大托、洞井、黎托公社和望城县望岳公社划归郊区管辖。至此，郊区行政区划相对稳定，辖9个公社、5个国营农场、4个国社合营渔场、1个养鹿场。1983年5月，郊区开展政社分设，建立乡、村政权的试点工作。韶山路公社改称雨花亭乡。1984年2月，历时25年的人民公社体制改制为乡人民政府。东屯渡公社更名为马王堆乡，上大垅公社更名为福安乡，其余仍以原名命乡，原大队改为村民委员会，生产队改为村民小组。1990年，经市政府批准，成立火星镇。1993年6月，福安乡胜利村划归北区。10月，雨花亭乡石马村划归南区，望岳乡咸嘉湖划归西区。1994年12月，马王堆乡五一村划归东区管辖。1996年7月10日，雨花区挂牌成立。雨花区下辖左家塘、侯家塘、井湾子、圭塘4个街道，黎托、洞井、雨花亭3个乡和高桥乡筹备领导小组。12月，雨花区本着“优化配置，城乡一体，成块连片，界限分明，便于管理，有利发展”的原则，进行区域微调，新设立东塘、砂子塘2个街道，保留左家塘、侯家塘、圭塘、井湾子4个街道建制；对城区街道作切块调整，以东塘广场为中心，以韶山路和劳动路为轴划为4块，东北角为左家塘街道，西北角为侯家塘街道，西南角为东塘街道，东南角为砂子塘街道；井湾子街道与雨花亭乡合并以乡建制，将洞井乡大塘、圭塘、月塘3个村划归圭塘街道。洞井乡改称为洞井镇。新建高桥乡，保留黎托乡。1997年7月，长沙市政府决定设立雨花亭街道和高桥街道，2个乡的建置撤销。2010年，雨花区撤销洞井镇、黎托乡，以街道建制；撤销全区行政村建制成立社区筹委会。雨花区辖9个街道办事处、90个社区、37个社区筹委会。2011年，雨花区调整部分街道行政区划，将洞井街道析置为洞井、同升2个街道办事处，将黎托街道析置为黎托、东山2个街道办事处，同时启用原与雨花亭街道合署办公的井湾子街道办事处，将雨花亭街道拆分为雨花亭、井湾子2个街道办事处。2012年1月，同升街道、东山街道、井湾子街道分别挂牌成立。2015年，长沙市区划微调，长沙县跳马镇整体划归雨花区管辖。

2022年年末，雨花区辖雨花亭、高桥、左家塘、侯家塘、砂子塘、东塘、圭塘、黎托、洞井、井湾子、东山、同升12个街道，跳马镇1个镇；计141个社区、13个社区筹委会、13个行政村、21个经济合作社、2个集体资产管理委员会。

·表 1·　　2022 年雨花区行政区域一览表

街镇名称	单位合计（个）	社区居民委员会（个）	社区筹委会（个）	行政村（个）	经济合作社、集资委（个）	社区居民委员会名称	社区筹委会名称	行政村名称	经济合作社、集资委名称
雨花亭街道	14	11	1		2	曲塘 雨新路 路桥 正圆 新星 自然岭 华云 雅塘村 香南郡 麻塘桥 雨花亭	井塘		自然 石马
高桥街道	10	8			2	火焰 金环 怡园 高桥大市场 五一 永定 永祥 鑫华			高桥 友谊
左家塘街道	21	21				赤岗 长钢 曹家坡 长岭 阿弥岭 桂花 官塘冲 嘉园 红花坡 湖橡 荷叶塘 牛角塘 曙光 树木岭 车站南路 长铁 狮子山 王公塘 窑岭 营山巷 左家塘			
侯家塘街道	12	12				梓园 湘农桥 水院 韶山路 麻园湾 廖家湾 活力 侯家塘 广济桥 枫树岸 电院 泉塘			
砂子塘街道	8	8				砂子塘 桔园 茶园坡 白沙 金地 金科园 梨子山 野坡			
东塘街道	10	10				东塘 省人大 枫树山 牛婆塘 芙蓉南路 浦沅 华银园 政院 新雨 七里庙			
圭塘街道	18	15			3	雨花家园 中南院 长重 劳动东路 圭塘 体院路 大塘 美林景园 景程 泰安 金福 升达 和润 广顺源 月雅			圭塘 月塘 大塘
黎托街道	16	9	4		3	广益 东澜湾 体育新城 黎锦苑 幸福里 明城 阳河 托溪 沙湾	潭阳 川河 合丰 粟塘		花桥 大桥 平阳
洞井街道	24	16	3		5	高升 新城 商贸城 丰园 新裕 湘天 植物园 南庭 龙庭 歇马亭 星苑 天际岭 仙岭 天华荟 牛头 融和共	洞井 桃花 鄱阳		天华 板塘 高升 牛头 和平
井湾子街道	15	15				冯家冲 赤岗岭 三湘 香樟路 德馨园 井湾子 融城苑 红星村 农博 井湘 井圭路 井巷 井旺 湘莲 金盾			

·续表 1·

街镇名称	单位合计（个）	社区居民委员会（个）	社区筹委会（个）	行政村（个）	经济合作社、集资委（个）	社区居民委员会名称	社区筹委会名称	行政村名称	经济合作社、集资委名称
东山街道	12	6	2		4	东山镇 南雅 黎郡 黎雅 东恒 高铁新城	边山 侯照		长托 黎托 黎明渔场 东山
同升街道	15	8	3		4	古樟树 联盟 景环 仙姑岭 同升湖 新聚园 新兴 桃阳	白田 洪塘 金井		新兴 桃阳 联盟 同升
跳马镇	15	2		13		金屏 斑竹塘		跳马 关刀新村 杨林新村 复兴 三仙岭 石桥 喜雨 团然 冬斯港 白竹 石燕湖 新田 田心桥	
合计	190	141	13	13	23				

【区治】 郊区区治位于人民中路 245 号、芙蓉路与人民路相交处的东南角，占地 8229 平方米。原有办公楼 3 栋，建筑面积 9492.14 平方米。因场地窄小，中栋办公楼于 1991 年下半年爆破拆除。1995 年 4 月，爆破拆除前栋办公楼，兴建综合楼。综合楼原设计为框剪结构，主楼 28 层、裙楼 5 层。因财力问题，1995 年 7 月至 1997 年 4 月，建成主楼 10 层（地下 3 层，地上 7 层）、裙楼 5 层，建筑面积 3 万平方米。雨花区成立后，规划将区治从区的西北角迁建于区腹地。2002 年 2 月，与湖南弘欣置业有限公司联合，续建 30 层综合楼，面积 2.6 万平方米，由弘欣置业有限公司独资续建 23 层，其中 8 ~ 14 层归区政府所有，并将综合楼改成雨花大厦。

雨花新区治位于全区中心腹地、万家丽路与香樟路交会处的东南角，东靠香莲路，南接玉竹路，西临火星大道（万家丽路），北傍香樟路。雨花区建区以后，原区治处在区的西北角顶端，且办公场地狭小，近半数的直属部门在区治外办公，群众到机关办事十分不便。同时，为加速雨花区腹地城市化进程，1997 年 12 月，雨花区第一届人民代表大会一次会议提出抓好新区治的规划和建设，5 年内完成整个机关搬迁的设想。2000 年，新区治选址圭塘，2002 年 9 月新区治奠基，2004 年 4 月竣工。整个区治占地 22 万平方米，11 个单体建筑，总建筑面积 13.4 万平方米。大院内建有 2 万平方米的水、旱喷泉和 1.2 万平方米的山水园艺景观，大院西北角建有 1.3 万平方米水体喷泉和市民休闲广场。院区内绿化面积 11.2 万平方米，绿化率 53%。主楼及中心广场地下建有人防设施和 356 个车位的停车库。2014 年，区政府接收位于香樟路的原湖南省武警总队直属支队营院，改建为区政府“二办”，区民政局、区城市管理和行政执法局及其城市管理执法大队、区征地办公室、区残联等单位迁往办公。2020 年，启动市民之家建设。2022 年 11 月 9 日，雨花市民之家启用。

2022 年经济和社会发展

【综合】 2022 年，雨花区实现地区生产总值（GDP）2478.2 亿元，比 2021 年增长 4.5%。分产业看，第一产业实现增加值 6.0 亿元，比 2021 年增长 2.8%；第二产业实现增加值 1575.5 亿元，比 2021 年增长 5.7%；第三产业实现增加值1096.7亿元，比2021年增长3.1%。一、二、三次产业分别拉动GDP增长0、3.1、1.4个百分点，对GDP增长的贡献率分别为0.2%、67.7%、32.1%。全年实现一般公共预算收入168.3亿元，比2021年增长0.8%，实现地方一般公共预算收入79.2亿元，剔除政策因素影响，同口径增长8.0%。一般公共预算支出98.0亿元，比2021年增长4.0%。28项重点民生实事项目全面完成。其中，困难老年人居家适老化改造、孕产妇免费产前筛查、康复救助残疾儿童等8个项目超额完成任务。

【人口】 2022年年末，雨花区常住人口128.1万人。公安户籍人口80.5万人，其中城镇人口76.7万人，乡村人口3.8万人；男性38.9万人，女性41.6万人；人口出生率为9.1‰。城镇化率为97.5%。

【农业】 2022年，雨花区农林牧渔业总产值9.3亿元，比2021年增长3.0%。启动建设精品花木种植基地5个，花木种植面积8666.67公顷，从事花木行业的企业508家，登记注册农民专业合作社201个，创建省、市示范家庭农场各1个，收入超过50万元的集体经济组织占比94%。打造20个美丽宜居村庄，其中打造示范型美丽宜居村庄3个、达标型美丽宜居村庄17个。全区53个集体经济组织总收入6.74亿元，其中经营性收入2.08亿元、占比32.8%，经营性收入超100万元的村级集体经济组织26个，超1000万元的8个。

【工业和建筑业】 2022年，雨花区规模以上工业增加值比2021年增长14.3%，其中雨花经开区规模以上工业增加值比2021年增长23.5%。建筑业增加值比2021年增长2.1%。资质等级建筑企业实现建筑业总产值2768.2亿元，比2021年增长8.3%。

【固定资产投资】 2022年，雨花区固定资产投资比2021年增长9.0%，其中房地产开发投资比2021年增长8.8%。2022年，雨花区商品房销售面积253.7万平方米，比2021年下降42.3%，其中住宅销售面积204.8万平方米，比2021年下降43.1%；实现商品房销售额298.3亿元，比2021年下降35.5%，其中住宅销售额251.8亿元，比2021年下降35.9%。

【国内贸易】 2022年，雨花区社会消费品零售总额768.2亿元，比2021年增长1.7%。按经营单位所在地分，城镇消费品零售额755.1亿元，比2021年增长1.5%；乡村消费品零售额13.1亿元，比2021年增长15.5%。按行业分，批发业实现零售额93.8亿元，比2021年增长6.2%；零售业实现零售额612.0亿元，比2021年增长1.2%；住宿业实现零售额4.8亿元，比2021年增长4.0%；餐饮业实现零售额57.6亿元，比2021年增长0.7%。限额以上法人商品零售额296.6亿元，比2021年增长2.9%。分类别看，粮油、食品类比2021年增长11.8%；服装、鞋帽、针纺织品类比2021年下降17.6%；化妆品类比2021年下降16.8%；家用电器和音像器材类比2021年下降17.6%；中西药品类比2021年增长23.5%；石油及制品类比2021年增长3.9%；汽车类比2021年增长3.7%。全区拥有亿元以上商品交易市场6个。

【对外经济和旅游】 2022年，雨花区实现进出口总额252.7亿元，比2021年增长8.1%。实际利用外资金额0.58亿美元，比2021年下降11.1%；实际到位省外境内资金293.4亿元，比2021年增长14.5%。引进亿元以上省外境内项目53个，比2021年增加5个。实现旅游总收入353.0亿元，比2021年增长0.9%，国内旅游人数3415.6万人次，比2021年增长6.9%。

【教育和科学技术】 2022年，雨花区拥有普通高中4所，初中学校18所，比2021年增加2所，普通小学82所，比2021年增加5所，幼儿园295所，比2021年增加8所。普通高中在校生3912人，初中学校在校生26420人，普通小学在校生111868人，幼儿园在园幼儿58200人。全区民办学历学校2所，培训学校100所。小学适龄儿童入学率100%，初中适龄人口入学率100%，高中阶段教育毛入学率100%。落实义务教育保障资金17.2亿元，义务教育阶段合格学校建设3所。专利授权量5519件，比2021年增长1.0%。其中，发明专利授权量849件，比2021年增长47.9%。签订技术合同2488项，比2021年增长108.2%，技术合同累计成交金额227.7亿元，比2021年增长42.9%。实现高新技术产业增加值比2021年增长16.0%。

【文化、体育和卫生】 2022年年末，雨花区拥有艺术表演团体19个，文化馆2个。拥有公共图书馆（区级）1个，图书分馆（含街道、社区两级）12个。拥有档案馆1个，已开放各类档案1.3万卷（件）。各类体育场地2620个，共有体育场地面积293.6万平方米。全区全年开展全民健身项目30项次，健身运动参加人数57.2万人。卫生机构数745个，医院、卫生院56个，社区卫生服务中心13个，疾病预防控制中心（防疫站）、卫生监督检验机构、妇幼保健院、专科疾病防治院各1个。全区卫生技术人员21611人，比2021年增长3.0%；执业医师和执业助理医师3326人，比2021年增长8.6%；注册护士4198人，比2021年增长5.1%。

【环境和节能】 2022年，雨花区现有土地面积292.1平方千米。建成烟尘控制区5个，面积47.6平方千米；建成环境噪声达标区5个，面积29平方千米。空气质量良好天数为302天，空气质量达标率为83%；工业固体废物综合利用率100%，工业企业主要污染物排放达标率100%。在总体水质方面，满足Ⅲ类标准的断面比例（省控）为100%。开工各类水利工程15处，完成土石方14.0万立方米。城市生活垃圾无害化处理率100%。

【安全生产】 2022年，雨花区发生各类安全生产事故10起，死亡人数11人，全区亿元地区生产总值事故死亡人数0.0044人。发生道路交通事故死亡人数34人，比2021年减少16人。

【居民生活】 2022年年末，雨花区常住人口128.1万人。公安户籍人口80.5万人，其中城镇人口76.7万人，乡村人口3.8万人；男性38.9万人，女性41.6万人；人口出生率为9.1‰。城镇化率为97.5%。城镇居民人均可支配收入70239元，比2021年增长4.9%。其中，工资性收入37371元，经营净收入9751元，财产净收入5910元，转移净收入17207元。城镇居民人均消费支出53330元，比2021年增长3.8%。分类别看，食品烟酒消费13915元，占比26.1%；衣着消费3049元，占比5.7%；居住消费9588元，占比18.0%；生活用品及服务消费6357元，占比11.9%；交通通信消费4399元，占比8.2%；教育文化娱乐服务消费11213元，占比21.0%；医疗保健消费3854元，占比7.2%；其他用品和服务消费954元，占比1.8%。

【社会保障】 2022年，雨花区新增就业2.3万人，其中，城镇新增就业1.9万人。年末城镇登记失业率1.4%，安排失业人员再就业1.3万人。年末城镇职工基本养老保险参保人数33.5万人，城乡居民社会养老保险参保人数6.8万人，工伤保险参保人数26.2万人，失业保险参保人数22.9万人。各类收养性社会福利单位收养人员1311人，共有床位数2215张。城镇各种社区服务设施1101个，其中综合性社区服务中心141个。筹集社会福利资金37.37万元，直接接收社会捐赠20万元。社会救济总人数5034人，其中居民最低生活保障人数4422人、特困供养保障人数612人。农村低保覆盖率100%。

中国共产党雨花区委员会

编辑　唐清明

综　述

【政治建设】　2022年，雨花区委坚持“第一议题”制度，组织传达学习、专题研讨、集中轮训，以“关键少数”先学一步、深学一层，带动全区上下全面跟进、走深走实。县级领导带头深入联系街镇、分管领域宣讲，开展“就认这个理·党的二十大精神进基层”宣讲活动200余场，推出系列主题宣传。制定出台坚决维护党中央集中统一领导和进一步贯彻落实中央八项规定及其实施细则精神的规范性文件，严守政治纪律和政治规矩。接受湖南省委审计委员会经济责任审计和自然资源审计。新成立非公企业党组织317个、覆盖率由22%上升至77%，新成立社会党组织54个、覆盖率由30%上升至81%，成立小区党组织484个、实现组织和工作全覆盖。举办“六强”（强党建、强目标、强作风、强能力、强环境、强底线）学堂，开展全体干部“守一线、保平安、促发展”专项行动，选树“勇担当、善作为”雨花好班子、好干部。全年获评省政府真抓实干督查激励事项5项、综合大督查典型经验1项，居“内四区”（芙蓉区、天心区、开福区、雨花区）第一。深化正风肃纪，处置问题线索264件。推进“清廉雨花”建设，打造圭塘河清廉风光带，培树一批清廉建设示范单元，“洞庭清波”专项治理成为全省示范案例。

【经济建设】　2022年，雨花区实现地区生产总值（GDP）2478.2亿元，比2021增长4.5%，居全省首位、贡献率全市最高；规模工业增加值比2021年增长28%（不含湖南中烟），全市第一；一般公共预算收入168.3亿元，比2021年增长0.8%；社会消费品零售总额770亿元，全市第一；固定资产投资670亿元，比2021年增长8.9%；外贸进出口264.5亿元，比2021年增长13.2%。铺排市级重大项目144个，41个新建项目开工，年度投资完成率128%；新引进投资额10亿元以上产业项目5个，新注册“三类500强”企业投资项目7个。全区高新技术企业突破600家、居“内四区”第一，雨花经开区率先全省省级园区突破200家。实施中央和省、市重点改革事项26项、自主探索改革23项，自贸雨花区块全国首创3项、全省首创2项。开展省、市干部联企、区“三帮三促”纾困暖企行动，新增“四上”（规模以上工业企业、资质等级建筑企业、限额以上批发零售和住餐饮业企业、规模以上服务业企业）企业107家、规模以上工业企业15家，12家企业进入全省上市后备企业资源库，市场主体比2021年增长13.8%、总量24万余户、企业9.4万余户，居全省第一。

【城市建设】　2022年，雨花区完成“三区三线”（农业空间、生态空间、城镇空间三种类型空间，以及分别对应划定的永久基本农田保护红线、生态保护红线、城镇开发边界三条控制线）划定，拓展城镇建设空间16.86平方千米，形成林大林科院、黎托南、潭阳洲、金屏等一批重点片区规划成果。雨花经开区编制规划与治理提升研究纲要，推动更高水平产城融合。完成“百街千巷”环境综合提质项目137个；新建主次干道14条、完成道路移交77条；新建雨水污水管网13.5千米；新建停车场32个、新增停车泊位24360个；推进国有土地征拆和集体土地拆迁项目99个，实施老旧小区提质改造54个。制定市容环境、园林绿化维护作业标准，实行分级分类管控，统筹实施高铁站区、高铁高速两厢等重点区域环境综合提质，开展箱柜、广告招牌等专项整治。

【民主法治建设】　2022年，雨花区人大任免国家机关工作人员157人次，听取专项报告13个，开展调研视察11次，办理代表建议100件，省人大社区代表联络站得到省人大常委会肯定。区政协开展主席会议成员视察6次、专题协商会议8次，办理提案96件，区政协守护绿心委员工作室、区政协井湾子街道井巷社区委员工作室获评全省示范单位。区委统战部开展“喜迎二十大、同心献良策”课题调研、“民企大走访、同心促发展”等活动，成立全省首家区级侨联青年委员会。雨花区深化行政复议体制改革，行政负责人出庭应诉工作得到省、市司法部门肯定，农博社区提名全省“最美公益普法集体”。抓好国防动员体制改革和新时代雨花民兵队伍建设，促进工会、妇联、共青团、侨联、科协、残联等群团组织全面发展。

【宣传思想文化建设】　2022年，雨花区策划开展“非凡十年”“强省会有我”“高质量发展在雨花”等主题宣传，在中央、省、市主流媒体推出有关雨花区报道1.7万余条，相关工作5次被中央电视台《新闻联播》刊播。举办首届雨花旅发大会，开办长株潭雨花非遗集市，雨花非遗民俗艺术特色街区入选全国非遗与旅游融合发展优选项目名录。布局推进“一芯两带”（“一芯”即长株潭绿心中央公园雨花片区；“两带”即圭塘河生态文旅经济带、浏阳河文旅产业带）文旅产业发展，红星街区获评国家级夜间文化和旅游消费集聚区。深化文明创建工作，新时代文明实践中心、所、站建设实现全覆盖，持续打造“雷锋号护学岗”“五力小雨花”品牌，全力以赴创建全国文明典范城市。守牢意识形态阵地，强化意识形态领域风险排查、专项检查和专项巡察，构建多主体参与、多种手段相结合的综合治网格局。

【社会建设】　2022年，雨花区完成省、市重点民生项目28个，雨花市民之家建成使用。新（扩）建学校、幼儿园18所，新增学（园）位2.1万个，“双减”工作经验在全国推介。新建养老机构2家、社区居家养老服务站12家。街镇社区卫生服务中心（卫生院）全覆盖，成立标准化家庭医生社区工作室54个。多举措攻坚安置难题，全区已拆未安人口下降9000余人。全区监测户、脱贫户人均年收入比2021年增长13.5%，在全省乡村振兴年度考核实地测评中得到肯定。跳马镇创建市级美丽宜居村庄20个。

【生态文明建设】 2022年，雨花区实现中央、省级五轮环保督察640余件交办件全部办结，推进蓝天、碧水、净土、静音保卫战，65个重点建设用地污染状况调查整治全部完成。

【平安建设】 2022年，雨花区推进自建房百日攻坚专项行动，“三类”隐患全部清零，在全市两轮交叉检查中排名前列。推进安全生产百日攻坚行动，“三类”事故起数分别下降37.5%、35.9%、3.9%。健全国家安全工作机制；开展严打整治“冬春攻势”“利剑护蕾”等专项行动，八类恶性案件破案率100%。保持扫黑除恶、防电信网络诈骗、防养老诈骗高压态势，市域社会治理现代化试点工作得到省督导评估组肯定，区劳动纠纷“一站式”调处中心被推荐为全国金牌组织，得到人社部等多部门联合通报表扬。创新突发事件处置流程，建立房地产项目专班稳控机制和风险防控“七步法”，推动重点重复信访问题基本清零。

【学习贯彻落实中共二十大精神】 2022年10月16日，中国共产党第二十次全国代表大会开幕。雨花区四大家领导班子和有关部门负责人集中收听收看中共二十大开幕式，聆听中共中央总书记习近平代表中国共产党第十九届中央委员会所作的中共二十大报告《高举中国特色社会主义伟大旗帜　为全面建设社会主义现代化国家而团结奋斗》。开幕会结束后，区委常委班子第一时间组织开展学习研讨，区委书记刘素月主持并作总结讲话，区委副书记、区长黄军其，区人大常委会主任冯聪龙，区政协主席王清政，区委常委余宏卿、钟孝明、李颖、蔡泽敏、刘江红、吴平辉、周坤、赵娟分别作交流发言。刘素月强调，要以高度的政治自觉，在学习领悟上走深走实，把学习领悟中共二十大精神、特别是中共二十大报告精神，作为当前和今后一段时期的最重大的政治任务；要以强烈的使命担当，在贯彻落实上见行见效，突出对标对表，“关键少数”要在深刻领会精神实质上示范带头，突出担当作为，推动经济高质量发展、深化改革开放、改善民生福祉、持续推进生态文明建设、加强党的建设和干部队伍建设、全面从严治党等，突出守土尽责，统筹抓好疫情防控、安全生产和森林防火、信访安保等底线工作；要以广泛的宣传发动，在凝心聚力中激励奋进，迅速制定学习宣传贯彻中共二十大精神工作方案，组织好学习研讨、专题培训、主题活动等，广泛开展宣传报道，深入开展宣讲活动。

10月26日，雨花区召开传达学习党的二十大精神大会。会议传达习近平总书记在二十届中共中央政治局常委同中外记者见面时的重要讲话精神及省委、市委有关会议精神。刘素月强调，要深入领会中共二十大精神实质，在全区上下迅速掀起学习宣传贯彻热潮，突出示范带头，突出全面铺开，突出走深走实；要以中共二十大精神为引领，奋力谱写中国式现代化的雨花篇章，推动雨花区“立足中部领先、迈向全国十强”持续争先进位，深耕“一主一特”产业链，加快建成具有核心竞争力的千亿级园区、“五好”（规划定位好、创新平台好、产业项目好、体制机制好、发展环境好）园区，建设中非经贸深度合作先行区核心区，推进重点片区重大项目招商、落地、建设、达效，推进省花博园、省花卉苗木示范园建设，推进雨溆工业园建设，办好就业、教育、医疗、养老、文化等民生事业，做实片区党建、自贸区党建、生态区党建、小区党建、两新党建等；要统筹抓好当前重点工作，以实干实绩展现雨花担当作为，攻坚全年目标任务，举全区之力共同打好蓝天保卫战，守牢安全稳定底线，抓牢疫情防控，抓实安全生产，抓好信访维稳，把贯彻落实中共二十大精神以及省、市决策部署，具体体现在谋思路、定举措、抓落实上。

11月9日，区委理论学习中心组进行集体学习，深入学习贯彻中共二十大精神。刘素月强调，要全面领会精神实质，完整、准确、全面领会中共二十大精神，把学习贯彻中共二十大精神同雨花具体实际紧密结合起来，转化为全面落实“三高四新”战略定位和使命任务、奋力实施“强省会”战略、践行“四个争当”、落实“三升三降”的务实成效；要坚决扛牢使命担当，加快建成具有核心竞争力的千亿级园区、“五好”园区，高水平建设中非经贸深度合作先行区核心区，推动重大项目落地建设，加快建设省花博园、省花卉苗木示范园，加快雨溆等飞地园区建设，持续增进民生福祉，完善基层治理体系，办好就业、教育、医疗、养老、文化等民生事业，守住安全底线；要全面加强党的建设，强化基层组织建设，扛牢省委城市基层党建联系点责任，拓展“党建聚合力”工程的广度和深度，强化干部队伍建设，要强化党风廉政建设。

11月11日，刘素月到跳马镇宣讲中共二十大精神，传达学习省委、市委主要负责人深入社区（村）宣讲精神，督导乡村振兴工作。宣讲报告会前，刘素月带队到跳马镇关刀新村、喜雨村、石燕湖村走访部分脱贫户、监测户，询问其家庭收入、帮扶措施、教育医疗住房饮水、享受政策、就业产业等情况，听取意见建议，实地督导检查巩固拓展脱贫攻坚成果同乡村振兴有效衔接工作情况，要求全面落实各项帮扶政策和措施，帮助脱贫户、监测户持续稳定增收。刘素月在宣讲中强调，要以中共二十大精神为引领全面推进跳马乡村振兴，奋力谱写高质量发展和现代化建设的新篇章，要抢抓发展机遇，精准把握、快速捕捉“三区三线”划定、绿心总规修编等机遇，加快镇、村规划落地；要提升建管品质，把集中整治和全域提升结合起来，打造干干净净、整整洁洁的品质形象，保护好、挖掘好历史文化资源，讲好讲活跳马故事；要巩固脱贫成果，提高站位，突出精准发力，做到责任上肩；要守牢安全底线，抓好疫情防控，抓好森林防火，抓好安全生产；要加强党的建设，以“党建聚合力”工程汇聚各方资源、凝聚各方力量，通过抓好党建，实现乡村振兴“产业兴旺、生态宜居、乡风文明、治理有效、生活富裕”。

11月18日，雨花区委常委部门学习贯彻党的二十大精神宣讲会举行。刘素月出席并作宣讲。6位干部代表结合自身工作实际，畅谈学习中共二十大报告心得体会。刘素月从中共二十大的主题和主要成果、过去5年的工作和新时代10年的伟大变革、马克思主义中国化时代化、中国式现代化、全面建设社会主义现代化国家的战略安排、坚持党的全面领导和全面从严治党、应对风险挑战7个方面，解读中共二十大报告的主要内容。刘素月强调，要深刻领会“五个牢牢把握”的重要要求，推动中共二十大精神在雨花落地生根、落实见效；要牢牢把握习近平新时代中国特色社会主义思想的世界观和方法论，自觉做“六个坚持”的忠实实践者；要牢牢把握以中国式现代化推进中华民族伟大复兴的使命任务，自觉做“复兴伟业”的时代答卷者；要牢牢把握以伟大自我革命引领伟大社会革命的重要要求，自觉做“自我革命”的坚定践行者；要牢牢把握团结奋斗的时代要求，自觉做“共同圆梦”的拼搏奋进者。

11月29日，雨花区科级以上领导干部学习贯彻党的二十大精神集中轮训第一期研讨班开班。刘素月作动员讲话并强调，要深刻领会中共二十大精神的核心要义，在学习贯彻上入脑入心、走深走实；要深刻领会“五个牢牢把握”的重要要求，推动中共二十大精神在雨花落地生根、落实见效；要全力以赴抓好当前各项工作，奋力交出决战四季度、决胜全年度的优异答卷，抓集中轮训，推动学习培训覆盖到每一个支部、每一名党员干部，抓目标冲刺，争取最好成绩，抓安全稳定，统筹好疫情防控工作，做好寒潮大风天气防范应对，防范打击非法集资，加快化解重复信访问题，抓基本民生，做好能源保障和市场保供、特殊困难群体慰问帮扶、农民工欠薪治理、春运保障等各项民生工作，抓工作谋划，系统谋划工作思路和举措。

重要会议

【区委常委会会议】 2022年，雨花区委召开常委会会议35次。1月4日，传达学习市“两会”有关精神。1月12日，传达长沙市“强省会 兴产业”项目建设现场观摩会精神；传达市委新冠肺炎疫情防控工作领导小组会议精神，研究部署有关工作；传达市纪委有关通报精神，审议《关于推进清廉雨花建设的实施方案（送审稿）》；审议区委经济工作会议有关事项和《雨花区关于深化党建引领小区治理的八条措施（送审稿）》；听取关于有关人员过往破格提拔处理意见情况的汇报；研究干部人事有关工作。1月21日，传达市委议军会议精神，研究部署有关工作；审议《雨花区关于深化党建引领小区治理的八条措施（送审稿）》和雨花区出席党的二十大代表候选人推荐人选；听取关于排查整顿农村发展党员违规违纪问题有关情况的汇报；研究召开区六届人大二次会议有关事项。1月25日，研究干部人事有关工作。2月17日，听取区人大常委会、区政府、区政协党组工作情况汇报；传达全国和省、市保密工作会议精神，听取雨花区贯彻落实情况汇报；传达中央和省、市纪委全会精神，听取2021年全区党风廉政建设和反腐败工作汇报，研究召开区六届纪委二次全会有关事项；听取创建全国一流现代化强区工作情况汇报；听取区第六届人大代表补选提名推荐工作汇报；审议《关于市委第三巡察组专项巡察反馈意见整改进展情况的报告》《长沙市雨花区2021年国民经济和社会发展计划执行情况与2022年国民经济和社会发展计划草案的报告（送审稿）》《雨花区事业单位管理岗位职员等级晋升制度实施方案（送审稿）》《区级领导干部联系民营企业和商会实施方案（送审稿）》《关于加强新一届区委班子建设的决定（送审稿）》。3月3日，部署全国“两会”期间安全生产等工作；传达全市党建工作会议精神、研究部署全区党建工作；听取关于2021年度抓基层党建述职评议考核工作的汇报；听取全区老干部工作汇报；研究干部人事工作。3月22日，传达学习贯彻湖南省委书记张庆伟在自贸区长沙片区、湖南湘江新区调研和参加长沙义务植树活动时的重要讲话指示精神，湖南省委常委、长沙市委书记吴桂英在市委常委会（扩大）会议上的讲话精神，研究部署有关工作；听取疫情防控有关工作汇报；听取1—2月份经济运行情况汇报。4月8日，传达全市意识形态和重大舆情应急处置工作会议精神，研究部署有关工作；审议《关于做好2022年“三农”工作全面推进乡村振兴重点工作的意见（送审稿）》《关于推进市级乡村振兴示范乡镇创建工作实施方案（送审稿）》《关于2021年度“居民零上访、安全零事故、治安零发案”街道（镇）和社区（村）认定结果的通报（送审稿）》《关于落实2021年度市委主要领导向省委述职基层党建工作有关问题整改方案（送审稿）》《雨花区规范民办义务教育发展工作方案（送审稿）》《雨花区天华寄宿制学校“民转公”改制工作方案（送审稿）》《关于2021年度全区政法和信访工作考核评估情况的通报（送审稿）》。4月22日，研究贯彻落实强省会战略有关工作；听取区委巡察工作情况汇报，审议《第六届雨花区委巡察工作规划（2022—2026）》；审议《关于2021年度科级领导班子和领导干部绩效考核暨市垂直管理单位绩效评估结果的通报》《关于加强新时代统计工作的实施方案（送审稿）》《雨花区贯彻落实第二轮中央生态环境保护督察报告整改方案（送审稿）》。4月28日，听取2022年省对市绩效考核指标任务责任分解工作情况汇报；研究干部人事有关工作。5月3日，传达学习中共中央总书记习近平对望城“4·29”居民自建房倒塌事故重要指示精神和国务院总理李克强批示要求，以及省委、市委常委会（扩大）会议精神；审议《雨花区建筑安全专项大排查大整治工作方案（暂行）》，研究部署有关工作。

5月7日，听取工作专班前段工作开展情况，研究比亚迪长沙雨花区工业园涂装车间气体排放有关情况。5月11日，研究部署建筑安全排查整治、疫情防控、道路交通和消防安全、安全生产和应急管理、信访维稳等重点工作，审议《贯彻落实〈关于进一步强化安全生产责任落实坚决防范遏制重特大事故的若干措施〉任务分工（送审稿）》《关于加强比亚迪汽车长沙分公司环境污染信访舆情处置工作方案（送审稿）》。5月18日，听取“5·10”物流仓库火灾事故初步调查情况汇报，研究部署全区消防安全工作；听取全区防汛备汛、城区防涝和疫情防控工作情况汇报，全区深化整治违规收送红包礼金工作情况汇报，深化全区应急管理综合行政执法改革工作情况汇报；开展“强省会、防风险”剖析讨论。5月20日，听取关于设立雨花区科技创新产业发展投资基金有关情况的汇报；听取关于基层党组织整建提质专项行动工作情况汇报；研究区委国家安全有关工作；审议《区级层面2022年度整治形式主义为基层减负工作方案（送审稿）》；研究干部人事工作。6月2日，传达学习省、市“4·29”特别重大居民自建房倒塌事故总结暨安全生产大检查“百日攻坚”行动部署会精神，听取全区自建房安全整治和安全生产大检查“百日攻坚”工作情况汇报，研究部署有关工作；分析1—4月全区经济运行情况，研究部署有关工作；听取雨花区巩固拓展脱贫攻坚成果同乡村振兴有效衔接暨对口帮扶溆浦县工作情况汇报，研究部署有关工作；审议《雨花区竞争性选拔优秀年轻副科级领导干部工作方案》。6月6日，研究干部人事有关工作。6月17日，听取区总工会、团区委、区妇联工作汇报；审议《关于进一步推动雨花区文化旅游体育深度融合高质量发展的实施方案（2022—2026年）（送审稿）》；听取区人民法院党组、区人民检察院党组工作汇报。7月5日，研究干部人事工作；听取全区政法重点工作、信访工作汇报，全区消防安全整治工作汇报，全区河长制、林长制、巩固拓展脱贫攻坚成果同乡村振兴有效衔接工作汇报，全区稳就业工作汇报，全区统计工作汇报，研究部署有关工作；审议《雨花区贯彻落实国家统计督察反馈意见整改方案（送审稿）》；传达学习中央和省、市委深改委会议精神，听取全区全面深化改革工作汇报，审议有关文件。7月18日，研究干部人事工作。7月27日，听取全区扫黑除恶、信访积案化解及重复访治理、房地产领域包案化解工作汇报，全区档案史志工作汇报，研究部署有关工作；传达学习中央、省、市有关文件会议精神，审议《中共长沙市雨花区委办公室关于推动党史学习教育常态化长效化的实施方案（送审稿）》；听取全区2021年财政决算草案和2022年1—6月预算执行情况；审议《2022年度市对区绩效考核实施细则指标责任分解表（送审稿）》《2022年度雨花区街道（镇）、区直部门领导班子绩效考核工作目标体系（送审稿）》《2022年度雨花区市垂直管理单位绩效考核细则（送审稿）》《雨花区委区政府领导安全生产工作责任清单（送审稿）》；研究干部人事工作。7月31日，学习领会习近平总书记在省部级主要领导干部“学习习近平总书记重要讲话精神，迎接党的二十大”专题研讨班上的重要讲话精神。8月17日，听取全区信访有关工作汇报、全区自建房整治工作汇报，全区乡村振兴与对口帮扶工作汇报、区委巡察工作汇报、中非经贸总部基地项目情况汇报、2021年度“一事一议”类政策兑现工作汇报，审议相关文件，部署有关工作。8月31日，听取全区政法重点工作、公安工作汇报，研究部署有关工作；传达省委组织部遏制公职人员涉毒吸毒工作视频会精神，研究部署有关工作；听取全区社会保险基金监管工作汇报，审议《长沙市雨花区关于切实加强社会保险基金监管工作的实施方案（送审稿）》；通报《雨花区项目建设百日竞赛活动工作方案》，审议《关于成立长沙市雨花区奋力实施强省会战略高质量推进“双五”工程领导小组的通知（送审稿）》《雨花区贯彻落实〈长沙市奋力实施强省会战略高质量推进“双五”工程三年行动方案（2022—2024年）〉任务分解表（送审稿）》《关于雨花经开区贯彻落实“三重一大”事项集体决策制度的实施办法（试行）（送审稿）》《关于全面推行田长制严格耕地保护的实施方案（送审稿）》。9月5日，研究干部人事有关工作。9月15日，听取全区安全生产、雨花经开区安全生产工作汇报，全区安保、信访工作汇报，创建国家卫生城市工作汇报，研究部署有关工作；传达学习省、市有关文件精神，审议《中共雨花区委关于加强对“一把手”和领导班子监督的责任清单（送审稿）》《2022年度清廉长沙建设考核细则任务分解（送审稿）》；审议《区委加强和改进新时代思想政治工作责任清单（送审稿）》。10月8日，审议《关于印发〈区委领导班子部分成员的分工〉的通知（送审稿）》；通报雨花经开区领导班子成员分工情况；研究有关事项处理意见。10月14日，听取全区中共二十大信访安保维稳工作汇报，全区安全生产、森林防火及雨花经开区安全生产工作汇报，全区疫情防控及雨花经开区疫情防控工作汇报，全区中共二十大期间值班应急工作汇报，全区中共二十大前后市容环境、宣传氛围、意识形态安全工作汇报及组织集中观看中共二十大安排情况，全区绩效考核、真抓实干工作汇报，研究部署有关工作；研究干部人事有关工作。10月26日，听取全区食品安全、信访、“12345”政务热线工作汇报，全区党支部建设、城市基层党建、新的社会阶层组织党建和党员教育管理工作汇报，全区中小学党建工作汇报，政策性专项借款统借统还保交楼工作汇报，研究部署有关工作；审议《关于建立高效权威森林防灭火指挥体系的通知（送审稿）》；听取全区统战工作汇报，审议《中共长沙市雨花区委关于加强新时代统一战线工作的实施意见（审议稿）》。10月18日，研究干部人事有关工作。11月9日，审议《关于认真学习宣传贯彻党的二十大精神的通知（送审稿）》《党的二十大精神宣传报道方案（送审稿）》《关于做好全区学习宣传贯彻党的二十大精神宣讲工作的通知（送审稿）》《雨花区科级以上领导干部学习贯彻党的二十大精神集中轮训建议方案（送审稿）》；听取关于《习近平谈治国理政》第四卷出版座谈会精神及雨花区贯彻落实建议的汇报；听取区国土空间规划编制、绿心中央公园规划建设情况汇报，研究部署有关工作。11 月 25 日，听取全区绩效考核、真抓实干工作汇报，全区安全生产、消防安全以及雨花经开区安全生产工作汇报，盛大金禧金融服务有限公司重大涉稳风险问题以及全区涉金融、藏品等领域风险问题情况汇报，区面向社区（村）党组织书记考核招聘街道（镇）事业编制人员情况汇报，部署有关工作；审议《雨花区推进国防动员体制改革工作方案（送审稿）》《雨花区深化国防动员体制改革实施方案（送审稿）》。12 月 5 日，研究干部人事有关工作。12 月 9 日，听取疫情防控工作汇报、全区网络综合治理工作情况汇报、全区反恐怖工作情况汇报、关于推进全国基层中医药示范区创建和深化医改建立健全社区公共卫生委员会工作情况汇报、《关于长沙市雨花区 2022 年 1—10 月财政预算执行情况和 2022 年财政预算调整方案（草案）的报告（送审稿）》情况汇报，研究部署有关工作；审议《雨花区关于加强社区专职工作人员管理服务的十条措施（试行）（送审稿）》《中共长沙市雨花区委常委会关于坚决维护党中央集中统一领导的规定（送审稿）》《中共长沙市雨花区委常委会关于进一步贯彻落实中央八项规定及其实施细则精神的实施意见（送审稿）》《长沙市雨花区持续壮大农村集体经济行动方案（2022—2025 年）（送审稿）》《关于全面加强新时代中小学劳动教育的实施方案（送审稿）》；研究有关人事工作。12 月 26 日，传达学习中央、省委、市委经济工作会议精神、学习贯彻《关于锲而不舍落实中央八项规定精神深化纠治“四风”工作的若干措施》文件及相关会议精神；听取全区安全生产工作情况汇报；听取全区疫情防控工作情况汇报；听取区人大常委会、区政府、区政协党组年度工作情况汇报，听取人大、政协“两会”筹备情况汇报，研究部署有关工作；审议《关于成立长沙市雨花区碳达峰碳中和工作领导小组的通知（送审稿）》；听取区总工会第五次代表大会、区第四次妇女代表大会情况汇报；研究有关人事工作。

【2022 年区委经济工作会议】 2022 年 1 月 15 日，2022 年区委经济工作会议召开。会议落实中央、省、市经济工作会议精神，总结 2021 年经济工作，分析当前经济形势，部署 2022 年经济工作。会议下发《雨花区强产业“三帮三促”工作实施方案》《雨花区促进经济高质量发展扶植奖励办法（征求意见稿）》《2022 年雨花区重点项目投资计划》等文件。会议指出，做好 2022 年经济工作，要统筹好求稳和求进的关系、全局和一域的关系、规模和质量的关系、发展和安全的关系；要提升园区发展质效，突出抓好项目攻坚，加快产业转型升级，持续深化对外开放，推动区域协同发展，完善城乡功能品质，守牢安全发展底线。会议强调，要统一思想认识，把发展经济作为最大实事；要把产业链党建、两新党建、商圈党建、楼宇党建、片区党建、区域化党建等进一步做实；要推动实现经济社会发展和基层治理相互促进、同步提升；要加强分析研判，认识经济规律，抢抓政策机遇，赢得先发优势；要提升能力素养，抓到关键处、干在点子上。

【党史学习教育专题民主生活会】 2022 年 1 月 24 日，雨花区委常委班子召开党史学习教育专题民主生活会，聚焦“大力弘扬伟大建党精神，坚持和发展党的百年奋斗历史经验，坚定历史自信，践行时代使命，厚植为民情怀，勇于担当作为，团结带领人民群众走好新的赶考之路”主题，坚持理论联系实际，突出问题导向，进行党性分析，开展批评和自我批评。

【自贸区工作会议】 2022 年 2 月 11 日，雨花区自贸区工作会议召开。会议传达学习中央、省、市关于自贸区建设的会议精神，听取雨花区块工作情况汇报，研究部署全年重点工作。区委书记刘素月强调，要在党建引领上创新突破，加快推动“自贸雨花党建联盟”建设；要在战略功能上创新突破，加快在深度融入 RCEP（区域全面经济伙伴关系协定）、对非本币结算、重点品类对非贸易等领域取得更大突破，承担好实施国家自贸战略和对非战略的重大功能；要在重点任务上创新突破，把外贸、外资、投资、税收等经济指标以及落户企业数的增长等作为衡量业绩的标准，加快推动自贸总部大厦、中非经贸总部基地、360 数字化智谷等一批标志性项目落地，抓好区块及周边区域环境常态化治理，打造中非文旅融合区域、中非文化交流区域；要在制度改革上创新突破，推进落实各项改革事项任务，打造更多国家级、省级改革案例；要在联动发展上创新突破，探索打造雨花经开区、电商物流园、红星全球农批中心、全区楼宇经济联动创新区；要在提升治理能力上创新突破，提高国际化的管理能力和水平；要在实干担当上创新突破，为企业解决多少困难、形成多少实物工作量，作为衡量工作的标准；要在浓厚氛围上创新突破，加大对自贸区政策、制度和重大突破成果的宣传力度，吸引更多优质企业（项目）、人才落户。

【党（工）委书记抓基层党建工作述职评议会】 2022 年 2 月 11 日，雨花区 2021 年度镇、街道和区直行业系统党（工）委书记抓基层党建工作述职评议会召开。长沙市委巡察办副主任王谦、市委组织部组织指导处副处长周锋到会指导。13 名乡镇、街道党（工）委书记，雨花经开区、区直机关工委、区委非公经济组织和社会组织工委、区教育局、区卫生健康局、区城管执法局主要负责人进行述职，区领导逐一进行点评。区委书记刘素月强调，要把抓好党建作为最大政绩，紧紧扛

2022 年 2 月 11 日，雨花区 2021 年度镇、街道和区直行业系统党（工）委书记抓基层党建工作述职评议会议　　（区融媒体中心　供图）

牢省委城市基层党建联系点责任，围绕“两新”党建、物业小区党建、农村党建等领域，认真思考谋划，推进党建“六大行动”（政治领航、培根铸魂、强基赋能、和谐善治、同心聚力、清廉雨花）；要以党建引领汇聚发展合力，做实产业链党建、“两新”党建、自贸区党建、楼宇党建等各领域党建工作，强化党组织在城市建设和管理中统筹牵总作用，推动党组织向小区覆盖、向物业延伸，以“三零”社区（村）创建为抓手，抓紧抓牢消防安全、交通安全、反电诈、县域风险等级下降、信访等工作；要着力锻造一支过硬干部队伍，加强教育管理，围绕能力提升年抓好全区党员干部轮训，推动党员干部践行“一线工作法”，到一线服务企业、服务项目、服务发展、服务群众，压实班子成员“一岗双责”。王谦希望雨花区下阶段在自觉履行管党治党责任、全面构建多方联动格局、深度融入区域发展大局、提升基层党建工作质量等方面加强工作。

【党建工作会议】 2022 年 3 月 9 日，雨花区召开党建工作会议，对党办、组织、宣传思想、统战、政法和机关党建工作进行系统部署。区委书记刘素月强调，要突出政治建设，持续巩固党史学习教育成果，推动中共十九届六中全会精神走深走实；要突出服务大局，不断汇聚发展合力；要突出重心下移，增强基层党组织政治功能和组织力；以小区党建引领“四位一体”（以小区党组织为核心，业主委员会、业主监督委员会、物业服务企业共同参与）建设，提升小区治理水平，打造全市党建引领物业管理示范区；以党建引领网格化治理，抓牢抓实疫情防控、安全生产、信访、“12345”热线办理、反电诈、县域风险等级下降等工作；要突出队伍建设，持续强化干部学习、作风建设、教育管理；要突出正风肃纪，推动全面从严治党向纵深发展向基层延伸，营造风清气正政治生态。

【河长制和防涝防汛工作会议】 2022 年 3 月 10 日，雨花区召开河长制和防涝防汛工作会议，听取相关工作情况汇报，研究部署重点工作。区委书记刘素月强调，要做好防汛备汛工作，加强对堤垸、水库、山塘、防洪大堤、穿堤建筑物、泵站等重点部位的检查排查、专业检测、全面调试，加大对浏阳河、圭塘河沿线护坡、直立式挡墙以及拆迁工地护坡、楼房外墙的巡查力度；落实河长制要求，完善区、街道（镇）、村（社区）三级责任体系，建立区级浏阳河、圭塘河治理项目清单，推进“洞庭清波”行动，发挥好检察公益诉讼作用；抓好城区防涝排渍工作，做好全区排水管网检测、疏浚，全面梳理易渍堵点，紧盯长沙南站、汽车南站等重点场所和地下停车场等低洼区域，提前做好防涝排渍准备，加强对老旧管网路段管理；要健全应急指挥体系，做到统一指挥、统一调度、统一行动。

【国际会展雨花片区工作会议】 2022 年 4 月 13 日，雨花区委书记刘素月主持召开国际会展雨花片区工作会议，研究片区规划、项目建设等工作。会议听取自贸雨花区块贯彻落实湖南省委书记、省人大常委会主任张庆伟调研有关指示要求情况、国际会展雨花片区规划工作情况以及重点项目推进情况汇报。刘素月强调，要提升规划水平，聚焦中非经贸、会展、高铁等元素，优化产业规划，实施联动发展，提升规划定位；要提升品质形象，推进产业项目、片区开发建设，突出主次干道，加强日常巡查和问题整改，保持干净清爽，擦亮省会窗口形象；要提升产业业态，引进符合外向型经济定位的产业，推进楼宇二次招商，推动更多优质企业入驻；要提升发展速度，在本币结算、政策落地、中老贸易等方面取得更多突破，提速拆迁清零，让地等项目，提速房地产复工和建设、自贸总部基地建设、潭阳洲项目建设、提速安置房建设；要提升公共配套，建设好学校、道路等公共配套；要提升工作成效，推动固定资产投资、外资外贸、税收、服务业增加值、社会消费品零售总额等主要经济指标加快增长。

【强产业“三帮三促”工作暨纾困暖企行动推进会】 2022 年 4 月 18 日，雨花区强产业“三帮三促”工作暨纾困暖企行动推进会召开。区委书记刘素月强调，要提高政治站位，统一思想认识，以纾困暖企行动赋能项目建设、企业发展和楼宇品质，千方百计帮助项目、企业、楼宇解决好难题；要聚焦关键重点，持续精准发力，加强纾困暖企18条的宣传解读和中央、省、市惠企政策的精准推送，深入项目、企业、楼宇解决发展难题，开展安全隐患大排查，及时消除各类安全隐患，推动形成更多实物工作量和新增长点；要强化组织领导，确保工作实效。

【雨花区奋力实施强省会战略推进大会】 2022年4月23日，雨花区奋力实施强省会战略推进大会召开。会议传达贯彻省委实施强省会战略暨长株潭都市圈建设推进会、市委奋力实施强省会战略推进大会精神，发布《雨花区贯彻落实强省会战略行动方案（2022—2026年）》以及责任分解、重点事项、重大项目等清单，统筹部署绩效考核、真抓实干、经济运行工作。

【“党建聚合力”工程联村共建促乡村振兴行动现场会】 2022年4月27日，雨花区在跳马镇召开区委农村工作暨“党建聚合力”工程联村共建促乡村振兴行动现场会。区委书记刘素月，区委副书记、区长黄军其一行实地察看浏阳河郊野公园、曹家冲民宿等，调研相关工作。刘素月强调，要深化思想认识，增强行动自觉，聚焦强省会战略，努力把绿心之心建设为协同之芯，争当长株潭一体化桥头堡，推动破解乡村振兴中的瓶颈难题，实现党建工作和乡村振兴同步推进、同步提升；要突出工作重点，狠抓推进落实，推动跳马成为雨花区新一轮发展的重要支撑，开展“我为绿心植棵树”活动，打造一批文旅融合精品线路，加快提升一、三产业经济贡献度，提升跳马基础设施水平，抓好集体经济发展，抓好基层治理增效，加强与高校联动，引入专业力量服务乡村建设，严守基本农田保护红线，促进脱贫人口持续增收；要强化党建引领，凝聚各方合力。

【区委审计委员会第六次全体会议】 2022年4月28日，雨花区委审计委员会第六次全体会议召开。会议学习中共中央总书记习近平、国务院总理李克强关于审计工作的重要指示精神和全国审计工作会议，省委、市委审计委员会会议精神，听取有关工作情况汇报，审议通过《长沙市雨花区2022年度审计项目计划》《关于2021年度领导干部经济责任审计情况的综合报告》。区委书记刘素月强调，要提高政治站位，扛牢政治责任，加强党对审计工作的集中统一领导；要聚焦中心大局，强化使命担当，加大对项目招投标、公共资源交易、专项资金使用等领域的审计力度，开展就业、医疗、教育、社保、住房等领域审计工作，及时提出预警和对策建议，突出成果运用；加强党的领导，形成工作合力，区委审计委员会要发挥好在审计工作中的领导性作用，区委审计办要履行好牵头抓总作用，各成员单位要加强协同配合，区各级各部门要自觉依法接受审计监督，审计机关要加强自身建设。

2022年4月27日，2022年区委农村工作暨“党建聚合力工程联村共建促乡村振兴行动”会议（胡　靖　供图）

【雨花区房屋建筑安全百日整治行动部署会议】 2022年4月30日，雨花区房屋建筑安全百日整治行动部署会议召开。会议贯彻落实全市建筑安全专项大排查大整治会议精神，听取工作推进情况，分析建筑领域安全形势，部署房屋建筑安全百日整治行动。区委书记刘素月强调，要提高思想认识，深刻汲取事故惨痛教训，立即启动全区房屋建筑安全领域百日整治专项行动；要强化工作目标，以排除安全风险为目的，对全区建筑领域特别是自建房屋开展全面排查；要注重方式方法，用好“街镇吹哨、部门报到”工作机制，建立分析研判工作机制，强化警示、巡查和监测，加强组织领导，充实工作力量，依托辖区重点建筑企业和设计院所，形成专业支撑，开展宣传警示教育。

【青年干部座谈会】 2022年5月5日，雨花区召开全区青年干部座谈会。区委书记刘素月与来自全区各战线各领域的100余名青年干部代表座谈交流。与会人员集中观看宣传片《以青春之名·立青春之志》；通报表彰2022年度雨花区青年岗位能手、青年文明号和青年雷锋志愿服务队先进典型；8名青年干部代表结合各自工作经历和岗位实际进行分享交流。刘素月强调，共青团要不断保持和增强政治性、先进性、群众性，自觉担起党的助手和后备军的光荣责任；广大青年要肩负历史使命、坚定前进信心，让青春在为党和人民事业奋斗中绚丽绽放；全区各级党组织要全力支持共青团开展工作，大力关心培养使用年轻干部、关心支持青年成长发展。

【雨花区文明委全体（扩大）会议】 2022年5月6日，雨花区文明委全体

2022 年 5 月 5 日，雨花区青年干部座谈会　　（区融媒体中心　供图）

（扩大）会议召开。会议深入学习贯彻中共中央总书记习近平对精神文明建设的重要讲话重要指示批示精神，传达中央、省、市有关会议精神，总结 2021 年全区精神文明建设工作，部署 2022 年主要工作任务，审议有关文件。区委书记、区文明委主任刘素月要求要提高政治站位，强化使命担当，站在奋力实施强省会战略的高度推进精神文明建设，以全国十强的标准抓好文明建设、提升全面工作；要聚焦主题主线，落实重点任务，聚焦中共二十大主线、全国文明典范城市创建、城乡形象品质提升、新时代文明实践中心建设、城区治理能力现代化；要压紧压实责任，形成工作合力。

【区委统一战线工作领导小组全体会议】　2022 年 6 月 15 日，雨花区委统一战线工作领导小组 2022 年第一次全体会议召开。会议深入学习中共中央总书记习近平关于加强和改进统一战线工作的重要思想，传达学习省、市有关会议精神，听取区委统战工作领导小组 2021 年工作情况及 2022 年工作部署等情况汇报，审议通过有关文件。区委书记、区委统战工作领导小组组长刘素月强调，要在提升政治站位中扛牢职责使命，坚持党对统战工作领导不动摇，引导广大党外人士积极投身统筹发展和安全、稳住经济大盘、实施强省会战略等工作中，推动高质量发展；要在服务中心大局中彰显统战担当，将统战资源转化为发展资源，开发党外人士“人才库”，加强与海外联谊会、同乡会等社会组织的交流联系，开展联谊交友，开展“引老乡、回故乡、建家乡”行动，积极参与“万名干部联万企”行动，把各类纾困暖企政策带下去、把企业实际难题解决好，以创建省级民族团结进步示范区为抓手，加强风险隐患摸底排查、监测预警、分析研判、高效处置；要在强化责任落实中形成工作合力。

10 月 26 日，区委统一战线工作领导小组 2022 年第二次全体会议召开。会议传达学习省委、市委有关统战工作会议精神，听取全区统一战线工作情况汇报，审议通过重要文件。刘素月强调，要提高站位、深化认识，切实增强做好新时代统战工作的思想自觉和行动自觉，把学习贯彻中共二十大精神与学习贯彻中央和省委、市委统战工作有关会议精神紧密结合起来；要聚焦重点、把握关键，着力推动新时代雨花统战工作提质增效，聚焦“三高四新”战略目标和使命任务落实，聚焦强省会战略的深入实施，引导民主党派和无党派人士开展建言献策和调查研究；要加强领导、落实责任，巩固完善大统战工作格局。

【区委网络安全和信息化委员会第四次会议】　2022 年 7 月 12 日，雨花区委网络安全和信息化委员会第四次会议召开。会议深入学习习近平总书记关于网络强国的重要思想，传达学习中央、省委、市委网信委会议精神，听取全区网信工作汇报，审议有关文件，研究部署下阶段工作。区委书记、区委网络安全和信息化委员会主任刘素月强调，要坚持党的全面领导，不折不扣推动党中央和省委、市委决策部署落到实处；要聚焦中心大局，聚焦中共二十大主线，聚焦实施强省会战略，聚焦提升区域品质形象；要强化综合治理，提升网络安全风险防范能力，织密网络安全防护网，建立网络综合治理体系，开展“清朗”系列专项行动，推进“雨花网信智慧平台”二期建设；要推进数字赋能，拓展全民数字生活、数字学习、数字工作、数字创新 4 个应用场景；要压实工作责任，形成工作合力。

【项目建设拉练讲评会】　2022 年 8 月 18 日，雨花区召开项目建设拉练讲评会。区委书记刘素月率队到雨花经开区和高铁、雅塘、红星三大片区，现场观摩申亿马扎克智能制造工厂、建发玖洲、金茂智慧科学城、中海湘水锦园等重点项目，了解征地拆迁、规划建设、产业导入、基础配套、商品房销售等情况，围绕重点工作开展拉练。区发展改革局通报全区项目建设情况，区统计局分析全区投资形势，高桥街道、黎托街道作经验交流，相关单位进行表态发言，区委常委、常务副区长吴平辉安排部署下半年项目建设工作。刘素月强调，要聚焦目标任务全力攻坚，主动争取上级支持，推进项目建设再提速，做到已摘牌未入库项目、新增项目、重点企业投资项目等应统尽统，推动两安用地开发建设，区平台公司要加快推动已征拆地块开发建设，要把运达大桥安置区城市更新等项目打造为解决自建房问题的标杆项目，推进“三帮三促”行动；要聚焦百日竞赛争先作为，强化竞赛结果运用，在竞赛活动中加快项目建设，提高投资完成率，加强研讨交流和业务培训；要聚焦安全稳定守牢底线，抓好疫情防控，要抓牢安全生产，统筹抓好自建房、森林防火、抗旱救灾等工作，抓实信访工作，提升初信初访办理质效。

【区委全面依法治区委员会第五次会议】 2022年8月23日，雨花区委全面依法治区委员会第五次会议召开。会议深入学习习近平总书记法治思想，传达中央、省、市有关会议精神，听取依法治区工作情况，研究部署下阶段工作。区委书记、区委全面依法治区委员会主任刘素月强调，要提高政治站位，把握正确方向，把依法治区与实施强省会战略、落实“四个争当”（争当“三个高地”排头兵、争当长株潭一体化桥头堡、争当现代国际商贸服务先行区、争当宜居幸福示范区）“三升三降”（经济贡献度、产业业态、城区环境“三提升”，安全事故、信访积案、社会风险“三下降”）要求统一起来，围绕项目建设、产业发展、科技创新、对外开放、民生实事等工作，加快健全依法治理体系，优化营商环境、市场环境和发展环境；要突出工作重点，细化落实举措，健全科学民主决策机制，推进“放管服”改革，落实行政执法“三项制度”（行政执法的公示制度、行政执法全过程的记录制度、重大执法决定的法制审核制度），深化诉源治理，认真组织实施“八五”普法规划；要加强组织领导，凝聚强大合力。

【雨花区青年发展型城区建设试点工作部署推进会】 2022年12月26日，雨花区青年发展型城区建设全国试点工作部署推进会暨2022年青年工作联席会召开。会议传达学习全国、全省、全市相关会议精神，听取全区青年发展型城区建设试点工作情况汇报，相关单位围绕青年就业创业、青年参与社会治理、社区青春行动进行交流发言。区委书记刘素月强调，要提高政治站位，深化思想认识，把青年工作作为战略性工作来认识把握、统筹部署、系统落实；要聚焦目标任务，夯实工作举措，强化青年思想引领，激发青年担当作为，提升青年能力水平，做好青年服务保障；要切实扛牢责任，凝聚强大合力。

（本栏撰稿　李　元）

重要文件

【《长沙市雨花区促进经济高质量发展扶植奖励办法（试行）》】 2022年3月16日，雨花区印发《长沙市雨花区促进经济高质量发展扶植奖励办法(试行)》(以下简称《办法》)。《办法》围绕全区产业发展的长期性、深层次、战略性问题，以提升经济贡献度和产业业态为目标，以总部经济、楼宇经济、平台经济为发力点，以科技创新、项目建设、投资促进、消费增长为抓手，根据现有产业发展的特点和趋势，结合历年政策兑现工作的实际经验，将原实行的《长沙市雨花区促进区域产业发展扶植奖励办法》和《长沙市雨花区促进楼宇经济发展扶植奖励办法》有关条款进行精简、合并、优化后，明确9条核心支持政策，设置经济贡献提升奖、产业业态提升奖、总部经济发展奖、楼宇经济发展奖、平台经济发展奖、科技创新奖、重大项目推进奖、投资促进奖、消费增长奖等奖项。《办法》首次设置北京证券交易所上市扶植奖励情形，提出：在北京证券交易所首发上市的，分3次给予总额270万元扶植；在新型金融机构扶植方面，《办法》率先中心城区首次提出，对融资（金融）租赁和商业保理机构按其当年新增融资支持总额年度日均值的30%给予扶植，最高可达100万元；在科技研发方面，《办法》率先中心城区首次提出：经省、市科技部门审核备案从事技术合同认定登记服务工作的科技服务机构，年度累计成交额10亿元以上、30亿元以上、50亿元以上，当年分别给予5万元、10万元、15万元扶植；《办法》首创限下“金样本”单位的扶植奖励情形，提出：入选且全年保持为国家“金样本”单位的，当年给予企业3万元扶植。

【《雨花区贯彻落实强省会战略行动方案（2022—2026年）》】 2022年4月22日，雨花区印发《雨花区贯彻落实强省会战略行动方案（2022—2026年）》（以下简称《方案》）。按照《方案》，雨花区围绕12个专项行动明确的115个重大项目、2022年明确的73项具体事项以及细化分解的各项指标任务，突出建设经济强区、开放高地、协同之芯，抓产业、抓项目、抓开放、抓品质、抓治理；雨花区力争到2026年，地区生产总值达到3600亿元，规模工业总产值达到1300亿元，制造业增加值占GDP比重达到42.5%，高新技术产业增加值增速达到14%以上，数字经济增加值占比达到15%，进出口总额达到420亿元，市场主体总量突破35万；加强中非、中老经贸合作，打开更高水平对外开放大门；推进长株潭绿心中央公园建设，依托雨花经开区飞地园区建设，把绿水青山建设为金山银山，开创长株潭都市圈功能互补产业协同新局面。

（本栏撰稿　张小彤）

区委办公室

【政策研究】 2022年，雨花区委政研室撰写各类文稿300余篇，完成领导讲话、重要汇报、会议文稿等各类文字起草任务。在省、市媒体推介刊发雨花区经验文章40余篇。参与经济社会发展、乡村振兴对口帮扶等工作，牵头撰写《乘着强省会的东风奋力奔跑，在高质量发展新的赶考路上交出更加优异的雨花答卷》《全力办好发展经济最大实事 为“稳经济 强省会”贡献雨花力量》《与百年雅礼在春风

2022 年 3 月 3 日，雨花区领导调研区委办公室工作座谈会

（区融媒体中心　供图）

中重逢——雅礼中学疫情处置案例》等。服务区委常委会会议 35 次，办理区委常委会议纪要 25 期、区委常委办公会议纪要 2 期，统筹推进财经等工作。（李　元）

【督查工作】　2022 年，雨花区委督查室围绕会议决策、重点项目、中心工作抓督查，编发《雨花督查》通报 18 期、《雨花督查》专报 35 期，办理区委主要领导指示批示件 200 余件。形成《区级层面 2022 年度整治形式主义为基层减负工作方案》以及《2022 年区级层面督查检查考核年度计划》，推动减负工作走深走实。完成网络问政留言办理工作，办理省委书记问政留言 27 件，市委书记问政留言 953 件，回复率 100%。牵头制订《区委书记、区长网络问政留言回复试运行的工作机制》，探索网络问政工作新模式。

（丁雨晨）

【信息工作】　2022 年，雨花区委办向省委、市委办公厅报送日常信息 400 余条，位列全市第一；获得区委主要负责人肯定性批示 46 次；编发《雨花要情》254 期，为区委、政府提供参谋服务。做好重大事件紧急信息衔接上报，出台《关于进一步明确紧急信息报送要求的通知》，紧急信息未出现一起迟报、漏报、瞒报、误报情况，连续 11 年被评为长沙市党委信息工作先进单位，2022 年被评为全省党委信息工作先进单位。（曾　鑫）

【保密工作】　2022 年，雨花区实现全区 93 个单位保密专项检查全覆盖，对重点涉密单位开展“回头看”复查。区国家保密局获评“2022 年度长沙市保密工作优秀单位”。2 月 18 日，区委常委会专题学习中央、省、市保密工作会议精神，研究部署全区保密工作。5 月 11 日，雨花区委保密委成员（扩大）会议暨全区保密工作会议召开。6 月 1 日，邀请省委办公厅二级巡视员邓忠泽在区委理论学习中心组集体学习班进行保密专题辅导。7—10 月，监督和指导考试保密主要环节。9—10 月，开展“国家安全和保密宣传教育月”活动，通过强化党内培训、突出媒体宣传、深化阵地宣传、开展教育培训等多种形式，在全区加强国家安全和保密宣传教育。11 月，组织开展全区重点涉密场所的保密检测。12 月，向全区 79 个单位发放《保密培训必学内容》，指导和推动保密工作高质量开展。（何　明）

【外事工作】　2022 年，雨花区协助完成非洲驻华使节考察中非经贸合作促进创新示范园等 12 次活动；完善全区涉外突发事件应急工作机制，维护外籍人员合法权益。开展海外利益维护工作，发放《中国领事保护和协助指南》3000 余份，及时主动为在澳大利亚遇难中国公民家属办理加急签证提供帮助。（刘　群）

【港澳台工作】　2022 年，雨花区开展涉台纠纷排查化解，解决台商、台胞、台属在生产经营、生活保障中遇到的突出困难和问题 28 个。开展重点台商和困难台胞台属“四个一”春节走访慰问，给每户慰问对象送“一个福字、一对春联、一封慰问信、一份慰问金”，共发放慰问金 3 万余元；分别在湖南省宋旦汉字艺术博物馆和长郡雨花区外国语学校举办 2 次对台交流活动；抓好全区 1 个省级、4 个市级、4 个区级涉台教育基地宣传推介、培育扶持工作。（刘　群）

改革创新

【概况】　2022 年，雨花区以奋力建设全国一流现代化强区为目标，对标重点领域和关键环节实施改革，铺排改革任务 49 项，包括承接上级任务协同推进改革事项 26 项，部门自主探索改革事项 10 项，街道（镇）自主探索改革事项 13 项。制定下发《中共长沙市雨花区委全面深化改革委员会 2022 年工作要点》《中共长沙市雨花区委全面深化改革委员会办公室 2022 年全面深化改革工作任务责任分解表》等近 20 个改革相关文件及通知，实施改革任务责任分解。截至 2022 年年底，完成各项改革任务。其中，《雨花区推进“三位一体”教育评价改革》入选 2022 年长沙市十佳特色改革案例。《长沙改革交流》第 148 期刊发《雨花区：探索党建引领“双模式”破解老旧小区“管理难”》等多篇相关文章，

报道特色亮点。健全完善区科协机构设置，9月30日完成区科协党组设立。12月30日，完成雨花区深化国防动员体制改革主体工作。（刘　群）

【教育评价改革】　雨花区坚持减负、提质、增效“三位一体”，探索教育评价改革新路径，推进教育高质量发展，深化教育评价改革项目入选湖南省教育体制改革项目，改革案例获评湖南省新时代教育评价改革典型案例，《雨花区推进“三位一体”教育评价改革》入选2022年长沙市十佳特色改革案例。区委、区政府高度重视教育工作，全区一般公共预算教育经费约占区可用财力的50%。2022年，投资13亿元，完成16所学校（园）建设，新增公办学（园）位1.8万个；公办园在园幼儿占比61.14%，居全省前列。将深化新时代教育评价改革纳入区委改革工作，统筹推进教育评价改革；出台《雨花区深化新时代教育评价改革重点任务清单》。对全区相关规章制度和文件进行清理，对表述存在疑惑、不明确的8个文件予以修订。全区公务员招考、事业单位招聘、教师招聘工作均未对考生的学习经历、培养方式等进行限制。优化中小学、幼儿园绩效考核，幼儿园重点评价科学保教、安全管理、规范办园、队伍建设等，杜绝“小学化”倾向；中小学校重点评价促进学生全面发展、建设高素质教师队伍、提升教育治理水平以及“双减”实效等情况。完善雨花区学生综合素质评价体系，按照“五育并举+个性发展”（“五育”即智育、体育、美育、德育、劳动教育）6个板块进行构建。长塘里小学“五美少年”（健美、慧美、善美、雅美、和美）综合素质评价做法，在湖南省基础教育评价改革现场会上推介。出台《雨花区推进“五项管理”工作实施方案》，涌现出“全国新时代好少年”“全国孝心少年”等学子。课改案例获省基础教育教学成果一等奖，在全市普通中小学教育质量综合评价报告结果应用优秀案例评比中，获奖总数约占全市1/3。全区特色学校比例占70.2%，特色项目100%全覆盖，有50所全国校园足球、篮球等特色校。在全省首届中小学生“绳彩飞扬”中均获第一名，排名前100的学校中占48%，被省体育局评为“年度突出贡献单位”。入选湖南省首批中小学劳动教育实验区。启动校园“四师”行动计划（每校1名营养师、1名心理咨询师、1名运动管理师、1名校医）。全市率先成立工作专班，出台落实“双减”工作重点任务清单；全省率先出台《低年级游艺测评指南》，开展创意作业设计大赛。创新开展“三百”（建立百个网格点，选派百名指导员，监管百所培训机构）工程对辖区所有培训机构开展全方位的常态监管；精准分类治理培训机构，义务教育阶段学科类校外培训机构压减率87.2%，在全省校外培训治理工作会上作典型发言。与北京师范大学签订师德涵养实验区建设合作协议，推进师德养成示范区建设；聘请20名师德师风特约监督员。健全教师综合评价体系，按照“优绩优酬”原则改革教师绩效工资发放办法，确保绩效工资向一线教师和班主任倾斜。通过紧密型办学、共同体办学、对口帮扶、学区管理等模式深化集团化办学，成立长郡雨外、砂子塘、枫树山、长塘里、泰禹等12个教育集团，17所城区优质学校（园）联点跳马片区学校，让更多群众在家门口享受优质的教育资源。全面推广“雷锋号护学岗”，为全区所有中小学、幼儿园护航。（文　江）

组织工作

【概况】　2022年，雨花区践行新时代党的组织路线，推进班子队伍建设、基层党建、绩效考核、公务员管理、人才工作、老干部服务等各项工作。开展联村共建促乡村振兴行动，推动街道（园区）、重点企业、社会组织与跳马镇14个社区（村）联村共建；探索在长沙南站、自贸区、红星片区组建党建联盟，整合驻区单位、科研院所、央企国企、项目单位等资源，破解发展难题；打造“雨花梦想家”品牌，举办首期“乡村领雁”创业培训班；开展集中组建攻坚，非公企业和社会组织中党组织覆盖率分别由22%提升至77%、30%提升至81%；在“红星云”微信公众号、“红星网”、“长沙党建”等上稿168篇，承办省委组织部主题党日活动，代表长沙迎接省委组织部党管处流动党员专题调研；抓好党建促民生、社区党员分类管理等经验获《人民日报》《省委要情汇报》推介。

【党内统计】　2022年，雨花区党员总数43868名。2022年度增加党员3847名，其中发展党员196名，转入组织关系3651名；2022年度党员减少2274名，其中出党18名，死亡444名，转出组织关系1812名。女党员18037名，占41.12%；少数民族党员903名，占2.06%。从入党时间来看：1937年7月7日至1945年9月2日（抗日战争期间）入党3人，1945年9月3日至1949年9月入党8人，中华人民共和国成立后入党43857人。从从业结构来看：在岗职工党员12321名，占28.09%；离退休党员19098名，占43.54%；其他党员12449名，占28.37%。从学历结构来看：研究生学历2043名，占4.66%；大学本科学历14397名，占32.82%；大专学历9875名，占22.51%；中专学历3417名，占7.79%；高中、中技6576名，占14.99%；初中及以下7560名，占17.23%。从年龄结构来看：30岁及以下党员3787名，占8.63%；31至35岁5321名，占12.13%；36至40岁4411名，占10.06%；41至45岁3277名，占7.47%；46至50岁2962名，占6.75%；51岁至55岁2826名，占6.44%；56至60岁3232名，占7.37%；61至65岁3249名，占7.41%；66至70岁4402名，占10.03%；71岁及以上10401名，占23.71%。年度新发展党员196名，其中女党员105名，占53.57%；少数民族党员7名，占3.57%。从从业结构来看：在岗职工132名，占67.35%；农牧渔民19名，占9.69%；其他45名，占22.96%。从学历结构来看：大学本科及以上党员87名，占44.38%；大学专科 77 名，占 39.29%；中专、高中及中技 31 名，占 15.82%；初中及以下 1 名，占 0.51%。从年龄结构来看：35 岁及以下 97 名，占 49.49%；36 岁至 60 岁 98 名，占 50%；61 岁及以上 1 名，占 0.51%。

【组织建设】 2022 年，雨花区把学习贯彻习近平新时代中国特色社会主义思想作为首要政治任务，深化党员教育轮训，组织培训班 11 个，轮训党员干部 9536 人。推广“流动党员之家小程序”，经验做法得到省委组织部党管处肯定；落实“一月一课一片一实践”要求，每月印发主题党日活动方案。开展党的组织法规“回头看”和党务工作有关问题清查整治专项行动，排查出存在问题的党组织 24 个、委托第三方提供辅助服务事项 12 项、非党员从事党务工作情况 20 人。聚焦电诈、涉毒等重点情形，确定高桥、左家塘、井湾子 3 个重点街道、6 个重点社区名单，加大对全区电诈和涉毒执法打击力度。调整优化“三零”指标体系，新增消防火警数、县域警务风险、一氧化碳中毒 3 项指标，调整“12345”市民热线指标，2022 年“三零”社区（村）达标 92 个，其中一类 50 个，二类 42 个。选优配强跳马镇班子队伍，选派 2 支驻村工作队，重点支持石燕湖民宿产业和金屏小镇建设。开展“一线促发展、建功强省会”活动，推动机关干部在项目建设、基层治理中当先锋；规范国有企业运行，完善“公司党建 + 项目党建 + 物业党建”格局；推进党组织领导的校长负责制，分 3 批确定 67 所中小学校为改革实行校，覆盖面 75.3%，获省委教育工委肯定。

【干部工作】 2022 年，雨花区树牢凭实绩用干部鲜明导向，配合市委完成区领导班子政治建设考察，开展跳马镇领导班子换届“回头看”，加强科级班子日常分析研判，加大年轻干部培养使用力度，注重选派干部到疫情防控、自建房整治、安全生产、信访维稳、对口帮扶等急难险重一线历练，全年晋升 400 余人。公开招录事业编制人员、选调生、公务员 48 人。举办学习贯彻党的十九届六中全会精神专题读书班和全区科级以上领导干部学习贯彻党的二十大精神集中轮训第一期研讨班。打造“六强”学堂。实施新时代基层干部培训行动计划，组织区直部门、街道（镇）培训基层干部 2650 人次，培训完成率 100%。完成省委、市委党校干部调训计划，选送 21 名干部参加调训。对新任街镇党政正职发放履职用权风险提示清单。组织 101 名领导干部填报“领导干部个人有关事项报告表”。开展领导干部因私出国（境）专项清理“回头看”，严格规范因私出国（境）证件管理，新增备案干部 257 名，证件 409 本。制定《关于规范党政领导干部在高校、科研院所兼职的通知》，全面梳理领导干部在企业、高校、科研院所兼职情况。结合区委第二轮、第三轮巡察，组织对雨花亭街道等 12 家单位开展选人用人专项检查。召开人事领导小组会议 4 次。推进参公单位重新认定，完成省考招录公务员 13 人。加强和改进公务员考核，平时考核经验做法获《湘组研究》刊登。

【人才工作】 2022 年，雨花区围绕“一主一特”等重点产业链，调研企业 100 余家，编制《2022 年度急需紧缺人才需求目录》。新认定乡村振兴人才 62 人，累计认定 288 人，其中现代农业产业领军人才 2 人。将招商引资与招才引智相结合，吸引中国联通中南研究院、零食很忙数字化全国总部供应链中心、上海爱数信息全国总部等项目落户雨花区。开设“雨花梦想家”青年人才培训班。建强全省首家实体企业孵化平台晓光工匠学院，每年培训技能人才 2.6 万人次。打造中非直播电商人才孵化中心，举办主播人才训练营 171 场，成功孵化 108 名带货主播与 22 个直播带货账号。组织花卉苗木产业人才培训，邀请中南林业科技大学教授专题授课。举办首期“乡村领雁”创业培训班，采取“8 天授课 +60 天跟踪服务”的方式，为乡村创业人才提供全周期指导。开展联企聚才活动，帮助 237 家重点企业解决各类问题 600 余个，累计解决人才住房、子女入学等问题 209 个。为人才办理“优才贷”贷款 868 万元，兑现人才政策奖补 3100 万元。建设东澜湾国际人才社区，制定 8 条服务举措，打造国际人才会客厅，配备服务专员，提供政策解读、信息咨询、生活保障等全方位服务。推荐零食很忙晏周、可孚医疗王锡峰等优秀人才登上《我的梦想我的城》第二季。

【绩效考核】 2022 年，市考体系总分由 100 分变为 200 分，具体考点达到 200 余个，较往年多 70 余个，涉及单位由 42 个增加至 54 个。雨花区成立绩效考核指挥部，由绩效办负责指挥部日常工作。从 6 月起，每日报送指标进展，每周形成工作报告，每月撰写分析专报，提出合理建议。召开全区性绩考会议 20 余次、落实领导批示指示 30 余条、组织落后指标单位约谈 3 次。围绕“十强创建”、重点工程建设、党建引领小区治理、“三零”建设等重点亮点工作，科学设置考核内容。内外街考核实行“一张卷”，街镇和部门设置个性化考核指标。坚持考核评价与奖惩激励、干部任用、干部管理有机结合，在干部提拔使用、评优评先时把绩效考核指标完成情况和考核结果作为重要的参考依据。

【“两新”组织党建】 2022 年，雨花区完善区委两新工委设置，召开两新工委第一次全体（扩大）会议，新增一批成员单位，建立联席会议制度和常态化会商制度。以迎接和学习宣传贯彻中共二十大为主线，组织全区 908 个“两新”党组织、7863 名“两新”党员开展党员轮训。指导开展“一月一课一片一实践”活动，编印学习资料 1.2 万余册。开展“两新”领域意识形态风险隐患排查，明确网信、商务等单位“一对一”联系指导 13 家重点互联网企业，严格把关省、市“两新”领域人大代表、政协委员推荐人选。依托英维创新、旭辉国际等 13 个楼宇党群服务中心，开展党建服务、政务服务和社会服务“三位一体”服务，形成资源、需求、项目“三张清单”，落实经费、阵地、人员“三重保障”，开展“帮代办”服务和“助力千企”行动。在湖南自贸试验区成立首个党建联盟“红领商港”，联动省、市厅局、海关、行业协会、市场主体，共促制度创新、通道拓展、通关便捷。推进“党建＋公益”融合党建模式，指导群英会、“老首长”工作室、“邻帮一号通”等社会组织开展为民服务活动。对暂未成立党组织的，通过选派党建指导员，推进党的工作全覆盖。成立互联网行业党委、商协会组织联合党委、非公有制经济组织综合党委，打造“红色天际线”“红色商字号”“红色e站”等党建品牌；推选出中共二十大代表、新兴行业代表、快递小哥马石光，建成14个快递外卖小哥、货车司机“红色之家”，经验被推介20余次。成立街镇两新综合党委，构建区委两新工委牵头抓总、行业部门各负其责、街道社区兜底管理的“两新”党建工作体系，选聘15名专职党务工作者，下拨党建专项经费206.91万元，开展“送培训、送政策、送服务”结对共建活动。

【党建引领小区治理】 2022年，雨花区出台小区治理八条措施和选派领导干部任社区、小区第一书记管理办法，推出小区党组织书记岗位津贴制、小区分类治理等举措，推进综合管理执法进小区，推动一般物业矛盾纠纷100%实现就地解决。在中共中央办公厅督查调研中，“三零”社区（村）建设、“四位一体”小区党建、社区员额管理等基层治理经验，得到肯定。贯彻落实湖南省委关于加强基层组织建设的意见，面向村（社区）党组织书记考核招聘6名街道事业编制人员。

【“六强”学堂】 2022年是雨花区的能力建设年。雨花区为建设高素质专业化干部队伍，推出“六强”学堂，以“强党建、强目标、强作风、强能力、强环境、强底线”为目标，开展常态化干部轮训。全年开展经济发展、防涝防汛、安全生产等主题培训8次，轮训干部3000余人，工作经验被《长沙组工通讯》《组织人事报》等媒体宣传推介。1月15日，区委经济工作会议召开。会议要求每一名党员干部，要加强对经济理论、科技知识、项目策划、法律法规、风险防控等专业知识的学习。1月22日，雨花区经济战线干部提升专业能力培训班举办，全区经济战线干部参训。培训设置8个专题，区主要经济部门的负责人，结合雨花经济发展现状和自身工作经历进行授课。授课内容以经济基础知识为重点，涵盖发改、财政、统计、税务、商务、工信、科技、自贸等多个方面。2月12日，春节假期后的第一个星期六，全区提升安全工作能力培训班举办，全区安全生产重点部门单位，街镇、社区负责人共600余人参训。培训设置8个专题，授课内容紧扣底线工作和安全工作主题，涵盖应急管理、道路交通安全、消防安全、燃气安全、环境保护、疫情防控等多个方面。2月19—20日，雨花区主要县级领导及科级主要负责同志学习贯彻党的十九届六中全会精神专题读书班在湖南省委党校举办，全区县级领导及科级主要负责人130余人参训。读书班采取封闭式管理，设立学风督导组。读书班包括集中自学、分组研讨、学习交流等环节，要求学员坚持读原著、学原文、悟原理，原原本本学习党章党规，组织学员集中观看湖南省委常委、长沙市委书记吴桂英专题辅导报告的视频。2月25日，全区城建城管线干部提升专业能力培训班举办，全区城建城管重点部门单位、街镇、社区（村）相关负责人参训。培训设置9个专题，涵盖城市管理、园林绿化维护、防汛防涝、食品安全、建设监管、城市更新、土地征拆等多个方面。区城建城管部门的主要负责人结合雨花城建城管工作现状和自身工作经历进行授课。5月9日，建筑安全工作能力提升培训班举办，全区300余人集体参训。培训设置4堂课程，涵盖自建房安全隐患排查、房屋安全监测与鉴定、建设领域安全生产法律政策等多个方面。湖南湖大土木建筑工程检测有限公司副总经理、湖南大学设计研究院加固研究中心副主任罗刚作“房屋安全隐患监测和鉴定”专题授课，区住建部门、相关街道的主要负责人结合工作现状和自身工作经历进行授课。5月23日，防汛防涝工作能力提升培训班举办，200余人集体参训。培训设置3堂课程，涵盖防汛、河长制工作业务知识、长沙市中心城区排水防涝实施方案解读、城区防涝排渍等多个方面。区农业农村局、市政设施维护中心主要负责人结合工作现状和自身工作经历进行授课，中铁长沙市规划设计院有限责任公司给排水与环境工程设计部部长冯强，解读长沙市中心城区排水防涝实施方案。6月10日，巩固拓展脱贫攻坚成果同乡村振兴有效衔接工作培训举办，130余乡村振兴工作队长参训。湖南省乡村振兴局防贫监测处处长燕军、长沙市乡村振兴局扶贫开发指导处副处长屈强、市农业农村局农村社会事业促进处四级主任科员季凡分别以《如何抓好防止返贫监测帮扶工作》《落实省市巩固衔接问题整改会议精神，守底线抓重点，促进乡村全面振兴》《以美丽宜居村庄为主抓手，推进乡村振兴示范市建设》为题进行授课。

【“雨花梦想家”】 2022年，雨花区发布“雨花梦想家”急需紧缺人才需求目录，举办“雨花梦想家”急需紧缺人才专场招聘、线上校园招聘会等多场引才活动，开设“雨花梦想家”青年人才培训班，开展“雨花梦想家”人才政策专场宣讲活动，健全引才、育才、留才“三位一体”磁场，擦亮“雨花梦想家”人才工作品牌。7月3日，“智汇潇湘 才聚雨花”——2022年“雨花梦想家”急需紧缺人才专场招聘活动暨长沙人才新政45条宣讲会举行。宣传会发布急需紧缺人才目录、800余个紧缺岗位需求数，为比亚迪、中机国际等30家头部企业引进高端人才166名。9月6日，2022年“雨花梦想家”青年人才培训班开班，区青年人才代表等120名学员参训。培训邀请长沙市高层次人才服务发展中心主任余万贤解读长沙人才政策“升级版45条”有关青年人才政策；湖南师范大学教授、博士生导师朱翔讲解中国宏观经济走势及热点经济问题；企业家代表长沙长泰机器人有限公司董事长高狄分享他在职业晋升、创业历程中的经验。12月13日，“智汇潇湘 才聚雨花”2022年“雨花梦想家”人才服务季政策宣讲会暨校园招聘会在英维创新大厦启动。活动涵盖政策宣讲、“企业人才服务战略协议”和“高层次人才服务协议”签约仪式、校园招聘会等环节。招聘会择优挑选区内20家重点优质企业，发布近500个岗位需求，1小时内招聘直播在线人数突破1万名，中南林业科技大学、湖南大众传媒学院、长沙师范学院、长沙民政职业技术学院等高校毕业生1000余人实时在线参聘。

【红星片区党建联盟主题活动】 雨花区红星片区建设指挥部通过成立临时党委及党建联盟先锋队，推进“支部建在项目上”，凝聚红星片区党建合力，促进片区发展，构建片区内企事业单位、基层自治组织、行业组织等领域的党建融合发展。同步启动“党建聚合力”工程，片区内12个党组织共建党建联盟，出台党建联盟10条，开展实事共办、项目共抓、产业共兴、品质共提、人才共育等活动。4月26日，由洞井街道党工委组织承办的红星片区党建联盟“赓续红色精神·守护绿色生态”主题活动在湖南省植物园举行。党员们在长沙南红色记忆馆集体重温入党誓词，参观红色藏品，听讲解员讲述长沙城南的红色故事。11位党员代表分享自己喜欢的红色书籍、红色影片、红色故事等，交流自己在基层工作、红星片区城市更新项目工作中的感受和体会。7月28日，雨花区红星片区临时党委联合雨花国资集团公司党委，开展“盛夏送清凉，关怀润匠心”活动，深入片区建设工地，慰问中建五局总承包公司湖南分公司、中建五局三公司、中海兴业房地产项目建筑工人和天华湖抢险工程、天华村安置房征拆人员，赠送西瓜、藿香正气水、凉茶包等消暑物资。

【“红领商港”党建联盟成立】 2022年6月28日，中国（湖南）自由贸易试验区长沙片区雨花区块“红领商港”党建联盟成立暨直播电商“红色e站”启动仪式，在中非经贸合作促进创新示范园4楼举行。湖南省委组织部二级巡视员、省委两新工委办公室主任冯宗君，长沙市委常委、组织部部长罗缵吉，雨花区委副书记、区长黄军其，自贸区长沙片区雨花党工委书记、管委会主任肖向东等出席。黄军其致辞；肖向东宣读“红领商港”联盟倡议书；雨花直播电商联盟盟主、可孚医疗高级副总裁、企业党委书记聂亚力分享奋斗故事和创业经验；中共湖南驻外之家党支部书记雷霆分享从创业之初到发展壮大过程中的经验和体会；雨花区通程电商新零售经理、青年网红主播代表张洁分享通程集团在党群建设、企业创新、经营改革等方面的经验；驻外之家在赞比亚基地的负责人黄鹏起通过视频介绍驻外之家在赞比亚的情况。“红领商港”党建联盟由雨花区委组织部、自贸长沙片区雨花党工委、高桥街道党工委联合发起，联合与雨花区块发展有着密切关联的机关事业单位、央企国企、民营企业等各类党组织和党员共同组成。该联盟首批成员单位有48家，其中，管理服务部门25家、社会团体3家、企业20家，有党员3400人。该联盟根据不同行业领域的特点分别设立“红色e站”，在直播电商行业打造首个“红色e站”。

【雨花区互联网行业党委成立】 2022年6月29日，中共雨花区互联网行业委员会成立大会暨第一次全体（扩大）会议召开。会议传达学习中央、省、市推进互联网企业党建相关文件和会议精神，审议通过《中共长沙市雨花区互联网行业委员会工作规则》《雨花区重点互联网企业党建联点指导分工表》等文件，明确下阶段全区互联网企业党建工作重点任务。会议明确要紧扣“双引领双提升”目标，坚持党管互联网，在区委两新工委和省、市互联网行业党委的指导下，对标对表做好区互联网企业党建工作。

【“两新”党组织书记培训班】 2022年7月20—22日，雨花区委两新工委、区委党校共同主办“两新”党组织书记培训班，全区部分非公有制企业和社会组织党组织负责人、各街道“两新”综合党委党建指导员220人参加培训。培训分别邀请湖南省委两新工委、长沙市委两新工委、市委党校的业务专家进行专题辅导，设置《着力提高新时代“两新”领域党支部建设质量》《“两新”党建工作实务》《习近平新时代中国特色社会主义经济思想对马克思主义政治经济学的继承和发展》《强省会战略 宏观经济发展》《学党章 悟初心 担使命》等课程，安排3名“两新”党组织负责人介绍开展非公党建工作的新思路和新方法，组织集中观看先进典型事迹宣传短片《榜样的力量》。

（本栏撰稿 卢艳霞）

宣传工作

【概况】 2022年，雨花区围绕高质量发展主题，举办“雨花大讲堂”5期，组织开展“就认这个理·雨花好声音——党的二十大精神进基层”微宣讲活动200余场次；中央、省、市主流媒体和门户网站累计报道雨花区1.7万余条；推出优秀文艺作品300余幅（篇），推介4件作品在长沙市第十四届精神文明建设“五个一工程”作品评选中获奖；雨花区规模以上文化企业净增19家，完成营业收入88.8亿元，比2021年增长13.6%；聚焦创新驱动发展战略，推动版权示范城市创建；乐之书店雨花店获评2022年省委宣传部“最美阅读空间”。2022年度全市行政执法案卷评查，雨花区以平均分98.23的成绩获得第一名；区新闻出版局获满分100分的案卷初审分数。

【理论教育】 2022年，雨花区委宣传部坚持把学习宣传贯彻中共二十大精神作为首要政治任务，发挥区委理论学习中心组引领作用，示范带动全区上下全面跟进、走深走实。举办学习宣传贯彻党的二十大精神专题部署会、《让群众过上好日子——习近平正定足迹》四部图书学习交流会和《习近平谈治国理政》第四卷学习座谈会，完成中共二十大辅导读本、《习近平谈治国理政》第四卷、《让群众过上好日子——习近平正定足迹》等四部图书以及其他理论读物征订工作。在《长沙晚报》刊发区委理论学习中心组署名文章，组织开展集中学习14次，为区委理论学习中心组成员发放理论学习书籍300余册（套）。围绕雨花高质量发展主题，举办“雨花大讲堂”5期，实施党史学习教育常态化长效化十条措施；开展学习贯彻中共二十大精神集中宣讲活动。打响“就认这个理·雨花好声音”宣讲品牌，创新“政策+”“文艺+”“网络+”等宣讲形式，组织开展微宣讲“六进”活动500余场次，组织各领域宣讲比赛20余场次。

【新闻宣传】 2022年，雨花区以强省会战略、“党建聚合力”、学习贯彻中共二十大精神等重大主题为龙头，突出重点媒体攻坚，推出《务实协商，引导居民共建共治》《一寸都不能少》《众商追捧开新路》《一河春水向长沙》等众多重稿优稿，4次被中央电视台《新闻联播》刊播。推出原创视频368条，各有1期短视频分别获得2021年度湖南新闻奖三等奖、全省第七届网络原创视听节目大赛短视频类二等奖、全省学生安全短视频大赛（中小学组）一等奖，5期短视频被“学习强国”学习平台刊播。通过打造“花粉”IP、活动吸粉、校园推广等方式，进行平台推广和圈群发动。“学习强国”雨花融媒链路全年上稿133条，《蝶变的圭塘河，流淌着诗和远方》获“学习强国”学习平台2022年全国县级融媒体中心优秀作品冬赛三等奖，《房子未入住，可以拒缴物业费吗？》《湖南长沙雨花区：昔日“臭水沟” 今日“景观带”》阅读量分别为811万、104万，“100万+”阅读量作品数量居全市县级融媒体中心之首。

【文化建设】 2022年，雨花区引导辖区文艺工作者围绕中共二十大等重大主题进行文艺创作，做好《雨花文艺》刊物编发。举办“中国著名作家雨花采风活动”“雨花区学习宣传贯彻党的二十大精神文艺作品征集活动”等，推出优秀文艺作品300余幅（篇），推介4件作品在长沙市第十四届精神文明建设“五个一工程”作品评选中获奖。扶持19支群众文艺队伍参与省、市群众文化演出，在第七届“百姓大舞台·有艺你就来”市级比赛及展演中，2个节目获金奖，7个节目获银奖，8个节目获铜奖，4人获评优秀群众文艺团长称号，凤传奇艺术团获评最受关注团队奖；大地合唱团在长沙市欢乐潇湘“献礼二十大·放歌新时代”群众合唱比赛中获得银奖；雨旸艺术团京剧《贵妃醉酒》获得第十六届“和平杯”中国京剧十大名票第九名。开展国风汉服秀、第六届“飞梦雨花”群众文化艺术节系列活动、“一个字让你爱上中国”汉字线上直播等活动。依托“一芯两带”（长株潭绿心中央公园；浏阳河文旅产业带、圭塘河文旅生态经济带）的文化创意产业发展整体布局，推进国际文化创意中心建设，推动文化产业集聚发展，提升雨花区文化产业竞争力。跟进联通（湖南）产业互联网有限公司落户雨花，新引进文化新消费代表企业反斗乐园 π 全国首店，推动潇影小镇等项目提档建设，红星街区获评国家级夜间文化和旅游消费集聚区。推荐3家企业成功申报省、市文化产业专项资金。

【出版印刷发行和版权管理】 2022年，雨花区加大版权登记服务站、点建设，完成一般作品版权登记1.5万余件，优秀作品版权登记6000余件，获评市级优秀版权奖9个。实施软件作品登记奖励措施，加大软件作品登记力度，完成软件正版化工作任务。开展2022年度长沙市“喜迎二十大 光影耀潇湘”优秀影片展映展播活动，组织开展“我的电影党课”等系列活动，推动2000余场优秀影片进企业、进机关、进社区、进学校。开展“读书日”活动，组织开展“圭塘河边好读书”等系列活动，乐之书店雨花店获评2022年省委宣传部“最美阅读空间”。加大行业安全管理力度，常态长效开展安全生产、意识形态等排查、督导，完善联动机制，实现私人影院摸排督导全覆盖。

【中共二十大主题报道】 2022年，雨花区开设“雨花这十年”“二十大时光”“学习贯彻党的二十大精神”“高质量发展在雨花”等融媒专题专栏，推出《看雨花 非凡十年》《交通六位一体，畅达幸福梦想》《涓涓江河——蝶变的圭塘河，流淌着诗和远方》《蝶变圭塘河》等一批视频，推出4期“百名记者走基层”原创报道。协调上级宣传部门及央媒聚焦马石光、田卫国2位中共二十大代表，在党的二十大召开前后的关键时期实现央媒报道近80条。湖南宣传（2022年第10期）刊发文章《长沙市雨花区：创新视角生动讲好大会精神》进行专题推介。

【“就认这个理·雨花好声音”基层理论宣讲】 2022年，雨花区组织区委宣讲团、驻区中共二十大代表等深入基层一线，依托新时代文明实践所（站、基地）、革命遗址、党史教育基地、快递外卖小哥红色之家等阵地，创新“车间里的宣讲”“红色基地里的宣讲”“农家小院里的宣讲”等形式，组织开展“就认这个理·雨花好声音——党的二十大精神进基层”宣讲活动200余场次，打造“就认这个理·雨花好声音”基层理论宣讲品牌，全年开展基层宣讲活动500余场次，各类微宣讲比赛20余场次。

【《雨花文艺》期刊】 2022年，雨花区以区文联为平台，引导辖区内文艺工作者围绕中共二十大这一重大主题开展创作，收录一批展现雨花时代风貌、把握时代脉搏、反映人民幸福生活的文艺作品，编辑印发2022年《雨花文艺》期刊，全年印发2期实体刊物，通过“飞梦雨花”微信公众号“雨花文艺”专栏推送8期线上作品。

【雨花大学堂】 2022年，雨花区创新理论学习方式，开展4期雨花大学堂。2月21日，开展2022年第一期雨花大学堂，湖南省委党校经济学教授、湖南县域经济研究会副理事长戴军作辅导报告。6月1日，组织开展2022年第二期雨花大学堂，省委办公厅二级巡视员邓忠泽作辅导报告，学习中共中央总书记习近平关于保密工作的重要论述指示批示精神；长沙市统计局副局长曹敬波作辅导报告，学习贯彻中共十九届六中全会精神和省第十二次党代会精神。6月21日，开展2022年第三期雨花大学堂，省应急管理厅党委副书记、副厅长罗德龙作辅导报告，学习领会习近平总书记关于安全生产的重要论述，学习贯彻习近平总书记对长沙居民自建房倒塌事故重要指示精神。9月1日，开展2022年第四期雨花大学堂暨雨花区“百名法学家百场报告会”之习近平总书记法治思想专场活动，长沙学院法学院院长、长沙市法学会副会长张辉作辅导报告，省统计局投资处处长匡浩堂作固定资产投资统计培训。

【智库活动媒体座谈会】 2022年1月14日，雨花区践行“四个争当” 落实“三升三降” 迈向全国十强智库活动媒体座谈会在溪悦荟乐之书店召开。中央媒体驻湘机构、省市主流媒体负责人现场建言，雨花区委书记刘素月，区委副书记、区长黄军其等区领导参会。

【中国著名作家雨花采风活动】 2022年2月16日，“助力强省会 作家雨花行”中国著名作家雨花采风活动举行。水运宪、梁瑞郴、聂鑫森、万宁、张雄文5位作家到雨花区比亚迪DM-i超级混合动力工厂、中非经贸博览会常设展馆、长沙新六尺巷、雅塘片区、溪悦荟等地进行参观采风，推出《高桥起大风》《刚柔雨花》等文章。

【长沙市首届“花粉节”春日赏花会活动】 2022年4月22日，“粉上一朵小雨花”——长沙市首届“花粉节”春日赏花会在雨花区圭塘河畔溪悦荟天幕广场举行。活动上演诗朗诵与合唱《送你一朵小雨花》、国潮民乐秀《你笑起来真好看》、汉服“同袍”走秀《雨花诗画》等节目；现场设置鲜花爱心桥、鲜花车等多个网红打卡点和“花雨”互动拍摄区、儿童花艺互动区；评选全国“新时代好少年”陈羽析、“小咖主”创始人景建华、明星花木户龚学荣、民间河长刘科、“90后”社区书记李伟程等12位“花冠”，线上线下同步打造“花粉”IP。活动登上微博同城热搜，直播受众15万，累计20余家主流媒体报道。

【文化创意产业高质量发展推进会】 2022年4月26日，雨花区组织召开“强省会 兴文化”雨花区文化创意产业高质量发展推进会。区委常委、宣传部部长刘江红、各有关经济部门、各街道（镇）相关负责人参加会议。会议宣读2021年文创“百日竞赛”结果和《“强省会 兴文化”长沙市建设国际文化创意中心雨花区推进方案》，对2022年全区文化创意产业高质量发展各项指标任务进行解读和部署。雨花区按照“一芯两带”文创产业发展思路，以中非国际文化交流中心特色产业园、浏阳河国际文化科创基地、汽车文化主题公园等项目为重点，引进一批文化企业、文化场馆、文化人才，培育一批文创品牌，推动文创企业“入规、升高、上市、育强、成链”，擦亮文化自信的雨花名片，打造具有强大竞争力的雨花文化创意产业聚集地。

【知识产权宣传日活动】 2022年4月26日，雨花区2022年“尊重保护创新、全面开启知识产权强区建设新征程”知识产权宣传日活动举行。活动仪式分主题活动和培训授课2个阶段进行，现场为企业联络站纠纷调解员徐美霞（七源知识产权）等5名人员，分别颁发政策宣讲员、纠纷调解员、业务指导员、专属联络员、合规辅导员聘书，并进行知识产权融资签约和高校成果转化签约，邀请专家李颖普及知识产权相关知识，由中皓科技股份有限公司对在场企业的项目申报工作进行讲解。雨花区在知识产权宣传周期间，通过全域宣传、培训讲座、咨询执法等系列活动，提升全区居民

2022年2月16日，“助力强省会 作家雨花行”中国著名作家雨花采风活动
（骆　慧　供图）

群众的知识产权和版权保护意识。

【宣传思想工作研修班】 2022年7月13日，雨花区2022年宣传思想工作研修班开班。区直各部门单位分管宣传负责人，各街道（镇）宣传委员、宣传专干、网信专干、文明创建专干参训。区委常委、宣传部部长刘江红参加开班式并作开班动员；中央广播电视总台湖南总站副召集人闫乃之作“电视新闻的选题判断与价值扩散”专题讲座。该次培训为期3天，邀请5名既有深厚理论功底又有丰富实践经验的省级、市级专家学者，将从新闻策划、舆情处置、文化产业、文明创建、意识形态等方面进行授课。

【优秀影片展映展播活动雨花专场】 2022年7月15日，长沙市“喜迎二十大 光影耀潇湘”优秀影片展映展播活动雨花专场暨同升街道“红色电影进企业”新时代文明实践活动在长沙市比亚迪汽车有限公司多功能厅举行。该次活动为第二批符合条件的万达影院溪悦荟店、万影汇影城、星轶影城、中影南方万博汇影城4家电影院授牌“红色电影观影基地”，制定全年公益电影放映进企业、进学校、进社区、进乡镇、进机关安排表，为公司员工播放影片《狙击手》。

【雨花区第二届动漫文创嘉年华】 2022年7月23—24日，雨花区第二届动漫文创嘉年华在长沙红星国际会展中心举行。该活动由湖南丰源国际会展有限公司和长沙市雨花区文化创意产业协会共同主办，展会面积3.3万平方米，是雨花区推动动漫文创产学研一体化的活动。活动包括开展Coser表演及宅舞大赛，举办舞见、唱见、Cosplay动漫赛事，为长沙动漫社团、协会、爱好者提供竞技展示舞台和交流平台。

【“建功强雨花 喜迎二十大”书画作品展活动】 2022年9月20日，“建功强雨花 喜迎二十大”书画作品展活动在湖南徐悲鸿艺术馆举行。该活动由雨花区委组织部、区委宣传部、区文联主办，展出区内文艺工作者们深入生活、扎根基层创作的100幅作品，展现雨花区新时代的精神风貌。

【雨花区文化创意产业协会第三届第一次会员大会】 2022年9月22日，雨花区文化创意产业协会第三届第一次会员大会暨换届大会召开。40余家会员单位参加会议。会议听取并审议通过区文创协会往年工作报告、财务情况报告等事项，选举产生新一届雨花区文化创意产业协会理事会，湖南魅丽文化传媒股份有限公司董事长邹立勋当选为新一届会长。现场为新增理事会单位授牌。

【文艺作品征集活动】 2022年11—12月，雨花区开展“艺赞新时代 逐梦新征程”——雨花区学习宣传贯彻党的二十大精神文艺作品征集活动。征稿要求：以学习宣传贯彻中共二十大为主题，以雨花高质量发展、人民幸福生活、乡村振兴等为题材，记录雨花风貌，传播雨花声音，展现十年来雨花区时代发展与变化。征集题材包括音乐、美术、书法、文学等多种艺术形式，各类别分别评选25个“优秀作品奖”。

（本栏撰稿 骆 慧）

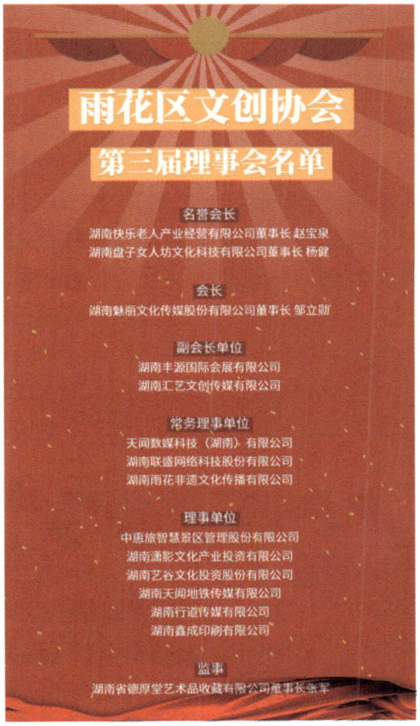

雨花区文创协会第三届理事会名单

（骆 慧 供图）

统一战线工作

【概况】 2022年，雨花区围绕“强省会”战略，推动民营经济高质量发展，发挥资源聚集优势打造多元化人才平台，发挥联系广泛的优势助力乡村振兴建设，引导各类统战组织和统战成员在跳马镇各村开展帮扶活动；引导民主党派区工委（区知联会）发挥界别特色和智力优势，在建言献策、精准帮扶、乡村振兴、社区治理等方面助力全区经济社会发展建设；开展民族团结进步创建活动，湖南高桥大市场股份有限公司、桔园小学获评国家级示范单位，井湾子街道井湘社区、雨花非遗馆分别获评省级示范单位和省级教育基地，黎托街道广益社区、高桥街道怡园社区获评市级示范单位；以“同心长沙”建设为抓手，鼓励统战系统单位、各镇街坚持党建带群建，巩固提升一批统战性强、作用突出、成效明显的同心创建工作点。出台《中共长沙市雨花区委关于加强新时代统一战线工作的实施意见》等有关文件，开展统一战线领域重要工作。指导各民主党派开展“矢志不渝跟党走、携手奋进新时代”政治交接主题学习。区工商联与区法院共建沟通机制的做法被全国工商联办公厅、最高人民法院办公厅评为100对联系沟通机制典型事例；黎托街道商会获评省级“四好商会”。

【服务中心大局】 2022年，雨花区健全常态化政企沟通机制，31名在职区级领导干部落实“五个一”（每年谈一次心、参加一次重大活动、进行一次实地调研、开展一次慰问活动、解决一批实际问题）要求，与82家民营企业和商会保持联系沟通。召开区级层面政企恳谈会，近20家民营企业围绕“贯彻落实党的二十大精神，坚定信心，在‘强省会’战略中助推雨花经济社会高质量发展”进行交流，区人社局、区税务局等部门作惠企政策宣讲。20名统战干部开展“民企大走访 同心促发展”暖企活动和“送解优”服务，走访70余家企业和商会，收集到问题200个，现场解决90个、交办解决110个。区总商会商事调解中心受理纠纷715起，调结379起，涉及金额3.2亿余元。井湾子街道商会和红星实业集团在跳马镇白竹村实施湖南（红星）农产品流通产业园长沙红星农副产品全球采购中心项目，区新的社会阶层人士服务团在跳马镇新田村开展“党建聚合力 同心美乡村”消费帮扶活动。开展对口帮扶溆浦县有关工作，深化“五项挂钩、五项转移”，引导辖区民营企业参与“千企帮千村”行动，联合长沙群英会发起雨花区对口帮扶溆浦县困境儿童“暖冬关爱行动”。

【多党合作】 2022年，雨花区在民主党派区工委和区知联会中开展“喜迎二十大 同心献良策”课题调研活动，形成调研报告10余篇，撰写建议提案、社情民意，其中22篇被省级以上统战部门和党派组织采用。推荐党外代表人士参加“同心美丽乡村”建设、圭塘河饮水工程、大观仓博物馆文创工作以及省、市级文旅融合等会议监督和调研视察监督活动。深化特约人员工作，调整新一届“营商环境特约监督团”，96名成员与26家职能部门对口联系、对口监督，全年履职231人次。选派20名党外代表人士加入区检察院益心公益志愿服务队。民革雨花区工委“雨你同行，心手相牵”同心项目第三季启动，《团结报》报道民革雨花区工委帮助石门洞国学校推进乡村教育振兴纪实。民盟雨花区工委联合民盟长沙市委会在砂子塘街道金科园社区打造“金点子创客空间”项目。民建雨花区工委组织会员捐赠抗疫物资、款项21万余元，参与志愿服务6人次。民进雨花区工委在跳马镇关刀新村推进同心美丽乡村创建。农工党雨花区工委发起“同心助健康”项目，组织医学专家定期在社区坐诊，提供免费医疗服务。致公党党员贾如意的众义康生物公司联合云南沃森生物技术股份有限公司，向全省各级疾控人员爱心捐赠1万支23价肺炎球菌多糖疫苗，价值200万元，党员方荣国向同升街道、雨花交警等各方捐赠医药等物资40万余元用于开展公益帮扶活动。九三学社区工委启动“雨”你同行·社区医疗公益行动，捐赠总价值1.6万元的家庭药箱200个，开展公益助医行动300余次。区知联会关注跳马镇建档立卡脱贫人口，参与各项指标监测，以防脱贫人口重新返贫；围绕湖南黄兴医院建设，深入长株潭融城核心片区调研，组织专家论证为黄兴医院建设出谋划策。

【民族宗教工作】 2022年，雨花区做好少数民族流动人口服务管理工作，处理好潭阳洲活羊屠宰临时过渡点有关问题，协调解决25名少数民族学生入学难题。在古尔邦节和开斋节期间，通过强化区、街镇、社区三级联动，发放致群众公开信1100余份。依法制止非法宗教活动，开展宗教领域专项行动5次。指导宗教界开展“五进五好”（中共二十大精神、国旗国歌、社会主义核心价值观、政策法规、中华优秀传统文化进宗教活动场所，宗教教职人员努力做到政治品格好、守法遵规好、文明友善好、传承文化好、服务社会好）主题活动。

【新的社会阶层人士工作】 2022年，雨花区推进新的社会阶层人士统战工作实践创新基地建设，支持推荐长沙群英会、晓光模具、“孝为先”、“梦想同盟”4家区级基地创建市级实践创新基地。长沙群英会、湖南省宋旦汉字艺术博物馆分别获得长沙市委统战部各10万元以奖代补经费。

【同心创建工作】 2022年，雨花区辖区内湖南省宋旦汉字艺术博物馆成功创市级同心创建示范点，湖南育景园生态科技有限公司“新型职业农民”和北京京师（长沙）律师事务所打造的“同心普法宣传基地”分别获评市级同心项目、同心发展基地，打造守护绿心政协委员工作室、仙岭社区、“雨润花开”健康雨花立体支撑平台、湖南育景园生态科技有限公司4个区级同心项目。

【“暖冬关爱行动”启动】 2022年1月27日，“雨润花开，情系溆浦”雨花区对口帮扶溆浦县困境儿童“暖冬关爱行动”启动。该次帮扶活动，由长沙群英会捐赠价值15万余元爱心物资，红星实业集团、湖南红星盛业食品股份有限公司提供车辆支持，送往溆浦县大江口镇、深子湖镇、北斗溪镇3个镇共31个村，对350名困境儿童进行对口帮扶。

【统战干部履职能力提升培训班】 2022年5月26—27日，雨花区统战干部履职能力提升培训班在区委党校举行。来自雨花经开区和各街道（镇）的统战工作分管领导及统战专干、统

2022年5月26日，雨花区统战干部履职能力提升培训班举行（龚 鹏 供图）

战系统单位全体干部近60人参加培训。区委副书记、统战部部长、党校校长郭四军出席开班仪式并作动员讲话。培训包括业务学习和现场调研交流。在现场教学环节，全体学员到岳麓区阳明山庄、开福区清水塘社区和马栏山视频文创园进行现场观摩，学习其他区县在民族团结进步创建工作、侨联及侨务工作、新媒体人士统战工作等方面的先进经验和做法。

【“侨心永向党·喜迎二十大”普法进社区活动】 2022年7月12日，“侨心永向党·喜迎二十大‘知国法护侨益凝侨心聚侨力’”普法进社区活动在雨花区东塘街道省人大社区举行。该次活动由湖南省侨联主办，长沙市侨联、雨花区委统战部承办。湖南省人大常委会党组成员、副主任陈文浩，长沙市侨联党组书记成钢，市侨联主席陈慧，雨花区委书记刘素月等80余人参加活动。活动邀请雨花区涉侨多元化解工作站的工作人员对《中华人民共和国宪法》《中华人民共和国民法典》及相关涉侨法规政策进行微宣讲。陈文浩指出，要深化重点对象普法教育，推进基层依法治理，建设社会主义法治文化；实行精准普法；做实做亮地方普法品牌，健全完善普法机制。

【老挝湘企调研雨花座谈会】 2022年7月14日，老挝湘企调研雨花座谈会召开。湖南省中非经贸合作研究会执行会长、秘书长彭争，省商务厅对外投资和经济合作处副处长李正淳，雨花区委副书记、统战部部长、党校校长郭四军，雨花经开区招商合作局、自贸长沙片区雨花管委会、区商务局、雨花区驻溆浦工作组等有关单位负责人，以及区内企业代表参加座谈。彭争介绍老挝和东南亚国家发展情况以及中老铁路开通后的相关情况。老挝湖南商会会长、老挝鸿鑫实业公司董事长李文科介绍老挝湖南商会工作情况以及商机供需相关情况。双方认为，应抢抓发展机遇，深化合作，在产品、市场、技术、资源等商机供需信息上深入交流，打造开放新高地。

【雨花区政企恳谈会】 2022年12月14日，雨花区政企恳谈会召开。来自区内的民营企业和总商会代表，以及区相关部门主要负责人近30人参加会议。民营企业代表围绕“贯彻落实党的二十大精神，坚定信心在‘强省会’战略中，助推雨花经济社会高质量发展”进行座谈发言。相关部门负责人与参会企业家面对面交流，了解企业经营现状和发展所需，探讨重点企业在实施强省会战略、推动产业高质量发展进程中如何作出新的更大贡献。区发展改革局、区人力资源和社会保障局和区税务局等部门作惠企政策的专题宣讲。

（本栏撰稿　龚　鹏）

网格化（群众）工作

【工作机制】 2022年，雨花区网格中心优化巡办一体机制、群工联点机制、通报讲评考核机制3类工作机制。巡办一体机制：由专职巡查员发现问题，对发现问题分类上报、分块转办、分项解决，对于街镇层面处置的问题，区网格中心明确事项清单72项，实行新增服务事项准入制度；群工联点机制：组织全区79个区直部门、13个街镇联点全区180个社区网格全覆盖，统筹部署群众工作与服务中心工作、服务网格工作、服务民生实事；通报讲评考核机制：由区网格化综合服务中心负责考核区群工联点部门单位及街镇，坚持“一月一通报、半年一讲评、一年一考核”，并委托服务外包公司对专职巡查员进行专项考核。

【网格力量】 2022年，雨花区网格中心明确189人的专职巡查员队伍、联点队伍组织［79个区联点部门指派2名干部（1名副科实职干部、1名工作人员）］、志愿服务队伍（由街镇、社区组织）3支队伍，共同统筹参与基层事务处置。

【网格划分】 2022年，雨花区网格中心将1个社区（筹委会）划为1个社区网格。全区182个社区（村）划分为182个网格，覆盖基层党组织368个；街镇社区(村)层面，根据实际情况，划分为若干单元网格。

【细化事项】 2022年，雨花区网格中心优化常规事项、中心工作事项、“12345”重要民生实事3类事项。街镇一级能够自行处置的“巡派办”常规事项，每年各街镇网格中心需组织每个社区完成1000件；区直部门、街镇共同参与的中心工作事项，如蓝天保卫战、文明创建、交通安全宣传劝导、自建房隐患排查等；由区行政审批局每周对“12345”热线的疑难工单、未解决工单进行梳理，区网格中心通过实行交办至各街镇及相应区群工联点部门，由区群工联点部门单位牵头、区行业部门具体负责、属地街镇配合，联动解决问题。

2022年，雨花区网格员巡查消防设施　（李　灿　供图）

【助力中心工作】 2022年，雨花区网格中心重点聚焦蓝天保卫战、疫情防控、文明创建、交通安全劝导等区委区政府重点工作，排查整治燃气安全隐患59处、消防安全隐患2582处、自建房安全隐患23673处；开展交通安全宣传劝导4.8万次；督查压实疫情防控主体责任，下发督查通报128期，张贴场所码23万余张，扫场所码2.3

亿人次；巡查上报常规事项11.41万件，办结11.31万件，办结率为99.93%。从2022年10月与“12345”热线工作合作以来，区行政审批局推送“12345”热线疑难问题事项219件，调度解决178件，问题解决率为81%，下发工作通报5期。雨花网格化治理经验文章在新华网、红网、人民网、“学习强国”学习平台等主流媒体推介，区委主要领导对网格工作作4次肯定性批示。

（本栏撰稿　李　灿）

区直机关党建

【夯实党建基础】　2022年，雨花区直机关工委出台《区直机关党建工作要点》《雨花区直机关2022年“三表率一模范”机关创建暨党建工作考核细则》，明确党建责任和目标。建立区直机关工委委员制度，集体协商议事。开展党建督查，下发督查通报，抓好问题整改，适时开展“回头看”。落实《中国共产党党和国家机关基层组织工作条例》《中国共产党支部工作条例》等文件精神，发放“光荣在党50年”纪念章20人，区直机关获评市级先进基层党组织1个。组织11名预备党员进行“七一”预备党员集中宣誓。预备党员按期转正56人，完成360余名党员党组织关系转接审批，完善全国党员管理信息系统信息、清理遗留问题。指导督促65个支部完成换届、补选工作，58个党组织书记由单位党员主要负责人担任。组织区直机关53个单位进行半年度和年度党员统计工作。指导区直机关各党组织召开组织生活会及民主评议党员1次，召开专题组织生活会1次。定期通报区直部门“三会一课”在“长沙智慧党建”平台的上传情况，各单位党组织上传率100%。严格党费收缴，做好离退休党支部党费返还工作。

【党员干部素质提升】　2022年，雨花区直机关工委每月下发重点工作提示，带头抓实“第一议题”和中心组学习制度，以学习贯彻中共二十大精神工作为主线，抓严中心组引领学、抓实党支部常态学、抓活党员自主学，举办中心组专题读书班300余场次，组织区直机关党组织开展微党课活动252次。出台《关于在区直机关党组织开展学习宣传贯彻党的二十大精神主题活动的实施方案》，安排“六个一”系列活动，即一堂专题党课、一次党的二十大知识竞赛、一次主题党日活动、一次全员学习培训、一次学习交流论坛暨主题征文活动和一次党的二十大宣讲比赛。组织开展“机关大讲堂”暨党务干部业务培训，提高区直机关党务干部履职能力。依托“4·20”廉政文化节开展廉政教育主题党日活动，受教育党员干部1万余人次。举行“忆党史 跟党走 强省会 勇担当”庆七一新党员集体宣誓仪式和“喜迎二十大·奋进新时代”理论微宣讲比赛。组织区直部门开展“光影铸魂”电影党课活动230余场。开展“机关党员大课堂”活动4次。

【党建带群团】　2022年，雨花区直机关工委动员100余名党员参与雨花区“奋力强省会 喜迎二十大”宣讲比赛和征文活动。参加市直机关工委“喜迎二十大　建功新长沙”理论研讨和论文征集活动，区直机关选送的文章有5篇获得优胜奖，区直机关工委获得优秀组织奖。组织4000余名党员干部参与线上线下“党建聚合力‘雨’你向十强”健步走活动。组织61支区直机关干部职工队伍参加雨花区首届“健康雨花”全民运动会暨“党建聚合力‘雨’你向十强”健步走线下活动。

【学雷锋志愿服务】　2022年，雨花区直机关工委慰问困难党员、职工315人，发放钱物30万余元。7月13日，由区直机关工委、雨花家园社区和长沙市血液中心联合举办的“彰显省会担当 延续生命精彩”无偿献血志愿服务活动，吸引来自全区各机关单位的党员干部、职工130余人报名参与，成功献血104人次，献血量36850毫升。

【服务中心大局】　2022年，雨花区直机关工委以“党建聚合力”为抓手，引导区直机关深入开展党建共建，组建党建联盟，集多个党支部之力，开展“组织联建、活动联办、资源联享、服务联抓”等党建工作。动员党员干部深入120个重点项目、237家重点企业、21栋重点楼宇，精准纾难解困，解决长泰智能装备有限公司、湖南长步道光电科技股份有限公司、兴能电力建设有限公司等重点企业需求450余个。抓好常态化疫情防控，在防控重点区域成立临时党支部，在关键部位划定党员责任区、设立党员先锋岗。开展“守一线、保平安、促发展”专项行动。推动区直机关与湖南省人大

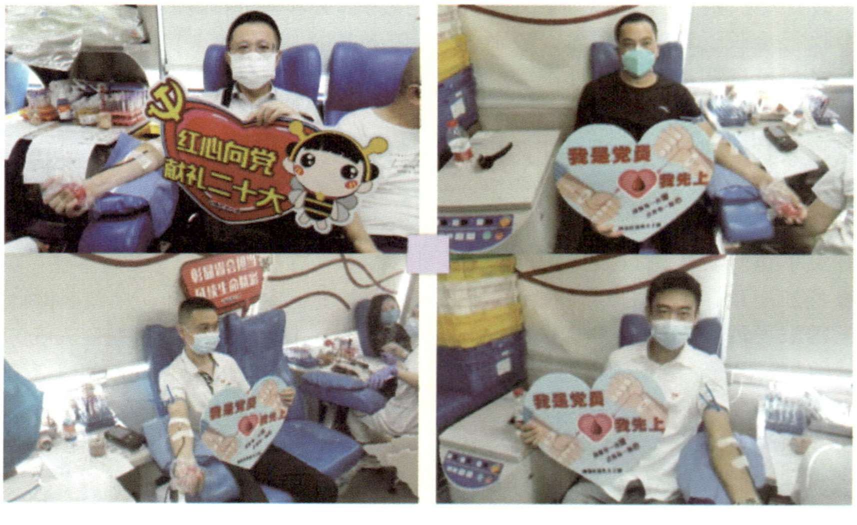

2022年7月13日，雨花区直机关无偿献血志愿服务活动（戴美兰　供图）

常委会办公厅、省林业局、长沙海关等9家驻区省直单位开展共建活动。建成街镇人大代表活动室13个、社区人大代表联络站163个。自贸区长沙片区雨花管委会党支部联合长沙海关口岸监管处党支部双方签署党建共建协议，推进市场采购出口预包装食品便利化通关。区人社局将党小组建在服务窗口上，聚合区委政法委、区法院、区司法局等11个部门，联合省律协劳保委党支部、高校法学专业党支部、重点企业两新党支部等力量，成立区级劳动纠纷“一站式”调处中心，获评“全国劳动人事争议金牌调解组织”。火车南站地区综管办聚合站区22个党组织力量，组建“复兴号”党建联盟，获评共青团中央“一星级全国文明号”称号。区工信局机关党支部与雨花供电支公司党委、中国移动雨花分公司党支部结对开展党建联学联创活动。联合开展主题党日、宣讲、观摩等活动14次，为保障夏季供电完成23条线路、127处砍青消缺，推进跳马镇的5G建设和网络覆盖。

【庆“七一”新党员集体宣誓仪式】 2022年7月1日，雨花区直机关工委在长沙南红色记忆馆举行“忆党史 跟党走 强省会 勇担当”庆“七一”新党员集体宣誓仪式。入党宣誓仪式在《国际歌》中拉开序幕。区直机关单位12名新党员身着正装、佩戴党员徽章、高举右拳进行宣誓。宣誓仪式后，全体新党员深入了解长沙南红色历史。

【“喜迎二十大·奋进新时代”理论微宣讲比赛】 2022年7月28日，雨花区直机关《就认这个理·雨花好声音》“喜迎二十大·奋进新时代”理论微宣讲比赛决赛在区市监局4楼会议室举行。该次宣讲比赛有49个区直机关单位54名选手参加，通过3场初赛的比拼，最终15名选手进入决赛。决赛设一等奖2名、二等奖3名、三等奖10名。15名选手结合自身工作岗位、亲身经历、身边典型进行讲述。经过比赛，区委组织部卢艳霞、区市场监督管理局尹余强分别以《组织的力量》《从一份特殊的热线工单说起》夺得一等奖。长沙市直机关工委书记梁敏，雨花区委常委、区委办主任、区直机关工委书记蔡泽敏等为选手颁奖。

【雨花区直机关党建工作讲评会】 2022年8月24日，雨花区直机关党建工作讲评会召开。区委常委、区委办主任、区直机关工委书记蔡泽敏主持会议并讲话，区委组织部副部长沈敏、区直机关工委相关负责人，区直各单位机关党组织书记或专职副书记参加。会议播放党建工作专题视频，党员代表区政府办公室李嘉欣进行理论微宣讲，区直机关工委对前阶段机关党建工作进行讲评并部署后阶段工作，火车南站地区综管办党支部、区发展改革局党支部、区人社局党总支、区农业农村局党总支围绕党建特色亮点工作进行经验交流发言。沈敏进行点评。蔡泽敏强调，要着力抓责任，形成一个体系；要着力抓引领，总结一套经验；要着力抓教育，组织一轮学习；要着力抓基础，培养一批示范；要着力抓融合，推介一批典型。

（本栏撰稿　李　丹）

机构编制工作

【概况】 2022年，雨花区推动重要体制机制改革，优化政府职责体系和组织机构，深化行政执法体制改革，加强和创新机构编制管理。紧盯总量控制、规范管理、工资待遇标准统一的要求，促进编外用工队伍“瘦身”与“健身”，推动编外人员管理创新。雨花区创新使用人才编制周转池的经验做法，被湖南省机构编制网推介。

【机构编制管理】 2022年，雨花区为教育系统、基层治理、应急管理综合行政执法、劳动保障监察、房屋安全管理、农业林业、文物保护等重点工作，核定（含调剂、划转、并入方式）编制41名，审批用编计划908名，促进政府职能转变。推动中小学教职工编制全面达到国家基本标准，争取到省、市机构编制部门支持，为雨花区核增中小学教职工专项编制598名。全年分2次为教育系统审批832名用编计划；审批公开招聘事业单位工作人员用编计划35名；审批41名用编计划，用于招录高层次人才、省委选调生、军转干部、随军家属安置等。

2022年7月1日，雨花区直机关工委在长沙南红色记忆馆举行“忆党史 跟党走 强省会 勇担当”庆“七一”新党员集体宣誓仪式　（戴美兰　供图）

【机构编制改革】 2022年，雨花区推进将区应急管理局所属事业单位区安全生产监察执法大队整建制并入区应急管理综合行政执法大队，在原有8名人员编制的基础上，核增至18名，并将机构升格为副科级，核定副科职1名。从区农业农村局所属事业单位划转1名事业空编，另核增2名事业编制至区应急事务中心，理顺防汛抗旱体制机制。深化区县、街镇动植物疫病防控体系改革，将区动物疫病预防控制中心更名为区动物卫生监督所，加挂区动物疫病预防控制中心和区植保植检站的牌子，跳马镇及相关街道承担相应动植物疫病防控职责。在区住房和城乡建设局设立副科级所属事业单位区房屋安全管理事务中心，经调剂、划转后核定编制6名（含调剂的2名全额拨款周转事业编制），理顺自建房安全管理体制。将园区性质的原雨花现代电子商务物流管理委员会调整为区政府直属公益类正科级事业单位，更名为区电子商务物流中心，明确其作为公益类事业单位服务重点地域的职能职责，核增人员编制至16名，核增领导职数至正科职1名、副科职3名。将13个街（镇）综合行政执法队队长由驻街道（镇）城管执法中队长调整为各街道（镇）党（工）委副书记、办事处主任（镇长）兼任，提高队伍的工作统筹、协调能力。增设区文旅体局内设机构文物管理科，撤区全民健身服务中心，设立区考古研究和文物保护中心（区全民健身中心），经划转、调剂增核编制至4名。将区林业站（长沙石燕湖森林公园管理办公室）更名为区林长制事务中心，加挂区林业站、长沙石燕湖森林公园管理办公室牌子，经划转、调剂后核定编制8名（含调剂的3名全额拨款周转事业编制）。

【事业单位登记管理】 2022年，雨花区办理43家事业单位法人设立登记，148家变更登记，9家补领登记，完成全区228家事业单位法人年度报告公示。为29家利用国有资产举办的幼儿园办理设立登记，赋予其独立法人地位。为18家机关、群团办理统一社会信用代码信息变更。清理规范网上名称管理工作，为12家单位注册中文域名，完成370条中文域名续费。

【编外合同制人员管理】 2022年，雨花区推行“实名制”管理方式，全面了解各部门单位编外人员数量、岗位、经费保障等相关情况，分单位、分类别、分岗位建立起区直部门单位、街镇编外人员信息台账。由区人力资源和社会保障局在核定数额内组织公开招聘，按招聘程序进行人员聘用，控制编外人员总量。采用“规范一批、转化（消化）一批”的方式，推进巡防、协管、后勤服务保障等编外人员清理工作，通过择优转录、服务外包等措施逐步实现编外人员的消化与精简。依托数字赋能，升级雨花区编外合同制人员管理系统，同步将编外人员信息数据与机构编制实名制系统进行对接，促进编外人员管理的信息化和精准化。建立编外合同制人员管理联席会议制度，发挥部门联动合力，形成全流程规范化管理体制和执行有力的长效工作机制。制定《雨花区机关事业单位编外合同制人员薪酬待遇管理办法》，建立相应的待遇调整机制，以“总额控制、奖优惩劣、公平公正”的原则制定编外人员工资待遇标准，列入财政预算保障，为编外人员缴纳“五险一金”，编外人员享受年休假、工会福利、健康体检、伙食补助等。将绩效管理考核融入编外用工的日常管理工作中，由用人单位对编外人员的遵纪守法、履职尽责、工作绩效等情况进行年度考核，考核结果作为个人年度绩效考核奖发放的重要依据。成立区编外人员核查工作专班，开展全区数额备案人员管理情况专项调查和认定工作。经核查认定，全区数额备案管理人员数额共5202名。为保障中小学校教育教学工作的正常开展，核定2022年秋季编外教师共3395名。

【行政编制超编消化工作】 2022年，雨花区拟定《长沙市雨花区行政编制超编消化工作方案》，以省、市下达的行政编制、政法专项编制、事业编制、工勤编制总量为基数，在测算的年度用编计划范围内，实行区级和部门单位“双总量”控制，按照“超编单位只出不进、满编单位先出后进、空编单位按需进人”的原则，从制度层面细化规范用编工作流程，坚持严控总量、严把关口、严密管理，发挥编制使用效益，推进行政编制超编消化工作。

【人才编制周转池】 2022年，雨花区调剂行政编制20名、事业编制50名建立区级“行政编制周转池”“事业编制周转池”，坚持“专编专用、单列管理、动态调整、人走编收”管理原则，聚焦民生短板、中心工作，重点服务保障高端急需人才引进、重点关键岗位接替和干部队伍结构调优等。截至2022年年底，使用周转编制33名，由于自然减员等原因收回5名。

【理顺雨花自贸区管理体制】 2022年，雨花区多次邀请省委、市委编办相关负责人现场调研座谈，探索与雨花自贸试验区发展相适应的体制机制，加大现代服务业发展工作力度，促进雨花自贸区工作与全区产业、片区发展形成合力。区委编办撰写的经验性文章《把握好“四对”关系 推进自贸试验区雨花片区高质量发展》先后在省、市机构编制网站刊发推介。

【行政许可权试点改革】 2022年，雨花区推进雨花经开区相对集中行政许可权试点改革工作，在雨花区经开区管委会组建正科级内设机构行政审批服务局，配齐配强人员编制，明确职能职责。通过多轮的调研论证及沟通协调，10月份获得省政府关于雨花区经开区相对集中行政许可权改革试点工作的批复后，以雨花区经开区管委会的名义行使相对集中的行政许可权限，实行“一枚印章管审批”，推动构建协同高效的开发区管理体制。

（本栏撰稿　刘　麟）

党校工作

【概况】　中共长沙市雨花区委党校（简称“区委党校”）是区委领导下培养党员干部和理论骨干的学校，长沙市雨花区行政学校（简称“区行政学校”）是雨花区公务员和专业技术人员的重要培训基地，区委党校与区行政学校合署办公，一套人马、两块牌子。区委党校校园总建筑面积12500平方米，拥有办公楼1层13间，教学楼（教室5间）、多功能报告厅（能容纳300人学习）、多媒体教室1间（电脑40台）、实训室1个，拥有图书藏量2万余册。

2022年，区委党校以学习贯彻落实中共二十大精神和《中国共产党党校（行政学院）工作条例》为中心，以迎接全市党校系统办学质量评估为抓手，发挥干部培训、思想引领、理论建设、决策咨询作用。全年举办主体班16期，培训人数3000人次；联合办班135期，培训人数1万余人；在主体班培训中，习近平新时代中国特色社会主义思想和中共二十大精神的教学内容占到各个班次理论课教学的50%以上。

【干部培训】　2022年，雨花区委党校设立“学习贯彻习近平新时代中国特色社会主义思想”和二十大精神教学单元，举办科级领导干部、村社书记、村支“两委”学习习近平新时代中国特色社会主义思想培训班和二十大精神学习班。打造“强党建、强目标、强作风、强能力、强环境、强底线”的“六强”学堂。建立课程质效评价机制。授课内容由分管区领导严格把关，授课老师评价优秀率均达90%以上。推行“一训两报”，每场培训刊发简报、发布通报，交流学习动态、通报参训情况。

【基层宣讲】　2022年，雨花区委党校成立中共二十大精神备课攻坚组，完成备课、试课和课程验收工作。应对疫情形势之需，区委党校加大腾讯会议等线上“云课堂”的宣讲授课，传播马克思主义中国化最新理论成果，到全区各部门、街道、社区（村）、学校、企业宣讲50余场次，学习人数3000余人次。

【科研工作】　2022年，雨花区委党校获评省级理论研讨会科研论文二等奖1篇、三等奖2篇。参加长沙市委党校理论研讨会获评三等奖1篇、优秀论文1篇。《雨花区中非经贸合作示范区建设的调查与研究》《湘赣边区域生态文明建设协同发展路径研究》2个课题成功立项湖南省委党校社科联课题（2022年全省共27项），《乡村振兴背景下农村文化产业发展研究——以长沙市为例》成功立项市社科联课题。

【人才培养】　2022年，雨花区委党校开展科研研讨常态化管理，定期召开科研论坛会议，5次邀请湖南省委学校、长沙市委党校、高校专家学者进行科研专题辅导。区委党校班子成员和骨干教师3次参加省、市党校系统科研论坛传播雨花党校的科研做法。在全市党校系统教学比赛中，区委党校教师获得二等奖。在区委二十大宣讲团中，区委党校5人成为宣讲团成员。

【主题培训班】　2022年5月26—27日，雨花区统战干部履职能力提升培训班暨统一战线“同心学堂”第一期学习活动在区委党校举行，来自雨花经开区和各街道（镇）的统战工作分管领导及统战专干、统战系统单位全体干部近60人参加培训，区委副书记、统战部部长、区委党校校长郭四军出席开班仪式并作动员讲话。5月31日，雨花区“强党建、强目标、强作风、强能力、强环境、强底线”“六强学堂”开班。6月1日，2022年雨花区小区党组织书记培训班开班。6月13日，2022年雨花区政法系统干部队伍建设及意识形态培训班开班。7月13日，2022年雨花区宣传思想工作研修班开班，区委常委、宣传部部长刘江红作开班动员并进行主题授课。7月26日，2022年雨花区两新党组织书记培训班开班。11月9日，2022年雨花区纪检监察干部学习党的二十大精神暨履职能力提升培训班开班，区委常委、区纪委书记、区监委主任钟孝明出席开班动员会并讲话。11月29日，雨花区科级以上领导干部学习贯彻党的二十大精神集中轮训第一期研讨班开班，区委书记刘素月作动员讲话。

（本栏撰稿　蔡琳琼）

党史研究

【概况】　2022年，雨花区党史工作围绕迎接中共二十大召开和学习贯彻中共二十大精神，巩固和拓展党史学习教育成果，推进党史宣教、党史研究、资料征编及阵地建设等工作，完成脱贫攻坚口述史和“毛泽东湖南足迹”史实史料专题征编工作，推进革命遗址树标立识工作，推送“百年党史·雨花记忆”党史文章。

【党史宣教】　2022年，雨花区开展党史宣教系列活动，向区直部门、街道、社区赠送《湘潮》《红色记忆》等党史书籍。开展史志业务培训，提升史志专干素质。组织学习中共历史上的三个历史决议和《湖南省红色资源保护和利用条例》。

【脱贫攻坚口述史征编】　2022年，雨花区委党史研究室通过对全区脱贫攻坚档案资料、《雨花区脱贫攻坚纪实》、“雨花干部的扶贫故事”等相关资料的整理和分析，确定口述史采集对象的范围，在要求各单位推荐脱贫攻坚典型人物事迹的同时，深入基层、深入一线采集典型人物事迹。全年收集整理脱贫攻坚口述史材料17篇，其中对口帮扶桑植县人物材料2篇、对口帮扶龙山县石牌镇人物材料3篇、对口帮扶浏阳市社港镇新光村人物材料2篇，并按要求及时报送。

【革命遗址树标立识】　雨花区革命遗址以重要的战斗遗址、重要党史事件发生地、党组织和苏维埃临时政府成立所在地，党史事件所建的纪念设施等为主，反映的历史主要以大革命时期的红军战争与农民运动为主。根据2019年最新革命遗址普查结果，全区有革命遗址5处，分别为红一方面军总前委指挥部遗址、长沙近郊区农民复仇大队成立会遗址、长沙南乡苏维埃临时政府成立会遗址、潭阳洲战役遗址、石燕支部遗址。其中市级1处，未定级4处；纪念设施1处，损毁遗址4处。主要分布于雨花区左家塘街道、同升街道、黎托街道和跳马镇。2022年，雨花区深挖辖区红色资源，开展党史教育基地创建和革命遗址树标立识工作，收集并报送红军攻打长沙纪念园、长沙南红色记忆馆、湖南雨花非遗馆3处红色基地，红一方面军总前委指挥部遗址等5处革命遗址，向市委党史研究室推介。7月19日，长沙市委党史研究室对雨花区5处革命遗址进行实地考察调研，听取雨花区革命遗址情况介绍，了解革命遗址保护利用开发情况，强调要增强革命遗址保护意识，挖掘好本土红色资源，传承红色基因，让更多人了解党史、学习历史。

【党史资源利用】 2022年，雨花区委党史研究室以档案新馆建设为契机，收集整理馆藏的雨花区及郊区发展历程老照片、革命烈士、红色徽章等档案资料。开展“毛泽东湖南足迹”史实史料专题征集编研，报送毛泽东在雨花足迹的文字及图片资料，主要反映1926年12至1930年9月期间毛泽东在郊区参与湖南农民运动与红军第二次攻打长沙的重要历史事件。围绕2021年度雨花区的典型事例或亮点工作，向《中共湖南省委工作纪事（2021卷）》报送稿件2篇。参与区委宣传部组织开展的红色旅游座谈会，从党史专业角度对全区红色旅游的策划设计提出意见建议。

【“百年党史·雨花记忆”专栏】 “百年党史·雨花记忆”专栏聚焦在中国共产党的领导下从长沙市郊区到雨花区的百年历史，通过图文并茂的形式，以新媒体为载体，宣传和展现雨花区从偏僻落后的郊区到国内一流强区的蝶变。2022年，雨花区委党史研究室深化“百年党史·雨花记忆”党史品牌，在区属平台“飞梦雨花”微信公众号开设“百年党史·雨花记忆”专栏，自2月9日开始发布党史文章《百年党史·雨花记忆｜长沙市郊区促进生产发展》，至10月13日发布《百年党史·雨花记忆｜长沙市郊区实施扶贫工程》，全年共发布23篇党史文章，聚焦中华人民共和国成立初期至改革开放初期，长沙市郊区政治、经济、文化、社会等各方面所取得的成就和变革。

（本栏撰稿　罗宇聪）

老干部工作

【概况】 2022年，雨花区老干部工作以学习贯彻中央《关于加强新时代离退休干部党的建设工作的意见》和《关于加强新时代关心下一代工作委员会工作的意见》为抓手，以实施“党建聚合力”工程、提升基层党组织组织力为重点，以纪念干部离退休制度建立40周年为契机，提升离退休干部党的建设科学化水平，落实离退休干部政策待遇，组织引导老干部发挥独特优势作用，让老干部更好地共享发展成果。

【离退休党建】 2022年，雨花区新建离退休党支部50个，建立“银星点灯”党建联盟，探索离退休干部党建联盟试点。全区有323个离退休党支部。华雅花园小区离退休党建工作，得到省委老干部局副局长皮巨飞的肯定。在全市“一支部一故事”讲演比赛中，雨花区获评优秀组织奖，许托生获评全市一等奖。培育阿弥岭、金科园等6个省、市示范离退休党支部。研究解决国企移交党员教育管理等突出难题。

【老干部服务保障】 2022年，雨花区在春节、端午、中秋、夏季高温时期集中走访慰问离退休干部900余人次，对全区12名生活困难的离休干部遗孀及配偶开展集中大走访，看望慰问住院老干部100余人次。向区属离退休干部通报全区经济形势，组织离退休干部赴刘少奇故居、王震故居参观学习，到长沙县参观新农村建设等形式多样的活动。组织139名老干部开展健康体检，拨付特困帮扶资金4.3万元，为老干部提供个性化服务50余人次。

【老干部作用发挥】 2022年，雨花区推进关心下一代工作，选优区关工委主任，指导高桥、红星市场成立关工委，开展青少年红色革命等系列教育活动，联合“五老”金牌讲师团开展进校园、进社区宣讲活动。明确区老干部大学校长，选优配强办公室、教研室力量，全年开班156个，招收学员5138人次。培育市级老年教育基层教学点7个、网络课堂示范站点4个，位居全市第二。培育“齐出招”“邻里帮帮团”等志愿服务品牌，获评省、市“五老红”最佳志愿服务项目4个，最美志愿者7人。区老年保健协会发挥各基层分会“健康兴趣小组”优势，发动中老年人参与社会活动和全民健身活动。区诗词书画协会在湖南徐悲鸿艺术馆举办《建功强雨花·喜迎二十大》雨花区诗词书画作品展。区老年科技工作者协会开展“百岁健康推进示范社区（村）”活动，截至2022年年底，创建百岁健康村（社区）5个。

【雨花区接受全省老干部工作培训班现场观摩】 2022年2月23日，雨花区接受全省老干部工作培训班现场观摩，省委老干部局副局长皮巨飞一行实地参观高桥街道鑫华社区华雅花园小区“美在金秋”老党员之家。皮巨飞一行听取华雅老党员之家的建设情况、活动情况以及党支部在参与小区治理中的作用发挥情况汇报。鑫华社区地处雨花区高桥商圈核心区域，是一个集商贸、居住、文化、休闲于一体的现代化城市社区，下辖5个居民小区、5个写字楼宇，有6个党支部，直管党员98人，其中华雅花园小区直管党员60岁以上的占90%。鑫华社区利用小区架空层开设活动中心，依托小区党支部、湖南发展养老居家服务中心平台，打造“美在金秋”老党员之家，让老党员就近学习、就近活动、就近得到关心照顾、就近发挥作用。

【老干部工作暨关心下一代工作推进会】 2022年4月21日，雨花区老干部工作暨关心下一代工作推进会召开。会议对2021年全区老干部工作进行全面总结点评，对2022年工作进行安排部署。会议强调，要贯彻落实重要会议及文件精神，认真抓好具体工作任务，切实落实“党建带关建”，做好老干部大学相关工作。

【离退休干部“建言二十大”专题座谈会】 2022年4月28日，雨花区离退休干部“建言二十大”专题座谈会召开。区政协原副主席、区诗词书画协会会长任壮岳，提出要进一步发挥基层党组织的战斗堡垒作用，加大对人民群众的教育、宣传、管理和服务力度；区人大常委会原副主任、区老年保健协会会长刘海秋提出要加强社区党组织的领导力和组织力，加大对社区专职工作人员的培训力度，健全社区工作的激励机制；区政协原秘书长、区金牌讲师团团长胡义初从保障和改善民生角度出发，建议构建“养病在家里、治病在乡镇、救命在县城、长寿在省会”的新时代现代化医疗卫生体系；区委原二级调研员、区“秋韵红”志愿服务总队总队长郭爱农提出要推动小区党支部的持续发展，激励和督促在职党员广泛参与社区活动；区委组织部离退休党支部书记李珍科提出要加大党史的学习宣传力度，加强全民德育建设，持续开展革命先烈、英雄模范的宣传活动；高桥街道鑫华社区华雅花园小区党支部书记许托生建议要加强支部党员的管理，完善小区支部的配套设施，解决基层党组织的经费问题；雨花亭街道新星社区离退休二支部书记、区金牌讲师团成员步征建议要加大力度，继续改善圭塘河的生态问题，持续改善民生福祉；砂子塘街道金地社区党委二支部书记、区金牌讲师团成员曹述球提出要加强宣传教育，建立符合群众需求的广播驿站，党员要加强自身学习。会议充分肯定并感谢各位老同志的诤言良策。区委组织部表示将对离退休老同志的意见建议进行认真梳理、仔细研究、积极上报，并将采取书面、线上征集等方式面向全区广大的离退休干部继续征集建言二十大的银发之声。

【“一支部一故事”主题讲演比赛】 2022年6月16日，雨花区离退休干部党组织“喜迎二十大·奋进新征程——一支部一故事”主题讲演决赛在区老干部大学举行。区直部门、街道（镇）离退休干部党组织书记和专干代表、“秋韵之声”微宣讲员代表等70余人参加活动。11名选手入围区级决赛的11名选手讲述身边离退休干部党员在疫情防控、垃圾分类、小区治理、矛盾调解、关心下一代等工作中的事迹。最终评出一等奖1名、二等奖2名、三等奖3名，优秀组织奖10个。

【离退休干部党支部书记、党务工作者能力培训班】 2022年6月30日，雨花区离退休干部党支部书记、党务工作者能力培训班举办。全区离退休干部党支部书记代表，区直机关工委、各街镇分管领导及党建专干参加培训，区委常委、组织部部长李颖出席培训会。该次培训以“现场观摩＋专题讲座”的形式进行。培训班组织学员到芙蓉区文艺路街道识字里社区、雨花区砂子塘街道金科园社区，实地观摩“美在金秋”老党员之家建设，了解社区引导离退休党支部和党员志愿者参与社区治理情况，学习社区离退休党建工作的经验做法。专题讲座由湖南省委老干局一处处长罗智群对《关于加强新时代离退休干部党的建设工作的意见》进行解读。

【红星实业集团关心下一代工作委员会成立】 2022年11月28日，红星实业集团关心下一代工作委员会成立大会举行，红星实业集团子（分）公司关心下一代工作委员会同步成立。雨花区关工委主任、区政协原主席李电晖为红星实业集团关心下一代工作委员会授牌，开启全市首家村集体企业关心下一代工作的新征程。红星实业集团坚持把关心教育青少年作为一项重要工作来抓，定期举办大学生座谈会、老干部座谈会、文体运动会、迎春文艺会演等品牌活动；投资1000万余元援助援建红星小学、长沙县高坪完小等多所学校；引导市场果业新青年成立青年俱乐部。

（本栏撰稿　卢艳霞）

雨花区人民代表大会

编辑　唐清明

综　述

【概况】 2022年，长沙市雨花区人大常务委员会践行全过程人民民主，依法有效行使监督权、决定权、任免权，完成区六届人大一次、二次会议确定的目标任务。召开人民代表大会2次、常委会会议11次、主任会议17次，依法作出决议决定11项，组织视察和调研12次，任免国家机关工作人员174人次。

【服务经济社会发展】 2022年，雨花区委出台《关于贯彻落实中央人大工作会议和省委推进会精神的任务分解表》，督促落实47项重点任务，推动全区人大工作创新发展。长沙市委在区县贯彻中央人大工作会议精神督查中，肯定雨花区在代表履职平台建设、建议督办、“法律讲堂”等9个方面的亮点特色。区人大常委会落实市人大常委会开展的“法治护航强省会”系列活动，听取13个专项工作报告；听取法治化营商环境工作汇报，支持破解涉企执法服务保障中的重点难点问题；通过代表建议等方式，呼吁省人大常委会出台《中国(湖南)自由贸易试验区条例》。《人民之友》杂志以《雨花区人大常委会聚焦发展硬实力，全力服务强省会》为题，推介区人大常委会服务强省会战略的创新举措。打造163个社区（村）代表联络站，抓实跳马镇民生实事项目人大代表票决制，邀请公民和代表列席常委会会议，组织市、区两级“一府两院”政情通报；省人大社区代表联络站组织五级人大代表服务选民的做法，得到省人大常委会肯定。

（本栏撰稿　彭　理）

重要会议

【雨花区第六届人民代表大会第二次会议】 2022年3月2日，雨花区第六届人民代表大会第二次会议召开。会议表决通过《关于长沙市雨花区2021年财政预算执行情况和2022年财政预算（草案）的报告的决议》《关于长沙市雨花区2021年国民经济和社会发展计划执行情况与2022年国民经济和社会发展计划（草案）的报告的决议》，完成选举事项。区委书记刘素月在闭幕会上强调，要自觉对标看齐，确保人大工作始终沿着正确方向前进；要强化创新实干，在大力实施“强省会”战略中奋勇争先；要锤炼过硬作风，在只争朝夕中履职担当。

【区人大常委会会议】 2022年1月21日，雨花区第六届人大常委会第三次会议召开。会议听取区人大常委会主任会议关于《提请接受邓文欢等辞去雨花区第六届人民代表大会代表职务的议案》；表决通过《长沙市雨花区人民代表大会常务委员会关于接受邓文欢等辞去雨花区第六届人民代表大会代表职务的决定》。2月24日，雨花区第六届人大常委会第四次会议召开。会议听取和审议区人民政府关于长沙市雨花区2021年财政预算执行情况和2022年财政预算(草案)的报告，区人民政府关于长沙市雨花区2021年国民经济和社会发展计划执行情况与2022年国民经济和社会发展计划（草案）的报告，区第六届人民代表大会第二次会议筹备工作报告（草案）、日程和议程（草案）、代表资格审查报告（草案）、质询案的提出和办理程序（草案）、议案和质询案提出截止时间的决定（草案）、主席团成员和秘书长名单（草案）、特邀和列席人员建议范围；讨论通过有关人事任免事项。4月2日，雨花区第六届人大常委会第五次会议召开。会议听取和审议区人民政府《关于提请审议将湖南体育职业学院教职工家属区地块纳入区国民经济和社会发展计划的议案》，作出《关于批准雨花区人民政府将湖南体育职业学院教职工家属区地块纳入区国民经济和社会发展计划报告的决议》；讨论通过有关人事任免事项。6月24日，雨花区六届人大常委会第六次会议召开。会议讨论通过有关人事任免事项，决定任命肖英为区行政审批服务局局长，任命罗奇林为区人大常委会办公室副主任、陈瑾为圭塘街道人大工委副主任；听取全区常态化疫情防控工作情况汇报和全区“12345”市民服务热线运行情况汇报；听取和审议区人民政府《关于提请审议将雅塘片区城市更新（旧城改造）正圆小区地块项目纳入区国民经济和社会发展计划的议案》，作出《关于批准雨花区人民政府将雅塘片区城市更新（旧城改造）正圆小区地块项目纳入区国民经济和社会发展计划报告的决议》。8月24日，雨花区第六届人大常委会第七次会议召开。会议分别听取和审议有关人事任免议案、雨花区2022年1—6月国民经济和社会发展计划执行情况的报告、雨花区2021年度国有自然资源管理情况的专项报告、雨花区2021年财政决算（草案）和2022年1—6月预算执行情况的报告、雨花区2021年度区本级预算执行和其他财政收支的审计工作报告；表决通过《关于接受李章博等辞去雨花区第六届人民代表大会代表职务的决定》《关于批准2021年雨花区财政决算草案的决议》。10月13日，雨花区六届人大常委会第八次会议召开。区。会议听取《长沙市雨花区人民政府关于提请决定任命谢国富同志职务的议案》《长沙市雨花区人民检察院关于提请任命王雨宁同志职务的议案》《关于提请接受宋电等辞去雨花区第六届人民代表大会代表职务的议案》《2022年雨花公安分局优化法治化营商环境情况汇报》《长沙市雨花区人民法院法治化营商环境工作情况汇报》《关于雨花区“12345”市民服务热线运行情况的汇报》；书面听取《以“四度”服务优化营商环境 在推动高质量发展中彰显检察担当》《法治化营商环境工作情况汇报》。11月17日，雨花区六届人大常委会第九次会议召开。会议听取和审议《关于整治群众身边腐败和作风问题工作情况的报告》，这是雨花区人大常委会首次听取和审议区监委专项工作报告；听取和审议《雨花区六届人大一次会议建议办理工作情况的报告》；听取《雨花区六届人大一次会议建议办理与督办工作情况的报告》。12月23日，雨花区六届人大常委会第十次会议召开。会议听取和审议2021年度区本级预算执行和其

2022年8月24日，雨花区六届人大常委会第七次会议　　（彭　理　供图）

他财政收支情况审计及以往年度审计查出问题的整改工作报告；书面听取区财政局、区农业农村局、区市政设施维护中心、区园林绿化维护中心、区人社局、区城管执法局、沙湾公园、区妇幼保健所、区财评中心9个审计整改单位的工作报告，并开展满意度测评；听取和审议雨花区2022年1—10月财政预算执行情况和2022年财政预算调整方案（草案）的报告，作出关于批准雨花区2022年财政预算调整方案（草案）的决议；书面听取区人大法制委员会2022年备案审查工作情况报告；讨论通过有关人事任免事项。

（本栏撰稿　彭　理）

依法监督

【概况】 2022年，雨花区人大常委会听取和审议预算、审计、财政、城市更新、政府债务等工作报告，根据“一府一委两院”（政府、监察委、法院、检察院）的提请和工作需要，适时作出决议决定11个。其中，听取和审议《关于长沙市雨花区2022年财政预算调整方案（草案）的报告》，作出《关于批准长沙市雨花区2022年财政预算调整方案的决议》；听取和审议雨花区人民政府关于城市更新的计划报告，作出关于批准湖南体育职业学院家属区地块、雅塘片区城市更新正圆小区地块纳入棚改计划2个决议。

【人事任免】 2022年，雨花区人大常委会健全完善任前调查、法律考试、任前陈词、颁发任命书、奏唱国歌、宪法宣誓等程序，依法履行人事任免工作职责，任免国家机关工作人员174人次。

【经济监督】 2022年，雨花区人大常委会审议国民经济和社会发展计划，批准重大项目245个；视察自贸长沙片区雨花区块建设，支持推进制度创新；听取长株潭绿心中央公园规划情况汇报，组织绿心中央公园建设暨“双联双为”（“双联”即人大常委会组成人员联系代表、人大代表联系群众；“双为”即为民代言、为民服务）专题座谈，推动绿心中央公园高标准规划、高质量建设。听取雅塘片区、红星片区、高铁片区建设情况汇报，参与雅塘片区、高铁片区、绿心中央公园等片区和项目建设，推动重点片区发展；听取“提升经济贡献度”和“提升产业业态”情况汇报，支持相关部门依法履职、协同配合。

【财政预算监督】 2022年，雨花区人大常委会听取和审议区级财政预算计划、执行、调整和决算情况报告，支持政府加大对重大项目和民生支出力度；听取政府性债务情况汇报，全区债务风险处于安全可控范围；听取2021年度国有资产管理情况综合报告、国有自然资源管理情况专项报告，推动理顺国有资产管理机制；听取2021年度区本级预算执行和其他财政收支审计查出问题整改工作情况汇报，组织对9个整改单位开展满意度测评，完全整改率94.44%，比2021年提高5.21%；督促整改落实问题资金260.29万元，挽回经济损失163.88万元，推动问题整改有效落实。

【法律监督】 2022年，雨花区人大常委会接受全国人大常委会《中华人民共和国长江保护法》执法检查，圭塘河流域治理得到全国人大常委会领导肯定。首次听取区监察委关于《整治群众身边腐败和作风问题工作情况的专项报告》，实现对“一府一委两院”监督的全覆盖。配合省、市人大常委会完成对《中华人民共和国民事强制执行法》《湖南省居民自建房安全管理若干规定》等4部法律法规的立法征求意见工作，收集意见建议16条；对《中华人民共和国非物质文化遗产法》《长沙市湘江流域水污染防治条例》等3部法律开展执法检查。审查规范性文件8件，保障区内非涉法规范性文件的合法有效实施。交办督办信访案件12件，维护来信来访群众的合法权益。

【区域治理现代化】 2022年，雨花区人大常委会向长沙市人民代表大会提交《关于加快推进街镇“一支队伍管执法”的建议》，为破解执法权责不明、合力不强等问题建言献策；分别听取区公安分局、区法院、区检察院、区司法局关于法治化营商环境工作报告，优化雨花区营商环境；听取民族宗教工作汇报，协同市人大常委会调研民族宗教工作；听取“安全事故下降”“信访积案集访下降”等工作汇报，助力防范化解区域风险。

（本栏撰稿　彭　理）

2022 年 6 月 24 日，雨花区人大常委会组成人员视察自贸长沙片区雨花区块建设情况　　（罗奇林　供图）

调研考察

【概况】　2022 年，雨花区人大常委会组织视察和调研 12 次。区人大常委会调研雨花经开区，支持发展“一主一特”［新能源汽车及零部件、人工智能及传感器（含数控机床）］产业，壮大新能源汽车、智能光学、生物医药 3 个制造业产业集群；开展《中华人民共和国固体废物污染环境防治法》执行情况和绿心矿洞修复的调研，推进历史遗留矿山生态修复治理工作。开展基层行政执法专题调研，到黎托、左家塘、同升等 5 个街镇和 9 个执法责任单位全面了解工作情况；面向基层发放调查问卷 430 份，收集意见建议 45 条；学习长沙县、芙蓉区、浏阳市改革经验，借鉴浙江省等地的创新做法；历时半年，形成《推进综合行政执法改革 提升基层治理效能》的调研报告，相关建议被区委采纳。视察全区防汛防涝工作，督促完成水库除险加固、排查整治隐患；组织人大干部和人大代表全面参与自建房安全排查整治。

【视察自贸长沙片区雨花区块建设】　2022 年 6 月 24 日，雨花区人大常委会党组书记、主任冯聪龙率区人大常委会全体组成人员，视察中国（湖南）自贸试验区长沙片区雨花区块建设情况。视察组参观出口产品集聚区、中非经贸博览会常设展馆、中非直播电商孵化中心等核心区域，听取改革创新、项目建设、企业服务等方面介绍。冯聪龙要求，雨花区块管委会要用足用活政策，加大制度创新力度，将雨花区块打造成国家对非贸易的主阵地，并希望区人大常委会积极参加自贸区立法、重大项目建设、调研等工作，提出意见建议。

【市人大代表雨花联组开展会前集中视察】　2022 年 12 月 15 日，长沙市人大代表雨花联组全体代表开展会前集中视察。代表们视察雨花区长托凤凰园微改造、湘藏经贸中心和雨花市民之家 3 个项目。雨花区委常委、区政府常务副区长吴平辉从产业发展、项目建设、开放合作、营商环境、城乡面貌和民生福祉 6 个方面介绍雨花区全年的经济社会发展情况。代表们肯定 2022 年雨花区的发展成就，为雨花区的经济社会高质量发展提出意见建议。

（本栏撰稿　彭　理）

代表工作

【概况】　截至 2022 年年底，雨花区第六届人民代表有代表 263 名。2022 年，雨花区人大常委会组织区人大代表参加初任履职培训、专项履职培训，在浙江大学举办代表履职能力提升班。为全体区人大代表赠订《人民之友》杂志，下拨代表履职平台建设经

2022 年 3 月 1 日，雨花区第六届人民代表大会第二次会议代表履职培训　　（区融媒体中心　供图）

费62万元。开展“双联双为”活动，组织市、区、镇人大代表，走访联系群众1323人次，收集建议意见296条，帮助解决问题179个。开展代表小组活动52次，推动代表履职常态化规范化。

【代表建言献策】 2022年，雨花区人大常委会组织驻区省、市人大代表，围绕实施强省会战略、绿心中央公园建设、自贸区建设、营商环境、乡村振兴等主题审议发言，提出建议意见，为雨花区发展争取政策、项目、资金支持。关于争取自贸区政策支持的建议，被确定为湖南省人民代表大会长沙全团重点建议。长沙市人大常委会评选2022年度重点建议督办件16件，其中由雨花代表团提出的有5件，占全市总数的31.2%。《关于强力发展“22+X”产业链，提升现代化长沙城市核心竞争力的建议》，被确定为市长领办件、市人大常委会主任重点督办件。

【民主民意平台搭建】 2022年，雨花区人大常委会出台《关于进一步规范全区人大代表履职平台建设的意见》，明确按照“五有”（有场所、有人员、有制度、有计划、有保障）标准，规范升级街镇人大代表活动室，建设社区（村）人大代表联络站。建立《雨花区人大代表联络站制度》，每月20日，组织“五级代表”进站履职，共接待群众2000余人次，收集意见建议300余条。邀请代表参加执法检查、调研、视察、政情通报等工作485人次。

【“双联双为”专题座谈会】 2022年5月17日，“绿心中央公园建设”跳马地区代表“双联双为”专题座谈会在跳马镇政府举行。雨花区人大常委会党组书记、主任冯聪龙，副主任周艳芳、莫志刚、向星、王青春，区政府副区长邓波，区人大常委会相关委室负责人，跳马镇相关负责人及跳马地区省、市、区人大代表参加座谈会。绿心中央公园

2022年7月20日，湖南省人大社区人大代表联络站揭牌运行（彭佳玉 供图）

指挥部副指挥长陈萍介绍长株潭绿心中央公园（雨花区域）规划建设情况。参加座谈的人大代表就基础设施、拆迁安置、挖掘历史文化和发展支柱产业等方面提出意见建议。冯聪龙提出，要抓机遇、绘蓝图，分阶段按步骤统筹推进；要谋产业、强功能，做大做强优势特色产业；要顺机制、抓重点，引进和实施一批重点项目；要聚力量、创事业，发挥龙头企业带动引领作用，强化人大代表履职尽责。

【省人大社区人大代表联络站揭牌运行】 2022年7月20日，雨花区东塘街道省人大社区人大代表联络站揭牌运行。湖南省人大常委会党组副书记、副主任谢建辉为联络站揭牌。谢建辉一行察看站外宣传栏，站内接访室、代表风采墙、荣誉墙等设施配备，了解“代表课堂”、代表接待选民、群众意见办理等工作情况，听取雨花区人大代表履职平台情况介绍。省人大社区人大代表联络站，是省人大常委会机关与雨花区人大常委会开展党建共建的实践阵地。按照“五有”标准建设，围绕“七大功能”（宣传站、民意窗、连心桥、监督岗、大课堂、新阵地、调研园）定位，建立定期坐班、定期走访、专员联络、马上就办“四位一体”的运行机制，建立“四步工作法”（第一步抓选区调研、第二步抓协调问策、第三步抓落实落地、第四步抓跟踪问效），办理联络站收集的代表建议。

（本栏撰稿 彭 理）

议案建议

【概况】 2022年，雨花区人大常委会建立“区委主要领导批办、区政府领导领办、区人大常委会领导督办、区属部门单位主办”的代表建议“四办”机制，提升问题解决率和代表满意率。区六届人大一次会议以来，共督办代表建议100件，办理态度、办理结果满意率为100%。《关于解决雨花区老旧小区停车难问题的建议》等16件代表建议被评为区六届人大一次会议优秀建议。

【《关于加快燕子岭小学扩建的议案》】 为加快解决井湾子街道小学学位紧张的问题，在雨花区六届人大一次会议上，龙峥嵘等11名区人大代表联名提交《关于加快燕子岭小学扩建的议案》，该议案被确定为会议唯

一议案。在区人大常委会的督办下，燕子岭小学于2022年8月25日交付使用，扩建后的学校增加24个班、1200个学位，破解辖区小学学位紧缺难题。

（本栏撰稿　彭　理）

2022年6月10日，雨花区人大常委会主任冯聪龙（左四）带队督办《关于加快燕子岭小学扩建的议案》

（罗奇林　供图）

雨花区人民政府

编辑　　唐清明

综 述

【概况】 2022年，雨花区地区生产总值2478.2亿元，比2021年增长4.5%。雨花区地区生产总值在全国地级市的市辖区中排名第五，居全省首位、贡献率全市最高。雨花区高质量发展首次挺进全国十强，在壹城智库高质量发展全国百强区榜单中，跃升至第九位，稳居中西部省份城区第一。

【项目建设】 2022年，雨花区铺排144个重大项目，年度投资完成率128%。新注册“三类500强”企业投资项目7个，新引进投资10亿元以上产业项目5个。助力长株潭都市圈建设，雨韶智能制造产业园（一期）投入使用、入驻企业5家，雨华智能制造产业园（一期）启动建设。联合溆浦县共建雨溆工业园，7家企业签约入驻，其中4家投产运营。新增国家级专精特新“小巨人”企业2家、省级专精特新“小巨人”企业8家，高新技术企业突破600家。新增省级工程技术研究中心5家、省级企业技术中心9家、省级科技企业孵化器1个，中部（长沙）工程技术创新智谷启动建设。帮助企业（项目）解决各类难题850个，全年增值税留抵退税49.73亿元、居全省第一。顺利通过省级知识产权建设强区复核验收。全省首个经济数据智慧e平台投入使用。新增“四上”企业122家、规模以上工业企业10家，12家企业进入全省上市后备企业资源库。市场主体增长13.8%，总量超过24万户、居全省第一。

【产业发展】 2022年，雨花区聚焦“一主一特”产业链，DM-i超级混合动力工厂、可孚智慧医疗高精医学仪器生产基地（一期）、申亿精密高端装备零部件智能制造工厂投产运营，先惠智能华中区域总部产业基地完成主体建设。新能源汽车及零部件、人工智能及传感器（含数控机床）产业链产值分别比2021年增长55%、15%。雨花经开区获评国家骨干冷链物流基地核心承载园区、全省“五好”园区、全省促进工业高质量发展园区。新引进重大数字产业项目3个、总投资70亿余元。建设5G基站1230个，重点场所5G网络通达率100%。高桥大市场、红星农副产品大市场交易额分别为1660亿元、486亿元，均获评全国“诚信兴商典型案例”。红星农副产品全球采购中心（二期）、万纬物流（二期）投产运营，电商物流园配套仓储面积、冷库容量实现两位数增长。参与筹办第二十三届中国中部（湖南）农业博览会，花木产学研合作示范基地在跳马挂牌成立，5个精品花木种植基地启动建设，花木种植面积8666.67公顷，从事花木行业的企业508家，登记注册农民专业合作社201个，创建省、市示范家庭农场各1个，收入超过50万元的集体经济组织占比94%。举办首届雨花区旅游发展大会，布局推进“一芯两带”文旅产业发展，加强中非国际文化交流中心特色产业园、左宗棠文化公园等项目建设，长株潭雨花非遗集市开市运营，雨花非遗民俗艺术特色街区入选全国非遗与旅游融合发展优选项目名录，红星街区、圭塘河街旅游休闲街区分别获评国家级夜间文化和旅游消费集聚区、省级旅游休闲街区。

【城乡建设】 2022年，雨花区红星农副产品全球采购中心（三期）、航空路小学、新星小学、自然苑保障性住房等46个集体土地项目完成拆除清零，城投16号地、城投21号地等11个项目腾地交地。启动16个国有土地征拆项目，长鼓正圆（一期）、五矿二十三冶、王公塘（一期二期）等13个项目签约腾地。湖橡周边小区城市更新单元A地块基本完成腾房。高铁新城片区黎托生态公园、长塘里思远小学等13个项目竣工，合丰路、枫树山明宸小学等交付使用；推进红星片区圭塘河植物园段综合治理，加强天华生活安置小区项目建设，天华路、湘华路建成通车；雅塘片区金茂智慧科学城加快推进，车站南路竣工通车，雅塘文化公园、长沙市儿童福利院投入使用。风光带路、全塘路、豹塘路竣工通车，林科路（北）基本完成建设。推进石碑大港流域综合治理，完成雀园路、万芙路截污干管以及时代阳光大道雨水箱涵建设。推进智慧电网“630”攻坚工作，洞井铺、新兴、蔡家变电站完成选址选线。新（改）建停车场32座，新增停车位24360个；新（改）建公共厕所40座；新增设既有多层住宅电梯204台。

【城乡管理】 2022年，雨花区开展“百街千巷”环境综合整治提升行动，完成137条街巷提质改造。深化“洁净雨花”行动，推进高铁站区、高铁高速两厢、雨花经开区、湖南省植物园等重点区域环境综合提质，完成道路移交90条。161个社区实现生活垃圾分类全覆盖。创建市级美丽宜居村庄20个。中央、省级环保督察五轮共计645件交办问题完成整改。持续打好蓝天、碧水、净土保卫战，空气质量优良天数302天，圭塘河水质稳定保持Ⅲ类标准、浏阳河（雨花段）水质达到Ⅱ类标准，完成65个重点建设用地污染状况调查。推进省级生态文明示范区创建，完成“碳达峰”实施方案编制。

【社会事业】 2022年，雨花区完成省、市重点民生实事项目28个。有普通高中4所；初中学校18所，比2021年增加2所；普通小学82所，比2021年增加5所；幼儿园295所，比2021年增加8所。普通高中在校生3912人，初中学校在校生26420人，普通小学在校生111868人，幼儿园在园幼儿58200人。全区民办学历学校2所，培训学校100所。小学适龄儿童入学率100%，初中适龄人口入学率100%，高中阶段教育毛入学率100%。落实义务教育保障资金17.2亿元，义务教育阶段合格学校建设3所。专利授权量5519件，比2021年增长1.0%。其中，发明专利授权量849件，比2021年增长47.9%。签订技术合同2488项，比2021年增长108.2%；技术合同累计成交金额227.7亿元，比2021年增长

42.9%。实现高新技术产业增加值比2021年增长16.0%。有艺术表演团体19个，文化馆2个；公共图书馆（区级）1个，图书分馆（含街道、社区两级）12个；档案馆1个，已开放各类档案1.3万卷（件）。各类体育场地2620个，体育场地面积293.6万平方米；开展全民健身项目30项次，全民健身运动参加人数57.2万人。有卫生机构数745个，拥有医院、卫生院56个，社区卫生服务中心13个，拥有疾病预防控制中心（防疫站）、卫生监督检验机构、妇幼保健院、专科疾病防治院各1个。卫生技术人员21611人，比2021年增长3.0%；执业医师和执业助理医师3326人，比2021年增长8.6%；注册护士4198人，比2021年增长5.1%。

【社会保障】 2022年，雨花区新增就业2.3万人，其中，城镇新增就业1.9万人。年末城镇登记失业率1.4%，安排失业人员再就业1.3万人。脱贫人口年度增收13.48%，获评全省对口帮扶先进单位。年末城镇职工基本养老保险参保人数33.5万人，城乡居民社会养老保险参保人数6.8万人，工伤保险参保人数26.2万人，失业保险参保人数22.9万人。成立标准化家庭医生社区工作室54个，街道社区卫生服务中心（卫生院）实现全覆盖；新建养老机构2家、社区养老服务站12家。各类收养性社会福利单位收养人员1311人，有床位数2215张。城镇各种社区服务设施1101个，其中综合性社区服务中心141个。筹集社会福利资金37.37万元，直接接收社会捐赠20万元。为困难群体发放救助资金、补贴津贴9090万元。社会救济总人数5034人，其中居民最低生活保障人数4422人、特困供养保障人数612人。农村低保覆盖率100%。

（本栏撰稿 陈湘海）

重要会议

【区政府常务会议】 2022年，雨花区政府召开常务会议16次。

1月7日，区第六届人民政府第4次常务会议召开。会议学习统计工作有关文件；听取全区安全生产工作情况汇报、产业园区治安风险隐患集中排查整治工作情况汇报；审议区委经济工作会议工作报告；审议《2021年度雨花区经济发展突出贡献奖（送审稿）》《雨花区经济发展“三帮三促”工作实施方案（送审稿）》《长沙市雨花区促进经济高质量发展扶植奖励办法（征求意见稿）（送审稿）》《2022年雨花区重点项目投资计划表（送审稿）》《轨道交通7号线一期工程雨花区范围公共绿化迁移、恢复及市政道路面层永久恢复合同（送审稿）》《关于支持雨花区2021年开放型经济高质量发展的实施方案（送审稿）》；研究跳马镇龟坡废弃矿山生态修复工程结算有关工作，雅塘片区雅塘冲路涉民政学院代征路幅征地补偿费问题有关工作，白田社区“两安”用地（生活安置留地、生产安置留地）调规、桃阳经济合作社35号“两安”用地控规修改有关工作，湖南雨非产业投资有限责任公司2022年国际贸易供应链金融业务有关工作、研究给予中非经贸博览会常设展馆建设资金支持有关工作；研究雨花区2022年财政预算编制情况以及提请向区人大报告《雨花区2021年财政预算预计执行情况和2022年财政预算（草案）》有关工作，审议《雨花区重点税源属地管理考核办法（送审稿）》。

2月16日，区第六届人民政府第5次常务会议召开。会议审议《区级领导干部联系民营企业和商会实施方案（送审稿）》《长沙市雨花区2021年国民经济和社会发展计划执行情况与2022年国民经济和社会发展计划草案的报告（送审稿）》《雨花区事业单位管理岗位职员等级晋升制度实施方案（送审稿）》。

3月4日，区第六届人民政府第6次常务会议召开。会议听取全区安全生产工作情况汇报；审议《关于2021年度“居民零上访、安全零事故、治安零发案”街道（镇）和社区（村）认定结果的通报（送审稿）》《雨花区经济数据智慧e平台运行管理办法（试行）（送审稿）》《雨花区国有企业负责人经营业绩考核办法（送审稿）》《雨花区国有企业负责人经营业绩考核实施细则（送审稿）》《关于成立井塘段城市双修及海绵城市建设示范公园PPP项目绩效考核小组的通知（送审稿）》《关于做好2022年“三农”工作全面推进乡村振兴重点工作的意见（送审稿）》《关于深入开展“党建聚合力”工程联村共建促乡村振兴实施方案（送审稿）》《关于推进市级乡村振兴示范乡镇创建工作实施方案（送审稿）》《关于2021年度全区政法和信访工作考核评估情况的通报（送审稿）》；研究2021年度“一事一议”类政策兑现有关工作，跳马镇石燕湖大道道路建设项目回购事项有关工作，洞株公路振东路东侧水毁边坡治理支护工程变更有关工作，石坝路（万家丽路—二环线）项目建设、高升路箱涵智能分流井设备建设有关工作，井湾子街道红星村农民生产安置项目（红星博雅公寓）恢复原控规、莲湖中学安置地土地指标置换有关工作，东山街道边山社区筹委会、黎托经济合作社“两安”用地规划调整及容积率认定有关工作，洞井街道板塘村生产安置用地土地调规有关工作，2020年湖南省高桥大市场市场采购贸易方式试点省级扶持资金兑现有关工作；研究雨花区公办园规范发展有关工作，审议《雨花区规范民办义务教育发展工作方案（送审稿）》《雨花区天华寄宿制学校“民转公”改制工作方案（送审稿）》。

4月14日，区第六届人民政府第7次常务会议召开。会议审议《雨花区土地征收成片开发片区划定方案（送审稿）》《2022年雨花区重点民生实事项目实施意见（送审稿）》《雨花区“三帮三促”纾困暖企行动方案（送审稿）》《长沙市雨花区全民科学素质行动规划纲要实施方案（2021—2025年）（送审稿）》《关于整合成立雨花经开发展集团有限公司的工作方案（送审稿）》《关于2021年度全区卫生健康工作考核评估结果的通报（送审稿）》；研究黎托街道大桥安置小区整体合作开发有关工作、平阳社区筹建委员会“两安”用地规划修改有关工作，湖南自贸试验区长沙片区雨花高桥区块部分用地规划进行优化调整有关工作，都会风华云邸项目第四期开发用地商改住和项目自建小学品牌有关工作，高升星光天地 1 栋 AB 塔农民“两安”项目规划修改（住改商）有关工作，参与梨子山、小林子冲、省话剧团 3 个棚改项目土地摘牌有关工作，和景家园强电工程等 4 个项目采用 EPC 总承包模式进行招标有关工作，高升路雨水箱涵—韶山路节点“共槽建设、一并代建”有关工作，中建五局高管奖励有关工作；听取全区安全生产工作情况汇报，审议《长沙市雨花区安全生产和消防工作考核办法（送审稿）》《关于调整长沙市雨花区防汛抗旱指挥部组成人员及职能职责的通知（送审稿）》；研究湖南绿地城花有限公司有关工作，审议《雨花区圭塘河井塘段城市双修及海绵示范公园建设 PPP 项目绩效评价工作方案（送审稿）》《关于设立雨花区科技创新产业发展投资基金的方案（送审稿）》；听取全区“洞庭清波”有关工作情况汇报，审议《雨花区贯彻落实第二轮中央生态环境保护督察报告整改方案（送审稿）》；听取全区统计工作情况汇报，审议《关于加强新时代统计工作的实施方案（送审稿）》。

4 月 22 日，区第六届人民政府第 8 次常务会议召开。会议审议《雨花区贯彻落实强省会战略行动方案（2022—2026 年）（送审稿）》《关于成立雨花区贯彻落实强省会战略领导小组及其专项工作组的通知（送审稿）》。

5 月 11 日，区第六届人民政府第 9 次常务会议召开。会议传达学习中共中央总书记习近平、国务院总理李克强对长沙居民自建房倒塌事故的重要指示批示精神及省、市有关会议精神，湖南省委书记张庆伟，省委常委、长沙市委书记吴桂英对比亚迪有关工作指示批示精神；审议《关于加强比亚迪汽车长沙分公司环境信访舆情处置工作方案（送审稿）》《印发贯彻落实〈关于进一步强化安全生产责任落实坚决防范遏制重特大事故的若干措施〉任务分工的通知（送审稿）》。

5 月 18 日，区第六届人民政府第 10 次常务会议召开。会议听取全区自建房安全专项大排查大整治及“百日攻坚”专项行动工作情况汇报；审议《关于深化全区应急管理综合行政执法改革的实施方案（送审稿）》《雨花区机关事业单位编外合同制人员薪酬待遇调整的方案（送审稿）》《2022 年全区交通问题顽瘴痼疾集中整治行动实施方案（送审稿）》《长沙市雨花区浏阳河、圭塘河 2022 年度综合治理任务清单（送审稿）》《关于进一步推动雨花区文化旅游体育深度融合高质量发展的实施方案（2022—2026 年）（送审稿）》《雨花区全民健身实施计划（2021—2025 年）（送审稿）》；研究暂延劳务派遣服务期限有关工作，雨环苑项目补缴土地价款缴费标准、支持长沙洞井建筑股份有限公司处置新兴仓储项目统征土地、商住经营性用地配建租赁住房等有关工作，免除轨道交通 7 号线施工城市道路占用费有关工作，区公安分局申请支付物业及保安服务费有关工作，泰禹小学扩建项目采用工程总承包（EPC）模式建设有关工作，黎托南片控规 N05—E02、N05—F02 地块（湖南红星大市场农产品有限公司用地）规划修改有关工作，加快雨花区 7 号线车辆段地块项目拆迁有关工作；审议《红星片区城市更新（旧城改建）红星大市场更新单元项目引入合作企业招商方案（送审稿）》，研究绿心中央公园绿道项目建设、跳马消防站项目建设、天华湖堤岸抢险等有关工作；审议《雨花区“十四五”卫生健康事业发展规划（送审稿）》，研究 2022 年独生子女死亡家庭一次性慰问金专项补助有关工作；审议《大塘经济合作社（社区筹委会）安置用地合作开发协议（送审稿）》《关于安置用地合作开发的补充协议（送审稿）》，研究土地规划修改有关工作；审议《关于成立中国（湖南）自由贸易试验区长沙片区雨花区块政策兑现工作领导小组的通知（送审稿）》《内蒙古雅布赖盐化集团有限公司南方总部企业“一事一议”政策协议（送审稿）》《国晶智联信息科技有限公司南方总部企业“一事一议”政策协议（送审稿）》《关于湖南·高桥国际贸易港项目纳入自贸长沙片区雨花区块联动创新区的合作协议（送审稿）》，研究优化湖南雨非产业投资有限公司财务审批流程、申报中非技术性贸易措施研究评议基地等有关工作。

6 月 15 日，区第六届人民政府第 11 次常务会议召开。会议传达学习“4·29”特别重大居民自建房倒塌事故总结暨全省安全生产大检查“百日攻坚”行动部署会议、“4·29”特别重大居民自建房倒塌事故总结暨全市安全生产大检查“百日攻坚”行动部署会议、《长沙市安全生产大检查“百日攻坚”行动“十个必须”》等会议文件精神，听取全区安全生产工作情况汇报，研究聘请第三方服务机构开展安全生产大检查大排查大指导有关工作；听取全区自建房安全隐患排查整治、仓储物流安全隐患排查整治、住宅小区消防安全隐患排查整治等工作情况汇报；审议《雨花区“送政策、解难题、优服务”联企纾困专项行动工作方案（送审稿）》《雨花区选派领导干部任社区、小区第一书记管理办法（送审稿）》《关于成立雨花区推动长江经济带发展领导小组的通知（送审稿）》《雨花区促进中小企业发展专项资金使用管理办法（送审稿）》《雨花区既有建筑外立面整治三年行动工作方案（送审稿）》《中非经贸总部基地项目土地转让意向协议（送审稿）》《红星片区板塘更新单元合作协议（送审稿）》以及板塘单元 F1、F2 地块《基础设施配套协议［红星片区城市更新〈旧城改建〉项目板塘更新单元“两安”用地］（送审稿）》；研究全区经济发展“双过半”有关工作，花桥安置小区提质改造工程项目采用 EPC 方式进行招标有关工作，雨花亭派出所项目采用 EPC 总承包模式进行招标、雨花市民之家项目基坑支护设计变更有关工作，城管系统项目调整变更事项有关工作，湖南新佳宜商贸有限公司享受“一事一议”奖励扶植政策有关工作，2021年湖南高桥大市场市场采购贸易方式试点市、区两级支持资金政策兑现有关工作，区公安分局指挥中心提质改造建设有关工作，天华生活安置小区项目滑坡处置有关工作，高桥汽配城项目申请调整建筑高度、中旺·湘安嘉园二期土地规划修改、中欣·百富广场项目建筑高度优化调整、桃阳经济合作社G10—A058、G10—A059地块控规修改有关工作；传达学习全省、全市巩固拓展脱贫攻坚成果同乡村振兴有效衔接工作推进暨突出问题整改动员部署会议精神，听取全区乡村振兴工作情况汇报；听取全区禁毒工作情况汇报。

6月27日，区第六届人民政府第12次常务会议召开。会议听取全区粮食生产工作情况汇报、全区稳就业工作情况汇报、全区信访工作情况汇报。

7月15日，区第六届人民政府第13次常务会议召开。会议传达学习全国、全省、全市安全生产电视电话会议精神，听取全区安全生产工作情况汇报；审议《关于2021年财政决算草案和2022年1—6月预算执行情况的报告》《2022年湖南高桥大市场市场采购贸易方式试点风险补偿金工作方案（送审稿）》《长沙市雨花区创建全国基层中医药工作示范区实施方案（送审稿）》；研究政府性投资项目决策和立项管理有关工作，雨花市民广场提质改造项目有关工作，雨花区“百街千巷”项目有关工作，川河路一标段工程恢复临时道路及工程变更有关工作，跳马镇新田村航院集镇提质改造、跳马村和喜雨村安置房建设有关工作；审议《长沙市雨花区城区居民住宅小区二次供水设施户表改造实施方案（送审稿）》，研究2021年度既有小区品质提升项目区级奖补资金、2022年度既有小区品质提升项目计划有关工作。

8月25日，区第六届人民政府第14次常务会议召开。会议听取雨花区配合国务院第九次大督查来区开展实地督查情况汇报、全区安全生产工作情况汇报；审议《长沙市雨花区关于切实加强社会保险基金监管工作的实施方案（送审稿）》《雨花区项目建设百日竞赛活动工作方案（送审稿）》《2022年长沙市雨花区生活垃圾分类工作方案（送审稿）》《关于成立长沙市雨花区奋力实施强省会战略高质量推进“双五”工程领导小组的通知（送审稿）》《雨花区贯彻落实〈长沙市奋力实施强省会战略高质量推进“双五”工程三年行动方案（2022—2024年）〉任务分解表（送审稿）》《2022年度长沙市雨花区已建住宅小区供电设施“专改公”小区确认表（送审稿）》《2021年度长沙市雨花区促进群众文化发展扶持奖励工作评审结果通报（送审稿）》《“圭塘河岸”生态文旅经济带创建“全国旅游休闲街区”实施工作方案（送审稿）》《关于全面推行田长制严格耕地保护的实施方案（送审稿）》；研究2021年自贸长沙片区雨花区块加快推进高水平开放高质量发展扶植办法政策兑现、湖南自由贸易试验区长沙片区雨花区块中非经贸总部基地项目采用EPC模式建设有关工作，增加“百街千巷”环境综合整治奖励资金有关工作，高桥、洞井消防站正规化建设计划立项有关工作，黄谷路110千伏、10千伏电缆土建工程（洞井铺变配套路由）项目投资规模调整有关工作，联盟经济合作社回购联盟佳苑30套房屋有关工作，长沙火车南站东广场设立执勤岗亭、申购防疫安保服务有关工作，石碑大港片区时代阳光大道截污干管项目建设有关工作，拨付区交警大队交通指挥中心2020—2021年运维服务费用有关工作，跳马镇金屏社区鲤鱼塘水库综合治理工程有关工作，岳麓山实验室林大林科院片区土地出让和规划调整、桃阳经济合作社G10—B022地块控规修改有关工作；研究原湖南黄兴医院退休人员福利待遇有关工作，审议《长沙市雨花区计划生育协会改革方案（送审稿）》。

9月15日，区第六届人民政府第15次常务会议召开。会议传达学习省委、省政府主要领导关于全省安全生产工作的批示精神，听取全区安全生产工作情况汇报；审议《桂花公园管理处、沙湾公园管理处改革增效工作方案（送审稿）》《长沙市雨花区人民政府与上海爱得自在信息技术有限公司招商合作协议（送审稿）》《长沙市雨花区人民政府与中国林业集团有限公司招商合作协议（送审稿）》《2022年度雨花区创建省市养老服务真抓实干督查激励区工作方案（送审稿）》《关于成立长沙市雨花区创建国家卫生城市领导小组及其专项工作组的通知（送审稿）》《长沙市雨花区创建国家卫生城市工作实施方案（送审稿）》；研究配合国家统计局统计造假不收手不收敛专项纠治抽查工作，雨花区高速公路收费站防疫服务点经费有关工作，2022年环卫中心业务用车燃油费有关工作，圭塘街道长冶小区东侧护坡修整加固有关工作，雨花建筑公司名下综合楼产权直接过户到湖南省地震局有关工作。

10月20日，区第六届人民政府第16次常务会议召开。会议研究“保交楼、保民生、保稳定”有关工作，审议《关于政策性专项借款统借统还实施方案（送审稿）》。

10月20日，区第六届人民政府第17次常务会议召开。会议听取全区安全生产工作情况汇报，审议《关于明确部分行业领域安全监管责任的通知（送审稿）》；审议《长沙市雨花区人民政府关于公布规范性文件清理结果的通告（送审稿）》《长沙市雨花区强化“三力”支撑实施方案（2022—2025年）（送审稿）》《长沙市雨花区食品安全事故应急预案（送审稿）》《长沙市雨花区电子商务物流中心招商合作投资协议（送审稿）》《长沙市雨花区电子商务物流中心招商合作产业扶植协议（送审稿）》《零食很忙智慧物流园项目（物流园仓储7—2号地）土方消纳方案（送审稿）》《第二十三届中国中部（湖南）农业博览会雨花区工作方案（送审稿）》《2023年雨花区城镇老旧小区改造项目计划（送审稿）》；研究绿心中央公园三环旅游提质改造项目有关工作，黎托街道大桥社区筹建委员会城中村改造项目契税和配套费有关工作，省建材局及周边地块棚改项目、白竹公园生态修复(景观设计)及土地综合整治(一期)项目、左宗棠文化园筹备期项目、圭星家园项目和组建长沙国际贸易集团有限公司有关工作，2021年湖南高桥大市场市场采购贸易方式试点省级扶持资金政策兑现有关工作，区法院、区检察院区聘雇员经费有关工作，林科路北（湘府路—双塘路）有关工作，友谊三期安置小区新增安置房采用EPC总承包模式进行招投标有关工作，长沙产业城市更新投资建设有限公司湖橡小区周边城市更新单元（旧城改建）项目配套道路立项有关工作；研究水利项目建设有关工作，审议《长沙市雨花区林业生物灾害应急预案（送审稿）》《关于成立长沙市雨花区第三次全国土壤普查领导小组的通知（送审稿）》。

10月31日，区第六届人民政府第18次常务会议召开。会议传达学习中共二十大精神；审议《长沙市雨花区行政许可事项清单（2022年版）（送审稿）》《长沙市雨花区下放部分区级社会事务管理权限清单（送审稿）》《雨花区重点民生实事“雪亮工程”建设工作方案（送审稿）》。

12月7日，区第六届人民政府第19次常务会议召开。会议传达学习习近平总书记关于安全生产重要批示精神以及上级有关会议、通知精神，听取全区安全生产工作情况汇报；审议《关于成立长沙市雨花区碳达峰碳中和工作领导小组的通知（送审稿）》《关于长沙市雨花区2022年1—10月财政预算执行情况和2022年财政预算调整方案（草案）的报告（送审稿）》《长沙市雨花区持续壮大农村集体经济行动方案（2022—2025年）（送审稿）》《关于建立长沙市雨花区人民政府行政复议咨询委员会工作方案（送审稿）》《关于建立长沙市雨花区人民政府行政复议咨询委员会的通知（送审稿）》《雨花区公路“路长制”实施方案（送审稿）》《关于成立雨花区集中打击整治危害药品安全违法犯罪工作领导小组的通知（送审稿）》；研究给予雨花经开区2021年比亚迪DM-i项目观摩补助有关工作，划转注入股权有关工作，中国联通中南研究院过渡办公区装修项目采用EPC总承包模式进行招标、中国联通中南研究院项目有关工作，2017年老旧社区第20标结算有关工作，区自建房排查整治经费有关工作，高桥高层安置房建设有关工作；研究湖南自贸区长沙片区中非经贸数字智谷新型基础设施项目申请自贸专项债有关工作，审议《2022年湖南高桥大市场市场采购贸易方式试点省级支持资金扶持办法（送审稿）》；研究区属中学引进长沙麓山国际实验学校合作办学有关工作，审议《关于全面加强新时代中小学劳动教育的实施方案（送审稿）》。

（本栏撰稿　陈湘海）

重要文件

【《关于实施雨花区2022年老旧小区及配套基础设施改造工程的通告》】 2022年4月22日，雨花区政府印发《关于实施雨花区2022年老旧小区及配套基础设施改造工程的通告》（以下简称《通告》）。《通告》明确该次改造工程的实施时间为2022年6月至2023年3月分批启动实施；实施范围为金科园等53个老旧小区改造工程，其中雨花亭街道5个、高桥街道2个、左家塘街道18个、侯家塘街道8个、砂子塘街道12个、东塘街道3个、圭塘街道5个；项目建设包括小区楼栋内及其配套基础设施改造。

·表2·　2022年雨花区老旧小区及配套基础设施改造工程一览表

街道	项目数量（个）	项目名称
雨花亭街道	5	华云社区老长无宿舍、水文局宿舍、大吉小区，正圆社区正圆小区，自然岭社区雨花区教师村宿舍
高桥街道	2	五一社区华隆小区，鑫华社区周南雨花中学宿舍
左家塘街道	18	居阿弥岭社区铁路小区一片、铁路小区二片、建行宿舍、鸿海公寓、制药厂宿舍，王公塘社区建委宿舍小区，官塘冲社区轻安小区、床单厂宿舍、检察院宿舍，曹家坡社区省生物药厂宿舍、橡鞋宿舍小区（3、4栋）、曹家坡巷12和13栋，营山巷社区烟草南北栋，长铁社区狮子山新一片小区、狮子山老一片小区，狮子山社区狮子山新二片小区、狮子山老二片小区，左家塘街道红花坡社区名都花园小区
侯家塘街道	8	活力社区省建六公司宿舍、物价局宿舍、红旗雅居，广济桥社区鸿园小区，侯家塘社区造化塘纯居民宿舍、原环境报社宿舍、农机公司宿舍、橡胶制品厂宿舍

·续表 2·

街道	项目数量（个）	项目名称
砂子塘街道	12	金科园社区金科园小区，野坡社区海华花园小区，桂园社区桂园小区 6 片、环卫宿舍、电子仓库宿舍、桂园 1 片（B1、A1、2、3、4、5、6、7、8 栋）、生资公司宿舍、回收公司宿舍、湘银 AB 栋、肉食宿舍、卫技新村小区、成功苑小区
东塘街道	3	芙蓉南路社区长沙市第一社会福利院宿舍、枫树山社区马家冲小区区政府宿舍、长沙市汽贸公司宿舍
圭塘街道	5	中南院社区中南家园小区（包括东区和西区），体院路社区湖南食品药品职业学院北校区小区、湖南省地质矿产勘查开发局四〇二队小区，美林景园社区中国航空工业供销长沙有限公司 416 宿舍

【《关于印发〈雨花区全民健身实施计划（2021—2025 年）〉的通知》】 2022 年 6 月 27 日，雨花区政府印发《关于印发〈雨花区全民健身实施计划（2021—2025 年）〉的通知》（以下简称《通知》）。《通知》旨在深入实施全民健身国家战略，大力推进体育强区建设，不断满足人民群众日益增长的健身需求，持续提升群众身体素质和健康水平。《通知》明确具体目标为：经常参加体育锻炼人口比例达到 45%、人均体育场地面积达到 2.6 平方米、国民体质合格率达到 94%、每千人拥有社会体育指导员达 3.5 人。《通知》主要围绕构建高水平全民健身公共服务体系，明确聚焦群众身边的设施、聚焦群众身边的活动、聚焦群众身边的组织、聚焦全民健身融合发展、聚焦群众身边的文化 5 个方面重点工作。其中聚焦群众身边的设施的目标为新（改）建社区体育公园 1 个以上、室外运动场 30 个以上、智慧社区健身中心 40 个以上，升级换代社区（村）体育健身器材，分批推进浏阳河、圭塘河沿线健身休闲步道建设；聚焦群众身边的组织的目标为全区各级各类体育社会组织达 40 家以上，各街镇至少建立 1 个体育社会组织，各社区（村）至少设立 1 个健身指导服务站点。

【《关于印发〈雨花区促进中小企业发展专项资金使用管理办法〉的通知》】 2022 年 7 月 5 日，雨花区政府印发《关于印发〈雨花区促进中小企业发展专项资金使用管理办法〉的通知》（以下简称《通知》）。《通知》旨在促进雨花区中小企业发展，增强雨花区实体经济发展后劲，推动中小企业高质量发展。《通知》主要内容有支持中小企业服务体系建设，对新认定区级中小企业服务机构和获得国家、省、市级荣誉的服务机构分别进行奖补；支持中小企业创新转型发展，对中小企业在贷款贴息、支持技术创新“破零倍增”和获得国家、省、市级荣誉等三方面的奖励支持；支持中小企业公共服务补给，在中小企业技术创新、上市辅导、投融资、数字化应用、品牌能力提升、工业设计等方面需求，明确对中小企业服务机构购买一定的深度公共服务开展相关活动的需求。

（本栏撰稿　陈湘海）

民生实事

【概况】 2022 年，雨花区承担省、市重点民生实事 14 件 28 个指标。其中，省考项目 6 件 14 个指标，市考项目 8 件 14 个指标，由区教育局、区卫健局、区民政局、区公安分局等 13 个区直单位牵头实施。

·表 3· 2022 年雨花区省、市重点民生实事项目指标任务表

类	序号	市主要牵头单位	区主要牵头单位	项目任务及指标		计量单位	全市工作目标	雨花区工作目标
省考项目	1	市教育局	区教育局	增加公办义务教育学位	提高公办义务教育学位占比至 95% 以上	个	23141	2296
	2	市卫生健康委	区卫生健康局	特殊群体健康保障	完成孕产妇免费产前筛查	人	49600	6600
	3				完成新生儿先天性心脏病免费筛查	人	49600	6500
	4	市妇联 市卫生健康委	区妇联 区卫生健康局		完成农村适龄妇女及城镇低保适龄妇女“两癌”免费检查	人	87675	2250

·续表 3·

类	序号	市主要牵头单位	区主要牵头单位	项目任务及指标		计量单位	全市工作目标	雨花区工作目标
省考项目	5	市医保局	区医保局	特殊群体健康保障	每个县市区至少 1 家定点医疗机构实现普通门诊医疗费用跨省直接结算	个	10	1
	6	市残联	区残联		康复救助残疾儿童	人	2140	300
	7				完成困难残疾人家庭无障碍改造	户	750	40
	8	市民政局	区民政局	城乡低保和残疾人“两项补贴”提标	城市低保标准	元／月	不低于750	不低于750
	9				农村低保标准	元／年	不低于9000	不低于9000
	10				困难残疾人生活补贴标准	元／月	不低于140	不低于140
	11				重度残疾人护理补贴标准	元／月	不低于100	不低于100
	12			老年人服务保障	完成困难老年人居家适老化改造	户	697	115
	13	市人居环境局	区人居环境局	城镇老旧小区改造	开工改造城镇老旧小区	个	300	36
	14	市公安局	区公安分局	中小学安防设施建设	建设联网中小学幼儿园周边等重点部位安防设备	个	20000	2060
市考项目	15	市教育局	区教育局	完成“双减”工作重点监测目标任务	减轻作业负担，加强作业监管，作业公示制度学校占比	%	100	100
	16				优化课后服务，开展课后服务学校占比	%	100	100
	17				学科类校外培训机构预收费纳入监管占比	%	100	100
	18				家长、学生满意率	%	90 以上	90 以上
	19	市城管局	区市政设施维护中心	建设城区学校人行天桥		座	5	1
	20	市民政局	区民政局	建设社区养老服务设施		家	100	12
	21	市住建局	区住建局	既有多层住宅加装电梯		台	900	180
	22	市市场监管局	区市场监管局	推进食品安全放心工程	完成放心肉智能监管平台推广与应用	户	20000	3289
	23				建立街镇食品安全快检室	个	170	13
	24	市体育局	区文旅体局	新改建室外运动场		个	200	20
	25	市城管局	区市容环境卫生维护中心	新改建“厕位”	新建公厕	座	80	12
	26				提质改造公厕	座	200	28
	27	市交建中心	区人居环境局	新改建停车场	新改建停车场	座	270	30
	28				新增停车位	个	新改建停车场	21500

说明：省考项目 6 项 14 个指标，市考项目 8 项 14 个指标

【省考项目】 2022 年，雨花区承办省考实事项目 6 项 14 个指标，涉及区直牵头责任单位 8 家。14 个省考项目指标全部提前完成年度既定目标任务，其中 4 个项目指标超额完成。区教育局通过加大投入、加快建设、创新举措等方式，推进长沙市中雅培粹学校、雨花区天华寄宿制学校转设公办，新增优质公办学位 5600 个。区医疗保障局多次深入长沙市中心医院进行现场指导，开通普通门诊医疗费用跨省直接结算，减少群众异地就医垫资跑腿享受医保

待遇难的问题。区残联困难残疾人家庭无障碍改造项目实施全个性化改造施工，根据每位残疾人不同的改造需求，做到“一户一方案”，进行个性化改造。区人居环境局以城市体检为基础，多元筹资，多方共建，多向发力，打造具有雨花特色的老旧小区改造的示范样本。区卫生健康局创新“两癌”免费检查方式，采取“门诊＋集中筛查”的方式，对所有筛查出的“两癌”阳性患者实行“区—街”双重管理，确保每一位阳性患者都能进行进一步检查和治疗。

·表4· 2022年雨花区重点民生实事省考项目完成情况表

牵头单位	项目任务及指标		计量单位	雨花区工作目标	完成进度
区教育局	增加公办义务教育学位	提高公办义务教育学位占比至95%以上	个	2296	100%
区卫生健康局	特殊群体健康保障	完成孕产妇免费产前筛查	人	6600	145.1%
区卫生健康局	特殊群体健康保障	完成新生儿先天性心脏病免费筛查	人	6500	114.6%
区妇联 区卫生健康局	特殊群体健康保障	完成农村适龄妇女及城镇低保适龄妇女“两癌”免费检查	人	2250	113.7%
区医保局	特殊群体健康保障	每个县市区至少1家定点医疗机构实现普通门诊医疗费用跨省直接结算	个	1	100%
区残联	特殊群体健康保障	康复救助残疾儿童	人	300	134%
区残联	特殊群体健康保障	完成困难残疾人家庭无障碍改造	户	40	100%
区民政局	城乡低保和残疾人“两项补贴”提标	城市低保标准	元/月	不低于750	100%
区民政局	城乡低保和残疾人“两项补贴”提标	农村低保标准	元/年	不低于9000	100%
区民政局	城乡低保和残疾人“两项补贴”提标	困难残疾人生活补贴标准	元/月	不低于140	100%
区民政局	城乡低保和残疾人“两项补贴”提标	重度残疾人护理补贴标准	元/月	不低于100	100%
区民政局	老年人服务保障	完成困难老年人居家适老化改造	户	115	100%
区人居环境局	城镇老旧小区改造	开工改造城镇老旧小区	个	36	100%
区公安分局	中小学安防设施建设	建设联网中小学幼儿园周边等重点部位安防设备	个	2060	100%

【市考项目】 2022年，雨花区承办市考项目8件14个指标，涉及区直牵头责任单位8家，14个市考项目指标全部完成年度既定目标任务。区教育局加强作业全过程管理，推动中小学校100%建立作业公示制度，小学100%落实每周一天无作业日，班级100%实施作业总控制度；将课后服务纳入教学常规管理，推动全区课后服务实现“五个100%目标”（中小学校100%开展、有需求的学生100%满足、教师100%参加、学生午餐100%落实、育人效果100%满意），雨花区作为全省唯一区县入选“全国首批义务教育课后服务典型案例单位”；建立区级资金监管平台，将培训学校全部纳入监管，共监管资金约2900万元。区市政设施维护中心完成圭塘路人行过街天桥项目建设，解决万境水岸小学以及邻近的雅境中学的过街难题。区民政局推动建成同升街道新兴社区、黎托街道东澜湾社区等12个居家养老服务站。区住房和城乡建设局推动既有多层住宅加装电梯建设，受理电梯加装项目备案143个。区市场监督管理局推进食品安全放心工程，完成13个快检室选址建设，放心肉智能监管平台注册3670户。区文化旅游体育局实施体育类重点民生实事项目，新改建室外运动场20个，落实全民健身补短板工作，投放健身器材83处。区市容环境卫生维护中心完成新建公厕12座、提质改造28座公厕。区人居环境局新改建32个，新增停车位24360个。

（本栏撰稿 刘雅婷）

对口帮扶

【对口帮扶溆浦】 2022年，雨花区以雨溆工业园为重点，抓实人才干部交流、劳务派遣、教育卫生等方面工作，打造全国乡村振兴对口帮扶新样板。全年招引项目7个、总投资24.3亿元。开展消费协作，拓宽溆浦产品销售渠道，助力溆浦县山货出山、产品出海、文旅出彩，助力溆浦县打造柑橘、文旅等具有地方特色的产业品牌，帮助橘农年增收3亿余元。助推溆浦工贸产品拓展海外市场，帮助溆浦县实现外贸进出口额约1600万美元。组织线上线下推出“游在溆浦县”等专题活动，向溆浦县输送游客8.9万人次，拉动旅游消费近1亿元。帮助溆浦县5000余名劳动力就地或转移就业，实现人才市场精准对接。建立干部交流挂职机制和人才交流机制，开展“订单式”人才培训。向溆浦县派驻30余名干部、名优教师、专业人员，从溆浦选派2批次28名干部和技术人才到雨花区挂职，通过强化区域联动、资源整合、优势互补，提升对口帮扶工作整体效能。帮扶工作得到湖南省委副书记、省长毛伟明“很好，对口帮扶工作认识到位，思路清晰，措施扎实，进展顺利，继续推进，一抓到底，抓出特色，抓出成效”的肯定。对口帮扶工作经验作为2022年度社会帮扶典型案例向国家乡村振兴局推介。《商贸大区与农业大县强强联合——雨花区乡村振兴对口帮扶溆浦县做大做强消费协作》作为消费帮扶典型案例上报国家发改委。（胡　靖）

【教育帮扶】 2022年，雨花区制定坚持“管理互通、资源共享、质量同进、合作共赢”为宗旨的雨花—溆浦五年帮扶协议和年度帮扶清单。17所区属学校、幼儿园以线下送教送培、教师互访、学生互动、线上教研等多种形式开展帮扶活动100余次。区教育职，20名优秀教师到溆浦进行支教，上示范课、开展培训讲座30余次，指导参与获奖20余次，对所教学生开展家访活动300人次。雨花区枫树山小学教师张旭组织培训溆浦县卢峰镇第一完全小学合唱团参加全县合唱比赛获一等奖，雨花实验第三小学副校长吴嘉丽带领警予学校教师开展集体备课，获得湖南省一等奖。9月，雨花区教科所派出全部教研员为溆浦县14个乡镇的3个学段开展7个学科送教、6个学科讲座，涉及师生1.1万余人次。接受溆浦县14名优秀青年教师、中层骨干教师到雨花区进行跟班学习。砂子塘魅力之城小学发挥阅读大联盟领头校优势，将帮扶学校邀请进雨花阅读大联盟；均坪镇小学6名教师和6名学生到雨花区泰禹第二小学进行为期7天的跟岗体验。雨花区与株洲石峰区、湘潭岳塘区、韶山高新区开展长株潭教育考察交流及系列教研活动13次，湘潭九华砂子塘潭州小学建成开学，市长株潭一体化发展工作简报推介雨花区经验3次。

（文　江）

【健康帮扶】 2022年，雨花区做好慢性病签约服务管理，签约率、随访率100%。完善住院先诊疗后付费政策。新增湖南省职业病防治院附属医院为雨花区的先诊疗后付费定点医院，先诊疗后付费政策保障对象调整为对农村脱贫人口、农村低保对象（跳马镇）、农村特困人员（跳马镇）、纳入区乡村振兴局的防止返贫监测对象。6月30日，顺利通过省委督查组乡村振兴专项督查。通过技术帮扶、人才帮扶、结对帮扶的方式，促进溆浦县卫生健康事业发展，提升溆浦县医疗卫生服务能力。组织溆浦县卫健局召开对口帮扶工作推进会，安排溆浦县5名专业技术人员，至长沙市中心医院免费进修培训，并统一解决食宿问题。组织黄兴医院与溆浦县低庄镇中心卫生院开展结对帮扶，安排2名干部进行挂职交流，帮助提升溆浦县基层卫生管理水平。组织长沙市中心医院专家团队至溆浦县，开展以“‘医’心向党聚合力，踔厉奋进助振兴”为主题的结对帮扶工作，为200余名当地居民提供义诊服务，为6名疑难病患开展专家会诊；协调长沙市中心医院与溆浦县卫健局签订医联体建设协议，并分别与溆浦县中医院、溆浦县第二人民医院等6家医院签双向转诊协议。（黄文博）

【就业帮扶】 2022年，雨花区聚焦就业领域对口帮扶，推进劳务协作和就业帮扶，助力溆浦县乡村振兴，分别在雨花区、溆浦县两地设立“劳务协作工作站”，指定专人专项负责异地劳务对接工作。通过两地人社部门的共同努力，帮助溆浦县5960名农村劳动力、587名脱贫劳动力实现就业，其中转移到雨花区稳定就业997人（含脱贫劳动力73人）。就业直通车组织劳务输送4批，集中输送到雨花区就业229人。全年线上线下联合举办各类招聘会43场，提供就业岗位2.15万个。实现校企直接对接，126名溆浦产业人才入职雨花经开区的企业。吸纳溆浦县有就业意愿的劳动力举办2期共82人的电工培训。完成对口帮扶龙山县石牌镇50名家政服务员职业技能培训。（刘雅婷）

【“雨溆模式”】 2022年，雨花区深化与溆浦县交流合作，启动共建“雨溆工业园”项目，推动“雨溆模式”成为全省对口帮扶的样板。该项目标准厂房总投资9亿元，占地面积22.87公顷，计容建筑面积30万平方米，由溆浦县负责标准厂房和基础建设，雨花经开区负责项目招商、园区运营。雨花经开区每年定向向雨溆工业园转移引进优质企业和项目，探索“一园一品一机制”产业帮扶模式，推动园区共建、品牌共

雨溆工业园　　（区融媒体中心　供图）

创。雨花经开区印发《长沙雨花经开区关于促进雨花经开区和溆浦县“共建园区”高质量发展扶持政策（试行）》，分别从项目投资、采购配套、贷款贴息等7个方面给予企业实打实的扶植；制定《关于雨溆工业园企业金融服务的工作方案》，打造金融服务生态圈。7月22日，雨溆工业园举行招商引资推介暨集中签约活动。现场，雨花经开区与溆浦产业开发区签署战略合作协议；首批入驻雨溆工业园的企业签署7个项目合约，项目总投资24.3亿元。8月2—3日，湖南省委副书记、省长毛伟明在怀化市调研并召开雨花区·溆浦县对口帮扶工作推进会，强调要探索共建工业园区的“雨溆模式”，打造全省乡村振兴对口帮扶样板。9月25日，雨溆工业园举办签约项目入驻仪式，现场为第一批入驻雨溆工业园的企业移交“厂房钥匙、营业执照及优惠政策”，协调金融机构为“共建园区”进行金融授信，集中、跨省授信金额5亿元。12月21日，“雨溆模式”入选省政府2022年综合大督查典型经验做法（“加快产业项目建设，稳住经济发展大盘”类别）。（张秋莲）

【爱心助学活动】 2022年6月，雨花区政协、区工商联、团区委等单位和部分政协委员一行20人组成爱心团，到溆浦县开展爱心助学活动。6月21日，区政协、区委统战部、区工商联与溆浦县政协、县委统战部、县工商联等就对口帮扶工作开展座谈交流。6月22日，“情牵溆浦·‘协’手同行”爱心助学捐赠活动和座谈会在溆浦县龙潭镇大华学校举行。区政协委员周阔代表湖南省馨心公益助学促进中心向溆浦县教育局捐赠10间“希望小屋”、30个爱心包、30份助学资金；区政协委员、长沙市红十字会志愿服务队队长陈旭向大华学校捐赠“同心绿色书屋”“校园安全屋”各1间、图书近2000册，组织专业讲师到大华学校开展培训，为学校建立1支专业“校园五防”急救队伍；雨花区长塘里阳光小学向大华学校捐赠一批书写教学用具，就结对帮扶工作展开交流。该次爱心助学活动，共捐赠现金及物资合计30万余元。（袁　姣）

【雨花区到溆浦县考察调研对口帮扶工作】 2022年7月8—9日，雨花区委书记刘素月带队到溆浦县考察调研乡村振兴对口帮扶工作，与溆浦县委书记郑湘就加强园区建设、人才交流合作等进行交流。7月8日，刘素月一行到深子湖镇溆浦福耀硅砂有限公司、溆浦县建国硅业有限公司，调研溆浦县硅砂产业发展情况；7月9日，到溆浦产业开发区，调研雨溆工业园建设有关情况，参观考察湖南纳纳生活用品有限公司、湖南响当当智能科技有限公司、湖南江辉文化科技有限公司生产经营情况。刘素月指出，雨花区将从乡村振兴、干部队伍建设、市场对接、劳动力就业、产业发展等方面对溆浦县给予支持，将把雨溆工业园建设作为工作重点，发挥雨花经开区的优势，把雨溆工业园打造成标杆示范。（胡　靖）

政务服务

【概况】 2022年，雨花区探索形成雨花市民之家启用、“清廉大厅”建设、长株潭都市圈“跨域通办”、雨花自贸区和特殊群体“一件事一次办”事项套餐、15分钟政务服务圈、“12345”政务热线与网格工作深度融合以及3.0版改革等一批改革经验成果。

【“放管服”改革】 2022年，雨花区形成《长沙市雨花区行政许可事项清单（2022年版）》（共计176项）。做好区级简政放权工作，下放11项区级社会事务管理权限至街道（镇）。推进审批流程再造和业务系统重构专项改革，对可办政务服务事项1278项的法定时限、承诺时限进行梳理压减、流程再造，事项承诺办理时限11855个工作日，较法定时限减少16367个工作日，办理承诺时限压减58%。建设“无证明城市”，推进全区电子证照扩大应用领域，区级共梳理“减证办（免证办）”事项清单232项。

【“一件事一次办”改革】 2022年，雨花区推出企业开办注销、工程建设项目、水电气报装、惠企政策兑现、自贸服务和特殊群体“一件事一次办”事项套餐，全区“一件事一次办”事项205项。以“一站办、集中办、上门办、暖心办”的“四办”模式，推进雨花区老弱病残孕及外来务工人员等特殊群体“一件事一次办”改革，该工作模式在“学习强国”平台上予以刊发推广。水电气外线工程审批“一件事一次办”案例被长沙市行政审批服务局择优选取第一批优秀改革案例在全市进行拓展推广。

【“互联网+政务服务”工作】 2022年，雨花区迭代更新“互联网+政务服务”的推广与应用。加强“一网通办”系统平台应用，全区28家单位、13个（镇）街道实现“一网通办”系统全覆盖应用，系统受理办件共26万余件。全区办件承诺压缩率81.45%，可办事项覆盖率85.67%。推广应用长沙市“一件事一次办”微信小程序，同步链接政府门户网站和市级“我的长沙”App雨花专区，推动审批服务“掌上办”。启用网上中介服务超市，提升网上中介服务超市运行效能；在全省率先实现电梯加装项目线上审批、全程网办。依托省“互联网+政务服务”一体化平台，完善“红黄牌”督办机制，对各部门单位政务服务事项开展全程穿透式监管，对超期件、预警件发放“红黄牌”。推出“好差评”评议措施，引导办事群众参与“好差评”工作，做到现场服务“一次一评”“一事一评”。

【“12345”政务服务热线】 2022年，雨花区提升“12345”政务热线诉求响应能力和解决能力，满足企业和群众个性化、多样化需求。向区人大常委会汇报热线运行情况2次，接受审议。组织召开“民情服务日”20余次，协调各部门解决重点、疑难工单。对热线内部人员分工进行改革优化，召开热线业务复盘会，组织热线技能大比武，对部门街道进行业务培训。对“12345”热线疑难工单、不满意工单等处理情况对区群工联点部门、街道（镇）进行专项通报考核。2022年度“12345”政务服务热线考核期间，雨花区“12345”政务热线及时联系率99.90%，问题解决率80%。

【政府信息公开】 2022年，雨花区政务公开29个专栏领域发布政务服务事项1364条、非政务服务事项277条。在雨花市民之家开设政务公开专区和专窗，指导全区13个街镇政务服务大厅设立政务公开专区。开设雨花区政府门户网站“2022年度政务公开工作要点”、“强省会”战略、“政务公开主题日”等专栏。组织开展全区“政务公开主题日”活动19场。完成全区政府信息依申请公开工作。通过召开新闻发布会、撰写文章、编辑图文等方式，开展政策解读工作。完成湖南省2022年政务公开第三方评估工作。

雨花区红星农批中心政务服务驿站 （孙 琴 供图）

【政务服务“跨域通办”】 2022年，雨花区按照受办区域、受办事项、受办方式、受办质效同步发力的发展模式，助推“长株潭”三地政务服务同城化。与江西省、山东省、重庆市、上海市等城市群、经济带实现区域紧密联系，形成政务服务六省十一地跨域通办格局。全区“跨域通办”办件量2000余件。9月7日，雨花区行政审批服务局与株洲市荷塘区行政审批服务局签订政务服务“跨市通办”合作协议。在与株洲云龙示范区、株洲市石峰区合作的事项基础上，梳理出首批44个高频政务服务事项，内容涵盖民政、医保、人社、残联、卫健、市监等领域。双方以现有“互联网+政务”平台为依托，通过线上数据推送、信息共享等方式，线下按标准收件、邮寄纸质材料，形成线上线下融合办理，打破事项办理的属地化管理限制。

【“15分钟政务服务圈”建设】 2022年，雨花区以区级24小时政务自助服务厅为主阵地、雨花自贸区自助服务厅为试点、红星商圈自助服务厅为推广，在核心商圈、重点市场设立集中式受理、协同化办理、信息化运维的一站式自助服务平台，推动政策、法律、政务、金融、人才服务升级，构建政务服务新生态。

【红星农批中心政务服务驿站投入使用】 2022年7月28日，雨花区红星农批中心政务服务驿站投入使用。这是长沙首家设置在大型农批市场的政务服务驿站，由雨花区行政审批服务局与中国农业银行长沙农批中心支行联合打造。红星农批中心政务服务驿站配备政务服务自助服务设备，可办理市场准入、社会保障、税务代开等业务。

【雨花市民之家启用】 2022年11月9日，雨花市民之家启用。雨花市民之家启用1~3楼政务服务区域，进驻部门单位35家，覆盖全区所有对外的政务窗口单位，进驻人员248人，开设综合受理窗口138个，可办理行政审批及服务事项1164项。雨花市民之家规范设置社保医保区、公安服务区、商事登记区、婚姻登记区、综合审批区、不动产登记区、公积金服务区、税务服务区8类高度综合的办事区域，设有专门的市民书吧、母婴室、儿童游戏区、公共露台休息区。市民之家通过推进“一件事一次办”“互联网+政务服务”线上线下融合和跨域通办，健全“好差评”评价体系、“红黄牌”监督体系和绩效考核激励体系，推进政务服务运行标准化、服务供给规范化、企业和群众办事便利化，促进竞争新优势的培育和提升。

（本栏撰稿 孙 琴）

人力资源管理

【概况】 2022年，雨花区面向社会公开招聘（选调）事业单位工作人员

2022年7月20日，雨花区事业单位新进人员岗前培训班开班典礼

（刘雅婷 供图）

33名，教育系统公开招聘在职教师、名优特教师等380名。推进事业单位管理岗位职员等级晋升工作，完成15人“八晋七”、108人“九晋八”。完成卫生系列3000余人的初、中级职称资格审查。落实长沙人才政策“升级版45条”，对在雨花区就业的人才给予租房生活补贴、职业技能晋级奖励等，为5400名人才发放各类补贴2796.9万元。实施关键人才项目，推荐湖南晓光汽车模具有限公司的王俊宏、湖南长步道光电科技股份有限公司的吴沛林等参评湖南省关键人才。

·表5· 2022年雨花区人事工作基本情况表

指标	单位	2022年	2021年	增长（%）
各类专业技术人员总计	人	5520	5251	5.1
工程技术人员	人	36	36	0
农业技术人员	人	8	8	0
卫生技术人员	人	308	298	3.4
教学人员	人	5144	4885	5.3
会计人员	人	17	17	0
经济人员	人	7	7	0
各类专业技术人员构成				
工程技术人员	%	0.65	0.69	−5.8
农业技术人员	%	0.15	0.15	0
卫生技术人员	%	5.58	5.69	−1.9
教学人员	%	93.19	93.31	−0.1
会计人员	%	0.31	0.32	−3.1
经济人员	%	0.13	0.13	0

【编外合同制人员薪酬待遇改革】 2022年，雨花区制定《雨花区机关事业单位编外合同制人员薪酬待遇调整的方案》，通过适当提高月基本工资、增缴公积金、优化绩效奖励结构等方式，对全区编外合同制人员薪酬待遇进行调整，调动编外合同制人员的工作积极性和主动性。

（本栏撰稿 刘雅婷）

数据资源管理

【概况】 2022年，雨花区加强政府投资信息化建设项目监管体系和能力建设，建立共享交换机制，挖掘数据赋能应用。完成对城管、民政、网格化、文旅体、环卫等部门的业务系统数据资源目录整理，编制201个数据资源目录、信息项4945个。完成部分自建业务系统、市平台下发数据归集入库，共7312万余条。完成融合数据6028万余条，收录法人相关数据36万余条、人口相关数据288万余条、城市部件相关数据2万余条、城市事件71万余条。向市平台申请税务、社保、用电、人口等数据表与接口，获得接口60余个，共计数据量1742万余条。向市数据资源局、区委网信办、区统计局等单位共享表123个、接口98个。

【项目审查】 2022年，雨花区制定《长沙市雨花区政府投资信息化建设项目管理办法》，执行“统一规划、统一标准、统一平台、集约高效、共享协同、安全可靠”的政府投资信息化项目建设原则，从规划、审批、实施、验收、监督等方面进行项目全流程管理，审批备案信息化项目165余个，核减项目投资金额约935万元。

【应用推广】 2022年，雨花区依托“我的长沙”App整体框架，建成雨花专

雨花区政府门户网站　　（曹佳君　供图）

区并于4月完成验收，形成雨花区政务、公共和社会服务汇聚的统一入口，雨花专区总访问量69万余次。深挖政务预约、便捷办、上门办、禁毒服务等特色服务需求，统筹整合相关移动端应用资源，规划拓展专区特色板块。深化“一网通办”平台应用，支持人社、教育、卫健、医保等领域高频业务办理，基本实现“应上尽上、全程在线”，“一网通办”受理办件总数52万余件。

【网站管理】　2022年，雨花区政府门户网站共发布信息10319条，其中区级政府信息公开3713条，部门政府信息公开4869条，街道（镇）政府信息公开1421条，群团组织信息公开316条。网站年度总访问量377.19万，总浏览量1073.46万，日均访客数7195。完成51家单位子网站月度监测评分及信息公开总评各11期；提交长沙市数据局关于政府网站自评自查和阅评报告各3篇。“领导信箱”收到市民来信768封，办结率100%；制作“领导信箱”办理专报11期。

【新媒体管理】　2022年，雨花区强化对全区政务新媒体账号的日常监管。“幸福雨花便捷生活”微信公众号发送信息335篇，完成针对雨花区居民办事服务与生活便利的新媒体创新案例“身边办”的优化与升级。

【网络管理】　2022年，雨花区数据资源中心对政务网络核心设备及网络安全设备进行升级改造，提升政务网络的吞吐能力和出口带宽。横向连通到区教育城域网、视频网域等业务网络，初步建成覆盖全区的“一主多辅”政务网络体系。完成网络及终端维护3400余次，电子政务内网巡检130余次。建设覆盖全区13个街道、170余个社区的视频会议系统，召开市、区、街镇、社区等各级各类视频会议200余次。

【网络安全管理】　2022年，雨花区数据资源中心开展网络安全全面巡检4次，组织网络安全自查1次，检测发现并整改安全威胁系统69个，阻止网络攻击507次。

【“雪亮工程”建设】　2022年，雨花区制定《雨花区重点民生实事“雪亮工程”建设工作方案》，利用“天网工程”已有体系，完成智能摄像机的建设升级，改造扩容现有政务网络核心，为构建全区统一的智慧视觉框架体系提供基础。

【新型智慧城市规划】　2022年，雨花区制定《长沙市雨花区“十四五”新型智慧城市区域规划》及《长沙市雨花区新型智慧城市建设三年行动计划（2021—2023）》，构建以“1+1+N”（即1个基础、1个中枢、N个应用）为核心的总体建设思路，以数据、智慧、数字、信息赋能全区城市现代化建设。

【数据共享应用】　2022年，雨花区数据资源中心向长沙市数据资源局、雨花区委网信办、区统计局等单位共享表123个、接口98个，累计数据量3564万余条；协同区行政审批局向市平台申请大厅评价推送、预约记录等数据接口，建设“好差评系统”；协同区住建局关于自建房屋安全排查的业务与数据支撑工作，根据已有房屋数据协助网格化部门完成数据匹配，累计对比32574条。

（本栏撰稿　曹佳君）

信访工作

【概况】　2022年，雨花区接待到区上访1134批4637人次，批次比2021年上升5.1%，人次比2021年上升45.1%；办理网上投诉6723件、人民来信489件，办结率均为100%。开展案件复查复核39件，比2021年上升25.8%。解决疑难信访积案27个，246件重复信访事项均全部上报化解。召开区委常委会9次、区政府常务会5次专题研究信访工作，召开全区性信访工作调度会议30次。

【领导接访】　2022年，雨花区印发《雨花区2022年县级领导坐班接访工作时间安排表的通知》，每个工作日和重点时期（含节假日）均安排1名副县级职以上（含）领导干部到区人民来访接待中心接待信访群众。落实县级领导接访日167个，接待群众674批3251人次。把坐班接访与包案约谈、预约接访相结合，通过党政领导接访集中解决中央、省、市、区交办的信访老案、难案。

【复查复核】　2022年，雨花区信访局通过召开协调会、见面会、现场调查等方式积极为申请人提出的诉求进行合法性审查。收到复查申请39件，其中化解满意8件，维持责任单位意见6件，依法分类3件，协调解释11件，退回重办8件，不予受理7件，不再受理2件，申请驳回7件，所有文书均送达申请人。

雨花区县级领导接待信访群众　　（刘青帝　供图）

【网上投诉】 2022年，雨花区制定《雨花区关于提升重点信访工作考核指标的实施办法》，构建科学高效、务实管用、责任明晰的信访工作责任体系。聚焦“五率”（及时受理率、按期答复率、重复访同比、参评率、参评满意率），提升预防、应对、化解的能力和水平，及时受理率、按期答复率均为100%。对重要街道和信访专案实地督查15次，推动责任落实。

【源头治理】 2022年，雨花区每月在辖区内开展拉网式矛盾纠纷和风险隐患摸底排查，重点针对房地产领域、涉众型金融投资领域等高发的涉访问题。在全面排查的基础上推动成立重点项目专班，化解和快速处置各类风险隐患。30天内无法解决的，列入重点监管；60天内仍未解决的，成立工作专班处置；督导组全程跟踪督办，向各责任单位发放交办函153份。全区13个街（镇）均建立信访联席会议机制，覆盖率100%。

【信访专项行动】 2022年，雨花区开展信访积案“百日攻坚”专项行动和重复访治理、化解信访积案专项活动。用好领导干部下沉督访接访工作机制，与省、市相关职能部门联合搭建平台，助推华银园小区水改问题、长重小区危房改造、天下一家办证等疑难信访事项得到妥善化解，并作为典型经验案例在全市推广。将上级交办重点信访案件、自我加压排查重点问题等，全部纳入攻坚范围，明确包案领导、牵头单位和责任单位。解决疑难信访积案27个，246件重复信访事项均全部上报化解。加大对信访积案和重复信访事项“回流”的督查力度，专项工作总审核化解率100%、再次倒流率0%，高于全省、全市平均水平。

【信访法治宣传月活动】 2022年，雨花区印发《雨花区2022年关于施行“信访法治宣传月”活动的方案》。在接访过程中向信访群众发放《信访工作条例》《网上信访全知晓》等宣传手册，利用大屏幕对各种信访法律法规、宣传视频进行滚动播出，向来访群众进行信访法治宣传。区信访局聘请资深专职律师任法律顾问，实行定期窗口坐班接待信访群众，参与领导接访、案件讨论、案件复查，为信访群众提供法律咨询。5月26日，雨花区在雨花亭街道万坤图商业广场前坪开展现场宣传活动，通过展板展示、宣传资料发放、群众答疑等方式进行现场宣传和普法，对群众提出的各类问题进行解答。通过1个月的宣传，全区悬挂宣传标语、横幅1000余条，展出宣传展板510块，发放宣传单、宣传册5万份，通过电子显示屏滚动播出宣传标语、宣传片835次。

（本栏撰稿　刘青帝）

机关事务管理

【概况】 2022年，雨花区践行“精廉勤俭 务实高效”机关文化和办事宗旨，重保障、优服务、强管理，推进机关食堂管理、安全保卫、物业管理、公务车辆管理、垃圾分类、办公用房及设施改造维修、国有资产管理等各项工作。区机关事务中心获评“湖南省公共机构垃圾分类示范单位”“长沙市公共机构垃圾分类示范单位”称号，继续保持市级文明标兵单位称号。

【公车管理】 2022年，雨花区公务车辆管理以“安全、规范、优质、高效”为原则，推动公车保障专业化、精细化。完善一车一档，对全区23家单位174辆公车数据进行全面上报，实现用车审批、维修、保险、加油、处置等全生命周期监督；修订《司勤人员管理考核办法》，严格队伍绩效管理，加强日常安全教育培训。公车中心安全保障任务5380余次，安全行驶40万余千米，全年平台车辆无事故发生。

【食堂管理】 2022年，雨花区常态化做好机关食堂疫情防控，落实清洁消毒、进出人员体温筛检、食堂错时就餐等防控措施。以管理和服务双提升为食堂管理着力点，从食品安全、菜品质量、营养搭配、员工培训、成本控制等方面严格实行标准化管理。在食品加工上，保证生熟分开、原材料存放安全，严格餐具器皿高温消毒工作，每日对加工操作和就餐场所以及设备设施进行清洗消毒，全年食品安全率100%。保障干部职工日常用餐63万人次，完成工作餐388桌次，培训简餐、自助、盒饭2418人次；完成区经济战线干部能力提升、底线工作干部提升专业能力培训、区城建城管线干部提升专业能力培训、区人大六届二次会议自助餐保障1237人次。

【物业管理】 2022年，雨花区机关事务中心按照“环境优美、保洁到位、操作规范、管理科学”的要求，对各办物业服务公司进行监督和考核。健全物业服务响应机制，加大物业服务监管，提升物业公司服务意识，为各单位提供安装维修2000余次，服务满意率100%。按照疫情防控工作要求，做好机关大院门岗查验和值守工作。全年综合治理、维稳处突、消防管理零事故。组织专业队伍定期进行绿化养护，实行卫生保洁包干制、绿化定时养护制，绿化完好率98%，名贵古树存活率100%。保持省级园林式单位称号。做好55个区直机关部门单位的报刊邮件收发工作，收发机要件794件、挂号信982份，做到信件保管无丢失，信件分发零差错。制定会务管理制度和会议服务流程，对会议室的申请使用、桌牌摆放、灯光投影、卫生茶水等流程统一标准，对会务服务人员的着装、礼仪、动作、用语等方面进行专业训练，加强会前沟通和会中协调。完成会议服务872场，满意率100%。

【绿色节能】 2022年，雨花区机关事务中心树立过紧日子的思想，推进绿色办公、绿色出行，持续做好节水、节电、节气工作。加强宣传，通过张贴节能标识、设置节能宣传栏以及发动“文明餐桌”“光盘行动”“减塑禁塑”等方式，增强机关干部职工节约环保意识。实行公共区域24小时不间断巡查，合理调控办公空调温度和开放时间，合理控制阀门、龙头出水量，加强水电气相关设施设备维护和故障维修，加强自来水管和消防管的测漏、堵漏工作，加强各部门单位大功率设备使用情况检查。

【垃圾分类】 2022年，雨花区机关事务中心通过制定方案、加强宣传、规范标识、督查评比等完善垃圾分类管理体系，推进垃圾分类全覆盖工作。在大院内及办公楼配备二分类垃圾桶115个、四分类垃圾桶188个、茶渣桶200个、废弃口罩收集桶45个。建成2处集宣教展示、集中投放、分拣清洗、暂存收运于一体的多功能分区式环保小屋，每日各楼层保洁员定时转运分类垃圾，确保分类运输。

【基建维修】 2022年，雨花区机关事务中心按照单位申请、现场勘查、集体审议、严格审批、合同签订、工程施工、工程验收、工程结算的流程，统筹安排各项基建维修项目。规范维修改造申报、设计、预算、施工、验收、结算等流程，加强与需求单位沟通，优化设计方案，严格预算审批流程，加强日常施工监督，杜绝重复施工、超标维修和改扩建。收到维修改造报告共31份（其中2021年报告5份），合并为24个合同项目。完成雨花区机关大院漏水点维修及供水管道阀门更换工程、雨花区老干部活动中心和老干部大学设施设备故障维修工程、雨花区市场监督管理局左家塘市场监督管理所装修工程、雨花区人武部营区规范化改造工程、雨花区统计调查大队办公用房屋面防水及外墙维修改造工程、雨花区机关二办西南侧停车场改造工程等23个项目。

【生育服务】 2022年，雨花区机关事务中心建立49个部门单位计生工作联系网，宣传女性免费“两癌”筛查、免费产前筛查和新生儿疾病筛查等惠民政策，推进区机关大院晚婚妇女机关生育管理服务和人员计生审核工作。对区机关大院育龄妇女随访，做好机关大院和流动人口中婚育妇女的计划生育管理及优质服务；开展“生育关怀”活动，开展跟踪随访慰问服务，及时上报人口计生信息。全年审核计生信息12人次，办理“生育服务证”13本。

【助力乡村振兴】 2022年，雨花区机关事务中心做好乡村振兴消费协作工作，采购脱贫地区农副产品价值约60万元，其中“832”平台约30万元、湖南省乡村振兴馆约30万元。

【区直机关流动红旗评比】 2022年，雨花区机关事务中心在区直机关开展覆盖“环境卫生、垃圾分类、节能降耗、车辆停放”4个方面的流动红旗评比活动，通过组成全区联合垃圾分类检查组，采取平时抽查和组织综合检查相结合的方法，综合评出红旗单位。全年有区委办、区纪委等47个部门单位获评雨花区政府机关大院流动红旗单位。

【“光盘行动”】 2022年，雨花区机关事务中心通过电子显示屏滚动播放、摆放宣传海报、张贴温馨提示、增加文明桌签等，厚植“‘光盘行动’有你有我”理念，营造“珍惜粮食、勤俭节约”的浓厚氛围。规范采购、存储、加工、备餐等流程；做好用餐情况分析，严格登记每日厨余垃圾量，根据用餐人数，精准采购备餐，灵活调整菜品供应；加强食堂员工培训，合理利用剩余饭菜，最大限度控制采购备餐量。安排文明引导志愿者，增设“一米”软隔离，多途径倡导文明排队，推行公筷公勺，提醒适量打餐点餐，做到文明绿色用餐。增加“光盘行动”督导员，现场流动巡查，对不文明行为进行劝导及制止。

【“喜迎二十大 厨艺展风采”技能大比武】 2022年9月29日，雨花区机关事务中心开展“喜迎二十大 厨艺展风采”技能大比武活动。该次厨艺技能比武由机关各食堂的厨师、工作人员代表组成厨师团参赛，为机关各食堂厨师提供学习交流平台，促进菜品更新创新，提高膳食服务质量。

（本栏撰稿　肖梦琴）

2022年9月29日，雨花区机关事务中心开展“喜迎二十大 厨艺展风采”技能大比武　（肖梦琴　供图）

中国人民政治协商会议雨花区委员会

编辑　唐清明

综 述

【概况】 2022年，中国人民政治协商会议长沙市雨花区委员会（简称“区政协”）深入学习宣传贯彻中共二十大精神和习近平总书记关于加强和改进人民政协工作的重要思想，聚焦区委“贯彻‘三高四新’战略、践行‘四个争当’使命，奋力建设全国一流现代化强区”奋斗目标，履行政治协商、民主监督、参政议政职能，为推动全区经济社会高质量发展建真言、献良策、出实招。全年在《人民日报》《人民政协报》《湖南日报》《湘声报》等主流媒体宣传报道30余篇次。

2022年5月20日，守护绿心政协委员工作室揭牌成立　（何英姿　供图）

【委员工作室建设】 2022年，雨花区政协在全市率先出台《关于规范委员工作室建设的暂行管理办法》，推进委员工作室规范化、常态化、品牌化建设，提质完善17个标准化委员工作室，实现“三个全覆盖”（政协委员工作室所有乡镇、街道全覆盖，政协委员参与委员工作室工作全覆盖，线下委员工作室入驻政协云全覆盖）。“跳马镇守护绿心”“井湾子街道”“东塘街道金牌帮女郎”3个政协委员工作室，获评省、市示范性政协委员工作室。联邀省、市、区政协委员开展基层民情协商，发挥委员工作室“五微”（开展微调研、提出微建议、进行微协商、实施微监督、组织微评议）作用，推动“‘雨’您协商”品牌持续优化。井湾子街道政协委员工作室针对井巷社区“五多五无”（“五多”即留守老人多、下岗人员多、信访积案多、帮教对象多、矛盾纠纷多；“五无”即无物业管理、无配套设施、无资金来源、无社会组织、无志愿队伍）特点，召开“‘邻帮一号通’民生服务”专题民情协商会，推动政协协商向基层延伸走深走实，《人民日报》专版推介井巷社区蝶变经验。

【履职能力建设】 2022年，雨花区政协建设“再读书社”，打造集读书、调研、微活动于一体的线下学习平台。依托“悦读分享会”“同心论坛”等载体，开展“你好，新青年”等主题读书活动。举办“西南大学委员履职培训班”。参加长沙市政协气排球赛、羽毛球赛等文体活动。

【服务民生】 2022年，雨花区政协应对新冠疫情，参与医疗救治、捐款捐物、联防联控，累计捐赠近200万元。区政协主席会议成员蹲点防疫指挥部，政协干部和政协委员参与一线防疫。开展暖企帮扶活动，协助解决企业稳定发展问题20余个。开展助老、助残、助困、助学、助业活动，累计捐款捐物300万余元。在区政协组织下，区教育基金会、湖南省馨心公益助学促进中心等众多区直部门、公益组织，一大批政协委员，先后到溆浦县、龙山县等地开展“真情五助+”活动。

【“守护绿心政协委员工作室”揭牌成立】 2022年5月20日，由全国、省、市、区四级，长沙、株洲、湘潭三市政协委员联动履职的“守护绿心政协委员工作室”，在长株潭绿心的核心区雨花区跳马镇揭牌成立。长沙市政协党组成员、副主席刘金文，雨花区政协党组书记、主席王清政为委员工作室揭牌；“四级三市”37名驻室政协委员全部入驻履职。守护绿心委员工作室包括驻室委员信息公开、值班公示，接待室、图书室、协商室、谈心室、办公室等制度，承担免费开放“乡村图书室”、基层民情协商、委员“送服务上门”、乡村振兴调研走访、“云”端驻室履职等职能。驻室委员聚焦“守护融城绿心，共建中央公园”履职主题，围绕环境保护、绿色发展、乡村振兴、科技创新、基层治理等重点领域，开展“四级三市”政协委员联动履职，助推中央公园建设、民宿产业发展、花卉苗木转型升级、创新科技服务、优化基层治理。刘金文指出，守护绿心委员工作室要围绕“学习交流的园地、联系群众的桥梁、社情民意的窗口、协商议政的平台、凝聚共识的载体”功能定位，加大探索创新，努力提质增效，打造成一流的、标杆的委员工作室。

（本栏撰稿　何英姿）

协商议政

【概况】 2022年，雨花区政协围绕“优化营商环境，服务雨花高质量发展”主题召开专题议政性常委会会议。聚焦教育“双减”政策落实、楼宇经济发展、绿心中央公园建设、重点提案办理开展4次专题协商，10余条协

2022 年 9 月 5 日，雨花区政协“优化营商环境 服务雨花高质量发展”专题议政性常委会协商调研动员会　（何英姿　供图）

商建议得到市、区职能部门采纳。完善《基层民情专题协商实施办法》，推进政协协商与基层社会治理有机结合，与基层协商有效衔接，完善基层民情协商“四议四不议”［“四议”即一议涉及辖区内单位及居（村）民群众切身利益的公共事务、公共环境、公益事业，二议居（村）民群众反映强烈、迫切要求解决的实际困难问题和矛盾纠纷，三议党和政府的方针政策、重点工作部署在社区（村）的落实，四议驻室政协委员经走访调研后提出协商需求的事项；“四不议”即一不议违反党的政策、国家相关法律法规的事项，二不议上级党委、政府有明确要求、明文规定必须执行的事项，三不议居（村）民之间的个人矛盾纠纷；四不议客观条件尚不成熟，明显预计无法达到协商效果的事项］雨花模式。高桥街道、砂子塘街道、黎托街道、井湾子街道等政协工作联络处，围绕小区提质改造、物业管理、停车难、执法难等基层治理难题，组织召开专题民情协商会，为民排忧解难。

【专题议政性常委会协商调研动员会】2022 年 9 月 5 日，雨花区政协“优化营商环境 服务雨花高质量发展”专题议政性常委会协商调研动员会召开。由区政协常委、区政协委员、相关职能部门单位负责人组成的协商调研课题组参会。区政协社会法制和民族宗教委主任韩哲对《“优化营商环境 服务雨花高质量发展”调研协商工作方案》内容进行解读，部署下阶段协商调研工作；区法院、区优化营商环境协调事务中心等 8 个职能部门的相关负责人从行政审批、政务服务等不同侧重点，紧扣优化营商环境主题进行阐述；协商调研课题组 3 名成员代表表态发言。

【助推教育“双减”政策落实专题协商会】2022 年 9 月 29 日，雨花区政协助推教育“双减”政策落实专题协商会在雨花实验小学召开。与会人员一行实地调研长沙市好言好语学校（万科校区）、雨花实验小学，了解 2 所学校“双减”政策的落实情况，就如何更好地推动“双减”工作与学校负责人、老师进行交流。区政协文教卫体和文史专委会主任王广安就专题协商调研开展情况进行说明，从教育资源投入、教育评价体系完善、学生教师双减负等方面提出对策与建议；区教育局党委书记、局长张新卫从“双减”工作的主要举措、下阶段工作重点、当前存在的困难及建议 3 个方面汇报全区“双减”工作的推进情况；区文化旅游体育局、区市场监督管理局、侯家塘街道分别就自身领域“双减”政策落实情况进行发言；区政协委员何凯、谢振围绕规范校外培训机构管理、完善中小学生课后服务、教师人才培养等方面建言献策。长沙市教育局党委委员、副局长缪雅琴强调，雨花区下阶段推进“双减”工作，需要内外合治、标本兼治、疏堵结合，努力培养更多优秀人才。区政协党组书记、主席王清政表示，“双减”工作要做好顶层设计、系统治理、深入推进，要遵循规律、务求实效，加强保障，全面提升。区政协对该次专题协商调研情况进行梳理，对相关部门、委员提出的意见建议进行汇总，通过提案或调研报告的形式报送区委、区政府，助推“双减”政策在雨花区落实。

（本栏撰稿　何英姿）

调研视察

【概况】2022 年，雨花区政协聚焦自贸试验区建设、乡村振兴、文旅产业融合等重点工作，开展主席会议成员视察 6 次，对口协商、提案办理协商等各类协商会议 8 次，推出《描绘文旅发展新蓝图，打造文体旅深度融合高质量发展示范区》《立足“强省会”战略，助力长沙中非经贸高质量发展》等调研报告，得到省、市政协肯定并予以采纳。围绕社会治理热点难点问题，开展“优化社区分级分类管理”“探索小区物业管理新模式”等重点课题调研。先后接待广西壮族自治区、江西省上饶市以及芙蓉区、开福区、溆浦县、泸溪县等区县就医养结合社区养老、非遗文化传承保护等考察学习。

【项目建设调研】2022 年，雨花区政协主席会议成员带领政协委员和政协干部调研项目建设，围绕红星片区七大更新单元，统筹推进城市更新项目策划、规划设计、建设运营；聚焦大桥片区综合改造，打造高端城市综合体；参与十强区建设、自建房排查整治、保交楼等工作。

2022年11月22日，雨花区政协主席会议成员视察全区文旅产业项目建设及营运情况　　（何英姿　供图）

【视察调研自贸区工作】　2022年5月13日，雨花区政协主席会议成员视察调研自贸长沙片区雨花区块工作。主席会议成员一行到湖南出口产品集聚区、中非经贸合作促进创新示范园，调研自贸长沙片区雨花区块建设情况和中非经贸深度合作工作情况，听取自贸长沙片区雨花区块工作情况介绍，就制度创新、政策配套、平台建设、外贸物流、新兴行业培育引进等内容进行交流，为自贸区发展建言献策。区政协党组书记、主席王清政指出，自贸长沙片区雨花区块要发挥自贸区先行先试优势，探索具有核心竞争力的对外贸易新路径，为自贸区高质量发展创造更好条件、营造更好环境。

【视察乡村振兴工作】　2022年6月22日，雨花区政协主席会议成员到跳马镇视察乡村振兴工作。区农业农村局就相关工作进行汇报，跳马镇、长沙市雨花国有资产经营集团有限公司等单位作补充发言；区政协农业农村和人口资源环境委主任李文和政协委员代表张学武、蔡明远、胡琪芳对如何实施乡村振兴战略作发言，提出建议。区政协党组书记、主席王清政表示，区政协将持续关注乡村振兴工作，贴近群众，积极建言，发挥优势，共同助力雨花区乡村振兴工作提质增效。

【视察物业纠纷调处工作】　2022年9月6日，雨花区政协主席会议成员视察雨花区物业纠纷调处工作。主席会议成员一行实地视察黎托街道新华都万家城、左家塘街道佳润新都小区，对小区发挥党建引领作用，破解小区治理难题，助力小区建设，融洽邻里关系的良性互动局面，给予肯定；听取雨花区物业管理暨物业矛盾调处工作汇报；就物业管理工作进行研讨并提出意见建议。

【视察文旅产业项目】　2022年11月22日，雨花区政协主席会议成员对全区文旅产业项目建设及运营情况开展专题视察。主席会议成员一行实地视察狮子山体育公园、石燕湖生态旅游景区，对雨花区文化旅游发展现状工作规划、政策制定与落实、文化旅游产业融合、服务设施建设及保障、宣传推介等情况进行全面了解。区党组书记、主席王清政强调，要规划亮点、突出重点，打造全市、全省乃至全国知名文化休闲旅游品牌；突出特色，精细打造，在"精、特、新"上下功夫，实现娱乐、休闲、餐饮、购物有机融合；统一协调，形成合力，打破文化旅游发展各自为战的格局，拉长文化旅游产业链条，统筹推进文化旅游产业整体发展。

（本栏撰稿　何英姿）

提案与社情民意

【概况】　2022年，雨花区政协制定出台《政协长沙市雨花区委员会提案工作章程》，推动提案工作制度化、规范化、科学化发展。收到委员提案165件，审查立案96件，其中集体提案4件，委员个人和联名提案92件。按类别划分：经济科技类18件，占18.8％；城建环保类29件，占30.2%；文教卫体类17件，占17.7%；社会法制类26件，占27.1%；其它类提案6件，占6.2%。遴选出重点提案2个。提案建议已经解决或基本解决的（A类）48件、正在解决或列入规划逐步解决的（B类）43件、因条件限制或其他原因目前难以解决的（C类）5件。所有提案办复率100％，满意和基本满意率100%。《关于聚焦优化关键要素，加速雨花自贸区建设》《关于打造雨花区"雨润花开"文化雅集品牌》《关于加快发展长株潭核心区域康养产业，助力乡村振兴》等系列提案纳入区委、区政府决策范畴。提案办理成果落实落地。区政协通过政协云"微建议"专栏提交民情信息129条，《关于湖南图书馆内儿童图书室提质改造的建议》，省图书馆专门召开会议研究，及时提质改建。关于《辅警犯罪亟待重视》《爱国主义教育行胜于言》《积极防范和化解楼盘停工烂尾问题》等社情民意被全国、省、市政协采用。

【重点提案办理】　2022年，雨花区政协主席会议审定确立重点提案2件，分别是区政协委员喻思旭、宵曙提交的第26号《关于大力培养跳马花木产业人才的建议》和区政协委员鲁伏华、蒋槊等提交的第31号《关于加强对城区老旧小区大树危树进行修剪砍伐养护的建议》。提案交办后，主办单位区农业农村局、区园林绿化维护中心，会办单位区城管综合执法局、区财政局、区应急管理局、左家塘街道、侯家塘街道、砂子塘街道、东塘街道查问题、找对策、建机制、强举措，做好重点提案办理工作。针对《关于大力培养跳马花木产业人才的建议》的提案，区农业农村局与中南林业科技大学林学院合作在跳马育景园挂牌成立“花木产学研合作示范基地”，累计培训500人次以上；组织湖南碧庭苗木专业合作社等6家花木经营主体申报长沙市2022年度“一县一特”花卉苗木产业项目。针对《关于加强对城区老旧小区大树危树进行修剪砍伐养护的建议》的提案，区园林绿化维护中心牵头，完成死危树砍伐350株，修枝1000余株；分批次处理完成牛角塘、茶园坡、桔园等9个社区的斜树斜枝等问题；安排37万元专项资金处理死危树等400棵。

10月27日，雨花区政协主席会议成员听取六届一次会议重点提案办理情况会召开。区农业农村局、区园林绿化维护中心分别进行答复汇报；区政协提案委员会副主任李晓梅对提案办理部门提出具体要求；区委常委、区政府副区长赵娟要求，各部门自觉地办理好提案，加大力度办好重点提案，创新方案办理好委员提案；区委常委、区政府常务副区长吴平辉强调，相关职能部门要把办理工作的重点聚焦在制度机制的健全、权力运行的规范、政策落实的保障上，以实实在在的办理成果赢得更多的社会认同；区政协党组书记、主席王清政要求，要从战略性、全局性高度提高提案的长远性指导作用，以高质量建言服务高质量发展，在实践中体现解决问题的智慧和水平。

【经济科技类提案办理】 2022年，雨花区政协围绕核心区域、重点产业、中小微商业主体等的发展建言献策。针对“打造圭塘河核心区域网红商圈”的提案，雨花国有资产经营集团会同区财政局、区文化旅游体育局、区商务局，出台“雨花区促进经济高质量发展扶植奖励办法”，明确9条支持政策；举办首届“花粉节”和“圭塘河岸”休闲旅游节；3年安排690万元用于乐购雨花消费节、夜间经济等活动。针对“给业务在外的本土中小微企业更多的关爱与帮助”的提案，雨花区出台给予疫情期间受困企业贷款贴息支持、促进中小企业发展专项资金使用管理办法的实施细则等政策，区财政局取消由供应商承担的投标保证金、履约保证金，免收采购文件等费用；区工业和信息化局牵头举办“第五届雨花区产业创新创业大赛”活动，为企业集聚创业资源。

【城建城管类提案办理】 2022年，雨花区政协围绕基础设施、城市治理、社区建设等方面建言献策针对“高标准建设和管理公共厕所”的提案，区市容环境卫生维护中心、区自然资源和规划分局分别，对全区312座社会厕所签订对外服务协议，新建12座公共厕所。针对“解决电动车安全管理问题、关于加快智慧社区建设”等提案，区住房和城乡建设局联合区消防救援大队、区交警大队等单位开展“敲门行动”、全民演练、联合惩戒等行动；

2022年10月27日，区政协主席会议成员听取六届一次会议重点提案办理情况会 （何英姿 供图）

区公安分局、区数据资源中心等单位联合完成518个智慧安防小区、276个智慧安防单位的前端建设。

【生态环保类提案办理】 2022年，雨花区政协围绕生态环保、绿色发展等主题建言献策。针对“加快社区光伏建筑一体化、抢抓政策机遇积极推进雨花区低碳试点示范园区如何实现碳达峰、碳中和”等提案，雨花区完成《碳达峰行动方案》研究报告和实施方案，区发展和改革局牵头与深圳能源公司合作开展红星实验学校、红星建材市场等“低碳社区示范”等项目创建，联合国网能源公司开展园区屋顶光伏发电系统、储能电站、充电桩等建设，推动市排水公司等企业和个人进行光伏屋顶建设，为落实“双碳”工作目标作出积极贡献。针对“规划、改造雨污分流系统从源头上解决圭塘河风光带臭气问题”的提案，区住房和城乡建设局重点实施雅塘片区、红星片区高升路、时代阳光大道、金海路雨水箱涵工程，完成54个老旧小区雨污分流改造，圭塘河水质保持Ⅲ类标准。

【文教卫体类提案办理】 2022年，雨花区政协围绕“一老一小”、文化服务、文化产业等方面建言献策。针对“促进雨花区实施‘医养结合’事业发展、加快发展长株潭核心区域康养产业助力乡村振兴”等提案，区卫生健康局、区民政局、区医疗保障局等单位完成9家老年友善医疗机构建设，洞井街道社区卫生服务中心成功创建为全省老年友善医疗机构；14个社区卫生服务中心（院）均与辖区内养老机构签订“医养签约合作协议书”。针对在“雨花区增设托幼机构，解决二孩三孩父母带娃之忧”等提案，区卫生健康局、区民政局牵头行动，开展全省婴幼儿照护服务示范城市创建活动，建成2个示范性托育机构，为3家托育机构申请国家项目资金补贴。针对“关于打造雨花区‘雨润花开’文化雅集品牌”的提案，区委宣传部协调各办理单位，建立雨花区文化专家人才数据库和资源清单，形成13位名人名家册；举行“2022年中国著名作家雨花采风行动”，编辑刊发2022年《雨花文艺》，组织“喜迎二十大”区红色主题合唱比赛，开展长株潭绿心中央公园欢度国庆群众文艺节、非遗传承人与国际学生对话中华非遗线上直播等活动。

【社会法治类提案办理】 2022年，雨花区政协围绕法治宣传、安全治理、农村建房等问题建言献策。针对“关于深入开展法治宣传教育、提升群众法律素养和推进‘法治雨花’建设”的提案，区司法局推进阵地建设，在全区160个社区（村）建成法治公园等法治文化阵地，组织开展自建房安全整治、“3·15”国际消费者权益保护日、“美好生活·民法典相伴”主题宣传等活动80余场。针对“解决跳马镇村民建房审批手续办理困难”的提案，跳马镇、区自然资源和规划分局、区农业农村局等单位联合行动，依据绿心调规完善跳马镇村庄规划，预留村民住宅建设用地空间，落实农村宅基地日常巡查和“六到场”（选址踏勘到场、定点放线到场、基坑基槽验收到场、工程重要节点到场、主体结构完工到场、竣工验收到场）制度；对原址翻建超面类，按以前合法面积办证，完成审批115户。

（本栏撰稿　何英姿）

中国共产党雨花区纪律检查委员会
雨花区监察委员会

编辑　　唐清明

综 述

【概况】 2022年，中共雨花区纪律检查委员会、雨花区监察委员会（简称“区纪委监委”）巩固深化“洞庭清波”专项行动，圭塘河流域综合治理监督工作被省纪委作为典型案例呈报湖南省委；开展自建房、安全生产、仓储物流等重点领域常态化监督检查，印发督查专报83期；对19起重大事件事故开展履职情况调查，批评教育帮助和处理51人（涉及科级干部25人），立案查处5人，责令解除合同1人。区纪委常委会开展“第一议题”学习33次，理论学习中心组集体学习12次。开展纪监沙龙、线上线下培训15场。组织召开专题民主生活会，建立全区纪检监察干部廉政档案，对1名纪检监察干部进行立案调查。

【案件查办】 2022年，雨花区纪检监察系统处置问题线索264件，立案100件（涉及科级干部5人），处理处分191人，留置11人，移送司法机关2人，查办2起自办留置案件；联合中国建筑第五工程局有限公司查处双管人员康某鹏职务违法犯罪案件；协助省、市纪委监委查处周某良、刘某宽、谢某进、刘某峰等一批案件。查处行贿人5人。推进行贿人员信息库建设，录入行贿人员信息21条。

【履职能力提升培训班】 2022年11月9日，2022年雨花区纪检监察干部学习党的二十大精神暨履职能力提升培训班开班。区委常委、区纪委书记、区监委主任钟孝明出席开班动员会并讲话。雨花区109名纪检监察干部参加该次培训，培训时间为期3天，采取现场授课、视频连线相结合，教授专题报告、干部分享交流相融合的授课方式，邀请湖南省委宣讲团成员、省委党校、长沙市委党校、西南政法大学教授进行理论授课，安排区纪委监委班子成员、室组负责人开展业务分享。课程内容涵盖时政理论、纪法知识、业务实操等方面，包括中共二十大精神解读、当前国际形势与中国外交战略、纪检监察业务专题学习。

（本栏撰稿 周 高）

2022年11月9日，2022年雨花区纪检监察干部学习党的二十大精神暨履职能力提升培训班开班动员

（周 高 供图）

重要会议

【中共雨花区六届纪委第二次全会】 2022年2月24日，中国共产党长沙市雨花区第六届纪律检查委员会第二次全体会议召开。出席全会的区纪委委员17人，列席190人，区委书记刘素月出席全会并发表讲话。全会传达中央、省市纪委全会部署和区委要求，总结雨花区2021年纪检监察工作，部署2022年任务，审议通过区委常委、区纪委书记、区监委主任钟孝明代表区纪委常委会所作的《推进自我革命新实践 谱写清廉雨花新篇章 为践行“四个争当”使命 奋力建设全国一流现代化强区贡献纪检监察力量》工作报告。全会提出，2022年要巩固党史学习教育成果，永葆自我革命精神，纵深推进全面从严治党，坚持“三不”（不敢腐、不能腐、不想腐）一体推进，深化清廉雨花建设，提升纪检监察机关规范化、法治化、正规化水平，在奋力建设全国一流现代化强区中更好发挥监督保障执行、促进完善发展作用。具体要做到立足政治监督根本任务，进一步推动重大决策部署落地落实；聚力清廉建设全域推进，进一步强化“三不”一体推进成效；围绕作风建设工作主线，进一步加固中央八项规定精神堤坝；突出“急难

2022年2月24日，中共长沙市雨花区第六届纪律检查委员会第二次全体会议

（区融媒体中心 供图）

愁盼”民生导向，进一步提升群众获得感满意度；把握本质属性关键环节，进一步优化巡察质效；坚持改革创新路径指引，进一步激发监督治理效能；深化自身建设强基工程，进一步锻造纪检监察铁军。

（本栏撰稿　周　高）

监督执纪

【概况】　2022年，雨花制定《关于加强对“一把手”和领导班子监督的责任清单》，探索加强对“关键少数”监督的路径 。整治“四风”顽瘴痼疾，查处违反中央八项规定精神问题31起，批评教育帮助和处理58人。深化整治违规收送红包礼金问题，48人主动报备问题。从严执纪执法，批评教育帮助和处理233人，其中运用第一种形态、第二种形态占比86.7%。推进清廉大厅建设，推进开设“办不成事”反映窗口及“帮办代办”特色窗口，破解难题46个。开展失实检举控告澄清工作，为受到不实举报的3名干部澄清正名。

【政治监督】　2022年，雨花区纪委监委围绕疫情防控、自建房、仓储物流、优化营商环境、招投标等重点领域工作开展常态化监督。开展疫情防控督查64轮次，编发专报64期，督促及时整改问题700余处。组建专班对自建房安全、仓储物流等重点领域开展常态化督查。结合“强省会 勇担当”作风建设年要求，以常态督责问责促进履职尽责。对19起重大问题和安全事故开展履职情况调查，批评教育帮助和处理51人，立案查处5人，责令解除合同1人。

【日常监督】　2022年，雨花区纪委监委坚持抓早抓小、抓常抓长，对违规吃喝、违规收送红包礼金、违规公务接待、违规改扩建接待服务场所等方面问题强化日常监督。查处违反中央八项问题31起，批评教育帮助和处理58人。区纪委监委将落实中央八项规定精神工作情况列为清廉雨花建设考核重点，定期组织全区党员干部学习中央、省、市纪委监委纠治“四风”工作精神，常态化开展作风督查，定期汇总督查情况，及时纠治苗头性、倾向性问题。围绕节日节点开展“点穴式”督查，“点对点”向全区领导干部发送节前廉政提醒短信，紧盯违规收送红包礼金、违规吃喝、违规配备公务用房、违规使用公务用车等老问题、新动向，开展“点穴式”“暗访式”集中督查6轮次。深化整治违规收送红包礼金问题，督促全区党员干部自查自纠，全区各级“一把手”和班子成员带头签订拒绝收送红包礼金承诺书。查处违规收送红包礼金问题7起，批评教育帮助和处理11人，及时取消1名存在违规收受红包礼金问题的党员干部提拔资格。

2022年11月17日，雨花区监委以“整治群众身边腐败和作风问题”为主题，首次向区人大常委会报告专项工作　（周　高　供图）

【专项监督】　2022年，雨花区纪委监委查处群众身边的腐败和作风问题35起，批评教育帮助和处理54人。开展“一领域一专题”专项治理监督，制定乡村振兴领域专项监督指导清单，省乡村振兴年度考核实地测评指标全部达标。查处跳马镇复兴村危房改造对象审核把关不严问题，组织处理4人，追缴损失8万元。开展村级“三资”管理突出问题专项治理，成立工作专班，召开工作调度会3次，下发工作提示函4批次，培训“三资”业务骨干100余人次。针对“三资”专项监督中发现的问题和薄弱环节，组织相关职能部门分析原因、建章立制、填补漏洞，完善各类制度8个，查处和推动整改“三资”领域腐败和作风问题3个，治理经验被长沙市纪委监委专刊推介。深化“四位”（学位、车位、厕位、床位）突出问题专项整治，推动查处学位方面问题3起，批评教育帮助和处理4人；查处床位方面问题16起，追回医保资金83万元。推进养老领域突出问题专项督查，对全区涉嫌非法集资的养老机构和养老领域涉嫌非法集资的其他风险主体进行全面筛查，在全区范围内追赃挽损1068.08万元。开展工程建设项目招投标突出问题专项整治，处理处分2人。推进扫黑除恶“打伞破网”，立案调查2人，给予政务处分1人。巩固政法队伍教育整顿成果，立案调查政法干警1人，处理处分6人。

（本栏撰稿　周　高）

党风廉政建设

【概况】　2022年，雨花区培育洞井街道社区卫生服务中心、井湾子街道井巷社区、砂子塘吉联小学、雨花市民之家、长沙市雨花城市建设投资集团有限公司和自贸长沙片区雨花区块等一批清廉单元示范点，其中洞井街道社区卫生服务中心入选全市唯一的省级清廉医院培树样本。举行第十七届“4·20”廉政文化节，推出“廉起春潮”文艺展演、“‘视’放精彩”短视频大赛、“翰墨华章”廉政书画展清廉“三部曲”。在中央纪委和省市纪委网站（公众号）及各类媒体发表宣传报道1000余篇次，其中中央纪委网站专题报道区纪委监委处置金地香樟悦府小区业主出行难问题。通报典型违纪违法案例25起，开展同级同类警示教育和专项整治，督促落实责任、完善制度。

【清廉雨花建设】 2022年，雨花区以营造干部清正、政府清廉、政治清明、社会清朗的政治生态和发展环境为目标，以清廉单元建设为抓手，线上线下纵深推进清廉雨花建设，打造圭塘河清廉风光带，将清廉建设融入经济社会发展各方面、全过程。区委以2022年1号文件下发《关于推进清廉雨花建设的实施方案》，明确以清廉机关、清廉学校、清廉村居等9个清廉单元建设为抓手，全域推进清廉雨花建设；区纪委监委以1号文件出台《清廉单元建设框架指引》，从组织领导、制度机制、平台载体、宣传氛围、队伍建设、成果转化等方面规范各类清廉单元建设要求；出台《2022年度清廉雨花建设考核方案》，将清廉建设纳入年度绩效考核范围，压实清廉建设主体责任。全区各级各部门党组织推进清廉建设，区纪委监委在圭塘河畔的“清廉书苑”，通过共享清廉书籍、交流心得体会、阅读（听）清廉图书、开展研讨宣讲等方式，弘扬以清为美、以廉为荣的风尚，打造开放式、共享式清廉文化阵地；区教育局通过培训知“廉”、课程悟“廉”、文化润“廉”、活动践“廉”和家风传“廉”，“五廉”助推清廉学校建设；区卫生健康局通过制度建廉、教育树廉、监督促廉、文化润廉，推进清廉医院建设；高桥街道围绕清廉机关建设，以锤炼能力、厚植实力、激发活力为路径，实现干部清正的队伍建设、环境清朗的服务提升、文化清新的氛围营造；洞井街道社区卫生服务中心每月开展处方点评和病历交叉质控，做到“及时发现，对症下药”，被湖南省纪委监委作为全省清廉医院建设样本重点培树；砂子塘吉联小学开展清廉学校活动课，培育“以劳育廉、以俭修身”的廉洁教育品牌；雨花城投集团开展清廉企业建设，对新员工进行岗前廉洁从业教育培训，把“讲责任、谈纪律”作为员工入职的第一课；各级政务服务单位在雨花区市民之家开设“办不成事”窗口、“好差评”系统、“红黄牌”警示服务，推动清廉大厅建设。2022年，雨花区培树井巷社区、枫树山南屏锦源小学等48个清廉单元示范点。

【纪监沙龙活动】 2022年，雨花区纪委监委围绕廉政文化节、清廉建设、干部履职、青年干部交流提升、派驻监督等主题，通过案件分析、实地走访、政策解读等多样形式，开展纪监沙龙活动5期，为机关和各街镇纪检监察干部搭建学习交流平台，提高干部的素质能力，提升纪检监察工作水平。

【雨花区第十七届“4·20”廉政文化节】 2022年4月20日，雨花区第十七届“4·20”廉政文化节开幕式暨廉政专题教育大会举行。该届廉政文化节以“清廉雨花 廉起春潮”为主题，区委书记刘素月宣布开幕，区委常委、区纪委书记、区监委主任钟孝明致辞。长沙市委党校教师王红以《廉声长韵，史鉴未来》为题，围绕清廉文化进行分享；长沙商贸旅游职业技术学院表演小品《一封“感谢信”》，讲述学生系好职业生涯第一粒扣子的故事；中国建筑第五工程局有限公司的情景剧《特殊任务》，展现敬廉崇洁的“超英”精神；跳马镇的花鼓戏《修路》，讲述从整村脱贫迈向乡村振兴进程中的故事；雨花城投集团的《清廉之歌》，诠释如何建设清廉企业；雨花区纪委监委表演大合唱《雨花廉颂》。

该次活动要求各街镇、区直各部门单位开展以“5+X”为主体的廉政学习教育，“5”是规定动作，指组织一次廉政法规学习、一次廉政党课宣讲、一次廉政风险排查、一次廉政谈心谈话、一次廉政警示教育；“X”是自选动作，从廉政视频征集、廉政家访活动、廉政主题沙龙、廉政文化活动中选择开展一项以上廉政活动，也可以组织其他创新形式的学习活动。以“4·20”廉政文化节系列活动为总领，雨花区开展“廉起春潮”“廉”节目展演、“‘视’放精彩”廉政短视频征集大赛、“翰墨华章”清廉书画展活动，厚植廉政理念，擦亮“雨生百谷、花开清莲”的雨花清廉文化品牌。

7月11日，雨花区第十七届“4·20”廉政文化节闭幕式暨“清廉雨花‘视’

2022年4月20日，长沙市雨花区第十七届“4·20”廉政文化节开幕式暨廉政教育主题党日观摩活动

（周 高 供图）

放精彩”短视频展播活动举行。湖南省纪委监委信息中心副主任廖远哲，长沙市纪委监委宣传部部长文建军等出席。区教育局、区卫生健康局、高桥街道作为代表分享清廉雨花建设的经验与体会，展播10部具有示范性、代表性的短视频作品。钟孝明从“参与广、氛围浓、效果实、亮点多”4个方面总结该届“4·20”廉政文化节的特点，从“当好清廉榜样、传播清廉声音、打造清廉品牌”3个方面对清廉雨花建设提出要求。其中，清廉短视频征集活动是雨花区第十七届“4·20”廉政文化节的一个重要内容，征集各类原创短视频108个，经初审、复评，由雨花区长塘里小学创作的《抉择》获得特等奖，评出一等奖2个，二等奖5个，三等奖9个，优胜奖19个。其中《抉择》在“三湘风纪”微信公众号展播，并被选送参加中央纪委清廉微电影大赛。

【清廉企业建设主题沙龙】 2022年7月29日，雨花区纪委监委、雨花经开区纪工委、雨花经开开发公司、湖南长步道光学科技有限公司、湖南大族智能装备公司、湖南同大工业创新中心等单位企业联合开展清廉企业建设主题沙龙暨廉政教育主题党日活动。参与活动人员到红军攻打长沙历史陈列馆，聆听革命历史，重温入党誓词；到湖南长步道光学科技有限公司，感受清廉企业建设、亲清政商关系助力企业高质量发展的成效。在创新设计产业园一楼会议室，区委常委、区纪委书记、区监委主任钟孝明从扛牢主体责任、强健亲清“肌体”，破解中间梗阻、畅通亲清“脉络”，培养严实作风、激活亲清“细胞”3个方面对推进清廉企业建设，构建亲清政商关系提出要求；区纪委监委相关负责人以《不断实现不敢腐不能腐不想腐一体战略目标》为题讲授主题党课；湖南长步道光学科技有限公司相关负责人畅谈公司建设清廉企业的体会；湖南大族智能装备厂相关负责人畅谈构建亲清政商关系；雨花经开开发公司相关负责人从强化职能、主动监督、学习教育、作风建设讲述如何打造清廉国企。2022年，雨花区推进清廉企业建设，以国企示范带动民企，推动构建亲而有度、清而有为的新型政商关系，将清廉建设融入企业发展的全过程，为企业高质量发展注入“廉动力”。

（本栏撰稿　周　高）

2022年7月29日，雨花区纪委监委组织开展清廉企业主题沙龙活动

（周　高　供图）

巡察

【概况】 2022年，雨花区委巡察办把握政治巡察方向，贯彻“发现问题、形成震慑、推动改革、促进发展”巡视工作方针，开展3轮巡察，共巡察32个党组织，其中区属党组织12个、村级党组织20个。其中前2轮巡察发现各类问题469个，向区纪委监委移交问题线索18条，交办立行立改问题24个，解决群众急难愁盼问题11个。开展巡察整改督查2轮次，对六届区委第一轮、第二轮巡察的19个党组织开展整改督查，整改率93.96%，清退违规资金约41.81万元。推动出台《关于推动新时代全区巡察工作高质量发展的实施方案》《区委巡察工作五年规划（2022—2026年）》《区委履行巡察工作主体责任清单》《六届区委社区（社区筹委会、村）党组织巡察工作规划》等一批制度规划。在中央、省、市级新闻媒体上稿20余篇，其中在《中国纪检监察报》上稿1篇，省级媒体上稿7篇，特别是“两安”（生产安置、生活安置）用地专项巡察经验做法在《湖南巡视巡察》内刊第14期上专刊推介。

【政治巡察】 2022年，雨花区委巡察办在前2轮巡察中，发现“第一个聚焦”方面的问题201个。紧盯领导班子和“关键少数”，巡察移交区纪委监委的23条问题线索中，涉及科级领导干部线索13条。紧盯人民群众反映强烈的突出问题，在巡察人社、医保、街道等涉及民生领域的单位时，发现并推动解决社保及稳就业政策落实不力等系列问题，区人社局依靠“省平台”等推荐工作岗位2.8万次，实际追回多发养老金34万余元。召开组办并联审核会11次，中期调研走访及汇报会3次，巡察工作领导小组会2次。

【巡察整改监督】 2022年，雨花区委巡察办组织召开3次巡察情况集中通报会，将巡察发现的问题通报各单位，推动问题整改清仓见底；县级领导落实“一岗双责”（一个领导干部既要对所在岗位应当承担的具体业务工作负责，又要对所在岗位应当承担的党风廉政建设责任制负责），参与巡察反馈；被巡察单位对反馈问题全面认领，制定“三个清单”；纪委监委、组织部门派人参与整改专题民主生活会，会同审核巡察整改方案、整改进展情况报告等。健全完善《雨花区巡察整改成效量化评估实施方案》，对被巡察党组织整改成效进行量化评估排名。区纪委监委、区委组织部联合组成11个督查组对六届区委第一轮、第二轮整改情况进行全面督查，第一轮巡察反馈的185个问题，完成整改182个，整改率98.38%，清退资金17.56万元；第二轮巡察反馈的328个问题，完成整改300个，整改率91.46%，清退资金24.25万元，追责问责17人次。

【巡察成果运用】 2022年，雨花区纪委监委对巡察移交的问题线索采取优先办理、限期办结、定期通报等方式，综合运用监督执纪“四种形态”，抓好移交问题线索的处置工作。区委巡察办向区纪委监委移交的23条问题线索，立案审查6条（7人），办结15条。前2轮巡察对区政府办、区审计局等部门发出3份巡察建议书，根据巡察建议适时开展专项治理。在第二轮巡察整改中，推动解决民生实事、难点问题38个，挽回各类损失1701.46万元，整章建制74个。

【巡察队伍建设】 2022年，雨花区委巡察办推进组办融合，缓解巡察力量不足的问题；出台《区委巡察组工作人员管理办法》，组建巡察组长库、副组长库和人才库，建立完善新提拔的副科职领导干部和优秀科级后备干部参与巡察机制；建立《区委巡察组作风纪律情况后评估制度》，对巡察干部巡察期间工作表现进行评估，依规依纪依法开展巡察；加强抽调巡察干部的管理，对六届区委第二轮、第三轮巡察核定为优秀的14名抽调干部以通报的方式给予表扬。组织培训5次，邀请湖南省委巡视办、长沙市委巡察办相关负责人、专家培训授课；选派2名巡察干部参加省委巡视、市委巡察；为巡察干部购买《新时代巡视巡察干部培训系列教材》；推广巡察单机系统和网络平台使用，及时上报相关数据。

【“两安”用地专项巡察】 2022年3月，雨花区委率先在全市启动对村（社区）“两安”用地专项巡察，聚焦群众反映强烈的因征地拆迁未妥善安置、“两安”用地启动开发迟缓等问题，对10个社区筹委会（经济合作社）开展2轮“两安”用地专项巡察，共发现问题89个，移交问题线索3条。该次专项巡察紧盯“两安”项目，明确“四个必了解”（即项目开发建设中久拖未决、推进缓慢的必了解清楚；开发失败甚至出现严重后果的必了解清楚；开发成功但风险隐患突出的必了解清楚；暂不具备开发启动条件的存量土地资源必了解清楚），从区征地服务中心、区司法局等相关单位抽调干部30人，组建5个巡察组，召开组办交流沟通会议，邀请有关专家就“两安”用地相关政策要求及可能存在的问题等开展针对性培训辅导，梳理出专项巡察个性化政策清单29份、问题清单31份。通过日常开门接访、重点对象上门走访、重要问题深入暗访，共访问群众1300余人次，收集问题100余个。设立群众举报二维码，降低群众信访举报门槛；巡察组主动进入村级工作群、联络群、业主群，收集社情民意，收集各类问题60余个。发出立行立改通知6份，推动解决基层突出矛盾1个和历史遗留问题4个。针对黎托经济合作社“两安”项目开发中集体利益受损情况，督促街村两级立即采取措施止损，最大限度维护村民合法利益，挽回集体资产损失400万元；针对花桥经济合作社14户村民反映土地集约租金和补偿款拖欠6年时间的问题，督促合作社积极协调，8.47万元补偿款15天内全部补发到位。召开集中反馈会，对街道和村级党组织实行“双反馈”。区政府出台2项“两安”用地开发建设工作规则，区、街两级分别成立“两安”用地工作专班，相关职能部门主动靠前指导服务，合力推动开发建设。全区有1块“两安”用地顺利摘牌，3个地块做好挂牌出让准备。

【六届区委第二轮巡察】 2022年3月16日，雨花区六届区委第二轮巡察工作集中动员部署会议召开。会议宣布六届雨花区委第二轮巡察组长、副组长授权决定和各组巡察对象。该轮巡察对雨花亭街道、东山街道、圭塘街道、同升街道、区医疗保障局、区城市建设投资集团6个单位党组织开展常规巡察，对月塘经济合作社、大塘经济合作社、桃阳经济合作社、白田经济合作社、井塘社区筹委会、石马经济合作社、黎托经济合作社、侯照社区筹委会8个党组织开展专项巡察。3月23日，区委6个巡察组分别在被巡察单位召开进驻动员会，对14个党组织开展为期2个月的巡察。该轮巡察围绕被巡察党组织职能职责，

2022年3月16日，六届区委第二轮巡察工作动员部署会 （彭玥莹 供图）

紧盯全面从严治党阶段性主要矛盾、领导班子和“关键少数”，聚焦贯彻落实党的路线方针政策和党中央决策部署在基层贯彻落实情况、群众身边腐败问题和不正之风、基层党组织领导班子和干部队伍建设，重点了解人民群众反映强烈的突出问题、清廉雨花建设、“两安”用地、债务化解、扫黑除恶、意识形态、选人用人、形式主义官僚主义、安全生产、食品安全等。受理信访的时限为3月23日至5月23日。

7月12日，雨花区六届区委第二轮“两安”用地专项巡察情况集中反馈会和常规巡察情况集中反馈会召开。会议通报被巡察单位的主要问题，要求各被巡察党组织对照区委要求，以高度的政治自觉抓好巡察整改，推进巡察整改落实工作。

【六届区委第三轮巡察】 2022年7月14日，雨花区六届区委第三轮巡察动员部署会议召开。会议宣布六届雨花区委第三轮巡察组长、副组长授权决定和各组巡察对象。会议宣布该轮巡察授权决定。该轮巡察派出5个巡察组，分别对区农业农村局、黎托街道、区市政设施维护中心、区城市管理和综合执法局、区城管综合执法大队、区园林绿化维护中心6个单位党组织开展常规巡察，对花桥经济合作社、川河社区筹委会2个村级党组织开展“两安”用地专项巡察。长沙市委巡察组副组长杨志强以“把握巡察定位 精准发现问题”为题，为参与该轮巡察的干部授课。该轮围绕被巡察党组织职能职责，紧盯全面从严治党阶段性主要矛盾、领导班子和“关键少数”，聚焦贯彻落实党的路线方针政策和党中央决策部署在基层贯彻落实情况、群众身边腐败问题和不正之风、基层党组织领导班子和干部队伍建设，重点了解干部担当作为、意识形态、安全生产和保密、形式主义官僚主义、作风建设、为民服务、基层党建、选人用人和干部队伍建设等情况。受理信访的时限为7月22日至9月19日。

11月1日，六届区委第三轮巡察集中反馈会召开。会议通报区农业农村局、黎托街道等6个单位存在的重点问题，要求被巡察单位党组织从提高站位抓整改、打牢责任抓整改、凝聚合力抓整改3个方面抓好巡察整改。11月8—10日，区委5个巡察组分别向6个被巡察单位进行现场反馈，就做好巡察整改“后半篇文章”提出明确具体的要求，各被巡察单位党组织负责人就落实整改作表态发言。

【六届区委第四轮巡察】 2022年11月3日，雨花区六届区委第四轮巡察动员部署会召开。会议宣布六届雨花区委第四轮巡察组长、副组长授权决定和各组巡察对象。该轮巡察派出5个巡察组，分别对板塘经济合作社、洞井社区筹委会、白竹村、跳马村、长托经济合作社、边山社区筹委会、金井社区筹委会、新兴经济合作社、桃花社区筹委会、莲湖经济合作社（莲湖实业）10个村级党组织开展巡察。11月10—11日，区委5个巡察组分别在被巡察单位召开进驻动员会，对10个村（社区筹委会、经济合作社）开展为期1个半月的巡察。该论巡察聚焦党中央重大决策部署及省、市、区党委工作要求贯彻落实情况，群众身边的腐败问题和不正之风，村级党组织软弱涣散、组织力欠缺问题，重点监督检查村级党组织落实上级决策部署、“三资”使用管理情况、党的领导情况及基层党组织整建提质专项活动开展情况。受理信访的时限为11月10日至12月25日。

（本栏撰稿　彭玥莹）

民主党派·工商联

编辑　　唐清明

民革雨花区工委

【组织建设】 2022年，中国国民党革命委员会长沙市雨花区工作委员会（简称“民革雨花区工委”）召开多次专题会议，传达《中共长沙市委统战部关于支持各民主党派开展“矢志不渝跟党走、携手奋进新时代”政治交接主题教育工作方案》的文件精神，组织各支部组织党员收看中共二十大开幕会，召开专题会议学习传达中共二十大精神。组织区工委全体支部主委参加民革市委组织的支部负责人培训班。加强制定区工委财务管理制度和各支部活动资金拨付“一事一议”原则。2022年新发展党员5名，其中副科实职干部1人。区工委获评民革长沙市委会“组织工作先进集体”称号，区工委四支部获民革省委2017—2021年“先进基层组织”称号，陈泽、吴建安、常航获评“先进党务工作者”“先进党员”等称号；3个支部获评民革市委会获评“优秀支部”、1个支部获评“良好支部”，多名党员获民革市委会表彰。

【参政议政】 2022年，民革雨花区工委有多名党员在人大、政协担任代表、委员，积极履职，反映民生问题。工委内部各支部开展参政议政、学习交流，二支部、四支部承办参政议政学习交流活动。全年上报社情民意40余篇。其中，区工委二支部党员罗望军的文章入选《零讯》内刊，四支部党员常航2篇参政建言被民革中央采用，一支部党员肖弘哲分别执笔民革市委会和区工委2篇调研文章。

【社会服务】 2022年，民革雨花区工委牵头指导各支部开展多项社会服务活动，一支部开展“民间河长进校园”活动，四支部实施“助残日”公益活动，其他各支部均组织开展基层抗疫爱心捐献活动。

【“‘雨’你同行”第三季启动】 2022年8月24日，“‘雨’你同行·心手相牵”教育帮扶同心工程启动。民革雨花区工委主委、区应急局副局长陈泽介绍开展结对帮扶的工作情况，就下一步如何创新合作、增强帮扶力度实效进行交流；雨花区泰禹小学教师左恕子作为教师代表表态发言；石门县洞国学校校长覃业虎与长郡雨花外国语洪塘学校书记邓荆培作为结对双方代表，对前期帮扶活动进行总结；雨花区教育局党委委员何兵生、石门县教育局副局长盛忠华表示将加大支持力度，完善联动机制，把教育帮扶的各项举措落到实处，做出特色，形成经验模式；民革长沙市委会办公室主任何雅琪表示民革市委会将支持雨花区工委的助学活动，要求工委党员为促进城乡教育均衡发展进一步贡献力量。“‘雨’你同行·心手相牵”教育帮扶同心工程由雨花区统一战线主导实施，民革雨花区工委具体实施，推动长郡雨花外国语教育集团与石门县洞国学校结对共建，帮助洞国学校在教育理念、管理方式、师资培养、校园文化等方面实现全面升级。

（本栏撰稿 龚 鹏）

团结报 基层报道 第5552号 2022年7月12日 电话:010-65253319 E-mail:tjb7

爱心浇灌幸福花

——民革长沙市雨花区工委帮扶石门洞国学校推进乡村教育振兴纪实

2022年7月12日，《团结报》报道民革长沙市雨花区工委帮扶石门洞国学校推进乡村教育振兴纪实

（龚 鹏 供图）

民盟雨花区工委

【组织建设】 2022年，中国民主同盟长沙市雨花区工作委员会（简称“民盟雨花区工委”）有盟员545人，15个基层支部（其中学校支部有11个），呈现界别特色强、整体素质高的特点。2022年，民盟雨花区工委组织辖区15个支部骨干盟员到长沙县开展党史学习教育，在第3次全体班子会议上学习传达民盟湖南省第十五次代表大会、民盟市委会第十七届七次常委（扩大）会议暨“矢志不渝跟党走、携手奋进新时代”政治交接主题教育动员部署会精神，举办“矢志不渝跟党走、携手奋进新时代”同心社区创建活动启动仪式，带领区工委班子成员、辖区各支部骨干盟员一行20余人开展政治交接主题教育并进行座谈。开展年轻盟员现状排摸，推荐郝怡清、蒋福明等7名盟员担任区营商环境特约监督员，罗政等2名盟员担任检察院益心为公志愿者。

【参政议政】 2022年，民盟雨花区工委发动各支部骨干盟员围绕乡村振兴战略、智能医疗、居家养老、职业教育、医共体建设等领域的问题，组织各支部开展课题调研。周凌云、杨胜艳、龙江等盟员承担民盟长沙市委会及雨花区委统战部调研课题8个，郭广军、唐莹中标民盟湖南省委会重点课题2个，黄快生撰写市委统战部统战理论研究1篇，黄庆报送民盟中央民生论坛征文1篇，郭广军报送民盟省委会职教论坛征文1篇，周隽报送省政协理论征文1篇。全年报送社情民意信息38篇，其中被全国工商联采用1篇，省政协采用2篇，市政协采用1篇。

【社会服务】 2022年，民盟雨花区工委充分挖掘自身的潜力和优势，以“金点子创客空间”为载体，为社区青少年量身打造一个集影音休闲、科

2022年6月22日，创建“同心社区”启动仪式（龚鹏 供图）

学探索、烘焙娱乐、主题教学等为一体“智慧课堂”，6月22日举办“矢志不渝跟党走，携手奋进新时代”同心社区创建活动启动仪式，民盟雨花区工委、金科园社区、雨花区青少年心理健康发展中心三方代表签订合作共建协议。在春节等传统节日期间慰问高桥街道五一社区困难群众，组织盟员进社区慰问高龄老人并举办健康知识讲座。为砂子塘街道、雨花亭街道捐赠11.5万个口罩（其中N95口罩1.5万）和100件免洗消毒液。在跳马镇杨林小学举行“情系农村学子 关爱留守儿童”爱心助学活动，六一儿童节为学生捐赠课外读物、课桌椅、学习用品、玩具等价值3万余元的礼物，在冬季捐赠棉校服113套。

【同心社区创建活动启动】 2022年6月22日，民盟长沙市委会、民盟雨花区工委在雨花区砂子塘街道金科园社区举办“矢志不渝跟党走、携手奋进新时代”同心社区创建活动启动仪式。民盟长沙市委会、雨花区政协副主席、民盟雨花区工委盟员代表，以及社区居民100余人参加活动。活动第一阶段，民盟市委会组织各区工委、总支负责人在金点子创客空间会议室开展“同心社区”创建工作座谈会，就“同心社区”创建工作开展情况、经验做法、存在问题和下半年工作设想进行交流座谈；活动第二阶段，创建“同心社区”启动仪式在社区广场举行，民盟长沙市委会秘书长赵睿主持，雨花区委统战部常务副部长谢锋致辞，民盟雨花区工委副主委黄庆介绍区工委参与同心社区创建的相关工作，民盟雨花区工委、金科园社区、雨花区青少年心理健康发展中心三方代表签订合作共建协议。与会人员参观“盟员工作室”“同心共建”活动室等阵地，对民盟“金点子创客空间”给予肯定。2022年，民盟雨花区工委以“金点子创客空间”为载体，为社区青少年量身打造一个集影音休闲、科学探索、烘焙娱乐、主题教学等为一体“智慧课堂”，实现青少年“爱来玩”“玩中学”“学中优”的目的。

（本栏撰稿 龚鹏）

民建雨花区工委

【组织建设】 2022年，中国民主建国会长沙市雨花区工作委员会（简称“民建雨花区工委”）把学习宣传贯彻中共二十大精神作为贯穿全年的首要政治任务，组织开展一系列主题学习活动，组织骨干会员到平江县、韶山市、浏阳市等革命红色基地开展主题日活动。民建雨花区工委有副县级干部1人，正科级干部2人、副科级干部4人；市人大代表2人，区人大代表2人、区级政协委员12人。2022年发展新会员4名。一支部、二支部、三支部分别侧重于法律咨询服务、参政议政和社会服务等。

【参政议政】 2022年，民建雨花区工委聚焦社会关注的重点、难点、热点问题，发挥会员行业优势组成课题组，提出一批人大议案和政协提案，其中，会员王东华撰写的《关于以高规格纪念袁隆平院士、全社会推动学习隆平精神的建议》《剧本杀剧本亟需出台行业规则并加强监管的建议》《第三方环保服务机构造假乱象亟须系统整治》被民建中央采纳，《清退超龄农民工不能把养老包袱甩给劳务输出地》被民建湖南省委会采用，《关于既有建筑加装电梯后续工作亟待重视》被长沙市政协采纳，《加强管控应对美国大麻合法化的建议》被民建市委会采用；会员张治梧、彭宁撰写的《关于多措并举进一步缓解律师“人口信息查询难”的建议》被民建市委

2022年4月2日，雨花区工商联（总商会）、民建雨花区工委到东塘街道开展抗疫捐赠活动（龚鹏 供图）

会采用；方华丽撰写的《关于提高保障房物业管理水平的建议》被雨花区评为优秀议案。民建雨花区工委参与完成《关于进一步推动雨花区“三高四新”的建设》《关于长株潭都市圈南部产业园区合作模式研究的调研方案》的专题协商和考察调研，撰写《聚焦优势产业，多维度发力，推动雨花工业软件产业发展》调研报告。

【社会服务】 2022年，民建雨花区工委着力打造雨花区民建特色服务社会品牌，各支部组织会员捐赠抗疫物资和款项21万余元，参与志愿服务6人次，在长沙市第三福利院开展“爱在冬日 让温暖常伴老人”主题活动，为福利院老人捐赠总价值1.7万元的营养品和复健仪器。三支部会员李勇牵头组建“民建立承抗洪应急抢险队”在河南遭受特大暴雨洪涝灾害期间，筹集捐赠共10万余元医用、救济物资驰援受灾地区。一支部会员杨超在残奥会获得金牌。

（本栏撰稿　龚　鹏）

民进雨花区工委

【组织建设】 中国民主促进会长沙市雨花区工作委员会（简称“民进雨花区工委”）有192会员，10个支部。2022年，民进雨花区工委定期召开工委班子、支部主委会议，建立会员档案和人才库，组织会员开展和参加调研、培训、讲座、考察、研讨等活动30余次。

【参政议政】 2022年，民进雨花区工委16名市、区人大代表、政协委员履行参政议政职能，多次参加雨花区委、区政府召开的协商会、征求意见会、情况通报会，就政府工作报告、涉及经济社会发展的重大问题进行协商讨论。发起并成立“守护绿心委员工作室”，聚焦“守护融城绿心、共建中央公园”履职主题，创新引入国家和省、市、区“四级”委员同驻“三市”共护绿心，被省政协评为2022年“湖南省示范性政协委员工作室”。组织

2022年4月21日，民进长沙市委会、民进雨花区工委为跳马镇捐赠价值2.2万元的纯牛奶

（龚　鹏　供图）

会员广泛调研，撰写《关于建设湖南花木文创产业示范园打造全省花木产业集聚区的建议》。会员李婉丽撰写的《关于全方位推进家庭医生签约服务的建议》和《关于高层建筑外墙局部脱落风险排查与治理的建议》、会员曾桂梅撰写的《大力开展自然教育，切实提升雨花区中小学生综合素养的建议》，王中翼撰写的提案《关于提高乡村道路标准、助力乡村振兴的建议》等，得到上级相关部门关注。

【社会服务】 2022年，民进雨花区工委会员到抗疫一线参加抗疫，慰问一线防疫工作人员，捐赠慰问金和物资，开展扶贫帮困活动，组织开展“国际癫痫关爱日”活动、“天使分贝”公益爱心活动、爱绿护绿活动、重阳节活动、公益讲座，创建火车南站重点旅客服务联盟等公益活动，会员段勇芝创办的长沙洛华艾芭职业技能培训学校免费为1000余人提供职业技能培训，并与长沙职业技术院校建立校企合作模式，为16名学生免费培训，被评选为“感动湖南”人物。

【“同心美丽乡村”共建活动】 2022年，民进湖南省委会、民进长沙市委会、民进雨花区工委三级在雨花区跳马镇关刀新村开展“同心美丽乡村”共建活动，共建时间为2022——2026年。4月24日，民进长沙市委会、民进雨花区工委到跳马镇开展爱心捐赠活动，联合新农乳业湖南牙合西食品有限公司向跳马镇及关刀新村捐赠价值2.2万余元的爱心物资，全部用于关爱镇敬老院和村孤寡老人；捐赠活动结束后，调研组在关刀新村开展“同心美丽乡村”建设调研并召开座谈会，听取关刀新村情况汇报，就该村如何发挥区位优势，抢抓长株潭一体化发展机遇，发展特色产业，做大做强集体经济等工作进行交流。6月8日，民进湖南省委会副主委、长沙市人大常委会副主任、民进长沙市委会主委李平带队到关刀新村开展“同心美丽乡村”建设走访调研，实地走访该村导航台、永祥苗木场、关刀小学等地，了解绿心中央公园设计规划、特色苗木生产销售、学校硬软件设施等情况；召开座谈会，跳马镇党委书记尹江华，关刀新村党总支书记陈自勇分别介绍跳马镇、关刀新村情况，与会人员随后围绕《跳马镇关刀新村“同心美丽乡村”共建方案》发言，对关刀新村如何找到经济发展突破口、推动项目落地见

效提出意见建议，雨花区委统战部常务副部长谢锋表示会全力支持民进省、市、区三级共建同心乡村工作，区人大党组书记、主任冯聪龙表示要在教育、文化、体育等方面着力挖掘资源、提升内涵，李平表示将加强上下联动，加强沟通交流，为助力关刀新村实现“乡村振兴”、推动长株潭一体化发展贡献民进力量。12 月，开展“阅读梦飞翔”活动，为关刀小学公益图书室捐赠价值 1.95 万元图书，提供全程阅读教育指导。

（本栏撰稿　龚　鹏）

农工党雨花区工委

【组织建设】　2022 年，中国农工民主党长沙市雨花区工作委员会（简称“农工党雨花区工委”）有 1 个总支 5 个支部，党员 162 名，其中医药界 104 人，占比 64.2%；有市政协委员 3 人、区人大代表 3 人、区政协委员 10 人。农工党雨花区工委领导班子设主委 1 人，副主委 6 人，委员 3 人。2022 年，农工党雨花区工委出台《支部委员联系党员管理办法》《党员目标管理评分标准》，建立健全支部班子成员定期走访联系党员机制，完善工委、总支、支部财务管理制度。组织观看中共二十大开幕会并召开专题会议进行集中学习，组织党员到杨开慧纪念馆、周谷城故居、徐特立故居等红色教育基地开展实践学习，组织全体党员参加农工党湖南省委、农工党长沙市委组织的“学习中共党史知识竞赛”。长沙市中心医院总支、市妇幼支部和雨花区综合支部获评农工党省委“先进基层组织”称号。

【参政议政】　2022 年，农工党雨花区工委向区人大、区政协提交 13 篇议案提案，1 篇被评为优秀议案，2 篇被评为优秀提案。农工党党员撰写的《关于湖南省图书馆儿童图书室提质改造的建议》被湖南省政协重点办理并在湖南卫视等媒体报道，《药品价格大幅上涨、货源紧张或将成为医患矛盾新的导火索》成为长沙地区第一篇被全国政协采用的社情民意，社情民意《建筑物外墙脱落问题亟待重视》，得到市政协主要领导和市政府相关领导批示，吸纳到市委、市政府出台的文件中。《湖南中药材产地初加工产业发展的现状与对策》入选《湖南省中药产业链发展论坛论文选编》。参与制定《社区公共服务中心无障碍环境建设规范》地方标准。2 个课题成果入选农工党长沙市委参政议政成果选编。

【社会服务】　2022 年，农工党雨花区工委发挥医药卫生界别优势，组织发动广大党员参与防疫工作，参与志愿服务和捐款捐物，8 名党员被农工党省委评为“新冠肺炎疫情防控工作先进个人”。定点协助洞井街道新城社区创建“同心社区”，与长沙群英会打造“同心助健康”社会服务品牌，普及卫生健康知识和负责提供免费医疗服务。党员曾如带领公益团队实施的“青趣分类”青少年垃圾分类项目获得湖南省志愿服务大赛银奖，并在全省中小学校实施。长沙市中心医院总支、市妇幼支部党员每年参与开展义诊 10 场以上。1 人被市妇幼聘为首席专家，在知乎、快手、抖音等媒体开展公益宣传，发表公益视频及科普文章数百篇。党员肖博文牵头解决卫技新村小区物业管理难题。争取到长沙市中心医院对口指导，帮助黄兴医院新建发热门诊，推动雨花区基层医疗机构建设。

【“同心助健康”义诊进社区活动】 2022 年 10 月 30 日，农工党雨花区工委到洞井街道新城社区开展“同心助健康”义诊进社区活动。来自长沙市中心医院总支和市妇幼保健院支部共 11 位党员专家现场坐诊，为群众提供免费医疗服务。农工党雨花区工委与新城社区合作，共同创建同心社区，为居民提供贴心便捷服务。农工党雨花区工委慰问新城社区困难群众。

（本栏撰稿　龚　鹏）

致公党雨花区工委

【组织建设】　2022 年，中国致公党长沙市雨花区工作委员会（简称“致公党雨花区工委”）围绕“致力为公、

2022 年 10 月 30 日，农工党雨花区工委到洞井街道新城社区开展“同心助健康”义诊进社区活动

（龚　鹏　供图）

参政兴国”的宗旨，开展各项有组织的参政议政、侨海及社会服务工作。2022年发展新党员6名，其中博士1名，“90后”科员1名；刘海明、周争平、宋旦、方荣国、王润、周琎等党员到致公党湖南省委、致公党长沙市委各专委会任职。组织全体党员学习中共十九届六中全会、致公党中央十五届五中全会、中共湖南省第十二次党代会精神，开展“共话二十大、同心永向党”学习宣讲活动，邀请市委统战部副部长、市侨办主任饶福明专题授课。“致公党员之家”揭牌成立。致公党雨花区工委一支部被评为省级优秀支部，四支部被评为市级优秀支部，2人被评为省级优秀党员，5人被评为市级优秀党员。1人获评第一届全国储能技术创意二等奖、湖南省互联网+大学生创新创业优秀导师，1人获评湖南省芙蓉百岗明星，党员贾如意的优秀事迹被选入“学习强国”，党员盛炯创办的长沙市耀华中学被评为长沙市民办“优秀学校”，1人获评雨花区优秀企业家、雨花经开区“七一”党建之友。在致公党湖南省委会、致公党长沙市委会40周年庆祝活动中，6人获评“四十年四十人”标杆人物。

【参政议政】 2022年，致公党雨花区工委开展参政议政工作会议2场，参与社情民意信息工作培训会等履职培训会议50余人次，在“喜迎七次党代会，谱写致公新篇章”建言献策活动中提交建议、社情民意20余篇。重点申报三级联动调研课题报告《关于加快推进长沙无障碍环境建设的调研报告》和《把好农药施用源头关 切实提升农产品质量安全的建议》，提交集体提案《携手共筑无障碍环境 让美丽雨花无碍更有爱——关于雨花区无障碍环境建设工作的调研与建议》。党员贾传坤撰写的《大力发展新型储能产业 助力湖南碳达峰碳中和目标》提案作为湖南省政协重点提案，获省委副书记、省长毛伟明批示，并当选为2022年党派中央重点调研课题；贾传坤撰写的《关于废旧沥青路面固废处理的建议》由致公党省委主委胡旭晟提交全国两会提案，在全国两会统战信息中报道；党员周争平撰写的《关于完善我国出口管制及反制裁执法的建议》被湖南省归国华侨联合会《侨情专报》稿件采用；党员欧金成撰写的社情民意《抢抓RCEP生效机遇推动长沙市优势农产品出口》被长沙市政协采纳并得到市领导批示。

【社会服务】 2022年，致公党雨花区工委在雨花亭街道雨新路社区开展文明创建和疫情防控等帮扶活动，捐赠防疫物资，打造居民自治示范小区，共建同心社区。贾如意创办的长沙众义康生物科技有限公司联合云南沃森生物技术股份有限公司向湖南省各级疾控人员爱心捐赠1万支23价肺炎球菌多糖疫苗，价值200万元；党员方荣国向同升街道、雨花交警大队等各方捐赠医药等物资40万余元。致公党雨花区工委为宁乡市双凫铺镇双明村新建蓓蕾书屋，捐赠书籍价值7000余元。党员禹雪梅和胡琪芳成为“爱心妈妈”，“一对一”帮扶该镇困难儿童。

【“致公党员之家”揭牌成立】 2022年5月6日，由致公党湖南省委会社会服务工作委员会、长沙市委会体育专业委员会和雨花区工委共建的“致公党员之家”揭牌成立。致公党湖南省委会秘书长田宗之，长沙市政协副主席、致公党长沙市委会主委黄锋，雨花区委统战部副部长赵正坤等出席揭牌仪式。“致公党员之家”是长沙市委会落实致公党省委会“共识教育”和“活力致公”品牌建设的一个载体，旨在整合省、市、区的资源，探索活动形式，完善活动制度，为党员打造一个倍感亲切的“温馨之家”、施展才华的“有为之家”、相互提高的“成长之家”。该“致公党员之家”位于长沙市运达广场25楼，面积约1000平方米，设有致公党史展览室、会议沙龙区等多个功能区域。

（本栏撰稿　龚　鹏）

九三学社雨花区工委

【组织建设】 2022年，九三学社长沙市雨花区工作委员会（简称“九三学社雨花区工委”）有雨花一支社、二支社、三支社、规划支社、城建一支社、城建二支社6个支社，社员175人，其中2022年新发展社员4人。2022年，九三学社雨花区工委定期组织各支社社员加强学习，组织社员学

2022年5月6日，“致公党员之家”揭牌成立　（毛俊芳　供图）

学习九三学社中央组织部举办的社中央青工委第二期线上培训班、长沙市各民主党派庆祝中国共产党成立100周年书画摄影联展、“青春献礼二十大 砥砺奋进守初心”读书分享会等活动；以“矢志不渝跟党走 携手奋进新征程”为主题，到望城区铜官窑郭亮纪念园开展学习贯彻中共二十大精神主题活动；承办“九三青训营”第二期培训，邀请九三学社湖南省委副主委吴金明作专题讲座。走访慰问老社员和困难社员150余次。在九三学社省委庆祝九三学社创建75周年大会上，雨花一支委获评“优秀基层组织”，社员王琳被评为优秀社员。在社市委八届七次全会上，社员邓子云、邓凌云、吴海军等被评为参政议政先进个人。社员吴丽获评省总工会“湘悦读·工力量”湖南省职工主题阅读活动“芙蓉领读者”称号，社员杨莹在湖南省职业院校教师技能比赛中获得三等奖。

【参政议政】 2022年，九三学社雨花区工委围绕雨花区“三个高地”“长株潭一体化”“现代国际商贸服务”“宜居幸福示范区”等重要工作参政议政，提出提案和建议20余份，意见60余条，社情民意20余篇。社员邓子云撰写的《提升职业技能培训质量亟待解决三个问题》获湖南省领导肯定性批示，《帮助湘企赴港上市的问题和对策建议》在政协对口协商会议上发言；社员吴丽撰写的《构建社区心理服务体系 推进和谐美城建设》《关于培养社区养老服务志愿者，设立时间银行的建议》等提案均被区政协采纳，在省第十二次党代会的建言被省委统战部综合采用；社员王琳在全国政协网络议政远程协商会上代表湖南作《积极探索社会力量助力“三进”新途径》发言；社员邓子云撰写的《改进市属公办高校账户管理方式的建议》、吴海军撰写的《尽快完善被征地农民社会保障待遇的建议》社情民意被市政协采用；在区政协五届五次全会上，九三学社区工委撰写的《关于多措并举加快实现“筹改居”过程中“政经分离”的建议》、社员黄湘撰写的《关于深入推进垃圾分类工作的建议》被评为优秀提案。社员邓子云主笔研究的《民主党派结构界别特色的智能大数据分析及应用》调研报告，获评省统战理论研究成果二等奖、市统战理论研究特别奖。

【社会服务】 2022年，九三学社雨花区工委联合长沙群英会启动“雨”你同行·社区医疗公益行动项目，定期深入社区开展健康服务、义诊、发送家庭药箱等活动。社员仓萍实施品牌项目“沁心幸福大讲堂”，开展公益讲座40期；主导的“沁心幸福工作室”暨心理志愿者服务队实践基地在雨花区仙岭社区运行，线上利用微信等网络平台定期开展心理公开课，线下聚焦贫困、残疾、留守、流动儿童和单亲、失亲等家庭提供一对一的心理援助。社员邓运姣、敖耀寰、刘志明致力于“非遗”文化传承，为社区居民开展猜谜、皮影等活动。

【“雨”你同行社区医疗公益行动】 2022年2月26日，由九三学社长沙市雨花区工委、长沙群英会发起的“雨”你同行社区医疗公益行动在雨花区洞井街道丰园社区启动。该行动以洞井街道为服务场域，聚焦社区居民健康议题，通过“硬件”（“雨”你同行家庭药箱）+“软件”（“雨”你同行社区义诊和“雨”你同行妈妈免费体检）双驱动模式，以公益医疗资源为纽带，以社会力量共建为驱动，探索一种新的“政、社、企”三方共建促社区居民健康的常态化、可持续服务模式。启动仪式结束后，长沙鼎好医院的医护专家志愿者们在社区内开展义诊活动，为居民提供健康咨询、用药指导、免费测血压等服务，向到场市民发放健康宣教手册。5月，“雨”你同行社区医疗公益行动在丰园社区开展“一个箱子进千个家庭”公益行动，通过政社联动，在洞井街道寻找1000个有需要的家庭，为其提供1个“雨”你同行家庭药箱（包括碘伏棉球、酒精棉球、创可贴、医用棉签、碘伏、纱布绷带、胶带卷、脱脂棉球、医用橡胶手套、急救箱、手电筒、口哨、口罩等），为家庭的基础健康医疗需求提供保障，并普及基本的医疗健康卫生知识。

（本栏撰稿 龚 鹏）

雨花区工商业联合会（商会）

【概述】 2022年，长沙市雨花区工商业联合会（简称“区工商联”）以服务民营经济高质量发展为目标，以构建亲清政商关系、优化营商环境为支撑，围绕政治引领、经济服务、社会事业、组织建设等工作，聚焦民营

2022年2月26日，“雨”你同行社区医疗公益行动启动仪式（龚 鹏 供图）

经济发展中的热点难点问题，为民营企业送政策、解难题、优服务，推动“两个健康”（非公有制经济健康发展、非公有制经济人士健康成长）工作。组织35家企业参与“全国工商联2022年度万家民营企业评营商环境”调研。承接全国工商联到湖南省调研民营企业“走出去”座谈会，促成雨花区金石塬（刚果开金矿）企业参与全国“一带一路”线上峰会。区工商联与区法院共建沟通联系机制做法被全国工商联和最高人民法院评为“全国100对典型事例”。

【政治引领】 2022年，雨花区工商联动员组织民营经济人士学习领会中共二十大精神，组织全体基层商会代表、友好商会代表、民营经济代表人士集中观看中国共产党第二十次全国代表大会开幕。推进非公有制经济组织和社会组织党建工作。成立中共长沙市雨花区商协会组织联合委员会。召开雨花区商协会联合党委会议，动员基层商会党组织积极参与乡村振兴对口帮扶溆浦工作，与集体经济薄弱村开展党建结对帮扶。开展企业走访，通过电话、微信以及面对面交流，引导广大民营经济人士听党话、感党恩、跟党走。

【经济服务】 2022年，雨花区工商联开展“民企大走访，同心促发展”“千名干部联千企”“送政策、解难题、优服务”“安全生产大走访”活动，走访企业及基层商会100余次，将省政府惠企口袋书和雨花区惠企政策汇编送至各基层商会及会员企业，收集民营企业发展诉求建议，协调相关发改、人社、行政审批等相关职能部门召开回应座谈会。与北京长沙商会、怀化食品行业协会、长沙常德商会、陕西商会、老挝湖南商会等异地商会交流座谈，并与广东音响协会、内蒙古商会等缔结友好商会协议。推介6家会员企业及异地商会参加国际会展雨花片区招商座谈会。组织有融资需求的企业参加“2022长沙产业金融创新服务大行动”“星商通·政会银企”等活动。承接全国工商联第六联系调研组第三分队到雨花区开展政策宣讲会暨民营企业“走出去”座谈会，促成雨花区金石塬企业参与全国“一带一路”线上峰会。完成湖南省营商环境主观评价答卷近550份。

【商事调解】 2022年，雨花区总商会商事调解中心受理纠纷715起，调解379起，调解成功率为53.2%，涉及金额3.2亿余元。其中当事人主动申请141起，司法确认136起，在线视频调解结案246起。修订完善总商会商调中心管理和运行制度，机构人员配备调整为向律所购买法律援助方式。6月，用时4天成功调解湖南某贸易有限公司1起涉及金额2000万余元的合同纠纷，为当事人节省案件受理费14万余元；用时5天成功调解湖南某建设集团有限公司2起共涉及金额1.37亿元的合同纠纷，为当事人节省案件受理费76万余元。

工商联与人民法院沟通联系机制典型事例（2020—2022）证书

（袁 婉 供图）

【会员活动】 2022年，雨花区工商联组织会员开展联谊活动，特色主题活动。发现、培养和推荐一批年轻一代民营经济代表人士，优化会员结构。建立主席轮值制度，每月安排1名兼职副主席和1名兼职副会长，担任轮值主席。组织民营企业参与财税、法律、投资、创新、职业经理人、RCEP系列等专题培训等10余次，参与企业30余家。组织工商联会员企业代表及民营企业家参与长沙市工商联“星商杯”羽毛球比赛。推荐30名民营经济代表人士成为2022—2025年度雨花区营商环境特约监督员。推荐2名民营经济代表人士成为全市检察机关益心为公志愿者。推荐5名民营经济代表人士获评长沙市工商联成立70周年纪念杯（“卓越”“贡献”“奉献”“新锐”杯）。推荐6家民营企业参评“青年岗位能手”“青年文明号”“青年雷锋志愿服务队先进典型”。

【社会服务】 2022年，雨花区工商联汇聚力量抗击疫情，各会员企业及商会捐赠物资及现金113.74万元，参与抗疫志愿活动469人次。开展“送清凉”活动，向高速路口及高铁站抗疫工作者送去总价值3万余元慰问物资。5家民营企业和商会参与雨花区“希望小屋”公益项目实施，帮扶困难儿童改善居住和学习环境，累计捐款4.7万元。与区委统战部等多部门联合发起帮扶溆浦县困境儿童“暖冬关爱行动”，会员企业提供车辆支持，向400余名困境儿童捐赠价值15万余元爱心物资。联合区人社局到溆浦县等地，开展援企招工行动，帮助长沙市比亚迪汽车有限公司招聘190余人，其他企业32人。申报“万企兴万村”行动实验项目4个，完善更新“万企兴万村”行动台账系统”，新增录入134家本地企业参与各地行动项目信息，38家各地企业参与本地项目信息。井湾子商会和红星实业集团有限公司对联点跳马镇白竹村进行帮扶，红星实业集团有限公司在白竹村实施的湖南（红星）农产品流通产业园长沙红星农副产品全球采购中心项目申报“万企兴万村”行动实验项目。井湾子商会与白竹村党支部结对共建，共同开展党建特色活动，井湾子街道商会党支部联合跳马镇白竹村党支部，到乡村振兴示范村——望城桥驿镇黑麋峰开展党建引领乡村振兴调研活动。与溆浦县工商联召开2次联席会议，带领20家商会和企业到溆浦县考察，召开雨溆对口帮扶村企见面会，与20个村签订“结对帮扶合作协议”。

【组织建设】 2022年，雨花区工商联指导井湾子、黎托、跳马镇等基层商会完成民政局注册工作，推进高桥、洞井、圭塘等商会注册工作。指导黎托商会成功创建湖南省“四好”（政治引领好、队伍建设好、服务发展好、自律规范好）商会。加强总商会财务管理工作，修订完善《雨花区总商会会费缴纳及管理办法》，会费使用受会费管理委员会、会费监督委员会管理和监督。

【湘商回归】 2022年，雨花区工商联建立招商大数据库。走访联系注册在雨花区的商协会和异地商协会。成功引入广东镜鉴科技公司等港澳粤大湾区企业到雨花区设立湖南区域总部，承办“湘品出湘”座谈会，推动雨花区“一带一路”走出去企业在老挝发展壮大。强化阵地建设，发挥轮值主席作用，增强“迎老乡、回故乡、建家乡”民企的归属感。推荐30名民营企业家担任雨花区2022—2025年营商环境特约监督员。

【校企联合培养营销精英调研活动】 2022年1月19日，雨花区工商联女企业家商会与湖南女子学院商学院校企联合培养营销精英调研活动，在工商联女企业家商会会员单位湖南中汇税务师事务所举行。湖南女子学院10名学院代表和雨花区工商联女企业家商会企业代表参加活动。该次活动旨在实现湖南女子学院商学院营销专业与企业发展的无缝对接，为学院拓宽市场营销专业学生实习与就业的渠道，为企业精准培养行业所需的营销人才。双方就联合搭建产教融合平台，建立校企合作长效机制进行交流，湖南女子学院商学院招生就业处（校友办）处长谢再莲对学院情况进行介绍，与会企业结合各自的企业发展方向及专业需求提出对应的用人需求。

【中共雨花区商协会组织联合委员会成立】 2022年3月22日，经雨花区委组织部批复同意成立中共长沙市雨花区商协会组织联合委员会。该委员会主要负责全区行业协会商会和在区民政局注册的在长异地商会的党建工作，指导全区工商联系统会员企业、基层商会的党建工作。

【洞井街道商会成立】 2022年7月14日，雨花区洞井街道商会成立大会在京师大厦召开。区工商联、区民政局、洞井街道相关负责人干部出席，39名商会会员参加。会议表决通过《商会章程》《商会选举办法》《商会会费收缴使用和管理办法》，选举产生商会理事会、监事成员、商会负责人等。

【雨花区工商联（总商会）六届二次会员大会】 2022年7月6日，雨花区工商联（总商会）六届二次会员大会暨2021年度总结表彰大会召开。区工商联（总商会）常委、执委等127人出席会议。会议听取总商会商事调解中心情况；对2021年度先进集体和个人进行表彰；颁奖审议通过区工商联（总商会）有关人事任免事项、区工商联（总商会）制度规定（修订稿）、第六届会费收支情况；选举产生第六届增补执常委、副主席（副会长）。区人大常委会副主任、区工商联（总商会）主席（会长）莫志刚代表工商联（总商会）常委会向大会作工作报告。区委副书记、统战部部长、区委党校校长郭四军强调，区工商联要以“五个坚定不移”做好服务民营经济人士桥梁纽带，即坚定不移强化团结引领，坚定不移服务中心大局，坚定不移抓好“六个一”工作，坚定不移推进助企纾困增效，坚定不移加强自身建设。

（本栏撰稿 袁 妓）

2022年7月6日，雨花区工商业联合会（总商会）六届二次会员大会暨2021年度总结表彰大会 （赵中威 摄）

普及全民健身运动 促进健康中国建设
坚持党建引领 推动全民健身
健康中国
魅力雨花
VICTOR
“党建聚合力 奋进新征程”
雨花区第四届职工气排球比赛

群众团体

编辑　唐清明

雨花区总工会

【概述】 2022年，长沙市雨花区总工会（简称“区总工会”）新组建工会组织（涵盖法人单位）193家，发展会员11188人，其中农民工2750人。截至2022年年底，全区有基层工会组织3590家，涵盖法人单位7392家，其中区直属机关、事业单位基层工会组织67个，会员1万余人；有区属管理劳模141人，长沙市示范性劳模和工匠人才创新工作室3家，劳模和工匠人才创新工作室1家。基层工会法人登记率100%。

2022年，区总工会开展职业技能培训和劳动竞赛活动；弘扬劳模精神，引导职工立足岗位建功立业；强化职工思想引领，做好宣教工作；夯实基础，扩大工会组织覆盖面；规范组织建设，推进民主管理，构建和谐劳动关系；推进精准帮扶，走访慰问困难职工。区总工会获评湖南省县级工会财务资产管理先进单位。

【基层工会建设】 2022年，雨花区总工会推进“小三级”工会［乡镇（街道）工会—村（社区）工会—非公有制经济组织工会］、商务楼宇、商圈市场工会组织建设。指导英维创新大厦进行工会组织建设及阵地打造，大厦有单独建会的企业4家，工会小组31个，入会职工621人，初步建成以街道工会联合会为一级、商圈楼宇工会为二级、企业基层工会为三级的“小三级”工会网络。12月，区总工会选送湖南英维创新大厦工会联合会获评市“小三级”工会规范化建设点。加强基层工会规范化建设，按照“会、站、家”一体化思路，完善建家评家机制，指导建设职工之（小）家、EAP（员工帮助计划）等示范典型。湖南云冷冷链股份有限公司工会委员会“司机之家”获评市“司机之家”示范点；雨花区育新小学获评省“模范职工小家”；雨花区红星村社区新就业形态联合工会委员会等2家单位获评市“模范职工之家”；长沙市第二十六中学等2家单位获评市“模范职工小家”。

·表6· 2022年雨花区基层工会获评省级、市级荣誉一览表

荣誉	基层工会	层级
湖南省五一劳动奖章	罗大钧 雨花区人民检察院第五检察部主任	省级
湖南省模范职工小家	长沙市雨花区育新小学工会	省级
湖南省芙蓉标兵岗	长沙长泰机器人有限公司机器视觉和人工智能算法项目组	省级
湖南省芙蓉百岗明星	彭英 金职伟业集团有限公司董事长	省级
长沙市五一劳动奖章	曾丽娜 湖南中南智能激光科技有限公司	市级
长沙市工人先锋号	长沙长泰机器人有限公司机器视觉和人工智能算法项目组	市级
长沙市职代会和工资集体协商典型企业	湖南宏禹工程集团有限公司	市级
长沙市“小三级”工会建设工作典型	湖南英维创新大厦工会联合会	市级
长沙市模范职工之家	雨花区红星村社区新就业形态联合工会委员会	市级
	雨花区人民法院工会委员会	市级
长沙市模范职工小家	长沙市第二十六中学	市级
	雨花区税务局洞井税务所工会小组	市级
长沙市“司机之家”示范点	湖南云冷冷链股份有限公司工会委员会“司机之家”	市级
长沙市新就业形态建会入会创新优秀项目	雨花区红星村社区新就业形态联合工会委员会	市级
长沙市职工最可信赖娘家人	冷卉卉 湖南宏禹工程集团有限公司工会主席	市级
	刘清华 湖南同天投资管理有限公司工会主席	市级
长沙市芙蓉标兵	彭英（金职伟业集团有限公司董事长）	市级
	曾丽娜 湖南中南智能激光科技有限公司	市级
长沙市芙蓉标兵岗	雨花区委宣传部融媒体中心	市级
长沙市优秀女职工组织	长沙延年神禹酒店女职工委员会	市级
2022年长沙市高技能领军人才、劳模工匠师徒结对活动 优秀师徒对子	宋君、肖坤 湖南晓光汽车模具有限公司	市级
	李叔军、李本清 湖南晓光汽车模具有限公司	市级

·续表6·

荣誉	基层工会	层级
2022年长沙市高技能领军人才、劳模工匠师徒结对活动优秀组织单位	湖南晓光汽车模具有限公司	市级
市级优秀职工科技创新项目	湖南岳煌建材科技有限公司	市级
市级母婴关爱室	雨花区市民之家母婴室	市级
	世东医药母婴室	市级
市级儿童友好型企业	湖南晓光汽车模具有限公司	市级
市级示范性爱心托育班	湖南谭缘实业集团有限公司爱心托育班	市级
市级提质改造母婴关爱室	雨花区砂子塘街道社区卫生服务中心母婴室	市级

【职工技能培训与竞赛】 2022年，雨花区总工会在区职工业余培训学校（女职工教育培训学校）雨花家园站、时代阳光站分别开设业余培训班，课程涉及瑜伽、太极、花艺等方面，培训人数410人；开展“女职工素质教育大讲堂”主题活动，为基层工会送课10堂，参加人数510人。举办雨花区职工职业技能竞赛暨长沙市2022年“十行状元、百优工匠”竞赛的钳工、维修电工区县级选拔赛，6家企业近50名选手参赛。组织选送各类技能人才参加市“十行状元、百优工匠”技能大赛。有4人在市级劳动竞赛中获得“行业状元”称号、14人获得“百优工匠”称号。

【职工文体活动】 2022年，雨花区总工会举办“喜迎二十大 红心学党史”雨花区职工党史知识线上竞答、“学习宣传贯彻党的二十大精神”线上知识竞答活动等；在湖南宏禹工程集团有限公司举办产业工人思想政治教育培训。围绕雨花区产业工人思想状况开展调研工作，形成调研报告。举办“党建聚合力·奋进新征程”雨花区第四届职工气排球比赛、“健康雨花 迈向十强”云上健步走活动等。组队参加全市“工会会员杯”四球联赛，获得气排球项目区县组第三名、乒乓球项目区县组第七名等成绩，区总工会获“优秀组织奖”。组织“喜迎二十大 建功新时代”全区女职工阅读活动、“玫瑰书香”女职工阅读活动及主题诵读活动等，以“培育好家风——女职工在行动”为主线，开展“谈家风 话成长”职工家庭教育征文活动。开展“好工人·向未来”之“劳动铸就辉煌”主题宣传教育，依托“雨花工会”微信公众号推出8期“好工人·向未来”系列报道；开展职工维权行动月活动、“情系职工·与法同行”工会法主题宣传活动、“健康人生 绿色无毒——禁毒宣传进企业、近职工”活动等。

【劳模（工匠）服务】 2022年，雨花区总工会开展劳模大讲坛和劳模志愿服务活动各1场，指导基层单位完成12场“劳模工匠进企业、进校园、进社区”宣讲及志愿服务活动，弘扬劳模精神，培育雨花工匠精神。成功推荐雨花区人民检察院第五检察部主任罗大钧获评湖南省五一劳动奖章，湖南中南智能激光科技有限公司曾丽娜获长沙市五一劳动奖章，长沙长泰机器人有限公司机器视觉和人工智能算法项目组获评长沙市工人先锋号。发动全区各基层工会开展高技能领军人才、劳模工匠师徒“结对子”活动，发挥劳模工匠“传帮带”作用，全区师徒结对数为500对，其中2对师徒获评长沙市优秀师徒对子，湖南晓光

2022年9月27日，“强省会 勇担当 产改进行时”万名师徒结对仪式暨“中国梦·劳动美”劳模大讲坛 （朱彦谕 供图）

汽车模具有限公司获评长沙市优秀组织单位。

【职工权益保障】 2022年，雨花区总工会联动多部门构筑“职工群众有诉求、总工会有回应、调处中心有应对”的维权新模式，推进劳动权益保障，在湖南湘府新都大酒店有限公司、长沙天福景观建设有限公司设立劳动监测点，建立劳动纠纷调解员坐班制；完善雨花区劳动纠纷“一站式”调处中心建设工作，调处中心调解满意率保持100%，调处中心在全省构建和谐劳动关系会议作典型经验发言，湖南省人社厅发文全省推广，并被中华全国总工会办公厅通报表扬。与上海建纬（长沙）律师事务所签署合作协议，聘请专业律师团队，组建法律服务分队，为职工提供及时有效的法律援助。开展“春季要约”行动，雨花区签订工资集体协议71份，覆盖企业2010家，覆盖职工约2.2万人。培育和选树湖南宏禹工程集团有限公司获评市级职代会和工资集体协商典型示范企业。建设15家工会户外劳动者服务站点。

【职工帮扶】 2022年，雨花区总工会开展以春送岗位、夏送清凉、秋送助学、冬送温暖，医疗互助、大病救助、就业扶助、法律援助为主要内容的“四送四助”活动。其中，春节、元旦两节送温暖活动共慰问困难职工650名，发放慰问金及物资33.7万元。开展“金秋助学”活动，为14名困难职工子女拨付助学资金9.2万元，并于8月组织开展困难职工走访入户，实现建档帮扶动态管理。组织33440名职工参加医疗互助，16762名职工参加女职工特殊疾病保障，为1530人申请医疗互助金96万余元；为139人申请医疗互助二次补助金35.9万元，为226人申请女职工生育补助金13万余元，为5名职工申请女职工特殊疾病保障金4.6万元。

【“幸福雨花爱心驿站”创建】 2022年，雨花区总工会在全区范围内创建12个“幸福雨花爱心驿站”，可提供免费饮水、临时休息、免费Wi-Fi、手机充电、微波炉加热、雨伞、便民服务箱等服务，方便环卫工人、快递员、交巡警等户外工作者及广大市民。

【新就业形态建会入会】 2022年，雨花区成立新就业形态建会入会工作领导机构，制订专项工作方案；整合基层工会力量，加大经费投入，建立新就业形态劳动者工会工作专项经费；开展调查摸底，全面掌握辖区内新就业形态劳动者集中的物流园区、物流公司、货运企业、网约车公司、快递企业及加盟网点、外卖配送企业及配送站点等的数量、规模、分布及建会等情况，建立健全新组建成立的基层工会组织台账和“四大群体”（外卖送餐员、快递小哥、货运司机、网约车司机）行业性工会组织台账。全区建立保安工会联合会、房产中介工会联合会、护工护理行业联合工会。行业性工会组织依托服务阵地，把建会入会与帮扶救助、培训等工会工作有机结合，为新就业形态劳动者提供精准服务。6月，雨花区成立红星村社区新就业形态联合工会。

7月5日，2022年湖南省新就业形态劳动者集中入会行动启动，主会场设在雨花区，在全省各市州、部分县（市、区）设46个分会场，1.1万余人集中入会。湖南省人大常委会副主任、省总工会主席周农出席活动并讲话。该次活动通过网络视频直播方式同步举行，在线观看浏览量180万人次。现场设置新就业形态劳动者缴税缴费服务、法律援助、心理健康、“最美笑容”活动参与、“湘入会”功能等内容咨询台，有220余名新就业形态劳动者加入工会。

7月26日，区总工会启动以“强省会 勇担当 百万职工在行动”为主题的新就业形态劳动者、户外劳动者服务月活动。自7月27日始，在辖区内的工会户外劳动者服务站红星农副产品大市场站、左家塘社区站、新星社区站、红星村社区站、云冷冷链站5个站点，1个月时间内，为约400名新就业形态劳动者、户外劳动者提供免费理发服务。

【新春“大礼包”暖心慰问活动】 2022年，雨花区总工会统筹抓好疫情防控和经济社会发展工作，倡导非湖南省户籍企业务工人员留长沙过年，减少疫情扩散风险，保障务工人员生活需求，1月26日，区总工会启动给留长沙过年的非湖南省户籍企业务工人员发放新春消费券活动。经过调查摸底、资料审核和公示，696名在长沙就地过年的职工领到总额27.84万元的新春消费券。除了新春消费券，雨花区总工会还为在长沙就地过年的职工送上暖心“礼包”。1月19日至2月14日，通过“智慧工会”开展“留长过年 工会暖你”新春系列活动，包括集福赢好礼、闹元宵猜灯谜、缘分宅不住线上公益联谊活动等，1.3万余名留长沙过年职工参与活动，555名职工获得好礼。2月9—22日，在“雨花工会”微信公众平台开展“工会春送岗位”活动，连续推出10期线上专场招聘会，推送岗位3000余个，帮助辖区企业招工引才。

【职工书屋规范化建设】 2022年，雨花区总工会推荐区检察院职工书屋获评2022年市级“职工书屋”示范点，推荐雨花亭街道麻塘桥社区的《看红色经典 讲英雄故事》获评2022年职工主题阅读学习活动优秀项目，推荐泰禹小学职工书屋获评2022年长沙市已建职工书屋示范点宣传典型。以典型引领推动工建提质扩面，指导各街道（镇）工会打造有特色、影响力强、可复制推广的工建工作示范点。

【“四进”活动】 2022年，雨花区总工开展“进企业开展职工心理健康讲座、进工地开展农民工免费体检活动、进学校开展劳模大讲堂活动、进课堂开展女职工健康讲座”的“四进”活动，开展宣传宣讲、暖心服务。10月12日，区总工会在长沙市比亚迪汽车有限公司组织开展关爱职工心理健康讲座，邀请国家二级心理咨询师康

2022年11月10日"健康体检进工地"活动　　（朱彦谕　供图）

熹担任讲师，70余名职工参加；11月10日，开展"健康体检进工地"活动，邀请黄兴医院医护人员为建筑工地的200余名务工人员送上免费体检服务。

【在职职工医疗互助培训会】　2022年1月7日，雨花区2022年度在职职工医疗互助培训会举行。来自全区的规模以上企业工会主席及雨花经开区、各街道（镇）社会化工会工作者等近100人参加培训。培训会组织观看区总工会拍摄制作的医疗互助视频；长沙市职工帮扶（服务）中心副主任汪玲宣讲长沙市在职职工医疗互助活动相关政策，针对在职职工医疗互助参加对象、参加流程、申报条件与流程、补助金计算办法等进行讲解，对企业参加在职职工医疗互助活动的相关疑问进行解答。

【"好工人·向未来"系列报道】　2022年5月，为庆祝"五一"国际劳动节，弘扬劳模精神、劳动精神、工匠精神，雨花区总工会在"雨花工会"微信公众号上对雨花区优秀工人开展"好工人 向未来"系列报道，对刘佳旺等7位典型人物，雨花城市建设投资集团有限公司、红星全球农批中心项目部2家典型单位进行宣传报道。

【《中华人民共和国工会法》知识培训班】　2022年5月12日，雨花区工资集体协商暨《中华人民共和国工会法》知识培训班举行。全区社会化工会工作者、非公企业工会干部等80余人参加培训。长沙市总工会基层工作部副部长肖江成针对工资集体协商程序、如何开展工资集体协商、召开职代会的流程等，进行政策性、专业性解读，阐述开展工资集体协商的程序、方法以及协商技巧；开展"情系职工·与法同行"法律宣传活动，湖南天地人律师事务所律师陈芳从《中华人民共和国工会法》的修改背景、主要内容、亮点等方面，阐述《中华人民共和国工会法》修改的意义和作用。该次培训班的举办，有利于促进全区工资集体协商工作规范开展，提高工会干部学法知法用法的能力。

【职工气排球比赛】　2022年6月14—17日，"党建聚合力·奋进新征程"雨花区第四届职工气排球比赛在东山全民健身中心举行。来自全区机关、街道、企业工会的79支代表队、700余名职工参赛。比赛采取"3+2"男女混合团体赛，参加小组比赛的队伍分为20个组别；先小组循环，决出各小组一、二名共40强队伍，再交叉决出20强队伍后直接落位对决出10强、5强队伍，根据积分排名决定1支第六强队伍突围，与前5强队伍（共计6支）进行抽签分组，通过小循环比赛决出2个小组第一进行冠亚军比赛。经过角逐，中国邮政湖南分公司工会队获得冠军。

【高温慰问活动】　2022年7—8月，雨花区总工会以重点建设项目为重点，到户外施工项目作业现场等地，看望慰问一线高温天气作业人员，督促强化高温期间职工劳动保护工作，筹集50万余元"夏送清凉"专项资金采购高温慰问物资6000余份，送给户外建筑工人、环卫园林工人、新冠疫情防控工作人员、公安交警、快递员等一线高温天气作业人员。区总工会引导全区各级工会关爱高温作业劳动者，督促用人单位强化防暑降温主体责任。

【职工安全生产知识竞赛】　2022年9月8日，"喜迎二十大 安全促发展"雨花区职工安全生产知识竞赛举行。该次竞赛由区总工会、区应急管理局联合开展，分为共答题、抢答题、风险题和现场观众有奖抢答4个环节，竞赛内容包括《中华人民共和国安全生产法》《中华人民共和国工会法》等安全生产法律法规政策及党建知识。参赛队伍为前期笔试中总成绩排前12名的基层工会队伍。经过角逐，雨花区纪律检查委员会工会委员会获得一等奖，湖南博长钢铁贸易有限公司工会委员会、雨花区人力资源和社会保障局工会委员会获得二等奖，蒂升电梯（中国）有限公司长沙分公司工会委员会、湖南璟泰投资集团有限公司联合工会委员会、雨花区左家塘街道赤岗社区居民委员会工会委员会、雨花区教育工会委员会获得三等奖。

【"职工大讲堂"开讲】　2022年10月24日，湖南英维创新大厦工会联合会首期"职工大讲堂"开讲。20余名从事市场营销的楼宇职工参加学习。该"职工大讲堂"旨在发挥"小三级"

工会网络作用，丰富楼宇职工精神文化生活，精准服务楼宇职工，将专业技能培训系列课程送进企业。首期“职工大讲堂”围绕“销售的底层逻辑”主题，讲解“解析提问式销售模式方法论”“销冠应掌握的销售十大关键点”等方面的内容。

（本栏撰稿　朱彦谕　欧阳莹）

共青团长沙市雨花区委员会

【概况】　2022年，中国共产主义青年团长沙市雨花区委员会（简称“团区委”）以“六个聚焦”（聚焦主责主业定好位、聚焦促进发展带好队、聚焦服务青年尽好责、聚焦社会治理注好力、聚焦双减五美育好人、聚焦增强活力使好劲）为工作重点，提升共青团“三力一度”（组织力、引领力、服务力和大局贡献度），组织动员广大青年投身雨花区经济建设主战场、科技创新最前沿、乡村振兴第一线建功立业，推动县域共青团基层组织改革全面实施，推进“五美好少年”公益项目，召开雨花区青年发展型城区建设全国试点工作部署推进会暨2022年青年工作联席会，推动形成共抓《中长期青年发展规划（2016—2025年）》落实落地的合力。

【共青团基层组织建设】　2022年，雨花区建成青年之家19个，学校少工委93个，社区少工委24个，建成国家、省、市级青年文明号50余家，组建雨花青年雷锋志愿服务队30余支。按照“区域覆盖、条块结合、以块为主”的原则，在新兴领域以地缘、志缘、业缘为纽带，吸纳辖区内机关企事业单位、“两新”组织加入区域化大团建格局，完成非公企业和新社会组织的团组织组建。推行推优入党和优秀团干部推荐制度，将全区各级团组织近200名优秀青年推荐到各个岗位接受锻炼。召开全区青年干部座谈会、少先队工作建设等各类座谈会30余场，遍布辖区学校、园区企业、社会组织、社区（村）阵地。与区委组织部举办第一届“雨花梦想家”青年人才培训班以及线下青年大学习培训班、团干部培训班52场，培训青年团干部2000余人次。

【思想政治引领】　2022年，共青团雨花区委发挥“青马工程”“雨花青年讲师团”等项目育人作用，增强青少年对雨花区的情感和文化认同。雨花区“青年大学习”参与人次30.6万，覆盖全区1142个团组织。开展“青年岗位能手”“两红两优”“青年五四奖章”“向上向善好青年”等评选活动，长沙火车南站地区综管办被认定为全国一星青年文明号。依托“飞梦雨花”“雨花共青团”微信公众号、视频号等新媒体阵地，宣传典型案例、服务动态、工作成果。

【青少年权益维护】　2022年，共青团雨花区委开展“希望小屋”、希望工程“一元捐”、“圆梦行动”、“爱心捐赠零花钱”等助学帮扶活动，建设“希望小屋”21家，筹集资金约170万元，用于定期开展走访慰问残疾儿童、困难团员、困难儿童活动，平均每年资助贫困大中学生40余名，捐赠图书1000余册，捐赠物资总额约50万元。抓好预防青少年违法犯罪工作，依托“青少年维权岗”，联合区法院组织法官讲师团、区禁毒办等部门到社区、学校、企业，开展“宪法伴我行、大小法官面对面”模拟法庭、“关注交通安全，呵护儿童成长”、禁毒宣传等保护青少年合法权益特色活动100余次，累计接听咨询电话1000余次，跟踪服务特殊群体150余人。与湖南德恒律师事务所、高新律师事务所建立合作关系，拓宽青少年维权渠道。

【青年人才服务】　2022年，共青团雨花区委开展“985”“211”大学生雨花行、“酷暑送清凉 团情沁人心”活动，开展“非你莫属 乐动雨花”青年职工联谊活动、交友等文体活动20余次。以打造青年发展型城区示范标杆为目标，实施“六大青春工程”（青春规划、青春铸魂、青春建功、青春友好、青春安居、青春活力六大工程）、14项重点举措。为771人发放青年人才租房和生活补贴，共发放资金131万元；在溪悦荟成立全市首个青年街区，街区面向全市在校勤工俭学的大学生和毕业2年内未就业的青年提供一批公益性免费福利摊位；动员高校青年参与第九届湖南省“创青春”青年创新创业大赛，获科技创新专项第二名；开展2022年“超级实习生”大学生暑期实习活动，吸引包含清华、北大等高校的215名大学生，并建立大学生实践基地。

【青年志愿服务】　2022年，共青团雨花区委组建30支雨花青年雷锋志愿服务队，队员1000余人，参与疫情防控、文明创建、高铁旅客服务、中非经贸论坛等志愿服务活动。长沙南“复兴号”高铁志愿服务队，组织6000余名青年志愿者参与站区咨询引导400余万人次，帮助重点旅客1800余人次。

【自贸区青年之家】　2022年，共青团雨花区委打造自贸区（1+1+N）项目，依托“红领商港”党建联盟暨直播电商红色e站，打造自贸区青年之家，增强党建带团建实效，吸引青年网络主播300余名，为青年提供技能培训、实习、就业、交流平台。

【“希望小屋”项目】　2022年，雨花区通过项目化运作、组织化动员、社会化筹资、标准化建设、常态化服务“五化模式”，按照每户1.5万元的标准，收集“希望小屋”项目20个（其中溆浦县10个、跳马镇10个），长沙市青基会收到雨花区21.2万元捐款，征集到有捐助意向的爱心单位13家，募集资金总额约31.2万元。2月，团区委、区政协、区工商联等单位组成爱心团，到溆浦县开展爱心助学活动。6月，团区委联合区工商联、区检察院、雨花经开区团工委等单位到跳马镇走访2022年拟建设“希望小屋”受助儿童户。

【“情满旅途·暖冬行动”春运志愿服务活动】　2022年1月17日至2月25日，共青团雨花区委、长沙火车

2022 年 1 月 18 日，2022 年“情满旅途 暖冬行动”春运志愿服务活动

（龙钰蓉 供图）

南站综管办、“复兴号”志愿服务联盟组织开展 2022 年“情满旅途 · 暖冬行动”春运志愿服务活动。活动每天组织 100 余名志愿者开展服务，为出行乘客提供基础信息咨询、安全秩序维护、热水供应重物搬运以及突发情况预备等贴心服务，同时协助工作人员查验健康码、提示正确佩戴口罩、防疫知识宣传普及等防疫工作。

【湖南省 2022 年少先队名师工作室工作研讨会在雨花区召开】 2022 年 2 月 18 日，湖南省 2022 年少先队名师工作室工作研讨会在雨花区天华寄宿制学校召开。团湖南省委副书记刘静、团长沙市委书记刘林志、雨花区政府副区长刘燕妮、长沙市内各区少先队总辅导、各级少先队名师工作室负责人及欧阳爱湘全国少先队名师工作室全体成员 60 余人参加活动。刘静一行参观天华寄宿制学校少先队活动阵地和欧阳爱湘少先队名师工作室，了解天华寄宿制学校少先队工作情况和名师工作室建设情况，要求继续发挥全国名师工作室的引领辐射作用，通过改革创新彰显少先队组织的特性与活力。雨花区教育局局长张新卫汇报雨花区 2021 年的少先队工作成效；团市委学少部部长张国金汇报长沙市少先队重点工作情况及“小树苗红色基因传承计划”。会议重点围绕 2022 年湖南省少先队辅导员风采大赛项目制定、省级少先队名师工作室建设标准、湖南省少先队工作实操手册框架搭建、湖南省少先队实践教育项目等内容进行研讨。

【“五美好少年”项目】 2022 年 3 月 1 日，“五美好少年”公益项目在雨花区枫树山中航城小学发布。该项目由共青团雨花区委联合区教育局、区文明办、洞井街道办事处、长沙群英会等部门共同发起，由雨花区青年志愿者协会在洞井街道试点开启，项目以青少年快乐、健康、均衡成长为目标，以“五育”（德育、智育、体育、美育、劳动教育）教育为核心，融合自然、科创、体能、红色教育等各类主题，结合“1+5+N”（“1”即融合 1 个家门口的青少年素质教育实践平台；“5”即“五育”课程体系；“N”即 N 方街道、社区、学校、家庭、社会等资源）项目模式，赋予青少年全面发展能力，缓解青少年家庭、学校、社区、社会关于青少年成长过程中教育压力和培育焦虑，全面打造社会力量介入青少年综合素质教育的创新品牌。项目实行“清单化”“个性化”“集中化”服务，致力打造大中小一体化育人的现实场景，通过红色教育基地、航天航空教学基地、社会实践基地、非遗教学基地等场所资源，为雨花青少年素质教育全面发展赋能增效。五美好少年素质实践基地设在洞井街道新裕社区山水间公园，基地总面积占地 1.5 万平方米，结合“户外 + 室内”场所，划分为“德智体美劳”五育空间，设有生态净水湖、社区农场、阿基米德取水器、蚂蚁艺术雕塑、蚯蚓滑滑梯、蚯蚓传声筒、昆虫主题小剧场以及图书馆等区块场所，提供国学、自然、美术、音乐、体能、劳动、手工等素质教育场所和空间，打造社区“15 分钟青少年素质教育实践圈”。“枫裕同行”是“五美好少年”项目与试点社区新裕社区、试点学校枫树山中航城小学共同打造的家校社共建品牌，以“竹文化”为基调，共同研讨家庭、学校、社区、社会共同参与青少年教育问题，为学生的性格完善、兴趣培养、潜力挖掘、能力发展、职业规划搭建校内外实践平台。五美好少年志愿者服务队由学校、社区、高校的党员、团员、少先队员以及家长们共同组建，旨在共同助力五美好少年项目发展，为青少年素质教育发展发挥专长、特长，竭尽全力奉上自己的一片热心、爱心，志愿者团队有 20 人。截至 2022 年年底，“五美好少年”围绕德、智、体、美、劳开展红色教育、生命教育、各节假日等活动 1000 余场，其中大型主题活动 42 场，涉及参与青少年约 3 万人。

【青年工作联席会】 2022 年 12 月 26 日，雨花区青年发展型城区建设试点工作部署推进会暨 2022 年青年工作联席会召开。区委书记刘素月出席会议并讲话。会议传达学习全国、全省、全市相关会议精神，听取全区青年发展型城区建设试点工作情况汇报，相关单位围绕青年就业创业、青年参与社会治理、社区青春行动进行交流发言。会议强调，要提高政治站位，深化思想认识，把青年工作作为战略性工作来认识把握、统筹部署、系统落

五美好少年素质教育实践基地　　（龙钰蓉　供图）

实；要聚焦目标任务，夯实工作举措，强化青年思想引领，激发青年担当作为，提升青年能力水平，做好青年服务保障；要切实扛牢责任，凝聚强大合力，推动试点任务全面落实到位，在长沙建设青年发展型城市中当先锋、走在前。

（本栏撰稿　龙钰蓉）

雨花区妇女联合会

【概况】　2022 年，长沙市雨花区妇女联合会（简称“区妇联”）围绕“巾帼心向党·喜迎二十大”“巾帼心向党·奋进新征程”“我奋斗 家国美”等主题开展巾帼大宣讲进基层活动 40 余场，开展“建设法治长沙·巾帼在行动”普法宣传活动 100 余场，创新实施雨润万家幸福工程，推进“妇女儿童之家”创建，开展最美家庭揭晓活动、禁毒宣传进万家活动、暑期儿童关爱活动等，推动雨花区家庭教育指导服务中心启动，团结引领广大妇女群众为雨花区奋力建设全国一流现代化强区作出贡献。全国妇联书记处、湖南省妇联、长沙市妇联相关负责人专程考察调研雨花家庭教育、乡村振兴等工作，肯定雨花妇女儿童工作。2022 年，雨花区妇联获得长沙市“三八红旗集体”，长沙市妇女工作考核“红旗单位”。

【妇女思想政治引领】　2022 年，雨花区妇联在“雨花区妇联”微信公众号推出“巾帼大学习 今天我来读”栏目 17 期，“党的二十大精神应知应会百题”栏目 20 期。深化三八红旗手（集体）、巾帼文明岗、巾帼建功先进个人（集体）等创建活动，推荐获评 1 个省级“三八红旗集体”、1 名省级“三八红旗手标兵”、2 名省级“三八红旗手”、1 个省级“巾帼文明岗”、2 个市级“三八红旗集体”、4 名市级“三八红旗手”、1 个市级“巾帼文明岗”、1 个市级“巾帼建功先进集体”、1 名市级“巾帼建功先进个人”。在“雨花区妇联”微信公众号上推出“奋进雨花‘她’力量”专栏，开展“追逐梦想的雨花姐姐”短视频征集活动，发动各级妇联开展“晒美好 向未来”“我奋斗 家国美”短视频、图片征集等活动。

【维护妇女儿童权益】　2022 年，雨花区妇联线上推送法律法规知识 20 余期。接待来信来访来电 152 人次，办结率 100%，成功化解区信访联席会议办公室交办的重点积案 1 起。开展“利剑护蕾”专项行动，线上在“雨花区妇联”微信公众号上推送相关知识 10 期，开设“安全知识进家庭”“卫生知识进家庭”“健康知识进家庭”专栏，推出相关内容 8 期，线下发动各级妇联开展防性侵、防溺水等公益课堂 56 场。

【困境妇女儿童帮扶】　2022 年，雨花区妇联组织“关爱困境母亲”“用爱播种希望——关爱困境儿童助学”等活动，对 53 名特困妇女、30 名困境儿童慰问救助 8 万元。联合区卫健局开展农村适龄妇女及城镇低保适龄妇女“两癌”（乳腺癌和宫颈癌）免费检查重点民生实事项目。救助帮扶特困“两癌”妇女 17 人、3.4 万元。响应省妇联举办的“出手吧姐姐 温暖 2022——关爱困境妇女儿童”募捐活动，募集资金 16.17 万元。其中，用于困境妇女帮扶 9.7 万元，困境儿童慰问 3.24 万元，妇女儿童安全保护工作 3.23 万元。

【雨润万家幸福工程】　2022 年，雨花区妇联推出“幸福种子专家讲坛”“部门携手沃野行动”“家长互助星火论坛”3 个家庭教育子项目，搭建城市家庭教育体系。推进“一中心多基地”（“一中心”即成立家庭教育指导服务中心）家庭教育指导服务平台建设，吸纳 58 位专家组建 1 支家庭教育讲师团队，推出 200 堂精品课程，开展家庭教育公益讲座 12 场，服务群众 6087 人次。全区各学校、社区实现家长学校、家庭教育指导服务站点全覆盖，同时在学校、社区、企业、社会组织中选取家庭教育工作较为突出的 12 家单位设立第一批家庭教育指导实践基地。搭建网上“家长学校”，借助“雨花区妇联”微信公众号不定期推送家庭教育科学知识、经验分享等内容 40 期。

【“妇女儿童之家”】　2022 年，雨花区创建砂子塘街道金地社区等 3 个市级精品“妇女儿童之家”，雨花亭街道新星社区等5个区级精品“妇女儿童之家”。各社区（村）“妇女儿童之家”从妇女儿童需求出发，开展法律法规、家庭教育、亲子阅读、文明实践等各类活动500余场次。11月7日，长沙市妇联组联部部长周献、望城区妇联党组成员、副主席肖敏一行组成的评估组到雨花区评估验收2022年度市级精品“妇女儿童之家”申报单位。评估组一行考察东山街道南雅社区、黎托街道广益社区、雨花亭街道新星社区和砂子塘街道金地社区，对4个“妇女儿童之家”的阵地建设、队伍建设、制度建设、活动开展、特色亮点工作等方面进行全面评估与指导。

【纪念“三八”国际妇女节座谈会】 2022年3月8日，雨花区2022年纪念“三八”国际妇女节座谈会在区政府会议中心中型会议室召开。区委书记刘素月，区委副书记、统战部部长、区委党校校长郭四军等区领导，以及来自全区各行各业的三八红旗手、巾帼建功标兵等先进女性代表，以及各级各部门、各条战线的妇女代表参会。区三八红旗手、湖南申亿控股有限公司董事长刘昆湘等4名与会代表围绕“凝聚雨花巾帼力量，奋力迈向全国十强，以强雨花助力强省会”主题进行交流。会议观看区妇联制作的《逐梦全国十强，奋进雨花“她”力量》宣传片。会议强调，全区广大妇女同胞要激扬“巾帼之志”，扛牢发展之责、民生之责、社会之责；要奉献“巾帼之为”，在平凡的岗位上干出不平凡的业绩；要彰显“巾帼之美”，在工作和生活中展现女性独特的魅力；要唱响“巾帼之歌”，充分展现新时代女性新风采。

【区妇联执委会】 2022年4月28日，雨花区妇联第三届执委会七次会议召开。会议选举谢斌、方婷等6人为区妇联第三届执委，选举谢斌任区妇联专职副主席；审议通过区妇联主席喻思旭所作《聚焦“强省会有我” 彰显妇联组织担当 为创建全国一流现代化强区贡献巾帼力量》的工作报告。9月20日，雨花区妇联第三届八次执委会议召开。会议选举黄蔚、邓佳等7人为区妇联第三届执委，选举黄蔚为区妇联主席。区政府副区长刘燕妮强调，全体妇联执委要提高政治站位，围绕大局再建新功，倾情服务妇女群众，激发妇联组织活力。

【最美家庭揭晓活动】 2022年5月19日，“廉洁兴家 家风助廉”——雨花区第十七届“4·20”廉政文化节家庭助廉主题活动暨2022年度全区最美家庭揭晓活动在砂子塘街道金科园社区举行。来自全区各级各部门单位的党员干部代表和“最美家庭”代表等共100余人参加活动。区委常委、宣传部部长刘江红为最美家庭代表颁奖。现场播放区妇联制作的《传清廉家风 创最美家庭》宣传短片，开展廉洁教育微党课，上演情景剧、朗诵、歌唱等文娱节目，表彰爱党爱国、廉洁治家、孝老爱亲等8类共40户最美家庭。

【禁毒宣传进万家活动】 2022年6月22日，“禁毒宣传进高校，青春无毒健康行”禁毒宣传进万家活动在长沙环境保护职业技术学院举行。金盾社区网格员、妈妈禁毒分会的“禁毒妈妈”和街道禁毒专干在报告厅门外通过宣传册、展板、横幅和仿真模型等方式向学生们宣传禁毒知识；报告厅播放井湾子街道组织拍摄的“我为禁毒发声”短视频和禁毒宣传教育片《一念之差》；湖南省女子强制隔离戒毒所教育科副科长钟珏进行禁毒宣讲；6位退休警察表演快板《禁毒宣传进万家筑牢全民防毒墙》。活动设置游戏体验、宣传咨询等环节，再现吸毒人员毒旅生活。

【暑期儿童关爱活动】 2022年7月28日，“用爱播种希望”——2022暑期儿童关爱活动在跳马镇守护绿心政协委员工作室举行。湖南通程律师事务所的律师周窕隽进行防性侵安全教育宣讲活动，向孩子们讲解性侵害的辨识以及如何预防和应对性侵害等相关知识。

【妇儿工委全会】 2022年11月1日，2022年雨花区妇儿工委全会暨新一轮妇女儿童发展规划目标责任分解会议在区会议中心303会议室召开。区政府副区长、区妇儿工委主任刘燕妮就做好妇女儿童工作提出要求，要高度重视抓好新一轮“两个规划”的实施工作，确保新规划各项指标任务如期高质量完成，持续推动雨花妇女儿童事业健康发展。区妇儿工委副主任、区妇联主席黄蔚作题为《凝心聚力、认真履职 积极推进雨花妇女儿童事业高质量发展》的工作报告，总结2021年雨花区实施新一轮妇女儿童发展规划的情况，部署安排下一步全区妇女

2022年3月8日，雨花区纪念“三八”国际妇女节112周年座谈会（邝鋆 摄）

儿童工作重点任务。区卫生健康局、区教育局、区人社局、区民政局、区司法局5个成员单位就贯彻实施妇女儿童发展规划情况进行述职；其他各成员单位按照《雨花区妇女儿童发展规划（2021—2025年）目标责任分解书》推进实施进行表态发言。

【雨花区家庭教育指导服务中心启动】 2022年11月22日，雨花区家庭教育指导服务中心启动仪式在英维创新大厦7楼举行。长沙市妇联党组成员、副主席李艳清，雨花区政府副区长刘燕妮，相关部门，部分学校、社区、志愿者、教育专家代表等参加。李艳清、刘燕妮共同为雨花区家庭教育指导服务中心揭牌；区妇联主席黄蔚致辞；李艳清指出，要构建政府主导、多元并举的家庭教育工作体系，建立多位一体推进家庭教育指导服务的联动机制，推进区级家庭教育指导服务中心阵地建设，创新打造特色的家庭教育项目。刘燕妮强调，要提高政治站位，切实强化服务，着力发挥合力优势。活动为砂子塘嘉和小学、井湘社区、“和+”共享图书馆等12个家校社共育实践基地授牌，为家庭教育指导服务中心专家、志愿者代表颁发聘书。区家庭教育指导服务中心专家团成员胡楚迎开展家庭教育讲座，解读《中华人民共和国家庭教育促进法》《湖南省家庭教育促进条例》。雨花区家庭教育指导服务中心由雨花区妇联携手长沙市雨花区群英公益发展促进中心共同成立，该中心通过整合多方资源，创新实施“雨润万家幸福工程”，以“12345+N”（即一个平台+两大理念+三个板块+四个建设+五大服务+N个基地）模式，构建家、校、社、政协同育人平台，以科学、系统的家庭教育指导服务体系，促进雨花区家庭教育指导工作的规范化发展。

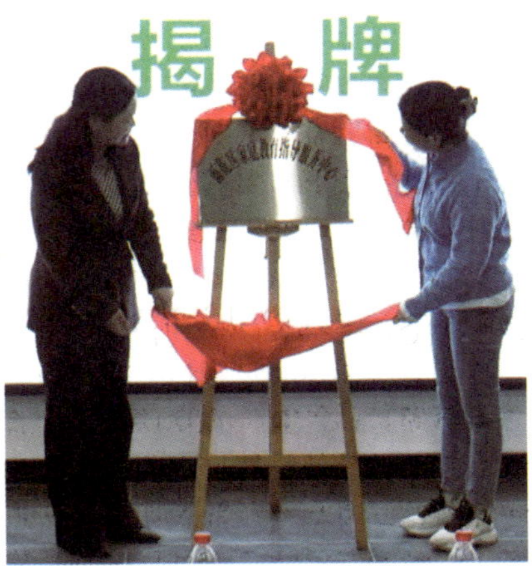

2022年11月22日，雨花区家庭教育指导服务中心在英维创新大厦7楼群英会挂牌启用 （邝鋆 供图）

【妇女干部培训班】 2022年11月23—25日，雨花区妇联系统学习宣传贯彻党的二十大精神暨妇女干部培训班举行。区委党校常务副校长周敏出席开班仪式并作动员讲话，来自全区妇联系统的66名妇女干部、妇联执委参训。培训重点突出中共二十大报告精神学习和妇联系统业务知识，邀请长沙市妇联副主席钟小珍，长沙市委宣传部宣讲处副处长廖妹芳，湖南省妇女干部学校副校长王郁芳，湖南女子学院二级教授王凤华，湖南省老摄影家协会会员韦炬，婚姻关系高级咨询师周浪，湖南通程律师事务所合伙人徐世元，家庭教育讲师、咨询师谭虹影等专家学者，围绕中共二十大报告、妇女儿童发展与维权、婚姻家事调解、家庭教育、心理健康等内容开展专题学习和集中培训。

（本栏撰稿 邝鋆）

雨花区归侨侨眷联合会

【侨联组织建设】 2022年，长沙市雨花区归侨侨眷联合会（简称“区侨联”）创新拍摄“侨心永向党 喜迎二十大——侨心侨意·我爱你中国”MV，开展“共话二十大·同心永向党”在线访谈及系列主题活动。向长沙市侨联推荐输送建言献策优秀人才4人，涉侨优秀律师人才1人，向民革雨花工委推荐人才1名。雨花区挪威归侨、中国电建集团中南勘测设计研究院有限公司正高级工程师茆大炜撰写提交的社情民意、政协提案等多篇报告均被省委办公厅《湖南信息》和省侨联《湖南省侨情专报》采纳。

【服务发展大局】 2022年，雨花区侨联依托“精侨之家”项目，新增新侨企业4家，指导辖区侨企湖南兴融科技有限公司、湖南晓光汽车模具有限公司在“2022年创客中国大赛”中分别获区一等奖、市二等奖。推动“侨胞之家”建设实现质、量双提升，拓展向企业服务的范围和内容，指导6家单位（平台）成功创建市级“侨胞之家”。帮助湖南祥陇科技有限公司、湖南中幸科技服务有限公司落户雨花区，享受雨花区惠企政策。在跳马镇石燕湖村育景园推出“红果果营地”项目。

【社会服务】 2022年，雨花区侨联围绕法律宣传，分别在驻外之家、省人大社区和东塘社区举办侨法宣传活动，其中省人大社区的“侨心永向党·喜迎二十大 知国法护侨益 凝侨心聚侨力”活动得到湖南省人大常委会副主任陈文浩及省侨联党组书记、副主席孙民生肯定。完善区涉侨纠纷多元化解工作站建设，受理案件13起，助力社会治理。区“银侨之家”服务时长900余小时。开展“与侨拉家常 相约话重阳”活动，走访慰问辖区内51位老归侨。

【“党建引领聚合力·关爱老侨促团结”志愿服务活动】 2022年5月17日，湖南省侨联联合长沙市侨联、雨花区侨联开展“侨心相连·关爱老侨”我为群众办实事志愿慰问活动。省侨联党组成员、副主席孙民生、李祖元，市侨联党组书记成钢，市侨联主席陈慧等参加。省、市、区三级侨联一行参观雨花区圭塘街道中南院社区“侨胞之家”，了解“侨胞之家”的运作情况，听取雨花区侨联工作情况汇报。孙民生肯定“银侨之家”“雨花区涉侨纠纷多元化解工作站”2个项目，希望雨花区继续做好新侨和老侨的工作，创造出更多新的优秀经验，提供更多基层智慧。省、市、区三级侨联成员分成8个志愿小组到各个归侨侨眷家中进行走访慰问；志愿者在中南院社区二楼大会议室开展反电诈宣讲及老人智能手机使用专题讲座。

【雨花区侨联青年委员会成立大会】 2022年6月10日，雨花区侨联青年委员会成立大会暨“强省会 创十强 雨花侨青勇担当”座谈会举行，标志着湖南省首个区级侨联青年委员会成立。长沙市侨联主席陈慧、副主席刘斌，市侨青委相关负责人、雨花区委统战部和区侨联负责人以及市、区侨界青年代表近60人参加。大会选举产生第一届雨花区侨联青年委员会，谢振当选为会长，王晓文等3人当选为执行会长，王彦之等5人当选为常务副会长，王勃等8人当选为副会长，孙胜男当选为秘书长。召开“强省会、创十强、雨花侨青勇担当”座谈会，对雨花区经济社会发展情况进行推介，6名委员代表发言。陈慧要求，全体青年委员们要提高政治站位，服务中心大局，加强自身建设，在各自领域内取得新成绩。

【普法进社区活动】 2022年7月12日，“侨心永向党·喜迎二十大‘知国法护侨益 凝侨心聚侨力’”普法进社区活动在雨花区东塘街道省人大社区举行。该次活动由湖南省人大民侨外委指导，省侨联主办，长沙市侨联、雨花区委统战部承办。湖南省人大常委会副主任陈文浩、省侨联党组书记孙民生、长沙市侨联党组书记成钢、市侨联主席陈慧、雨花区委书记刘素月等，市侨联及雨花区委、区人大、区委统战部、区侨联、东塘街道相关负责人及省人大社区归侨侨眷共80余人参加活动。孙民生表示，省侨联将代表和维护好侨界群众的合法权益，打造归侨侨眷和海外侨胞值得信赖的温暖之家、团结之家、奋斗之家。活动邀请雨花区涉侨多元化解工作站的工作人员对《中华人民共和国宪法》《中华人民共和国民法典》及相关涉侨法规政策进行微宣讲。王曦予作为中机国际工程设计研究院有限责任公司的归侨侨眷代表进行发言。陈文浩指出，各级各部门要深化重点对象普法教育，推进基层依法治理；实行精准普法；以提升公民法治素养为目标、深化基层治理为抓手、推进法治文化建设为依托，在做实做亮地方普法品牌、健全完善普法机制等方面下功夫。

【“红果果营地”项目】 2022年10月，长沙明珠国际旅游股份有限公司和跳马镇石燕湖村育景园建立“侨侨联合、互助共赢”合作关系，推出“红果果营地”项目。该项目占地13.33公顷，位于长株潭绿心跳马镇，坐拥全国最大珍珠红培植基地，成为“侨侨合作”助力跳马苗木产业转型升级、助力乡村振兴的新实践。项目自推出后，举办涉及团建、党建、亲子、游学等主题的活动，成为市民休闲娱乐、团建聚会、度假观光、亲子拓展的首选之地。

（本栏撰稿　龚　鹏）

2022年6月10日，雨花区侨联青年委员会成立大会暨“强省会 创十强 雨花侨青勇担当”座谈会

（龚　鹏　供图）

雨花区科学技术协会

【概况】 2022年，长沙市雨花区科学技术协会（简称“区科协”）整合社会优势科普资源、科普工作网络机制优化、科普活动节点特色以及民愿民需民生，突出服务创新驱动、示范创建引领、科普益民惠民、学会协会功能建设，推进《长沙市雨花区全民科学素质行动规划纲要实施方案（2021—2025年）》、创建2021—2025年度全国科普示范区、深化专家工作站建设和举办“院士专家雨花行”活动等工作，提出“到2025年，雨花市公民具备科学素质的比例超过18%，力争超过全国平均水平”的目标。以提高全民科学素质服务高质量发展为目标，多次开展青少年科教活动、科普日活动、“院士专家雨花行”等活动。实施“基层科普行动计划”工作，争取省、市资金28万元。成功推荐3家企业申报专家工作站。在省科协工作简报（第三期）中发表《科普教育实践助推“双减”工作》实践经验。

【科普信息化建设】 2022年，雨花区科协实施“科普信息化”项目，实现基层科协组织和科普信息化全覆盖。制定《关于进一步加强2022年科普信息员队伍建设和传播分享的通知》，通过广泛宣传发动和系列科普活动开展，雨花区2022年科普中国信息员注册量2.6万余人，科普信息传播量为460万余人。

【专家工作站建设】 2022年，雨花区科协开展“2022年院士（专家）工作站”的申报评审工作，动员组织具备条件的企业创建专家工作站，做好宣传发动、解答疑惑等工作，争取省、市科协的支持，推荐中国建筑第五工程局有限公司、可孚医疗科技股份有限公司、湖南百舸水利建设服务有限公司3家企业成功申报专家工作站，促使科技有关奖励政策有效落地，惠及企业。

【“基层科普行动计划”】 2022年，雨花区科协推进“科普示范街镇”“科普示范社区（村）”“科普带头人”创建工作。高桥街道永祥社区、黎托街道广益社区、洞井街道新城社区、洞井街道龙庭社区、跳马镇斑竹塘社区成功申报为长沙市“科普示范社区”。成功申报科学传播能力提升项目，争取省级项目资金10万元，提升科普硬件设施建设水平。指导基层科协组织申报2022年长沙市科协项目申报，长沙市民众应急服务中心、幸福里社区、东澜湾社区3家单位成功申报，争取市级项目资金18万元。

【青少年科教活动】 2022年5月13日，在长沙市科技活动中心的支持下，科普大篷车活动载着10余项科技体验项目到雨花区红星小学开展科普教育活动。6月1日，科普大篷车活动到长沙市妇女儿童活动中心开展科普教育活动，近1000名孩子、家长和志愿者参加活动。活动分为“科普好有味”科普系列活动、“小鲁班”木艺制作手工实践活动、“艺路阳光 情暖花城”主题画展、红色观影暨红色电影配音颁奖活动4个篇章。其中，“科普好有味”科普系列活动包括《厨房大作战》科普表演秀、科普密室逃脱、科普大篷车等环节；“小鲁班”木艺制作手工实践活动，让孩子体验传统“非遗”木艺文化和中国先人对物理结构的思考；“艺路阳光 情暖花城”主题画展系长沙市妇女儿童活动中心“艺路阳光”志愿服务的公益项目，该项目自2019年起连续三年组织“五色花瓣”志愿服务队走进长沙市开福区花城小学，为学校的留守、流动及困境儿童开展音乐、美术、舞蹈艺术培训公益课程；红色观影暨红色电影配音颁奖活动，播放影片《中国医生》，组织“童心向党——重温红色经典 演绎时代之声”红色电影亲子家庭配音短视频征集活动中的优秀选手进行颁奖。

2022年6月16日，2022年雨花区科协科普工作会议暨创建全国科普示范区动员部署会
（李 杨 供图）

【科普日活动】 2022年，4月20—29日，雨花区科协组织发动部门街（镇）、园区企业、学校参加“助力强省会 一起向未来”2022年长沙市公民科学素质知识竞赛。该次竞赛在“科普长沙”微信公众号以微信答题的方式进行，试题包括生活科普、疫情防控、前沿科技知识，以及长沙未来5年的发展规划和重点等内容。6月16日，雨花区2022年“遵守安全生产法，当好第一责任人”主题安全宣传咨询日活动在雨花市民广场举行。区安委会成员单位、企业代表、社区群众等100余人参加活动。活动以安全宣讲、知识竞赛、应急演练、隐患排查等形式开展，为广大居民群众普及安全知识。

【“全国科普示范区”创建】 2022年6月16日，雨花区科协科普工作会议暨创建全国科普示范区动员部署会议召开。会议制定并印发《雨花区创建“2021—2025年度全国科普示范区”工作实施方案》，对下一步创建全国科普示范区工作进行安排部署；对获评市级科普示范社区的6个单位进行颁奖；区教育局、东山街道、湖南省植物园、明城社区相关负责人分别作经验交流。7月25日，湖南省科协党组书记、常务副主席王瑰曙带队调研雨花区“全国科普示范区”创建工作。王瑰曙一行走访长沙航空职业技术学院和砂子塘吉联小学等青少年科普基地，实地查看雨花区基层科普和全域科普的推进情况，召开座谈会了解雨花区创建工作情况，要求雨花区以创建工作为契机，全方位制定科普工作，要抓好“四个服务”（为科技工作者服务、为创新驱动发展服务、为提高全民科学素质服务、为党和政府科学决策服务），为雨花区科技创新发展贡献力量。区科协草拟调研方案《雨花区创建全国科普示范县（市、区）工作方案（送审稿）》，于7月完成“2021—2025年度第二批全国科普示范区”创建验收工作。12月27日，中国科学技术协会网站发布中国科协科普部关于2021—2025年度第二批全国科普示范县（市、区）认定名单的公示，长沙市雨花区等481家创建单位拟认定为2021—2025年度第二批全国科普示范县（市、区）。

（本栏撰稿 李 杨）

雨花区残疾人联合会

【概况】 2022年，长沙市雨花区残疾人联合会（简称“区残联”）完成2个省级民生实事项目——困难残疾人家庭无障碍改造和残疾儿童康复救助，全省无障碍改造现场经验交流会在雨花区召开，雨花区作为唯一的观摩点并作典型发言。在全省残疾人就业工作会上，雨花区2次作典型发言。中残联副主席张卫星调研雨花区，对雨花区残疾人工作给予肯定。全年投入经费2406万元。召开全区第六次残疾人代表大会，选举出新一届区残联主席团和理事会。

【残疾人康复服务】 2022年，雨花区残联推进残疾人精准康复服务行动，基本康复服务率和辅具器具适配服务率均达到100%。为685名0～17岁残疾儿童实施康复救助；为15名贫困残疾儿童发放康复陪护补助，为32名0～14岁残疾儿童实施辅助器具、肢体矫治手术、人工耳蜗、假肢等救助，为252名残疾人适配辅具，为100名白内障患者实施手术救助，为15名缺肢残疾人实施免费假肢装配。

【残疾人教育和就业】 2022年，雨花区残疾人助学资助对象250名，发放补贴78万元。区残联开展“就业援助月”相关活动，组织残疾人专场招聘会2场，开展残疾人面点师培训班和阳光增收培训班。企事业单位按比例安排残疾人就业情况核定477家，审核残疾人1335人。

【残疾人权益维护】 2022年，雨花区6家定点残疾人托养机构托养215名残疾人，居家托养服务对象80人。为207名集中托养残疾人和38名机构工作人员购买意外险和疫情险，给予资金补贴3万元。开展残疾人返贫监测工作，监测有效信息20余条，落实帮扶措施8条。落实“联村帮户、四帮四促”乡村振兴项目，投入17.5万元联点帮扶跳马镇冬斯港村，投入20万元结对帮扶溆浦县。接待来信来访120余起，“12345”工单58条，处理的及时率、办结率、满意率始终保持100%。主办4次普法培训、讲解宣传《中华人民共和国民法典》和禁毒知识。落实13家为残服务机构的安全生产责任，3次召开调度会落实省、市有关安全生产会议精神。

【残健融合发展】 2022年，雨花区残联对接相关企业和学校，开展“有梦的青春会发光”“助残志愿行，党旗下圆梦”主题活动10余场，参与人数2000余人；培训调查员192人，数据动态更新实现App采集率100%；抓好残疾人体育培训管理工作，残疾人运动员在全国第十一届残运会上获得1枚金牌；培树先进典型，1家企业、1家爱心机构、3名个人获评省、市残联爱心机构、自强模范和优秀基层残疾人工作者等称号。

【省级民生实事项目】 2022年，雨花区残联承担的“残疾儿童康复救助”和“困难残疾人家庭无障碍改造”2项省重点民生实事项目都提前超额完成。0～14岁残疾儿童康复救助项目完成任务333名（超额33名），项目投入资金641万元，完成工作进度134%，家长满意率、康复有效率100%。“困难残疾人家庭无障碍改造”完成40户，被省残联作为全省的示范案例，残疾人满意度100%；新增无障碍社区改造在2个月内完成曹家坡社区改造。

【无障碍改造】 2022年，雨花区残联投入20万元，完成左家塘街道阿弥岭社区无障碍改造；完成全省《社区公共服务中心无障碍环境建设规范》并推动其在砂子塘街道金科园社区落地。3月17—18日，2022年维权工作会暨全省残疾人家庭无障碍改造经验交流会在雨花区举行。湖南省残联二级巡视员侯定旺带领全省各市、州残联分管负责人、维权部长及部分区县理事长等对雨花区的1个社区和3户家庭进行现场观摩。观摩组到已进行无障碍改造的左家塘街道曹家坡社区、跳马镇田心桥村的肢体二级残疾人龙姣家、石燕湖村的视力一级残疾人刘上能家和洞井街道仙岭社区的肢体一级残疾人华沙家进行观摩，实地察看社区和家庭无障碍改造的成果，与困难残疾人交谈，听取他们的意见和建议。刘上能家新建无障碍厕所、低位灶台、盲文电饭煲、闪光门铃、可移动晒衣架；龙姣家量身定制低位灶台、无障碍扶手、床头的无障碍拉手；华沙家卧室改向偏移30度方便轮椅出行、全房墙体及直角防撞处理、卫生间双开入口、主卧到卫生间墙体拆除靠墙安装一排地台。省残联对雨花区无障碍改造取得的成果给予肯定，认为雨花区的无障碍改造的经验和做法值得全省推广应用。

【“有梦的青春会发光”主题活动】 2022年5月31日，由长沙市残联主办，雨花区残联、周南雨花中学共同承办的“有梦的青春会发光”主题活动举行。该次活动是“现场＋直播”的形式，其中400余人参加现场活动。盲人医生刘娟娟以《心中有光，必有远方》为题讲述自己青年时代自强自立、勇敢追梦的励志故事。从小因病致盲的刘娟娟，通过刻苦锻炼、努力拼搏，在国内国际游泳大赛中获得20余块金牌，在省、市级歌唱比赛中获奖。退役后，她刻苦学习中医，成为长沙市中医康复医院妇儿门诊医生，在做好本职工作、带好团队的同时，帮助其他残疾人学习中医康复、按摩技能。刘娟娟家获得“全国最美家庭”、全国“五好家庭”等称号。该次活动由筑梦、逐梦、圆梦3个篇章组成。上演合唱《我们是春天》《花开的季节》，朗诵《读中国·强国有我》；在周南雨会客厅《有梦的青春会发光》环节，3名残疾人代表、3名学生代表讲述自己的心愿，并现场圆梦。

【残疾人专场招聘会】 2022年6月30日，以“自强奋进路 一起向未来”为主题的雨花区“点亮万家灯火”残

2022 年 9 月 28 日，雨花区残疾人联合会第六次代表大会　（曾灿红　供图）

疾人专场招聘会举行。35 家企业参与，吸引 160 余位残疾求职者咨询求职，初步达成就业意向 328 个。该次招聘会提供服务员、技术员、电话客服等 520 个岗位，湖南天天清茶叶有限公司、长沙市比亚迪有限公司、长沙山水医药检验所等企业展示各自专为残疾人特设的招聘岗位信息，回答残疾求职者的问题。湖南天天清茶叶有限公司有残疾员工 70 余人，该次招聘会与 4 名残疾人求职者达成就业意向；湖南京电物业管理有限公司现场签约 1 人；长沙山水医学检验所有限公司是一家集医、教、研于一体的现代化医学检验服务机构，与刚大学毕业的 23 岁的肢残女孩达成就业意向。雨花区残联在专场招聘会后，持续开发更多的公益性岗位，帮助残疾人就近就便实现就业，并开展跟踪服务，与企业保持沟通，做好岗前培训与心理疏导，为残疾人就业提供支持性保障。

【区残联第六次代表大会】　2022 年 9 月 28 日，雨花区残联第六次代表大会召开。大会选举杨新湘等 9 人为区残联第六届主席团委员，选举邓波为区残联第六届主席团主席，杨忠、殷昊为区残联第六届主席团副主席，杨忠为区残联执行理事会理事长，肖曙光、汤海清为副理事长，选举曾蓉、殷正林等 13 人为出席长沙市残联第七次代表大会代表。

（本栏撰稿　曾灿红）

雨花区红十字会

【概况】　2022 年，长沙市雨花区红十字会开展新冠疫情防控知识宣传，向疫情防控工作人员发放慰问物资 101 件。加强红十字主题宣传和志愿服务，雨花区 2 名志愿者获评“湖南省最美红十字志愿者”。开展“三救”（应急救援、应急救护、人道救助）、“三献”（献血液、献造血干细胞、献人体器官组织）工作，长沙航空职业技术学院参加“第六届全国红十字应急救护大赛”并获全国团体第 8 名，雨花区获评长沙市无偿献血先进区。

【志愿服务】　2022 年，雨花区红十字志愿服务队组织志愿者 160 人次为 40 位长期陪伴对象开展陪伴活动 80 余次。开展 8 场急救知识、儿童“五防”培训，丰富志愿服务活动形式。

【“三救”工作】　2022 年，雨花区开展第 22 次“红十字博爱送万家”活动，下发省、市、区各级红十字会采购的价值 19.69 万元的大米、食用油、奶粉、棉被等物资，慰问 485 户困难家庭，涉及 1600 余名困难群众；为 7 名重大疾病人员和特困家庭人员申报省红十字会人道救助金；为 5 名白血病儿童和 1 名先心病儿童申报中国红十字基金会“中央专项彩票公益金大病儿童救助项目”。开展应急救护、防灾避险、卫生健康等普及培训，参训居民群众 46616 人；举办 3 场救护员和 CPR+AED 培训班，257 名学员获证。

【“三献”工作】　2022 年，雨花区完成团体无偿献血 4867 人次。遗体和人体器官自愿捐献新增登记 6 人，完成捐献 9 人。

（本栏撰稿　黄文博）

2022 年 8 月 31 日，雨花区红十字会、圭塘街道向无偿献血先进单位赠送锦旗

（黄文博　供图）

法 治

编辑　　唐清明

政法委与综治

【概况】 2022年，雨花区政法系统建设平安雨花、法治雨花创造稳定的政治社会环境。雨花区连续16年保持“湖南省平安县市区”称号；被长沙市委、市政府评为2022年度全市维稳工作红旗区、综治工作优秀区、反邪教工作优秀区。区委政法委获评全市文明单位；区法院获评全国优秀直播法院、全国司法宣传和通联工作先进单位；区检察院获评全国检察宣传先进单位、全省检察机关扫黑除恶专项斗争先进集体；区公安分局获评全市公安机关庆祝中国共产党成立100周年安保维稳成绩突出单位、全市公安机关新时代县域警务成绩突出单位；区司法局获评全国组织宣传人民调解工作先进集体。

【安保工作】 2022年，雨花区坚持把“全力护航党的二十大”作为工作的主题主线，抓紧抓细抓实安保各项工作。在长沙市率先成立区委政法委员会政治安全指导科，配备专门工作力量，加强政治安全领域工作统筹。贯彻总体国家安全观，推动全区人民防线建设成员单位开展“4·15”国家安全教育日全民宣传、“11·1”《中华人民共和国反间谍法》八周年纪念日全民宣传等活动。建立预警信息平台、编制雨花稳情、开展“把脉式”调研等工作举措，制定涉稳风险房地产项目工作流程图、“日督查，日调度”等工作机制，推动重大群体性问题实行县级领导包案、“一案一策”防范化解。完成中共二十大、全国“两会”、湖南省第十三次党代会、省“两会”、长沙市第十五次党代会、市“两会”、北京冬奥会、冬残奥会、第三届中非经贸博览会等活动及节点时期安保任务30余次，统筹完成现场处置541起。

【平安建设】 2022年，雨花区开展“冬春攻势”“百日行动”等专项行动，加大治安重点地区整治，挤压违法犯罪空间。常态化开展巡逻防控，提升见警率、管事率，发展壮大社会力量参与基层治理，深化平安志愿者建设。制定并印发治安重点场所“六个一”、重大活动分级审批等务实管用措施。推进市域社会治理，区委常委会多次听取市域社会治理现代化试点工作，区委政法委（区平安办）召开推进会、调度会8次，对标对表制定《试点评估验收任务分解表》，完成近三年试点工作自查评估，督促问题整改落实到位。《法治日报》对雨花区深耕基层社会治理创新“试验田”情况进行报道。制定《雨花区矛盾纠纷风险隐患大排查大化解专项行动实施方案》，成立专项行动办公室，区委常委、政法委书记余宏卿任主任。深化“十大平安”创建活动，围绕全区中心工作、重点工作，督促指导平安医院、平安校园、平安单位等创建。开展见义勇为先进个人评定，授予5人“区见义勇为先进个人”称号。开展新一轮“平安雨花”公职人员大走访活动，政法各单位开展平安述职160余场次。

【政治队伍建设】 2022年，雨花区组织4次新时代基层干部主题培训班，448人次参学；组织政法委机关干部职工32人学习《习近平总书记在庆祝中国共产主义青年团成立100周年大会上的讲话》；组织全区相关成员单位学习《中华人民共和国反有组织犯罪法》，83人参学；举办雨花区政法系统干部队伍建设及意识形态培训班，288人参学。对全区政法各单位困难干警开展春节慰问，共25人次，总金额10万元。配合长沙市学雷锋志愿服务基金会对长期坚守在道路交通一线的雨花区交警开展慰问。

【政法系统干部队伍建设及意识形态能力培训】 2022年6月13—14日，雨花区政法系统干部队伍建设及意识形态能力培训举行。全区政法系统干部以及各单位、各街镇近300人参加培训。培训班设置7堂专业课程，来自长沙市委党校、市信访局接访处、雨花公安分局法制大队、韶山干部学院、雨花区司法局等多位学者教授、行业专家和部门分管领导，围绕“反邪教警示教育”“法治政府建设”“接访处接访业务和来访事项办理”等专题进行授课。

（本栏撰稿　王　瑞）

2022年4月14日，东山司法所在恒大绿洲南广场开展国家安全教育法治宣传活动
（高秀丽　供图）

法治政府建设

【概况】 2022年，雨花区推进依法治区，召开区委全面依法治区委员会第五次会议、雨花区迎接创建“全国法治政府建设示范市”实地评估和满意度测评工作调度会议及执法、司法、守法普法协调小组会议。出台《雨花区贯彻落实中央依法治国办督察反馈意见的整改方案》《中共长沙市雨花区委全面依法治区委员会2022年工作要点》，迎接市委依法治市办党政主要负责人履行推进法治建设第一责任人职责及法治政府建设实地督察。设立区委依法治区办秘书科、法治调研和督察科，成立专班。推进依法行政工作，区司法局局长固定列席区政府常务会议，司法所参与街道（镇）党政相关会议并参与决策。加强领导干部学法用法，推动将习近平法治思想纳入各级党委（党组）理论学习中心组学习内容。印发《关于做好2022年度雨花区国家工作人员学法考法工作的通知》，全区应考人员参学率、参考率、通过率均为100%。组织党政主要负责人开展现场述法，将党政主要负责人履行推进法治建设第一责任人职责情况纳入年终述职内容。在2022年度全市行政执法案卷评查中成绩排名区县第一，获得优秀区县称号；2个行政复议案例获评“2022年长沙市十大典型行政复议案例”。雨花区推进法治政府建设和提高干部法治思维能力等经验文章在《湖南法治报》、依法治省简报刊登推广。砂子塘街道梨子山社区被评为第十批“湖南省民主法治示范村（社区）”，涌现出长沙市“法治乡村示范点”跳马镇石燕湖村等一批基层法治创建先进典型。

【行政执法监督】 2022年，雨花区推动政府职能深刻转变，贯彻落实《长沙市人民政府重大行政决策程序实施办法》，推行依法决策，落实公众参与、合法性审查、集体讨论决定等法定程序。区司法局发挥党政机关法律顾问和公职律师作用，为依法决策把好合法性审查质量关，严格规范公正文明执法，推进行政执法“三项制度”（行政执法的公示制度、行政执法全过程的记录制度、重大执法决定的法制审核制度）落实，推行行政执法监督信息化建设，探索推行智慧执法。审查区委常委会议题、文件、合同28件，区政府常务会议题241件、政府合同45件、文件66件、协同平台件170件，出台行政规范性文件8件。落实规范性文件“三统一”（统一登记、统一编号、统一公布）制度，健全规范性文件管理、定期清理制度。出台行政规范性文件8件，对2015—2022年制发的51个行政规范性文件进行全面清理。组织开展全区执法人员专项培训2次。完成730本行政执法（监督）证申领和换发工作。完成对22个执法部门234宗执法案卷的评查工作，开展案卷评查“回头看”工作。在雨花区政府门户网站设立“雨花区基层政务公开专栏”，发布政务服务事项1177条、非政务服务事项272条。办理省、市、区人大代表建议和政协委员提案共232件，办复率100%，满意率和基本满意率100%。新一届区委完成三轮对27家党组织的巡察任务，启动第四轮巡察工作。在2022年度全市行政执法案卷评查中，雨花区参评行政执法案卷共20卷，平均得分98.23分，优秀率100%，评查成绩排名区县第一，获得优秀区县称号。

2022年4月28日，雨花区迎接创建“全国法治政府建设示范市”实地评估和满意度测评工作调度会
（高秀丽 供图）

【行政复议与应诉】 2022年，雨花区严把行政复议案件质量关，及时妥善处理涉及征收土地征收补偿安置、政府信息公开等纠纷。处理行政复议案件327件，办理区政府作为被申请人的行政复议案件2件，组织相关部门领导出庭应诉。办理行政诉讼应诉和行政诉讼检察监督案件48件，组织区长出庭应诉1件次，副区长出庭应诉2件次，区政府负责人出庭应诉率100%。加大行政机关负责人出庭应诉力度，全区行政机关负责人出庭应诉率94.25%，位居全市第二。

【入选长沙市“十大典型行政复议案例”】 2022年11月29日，2022年长沙市“以案释法”典型案例征集评选活动结果公布，雨花区2件行政复议案例“某食品商行不服某区市场监督管理局作出的行政处罚决定行政复议案”和“某公司不服某区市场监督管理局作出的行政处罚决定行政复议案”入选“2022年长沙市十大典型行政复议案例”。雨花区提升行政复议案件的办理质效，发挥行政复议专业、便民的优势，为申请人和被申请人之间搭建平台，增进互信理解，增强政府公信力，把行政争议化解在行政程序中；完善复议机关与行政部门的常态化沟通联络工作机制，总结行政复议案件中的共性症结和个性漏洞，对行政工作中的疑难复杂问题联合“问诊把脉”；狠抓复议调解化解行政争议，运用柔性手段和多元化措施，把法律知识的宣传和做好耐心细致的思想说服工作贯穿于复议案件办理的全过程，提高群众满意度。

【行政复议咨询委员会成立】 2022年12月19日，雨花区政府办公室印发文件，确定成立雨花区人民政府行政复议咨询委员会，公布委员会成员名单和工作方案。雨花区人民政府行政复议咨询委员会由雨花区主要执法部门的业务负责人、高等院校教授、政府法律顾问等专家学者组成，委员会为雨花区政府办理具有较大社会影响的、法律适用上存在重大争议的、涉及难以把握的专业性、技术性问题的及其他重大、疑难、复杂行政复议案件提供咨询意见。

（本栏撰稿 高秀丽）

公安

【概况】 2022年，长沙市公安局雨花分局（简称“区公安分局”）辖正科级机构31个，其中执法勤务机构13个，派出所13个；有民警722人，其中派出所警力433人，占比59.97%；辅警571人。全区立刑事案件5148起，比2021年下降16.67%，发案总量实现10年持续下降；破获刑事案件2340起，刑事打处2983人，现行命案连续9年全破，八类恶性案3年全破；民调在全市排名比2021年上升3位。编发队伍建设专刊137期、“雨警学苑”13期，雨花公安微信、微博560篇，被中央媒体转发121篇，被省级媒体转发284篇，被市级媒体转发325篇。治安三大队民警杨健救助旅客的暖心故事被《人民日报》新媒体头条宣传，雨花公安“戴帽率”源头管控以及跳马派出所红星全球农批中心警务室工作经验被《人民公安报》重点推介。区公安分局技术室被公安部评为“全国示范科学技术室”，与东山片区分室一同被选为全省刑事技术现场推进会考察点，“雨花经验”在全省重点推介；全市派出所社区警务室建设现场推进会在区公安分局召开，经验被全市作为典型推广；区公安分局20个集体和115名民警获全国、省、市级荣誉，其中区公安分局被评为全省公安机关侦破命案工作、信访工作成绩突出单位，刑侦大队被评为全国青年文明号、全国公安机关爱民模范集体，东山派出所李杨中队入选全省公安机关“最美警队”，东山派出所被评为湖南省枫桥式公安派出所，左家塘派出所民警陈磊入选“最美湘警”，7名民警被评为全省先进个人称号，区公安分局人口与出入境管理大队被评为长沙市青年文明号。区公安分局被长沙市公安局记集体三等功1次、集体嘉奖1次，被评为全市公安机关绩效评估优秀单位、全市公安机关维护政治安全和社会稳定工作成绩突出集体等数项称号。在长沙市开展的“冬春攻势”、疫情防控、“4·29”救援处置、“百日行动”等工作中有174名表现突出的民辅警获记功嘉奖，其中35人获记个人三等功、139人获记个人嘉奖。

【打击犯罪】 2022年，雨花区公安分局侦破2003年、2013年2起命案积案，抓获上网逃犯512人，其中在逃15年以上的命案逃犯4人、历年逃犯35人，抓获数位居全省第二。刑事打处涉电诈犯罪嫌疑人917人，破获电诈案件1092起，其中15起百万以上案件全破，打掉团伙152个，摧毁1个特大电信网络诈骗犯罪团伙，采取刑事强制措施147人，侦破“张某等人涉嫌诈骗案”、“张某逾被诈骗492万元案”、“7·08”专案等一批大要案件。深化“利剑护蕾”专项行动，侦破全区44起现行性侵未成年人案件，12起5年性侵未成年人积案。打处养老诈骗犯罪嫌疑人56人，追缴涉案资金3.6亿元。深化“清源断流”等专项行动，破获毒品刑事案件49件，抓获毒品犯罪嫌疑人93人，缴获各类毒品957克，全区生活污水毒品成分监测全年平均指数比2021年下降67%。侦办黄赌案件640起，刑事拘留260人，行政处罚2093人，黄赌警情比2021年下降14.08%。推进“云端”专项行动，发起线索5条，“云端”专项得分排名全市第一，侦破湖南省打击骗取留抵退税专项行动第一案，成功发起公安部“云端”会战。

【扫黑除恶】 2022年，雨花区公安分局打掉涉恶犯罪集团5个、涉恶犯罪团伙2个，侦破涉黑涉恶刑事案件23起，刑事拘留51人；共接收各类涉黑涉恶线索17条，全部处置办结。

【治安防控】 2022年，雨花区公安分局开展风险隐患“三色预警”评估、校园安防“五个百分百”（各中小学幼儿园校园封闭式管理100%、专职保安配备100%、一键式紧急报警和视频监控系统与属地公安机关联网100%、门口硬质防冲撞设施设置100%、护学岗设置100%）建设、高峰时段“护学岗”等工作，加大校园安保防范力度，防止伤害师生案件发生。摸排列管消防重点单位930家、开展消防检查2100余次，抄送相关职能部门消防隐患1300余条。检查危化品企业216家次，发现各类安全隐患40余处，当场整改28处。对辖区68家在营KTV、9家电玩城等娱乐场所逐一完善、更新基础信息，督促场所及时上传营业日志，便于日常监管。落实“有警处警、无警巡逻”工作机制，强化公安武警联勤武装巡逻，守护长沙南站。开展风险隐患大排查、大起底，摸排社会面活跃涉稳风险群体154个，搜集预警不安定因素1263条，经研判后提前有效化解处置351条。公安部、湖南省公安厅交办的60起涉警信访积案全部化解。组织社区民辅警深入街道乡镇、社区村组及企事业单位，排查各类矛盾纠纷，及时发现调处。摸排化解矛盾纠纷13126起，化解率93.44%。

【显性警务】 2022年，雨花区公安分局完善以13支巡逻防控中队及520个四级快警平台为依托的社会面巡逻防控体系，抽调机关警力下沉支援基层，加强对繁华商圈、夜市摊点等人员密集场所的夜间巡防，提升见警率、管事率。聚焦全区娱乐场所、旅馆、出租房屋等治安重点部位开展80余次集中清查行动，检查场所2.4万余次、抓获嫌疑人560余人。

【重点整治行动】 2022年，在湖南省夏季治安打击整治“百日行动”中，雨花区被省公安厅列为省级治安重点地区挂牌整治。雨花区公安分局集中力量整治井湾子街道、洞井商贸城、高桥街道友谊社区筹委会等社会治安重点地区，全区12项综合指标持续向好，顺利通过省公安厅验收摘牌。开展家庭旅馆大排查大整治专项行动，对存在安全隐患的家庭旅馆进行整治，摸排家庭旅馆1410家（自建房家庭旅馆222家），查处整治1333家（其中关停405家、取缔12家）。通过进行宣传教育、安全劝导、执法整治等方式，提高全区电动车、摩托车驾乘人员安全头盔佩戴率。

【公安队伍建设】 2022年，雨花区公安分局党委开展“第一议题”学习28次，组织党委理论中心组（扩大）学习12次。组织30个党支部书记述职评议工作，完成25个党支部换届选举工作；年内发展党员7名，其中在抗疫一线、“百日行动”中战时发展党员4名。在湖南省夏季治安打击整治“百日行动”中组建30支党员突击队。在疫情防控中，区公安分局724名党员民辅警递交“请战书”。依托“雨警学苑”开展政治轮训3期、业务培训4期，培训3500余人次。组建69个“战斗小分队”，组织127名新老民警开展师徒结对“传帮带”，为杜爱国等具有专业特长的9人打造个人工作室并授牌。推行“一队一所一教官”制，挑选36名素质能力强的民辅警担任小教官，开展随岗训练1000余次，组织分局警务实战兼职教官开展集中送教活动24次。组织观看警示教育片4次，召开正风肃纪大会3次，党委书记上廉政党课2次，对各单位“一把手”“90”后副科职干部开展集体廉政谈话3次。对各单位“一把手”、新任“90”干部进行廉洁家访，组织中层负责干部家属参观长沙市廉政警示教育基地。开展警容风纪、执法办案、违规饮酒等日常督查检查120余次。加强对违纪违法警务人员的思想教育，帮教34人，解除帮教18人。邀请湖南省公安厅心理服务团队开展心理团辅；组织全局267名红、橙色预警人员进行体检报告解读，到湖南中医药大学第一附属医院进行复查；对25名红色预警人员进行对症干预、跟踪反馈，其中8名红色预警人员降低预警等级。为240名女民辅警购买“湘女关爱保”保险，为73名民警发放独生子女费，为939名民辅警子女购买人身意外伤害保险。慰问民辅警、职工、临聘人员5267人次，发放慰问金550万余元。

【“12·06”专案第二次集中收网行动】 2022年1月7日，雨花区公安分局开展“12·06”专案第二次集中收网行动，摧毁一特大电信网络诈骗犯罪团伙，抓获犯罪嫌疑人220人，其中147人被采取刑事强制措施，涉案金额近2000万元，涉及全国各地被害人1.2万余人。经查，该团伙以虚构减肥效果、虚假问诊方式，诱使他人购买无效减肥产品实施电信网络诈骗。

2022年2月17日，2022年全区公安工作会议 （李 波 供图）

【收网“1·10”传销专案】 2022年1月10日，雨花区公安分局组织270名警力通力协作，收网“1·10”传销专案，捣毁传销窝点40个，抓获传销人员125人，其中依法刑事拘留38人，涉案资金3000万余元，冻结传销银行账号21个，查获资料2000余本。经查，以李某为首的10名传销头目以开展“1040”长沙市绿化工程为幌子发展“下线”，发展安徽省、河北省等多地“下线”300余人。

【侦破“6·29”销售假冒注册商标商品专案】 2022年7月19日，雨花区公安分局在长沙市、广州市、中山市、昆明市等地同步收网，成功侦破“6·29”销售假冒注册商标的商品专案，捣毁窝点4个，现场抓获犯罪嫌疑人15人，扣押一批电脑、手机、车辆等作案工具，初步查明涉案金额1000万余元。截至2022年年底，该案7名犯罪嫌疑人被依法刑事拘留。经审讯查明：自2022年4月，陈某、段某等人结伙，在雨花区洞井街道辖区成立售假公司，招募员工，利用抖音、微信销售假冒注册商标的“古驰”“LV”“爱马仕”等国际奢侈品牌皮具、服饰，销售网络涉及全国10余个省、市。

【摧毁涉恶、涉诈犯罪集团】 2022年8月12日，雨花区公安分局成功摧毁1个利用PS（图像处理软件）艳照敲诈勒索、诈骗的重大涉恶、涉诈犯罪集团。抓获犯罪嫌疑人28人，现场扣押电脑20余台、涉案手机100余部、涉案银行卡200余张、未寄出信件1400余封。经查，该犯罪团伙通过网络软件搜索政府部门、国有企业负责人的个人信息，经PS处理后制作成艳照，以邮寄或短信的形式发送给受害人实施诈骗、敲诈勒索，涉案邮件

1600余封，涉案金额3000余万元。

【侦破命案积案】 2022年8月14日，雨花区公安分局在海南省昌江黎族自治县石碌镇一农场内将一起19年的命案积案犯罪嫌疑人刘某辉抓捕归案。2003年8月6日，雨花区红旗液化石油气公司宿舍发生一起故意杀人案，犯罪嫌疑人刘某辉因与同事肖某富积怨颇深，将其妻子罗某荣掐死后潜逃。案件发生后，区公安分局成立专案组开展侦查，但由于侦查技术、条件受限，刘某辉一直未能抓捕到案。19年来，历届专案组民警寻线拓线，从未停止对刘某辉的追捕。2022年，区公安分局刑侦大队、侯家塘派出所复盘历年追逃工作，梳理案件线索，锁定犯罪嫌疑人刘某辉位置，在海南省昌江黎族自治县警方协助下将刘某辉抓捕归案。

（本栏撰稿　李　波）

检察

【概况】 2022年，长沙市雨花区人民检察院（简称“区检察院”）落实《中共中央关于加强新时代检察机关法律监督工作的意见》，履行法律监督职能，办理刑事案件3077件5126人、民事检察案件555件、公益诉讼案件146件；推动“平安雨花”“活力雨花”“清廉雨花”“美丽雨花”建设，严厉打击危害社会安全稳定的犯罪，着力营造法治化营商环境，加大司法工作人员相关职务犯罪打击力度，落实“河长+检察长”等工作机制；践行司法为民，严厉惩治养老诈骗犯罪，守护未成年人健康成长，多元化解社会矛盾纠纷，参与市域综合治理。保持“全国检察宣传先进单位”等称号，获评“省级文明单位”“全省检察机关常态化开展扫黑除恶斗争先进集体”，承办的“陈某瑶、王某某销售假冒注册商标的商品抗诉案”入选湖南省知识产权强省建设首批十大经典案例。区检察院1人获“全省检察机关公诉人团体论辩赛第一名”，1人入选全市检察机关“首届十大青年精英人才库”，1人被评为雨花区“河长制工作先进个人”，1人被评为“全国检察宣传先进个人”。

【刑事检察】 2022年，雨花区检察院办理刑事案件3077件5126人，其中逮捕案件1021件1859人、起诉案件2056件3267人。在全省率先组织召开“少捕慎诉慎押刑事司法政策”推进会，依法不捕760人，不捕率为41%，比2021年增长21个百分点；不诉1017人，不诉率为31%，比2021年增长16个百分点；与2021年相比，少捕839人、少诉427人。对“12·06”专案的370名犯罪嫌疑人，重点打击主犯，依法从轻处理一般营业员，不捕204人、不诉323人，被长沙市检察院确定为样板案件。开展羁押必要性审查，对矛盾得到化解、不需要继续羁押的，及时取保候审55人。落实认罪认罚从宽制度，适用率提升至91%，量刑建议采纳率98%，上诉率不到1%，全市最低。与公安机关联合成立侦查监督与协作配合办公室，监督立案59件、监督撤案12件，追加逮捕10人，追加起诉140人。提出刑事抗诉3件，均获市检察院支持。强化刑事执行监督，发出书面纠违意见10件，将8名严重违反《中华人民共和国社区矫正法》的罪犯监督收监执行刑罚。羁押案件在1个月以内办结，未羁押案件办理的“时长比”全市最低；开展“质量建设年”活动，呈现“七无一有”（“七无”指没有批捕后作存疑不起诉、绝对不起诉的案件；没有不批准逮捕、不起诉经复议复核和申诉后被改变原决定的案件；没有提起公诉后又因法定以外原因撤回起诉的案件；没有提起公诉后被法院判决无罪的生效案件；没有因办案差错导致国家赔偿的案件；没有被上级检察院评为不合格和错误的案件等；“一有”指有优秀案件、精品案件和被新闻媒体表扬报道的案件）鲜明特色，工作经验在全省得以推介，《检察日报》“质量建设年”专栏给予报道。

【民事检察】 2022年，雨花区检察院办理民事检察案件555件。开展助力农民工讨薪、老年人赡养等弱势群体利益保护活动，办理支持起诉案件361起。加强民事审判活动监督，针对民事审判权运行的关键环节发出检察建议，促进民事审判更加规范。对拒不执行判决裁定的“老赖”依法批捕起诉，办理一批民事执行监督案件。关注民间借贷、房产交易等重点领域的虚假诉讼，提请抗诉1件，发出再审检察建议9件，协同法院打击治理虚假诉讼。打击虚假诉讼犯罪，移送涉嫌犯罪线索8件18人，跟踪监督公安机关立案侦查7件16人。

【行政检察】 2022年，雨花区检察院以行政争议实质性化解为主要抓手，办理行政检察案件，推动法治政府建设。做好“两法衔接”（行政执法与刑事司法相互衔接）工作，完善案件移送、信息共享机制，发出督促行政机关履职建议110件。把化解行政争议作为审查案件的必经程序，通过督促纠正违法、推动和解等方式，化解行政争议55件，协助解决当事人诉求。

【公益诉讼检察】 2022年，雨花区检察院办理公益诉讼案件146起，提起民事、刑事附带民事公益诉讼5件。朱某某在圭塘河非法捕捞水产品侵害社会公共利益，检察长出庭支持起诉，朱某某主动缴纳生态修复金，并当庭认罪悔罪。推进“公益诉讼守护美好生活”专项活动，协同有关部门开展校园周边食品安全、瓶装燃气安全、保安无证上岗等系列监督行动。在全市率先组织召开公益诉讼工作推进会。区检察院公益诉讼检察部主任在全省比赛中获第一名。

【“平安雨花”建设】 2022年，雨花区检察院批捕故意杀人、强奸等严重暴力犯罪92人、起诉122人，批捕盗窃、诈骗等多发性侵财犯罪354人、起诉503人。参与办理“盛大金禧”“阿里寰球”等影响重大的案件，批捕集资诈骗、非法吸收公众存款等犯罪31人、起诉72人。宣传实施《中华人民共和国反有组织犯罪法》，起诉涉黑恶组织犯罪14人，办理的辖区首起涉黑案件“3·8”专案二审维持原判。办理“5·30”专案的3名检察人员受到市委政法委表彰奖励。

2022年8月26日，雨花区检察院对一起企业合规案件进行公开听证（周　静　供图）

【营造法治化营商环境】　2022年，雨花区检察院起诉损害企业生产经营、破坏社会主义市场经济秩序犯罪147人，帮助企业挽回损失1200万余元。依法对12名犯罪情节轻微的涉罪民企人员作出不起诉决定。对涉嫌犯罪但仍在正常生产经营的各类企业，不超权限超范围、超数额、超时限查封、扣押、冻结财产。加强知识产权领域司法保护，办理相关案件7件。推进涉罪企业合规治理长效机制，对6家涉罪企业完成合规治理工作。聘请4名律师和企业家担任“营商环境”特约监督员，设立“自贸试验区检察官办公室”，开通涉自贸区案件办理绿色通道，减少企业诉累。

【惩治养老诈骗犯罪】　2022年，雨花区检察院批捕养老诈骗犯罪43人、起诉63人，追赃挽损2000万余元。加大综合治理力度，检察官主动上电视、下社区宣传防范，并制发专项检察建议15份。采取线上线下反诈宣传、反诈楼栋长、反诈奖励等机制手段，在雨花亭街道鼓风小区推进无诈样板小区建设，该小区年内未发生诈骗案件，市委政法委在全省总结会议上作经验介绍时重点推介，《法治日报》等媒体深入采访报道。

【化解社会矛盾纠纷】　2022年，雨花区检察院实行“12309”检察实体窗口和网络平台联动，落实群众信访“件件有回复”。对首次申诉、重信重访等“老大难”问题，推行院领导接访和包案制度，院领导包办的12起信访案件均得到有效处理。对24名申请人发放司法救助金40万余元。依法打击信访活动中的犯罪行为，起诉2人。

【挽救涉罪未成年人】　2022年，雨花区检察院坚持“教育、感化、挽救”方针，对未成年人犯罪依法不捕59人、不诉69人。对屡教不改、情节严重的未成年人犯罪，批捕17人、起诉20人。建设“雨润花开”护未站，打造“家庭教育指导”未检工作品牌，推动“六大保护”（2020年新修订的《中华人民共和国未成年人保护法》将原来家庭、学校、社会、司法“四大保护”发展为“六大保护”，增设“政府保护”和“网络保护”）落地落实。开展“利剑护蕾”专项行动，以“零容忍”态度严厉打击侵害未成年人犯罪，依法批捕59人、起诉60人，开展法治教育活动12场次，获得省委“利剑护蕾”专项行动督导组的肯定。

【专家型检察官（干部）持续培育工程】　2022年，雨花区检察院深入实施人才兴检战略，制定落实《专家型检察官（干部）持续培育方案》，对30名青年检察人员制定个性化培训计划，组建涉黑涉恶、电信诈骗等5个类案研究指导小组，重点培育办理复杂疑难案件的“行家里手”，结合办案撰写并发表《浅谈对虚假调解案件的检察监督》等办案指导文章10余篇。发挥榜样的引领示范效应，1人获评全市首届青年检察精英人才，1人在全省公诉人团体比赛中荣获第一名，1人获评“湖南省五一劳动奖章”。

【“河长＋检察长”联合巡河】　2022年，雨花区检察院批捕污染环境、非法捕捞、破坏农用地等犯罪6人、起诉7人。为助力圭塘河生态环境保护，6月16日，雨花区政府副区长、副河

2022年6月16日，“河长＋检察长”联合巡河（周　静　供图）

长邓波，区检察院党组书记、检察长尹跃连率领相关区直部门、街道在圭塘河红星生鲜市场段、植物园西门排口和跳马镇临时污水提升泵站开展联合巡查，到圭塘河悠游小镇段查看河流水质、岸线管理、排污口管制等情况，向现场的鱼钓爱好者宣讲和劝导“一人一杆”政策。

【获评省知识产权强省建设首批十大经典案例】 2022年，雨花区人民检察院办理的“陈某瑶、王某销售假冒注册商标商品罪一案”被评为湖南省知识产权强省建设首批十大经典案例。该案系侵犯知识产权领域犯罪，涉案商品系最基本生产资料钢材，关系国计民生和人民群众生命财产安全，为最高人民检察院确定的督办案件。该案的办理对如何准确认定“同一种商品”具有重要指导意义，在该案的办理过程中，四级检察机关上下联动，发挥检察法律监督职能，展现检察机关保护知识产权的态度和决心。

（本栏撰稿　周　静）

法　院

【概况】 2022年，长沙市雨花区人民法院（简称“区法院”）审执结各类案件33604件，比2021年增长12.48%，法官人均结案550件。健全常态化扫黑除恶机制，开展“利剑护蕾”专项行动；审结涉及教育、就业、医疗、养老、消费、社会保障等案件，保障人民安居乐业；开展“湘执利剑2022”行动和整治欠薪行动；推广“商人纠纷商会调”模式，出台破产案件立案规定、审理规范等文件；融入诉源治理大格局，打造联动资源最多、在线调解最全、服务对象最广的纠纷化解平台。区法院获评全省一类基层法院考核优秀单位；区法院诉讼服务中心被评为“全省法院诉讼服务示范窗口”“全省法院先进集体”。

2022年，湖南省高级人民法院授予雨花区人民法院“全省法院诉讼服务示范窗口”

（李丹　供图）

【刑事审判】 2022年，雨花区法院审结各类刑事案件1288件，判处罪犯1911人。审结涉黑恶犯罪案件4件7人，追缴涉“黑恶”案件财产736万元。审结故意伤害、抢劫、强奸等严重暴力犯罪案件96件105人。严惩“投资养老”、保健品坑老等养老诈骗犯罪案件31件68人。开展“利剑护蕾”专项行动，审结涉未成年人犯罪案件46件56人。审结涉毒品犯罪案件65件105人。审结认罪认罚案件1201件1797人；为做无罪辩解的53名被告人指派辩护律师。

【民事审判】 2022年，雨花区法院审结民商事案件17182件，其中调撤6769件，调撤率39.39%。妥善审理教育培训合同纠纷387件。加强劳动纠纷预防和化解，依法保障外卖骑手、快递员、网约车司机等新业态从业者合法权益。深化家事审判方式改革，审结家事案件717件。妥善化解“医院实习生泄露患者隐私案”“AI换脸侵犯公民肖像权名誉权案”“物业拒绝配合安装充电桩案”等纠纷。

【执行工作】 2022年，雨花区法院执结案件13771件，执行到位金额24.96亿元。运用智能化手段千方百计查人找物，在线查询被执行人房产1.8万人次、车辆4000余台，冻结资金1.25亿元，网拍变现4.41亿元。恢复执行1445件，保障当事人5.2亿元的胜诉权益。开展“湘执利剑2022”行动，涉民生、涉小微企业、涉10万元以下小标的额案件执行到位案款6.9亿元。开展整治欠薪行动，22天为黄敏等人追回农民工劳动报酬327万余元。疫情防护期间，执行法官急当事人之所急到郑州市腾房。加强失信惩戒，1230人次被纳入失信被执行人名单，限制高消费6352人次，移送涉嫌拒不执行判决裁定罪11人。

【司法服务和宣传普法】 2022年，雨花区法院提速诉讼服务，电子送达75982人次，网上立案4954件、“云法庭”开庭审案1410件。深化网上申诉平台应用，线上受理信访344件，院长接待涉诉信访464人次，化解信访苗头案件157件，11件缠访多年的信访积案得到实质化解。缓减免困难当事人诉讼费165.7万元，发放司法救助金21.37万元。组建劳动争议、家事纠纷、建设工程等10个专业化审判团队，推进民商事案件繁简分流，速裁团队年均结案2083件，平均审理周期24.09天。制作普法短视频、漫画、H5等新媒体普法作品61个，发布的《法警勇救落水儿童》《千里送锦旗》《黄金大劫案》等作品被《人民日报》、“学习强国”学习平台、中国新闻网等国家级新媒体采稿，阅读量近亿，“物业纠纷”的普法短视频在2022年“学习强国”长沙学习平台、长沙晚报强国号百万+稿件榜单名列第二。选派2名法官担任法治副校长；组织法官到泰禹小学、吉联小学、长沙市南雅中学、雨花亭街道路桥社区等地开展17场现场普法活动。

【优化营商环境】 2022年，雨花区法院扩大小额诉讼程序、简易程序在涉企案件中的适用，依法审结股权纠纷、产品质量纠纷、买卖合同纠纷等涉企案件5311件。调解涉企纠纷715件，调解成功率53.2%。为企业纾困解难，走访辖区重点企业和项目，提供法律意见130余项，收集意见建议12条，及时化解涉企矛盾纠纷220余件。在区政府的支持下设立破产费用援助基金，规范稳妥审结破产清算、重整等案件10件。

【社会综合治理】 2022年，雨花区法院增设金融纠纷"一站式"工作站，化解涉银行卡等纠纷案件在诉前，其中涉银行卡纠纷案件较2021年度下降77.78%。支持、协同区人社局共建全省首个区级劳动纠纷"一站式"调处中心，7部门90余人入驻中心，实现劳动争议纠纷调处中心调解数量和法院立案增量一升一降的效果，该中心被评为全国工作突出基层劳动人事争议调解组织。发挥跳马人民法庭"桥头堡"作用，调、撤结案162件，占法庭收案数91%，以往矛盾较集中的侵犯集体经济组织成员权益类案件大幅下降。

【示范法院创建活动】 2022年4月19日，雨花区法院制定实施《长沙市雨花区人民法院"为群众办实事示范法院"创建活动方案》，推出诉讼服务"马上就办"行动、审判流程"提质增效"行动、电信诈骗"严审快判"行动、司法促进"和谐安居"行动、入企暖企"纾困解忧"行动、兑现权益"执行亮剑"行动、乡村振兴"司法服务"行动、涉诉信访"有访必办"行动、普法宣传"五进基层"行动、司法作风"持续提升"行动为群众办实事"十项行动"。立案庭推出系列案预约制，执行局设立专门工作接待室，民事审判部门建立物业纠纷速调快审、联合调处、个案示范、便民服务机制。法官讲师到吉联小学、南雅中学、长沙理工大学等大中小学和黎托街道、黎托街道大桥社区、跳马镇田心桥村等街道村社开展宣讲活动16场次，选择具有典型意义的15个物业纠纷、4个未成年人法律保护和4个虚假诉讼方面的案例，自编自导拍成短视频推广，短视频点击量超3000万。受理信访75件，院长接待涉诉信访354人次，化解信访苗头案件157件，9件缠访多年的信访积案实质化解。

【"利剑护蕾"专项行动】 2022年2月，雨花区制定《长沙市雨花区人民法院"利剑护蕾"专项行动实施方案》，开展"利剑护蕾"专项行动，依法、全面从严惩处性侵未成年人犯罪。1—5月，审结性侵未成年人犯罪案件8件，11名被告人分别被判处7年至9个月不等有期徒刑，其中，2人被判处5年以上有期徒刑，无一人被判处缓免刑。4月29日，雨花区法院党组会讨论并制定《长沙市雨花区人民法院关于开展"'防性侵 护花蕾'专题普法宣传月"活动工作方案》，通过微信公众号、微博等新媒体平台发布防范性侵未成年人犯罪、未成年人性教育科普知识等推文13篇，开展"法官讲师团"送法进校园、进社区活动10次，发放防范性侵未成年人犯罪科普宣传资料累计500份。

【农民工工资系列案件执行兑现大会】 2022年2月15日，雨花区法院举行农民工工资系列案件执行兑现大会，现场为涉16起案件农民工执行到位300万余元工资和工程款。2013年，王金凤等15名农民工参与湖南恩瑞置业有限公司的"雨环苑"住宅项目建设。项目施工1年后，开发商停工，项目成"烂尾楼"。在停工闲置时间内，开发商、建设方一直拖欠王金凤等15名农民工的工资未支付。2021年9月16日，王金凤等15名农民工在法律援助律师的帮助下将湖南恩瑞置业有限公司、湖南万力建设集团有限公司、郑某良等人诉至雨花区法院。区法院安排专人对接该15案的处理，在立案、审理、执行各环节开辟绿色通道，并依法免除该15人应当预缴的所有诉讼费用29056元。判决生效后，王金凤等15名农民工向区法院申请强制执行，区法院于2022年1月24日立案执行，执行总标的为3272369.9元。

【发布典型毒品案件】 2022年6月27日，雨花区法院发布彭某4人贩卖毒品案、郑某某贩卖毒品案2件典型毒品案件。区法院经审理认为，彭某4人犯贩卖毒品罪，分别被判处有期徒刑3年、2年10个月、1个6个月、10个月，分别被处罚金2万元、1.5万元、8000元、5000元；郑某某犯贩卖毒品罪，被判处有期徒刑5年，并处罚金3万元。2022年上半年，区法院受理毒品犯罪案件38件，审结32件48人，占同期审结所有刑事案件的5.19%。其中，贩卖毒品罪案件27件41人，容留吸毒罪案件5件7人，相比2021年同期审结的毒品犯罪案件105件，减少73件，下降69.52%。审结甲基苯丙胺类（冰毒、麻古）毒品犯罪案件6件、氯胺酮类毒品犯罪案件1件、氟胺酮类毒品犯罪案件1件、合成大麻素类物质毒品犯罪案件28件，含合成大麻素类物质毒品犯罪案件成为毒品犯罪案件的占比第一。在审结的32件48人毒品犯罪案件中，被告人年龄呈低龄化趋势，年纪最大的73岁，年纪最小的18岁，25岁以下的17人，平均年龄25.43岁；非"面对面"毒品交易方式呈扩大化趋势。其中，利用邮寄快递贩卖毒品案件1件、利用同城跑腿服务方式贩卖毒品案件5件。

（本栏撰稿　刘　兵）

司法行政

【概况】 2022年，雨花区推进法治雨花、平安雨花建设，科学谋划"八五"普法（中央宣传部、司法部关于开展法治宣传教育的第八个五年规划）工作，加大全民普法力度，加强基层依法治理；开展“坚持发展枫桥经验，实现矛盾不上交三年行动”专项活动和“调解促稳定 喜迎二十大”专项活动，推进全区人民调解、行政调解和专业行业性调解；推进“智慧矫正”中心建设，开展安全隐患排查整治，定期分析研判监管形势，创新教育矫正模式，开展远程视频会见，开展困难帮扶活动。参评2022年度全市人民调解案卷评查的6本案卷全部获评优秀；高桥司法所所长陈芳被评为“湖南省司法行政工作先进个人”。2022年通过省、市、区等各级新媒体平台、网站宣传司法行政工作信息140余篇。井湾子街道农博社区获评湖南省“最美公益普法集体”提名奖，井湾子街道井湘社区党总支书记许各利获评湖南省“最美公益普法个人”称号。

【法治宣传】 2022年，雨花区出台《区委宣传部、区司法局关于开展法治宣传教育的第八个五年规划（2021—2025年）》，推动“八五”普法规划实施。区守法普法工作办公室印发《2022年长沙市雨花区普法依法治理工作要点》，确保普法工作目标化管理、精准化实施。开展送法下乡、“4·15”全民国家安全教育日、“美好生活·民法典相伴”、优化营商环境、农村法治宣传教育月、青少年法治宣传教育周、宪法宣传周等主题普法活动，组织法治宣传活动150余场次，发放宣传资料4万余份。组织开展农村“法律明白人”培训工作，引导基层群众尊法学法守法用法。

【人民调解】 2022年，雨花区推进司法所规范化建设三年行动，推进司法所积极申报、争创省级规范化司法所。指导全区各行政调解任务重的单位建立行政调解委员会并在全市行政调解平台上录入行政调解案件。全区各级人民调解组织成功调处矛盾纠纷5481件，其中疑难复杂纠纷174件，为群众挽回经济损失1.07亿元；落实人民调解“以奖代补”制度，加强人民调解员培训，开展案卷评查工作。雨花区被抽查的6本人民调解案卷均被长沙市评为优秀案卷。做好人民陪审员选任工作，为雨花区人民法院选任人民陪审员46人。

【社区矫正与安置帮教】 2022年，雨花区新增社区矫正对象502人，依法解除矫正562人，全年在册社区矫正对象1104人，年末在册社区矫正对象591人。完成社区矫正审前社会调查评估475件，依法收监执行社区矫正对象12人。刑满释放安置帮教对象在册1345人，服刑人员信息核实率、预释放信息回执率均为100%。区司法局申请1.88万元帮扶资金，为36名家庭困难的社区矫正对象和刑满释放人员送去帮扶物资和资金。依托远程视频会见系统，为服刑人员、戒毒人员和家属解决实际探视困难，完成视频会见490余场，会见人数1500余人次。雨花区“智慧矫正”中心顺利通过省司法厅考核验收。

【公共法律服务】 2022年，雨花区推进公共法律服务实体、网络、热线三大平台融合发展，整合公证、法律援助、律师管理、法律咨询等多方面的资源，集中在区政府西门办公，为辖区群众提供“一站式”公共法律服务平台。推动政府法律顾问工作，组织开展全区公职律师情况调研、政府法律顾问聘请情况摸底调查，雨花区基本实现区街二级政府和主要执法部门法律顾问全覆盖。组织开展“湘融湘爱”农民工服务保障专题宣传活动、反电信诈骗宣传、民法典宣传等形式多样的法律服务活动。打通农民工等重点人群援助渠道，在区公共法律服务中心开通农民工欠薪法律援助“绿色通道”，受理劳动争议案件71件。制定《公共法律服务中心法律援助案件评查制度》，细化评分指标。区法律援助中心受理法律援助案件279件，其中民事96件、刑事183件，值班律师提供法律咨询1850余人次。

【律师管理】 2022年，雨花区完成对区属75家律师事务所、区属4家基层法律服务所、33名基层法律服务工作者的年度考核初审工作，以实地走访、翻阅资料的方式做好考核工作，并将考核中发现的违规问题及时上报长沙市司法局。办理法律服务行业举报投诉案件，查处基层法律服务工作者李某某冒用律师名义执业案、雨花区仁和法律服务所违反规定不以基层

2022年5月16日，侯家塘司法所开展“美好生活·民法典相伴”主题普法宣传活动（高秀丽 供图）

法律服务所名义统一收取服务费案件。

【法治宣传教育工作会议】 2022年3月17日，雨花区法治宣传教育工作暨区委全面依法治区委员会守法普法协调小组第三次会议召开。区委常委、宣传部部长、区委全面依法治区委员会守法普法协调小组组长刘江红出席会议并讲话。会议传达学习第九次全国、全省、全市法治宣传教育工作会议精神，总结雨花区“七五”普法工作成绩，部署“八五”普法工作。会议要求，要深刻认识“八五”普法的重要意义，全面落实目标任务，切实压实工作责任。

【大学生寒暑假“送法下乡”活动】 2022年，雨花区司法局加强农村法治宣传教育，开展大学生寒暑假“送法下乡”活动20场次。2月14日，高桥司法所在怡园社区前坪开展大学生寒假“送法下乡”法治宣传活动。2月15日，跳马司法所在斑竹塘集市口开展大学生寒假“送法下乡”普法宣传活动。2月16日，东塘司法所组织大学生普法志愿者在东塘社区会议室为老年居民开展普法宣传活动。7月18—22日，区司法局开展《优化营商环境条例》《湖南省优化营商环境规定》宣传周暨大学生暑假“送法下乡”活动。7月19日，东塘司法所联合湖南通程律师事务所、东塘街道浦沅社区组织大学生志愿者一行25人组成法治宣传志愿队伍，到东塘街道六都小区开展普法宣传活动。7月21日，黎托司法所组织大学生志愿者走进黎锦苑商业街为过往居民发放宣传资料、普法宣传产品，为沿街商铺提供面对面的法律服务；跳马司法所组织大学生志愿者组成宣传小分队进村入户，为商户群众解答优化营商环境法律法规等相关内容。7月22日，井湾子司法所组织大学生普法志愿者在红星大市场为各商户宣传法律法规及最新优化营商环境政策措施；砂子塘司法所联合梨子山社区组织大学生志愿者团队，向商铺宣传和讲解优化营商环境政策措施；侯家塘司法所联合广济桥社区发动大学生志愿者在社区开展普法宣传活动；同升司法所在长沙市比亚迪汽车有限公司企业开展“凝聚法治力量 优化营商环境”主题宣传活动；雨花亭司法所在井塘村开展宣传活动。7月25日，洞井司法所在桃花古潭小区开展大学生暑假“送法下乡”活动。

2022年2月14日，高桥司法所在怡园社区前坪开展大学生寒假“送法下乡”法治宣传活动 （高秀丽 供图）

【青少年法治宣传教育周活动】 2022年，雨花区司法局联合区教育局在全区开展青少年法治宣传教育周活动12场次。9月14日，雨花亭司法所联合湖南湘达律师事务所在雅塘村小学举办法治讲座。9月26日，左家塘司法所联合左家塘派出所在桂花树第二小学开展青少年法治宣传教育周活动。9月27日，洞井司法所邀请北京市京师（长沙）律师事务所律师李芬、黄琳为雨花区和平小学四年级4个班级开展法治教育课活动。9月29日，“与法同行·健康成长”模拟法庭实践活动在雨花区长塘里阳光小学举行。该次模拟法庭案例由真实案件改编，长塘里阳光小学学生模仿法庭中的法官、原告、被告、法定代理人等角色，从庭前准备、法庭调查、法庭辩论、最后陈述、法庭调解到当庭履行，完整还原庭审的整个流程和环节。

【化解物业纠纷】 2022年，雨花区聚焦社会热点难点问题，强化区、镇街、社区三级联动，构建区、镇街、社区三级网络体系，加强层级联动，一般的物业纠纷在社区调解，较大的物业纠纷在街道调解，重特大、疑难的物业纠纷在区级调解。开展物业纠纷定期滚动排查、依法化解，发挥人民调解员、网格员、法律明白人、村居法律顾问等作用，全面排查物业纠纷，收集群众法律需求。针对物业纠纷调解协议签订后当事人事后反悔、调解协议得不到履行的问题，建立“物业调解＋司法确认”工作机制，对于调解成功的物业纠纷，发起司法确认申请，对接区法院开辟绿色通道及时办理法律手续，缩短纠纷解决周期。2022年，全区各级人民调解组织调处物业纠纷97件。

【“智慧矫正”中心建设通过验收】 2022年10月14日，雨花区“智慧矫正”中心建设通过湖南省司法厅考核验收。雨花区投入155万元，将原社区矫正中心重新规划建设为内含监督管理区、综合管理区、教育帮扶区3个功能分区、18个功能室的高标准、

2022 年 10 月 14 日，雨花区“智慧矫正”中心建设通过湖南省司法厅考核验收

（高秀丽　供图）

现代化的“智慧矫正”中心。围绕“智慧高效、执法规范、监管精细、帮教到位”的理念，树立“智慧化 + 社区矫正”思维，打造以高标准场所建设为“骨架”，深化队伍建设为“血肉”，智慧指挥平台为“大脑”，创新管理为“口鼻”，数据互通为“眼耳”，信息联动为“经络”，流程统一、资源共享、纵向到底、横向到边的智慧化一体社区矫正中心。

【“宪法宣传周”活动】　2022 年 12 月 4 日，是中国第九个宪法日，雨花区围绕“学习宣传贯彻党的二十大精神，推动全面贯彻实施宪法”主题，开展“宪法宣传周”活动 150 余次，悬挂横幅 105 条，发放宣传资料 8000 份。12 月 2 日，区委政法委、区法学会、区司法局、团区委、砂子塘司法所在雨花区凯德广场组织开展雨花区青年普法志愿者法治文化基层行之“宪法宣传周”宣传活动；井湾子司法所联合湖南中楚律师事务所在辖区内开展“12・4”国家宪法日主题活动；洞井司法所在洞井街道一楼政务服务大厅开展“12・4”国家宪法日宣传活动。12 月 5 日，东山司法所联合东山街道东恒社区在恒大国际广场开展“12・4”国家宪法日宣传活动。

（本栏撰稿　高秀丽）

劳动监察仲裁

【概况】　2022 年，雨花区构建“培训、检查、整改、调解”四位一体防控体系，紧盯春节、端午、中秋等欠薪高发的重要时间节点，做好根治欠薪政策培训工作，从源头减少劳动纠纷，组织开展各类培训 17 次，发放宣传资料 3000 余册。打造企业用工风险“一站式”防控中心，实现用工风险高效预防和劳动纠纷提前介入，构建“预防 + 化解”劳动关系全链条服务机制。完成“全国根治欠薪线索反映平台”案件，确保核处线索数占本地总线索数的比例 95% 以上。发挥雨花区劳动纠纷“一站式”调处中心效能，调解劳动纠纷案件 862 件，为劳动者挽回经济损失 1182 万余元。构建“接待前台——一次性告知—专人接待”服务链条，畅通劳动争议维权渠道。探索开发“雨花劳动在线”维权平台，畅通农民工维权渠道。严格落实农民工工资保证金制度，推进实名制管理，2022 年，督促 81 个项目缴存农民工工资保证金 5625.76 万元，建筑工地农民工工资账户办理和上线率达 100%。雨花区劳动纠纷“一站式”调处中心获全省复制推广，被人力资源和社会保障部办公厅等 4 个部门发文通报表扬（《关于表扬 2021 年度工作突出基层劳动人事争议组织的通报》）。

【工伤预防警示约谈】　2022 年，雨花区以工伤事故通报数据为基础，聚焦工伤事故多发、高发的行业领域，完善工伤预防长效机制，常态化开展工伤预防警示教育工作。对区内工伤事故发生率排名靠前的参保企业负责人开展 3 次工伤预防警示约谈，督促涉工伤企业开展工伤预防“一会三卡”（“一会”即安全生产班前会，“三卡”即企业体检卡、危险作业卡、应急处置明白卡）、“五个一”（开展一次工伤事故调查分析、开展一次全员安全警示教育、开展一次全面安全隐患排查、开展一次安全应急演练、全面推进“一会三卡”工作制度）工作措施的学习，从工伤保险参保及工伤认定业务层面对企业提出具体建议与要求，引导企业落实主体责任，筑牢安全生产根基。

（本栏撰稿　刘雅婷）

军 事

编辑 唐清明

雨花区人武部

【党管武装】 2022年，雨花区将党管武装、国防动员、军民融合等重要事项列入区委常委会议题，形成武装工作常态化落实的制度机制。组织党管武装绩效考评，摸排专武干部落编定岗底数，提升专武干部队伍建设水平。坚持春节“八一”走访慰问驻区部队和转退军人，落实军人转业安置、家属随调、子女入学等优待政策。疫情防控期间，组织民兵参加值勤。9月29日，参加地方政府应急行动。

【思想政治建设】 2022年，雨花区人武部开展“忠诚维护核心、矢志奋斗强军”主题教育，巩固拓展党史学习教育成果。组织专武干部、民兵干部、基干民兵将中共创新理论和各级指示精神，以及区委关于“抢先机、拼经济、促发展”等重要会议精神，向各类队伍拓展延伸。

【练兵备战】 2022年，雨花区人武部完成基干民兵编组，修订本级战备方案3类32个。紧抓演训备战，完成长沙警备区赋予雨花区的基干民兵训练任务。5月，组织应急分队民兵参加雨花区城区防涝排渍军地联合演练，提高应对汛情的应变响应能力、组织指挥能力和遂行任务能力。

【国防动员】 2022年，雨花区人武部对接15个部门单位，提取相关潜力信息。实地走访50余家优质企事业单位，摸清编兵潜力。完成男义务兵、女义务兵和直招军士征集任务，被评为征兵工作先进单位。开展基层武装部全面建设星级达标活动，全区13个基层武装部全部达标。

【服务保障】 2022年，雨花区人武部清查固定资产，制作、粘贴固定资产标签。编制年度经费预算，做好财务集中支付改革准备。区委、区政府将区人武部营区绿化、军营文化氛围营造及消防设施改造纳入区治大院整体规划，推进营区正规化建设。

2022年7月1日，雨花区人武部开展“忆初心、强党性”主题党日活动

（钟 毅 供图）

【“雨花民兵突击队”】 2022年，3月26日，雨花区人武部组织基干民兵成立“雨花民兵突击队”，集结和动员到达东塘街道省人大社区参加疫情防控。“雨花民兵突击队”有6个执勤点位，民兵戴着口罩、身着迷彩服、佩戴着“民兵突击队”标识，开始疫情防控值守，测温，查验健康码、行程码，登记相关信息，发现异常，第一时间进行预警处理。参与执勤的民兵交班后，都会被安排到指定地点休息、吃饭，实施集中居住、封闭管理。

【国防教育课】 2022年9月16日，雨花区人武部政委周久虎到长沙市南雅中学开展国防教育讲座活动。11月21日，周久虎到雨花区育新第二小学讲授国防教育课。周久虎一行参观育新第二小学的劳动教育实践基地“靖趣园”“靖趣恒温实验室”和靖轩国防教育长廊，以《洞察大国博弈，扛当复兴伟业》为题，从国防历史、国

2022年9月16日，长沙市南雅中学2022年国防知识教育讲座（钟 毅 洪图）

际形势、民族复兴、使命担当4个方面，分析如何读懂大国博弈，如何担当复兴伟业。周久虎以有亮点、有基础、有情怀、有灵魂来评价该校的国防教育工作，针对未来国防教育如何更好地开展提出建议。育新第二小学坚持“国防教育”育人思路，确定以“少年军校”为载体的国防教育育人特色，把“播一颗国防教育的种子，让家国情怀向最深处扎根”作为开展校园国防教育的愿景，每年新生入学和新教师入职，都要先聆听一堂国防教育的公开课，介绍学校与现役部队联合互动、积极开展国防教育系列活动的具体原因，以及希望取得的效果。

（本栏撰稿　钟　毅）

人民防空

【人防工程维护管理】　2022年，雨花区推行“3+1”（即“区、街道、社区＋人防工程责任单位”）模式，共同做好人防工程的管理，以及人防工程检查精度和效率；对全区人防工程进行常规检查、消防、防汛、安全隐患大排查大整治等专项检查，重点单位巡查，加强特护期（重大活动、重大节日期间）的安全巡查。在平时进行人防工程监督检查时，对街道、社区人防专干进行现场培训。办理人大议案1起，处理“12345”政务热线、信访投诉、电话咨询12起。完成省、市人防办下达的“湖南省‘双随机、一公开’监管工作平台”数据采集和填报；开展全区人防工程安全生产“百日攻坚”检查督导工作；完成辖区内人防工程数据复核采集工作。

【人防指挥通信】　2022年，雨花区开展人防智慧通信工作，参加省、市人防办指挥通信训练演练；每周按时进行短波、超短波、海事卫星、3G互通互联；坚持“三定”原则（定人、定岗、定责），对全区警报器维护管理进行检查，对检查中发现的问题及时处理；在“11·1”全省防空警报器试鸣日中，雨花区各类警报器鸣响率100%；新建警报器选址安装；铺设安装人防专线。

【人防宣传教育】　2022年，雨花区加强人防宣传教育工作，提升群众的防空防灾意识，增强应急避险能力。5月12日中国第14个全国防灾减灾日，区人防办分别在区政府机关大院和长沙市第十一中学联合开展“5·12”防灾减灾日人防志愿者普法宣传和服务进机关、进学校主题活动。现场工作人员向群众宣传《湖南省实施〈中华人民共和国人民防空法〉办法》《湖南省人民防空工程建设与维护管理规定》《防空防灾安全手册》《大众防空防灾知识手册》等相关内容以及与防灾减灾相关知识。9月16日。以“开启时代新征程、爱国强军谱新章”为主题的第22个全民国防教育日主题宣传教育活动在育新小学举行。

（本栏撰稿　秦　俭）

2022年5月12日，雨花区人防办在长沙市第十一中学开展“5·12”第14个全国防灾减灾日宣传活动　（肖　献　供图）

经济管理

编辑　唐清明

宏观经济管理

【概况】 2022年，雨花区着力稳增长、调结构、促改革、惠民生，编制《长沙市雨花区2021年国民经济和社会发展计划执行情况与2022年国民经济和社会发展计划》。全年获得各级各类补助资金约7600万元。3个项目申请设备购置财政贴息补助通过国家审核，贷款需求2.26亿元；雨花智能制造工程机械配套产业园（一期）申报政策性开发性金融工具（基础设施投资基金），金额1.5亿元。获得3批债券资金6.56亿元。完成2023年新增政府专项债15个项目储备申报，资金需求约30亿元。推荐2家企业申报国家企业技术中心、4家企业申报省级企业中心和研究中心、6家企业申报市级企业技术中心。

【项目策划管理】 2022年，雨花区对省、市、区各类项目进行分类管理调度，分片区、分类别、分节点形成“清单式台账”，细化月度投资进度、建设进度及要素保障任务清单，实施精细化管理模式。全区铺排重点项目245个，项目总投资1553.81亿元，完成重大项目投资333.82亿元。41个新建项目全部实现开工，40个项目实现竣工，2个预备项目实现转化开工。144个项目纳入全市重大项目投资计划（含新建项目41个，续建项目88个，预备项目15个），项目总投资1479.77亿元，年度计划投资260.84亿元，全年完成重大项目投资333.82亿元。3个项目纳入湖南省重点建设项目；6个项目纳入强省会战略项目；2个项目纳入省重大产业项目；1个项目纳入长沙市“五个十大”（十个重大引领性产业项目、十个重大科技创新标志性项目、十个重大基础设施项目、十个重大民生项目、十个重大城市片区）项目。省重点建设项目比亚迪新能源汽车技改项目、市领导联点项目马扎克智能制造工厂项目实现竣工，推进长沙红星农副产品全球采购中心二期三期工程、可孚人工智能可穿戴医疗设备及智能装备产业基地项目建设。通过在线审批平台办理政府投资项目审批（项目建议书审批83件，可行性研究报告审批17件，概算审核9件），投资总额426亿元；对于社会投资项目，采取容缺审批、承诺审批等方式，办理备案项目135件，投资总额345.41亿元，审批事项办结率、准点率均为100%。

·表7·

2022年雨花区重大产业项目一览表

单位名称	项目名称	建设性质	是否应于2022年底前竣工	年度计划投资额（万元）	年度工作目标任务
跳马镇（4个）	长沙市为盛高级中学	新建		15000	完成项目的主体建设
	白竹村安置地建设	续建	是	2000	全部完成建设并投入使用
	跳马喜雨安置地	续建		3000	完成主体建设
	长沙红星农副产品全球采购中心（二期）	续建		45000	一期全面完成建设，二期完成基础施工，进行主体建设、三期项目拆迁腾地、土地摘牌
雨花亭（5个）	航空路小学	新建		5000	基本完成基础建设
	五江天街碧桂园印象	续建	是	30000	安装工程以及装修工程
	雨花金茂智慧科学城	续建		150000	推进一期项目建设，启动二期项目土地出让及建设
	井塘社区筹建委员会高层安置房项目	续建		20000	完成基础工程，进行主体建设
	旭辉·雨花郡	续建		132130	完成部分楼栋主体施工
高桥（3个）	★泰时阳光丽都	续建		15000	项目完成部分主体建设
	★旭辉·国悦府	续建		44000	项目完成部分基础工程及部分楼栋主体工程建设
	★国欣向荣府	续建		43000	项目完成二期部分主体建设
圭塘（13个）	月塘小学	新建		5000	基本完成基础建设
	长投新成公寓（人才公寓）	续建	是	5000	基本完成主体建设
	友谊小学	续建	是	4000	实现竣工交付
	中天星耀商业中心	续建	是	5000	完成1号，3号楼主体建设，进行4号、6号楼主体建设

·续表 7·

单位名称	项目名称	建设性质	是否应于2022年底前竣工	年度计划投资额（万元）	年度工作目标任务
圭塘（13个）	红星·天铂	续建		30000	一期主体全部封顶，启动二期施工
	湖南省工业设备安装公司总部大楼（湘安嘉园二期）	续建		6000	完成主体封顶、进行装饰装修部分建设
	平日上平吉上府（含保障性租赁住房）	续建		10000	住宅和公寓完成 70%
	香雨壹品·壹中心	续建		5350	完成主楼主体结构及主楼外装饰
	润和·晨苑	续建		30000	完成主体部分建设、进行装饰装修部分建设
	★保利·大都汇	续建		50000	完成项目商住、幼儿园、小学的建设
	★高正·臻园	续建		20000	完成项目各栋号主体建设
	★卓越·伊景苑	续建		40000	完成项目各楼栋主体施工
	★正佳 A 地块（兴旺·壹品）	续建		5000	完成室外道路、管网园林绿化、强、弱电及公共区域装修
黎托（8个）	大桥社区酒店	新建		15000	完成主体工程建设
	合丰小学	新建		5000	基本完成基础建设
	枫树山悦东方小学	续建		4000	实现竣工交付
	大桥社区城中村项目（大桥文化艺术中心）	续建		20000	完成基础部分施工
	花桥大厦	续建		15000	完成商业综合楼主体封顶，进行内外装饰，启动幼儿园的建设
	江河艾迪商业中心	续建		50000	完成地下室部分建设，进行主体部分建设
	运达中央广场商业三期项目	续建		79000	完成 5 个楼栋主体部分建设
	中欣时代商业广场	续建		42000	完成地下室和部分主体结构工程
洞井（6个）	龙骧集团汽车南站综合交通枢纽汇金时代	新建		20000	完成前期手续办理，开始基础部分施工
	美天大厦	续建	是	10000	完成建设，进行招商
	金科集美小学	续建	是	2000	实现竣工交付
	鄱阳汇金中心	续建		30000	完成建设，进行招商
	天华生活安置项目	续建		20000	启动主体工程建设
	★佳兆业湘府熙园二期	续建		20000	启动建设
井湾子（5个）	长沙民政职业技术学院综合楼建设项目	新建		20000	完成基础施工，进行主体部分施工
	步步高星城天地	续建		60000	购物中心装饰装修及安装基本完成，其他进行主体部分建设
	长沙市莲湖实业有限公司生产安置用地项目	续建		10000	完成全部基础工程，进行主体建设
	长房星城天地项目	续建		5000	再进行主体剩余部分施工
	诺贝尔脑科学健康中心（中欣百富广场）	新建		60000	完成一期基础施工，启动主体工程建设
东山（4个）	建发·玖洲和鸣汽车公园	续建		57000	启动主体工程建设
	浏阳河国际文化科创基地	续建		66000	一期部分楼栋主体完成；二三期主体工程施工
	长沙城际空间站	续建		50000	部分楼栋竣工
	绿地长沙之门	续建		80000	启动主体工程建设
同升（8个）	旭辉雨金广场	续建		78600	商业旭辉里开业；住宅南地块竣工备案、北地块主体结构全部封顶；公寓全部封顶

·续表 7·

单位名称	项目名称	建设性质	是否应于2022年底前竣工	年度计划投资额（万元）	年度工作目标任务
同升（8个）	吉联三小	续建		5000	办理前期手续
	新兴经济合作社生产安置用地	续建		16000	进行土方基础施工和地下室施工
	红星冷链（湖南）股份有限公司智能冷链物流体 系建设项目	续建		30000	完成直供中心，长株潭农产品冷链物流共同配送中心，食品安全检测及研发中心的整体建设
	★中建·璟和城	续建		8000	完成项目主体部分建设
	★龙湖日盛·奕境	续建		17400	完成精装修，实现全部交付
	★中建·凤凰台	续建		5000	完成项目主体部分建设
	★绿地新都会	续建		15000	完成主体部分建设
砂子塘（1个）	中医附一国家中医药传承创新大楼	续建		14000	完成基础工程，力争主体封顶
侯家塘（2个）	湖南水利水电职业技术学院改扩建项目配套工程	新建	是	5000	完成图书馆实训综合楼二次装修以及室外工程建设
	湖南省水利水电医院康养中心	新建		1800	完成老年病医院及综合楼建设、进行失智失能老人养护院部分建设
东塘（2个）	中富航·银座	续建		30000	主体部分建设
	时代云来大厦	续建		20000	主体部分建设
左家道（7个）	地铁银座（一期）	续建	是	28000	完成项目土建部分建设任务，争取年内实现竣工
	东唐兴愿	续建	是	500	完成项目土建工程建设，争取完成项目竣工目标
	朝阳新天地	续建		12600	启动并完成项目基础工程建设，争取完成项目主体建设至50%
	富华国际广场	续建		8000	启动项目基础建设；完成项目环绕道路赤熙路道路工程
	★湘和雅郡	续建		8500	完成项目主体建设工程至75%
	雅郡铭苑（老旧房屋棚改项目）	续建		5074	完成项目主体建设工程至60%
	★华恒·锦绣世纪二期	续建		8500	完成项目1号栋、2号栋、11号栋主体建设，并开展商业部分的招商与销售工作
区教育局（3个）	2022年校园环境提质改造 项目	新建	是	4000	完成部分建设任务
	社会资本投资学校扩建项目	新建		3500	基本完成基础部分建设
	莲湖中学	预备			完成可研批复
区教育局 区公建中心（7个）	莲湖小学扩建	新建		4000	完成基础工程
	泰禹小学扩建	新建		1000	区教育局完成用地手续，区公建中心完成工程建设
	周南雨花中学扩建	新建		3000	完成基础工程建设
	赤岗冲小学扩建	新建		1500	完成基础工程建设
	燕子岭小学	续建	是	1000	基本完成项目建设
	德馨园学校	续建	是	3000	基本完成项目建设
	仙姑岭小学	预备			完成可研批复

· 续表 7 ·

单位名称	项目名称	建设性质	是否应于2022年底前竣工	年度计划投资额（万元）	年度工作目标任务
区公建中心（15个）	主次干道电力管道下穿工程	新建		2940	完成建设
	金海路雨水分流箱涵工程	续建		5000	基本完成建设
	高升路雨水箱涵工程	续建		4400	基本完成建设
	雅塘片区市政路网项目	续建		1440	完成风光带路建设，进行紫薇路和锦源路建设
	林科路（北）	续建		1700	完成主体工程建设
	林科路（南）	续建		1500	完成主体工程建设
	香松路（西段）	续建		2000	完成主体工程建设
	香松路（东段）	续建		3000	完成主体工程建设
	荷叶冲路	续建		3500	完成主体工程建设
	桃花路	预备			完成可研批复
	石坝路（东）	预备			完成可研批复
	林高路	预备			完成可研批复
	雀园路	预备			完成可研批复
	人民路电力隧道工程	预备			启动前期工作
	树木岭电力隧道工程项目	预备			完成可研批复
区城管执法局（1个）	城市精致管理品质提升工程	续建	是	5000	基本完成建设
区市政设施维护中心（5个）	2022年雨花区主次干道及支路街巷提质改造工程	新建		6500	完成辖区内部分主次干道提质工程完成2021年道路病害检测中发现的隐患点修复工作；完成部分主、次干道预防性检测工作
	高升路截污干管工程	续建	是	3700	完成高升路截污干管建设，包含主管及附属支管
	洞和路截污干管工程	续建	是	3700	完成洞和路截污干管建设，包含主管及附属支管
	时代阳光大道截污干管及雨水箱涵工程	续建		10000	完成时代阳光大道截污干管建设，包含主管及附属支管
	韶山路截污干管工程	预备			完成前期手续，适时启动建设
区交通运输局（4个）	雨花区跳马镇美丽路网及县乡村道“白改黑”项目	新建		3825	完成主体建设
	雨花区农村公路“双投模式”硬化项目（第四和五期）	续建	是	3700	完成部分建设任务
	G107黄兴—暮云	预备			完成可研批复
	万家丽收费站改造工程	预备			完成可研批复
区电商物流中心（7个）	黄梅冲东路	新建		3500	完成50%的路基建设
	东百长沙雨花物流中心	新建		15000	完成土方工程，进行基础工程建设
	杨子路（跳马镇界—时代阳光大道）	续建		2000	完成部分路基工程建设
	沁福路	续建		1500	完成部分路基工程建设
	恒裕新零售智慧产业园项目	续建		15000	完成仓储部分主体建设，进行综合楼主体建设

·续表 7·

单位名称	项目名称	建设性质	是否应于2022年底前竣工	年度计划投资额（万元）	年度工作目标任务
区电商物流中心（7个）	宏泰物流中心	续建		6000	完成部分主体建设
	盒马鲜生长沙运营中心暨申通长沙智慧物流产业园项目	续建		15000	完成部分主体建设
区城投集团（11个）	曙光路提质改造	新建		5274	年内启动建设
	湖南建工集团有限公司体院路28号地块棚改项目	新建		6000	发布征收五公告，启动征收
	雅塘片区城市更新项目长鼓正圆更新单元（一期）	新建		15000	启动征收拆迁工作，进行老旧小区改造
	二十三冶地块棚改项目	新建		38205	发布第五公告，进行征收签约
	车站南路提质改造	新建		4296	年内启动建设
	中城苑（二期）	续建		20000	三区交付，二区砌体工程及室外总图工程建设
	自然苑二期（含颐景苑1A1B栋）	续建		30400	1A1B栋完成主体封顶；自然苑二期 完成桩基和地下室施工，主体施工完成30%
	和景家园（东、西片区）	续建		50624	东片区完成桩基、地下室施工，启动主体建设；西片区完工
	王公塘（长钢）片区地块棚改项目	续建		28085	进行征收签约
	东升家园	续建		25000	完成主体建设80%工程量
	雅居路	预备			完成可研批复
区国资集团（5个）	圭塘河排口末端智能化改造	新建		500	排口设备安装及土建施工，河道清淤及河岸景观复绿度适时开工
	植物园周边配套旅游基础设施项目	新建		51309	完成前期手续办理，启动项目建设
	天华路（2）	续建	是	3700	完成路基、路面沥青碾压、人行道、绿化带建设
	雨花建筑垃圾资源化利用项目	续建		23180	完成基础建设，进行主体施工
	长株潭绿心地区跳马片区绿道建设项目	预备			完成可研批复
区国资集团、区消防大队（1个）	跳马消防站	续建			完成主体建设，投入使压
区人居环境局（1个）	2022年雨花区城镇老旧小区及配套基础设施改造项目	新建		13000	完成部分小区的防洪防涝设施、雨污分流管网、绿化、外立面、道路基础设施、落水管改造及亮化等建设环境整治
雨花经开发建设有限公司（9个）	园区市政主干道品质提升工程（精美长沙建设）	新建		6000	基本完成主体建设
	园区支路路网建设	新建		2000	进行路基部分建设
	洞井铺变电站及路由配套工程	新建		3000	启动项目建设
	晓光路（2）	续建	是	1000	完成道路主体施工
	环保大道东延线（振东路—红旗路）	续建	是	7000	完成部分道路主体施工
	白田二期保障性住房项目（51号地）	续建		15000	启动基础工程及主体工程
	雨花经开区东片区智能制造产业配套项目	续建		1000	启动项目建设
	荷新路	预备			完成可研批复
	支路八	预备			完成可研批复

说明：★项目为打捆项目的子项目

【绿心项目准入审批】 2022年，雨花区初审上报14个绿心项目，其中有8个项目取得湖南省发展改革委同意准入批复，2个项目取得长沙市发展改革委无需准入批复。

【产业项目帮扶】 2022年，雨花区紧扣全年重大项目建设的目标任务，依托县级领导联点、强产业“三帮三促”（帮扶重点项目，促项目提速；帮扶重点企业，促企业增效；帮扶重点楼宇，促业态升级），按照“片区为主、联点牵头、分级负责”原则，常态化开展项目帮扶，通过“领导挂帅”、“项目（企业）服务日”、重大问题“一事一议”等工作机制，解决拆迁腾地、基础配套、施工环境、信贷融资等各类难题，服务于省、市重点项目建设、企业发展。全年组织召开区企业（项目）服务日工作会议25次，日常接待项目来访30余次，累计答复和办结68个项目的问题108个，向有关单位交办项目问题50个，研究涉及27个项目的难点、堵点、痛点问题36个。开展县级领导联点项目、“企业（项目）服务日”等，解决各类项目问题309个。

【争取政策资金】 2022年，雨花区获得各级各类补助资金约7600万元。其中荷叶冲路等2个项目获得2022年第二批保障性安居工程中央预算内投资约7000万元；可孚医疗科技股份有限公司“研发中心及仓储物流中心建设项目”等4个项目获得湖南省现代服务业专项资金、奖补资金400万元；中机国际工程设计研究院有限责任公司、湘能楚天装备股份有限公司、中国能建湖南省电力设计院有限公司等5家单位获得省级创新平台建设专项补助资金225万元；3个项目申请设备购置财政贴息补助通过国家审核，贷款需求2.26亿元；获得第3批专项债资金支持，争取债券资金6.56亿元，储备2023年政府专项债项目15个。储备2个国家企业技术中心、16个省级工程研究中心、3个省级企业技术中心、4个省级双创示范基地及18个市级企业技术中心项目共计43个企业（项目）进入国家、省、市储备项目库。长沙有色集团公司成功申报成为国家级企业技术中心，中机国际工程设计研究院有限责任公司的“锂离子电池及材料智能制造先进技术湖南省工程研究中心”、中国能建湖南省电力设计院有限公司的“交能融合技术与应用湖南省工程研究中心”获评2022年省工程研究中心；中国有色金属长沙勘察设计研究有限公司技术中心、湖南长步道光学科技有限公司技术中心获评2021年省企业技术中心；湖南晓光汽车模具有限公司获评2022年湖南省双创示范基地。

2022年11月，雨花区发改局走访周南中学项目　　（田　旻　摄）

【能源安全生产】 2022年，雨花区开展能源安全生产大检查“百日攻坚”行动和中共二十大期间能源行业重大风险隐患专项整治，抓好油气长输管道和电动汽车充电桩基础设施安全监管执法、隐患排查整治和“打非治违”（打击非法违法生产经营活动行为）专项行动，检查油气管线32次、检查电动汽车充电桩基础设施20次，开展油气管道“打非治违”专项行动13次，出动执法人员142人次，领导带队检查24次，排查整改风险隐患38处，全年未发生任何安全生产事故。

【公共机构节能与垃圾分类】 2022年，雨花区制定出台《2022年雨花区公共机构节能工作要点》等文件，开展以“绿色低碳、节能先行”为主题的节能宣传周活动。创建成功18家“节约型机关”示范单位。各级能耗单位完成2022年度全区公共机构能耗消耗数据统计，完成公共机构能耗指标控制任务。区机关事务中心、区市容环境卫生维护中心、洞井小学3家单位创建成功市级、省级“垃圾分类示范单位”。

【燃煤整治】 2022年，雨花区开展燃煤整治攻坚，开展综合执法418次、专项执法446次，开展暗访巡查26次、交叉检查2次，出动执法人员11399人次，检查执法对象13527家，全区未发现使用散煤和销售煤炉情况，在市级暗访检查中没有交办负面清单问题。

【物价管理】 2022年，雨花区推荐3家企业申报省、市级2022猪肉储备单位，承担肉食储备量4750吨，为中心城区唯一承担该项任务的辖区，全年争取上级补贴资金637.5万元。完成5个小区的普通商品住宅前期物业服务收费备案、136所幼儿园伙食费备案，47条道路3796余个泊车位停车及3家公共停车场收费备案，办理涉案物品价格认证218件，金额508万元，完结率100%。

【营商环境建设】 2022年，雨花区组织开展“一事一议”及“四上”（规模以上工业企业、限额以上批发零售和住宿餐饮企业、资质等级建筑业企业、规模以上服务业企业）企业“免申即享”兑现工作，共兑现资金1120.43万元。组织开展涉企政策公布及征求意见。推广长沙市涉企政策综合平台应用，组织区各有关部门动态更新涉企政策清单。截至2022年年底，雨花区在“长沙扶持通”发布涉企政策22条，在平台开展意见征集16件。组织各部门新出台惠企政策及时按照“一件事一次办”要求编制办事指南并在长沙扶持通录入。动态更新惠企政策，全部按条款制定办事指南。设立服务专员和就近办责任人。将11个现行有效的惠企政策按条款内容分解责任，在区直各有关单位设立政策落地服务专员，在13个街镇设立惠企政策就近办责任人，负责政策咨询、解读，解决企业困难，同时协调政策兑现等有关工作。

【信用建设】 2022年，雨花区强化信用信息归集与共享，督促各成员单位及时、全面、准确在“信用雨花”平台归集各类信用信息。组织推广市“信易贷”平台，引导企业主动了解和应用“市信易贷平台”。开展信用核查，要求各成员单位将信用信息查询使用功能嵌入行政监管和服务工作流程，在行政许可、招投标、政府采购、财政性资金支持、各级评比等方面加强信用信息的共享、运用，为守信主体提供“绿色通道”“容缺受理”、优先服务等公共服务便利，对失信主体实行“限制办理”“从严审核”“纳入重点监管”等联合惩戒。开展信用修复，要求各行政执法部门通过信用修复告知函提醒等形式送“信用”上门，帮助近200家市场主体恢复信用。推进信用承诺，组织各部门单位根据政务服务事项目录及管理等职能，梳理可实施信用承诺的事项，形成雨花区信用承诺事项清单；组织各有关成员单位将信用承诺信息及时推送至“信用雨花”平台；推广承诺无纸化应用，将信用承诺无纸化插件嵌入全区政务中心窗口。开展诚信主题实践活动，组织获得2021年度“诚信之星”个人和“诚信经营企业”的单位进行短视频拍摄宣传活动；发动各街道（镇）利用“3·15”消费者权益日、“6·14”信用记录关爱日等节点，开展诚信建设万里行——宣传“五进”（进机关、进企业、进农村、进社区、进家庭）等主题宣教活动。

【公共资源管理】 2022年，雨花区严格执行《雨花区工程建设项目招投标管理规定》《雨花区小型工程建设项目实行简易发包程序管理规定》，规范招投标和发包管理。全年交易项目260个（区交易平台入场项目），其中政府采购项目171个，成交金额约1.39亿元，节约财政资金约410万元；小型工程建设项目89个，成交金额约8600万元，节约资金约320万元。论证和资格审查项目共73个。在雨花区政府官网发布各类信息约312次，组织39个项目的招标文件联审，办理554个工程项目上限值备案手续。

【宣传惠企政策】 2022年，雨花区推出有关高质量发展扶植奖励办法的系列报道，制定第一阶段“1+2+2”（即一篇概括性报道+2位专家宣讲+2位企业家点赞）宣传方案，通过“飞梦雨花”微信公众号推出《重磅！雨花区出台9条“真金白银”扶植政策，促进区域经济高质量发展》报道，经济专家柳思维、王林解读政策视频，以及区内2位企业家点赞雨花区政策视频；第二阶段将全区现行有效的惠企政策汇编成《雨花区2022年惠企政策资料汇编》，发放至区有关部门及街镇，依托项目、企业、楼宇走访活动开展线下宣传；第三阶段开展政策宣讲、申报培训活动，加大政策知晓率，确保企业在申报前能对惠企政策及申报流程充分了解。

【塑料污染治理】 2022年，雨花区制定下发《2022年雨花区进一步加强塑料污染治理工作方案》，组织召开塑料污染治理工作推进会，研究部署有关塑料污染治理重难点工作。组织重点领域禁限塑推进情况专项督促检查4次，配合长沙市发改委开展现场检查4次。加大宣传力度，使群众、商业摊主、市场管理人员等充分了解使用一次性不可降解塑料薄膜袋制品的危害性。

【企业（项目）服务日工作会议】 2022年，雨花区召开企业（项目）服务日工作会议，调度服务全区重点项目。4月21日，调度服务盒马鲜生、黄梅冲路、中欣百富广场等项目；4月29日，调度服务雨花金茂智慧科学城、中建·凤凰台项目；5月13日，调度服务泰时阳光丽、富华国际广场等项目；5月20日，调度服务树木岭电力隧道工程、植物园周边配套旅游基础设施等项目，对接2021年度未享受扶植的“四上”企业情况，提交“免申即享”补充名单的请示；5月27日，调度服务高升路截污干管工程、洞和路截污干管等项目，报送2022年文明创建迎国检材料（信用建设部分）及雨花区复制推广全国自贸试验区278项经验及案例情况；6月9日，调度服务主次干道电力管道下穿工程、东百长沙雨花物流中心等项目；6月24日，调度服务绿心中央公园花博园、湖南省冶金材料研究院地块（新材料研发检测基地项目），转发并组织落实《长沙市信用办关于进一步做好行政许可、行政处罚“双公示”信息报送的通知》；7月8日，调度服务长房地铁银座（一期）项目、湘和雅郡项目；7月13日，调度服务龙骧汇金时代（长南枢纽南地块）、圭塘河排口末端智能化改造及周边河段综合治理等项目；7月22日，调度服务第三代半导体科技智能化产业基地、长托经济合作社南雅周边地块等项目，组织区内相关单位调研区内重点建设项目岳麓山科技实验室项目；8月19日，调度服务洞井社区、平阳社区“两安”

用地项目；9月6日，研究解决德奥悦东方、花桥禧新城项目配电设施“百年洪水位”问题，现场走访黎托街道德奥上河城章项目，指导企业加快项目建设进度和投资工作；9月9日，研究解决旭辉国悦府项目配电设施“百年洪水位”问题。

【“双五”工程建设】 2022年9月13，雨花区印发《雨花区贯彻落实〈长沙市奋力实施强省会战略高质量推进“双五”工程三年行动方案（2022—2024年）〉任务分解表》，完善组织领导、建立健全工作机制，有序推荐“五区”建设［实施城区强能行动、实施园区升级行动、实施片区优化行动、实施县区做特行动、实施社区（村）靓化行动］和“五个十大”（十个重大引领性产业项目、十个重大科技创新标志性项目、十个重大基础设施项目、十个重大民生项目、十个重大城市片区）项目。

【惠企政策“免申即享”】 2022年7月12日，雨花区《雨花区2022年惠企政策“免申即享”工作方案》。实行惠企政策“免申即享”，即从全区现行有效的惠企政策，选取标准明确、条件清晰、通过部门信息共享可实现奖励资格认定的条款，转变政策兑现方式，由“人找政策”变为“政策找人”，由企业上门申请变为政府主动兑现。惠企政策“免申即享”是雨花区纵深推进“放管服”改革、加快打造全国一流营商环境的重要举措，涉及3个政策、7项内容，涵盖金融、科技、民生等领域，囊括“四上”企业进规入库奖、企业上市扶植、平台经济发展等。

·表8·　2022雨花区年惠企政策“免申即享”一览表

政策文件名	具体条款	政策期限	免申即享类别	责任部门	备注
长沙市雨花区促进经济高质量发展扶植奖励办法（试行）（雨发〔2022〕3号）	第二条产业业态提升奖（一）企业上市扶植 1. 在沪深证券交易所首发上市的，分三次给 予总额300万元扶植。其中，经中国证监会 审核或注册并发行上市当年一次性给予100万元扶植。　（第三阶段）	自2022年3月16日起实施，试行1年	认定类	区金融事务中心	
长沙市雨花区促进经济高质量发展扶植奖励办法（试行）（雨发〔2022〕3号）	第二条产业业态提升奖（一）企业上市扶植 3. 在北京证券交易所首发上市的，分三次给 予总额270万元扶植。其中，经注册并在北 京证券交易所上市当年一次性给予100万元 扶植。　（第三阶段）	自2022年3月16日起实施，试行1年	认定类	区金融事务中心	
长沙市雨花区促进经济高质量发展扶植奖励办法（试行）（雨发〔2022〕3号）	第二条产业业态提升奖（二）“四上企业”进规入库奖 新增纳入规模以上统计单位的限额以上批发 零售和住宿餐饮企业、资质等级建筑业企业、规模以上服务业企业，当年一次性给予5万元扶植。新增纳入规模以上统计单位的规模以上工业企业，当年一次性给予10万 元扶植。	自2022年3月16日起实施，试行1年	认定类	区统计局	
长沙市雨花区促进经济高质量发展扶植奖励办法（试行）（雨发〔2022〕3号）	第五条平台经济发展奖（四）新设立经科技 部门认定的市级、省级、国家级科技企业孵 化器的，认定当年或次年一次性分别给予10万元、20万元、30万元扶植。新设立经科技 部门认定（备案）的市级、省级、国家级众创空间的，认定（备案）当年或次年一次性 分别给予5万元、10万元、15万元扶植。	自2022年3月16日起实施，试行1年	认定类	区科技局	
长沙市雨花区促进经济高质量发展扶植奖励办法（试行）（雨发〔2022〕3号）	第九条消费增长奖（四）入选且全年保持为国家“金样本”单位的，当年给予企业3万元扶植。	自2022年3月16日起实施，试行1年	认定类	区统计局	同一主体符合本条多款规定的，按就高不就低原则执行

·续表 8·

政策文件名	具体条款	政策期限	免申即享类别	责任部门	备注
长沙市雨花区人民政府办公室关于推进养老服务高质量发展的实施意见（雨政办发〔2021〕21号）	七、逐步增加养老专项经费投入建立连锁品牌扶持补助制度，凡在雨花区同时运营3家养老服务机构，并实施同一服务标准、同一品牌连锁的养老服务供应商，3家以上的每增加1家奖励1万元。连锁运营居家养老服务中心（站），按照相关文件规定执行，不重复享受。	自2021年9月13日起施行，有效期5年	达标类	区民政局	
长沙市雨花区民政局长沙市雨花区财政局关于建立养老机构等级评定补助制度的通知（试行）（雨民发〔2021〕22号）	二、补助标准对评为一级养老机构给予1万元补助，二级养老机构给予2万元补助，市级政策出台后实行等级差额补助，等级升 级实行差额补助。对评为三级及以上养老机 构按市级政策实施。由区民政局专题报告区 政府，由区财政在评定周期内拨付到位。	2021年11月16日	达标类	区民政局	

【《湖南省社会信用条例》线上竞答活动】 2022年9月14—16日，雨花区开展《湖南省社会信用条例》线上竞答活动，旨在推进长沙市社会信用体系建设，增强社会公众的信用意识，营造“知信、守信、用信”的良好社会氛围。《湖南省社会信用条例》内容分为8章，包括总则、社会信用环境建设、社会信用信息征集与披露、社会信用信息应用、信用主体权益保护、信用服务行业规范与发展、法律责任、附则。该次知识竞赛包括单选、多选、判断等题型。该次线上竞答活动系长沙市首创，通过微信公众号、微信群等媒体平台进行宣传推广，吸引近7000人通过微信小程序参与线上答题，3000余人次赢得红包奖励。

2022年9月14—16日，雨花区《湖南省社会信用条例》线上竞答活动
（黄 迪 提供）

（本栏撰稿 黄 迪）

自然资源和规划管理

【国土空间规划】 2022年，雨花区完善全区国土空间规划校核反馈，解决中心城区约11平方千米的城镇建设用地规划增量认定问题；24个“十四五”规划省、市重大项目纳入市级国土空间总体规划，面积3879.74公顷。实行多规合一，岳麓山实验室林大林科院片区项目、金屏生态新城、绿心公园及花卉园艺博览园项目规划定位，为城市建设和项目发展释放有效空间。拓展城镇建设空间16.86平方千米，争取划定黄兴南绿心邻园片区15平方千米，调出永久基本农田221.33公顷。耕保目标任务的实现双核减，耕地保有量核减比例64.32%；永久基本农田核减比例70.61%。生态保护红线划定得以最大限度的优化，省森林植物园、省林科院片区均未纳入生态保护红线。

【用地管控】 2022年，自然资源部和湖南省自然资源厅下发卫片690宗，雨花区新增违法用地2宗，无违法占用耕地行为，新增违法用地得到有效控制，为省自然资源厅表彰的无违法占用耕地区县之一。开展存量违法用地清零试点工作，全区存量违法用地40宗，整改到位31宗。其中冬斯港浏阳河子堤占永久基本农田违法问题通过协调部、省、市，以工作创新模式予以销号，创全国首例，直接节约雨花区财政资金1500万元。针对存量违法用地逐宗研究、分类施策，为省自然资源厅出台存量违法用地处置意见提供经验做法。2021年自然资源部下发“增存挂钩”闲置土地任务处置清单中，涉及雨花区37宗，面积145.93公顷，20宗处置到位，处置面积111.6公顷。省自然资源厅下发“月清三地”闲置土地处置任务涉及雨花区4宗，面积65.34公顷，处置到位1宗，面积48.97公顷。全年批而未供完成处置59.4公顷，处置率39.91%。

【项目批后监管】 2022年，雨花区严格项目日常监管制度，全年放线49次，正负零验线检查14次，规划条件核实56次，各个环节的检查到位率均为100%。落实规划公示规定要求，全年实施控规修改、总图批前、报建图变更等现场公示121次；对巡查中发现的、投诉举报的违法建设行为及时核实、移送或上报，向区城管执法部门移送违法建设案件41件，责令停止建设4起，责令限期整改6起。对城管部门及各街镇出具违法鉴定复函96个，及时提供拆除违法建设的法律文书支撑。

【服务发展】 2022年，雨花区铺排集体土地征拆项目111个，实现按期腾地60.87公顷，拆除合法房屋220栋，拆除房屋面积45985平方米，动拆人口1015.5人。确保莲湖中学、雅塘冲路、绿心中央公园首开区、团头互通等一批省、市重点工程项目按照时间节点顺利推进。开展存量土地资源摸底，摸排全区存量建设用地，建立存量用地台账，推动低效用地转型升级。长沙市自然资源和规划局雨花区分局代拟征收土地预公告35个，涉及用地面积83.87公顷；拟定土地出让和储备计划，全区土地出让17宗（含在挂3宗，终止3宗），面积63.52公顷；办理临时建筑工程规划许可证8宗；开展"上门会商，助力发展"的大走访活动，收集76个问题，涵盖规划类31个、征拆类13个、产权类2个、违法用地及临时建筑28个、规划验收2个，共解决问题34个。

【自然资源保护】 2022年，雨花区坚守耕地保护和粮食安全底线，实施田长制，建立区、镇（街道）、村、网格四级田长制体系。将耕地保护目标带位置落实到街镇、村组、网格，责任到人，层层签订耕地保护责任书；结合耕地保护专项规划的编制，将全区现状耕地、恢复属性耕地、耕地后备资源，落实到街镇、村组和网格。选定恢复耕地图斑300公顷。2022年度耕地保护目标1493.33公顷、永久基本农田保护目标1093.33公顷，实现完成整改补足。完成10类矿山生态修复7个，20类矿山生态修复2个。

【安全生产】 2022年，长沙市自然资源和规划局雨花区分局组织开展"强执法防事故和打非治违行动"，专题部署安全生产工作32次，开展动态巡查4207次，发现并整改完成重大隐患7处。常态化开展"风险自知、安全自查、隐患自改"活动，严查打击非法采矿、盗采等行为，加大废弃矿山生态修复和安全防护；夯实地质灾害防治基础，完成全区灾害点普查和切坡建房风险管控，突出抓好汛期地质灾害防治，开展地质灾害科普培训和地质灾害应急演练活动。

【自建房安全隐患排查整治】 2022年，雨花区建立和完善自建房用地手续、规划许可手续和不动产登记手续台账，摸排自建房总量23355栋，认定违法占地和违法建设9795栋，判定建设合法合规隐患2153栋。全区过期临时建筑处置任务457处，立案查处数117处、履职数197个、销号数193处，销号率42.23%。其中同升街道同超物流园配套用房、同力家园售楼部、湖南湘林置业有限公司仓库和洞井街道桃花村物流临时配套用房等共约3.4万平方米过期临建得以顺利自拆，相关做法被中央、省、市媒体宣传报道。

【集中化解房地产办证问题】 2022年，雨花区开展集中化解房地产办证问题再排查再深入行动，对辖区内各小区、楼盘进行再排查，共摸排15个项目。经市、区两级化解办联审，上报符合条件的项目5个。至11月下旬，成功办理上报项目中的3个项目的不动产权证，化解率60%，成功帮助366户化解房地产办证问题。

【"6·25"全国土地日宣传活动】 2022年6月24日，长沙市自然资源和规划局雨花区分局在跳马管理所开展"6·25"全国土地日宣传活动。活动通过制作宣传版面，在办公楼电子屏滚动播放宣传主题和口号，设立展板，悬挂宣传横幅，设置咨询台，发放宣传资料等多种方式，宣传"一法一条例一办法"（即《中华人民共和国土地管理法》《中华人民共和国土地管理法实施条例》《湖南省实施〈中华人民共和国土地管理法〉办法》）等土地管理政策法规，发放"一法一条例一办法"等法律法规读本50余本，地质灾害避险手册、长沙市地质灾害防治宣传手册、预防切坡建房诱发地质灾害等宣传资料300余份，解答关于村民建房等咨询20余人次。

【"三区三线"划定工作】 2022年9月底，雨花区"先农田、再生态、后城镇"优先顺序，完成"三区三线"（"三区三线"是根据城镇空间、农业空间、生态空间三种类型的空间，分别对应划定的城镇开发边界、永久基本农田

2022年9月11日，湖南省湘林置业公司1.2万平方米的临建完成自拆

（周永平 供图）

保护红线、生态保护红线三条控制线）划定工作。全区292平方千米辖区内，“三区三线”落实耕地保护目标面积13.79平方千米，划定永久基本农田10.33平方千米；划定生态保护红线5.67平方千米；划定城镇开发边界130.2平方千米，规划期新增规模16.86平方千米（1686.13公顷）。

（本栏撰稿　周永平）

国有资产监管

【概况】　2022年，雨花区以国企改革三年行动为抓手，开展外部董事试点，建立职业经理人制度和契约化管理，建立容错纠错机制，优化监管方式和考核评价体系，推进长沙市雨花城市建设投资有限公司市场化转型，推进“三资”（资金、资产、资源）盘活，开展资产清查及资产划转，构建区属国有企业高质量发展格局，推动国有资本和国有企业做强做优做大。

【规划发展】　2022年，雨花区完成国企改革三年行动的48项改革任务，完成率为100%。出台外部董事选聘、考评、管理等制度，建立由26人组成的区属国企兼职外部董事人才库，委派的4名专业人才进入区属国企4家子公司担任外部董事。出台《雨花区区属国有企业推行职业经理人制度操作指引（试行）》，建立职业经理人制度，实施契约化管理。出台《雨花区区属监管国有企业权责清单》，实行清单管理。出台《雨花区属国有企业尽职合规免责清单》，鼓励企业负责人干事创业，担当作为。

【产权管理】　2022年，雨花区按照“一资一策、因地制宜”的原则，采取资产优化整合、对外租赁、拍卖出售、提质更新等方式，推进“三资”盘活。组织开展全区行政事业单位和国有企业的资产清查，推进部分资产向区属国有企业划转。做好长沙卷烟厂原职工医院的租赁管理。出台区属国有企业国有资产承租户租金减免政策，区属监管企业减免租户302户，减免租金2621.69万元。

【评价考核】　2022年，雨花区修订完善国企负责人经营业绩考核办法与实施细则，引导企业完善内部经营业绩考核体系和激励与约束机制。根据新修订的考核办法和实施细则，完成2021年度国企负责人经营业绩考核，向区属国企下达2022年度经营业绩考核目标。完成区属国企负责人三年任期（2019—2021年）考核。完成2021年度企业国有资产统计及报表编制。组织区属国企申报2021年度国有资本收益和2023年国有资本经营预算计划编制。

【国有企业党建】　2022年，雨花区推动区属国企完善党委前置研究讨论“三重一大”事项清单，落实在完善区属国有企业治理中加强党的领导各项制度安排。推动理顺国有企业党建体制，落实国企党建30项重点任务，深化“一企业一品牌”“一支部一特色”的党建品牌创建工作。

2022年8月15日，雨花区区属监管企业子公司外部董事聘任仪式

（彭　礼　供图）

【外部董事试点】　2022年，雨花区出台《长沙市雨花区区属国有企业外部董事管理办法（试行）》《长沙市雨花区区属国有企业外部董事考核评价细则（试行）》《长沙市雨花区区属国有企业外部董事履职行为规范》，建立由26人组成的区属国企兼职外部董事人才库。8月15日，雨花区属国有企业外部董事聘任会召开，长沙市雨花城市建设投资有限公司、长沙市雨花国有资产经营集团有限公司主要负责人，相关区属监管企业子公司主要负责人，首批聘任的4名外部董事参加会议。会议宣读外部董事聘任决定，并颁发聘任证书。首批聘任的4名外部董事现场签署外部董事履职行为规范承诺书并表态发言。

（本栏撰稿　彭　礼）

国有资产经营

【概况】　长沙市雨花国有资产经营集团有限公司（简称“雨花国资公司”）于2019年1月经雨花区政府批准成立，注册资本金18亿元。公司主营生态旅游、产业运营、地产开发、基金投资、文化综合5个领域，下辖长沙市圭塘河流域开发建设有限公司、长沙市三力物业管理有限公司、长沙市融城设计研究院有限公司、长沙市雨花农业综合开发有限责任公司、长沙圭塘河岸商业运营管理有限责任公司、长沙绿心康养文化旅游开发有限责任公司；参股长沙润置雨花房地产开发有限公司、湖南润森环保科技有限责任公司；通过下属企业组建湖南雨泰文化有限公司，参股长沙中建圭塘河建设开发有限责任公司、湖南滴嗒泊车科技有限公司。

2022年，雨花国资公司总资产

19.19亿元，比2021年上升12.37%。公司立足重要行业、重点片区、关键领域的投资运营和实体经济振兴，深耕“一河两片两公园”（“一河”即圭塘河综合治理；“两片”即跳马片区融城小镇及绿心中央公园、红星片区城市更新；“两公园”即井塘公园、圭塘河生态景观公园）产业核心，推动长株潭一体化进程，服务区域经济发展，推进污染防治，促进建筑垃圾资源化利用，提升人居环境，分段完成和持续保障圭塘河美丽蝶变，受到自然资源部、水利部等上级多部门肯定。

【基金投资】 2022年，雨花区在引导基金方面，设立雨花科创基金，完成基金在市监部门的注册工作及中基协的备案，完成第一笔对长步道项目的投资；证券投资方面，以对区税务局股票（区内企业的税费滞纳金以股票清偿）进行代持为契机，完成公司证券账户机构户的开具，初涉二级市场的投资；社会化投资方面，结合扩内需的政策，抢抓供应链及供应链金融的产业风口，与社会资本合作设立供应链合资公司，完成框架协议的拟定，并将已具备经济价值的供应链电商平台导入合资公司，为公司现金流的增长夯实基础。

【圭塘河流域综合治理】 2022年，雨花区对圭塘河治理改造完成的区域进行日常维护管理，接待中央、省、市、区各级领导考察调研近27次，受到中央、省、市各级媒体报道30余次。谋划圭塘河植物园段综合治理项目，该项目总用地面积86.67公顷，河道治理长度2.8千米，分为二期实施，截至2022年年底，项目调规完成免前置审查、概念方案咨询会、调规论证专家咨询会、区局会商会等程序，容积率调整进行审批。

【红星片区城市更新】 红星片区总体范围西至卉园路、支路七，南至时代阳光大道，东至万家丽路，北至湘府东路，坐拥湖南省植物园、圭塘河生态景观带，紧邻省政府、长株潭生态绿心保护区，毗邻长沙南站和汽车南站交通枢纽，长株潭城际铁路、地铁5号、7号线贯穿其中。片区总面积约4.59平方千米，城市更新范围约266.67公顷，开发建设结合红星片区城市更新项目资源要素，根据“整体布局，分步实施，多点并进，片区平衡”的原则，探索政府引导、市场运作、公众参与的城市更新可持续模式实施更新，以发展新业态、新场景、新功能作为城市更新重点，将红星片区大致划分为7个城市更新单元、3个类别，其中功能改善类更新单元有圭塘河植物园更新单元；全面改造类更新单元有天华和红星大市场更新单元；综合整治类更新单元有红星会展、洞井、商贸城更新单元。2022年1月7日，红星片区城市更新（旧城改建）项目，获得长沙市城市更新工作更新领导小组的立项批复；3月21日，红星片区城市更新（旧城改建）天华更新单元、红星大市场更新单元、红星会展更新单元项目，获得雨花区发改局立项的批复；7月1日，红星片区城市更新（旧城改建）红星大市场更新单元项目引入合作企业招商结果公告在雨花区政府门户网站发布，中选合作企业为中国建筑第五工程局有限公司（牵头人），中建五局城市运营管理公司（成员单位）。截至2022年年底，天华路、湘华路完工通车；天华中学一期取得天华中学用地预审与选址意见书；板塘更新单元与潜在投资方洽谈并商定开发模式，围绕单元道路、学校建设、产业导入等核心元素基本达成共识。

2022年7月17日，自然资源部国土整治中心到雨花区调研圭塘河流域水环境水污染综合治理项目 （刘荟琪 摄）

【绿心开发】 长株潭绿心中央公园以石燕湖景区为核心，东接洞株路，西接岳塘区，背接金屏，南接黄金冲水库，总面积约11平方千米。公园突出提标周边环境，结合美丽宜居村庄创建，打造“生态保护品质高、绿色产业发展好、村民生活富足”的绿心发展示范区。公园紧扣绿心保护理念，依托山水林田湖和交通路网、整合周边资源，推动存量更新、功能重构、品质提升力度，在湖光山色、水乡文脉中植入创新动能，形成“青山、碧水、绿道、蓝网”相呼应的生态空间形态。公园一期项目致力于25千米绿道建设、AAAAA景区创建、乡村振兴示范乡镇创建，重点构建森林－田园绿道体系，以绿道网络辐射带动中央公园内有关的景点、屋场、村镇和功能区。2022年2月22日，湖南省政府副省长王一鸥，省自然资源厅党组书记、厅长陈仲伯一行对长株潭绿心中央公园项目进行调研，重点就雨花区跳马镇关刀新村花卉园艺博览园选址区域进行实地踏勘；4月19日，长沙市委常委、常务副市长夏建平一行对长株潭绿心中央公园规划编制情况进行专题研究；5月26日，绿道绿心准入审批手续启动；6月2日，省政府副省长陈文浩一行调研长株潭中央公园规划及森林资源保护有关问题；9月30日，自然资源部正式审批湖南省“三区三线”划定成果，省、市两级对雨花区上报成果予以支持和肯定；11月9日，省委副书记、省长毛伟明主持召开国土空间规划委员会研究绿心中央公园总体设计工作，原则同意《长株潭绿心中央公园总体设计》。

长株潭绿心中央公园跳马片区绿道项目：总长度19.04千米，建设内容包括绿道、游览服务设施点、节点绿化等，计划分两期实施，其中一期工程主要包括10.43千米绿道及东驿站建设等内容，2022年5月19日，长株潭绿心中央公园绿道一期设计专家评审会召开，深化初步设计成果，完善线性路幅及功能；5月31日，省、市发改、两型部门就长株潭中央公园长沙起步区绿道一期绿心准入资料复核，对东入口、北入口及绿道线网进行现场踏勘；6月29日，长株潭绿心中央公园绿道一期项目取得湖南省绿心准入批复，并于11月8日启动建设，至2022年年底完成绿道主体建设。

绿心中央公园花博园项目：长沙市城发集团与雨花国资公司共同搭建花博园（包含黄兴南邻园区）项目规划建设运营平台，国体中心地块土地收入作为花博园和奥体中心项目的首期启动资金，2022年11月9日，花博园城市设计方案（修订版）得到省政府认可。该方案以跳马传统花卉苗木为基础，引进国内龙头企业和科研机构，打造集花卉苗木种植、交易、研发、体验等为一体的世界级花卉园艺博览园。

跳马消防站项目：作为雨花区重点民生实事工程，是长株潭一体化重点项目之一，有利于提升跳马地区的消防救援能力。该项目于2022年10月31日启动建设，2022年12月底完成主体建设。

（本栏撰稿　刘荟琪）

财政

【概况】　2022年，雨花区完成一般公共预算收入168.27亿元，比2021年增长0.8%；完成地方一般公共预算收入（含省下放）79.16亿元，比2021年下降1.3%，税收占比59.08%，比2021年提升0.5个百分点；地方一般公共预算支出98.03亿元，比2021年增长4%。区财政局获2022年度省财政厅预算管理一体化建设先进单位一等奖、2022年全省行政事业性国有资产报告工作先进单位、长沙市2022年真抓实干财源建设工作优胜单位等多项称号。

【财源建设】　2022年，雨花区成立财源建设工作专班，出台《2022年雨花区财源建设工程推进方案》《2022年雨花区财源建设工作要点》。推进三级联动，形成区级政府、职能部门、属地镇街的三层推进机制，精准定位重点税源企业、房产税专项、常规税源3个板块预期目标；协同财政、税务、行业主管部门。深入走访企业，优化对企服务，提升龙头企业纳税积极性，中国建筑第五工程局有限公司、长沙市比亚迪汽车有限公司等重点企业税收比2021年增长200%以上；为辖区内企业出具工作联络函，助推企业业务拓展，打通上下游产业链。招引优质企业，定期评估招商引资效果，开展重大项目税收效益事前评价，全面、高速、逐项推进洽谈事项，引进中国联通中南研究院、长沙润星置业有限责任公司等优质企业。对27家建安企业进行上门政策宣讲，引导企业汇集全国印花税在长沙缴纳，印花税比2021年增长30%以上，增收约1亿元。《抓调度、促联动、强征管——雨花区全力推进财源建设工程》等4篇经验类文章被省、市《财源建设工作简报》刊载推广。

【财政支出】　2022年，雨花区优化支出结构，全力保障民生，落实过“紧日子”思想。2022年预算大幅压减，除区委、区政府重大事项和应急项目外，严格控制项目经费追加，优先保障职工工资、民生支出、中央直达资金等资金。坚持教育优先发展战略，加大教育投入力度，落实中共中央、国务院关于保障义务教育教师工资待遇有关文件精神，确保义务教育教师平均工资收入水平不低于当地公务员平均工资收入水平；落实乡村振兴资金保障政策，安排乡村振兴衔接资金1309万元，对口帮扶溆浦县乡村振兴资金1000万元、龙山县乡村振兴资金850万元。

【资金管理】　2022年，雨花区严控借款规模，强化催收力度，组织第三方机构开展往来资金专项清理，通过严控财政预算资金、土地返还款抵扣等方式有效清理暂付款项；拟定《雨花区清查处置行政事业性闲置国有资产实施方案》，对全区闲置国有资产进行清查摸底、科学分类、高效处置并规范管理，按照“能用则用、不用则售、不售则租、能融则融”的原则，对清查出的闲置国有资产7处，通过出租、划转等方式盘活6处，报废处置1处；通过促进产业链招商，优化产业布局，加快盘活闲置资源，全年累计盘活“三资”约5.07亿元。强化财政预算绩效管理，减少低效、无效支出，选取24个单位30个项目进行重点绩效评价（含整体评价），评价金额3.08亿元，对绩效评价为“中”及以下的项目，统一核减预算。

【财政管理】　2022年，雨花区推进预算管理一体化建设，完成预算单位会计核算云上线、集中支付电子化接口报文改造，优化电子支付流程，提升单位会计核算水平。发布《雨花区政府投资信息化建设项目评审管理细则》，规范信息化项目评审，加强备案管理；发布《雨花区财政预决算（投资）评审中心造价咨询服务单位考核管理实施细则（试行）》，规范评审行为，区财评中心在2022年全市财政投资评审评比中获得全市第一；建立重点工程项目智慧信息系统，以系统化思维和信息化手段推进工程项目管理，进入试运行阶段，实现项目储备、项目审核、项目评审、项目付款全生命周期数据信息化管理。开展编外人员核查，成立专班，对全区数额备案管理人员进行核定。强化债务管理和PPP项目审核，抓实隐性债务化解，完成全年化债任务；建立“及时、动态、联动”的PPP项目审核把关机制，推进PPP项目提档加速，在湖南省2022年第二季度政策措施落实情况跟踪审计检查中获得好评。

【预算管理一体化建设】 2022年，雨花区推进预算管理一体化建设，协助省财政厅开展预算管理一体化预算编制试点和系统整合工作，成立领导小组和工作专班，明确职责分工，建立实行调度通报和常态化沟通机制，通过“管理＋技术”方式整合部门预算、预算执行、会计核算等财政业务，提升建设水平和数据质量。雨花区获评2022年度预算管理一体化建设先进县市区。4月14日，雨花区预算管理一体化系统改造工作布置会召开。会议旨在加快预算管理一体化系统建设，增强预算管理一体化系统的业务衔接和数据贯通，推进预算管理一体化系统国库集中支付电子化接口报文改造。7月20日，雨花区预算管理一体化系统2023年预算编制试点工作会召开。区财政局相关业务科室负责人及参与该次试点的9家预算单位经办人员和系统开发公司有关负责人参加会议。系统开发公司工作人员对预算管理一体化系统2023年预算编制进行介绍和功能演示，各经办人员提出意见建议。

【债务工作会议】 2022年7月1日，雨花区债务工作会议召开，部署防范化解债务风险相关工作。区委常委、常务副区长吴平辉、长沙市财政局债务管理处处长许烨宏出席会议，区财政局、区国资中心、各区属国有企业主要负责人及相关人员参加会议。会议提出，要守住底线，确保不发生系统性、区域性债务风险；要守住红线，禁止新增隐性债务、关注类债务，严防虚假化债风险，遏制增量、化解存量；要把握主线，严控债务总量，优化债务结构，逐步化解政府性债务，规范经营性债务，降低雨花区债务风险水平。10月8日，区委副书记、区长黄军其主持召开债务工作专题调度会议，部署防范化解债务风险相关工作。相关职能部门就会议议题作专题汇报。会议强调，要严格债务管理，修订区级融资管理办法；要科学举债，严防经营性债务风险；要盘活资产资源通过加快土地出让、加速权证办理等方式，为国有企业注资；各平台公司要持续增强造血能力，实现与国企考核挂钩。

2022年10月19日，2023年度雨花区本级部门预算编制工作会议（陈韵仪　摄）

【2023年度区本级部门预算编制工作会议】 2022年10月19日，雨花区2023年度区本级部门预算编制工作会议召开。区委常委、常务副区长吴平辉，区人大常委会副主任王青春，区人大财经委，区财政局、区审计局、区直各预算单位、部门垂管单位主要负责人和经办人参加会议。区财政局党组书记、局长舒畅回顾2022年预算编制工作，提出要创新预算编制和管理工作，对2023年预算编制工作进行部署。会议强调，要通过预算编制带头过“紧日子”，各部门单位要精打细算、共渡难关；要在收支紧平衡的现实背景下实现“立足中部领先，迈向全国十强”的目标；要通过预算编制明晰2023年重点。

【财政所长会议】 2022年11月29日，雨花区财政所长会议召开。区财评中心、区财政事务中心等二级机构负责人及行财科、社保科、经建科等相关科室长传达有关工作要求。会议学习《关于进一步加强惠民惠农财政补贴资金“一卡通”管理的实施意见》的文件。会议宣读《湖南省财政厅关于2021年度“标兵财政所”“示范财政所”建设情况的通报》，对获奖单位砂子塘财政所、东山财政所颁发奖牌。

（本栏撰稿　陈　璐）

税务

【概况】 2022年，雨花区组织入库税收收入（含烟）811.02亿元，还原留抵退税因素后，比2021年增收31.52亿元、增长3.8%。入库市考税收98.63亿元，比2021年增收3.86亿元、增长 4.07%。企业所得税汇缴 62333 户，入库企业所得税 24.83 亿元。29.4 万人进行个人所得税综合所得汇算清缴，146190 人共退税 1.13 亿元，11896 人共补税 4986 万元。完成 72 个房地产项目的清算审核，入库土地增值税 3.2 亿元。完成风险管理全流程 4213 户次，查补税款及滞纳金 1.99 亿元。

【减税降费】 2022 年，雨花区落实大规模留抵退税、制造业中小微企业缓税、小微企业“六税两费”（增值税、消费税、企业所得税、个人所得税、资源税、城市维护建设税以及教育附加费、地方教育附加税收及费用）减免等新的组合式税费支持政策，新增减税降费及退税缓税缓费 65.16 亿元，其中增值税留抵退税 49.73 亿元。湖南省委副书记、省长毛伟明对雨花区落实留抵退税工作作出表扬性批示。

【社保非税】 2022 年，雨花区以综合治税服务平台为依托，强化社保费征缴工作联络，实现单位缴费“网上办”、个人缴费“掌上办”，完成 2022 年度社保费工资申报、排污权有偿使用费等社保非税收入征缴工作。全年入库社保费 109.64 亿元，非税收入 22.16 亿元。

【办税服务】 2022 年，雨花区办税服务厅实行“兜底”管理，统一受理各类诉求，保障税管员制度改革无缝对接。设置“不满意请找我”“资料预审”“潮汐窗口”等专窗，提高办税效率。推进专票电子化网格化服务，满足纳税人多样化需求。推行“非接触式”办税，做大做强“线上业务”集中处理中心和“小呼中心”，线上办税占比 93.58%，“小呼中心”日均咨询量约 260 通，接通率 99.4%。推广涉税智能小管家“湘税通”，实名认证用户 61209 户，注册率 82.95%。创新推出“春风税雨”税宣品牌，参与及组织“万屏联动 多媒展播”活动以及“税收带来雨花美”创意美术大赛。开展“一把手”走流程、解难题、优服务以及千人联点千企“纾困增效”活动，为企业发展提供“税动力”。

【“春风税雨”税宣品牌】 2022 年，雨花区创新推出税宣品牌“春风税雨”，通过定制漫画形象“税小雨”“税小花”进行政策宣传推广。“税小雨”“税小花”以对话形式展现最新政策文件要点，同步链接政策原文，适时辅以“小测验”，提升政策知晓度。全年推出“春风税雨·政策速递”7 期。

【“依法诚信纳税”主题宣传】 2022 年，雨花区税务局围绕“诚信兴商、你我共筑”，开展“依法诚信纳税”主题宣传活动。活动通过办税服务厅公告屏、电子显示屏宣传纳税信用管理的内容、评价标准，通过湘税通向纳税人发送信用管理公告，对前来大厅咨询的纳税人进行解答；组织干部参加湖南省税协公益讲坛的讲座，提升税务干部诚信内容的掌握程度；向企业发放宣传资料，讲解“诚信兴商”在促进社会经济发展等方面的积极作用，提醒纳税人按时申报缴税，做诚实守信、依法纳税的模范表率；定期开展纳税人辅导讲座，宣讲重大税收违法失信案件当事人公布标准和激励惩戒措施。

2022 年 7 月 5 日，雨花区税务局聚焦就业劳动者社保服务　（胡　瑾　供图）

【专项核查工作】 2022 年，雨花区税务局组织开展个人窗口代开大额发票、个人股权转让、财政补贴涉税风险、政府采购及中标信息印花税、购销合同印花税、涉嫌增值税发票虚开纳税人风险等专项核查工作，重点核查随意调整企业划型、接受虚开专票、骗取留抵退税等违规违法行为。加强增值税消费税与附征税费、票表比对差异、已竣工验收建安工程预交增值税、涉嫌虚开增值税发票风险等各类风险事项开展税务核查，推动“全面服务、重点打击”的风险分类分级管理模式。全年受理举报、信访及职能部门移送 119 户；接收处理异地协查任务 583 条，涉及企业 268 户，涉及发票份数 4704 份，金额 43369 万元，税额 5052 万元。

【税务专题培训】 2022 年，雨花区税务局开展“业务能力提升年”系列活动，利用“长沙税务大学堂（雨花）”，区税务局主要负责人讲形势、部门负责人讲政策、业务骨干讲经验 24 场次，共 3998 人次参加。1 月 21 日，雨花区优化税源管理方式专题培训举行。培训采用视频连线方式，在区税务局 11 楼会议室、3 楼电教室、雨花亭办公区电教室同时铺开，区税务局业务职能部门及税源管理部门的全体干部职工参加。培训重点对进一步优化税源管理方式的实施方案进行解读，研究改革推进过程中可能遇到的困难和问题，对岗位调整和金三系统的具体操作进行培训。2月18日 长沙税务大学堂（雨花）2022年第一期开讲。区税务局中层以上干部共108人参加培训。该次培训采取“先考后学”模式，进行1个半小时的税费业务知识测试，区税务局党委书记、局长黎妙坤对考卷题目涉及的各税费政策进行讲解。3月4日，长沙税务大学堂（雨花）2022年第二期——企业所得税汇算清缴培训开讲。区税务局税源管理部门全体干部及第一税务所部分干部共206人参加培训。培训对新版年报表、税收政策、汇缴数据质量监控及整改、“跟票管”“按户管”、汇缴多缴退税、企业所得税风险提示服务系统的应用等内容进行讲解。4月8日，房地产项目清算专题培训举行。培训针对辖区内达到清算条件的28户房地产企业开展集中政策辅导，从需要报送的资料、如何填报土地增值税清算申报中的1张主表、20张附表以及长沙市房产工程建安成本造价信息表的填报、注意事项和法律依据等进行介绍，就及时规范纳税申报等方面进行讲解和说明。6个专家团队现场解答疑惑，开展政策辅导。12月9日，“税收法治与规范执法”专题讲座举行。区税局机关和征管一线共150名税务干部参加。培训从“税收法治”与“规范执法”2个维度，阐述推进税收法治建设、规范税收执法、强化风险防控的重要性和必要性，并结合案例讲解税务行政许可、简易程序处罚、一般程序处罚3类基层常用税务执法文书的制作要点及注意事项。

【“小呼中心”上线试运行】 2022年7月28日，雨花区税务局“小呼中心”上线试运行。区税务局党委书记、局长黎妙坤与党委副书记、副局长易珂为“小呼中心”揭牌。“小呼中心”主要向雨花区内纳税人缴费人开展语音和网络咨询服务，包括纳税咨询、税收法规查询、办税指南查询、自动语音留言回拨、视频远程指导等。同时，可通过在后台业务科室和税源管理部门设立分机或传递工单等形式对复杂疑难问题进行内部流转处理。

（本栏撰稿　张　璐）

金融监管

【概况】 2022年，雨花区围绕金融服务实体经济的本质要求，以培育企业上市、促进银企对接融资、防范非法集资风险隐患为工作重点，落实“企业上市联席会议”帮扶机制，组织雨花区“银行敲门进千企”等系列银企对接活动，开展防范非法集资大型集中宣传活动5次、室外日常宣传活动138场，日常摸排企业2436家，发现风险线索23条，发布风险提示7条，维护区域金融环境稳定。

【企业上市】 2022年，雨花区新增2家报辅备案企业、1家湖南股交所挂牌企业。区金融中心联合深圳证券交易所、上海证券交易所、北京证券交易所等机构，走访挖掘后备企业，推荐辖区28家企业进入长沙市上市后备企业库，22家企业进入湖南省上市后备企业库。落实“企业上市联席会议”帮扶机制，争取长沙市企业上市服务中心支持，协调解决湖南长步道光学科技有限公司、中轻长泰（长沙）智能科技股份有限公司、红星冷链（湖南）股份有限公司等后备企业报辅、验收、递材料当中涉及合规性各类问题。

【企业服务】 2022年，雨花区组织开展纾困暖企“银行敲门进千企”等系列银企对接活动，推进“信易贷”融资平台企业入驻及线上授信工作，通过搭建政银企对接桥梁，企业获得授信超65亿余元。为辖区企业申请到省级、市级金融产业发展专项资金114万余元。

【日常监管】 2022年，雨花区做好辖区内4家小额贷款公司、2家融资性担保公司、22家典当行（含2家分支机构）、13家融资租赁等地方金融组织的数据报送、年审、风险防范、设立变更初审等各项日常工作。对辖区登记注册并处于存续状态的13家融资租赁公司违规设立、变更等问题开展清查和整改。

【防范和处置非法集资】 2022年，雨花区做好资金清退和接访维稳工作，完成“国金所案”2413人第二轮资金1843万余元清退工作，以及“百年财富案”502人第一轮资金超250万元清退工作，组织开展银沃非法集资案受损户登记工作（汇总登记表格800余张，完成近500人清退手续办理）、“百年财富”案债权确认工作，累计接访50余次，召开案情进展情况通报会20余次，组织相关部门召开个案研究会30余次，并及时答复来访诉求。“两节”（元旦、春节）期间摸排企业368家，组织日常摸排企业2436家，发现风险线索23条。开展涉嫌非法集资线索现场核查15次，约谈风险企业7次，发布风险提示7条。在对外窗口显示屏滚动播放最新条例相关内容、公益宣传视频和防范非法集资口号，利用新媒体渠道发送最新的防范讯息，完成室外日常宣传138场，开展大型集中宣传活动5次。组织在农村等重点区域悬挂宣传标语，在文旅体行业发放安全知识手册等3000份。开展防范非法集资集中宣传月活动和知识答题赛。部署“0731无非法集资街道（乡镇）”建设工作以及宣传月相关工作，在6月份组织“五进”活动场次122次，发布原创作品22篇，发送短信近2万条，布置海报、展板将近4000份，播放宣传广告超4万次，新闻媒体报道13次，宣传覆盖人数近5万人次。组织金融机构、旅游行业从业人员等1万余人参加全国防范非法集资线上知识答题赛活动。

【“信易贷”平台推广】 2022年，雨花区推进“信易贷”融资平台企业入驻及线上授信工作，将银企集中对接、一一走访与线上申请贷款、线上评级授信、数字化普惠金融相结合，为企业获得银行授信超30亿余元。

【金融产业发展专项资金申报】 2022年，雨花区推荐辖区企业获得当年长沙市资本市场发展专项资金、长沙市小额贷款公司专项财政补贴、湖南省级金融发展专项资金等114万余元。

【融资租赁公司清查整改行动】 2022年3月30日，雨花区启动对辖区登记注册并处于存续状态的融资租赁公司（含法人机构和分支机构）违规设立、变更开展清查和整改行动。该次行动主要对2021年6月18日至2022年2月28日期间，未经所在区县（市）金融办（事务中心）、市金融办、省地方金融监管局书面同意，在市场监管部门或行政审批服务部门完成新设、变更的异常情况开展清查，完成辖区内13家融资租赁公司的清查整改，并将清查整改情况上报至市金融办。

【纾困暖企“银行敲门进千企”对接活动】 2022年4月，雨花区组织开展纾困暖企“银行敲门进千企”对接活动。活动采取“一对一”服务模式，围绕全区域13个街道（镇），各街道（镇）安排一家主办银行，由各主办银行牵头，对每个街道（镇）百家企业组织开展融资需求梳理及上市意愿情况摸底，以点带面、精准对接、全面提升融资对接落实。对主办银行无法承接企业需求的，组织其他银行、融担机构、融资租赁或商业保险给予金融支持。

【防范和处置非法集资工作培训会】 2022年4月15日，雨花区2022年度防范和处置非法集资工作培训会召开。各街道认领2022年的防非宣传任务共172场；布置风险排查工作；圭塘街道向园区、各街镇分享风险排查过程中的好做法；区打非办结合2015年以来经手的经典案例介绍非法集资的13种基本模式，就如何发现、如何处置等难点问题进行重点阐述。

（本栏撰稿 邓昶）

·长沙农村商业银行雨花支行·

【概况】 长沙农村商业银行雨花支行是长沙农商银行下辖的12家一级支行之一，支行下辖14个二级支行、1个营业部，共15个网点；支行机关办公地点设在雨花区政府机关大院内。截至2022年年底，长沙农村商业银行雨花支行各项存款余额116.24亿元，较年初净增11.64亿元；各项贷款余额75.58亿元，较年初净增9.49亿元。

【业务发展】 2022年，长沙农村商业银行雨花支行以“挖潜增效”为主线，利用节假日在各网点开展特色营销及厅堂微沙龙营销。组织全员参与雨花区“银行敲门进千企”、《“三帮三促”纾困暖企行动方案》等行动，加大对长沙市71家国家级、133家省级专精特新“小巨人”企业实施精准营销，深化“政府＋园区＋银行”的合作模式，创新融资担保方案，以特色支行和特色产品为抓手，聚焦对专精特新、“小巨人”企业的营销，制定专属信贷方案，建立快速受理和审批通道，全行重点项目走访共计207户，营销专精特新企业贷款63笔，共4.51亿元。组织机关部室分析辖内每个二级支行的地域优势以及自身客群组成，从业务发展及营销方式上做出相应指导；做好差异化营销，从紧盯政府重点项目、重点工程做文章，主动参与地方政府治理，参与地方经济建设。利用长沙快贷白名单、电子拎包等批量营销，对于优质客户，实行长沙快贷白名单和福祥e贷进件。

2022年，长沙农村商业银行雨花支行实地走访雨花区重点企业（彭昕昱 供图）

【风险防控】 2022年，长沙农村商业银行雨花支行按照“每周一次”的标准督促下辖支行对即将到期的贷款进行清收，确保贷款按期收回。对存量不良贷款和关注类贷款，实施“一户一策”“专人专管”，摸清底子。按照确定的清收处置计划，逐笔部署到位。通过与法院、总行多层联动，对于长期清收不动的一批“老赖”，以法院起诉为依托，加大诉讼贷款的清收。加大对不良贷款责任追究制度，对形成不良贷款的相关责任人按员工处罚条例进行经济处罚及通报。

【儿童财商大课堂】 2022年2月14日，长沙农村商业银行雨花支行在雨花区跳马镇冬斯港小学，开设儿童财商大课堂。该次讲堂紧扣金融知识普及和金融风险防范2个主题，介绍钱币的由来、认识中国货币、科学合理地使用金钱等内容，以及针对未成年人所设置的专项产品——点点儿童卡产品，强化孩子们勤俭节约、合理花钱、主动理财的意识。

【首笔线上存单质押贷款】 2022年8月19日，长沙农村商业银行雨花经开区支行办理首笔线上存单质押贷款，用时2小时，这是科技赋能金融的一次全新尝试。

（本栏撰稿　彭昕昱）

审计

【概况】　2022年，雨花区围绕政策落实、财政预算执行、经济责任、政府投资、民生实事等情况，共实施审计项目15个（含临时交办项目3个），查出预算编制不细化、专项资金使用不规范、固定资产管理不到位等问题96个，查出主要问题金额1.98亿元，其中管理不规范金额1.9亿余元、违规金额639万元、损失浪费金额97万元；审计期间整改金额129万元，审计促进整改金额2335万元、挽回（避免）损失金额719万元、核减投资额704万元，提出审计建议37条，推动部门单位制定和修改制度6件。区审计局参与林科路道路工程，石碑大港箱涵工程和锦源路道路工程等10个项目的变更联审；完成天华经济合作社（原天华社区筹委会）2011——2013年财务收支及有关经济活动专项核查，涉及问题金额1854.26万元；完成对郿阳、洞井、天华、花桥等社区筹委会4个安置项目土地出让金返还政策把关10余次和全区经济政策兑现审核工作；完成区委组织部2017——2021年党费使用管理情况内部审计项目；配合迎接省审计厅驻区开展经济责任审计和自然资源资产离任（任中）审计。区审计局向区委、区政府汇报审计情况5次，报送审计要情、专报4份，审计报告、要情、专报获区委、区政府领导肯定性批示2份；发出审计工作提示函50余份，累计完成各部门征求意见稿266份，对区级文件、制度等出具审计意见或建议100余条。实施的“长沙市雨花区财政局2020年度预算执行及其他财政收支情况审计项目”，获得全省县级审计机关优秀审计项目一等奖（市级一等奖）；区审计局获2022年度全省审计机关信息宣传工作先进单位。

【财政资金绩效审计】　2022年，雨花区综合采用大数据审计＋疑点核查＋送达审计的方式，开展2021年度区本级预算执行及其他财政收支情况审计和区园林绿化维护中心2021年度预算执行及其他财政收支情况审计，对“三高四新”战略定位和使命任务落实情况、国有资产管理、社会保险基金预算管理、政府采购及政府购买服务、财政存量资金及库款保障情况、政府债券管理6个专题进行延伸审计，实现79个一级预算部门审计全覆盖，查出问题金额2951.72万元。其中，管理不规范金额2832.53万元、违规金额28.8万元，审计期间整改金额31.55万元、审计促进整改资金58.84万元，向被审计单位提出审计建议并被采纳7条，下达审计决定1份，撰写审计要情1期。

【经济责任审计】　2022年，雨花区组织实施区市场监督管理局（区知识产权局）、区城市管理和综合执法局、区人力资源和社会保障局、洞井街道和同升街道5家13名领导干部任期（任中）经济责任审计。审计重点关注领导干部在担当作为、规矩用权、守法守规、廉洁从政等方面情况，同时在同升和洞井街道2个审计项目中纳入耕地保护内容，共提交审计报告和审计结果报告18份。

【政府投资审计】　2022年，雨花区加强区财评预（结）算评审项目质量审计，抽查评审预算、结算项目62个，发现问题16个，查出不规范金额22.25万元，核减金额689.53万元，提出审计建议6条，促进区财评中心出台《造价咨询服务单位考核管理实施细则（试行）》。

【重大政策落实情况跟踪审计】　2022年，雨花区对2019——2021年公共卫生服务体系运营情况开展专项审计调查，发现违规使用专项资金、人员管理不到位等问题15个，查出管理不规范金额近1.06亿元，查处违规资金599.43万元，提出审计建议3条，促使8家基层医疗卫生机构补缴个人所得税及滞纳金84.85万元。

【民生审计】　2022年，雨花区12个审计项目均关注就业、教育、社保、医疗、住房、养老等问题，通过审计促进民生政策普惠性、基础性落实。区市政设施维护中心2017年1月1日至2021年12月31日市政项目建设及维护专项审计调查项目，发现问题15个，查出管理不规范资金约238.46万元，审计期间追回金额8960元，提出审计建议3条；区园林绿化维护中心2017年1月1日至2021年12月31日园林绿化项目建设及维护专项审计调查项目，发现问题10个，查出管理不规范资金460.85万元，收回超付工程款37.57万元，核减苗木采购金额14.65万元，提出审计建议4条。

【内部审计】　2022年，雨花区搭建内审业务培训平台，组织各单位内审工作负责人定期参加内审培训。选派4人参加市级内审业务高级研修培训班，组织全区25个内审机构78人开展集中学习，邀请省、市专家开展现场教学。通过专项指导、结合审计项目指导等方式，强化对各单位内审工作的业务指导。

【审计整改】　2022年，雨花区审计局以“三抓三提”为抓手（抓闭环管理、提升整改深度；抓分类施策、提升整改精度；抓举一反三、提升整改广度），做好审计整改“后半篇”文章，截至2022年年底，2021年度区本级预算执行和其他财政收支情况审计查出的36个问题，整改34个，完全整改率为94.44%，与2021年同期相比，完全整改率提高5.21%。加大历年遗留的未完全整改问题力度，推动区住建局收回违规发放补助金额6万元（剩余款）、长沙市雨花城市建设投资有限公司收回借款1.5亿万余元，区住建局“违规发放农村危房改造补助”和长沙市雨花城市建设投资有限公司“出借资金较多且1.5亿元逾期未收回”2个历年遗留的老大难问题整改到位。

【审计结果公开】 2022年，雨花区按照《审计结果公布办法》规定的流程进行审批，在雨花区政府门户网站予以公布，接受社会各界监督。公布《长沙市雨花区2021年度财政预算执行及其他财政收支情况审计报告》和《长沙市雨花区财政预决算（投资）评审中心2021年9月至2022年2月预、结算评审项目质量专项审计调查报告》。

【“三类监督”贯通协同】 2022年，雨花区审计局通过“全面审计＋延伸核查＋重点专项”的方法，推进审计监督与纪检监察监督、巡视巡察监督贯通协同，对于审计期间发现的违纪违法问题线索或其他事项，采取审计移送处理书、移交问题线索函的形式，依法及时移送有关部门和单位，向区委巡察办移交督办建议2批、涉及问题13个。

（本栏撰稿　龙辉明）

统 计

·地方统计·

【概况】 2022年，雨花区实现地区生产总值（GDP）2478.25亿元，比2021年增长4.5%。分产业看，第一产业实现增加值5.96亿元，比2021年增长2.8%；第二产业实现增加值1375.55亿元，比2021年增长5.7%；第三产业实现增加值1096.74亿元，比2021年增长3.1%。一、二、三次产业分别拉动GDP增长0个、3.0个、1.4个百分点，对GDP增长的贡献率分别为0.2%、67.8%、32.1%。全年城镇居民人均可支配收入70239元，比2021年增长4.9％。全年实现一般公共预算收入168.27亿元，比2021年增长0.75%，实现地方一般公共预算收入79.16亿元，比2021年下降1.29%。一般公共预算支出98.03亿元，比2021年增长3.98％。（王　瑞）

【统计基础建设】 2022年，雨花区加强统计规范化建设，结合湖南省统计局规范化建设和长沙市统计局星级统计站点创建工作，申报的2个五星站点、2个四星站点和省级规范化建设单位全部达标。加强统计力量配备，分类推进业务培训，保障工作经费。规范统计工作流程，健全数据质量管理制度，加强名录管理，严格数据报送，加强数据审核评估，提高统计数据质量。（王　艳）

【统计服务】 2022年，雨花区向省、市、区报送统计信息44篇，其中，国家统计工作信息网采用1篇，省统计内网采用2篇，“新湖南”1篇，长沙市统计内网32篇，雨花区政府门户网站采用12篇，“飞梦雨花”微信公众号、“开放雨花”App采用4篇。编辑出版《雨花统计》《雨花统计公报》《雨花统计年鉴》，通过对各项经济指标的真实收集、系统分析、科学预测，研究热点难点课题，形成多篇分析报告。

（赵红丽）

【联网直报】 2022年，雨花区统计局定期开展业务培训交流活动，提高专业统计人员的基本业务技能。统计局专业人员严格按照《定期报表业务流程》规范操作，加强业务审核。按照基层统计工作联点安排，分批次分、层次指导街道对企业单位核查工作，采用QQ互动、电话答疑、上门服务等形式，深入企业逐项核实服务对象信息，在统计业务上实行“一对一”指导服务。2022年年度报表、季度报表、月度报表制度，各专业联网直报率均为100%。（丁子媛）

【统计法治】 2022年，雨花区统计局结合国家统计督察反馈问题整改，加强统计法律法规宣传教育，做好各级领导干部、统计人员、统计调查对象和社会公众的统计法律法规宣传培训。建立统计监督与巡察监督、审计监督融汇贯通的工作机制。加大统计执法力度，充实统计执法队伍，加大执法检查力度，立案查处统计违法行为。（王　艳）

【“雨花区经济数据智慧e平台”上线运行】 2022年3月8日，雨花区统计局牵头建设的“雨花区经济数据智慧e平台”（以下简称“e平台”）上线运行。该平台可通过“线上”为企业送服务等方式，实现对全区重点企业及商务楼宇实施动态监测管理，形成数据驱动的智能决策能力。e平台以“重点企业、商务楼宇”为牵引，通过搭建资源共享、互动合作的服务平台，全面整合政务数据、外购数据和实地调查数据，挖掘数据价值，激活数据要素潜能，打造全区紧急发展的“数据中心、监管中心、服务中心”。疫情防控期间，e平台的上线，可发挥线上平台的优势，及时了解楼宇招商意向、租赁信息等变化情况，分析楼宇入驻企业整体经济运营状况，加强楼宇精细化管理水平，用大数据为楼宇多项服务赋能。e平台可向楼宇方推送中央、省、市、区各级奖励扶持政策、新注册企业信息和政企交流活动、商业论坛等活动信息，为入驻企业提供更多更优的服务。同时楼宇方还可通过平台，防止风险企业入驻。雨花区以“数据赋能决策，精准服务企业”的经验做法在全省统计工作现场观摩会上获得高度肯定和推介。（张　爱）

【统计系统业务培训】 2022年5月20日，雨花区统计系统业务培训举行。长沙市统计局相关负责人、区统计局全体干部职工及14个街镇（园区）的统计工作人员近80人参加培训。市统计局国民经济核算处处长邹俊平、农业统计处处长李妮红结合雨花区实际对GDP核算体系、高质量发展体系以及星级统计站点建设等相关业务知识进行介绍；开展交流座谈会和“数海卫士杯”知识抢答赛。（丁子媛）

【“中国统计开放日”活动】 2022年9月27日，雨花区第十三届“中国统计开放日”暨“政务公开主题日”活动举行。长沙市统计局、雨花区统计局相关负责人，重点楼宇、重点企业代表，优化营商环境特约监督员及统计系统相关工作人员100余人参加活动。活动以“数说新时代 奋进新征程”为主题，以迎接中共二十大胜利召开为主线，通过现场视频滚动播放“数

2022年9月27日，雨花区第十三届“中国统计开放日”暨“政务公开主题日”活动　（丁子媛　供图）

说雨花这十年”“统计带你看长沙这十年”等宣传片、开展“雨花区经济数据智慧e平台”客户端的使用培训等，展示中共十八大以来民生领域发展成就和统计调查工作成果。（丁子媛）

【星级统计站点创建】 2022年12月5日，长沙市统计局发布《2022年长沙市乡镇街道星级统计站点创建结果通报》，雨花区东塘街道、井湾子街道获评“五星级统计站点”称号，左家塘街道、东山街道获评“四星级统计站点”称号。全区共4个街道申报星级统计站点创建，创建成功率100%，获评“五星统计站点”个数为中心城区第一。雨花区立足数据质量、夯实统计基础，把上级的决策部署落实到统计一线、巩固在统计阵地，按照星级统计站点创建三年全覆盖相关工作要求，成立领导小组，由区统计局领导带队，为13个街镇派出联点干部指导服务。（丁子媛）

·国家统计·

【概况】 2022年，国家统计局雨花调查队完成新一轮五年周期大样本轮换工作，包含对10个调查小区简图绘制和编制建筑物清查表、1750户住户入户摸底、4次辅助调查员培训、10次试记账培训等工作；完成全区涉及调查范围的3168户家庭的就业、失业调查；完成采购经理、工业生产者价格、小微企业、服务零售业、ICP调查等；每季度开展居民收支调查数据分析，及时推进快速民生调查，编报调查报告和数据分析35期，被《雨花要情》刊载4期。（张　晨）

【劳动力调查】 2022年，雨花区劳动力调查样本点18个，每月调查样本量288户，全年调查样本3456户，样本涉及11个街镇的18个社区（村）。其中，左家塘街道3个、洞井街道3个、侯家塘街道2个、黎托街道2个、井湾子街道2个、圭塘街道1个、砂子塘街道1个、雨花亭街道1个、同升街道1个、东山街道1个、跳马镇1个。（杨　烁）

【企业调查】 2022年，国家统计局雨花调查队采取抽样调查方式，对雨花区涉及的6家工业企业进行工业生产者价格调查，并纳入推算全省工业生产者价格指数（PPI）的样本范围。采取抽样调查方式，对雨花区涉及的25家企业进行采购经理调查，并纳入推算全省采购经理指数（PMI）的样本范围。采取抽样调查形式，对雨花区涉及的5家新设立小微企业跟踪调查，并纳入全国小微企业生命周期调查的样本范围。（杨　烁）

【快速调查服务】 2022年，国家统计局雨花调查队撰写调查报告和调查分析12期，为雨花区委、区政府宏观决策提供优质的统计调查服务。《2021年雨花区城镇居民收入增长7.3%》《雨花区三孩生育意愿不强 经济压力大是主因》《2022年一季度雨花区城镇居民人均可支配收入增长5.4%》《上半年雨花区居民收入平稳增长 不利因素需引重视》被《雨花要情》工作动态栏目刊载。（陈思光）

【统计执法工作】 2022年，国家统计局雨花调查队召开队务会专题研究统计法治工作6次，举办统计法治专题培训2次，年初印发《国家统计局雨花调查队防范和惩治统计造假、弄虚作假责任制实施办法》。1月7日，雨花区第六届人民政府第4次常务会议专题学习统计工作有关文件；1月12日，区委常委会2022年第2次会议专题传达中央和省、市关于统计监督工作有关精神；6月1日，区委办、区政府办公室联合印发《关于加强新时代统计工作的实施方案》，就深入推进统计改革，提高统计数据质量和统计服务水平明确2个总体要求，提出18项工作措施，给予3个方面的组织保障；9月20日，顺利通过全省统计执法检查。

制作《统计法之女儿国住户调查“紧箍咒”》动漫视频，在“湖南调查”“飞梦雨花”微信公众号进行推广宣传统计法治知识；借助劳动力调查陪访、住户调查回访、企业调查入企核查等访户时机以及业务培训班开展统计法律法规宣传，发放宣传资料300余份，进行统计法治集中宣讲8次；创办宣传活动，举办“美好生活·民法典相伴”“数说新时代 奋进新征程”“深入学习贯彻党的二十大精神 开启依法统计依法治统新征程”法治宣讲活动。落实“总队统筹，市队协同，县队配合”纵向机制，派出3名执法人员参与全省统计执法检查工作，1名执法人员参与全市统计执法检查工作；开展住户调查、劳动力调查、企业调查的基础工作质量检查5次；执行领导干部违规干预统计工作“零报告”制度，按季度向雨花区纪委、区委组织部报送统计情况；开展违反统计法文件清理专项行动，对近3年以来将调查队作为考核指标、完成目标责任单位（或者牵头单位、配合单位等）的文件进行全面清查整改。（熊　娟）

【住户调查大样本轮换】 按照国家统计局统一部署，2022年为5年一次的样本轮换年，雨花区住户调查样本全部需要进行更换。2022年2月21日，国家统计局雨花调查队2022年住户调查样本轮换工作领导小组及其办公室成立，负责做好该次住户调查大样本轮换的日常工作；3月19日，国家统计局雨花调查队队长左建军向区委常委、常务副区长吴平辉作专题汇报，就住户大样本轮换工作基本情况、实施方案等进行汇报，对调查经费等亟待解决问题进行请示，争取区委、区政府的支持；3月21日，吴平辉对2022年雨花区住户调查大样本轮换工作作出批示；4月12日，吴平辉针对申请解决住户调查大样本轮换工作经费的请示报告中再作批示，要求区财政研究处理；4月20日，雨花区政府办公室印发《关于开展雨花区2022年新一轮五年周期住户调查大样本轮换工作的通知》，对2022年雨花区新一轮住户调查大样本轮换工作作出具体部署；8月30日，雨花区政府组织召开全区住户调查大样本轮换工作部署会，对涉及街镇、社区（村）进行动员、部署；9月2日，湖南住户调查大样本轮换入户摸底调查启动仪式在雨花区举行。截至2022年年底，国家统计局雨花调查队完成住户调查大样本轮换抽样框信息第一、第二轮核实及画图、建筑物清查、入户摸底、开户、试记账、正式记账等一系列工作。

国家统计局雨花调查队在不同工作阶段分级、分层开展有针对性的培训，加大对重点、难点环节的培训力度，深入一线开展工作指导。采取专项培训、以会代训等方式，实施精准培训；采取集中或“一对一”的培训方式对记账户、辅助调查员进行业务培训，要求每个包点人员根据问题清单进行点对点指导；下沉社区进行“一对一”、“点对点”的培训，促使辅调员全面了解、掌握了住户调查业务要点及工作流程。制作住户调查大样本轮换宣传视频《西游外传之女儿国住户调查样本轮换记》，该视频被评为国家统计局优秀公众号推文，被《湖南调查》微信公众号转载；编制《2022住户调查样本轮换宣传册》《住户调查大样本轮换来啦！》等宣传资料，在10个社区（村）开展全覆盖式住户调查宣传活动，在居民活动场所、商业综合体等人流量大的地方，利用横幅标语、电子广告屏、宣传折页等进行宣传；在开展摸底开户工作时，利用入户宣传礼品，提升宣传效果。（陈思光）

【统计法治集中宣传活动】 2022年，国家统计局雨花调查队在民法典颁布纪念日、“9·20”统计开放日、“12·4”国家宪法日、“12·8”统计法颁布日等重要时点组织开展统计法治集中宣传活动。5月，组织开展“美好生活·民法典相伴”主题宣传月活动，发放宣传手册等300余本，上门宣传100余人次；5月31日，在井湾子街道冯家冲社区开展《中华人民共和国民法典》现场宣讲活动，“新湖南”、华声在线等媒体对活动进行宣传报道；9月23日，在跳马镇喜雨村开展“数说新时代 奋进新征程”统计开放日宣传活动，集中宣讲统计调查数据的“来龙去脉”、统计法治的重要意义，现场发放宣传资料100余份；11月2日，在跳马镇喜雨村开展“学习党的二十大 送法走进百姓家”现场宣讲活动，为该村新一轮抽中的住户调查记账户宣讲《中华人民共和国统计法》《中华人民共和国统计法实施条例》中有关统计调查对象的权利与义务等内容；12月，组织开展“深入学习贯彻党的二十大精神，开启依法统计依法治统新征程”统计法治宣传月活动，推进《中华人民共和国统计法》进企业、进社区、进住户，发放宣传资料200余份；12月8日，国家统计局雨花调查队队长左建军在“雨花融媒”“红网时刻”“国家统计局工作信息网”发表《扎实推进统计法治建设 为高质量发展提供坚实统计保障》署名文章。（熊　娟）

【调查业务培训】 2022年1月7日，国家统计局雨花调查队组织召开2021年度劳动力调查工作总结暨业务培训会，传达学习湖南总队、长沙调查队劳动力调查培训会议精神；1月25日，召开2021年度住户调查工作总结暨业务培训会，传达学习湖南调查总队、长沙调查队住户调查培训会议精神；8月5日，召开2022年上半年住户调查工作总结暨业务培训会，总结上半年雨花区住户调查工作开展情况，安排部署下半年住户调查重点工作任务；8月19日，举办住户调查大样本轮换工作布置暨业务培训班，介绍大样本轮换工作开展情况，安排部署下阶段重点工作任务；8月24日，举办住户调查大样本轮换业务培训班。（张　晨）

【湖南调查总队调研指导雨花区调查工作】 2022年4月21日，国家统计局湖南调查总队（以下简称“湖南调查总队”）一级巡视员欧阳美嫔带领居民收支调查处有关负责人，到雨花区开展巡察整改工作督导和住户调查大样本轮换工作情况专题调研；5月19日，湖南调查总队党组书记、总队长刘顺国到雨花区调研指导基层基础工作，听取国家统计局雨花调查队工作汇报，了解调查队办公环境、机构设置、人员配备和业务开展情况，就做好住户调查大样本轮换工作提出明确要求；5月31日，湖南调查总队分析研究处副处长凌媛一行到雨花区调研，重点围绕专题调研、分析研究人才库等工作进行座谈；6月24日，湖南调查总队劳动力调查处副处长姜文杰一行到雨花区指导劳动力调查“业务技能大比拼 比学赶超谁最行”知识竞赛。（张　晨）

市场监督管理

【概况】 2022年，雨花区突出食品、药品、特种设备、重点工业产品质量等重点领域日常监管、监督抽检和专项整治，强化各领域市场监管综合执法，加强依法治理，全年立案703起，结案694起，罚没585万元，大要案11件，移送公安机关10件，获评全省药品安全专项整治先进单位，获评国家、省、市先进典型案例分别为3例、14例、6例，食品安全执法、药品案件行刑衔接移送公安案件、特种设备安全生产执法、交通顽瘴痼疾执法均排名全市内城区第一。实施市场主体倍增工程，加强信用监管、"双随机、一公开"监管、包容审慎监管和智慧监管，市场主体总量突破24万户、比2021年增长13.77%，其中企业9.5万户、比2021年增长17.59%，总量均稳居全省各区县第一，深化商事制度改革及落实事中事后监管工作获全市真抓实干督查激励。实施质量强区战略，开展"质量管理体系认证提升行动""质量体检进企业""计量服务中小企业行动"，推动企业标准自我声明公开、质量强市工作分别获全市真抓实干督查激励。

【商事制度改革】 2022年，雨花区深化"放管服"改革，推进市场主体倍增工程，优化市场主体准入、准营、注销便利化措施。探索建立企业"休眠"制度，推出"线上即传即办、线下即来即办""免费印章刻制、免费自助文印、免费邮寄证照"三免服务、节假日延时服务和"个体工商户服务月"一问一答政策宣传等系列活动，实现让企业群众"少跑腿""零见面""零成本"。

【信用监管】 2022年，雨花区以信息归集、信用分类、联合惩戒、信用修复为抓手，提升监管效能，全区2021年度企业年报率为89.3%。加强经营性自建房安全监管，排查6561户，行政指导68户、责令整改561户、查封74户、立案1户、纳入经营异常3户、取缔2户。推行"双随机、一公开"，建立市监、税务、公安等37个部门联动的信用预警平台，实现违法线索互联、监管标准互通、处理结果互用，共完成抽查任务48项，抽取执法人员528人次，抽查市场主体3299户，抽查计划完成率和录入、公示率均为100%。

【广告和网络监管】 2022年，雨花区净化网络市场环境，开展文娱、养老、校外培训领域、宣传金银箔粉、广告、面向未成年人无底线营销食品、房地产市场"2022云霆行动"、借重大活动从事违法违规广告宣传等17个专项整治行动，查处各类互联网和广告违法案件47起，结案44起，罚没60.8万元。探索自贸区雨花片区"触发式"市场综合监管模式，推行全行业覆盖、全流程管理、全天候监测，得到湖南省市场监督管理局、省商务厅的指导认可并向国家有关部委推荐。

【价格监管】 2022年，雨花区组织开展对医疗、教育、养老、供电等民生领域价格专项检查，检查医疗单位11家、教育机构7家、网络培训机构14家、养老机构12家、转供电主体420余次，清退多收有线电视费、电费425万元，处罚20万元。

【食品安全监管】 2022年，雨花区完成13个快检室选址建设，放心肉智能监管平台注册达3670户，每月开展"人民满意农贸市场"测评考核和督导。开展"守底线、查隐患、保安全"专项行动和校园及周边食品安全、"网剑"、"护老"等专项整治，检查4万余户次、覆盖率100%、风险问题处置1036个，完成食品（食用农产品）抽检3584批次，不合格处置率、公示率均为100%，保持食品安全"零事故"。雨花区7名市级领导包保21个A级主体，72名区级领导包保210个B级主体，1749名街镇、社区（村）干部包保2661个C级主体、20024个D级主体。

【药品安全监管】 2022年，雨花区结合新冠疫苗接种单位（疾控中心）专项检查、无菌和植入医疗器械专项整治、打击非法医疗美容服务、儿童化妆品和特殊化妆品监督抽查等监管专项行动，检查药品经营使用单位805家，医疗器械经营使用单位164家，化妆品经营使用单位126家，监测药

2022年12月13日，雨花区开展2022年度街道（镇）食品安全评价性考核现场督导检查
（邓帆 供图）

械化不良反应700余条，责令整改25家次，查处案件115起。

【特种设备监管】 2022年，雨花区推进安全生产专项整治三年行动攻坚，重点打击“三非”（非法制造、非法安装改造修理、非法使用特种设备）、“两超”（超期未检、隐患超期未改）等特种设备违法行为，出动执法人员2852人次，检查生产经营性单位1364家、“双随机”抽查企业89家、重点企业92家，排除一般安全隐患121个。开展联合执法18次，下达安全监察指令书67份，立案调查81起，罚没91.68万余元，29个重点隐患问题纳入“一单四制”（即一个重大事故隐患清单和交办制、台账制、销号制、通报制），均立案查处到位、问题整改到位。

【产品质量监管】 2022年，雨花区开展“质量帮扶”、风险监测进卖场（商超）等多项“质量月”活动，发动企业数字化合格证注册410家、制证3778个。2起案件分别获评省、市“铁拳”行动典型案例，开展13类重点工业产品质量隐患排查，实施34批次抽检。推介湖南晓光汽车模具有限公司获评“省长质量奖”提名奖。

【标准计量监管】 2022年，雨花区开展集贸市场、加油站、医疗机构、眼镜制配场所、重点领域检验检测机构、能效和水效标识单位等民生领域计量专项整治和双随机抽查。推动企业标准自我声明219个、对标达标30家，推广和鼓励企业进行“诚信计量自我承诺”，全区11家单位主导制定2个国家标准、5个地方标准和6个行业标准。支持企业积极申报标准化试点示范，高桥大市场获得国家级服务业（商贸流通专项）试点示范立项，湖南中南智能装备有限公司、湖南雨花非遗馆、湖南山水体检中心、湖南中医药大学第一附属医院、湖南铱索数控装备股份有限公司5家单位获省级标准化试点示范。

【打击传销】 2022年，雨花区以“抓巩固、防反弹”、创建无传销城市为目标，开展清查行动121次，清查统计人数19396人、出租屋7253套，抓获传销人员125人，捣毁传销窝点40个，冻结传销银行账号21个，收缴各类传销资料2000余本（册）。

【反不正当竞争】 2022年，雨花区开展全区公平竞争审查工作，对行业协会、商会收费以及中介机构收费等开展专项检查，加强对企业反不正当竞争行为法规宣传，梳理涉及市场主体经济活动的规范性文件和其他政策措施13件，公平竞争增量文件3个。

【消费维权服务】 2022年，雨花区以“共促消费公平”为主题开展2022年“3·15”国际消费者权益日系列宣传活动，采取“线上+线下”“服务+执法”方式，强化消费维权宣传教育。接收处理“12315”平台投诉举报咨询3万余件；接收处理“12315”热线工单3.1万件，回访满意率98.71%、问题解决率76.13%，为消费者挽回经济损失近100万元。发展全国“12315”平台ODR（在线纠纷调解机制）企业30家，和解成功率61.07%，培育发展3家零食很忙门店为线下无理由退货单位。

【疫情防控】 2022年，雨花区市场监督管理局发挥药店哨点作用，上报常态化疫情监测警戒系统“四类药品”零售记录20.8万人次。严把进口冷链食品关口，牵头湖南红冷冷链物流有限公司、湖南云冷冷链股份有限公司、红星全球农批中心、红星蔬菜批发市场等市场进口冷链专班驻点监管，开展专项行动25次、抽查门店2413家次。

【市场主体倍增工程】 2022年，雨花区以服务企业发展为导向，以优化营商环境为重点，深化改革优服务，实施市场主体倍增工程。围绕行业综合许可登记改革、证照分离改革，降低市场主体制度性约束，对同一行业的经营许可、经营备案和市场主体登记事项合并办理，实施“一业一证”和“一业一照”登记，优化市场主体准入、准营、注销便利化措施；探索建立企业“休眠”制度，设置最长达3年的“休眠”期，其间中小微企业保留商事主体合法权益。推出“线上即传即办、线下即来即办”服务，率先在全省实施营业执照、印章刻制、发票申领、银行开户和社保登记“一日办结”，开展企业开办免费印章刻制、免费自助文印、免费邮寄证照“三免”服务，在企业开办2.0改革的基础上，将开办材料压减至5份。开辟“线下+线上”服务双通道，线下设立咨询导办窗口，现场为办事者处理“不懂流程、不会操作、频繁出错、效率低下”等问题；线上搭建“电子化业务指导群”，编制发布19个详细办事流程图，工作人员为随时入群的办事群众“一对一”答疑；推出“节假日延时服务”解决市场主体运营过程中最关心的“时间成本”问题。开展2022年“长沙市雨花区个体工商户服务月”活动，推出系列个体工商户“一问一答”微信宣传栏目，强化金融对中小微企业及个体工商户的支持力度，围绕“推进组合式税费支持政策落地见效”开展政策宣传，为个体工商户“送服务、办实事、促发展”。截至2022年年底，全区通过简化登记程序已成功办理个体工商户转型升级为企业132户。

【“触发式”综合监管新模式】 2022年，雨花区开展“触发式”市场综合监管新模式试点，打造以大数据为支撑、以信息化为手段的智能监测一体化平台，实现全行业覆盖、全流程管理、全天候监测，为市场主体提供无感化监管环境，让行政监管既“无事不扰”，又“无处不在”“无案不报”。运用鸿蒙自主研发系统，利用北斗卫星定位建模、摄像视频点位监控、云计算处理、人工智能监测、大数据分析、区块链取证固证等新技术手段，以市场监管领域网络交易、广告、食品、药品、化妆品、特种设备等多线业务信息（如市场主体地理位置、场地设备、网站/网址、广告图文视频及经营行为等）为平台监测对象，建立信息完备、实时更新、安全可控的自贸试验区市场监管智慧数据库，为“触发式”监管提供数据支持和技术支撑。梳理适用于自贸试验区的国家、行业、地方标准以及法律法规等，编制并发布自拟标准体系，支撑平台运行。针对不同的监管对象和业务场景，构建标准化监测模型，梳理形成标准数据内容及格式，从而实现市场监管数据跨业务、跨系统的共享和交换；通过将设定的标准规范作为平台监测底线，以浅触线预警提醒、深触线核查处置、无触线则不干扰的监管方式，实施包容审慎监管，为市场主体提供更为宽松的活动空间。根据“数据采集—数据分析—智能预警—取证固证—智慧派发—自查整改、属地执法—信用分类—监管巡查”的八步闭环工作流程，平台通过24小时全天候、全流程的数据采集、分析、诊断，一旦监测到市场主体行为或其他异常情况，便会自动“触发”快速反应机制，以“监测—处置—再监测—再处置”的闭环监管模式，形成人“智”协同、高效运转的工作局面。结合智能监测和人工反馈结果，平台按照信用等级和风险等级对监管对象进行层级“画像”（分成ABCD四个信用等级）并归集公示。通过试点，将958家市场主体纳入智网监测系统实行线上监管，全年减少上门监管1000余次；高桥大市场获2021年中国商品市场综合百强榜第四名。新模式吸引福建省、江西省、湖北省等数10家市场监管部门到雨花区考察学习，中国（湖南）自由贸易试验区工作办公室在《中国（湖南）自由贸易试验区建设工作简报》（2022年第5期）进行推介，并被列入中国（湖南）自由贸易试验区第一批制度创新成果。

2022年2月11日，雨花区食安委2022年度第一次全体会议（邓 帆 供图）

【雨花区食安委全体会议】 2022年2月11日，雨花区食安委2022年度第一次全体会议召开。区人大常委会副主任王青春出席会议并宣读表彰通报，区政府副区长周明进行全面部署和要求，区食安办主任、区市场监管局局长苏波作工作铺排。会议对在食安示范城市创建迎国检现场评审中表现突出的5家单位（企业）和7名干部予以通报表彰。会议要求，要从战略的高度重视食品安全，要以系统的举措推进食品安全工作，要用务实的作风深化食品安全工作。

7月22日，雨花区食安委2022年度第二次全体会议暨文明创建迎检工作调度会召开。区政府副区长易静出席会议并讲话。会议通报上半年雨花区食品安全风险监测情况，部署创建省级食品安全示范区、“守查保”专项行动、冷链食品疫情防控、“放心肉”监管平台推广运用及文明创建迎检等近期食品安全重点工作。

10月14日，雨花区食安委2022年度第三次全体会议暨落实食品安全“两个责任”机制动员部署培训会议召开。区市场监管局副局长李志忠对国务院、省食安办有关文件进行传达学习；苏波对下阶段食品安全工作进行部署安排；易静出席会议并讲话。会议指出，第三季度全区食品安全工作主要做了加强监管、加强冷链食品疫情防控、加强违法惩治、强化隐患排查、加强项目建设5个方面工作，存在食品安全检查覆盖率低，放心肉、综合监管平台处置率低，抽检后处置量低，相关风险隐患时有发生4个方面问题，对落实“两个责任”（品安全属地管理责任、食品生产经营单位主体责任）机制、省级食品安全综合监管平台推广使用、省对区食品安全评价性考核、放心肉平台使用、农贸市场管理5个方面工作进行布置。会议强调，下一步食品安全工作目标是“两争”（争创省级食品安全示范区、争创省级食品安全A类单位）、“两不”（不出食品安全事故、不出食品安全舆情）；对“两个责任”机制落实的背景、包保制度有关要求进行强调；对省对区食品安全评价性考核时间节点、暗访暗查、放心肉、综合监管平台、街镇考核等方面内容提出要求；对冷库安全生产、流动摊贩治理、疫情防控、安全生产等方面进行部署安排。

【加油站计量专项整治部署会】 2022年3月1日，雨花区加油站计量专项整治部署暨现场带教业务培训会召开，对为期2个月的加油站计量专项整治行动进行动员部署。该次会议分为整治工作部署和现场带教业务培训2部分。工作部署主要讲解“加油机周期检定是否规范”“是否存在计量作弊”等重点整治内容；组织全体与会人员到3家加油站进行现场带教业务培训，长沙市市场监督管理局计量处处长黄栩华和省计量院专家，现场就“如何正确识别加油站的主板、编码器、流量测量变换器及各部位的铅（签）封是否异常”“加油机主板芯片等数据是否异常”“防作弊功能是否启用”等计量监管专业知识进行讲解。

雨花区市场监督管理局一楼注册大厅　（邓　帆　供图）

【“3·15”国际消费者权益日系列宣传活动】　2022年3月15日，是第40个“3·15”国际消费者权益日，雨花区围绕“共促消费公平”的主题，以“线上＋线下”“服务＋执法”的方式，在全区13个街镇同步开展国际消费者权益日系列活动。在跳马镇石燕湖景区开展“党建聚合力·共促消费公平·共创诚信景区（市场）”活动，通过发放诚信经营倡议书、开展宣传资料入户以及经营主体宣读诚信承诺等方式开展宣传；在雨花亭街道，现场接受消费者咨询和投诉，悬挂横幅、摆放易拉宝、设置咨询台、发放宣传手册；在高桥现代商贸城东广场，对群众所关心的儿童玩具、家用电器、数码产品等进行答疑解惑；在侯家塘街道红旗广场，设立咨询和投诉举报受理台、摆放宣传展板、发放宣传手册、悬挂横幅等进行宣传，针对消费者关心的热点问题进行讲解；在东塘街道，悬挂主题横幅、摆放宣传易拉宝、设置咨询台、发放宣传手册，宣传《中华人民共和国消费者权益保护法》、食品安全和毒蘑菇防范相关知识等；在圭塘街道开展校园及周边食品安全“护苗”专项行动，督查学校内部自动售卖机的食品安全状况和校园周边（100米范围内）经营门店食品安全情况；在黎托街道长沙大道好润佳超市前坪，发放《消费实用宝典》《维权利剑》宣传小册150余本，接受消费者关于食品安全、网络交易等方面咨询约50余人次；在洞井街道毛竹塘地铁口，提供消费知识普及、消费维权咨询等服务；在井湾子街道三湘社区，就食品安全、疫情防控工作组织相关培训。该次活动共出动工作人员400余人，接待咨询群众3000余人次，发放宣传资料、书籍共2000余册，户外宣传广告200余块。

【计量专项检查行动】　2022年，在“5·20”计量日期间，雨花区市场监管局围绕“精准守诚信，计量惠民生”主题，深入辖区农贸市场、医疗机构和眼镜制配等相关场所开展检查行动。检查组到树木岭农贸市场，重点围绕农贸市场经营户是否使用拆动铅封、标识标签不完整的电子计价秤，是否利用电子计价秤进行计量作弊等内容，突击检查市民关注度高的水产批发、熟食区域的计量器具。针对消费投诉相对集中的集贸市场，检查组组织市场开办方相关负责人召开约谈会；到医疗机构和眼镜制配等相关场所就如何做好计量工作进行指导，对列入《实施强制管理的计量器具目录》内的血压计、心电图仪、焦度计和验光仪等计量器具的周期检定情况加大检查力度，打击使用不合格计量器具行为。该次行动共出动检查人员96人次，检查经营户48户，发放宣传册70份。

【食品安全“守底线、查隐患、保安全”专项行动暨重点工作部署会】　2022年5月27日，雨花区食品安全“守底线、查隐患、保安全”专项行动暨重点工作部署会议召开。区市场监管局、区教育局、区农业农村局、区卫生健康局、区城管执法大队等成员单位分管负责人、各街镇食品安全分管领导，以及各市场监管所、直属中队和区局相关科室负责人参加会议。会议强调，要全面深化专项行动，确保风险可控、隐患消除；要对同类问题进行延伸排查、集中整治，建立长效机制。会议对“三考”期间食品安全保障、食安综合监管平台和“放心肉”监管平台推广运用、冷链食品疫情防控等近期食品安全重点工作进行部署，开展《食品生产经营监督检查管理办法》《食品生产经营监督检查要点表》业务培训。

【“节假日延时”商事办理登记服务】　2022年6月18日，雨花区市场监督管理局创新服务理念、改变服务方式，利用“365日全年无休”工作机制，推出“节假日延时”商事办理登记服务新模式，解决市场主体运营过程中最关心的“时间成本”问题。该次推出的“节假日延时服务”是基于“一件事一次办”“一窗综合受理”审批模式的日趋成熟，办理方式由“等候办理”升级为“预约服务”、服务模式从“到点下班”到主动开展“延时服务”，企业及群众可在节假日到雨花区市场监管局一楼注册大厅办理商事登记和咨询业务。

【食品安全宣传周活动】　2022年7月1日，2022年食品安全宣传周活动（雨花区）启动仪式在黎托街道保利Mall举行。该次宣传周以“食品更安全·身体更健康”为主题，旨在深入普及食品安全知识，增强食品安全意

2022 年 7 月 1 日，2022 年食品安全宣传周活动（雨花区）正式启动

（邓 帆 供图）

识，动员全社会关心、支持和参与食品安全工作，提升雨花区食品安全治理能力和保障水平。活动现场设置食品安全"你点我检"咨询台，悬挂横幅，摆放食品安全展板、易拉宝，发放预防毒野生蘑菇、食品安全宣传手册、折页等资料共 1000 余份。活动在歌舞表演《灯火里的中国》拉开序幕，其间穿插有奖食安知识抢答趣味环节；红星全球农批中心、湖南红星冷链食品有限公司、湖南云冷投资管理股份有限公司、湖南徐喜酒店管理有限公司等 10 家食品生产经营企业代表上台进行公开承诺；雨花区政府副区长周明对食品安全进行强调讲话。

【获评"全国食品安全执法稽查典型案例"】 2022 年 7 月 28—29 日，"全国食品安全执法稽查案件"现场汇报评审活动在福建省厦门市举行，雨花区市场监管局办理的 1 起案件获评"全国食品安全执法稽查典型案例"。2021 年 5 月 14 日，雨花区市场监管局接到群众举报，称在长沙市某物业管理有限公司仓库有单位存在标注、销售虚假生产日期、保质期食品的违法行为。区市场监管局组织执法人员对上述场所进行现场检查，发现真空包装机、打码机、封口机设备各 1 台和用于记录涉案食品重新包装、重新标注最新的生产日期的记录本。2021 年 5 月 17 日，区市场监管局对当事人立案调查。2021 年 7 月，湖南省市场监管局将该案列为挂牌督办案件。执法人员通过调查取证，最终认定当事人违法事实：自 2020 年 8 月以来，当事人多次将所经销的保质期只剩 3 至 4 个月的多款预包装食品，利用真空包装机、打码机、封口机等设备重新包装、重新标注最新的生产日期后，对外销售。截至立案，当事人销售的上述违法食品货值金额合计 28116 元，且已无法召回。当事人上述行为属生产经营标注虚假生产日期的食品的违法行为。依据法律相关规定，综合考量当事人的违法事实、性质情节、社会危害后果，2021 年 8 月，雨花区市场监管局对当事人作出相应行政处罚决定。

【"夜市"食品安全联合执法行动】 2022 年 8 月 29 日，雨花区组织区市场监管局、区城管执法大队、区公安分局、高桥街道办事处成立 4 个检查组，对永定美食七街等夜市开展食品安全联合执法行动。检查组以火锅原料、底料、食品添加剂、烧烤（夜宵）等重点食品品种，以人气高、销量大的餐饮服务单位为重点对象，加强火锅、烧烤（夜宵）整治规范力度，严查夜市餐饮服务经营单位主体资质、食品及原料采购渠道、索证索票记录、加工制作场所卫生、餐饮具清洗消毒等情况，排查食品安全风险隐患。该次行动检查餐饮服务单位 35 家，出动执法人员 39 人次，发现问题 12 个，下达责令整改通知书 9 份，发放食品安全科普宣传资料 200 余份。

（本栏撰稿 邓 帆）

知识产权保护

【概况】 2022 年，雨花区实施知识产权强区战略，以贯彻"知识产权强国建设纲要"为契机，开展企业知识产权体检 32 家、知识产权托管 12 家、指导贯标认证 10 家、指导专利导航分析 2 家，全区有效发明专利拥有量达 3731 件，每万人有效发明拥有量 29.31 件。完成质押融资 8 笔、1.4 亿元，比 2021 年增长 37%。严厉打击侵权行为，办理知识产权行政执法案件 38 件，查处侵犯"茶颜悦色"注册商标专用权案获评全国知识产权行政保护十大典型案例，为全省唯一入选，办案人员游小庆被国家知识产权局评为先进个人。雨花区获批"第三批湖南省知识产权建设强区（一类地区）"。

【知识产权宣传周活动】 2022 年 4 月 26 日，雨花区"4·26"知识产权周宣传活动启动仪式举行。湖南省知识产权局一级调研员王顺其，长沙市知识产权局副局长徐拥军，雨花经开区党工委书记袁钊等参加活动。现场为企业联络站纠纷调解员徐美霞（七源知识产权）等 5 名人员，分别颁发政策宣讲员、纠纷调解员、业务指导员、专属联络员、合规辅导员聘书；进行知识产权融资签约和高校成果转化签约；律师李颖讲解知识产权相关知识；中皓科技股份有限公司对在场企业的项目申报工作进行讲解。

【《知识产权强国建设纲要（2021—2035年）》解读培训会】 2022年5月30日，雨花区市场监管局举办《知识产权强国建设纲要（2021—2035年）》解读培训会。该次培训采取专题解读和现场交流相结合的方式，由湖南省知识产权协会常务副理事长刘跃红进行授课，重点介绍《知识产权强国建设纲要（2021—2035年）》出台背景、起草过程、主要内容、落实的保障措施等内容。

【雨花区首批市级知识产权保护驻企业工作站挂牌】 2022年6月24日，雨花区“知识产权保护驻企业工作站”授牌仪式暨保护站工作交流会举行。长沙市知识产权局、市公安局相关负责人等为雨花区8家“知识产权保护驻企业工作站”企业进行授牌；与企业负责人面对面开展交流，现场了解企业知识产权保护领域具体问题诉求，有针对性地进行政策解答和咨询辅导。市知识产权局、市公安局该次在雨花区选取中国能源建设集团湖南省电力设计院有限公司、湖南创合未来科技股份有限公司、唐智科技湖南发展有限公司等8家企业建立保护知识产权驻企业工作站，对唐智科技湖南发展有限公司、可孚医疗科技股份有限公司进行实地走访调研。该项目是市知识产权局、市公安局加强联动保护，践行强省会战略的重要创新举措。“知识产权保护驻企业工作站”职能主要包含建立联系机制、常态化的主动服务、疑难杂症“靶向性”服务、维权援助服务等。在工作站服务期间，市知识产权局、市公安局协同各区县、园区知识产权管理等部门多级联动，建立“专人专线”联系方式，畅通企业、区县（市）及园区、政府职能部门之间的联系机制；对已挂牌的企业，将采取常态化的送教上门、走访调研等服务，为企业提供知识产权保护服务，及时解决企业在知识产权保护方面存在的困难、短板与需求；对已挂牌企业提出的知识产权保护方面疑难问题，开展多部门研究会商，并为企业量身定制出“一企一策”知识产权保护意见建议；对知识产权合法权益受到侵害的挂牌企业，将依法提供维权援助。

【雨花区通过省级知识产权建设强区复核验收】 2022年9月8日，湖南省市场监督管理局通报第三批省知识产权建设强县复核通过结果，雨花区经书面申报、材料审核、专家评审、结果公示等环节，被确定为“第三批湖南省知识产权建设强区（一类地区）”单位。截至2022年7月，雨花区有效发明专利拥有量为3415件，每万人有效发明专利拥有量26.83件，注册商标保有总量77752件。

（本栏撰稿　邓　帆）

2022年6月24日，雨花区“知识产权保护驻企业工作站”授牌仪式暨保护站工作交流座谈会

（邓　帆　供图）

农业农村 · 林业 · 水利

编辑　唐清明

综　述

【概况】　长沙市雨花区有跳马、雨花亭、高桥、圭塘、黎托、洞井、井湾子、东山、同升9个涉农街镇，53个行政村、50个集体经济合作社（联合社）；耕地面积4505.75公顷。2022年，雨花区农作物种植面积751.2公顷（其中粮食种植面积202.13公顷），油菜播种面积20.46公顷。林地面积12360公顷，水产养殖水面280.33公顷，畜禽养殖户7180户（均为散户）；生猪存栏4154头，家禽2.6万羽，牛25头，羊95只，家犬2313只（不含城区）；动物诊疗机构60家，冷库2座；国家级农业龙头企业2家、省级农业龙头企业2家，省级四星生态农庄2家，省级五星生态农庄2家，省级示范家庭农场1家。全区有合丰垸1个万亩堤垸，长善垸和曙光垸2个千亩堤垸；防洪设施浏阳河防洪大堤21.04千米、圭塘河防洪大堤5.3千米、双溪港堤防4.9千米，总合计堤防长度31.24千米；小（1）型水库3座、小（2）型水库10座、排渍泵站共9处，装机59台。

2022年，雨花区开展“党建聚合力”工程联村共建促乡村振兴，巩固拓展教育扶贫、住房安全保障、健康扶贫、饮水安全等脱贫攻坚成果，制定《长沙市雨花区持续壮大农村集体经济行动方案（2022—2025年）》，以农村人居环境整治提升五年行动和美丽宜居村庄建设为抓手推动乡村品质提档升级，以培养新型职业农民、乡村工匠等乡村产业人才为重点推动产业振兴，印发《雨花区全面推行林长制实施方案》，组织筹备省领导义务植树活动，打击非法改变林地、非法砍伐树木、滥伐林木和毁绿损绿等违法行为，成立全省第一个花木产业示范园——湖南省花木产业示范园，完成跳马电排灌区的范围、灌溉面积及灌排工程设施矢量图的绘制，雨花区跳马电排灌区团头机台重新启用通水。省委督查室在督查报告中将雨花区“党建聚合力”工程和建设湖南省花木产业示范园作为特色亮点工作经验，向全省重点介绍推荐。关刀新村《激发“绿心”发展活力 促进村集体经济创收》案例入选长沙市集体经济典型案例选编。“发展壮大新型村级集体经济”“农村人居环境常态化考核”“河（湖）长制工作”分别上榜2022年市政府真抓实干督查激励名单。圭塘河流域治理成果获评湖南省水利厅编发的湖南河湖长制工作创新案例，并被省水利厅推荐至水利部进一步参评；圭塘河香樟路—长沙大道段成功创建2022年度市级美丽幸福河，获得市级奖补资金200万元。雨花区——溆浦县帮扶模式在省政府2022年综合大督查发现的典型经验做法中作为“合力推动园区新样板模式”被予以通报表扬。

【乡村振兴】　2022年，雨花区制定《关于做好2022年“三农”工作 全面推进乡村振兴重点工作的意见》《关于推进市级乡村振兴示范乡镇创建工作实施方案》《关于深入开展“党建聚合力”工程联村共建促乡村振兴实施方案》，明确年度工作任务目标和部门职责，开展联村共建工作，凝聚各方合力，推动乡村振兴。铺排乡村振兴衔接资金，强化产业帮扶，投入财政衔接资金1309万元，铺排项目54个，其中铺排推进乡村振兴产业资金868万余元，打造产业帮扶项目18个，受益对象覆盖所有脱贫户、监测户，直接带动234户脱贫群众增收。11月底，接受省对县市区巩固拓展脱贫攻坚成果同乡村振兴有效衔接考核和推进乡村振兴战略实绩考核，考核效果好。

【巩固拓展脱贫攻坚成果】　2022年，雨花区新纳入监测对象4户15人，重新标注监测对象4户14人，全区共有脱贫户（监测户）361户1014人。制定《雨花区促进脱贫人口持续增收行动方案》，在跳马镇安排28名镇级干部和25名村级干部结对帮扶36户监测户，安排48名镇级干部和42名村级干部结对联系65户重点脱贫户，采取“一户一策”帮扶措施，巩固监测户和脱贫户稳定增收，确保不发生返贫致贫现象。健全义务教育控辍保学机制，重点人群参加城乡居民基本医疗保险人员基础信息对接机制，建立健全农村低收入人口住房安全动态监测机制等。全区无辍学学生，对监测对象中1名需送教上门的学生落实帮扶措施。2022年春季学期，共资助脱贫户监测户学生59人，发放2022年春季“雨露计划”学生49人次7.35万元。统筹安排17所学校（园）结对帮扶跳马片区学校，22所学校（园）与溆浦县、石门县等开展结对帮扶工作。结合自建房安全专项大排查大整治及“百日攻坚”专项行动，以2013年以来已享受农村危房改造政策的4类重点对象为主，对已实施的农村危房改造项目进行“回头看”。全区监测对象62人中因病纳入监测24人；全区脱贫户、监测户1014人实现100%参保基本医疗保险，监测对象实现应保尽保、应补尽补；实现基本医保、大病保险和医疗救助三重保障“一站式”结算服务；脱贫户（含监测户）1014人均签约家庭医生，重点做好4种慢病患者的规范管理和健康服务4类慢病签约347人次，签约率和随访率均为100%；完善先诊疗后付费政策，扩大定点医院和保障对象范围，减轻监测户患者负担。安全饮水全部达到安全评价标准等级。2022年对跳马镇及13个村季节性缺水预案进行更新，开展农村安全饮水“回头看”排查工作，对全镇脱贫户及监测对象361户1014人安全饮水进行再次排查，未发现饮水安全问题。

（本栏撰稿　胡　靖）

农业农村

【农业生产】　2022年，雨花区发放耕地地力和种粮补贴69.13万元，落实粮食播种面积205.13公顷、粮食产量1500吨，完成0.17公顷受污染耕地安全利用工作。完成加拿大一枝黄花除治面积约200公顷，开展重点水域禁渔禁捕工作。

【农村集体经济发展】　2022年，雨花区深化农村集体产权制度改革，抓好家庭农场和农民合作社2类农业经营主体发展，壮大村集体经济。全区53个集体经济组织总收入6.74亿元（其中有50个集体经济组织收入超50万元），其中经营性收入2.08亿元、占比32.8%，经营性收入超100万元的村级集体经济组织26个，超1000万元的8个。完成2022年度农村集体资产清查和农村集体经济组织成员清理工作，开展农村集体“三资”管理突出问题专项治理，发现问题61个，并逐一整改。制定《雨花区农村集体经济组织管理办法》《雨花区农村集体经济组织财务管理制度》，规范村级集体组织管理。制定出台《雨花区化解村级存量债务实施方案》。跳马镇13个行政村共化解债务3628.87万元，化债率83.95%，其中，4个村（石桥村、白竹村、田心桥村、新田村）化债率50%以上。加大专合组织、家庭农场等新型农业经营主体培育力度，推进适度规模经营。成功培育区级示范家庭农场和区级示范合作社各1个，全区累计登记注册农民专业合作社551个。

【农村人居环境整治】 2022年，雨花区启动农村人居环境常态化管理，采取“三查一办”（日常巡查、定期督查、暗访抽查；适时督办）相结合的方式，完善“村日查、镇月检、区季评”常态化管理评比机制，带动整治效果提升。开展农村改厕“回头看”工作，组织镇村对改厕农户开展拉网式、全方位大排查、大整改，巩固改厕成果。全年摸排新、改建厕所9700余座，发现问题337个，整改68个，剩余问题制定整改方案并进行整改。打造20个美丽宜居村庄，其中打造示范型美丽宜居村庄3个、达标型美丽宜居村庄17个，完成市级验收。

【宅基地改革】 2022年，雨花区开展宅基地改革宣传培训，制定大型宣传展板28块，印制宅基地宣传折页、宣传手册2万余份发放到户；组织业务培训2次，培训的人员涵盖跳马镇农办、城建办、资规所、各村主要负责人等。加强物资保障，6月，给区、镇、村三级配备平板电脑、测量仪、测亩仪、无人机等专业设备。加快审批发证，截至2022年年底，跳马镇收到建房申请530户（其中包括原址翻建265户和异址新建265户），受理356户（其中包括原址翻建216户和异址新建140户），2022年审批发证92户，累计发证181户。

【动物防疫】 2022年，雨花区强化基础免疫和疫情监测，全年未发生一起区域性重大动物疫情。规范屠宰检疫，做到动物检疫率100%，不合格动物及病害动物产品处理率100%。完成生猪屠宰同步检疫57.63万头、瘦肉精检测37638份、非洲猪瘟检测18462份，检疫肉牛6918头、瘦肉精1706份，无害化处理病死猪293头。免疫注射猪口蹄疫23423头、鸡禽流感免疫68860羽、鸭禽流感免疫1725羽、牛羊口蹄疫免疫94头、小反刍兽疫免疫63只、犬免疫12529只。免疫抗体合格率除上半年牛羊A型口蹄疫抗体为30%外，其余均为100%。推进红星盛业食品股份有限公司承接潭阳洲临时屠宰点的活羊屠宰业务，规范活羊屠宰管理。

【动物卫生监督】 2022年，雨花区辖区内从事动物诊疗机构有60家，开展监督检查216次，签订安全生产承诺书60份。对辖区内32家兽药经营企业开展监督检查128次，开展兽药抽检5批次，签订“兽药经营企业产品质量安全”与“生产安全”承诺书各32份。对辖区内的农贸市场开展监督检查30余次。对辖区内2家冷链企业及1家屠宰企业开展监督检查16次，重点对冷库的动物防疫工作进行监管。开展猪产品入湘备案排查，对生猪屠宰企业主要就违法违规调运开展检查9次，以及药物残留问题开展专项调查。对辖区内2家兽医实验室开展生物安全检查工作8次，并签订兽医实验室生物安全与生产安全目标责任书。对红星盛业兽医实验室就非洲猪瘟及药物残留的检测工作提出整改意见。对辖区内相关的企业签订安全生产承诺书，开展安全专项生产检查活动，出动执法人员150余人次。

【乡村产业人才培养】 2022年，雨花区构建产学研协同培育机制，拓展高校科研机构服务经济建设发展空间。区农业农村局与中南林业科技大学林学院签订产学研合作协议，在跳马建

2022年11月14日，雨花区动监所防疫员对养殖的犬只进行集中免疫

（胡　靖　供图）

立实习实践基地，在育景园挂牌成立“中南林业科技大学花木产学研合作示范基地”。深化与中南林业科技大学、湖南农业大学、湖南省林业科学院等单位合作，建立行业互惠共享机制，提高科技与经济结合度，加快花木科研新成果在跳马镇落地转化。邀请省、市领导专家到雨花区开展乡村振兴业务培训 3 次，培训 350 余人次；在跳马镇开设园艺培训班和网络营销创业班，培训 500 余人次。乡村工匠初级认定 35 人，中、高级初审合格上报 22 人；新型职业农民初级认定 2 人，中、高级初审合格上报 2 人；名匠工作室初审合格上报 1 个。跳马镇花木企业成功申报国家发明专利 4 项。组队参加长沙市首届花境大赛，雨花区花木企业获特等奖 1 个、金奖 1 个、银奖 2 个、最佳施工奖 1 个；湖南育景园生态科技有限公司的园艺产品“跳马珍珠红”荣获“中部农博会金奖”。

【农资打假主题宣传活动】 2022 年 3 月 14—15 日，雨花区农业农村局联合跳马镇农业综合服务中心，在跳马镇各村集市开展农资打假主题宣传活动。宣传活动以“拒绝假冒伪劣农资，科学施肥施药，助力农药化肥增效减量”为核心内容，利用悬挂横幅、版面、设立咨询台、发放宣传资料等形式，向广大农户宣传农资、农机产品维权常识、假冒伪劣农资农机产品的识别、科学施肥施药指导技术等。活动现场答复 50 余例农资农机等相关咨询，与农资门店签订“农资诚信经营承诺书”20 余份，发放宣传手册及告知书 2000 余份。

【农村集体经济组织管理业务培训会】 2022 年 6 月 28 日，雨花区农村集体经济组织管理业务培训会召开。区农业农村局、各涉农街道（镇）相关负责人和业务骨干，区“三资”监管服务中心全体人员，全区农村集体经济合作社理事长和报账员等 150 余人参加培训。长沙市农经站财务监督处处长潘焱炎，区财政局副局长刘勇志、行财科科长蒋银辉，区农业农村局农经科科长张苗，湖南省建行机构业务部陈虹谱分别就发展壮大村集体经济、财政专项资金使用管理、《雨花区财政衔接推进乡村振兴补助资金管理实施细则》政策解读、农村集体经济组织财务管理、农村集体经济组织村社分账等方面进行授课，对新的政策规定要求进行解读。

（本栏撰稿　胡　靖）

2022 年 6 月 28 日，雨花区农村集体经济组织管理业务培训会（胡　靖　供图）

林　业

【林长制工作】 2022 年，雨花区明确区级林长 9 名、乡级林长 49 名、村级林长 114 名，护林员 33 人、监管员 11 人、执法员 3 人、科技员 16 人，按要求科学划分管护网格 33 个，明确“一长四员”（林长；护林员、监管员、执法员、科技员）及其工作职责和责任区域，实现林长制组织体系全覆盖。在责任区域显著位置设立 57 块林长公示牌，标明职责、范围及联系方式，接受群众监督和举报。区、街镇两级林长办安排专门办公场所，下发林长制 11 项配套制度并全部上墙。设立林长制事务中心，核定编制 8 人。全年三级林长巡林 3000 余次。护林员有效巡护率每月均在 98% 以上。

【营林绿化】 2022 年，雨花区推进重点生态建设项目建设，加强生态绿心区保护，加快造林绿化步伐，巩固重点项目建设成果，配合各类林业建设项目的前期调研、规划设计、方案编制、施工管理等工作。开展白竹村义务植树 EPC 工程、国土绿化试点示范项目。

【森林资源保护】 2022 年，雨花区聚焦森林资源保护、生态提质，健全“一长四员”分区负责的网络化管理体系，推进全域林草环境提质提量。区农业农村局强化值班值守、巡查巡护、物资保障和宣传引导，形成联防联控机制。自 9 月起，张贴森林防火宣传资料 3 万余份，入户签订防火承诺书近 2 万份，对痴老孤幼等重点人群宣教 5000 余次，劝阻制止熄灭野外用火 33 起，处罚野外用火行为 12 起。完成省领导义务植树活动保障工作；推进国土绿化试点示范项目（退化林修复 310.93 公顷），项目实现开工，完成采伐（林地清理 270.93 公顷、挖穴 238.8 公顷）。2021 年森林督查 24 个违法图斑完成整改销号，2022 年

207个森林图斑完成现场核实，其中16个图斑涉及违法违规，上报长沙市林业局立案查处。加强松材线虫病监测预警、排查除治和检疫防灾。全年清理枯死松树4877株（目标任务4800株），打孔入药6177株。

2022年5月26日，中南林业科技大学林学院花木产学研合作示范基地挂牌
（胡　靖　供图）

【花卉苗木产业发展】　2022年，雨花区构建“三带四心五区百园”（“三带”即打造“百里花木走廊”花木产业带、洞株公路花木产业带、G107公路花木产业带；“四心”即打造省级花木科研中心、省级花木示范种植中心、省级花木园艺中心、省级花木交易中心；“五区”即建设绿化苗木产业区、观赏花木体验产业区、容器苗产业区、珍稀特殊花木与盆景产业区、家庭园艺产业区；“百园”即打造120个花卉苗木示范园）的花卉苗木产业总体布局，探索花木、生态、农旅三者融合发展路径。协调推进红星花卉交易市场搬迁和省花博园规划建设工作，开展湖南省花木产业示范园策划和规划编制工作，编制《长沙市双溪港高科农林示范基地建设项目可行性研究报告》，启动双溪港高科农林示范基地建设。启动“我为绿心种棵树”活动，首期活动200余人参与。挖掘乡村特色美食文化，举办2022年长沙市“十行状元 百优工匠”乡村美食制作技能竞赛，推介跳马镇“美食+美景”名片。组织12家花木经营主体成功申报市级2021年度“一县一特”花卉苗木产业项目，获得300万元奖补资金，2022年组织28家花木经营主体申报该项政策。

【林业有害生物防治】　2022年，雨花区开展有害生物测报，针对各类森林病虫害的习性特点、行动轨迹，由雨花区林业站组织工作人员和基层护林员进行森林有害生物的巡查监测工作，强化松材线虫病的疫情测报和监管防治，组织开展2022年全区松材线虫病秋季专项普查、美国白蛾监测工作。开展全区枯死松树采伐清理除治工作，加强对第三方技术单位的技术指导和监督工作。完成2021—2022年度松材线虫病除治工作，全区清理枯死松树4877株，打孔注药保护6177株，注射药物19030支。根据2022年松材线虫病秋季普查数据显示，全区疫情发生面积为194.8万公顷，涉及疫情小班11个，疫情小班和疫情发生面积双双下降，初步实现同升街道松材线虫病无疫情。办理植物检疫证3000余份，林草种子经营许可证新办及延续换证（代办）10余份，受理群众林业相关咨询业务100余次。

【花木产学研合作示范基地签约授牌】2022年5月26日，雨花区与中南林业科技大学在跳马镇育景园举行中南林业科技大学花木产学研合作示范基地签约授牌仪式，并举办2022年雨花区花木产业人才培训。按照合作协议，区农业农村局将与中南林业科技大学聚焦花木产业发展趋势等重大问题，发挥各自优势，通过共建产学研示范基地为区花木产业人才提供学习平台，推动一批创造性、前瞻性的科研探索进入生产前沿，推动一批高水平、先进性的专用技术得到推广应用，培养一批有担当、有格局的创新型人才聚集花木产业，打造产学研用深度融合的创新联合体，提升雨花区花木产业自主创新能力和整体技术水平，引领和带动花木产业高质量发展。签约授牌仪式后，湖南省农业科学院园艺研究所所长李卫东、湖南林下特色生物资源培育与利用工程技术研究中心主任王晓明、中南林业科技大学林学院教授曹基武对乡村苗木景观、紫薇扦插繁殖技术、苗木发展现状及趋势进行授课。来自跳马镇的14个村、社区集体经济人、花木企业精英、苗圃骨干等40余人参加培训。

【“林长+检察长”协作机制】　2022年6月16日，雨花区农业农村局与区检察院联合发布《关于建立“林长+检察长”协作机制的实施意见》，联合打造信息共享、工作会商、协作的机制，发挥检察机关、林长制工作机构及成员单位职能作用，为森林资源保护提供坚强的法治保障。区政府副区长、圭塘河区级河长邓波，区检察院检察长尹跃连带队开展联合巡河活动。

【雨花区林长制事务中心成立】　2022年11月16日，根据雨花区委机构编制委员会《关于明确区林长制工作相关机构编制事项的通知》，雨花区林业站更名为雨花区林长制事务中心，加挂长沙市雨花区林业站、长沙石燕湖森林公园管理办公室牌子。区林长制事务中心的主要职能为集体林区生态建设、集体林区森林资源与林政管理、森林资源保护、乡镇集体林场建设管理与指导、林木多种经营技术服务；负责拟订长沙石燕湖森林公园的规划编制，负责长沙石燕湖森林公园资源保护，建设监管与森林资源的科学利用。

（本栏撰稿　胡　靖）

水　利

【圭塘河补水】　2022年，雨花区圭塘河生态引水调度运行中心装机3台500SL-98型单级双吸立式离心泵，总负荷容量2590千瓦，设计提水流量1.8立方米/秒，设计扬程为75米，从浏阳河引水，通过压力管道将水提升至白竹村铁炉塘，再经引水明渠流入圭塘河。圭塘河生态引水工程运行中心3台机组共运行5580小时、补水1268万余立方米，保障圭塘河的水质、基流。

【水旱灾害防御和水利建设】　2022年，雨花区启动季节性缺水应急预案，保障群众饮水和生产用水需要。铺排6个水利项目，确保沟渠畅通。动态摸排群众生活用水情况，有序开展送水行动，送水108户，送水量985吨，喜雨村集中取水点打井1口并投入使用，解决1400余人饮水困难。完成7个涉水工程建设，充实防汛抢险技术专家组和抢险队伍，储备足量防汛物资，确保安全度汛。以双溪港片区向水利部申报“水系连通及水美乡村建设试点县”项目，该项目总投资3.6亿元，其中申报中央资金1.2亿元，以此打造水美乡村示范片区，年内通过市级推选。

【水旱灾害防御应急演练】　2022年4月14日，雨花区农业农村局联合区应急管理局、黎托街道办事处、东山街道办事处、湖南立承建设有限公司、长长电泵有限公司等单位共60余人在合丰垸开展水旱灾害防御应急演练活动。该次演练采取功能演练形式，有针对性地开展大堤管涌处置演练、防汛物资调度演练、泵站设备应急维修演练，旨在提升全区水旱灾害防御防范与处置能力。

（本栏撰稿　胡　靖）

2022年4月14日，雨花区水旱灾害防御应急演练活动在合丰垸举行　　（胡　靖　供图）

工业·软件信息产业

编辑　　唐清明

工　业

2022 年 6 月 23 日，雨花区“送政策、解难题、优服务”联企干部惠企政策专题培训会　（石文龙　供图）

【概况】　2022 年，雨花区规模工业总产值 1085.14 亿元，比 2021 年增长 34.29%；不含湖南中烟工业公司的工业总产值为 771.29 亿元，比 2021 年增长 47.43%；规模工业增加值增速 14.3%，不含湖南中烟工业公司的工业增加值增速为 25.6%；完成工业投资 72.8 亿元，比 2021 年增长 -11%；完成工业技改投资 26.6 亿元，比 2021 年增长 -34.2%；新增规模工业企业 10 家。完成工业投资 72.8 亿元、比 2021 年增长 -11%，完成工业技改投资 26.6 亿、比 2021 年增长 -34.2%，新增规模工业企业 10 家。新能源汽车及零部件、人工智能及传感器（含数控机床）产业链分别比 2021 年增长 54.8%、15.1%。完成新增规模以上工业企业 10 家，净增 9 家。

【企业服务】　2022 年，雨花区推进专精特新“小巨人”企业融合发展联盟，湖南中南智能装备有限公司、湖南申亿精密零部件股份有限公司等 9 家企业成为首批成员单位，联盟为“小巨人”企业提供产权保护、技术创新、管理提升、市场开拓、品牌建设、融资增信等方面的支持和服务，开展“知识产权综合服务能力提升培训”“专精特新‘小巨人’企业‘一对一’品牌诊断公益服务”“湖南专精特新‘小巨人’企业上市成长营”等综合服务活动。

【电力建设】　2022 年，雨花区完成 2022 年智慧电网“630 攻坚”目标任务。完成振华（白田）、花桥、东山、黎托、高塘、圭塘、洞井 7 个变电站建设投产，完成香樟、沙湾等 15 个新增变电站规划选址，完成白田 110 千伏送出工程、白田—红星 220 千伏线路改造工程等塔基建设 213 个，完成环保大道东延线、时代阳光大道等 27 条电力配套路由建设，开展重点时段有序用电工作。

湖南中南智能装备有限公司　（张秋莲　供图）

【“送政策、解难题、优服务”联企纾困专项行动】　2022 年，雨花区在全区抽调 300 名干部，对应帮扶 865 家企业，实现“四上”（规模以上工业企业、资质等级建筑业企业、限额以上批零住餐企业、国家重点服务业企业）企业、中小企业、园区企业、重点小微企业联企工作全覆盖。汇编的《雨花区惠企政策口袋书》被湖南省“万名干部联万企”专刊第 3 期作为典型经验推介。

6 月 14 日，湖南省万名干部联万企“送政策 解难题 优服务”行动启动。6 月 15 日，雨花区政府第 11 次常务会议专题研究通过《雨花区“送政策、解难题、优服务”联企纾困专项行动方案》。6 月 16 日上午，雨花区组织抽调的企业联络员，参加全市千人帮千企“送政策、解难题、优服务”行动暨培训电视电话会议；同日下午，省万名干部联万企行动督导工作小组到雨花区召开座谈会。6 月 23 日，雨花区“送政策、解难题、优服务”联企干部惠企政策专题培训举行。长沙市第四联企工作组领导、市财政局企业处处长贺燕解读《关于促进长沙市中小微企业高质量发展的若干意见》《关于纾解长沙市中小企业困难的若干意见》，以及中央、省、市重要的减税降费等政策，讲解 11 项 2022 年度减税降费政策清单；来自自贸长沙

湖南菲尔斯特传感器有限公司　　（张秋莲　供图）

片区雨花管委会、雨花区发展改革局、区工业和信息化局、区商务局、区科技局、区税务分局等部门，从事惠企政策申报业务骨干，分别讲授区自贸政策、软件政策、减税等惠企政策。7 月 1 日，省委副书记、省长毛伟明到雨花区调研省万名干部联万企工作，专程走访可孚医疗科技股份有限公司、中国有色金属长沙勘察设计研究院有限公司 2 家企业，肯定雨花区联企纾困工作。

【专精特新“小巨人”企业】　2022 年，湖南先步信息股份有限公司 2 家企业入选国家专精特新“小巨人”企业、雨花区的湖南菲尔斯特传感器有限公司，新增湖南省专精特新“小巨人”企业 8 家。

湖南先步信息股份有限公司成立于 2001 年，起步于为电力厂站提供信息化控制解决方案，通过多年深耕发展，2022 年已占据国内 90% 以上火力发电厂散料输送市场，发展为一家专业提供工业自动化、智能化整体解决方案，以及相关产品的国家高新技术企业、重点软件企业。该公司以自主研发的 SSPCU 智能控制器及其成套技术替代大脑；以凸轮驱动技术为核心，自主研制先步机器人解放手工；以深度学习技术为基础，研发 AI 视觉分选设备替代人类的眼睛。公司产品成功应用在电力能源、港口码头、绿色建材、食品加工、医疗耗材生产等多个领域。

湖南菲尔斯特传感器有限公司是军工起家的传感器企业，前身是长沙红旗仪器厂，创建于 1965 年，在国防科技大学支持下创建，主要配套于军工行业，是中国四大家传感器企业之一。该公司是集研发、生产、销售于一体的高科技合资企业，主要产品有 MEMS 压力传感器、压力传感器、压力变送器、温度传感器、温度变送器、油位变送器、位移传感器、差压变送器、风速传感器、风向传感器、数字压力传感器、数字温度传感器、数显压力开关、电子式压力开关等系列产品及智能控制仪表，广泛应用于航天航空、国防、工程机械、铁路、城市轨道、汽车电子、暖通空调、空压机、纺织、石油化工、煤矿等工业自动化控制领域。

【制造业高质量发展专题培训】　2022 年 5 月 19 日，雨花区 2022 年制造业高质量发展专题培训在晓光工匠学院党建培训教室开展。全区 70 家规模以上工业企业相关负责人参加培训。区工业和信息化局党组书记、局长彭谱诚介绍雨花区制造业高质量发展相关情况，解读制造业高质量发展重点指标，业务科室负责人就纾困增效惠企政策和工业发展资金申报对企业进行宣讲和业务指导。区统计局就企业提高规模工业增加值举措、工业技改投资项目入库等业务问题进行讲授。

【雨花区产业创新创业大赛】　2022 年 7 月 14 日，第五届雨花区产业创新创业大赛（创客中国 · 雨花分赛）决赛在中部（长沙）工程技术创新智谷举行。该次决赛有 15 个项目参与角逐，项目涵盖新材料、人工智能、工业互联网、智能制造、大数据、跨境电商等多个领域。最终，6 个项目成功晋级，代表雨花区冲击市赛。湖南晓光智能成型公司的“超高强度钢梯级热成型技术产品研发及产业化”、湖南兴融科技有限公司的“跨境直播——新形势下的产品出海之道”2 个项目，分别获企业组及创客组一等奖。

（本栏撰稿　石文龙）

中轻长泰（长沙）智能科技股份有限公司　　（张秋莲　供图）

软件信息产业

【概况】 2022年，雨花区在工信部纳统的信息技术服务企业105家，营业收入50亿元，软件信息服务业规上企业27家，全区全年增量为4767.27万元，比2021年增长2.24%。中轻长泰（长沙）智能科技股份有限公司（主营产品制浆造纸物流包装系统）获得第七批国家级制造业单项冠军（全省仅2家），湖南先步信息股份有限公司的SSPCU工业智能控制软件入围省制造业单项冠军产品。

【软件奖励政策兑现】 2022年，雨花区加快软件产业高质量发展政策兑现涉及48家企业共81个项目，兑现金额为210.55万元，其中企业入驻补贴类奖励金额为43.8万元，企业研发创新补贴类奖励金额为36.2万元，入规升高上市类奖励金额为130.55万元。

【5G基础设施建设】 2022年，雨花区完成5G基站1323个，年度任务完成率107.56%。全区5G基站达到9114个，重点场所5G网络通达率提升至100%。

【重点软件企业走访】 2022年，雨花区制定《雨花区软件和信息技术服务业重点企业调研走访方案》，走访企业50余次，帮助企业争取上级资金，组织企业申报2020年长沙市软件和信息技术服务业发展奖补资金、省2022年移动互联网产业发展专项资金等项目50余项，为企业争取扶持资金3200万元。

【数字经济发展】 2022年，雨花区编制完成《长沙市雨花区算力支撑体系建设规划（2022—2025年）》，引进中国联通产业互联网有限公司和上海爱数信息技术股份有限公司等数字经济重点企业，支持和培育算力企业发展，建设特色鲜明、泛在高效、规模适度的算力支撑体系。全年数字经济核心领域规上企业增加值36.09亿元，比2021年增长8.5%，互联网、软件信息技术服务业规上企业规模扩大。湖南晓光汽车模具有限公司获得省“5G+工业互联网”示范工厂。湖南先步信息股份有限公司等14家企业获得省移动互联网产业发展专项资金支持。云湖南云畅网络科技有限公司、唐智科技湖南发展有限公司、湖南智水环境科技有限公司3家企业获得2022年度两化融合管理体系贯标试点企业。

（本栏撰稿　石文龙）

湖南晓光科技有限公司　（张秋莲　供图）

国（湖南）自由
中非经贸合作
长沙片区
中国(湖南)自由贸易试验区
CHINA (HUNAN) PILOT FREE TRADE ZONE
长沙片区
AREA OF CHANGSHA
中国(湖南)自由贸易试验区长沙片区
中非经贸合作促进创新示范园
高桥大市场
长沙农村商业银行
SHEWEN
KFC

商贸服务业

编辑　唐清明

综　述

【概况】　2022年，雨花区新引进“三类500强”企业投资项目7个，新引进10亿元以上产业项目5个；实际利用内资293.4亿元；实际利用外资5772万美元；完成社零总额768亿元，比2021年增长1.7%；完成外贸进出口总额252.7亿元，比2021年增长8.14%；完成跨境电商进出口交易额1.8亿元。雨花区获评国家进口贸易促进创新示范区（湖南唯一）；获评“长沙市打造内陆地区改革开放高地先进单位”；获评2022（第七届）中国国际食品餐饮博览会优秀组织奖。红星农副产品大市场、湖南高桥大市场获评全国“诚信兴商”典型案例（湖南仅此2个）；红星街区获评第二批国家级夜间文化和旅游消费集聚区；高桥大市场、红星大市场申报全国商品市场优化升级试点地区试点市场；长沙运达汇、德思勤四季汇购物中心获评省级绿色商场。

·表9·　2022年雨花区招商引资情况表

指标	单位	2022年	2021年	增长（%）
当年新签项目（合同）个数	个	7	6	16.7
实际到位外资	万美元	5772	6464	−10.7
进出口总额	亿元	252.72	233.68	8.1
外商直接投资合同项目	个	0	3	−100
实际利用外资金额	亿美元	0.5772	0.6494	−11.1
外商直接投资额	亿美元	0.5772	0.6494	−11.1
实际引进省外境内资金	亿元	285.11	256.35	11.2

中非经贸合作促进创新示范园　（关　迅　供图）

【外经外贸】　2022年，雨花区筑牢外贸基础，3月29日，湖南省市场采购贸易方式预包装食品首单成功；9月5日，自贸雨花区块对非技术性贸易措施研究评议基地签约；11月3日，雨花区获批国家进口贸易促进创新示范区。发挥中非经贸博览会、中非经贸深度合作先行区核心区、国家进口贸易促进创新示范区、中非技术性贸易措施研究评议基地等国家级平台作用，推进更深层次改革和更高水平开放。利用“六位一体”交通网络的优势，依托红星全球农批中心和湖南高桥大市场，实现“买卖全球”，提升消费能级，推动贸易高质量发展。挖掘增长潜力和调整产业结构，优先招引外资外贸企业，瞄准产业链龙头企业，补强特色产业链。组织企业参加各类专题培训会近30场。

【纾困暖企】　2022年，雨花区指导新佳宜等25家企业申报商贸流通发展专项资金232万元；协助长沙盒马网络科技有限公司申报外资专项资金60.65万元；开展外经、外贸资金申报10项，申请金额1421万元，拨付扶持资金超过1800万元。

【雨花区获批进口贸易促进创新示范区】　2022年11月3日，商务部、国家发展改革委、财政部等8个部门共同作出决定，在全国设立29个进口贸易促进创新示范区，雨花区获批，成为湖南省唯一入选的示范区。进口贸易促进创新示范区是国家发挥政策优势，鼓励创新监管制度、服务功能和交易模式等创建的具有示范和辐射带动作用的进口贸易集散地和创新平台。该次获批的29个示范区，为全国第四批示范区，主要有2个功能定位，一是“贸易促进”，即促进口、促产业、促消费；二是“贸易创新”，即政策创新、服务创新、模式创新。

（本栏撰稿　关　迅）

运达汇　　（区融媒体中心　供图）

招商引资

【概况】　2022年，雨花区引进中国联通中南研究院、中国林业投资开发集团湖南区域总部、上海爱数总部等一批具有产业引领力的重大项目。实施“湘商回归”行动，以湘商总部、产业、资本、人才、科技和公益回归为重点，注册湘商回湘企业16家，完成湘商回湘投资项目实际到位资金33.64亿元。实施供应链招商行动，对接省外上游供货商企业61家，搭平台、建桥梁、完善产业供应链。全区20个省级重大项目引进资金合计257.7亿元，资金到位率46.53%，项目履约率为95%，项目开工率为94.74%。

【申通长沙智慧物流产业园项目】2022年2月12日，2022年“迎老乡、回故乡、建家乡”异地湖南长沙商会会长新春座谈会暨招商引资“开门红”项目签约仪式举行，申通长沙智慧物流产业园项目签约落户雨花区电商物流园。项目总投资2亿元，总建筑面积约13.5万平方米，主要建设申通湖南省总部及结算中心、物流中心、冷链物流中心、智能物流拣选中心及办公配套。项目依托阿里巴巴的技术背景和平台优势，通过扎根线下零售、餐饮、物流和供应链体系，在长沙市构建电子商务产业的新型生态圈、新零售发展新型产业领域和申通快递数字化运营中心示范项目。

【国际会展雨花片区招商座谈会在雨花区举行】　2022年4月15日，国际会展雨花片区招商座谈会在雨花区举行。湖南省商务厅党组书记、厅长沈裕谋，省政府参事、省中非经贸合作研究会会长徐湘平，长沙市政府副市长康镇麟，雨花区委书记刘素月，区委副书记、区长黄军其等参会。会议重点从区位优势、产业环境、自贸政策、招商资源等方面进行招商推介，展示国际会展雨花片区的发展机遇和广阔前景。湖南马丁森企业管理咨询有限公司就片区中非产业策划建议方案进行介绍，中国（湖南）自由贸易试验区长沙片区雨花区块将在国际会展雨花片区打造中国首个“洲际CBD”，将中非经贸深度合作先行区核心区做实、做强，全面推动雨花区及湖南省经济发展。国际会展雨花片区，是长沙市“双五”工程中十大片区的重要组成部分，是湖南自贸区长沙片区的重要板块，高铁枢纽、国际会展与中非经贸的机遇优势叠加。

【建发汽车体育公园二期项目】　2022年4月，建发汽车体育公园二期项目落户雨花区高铁片区。项目总投资25亿元，主要建设集汽车改装、汽车文化、线下展示、办公楼及配套餐饮酒店于一体的汽车文化主题商业体，吸引长株潭乃至全省的汽车公益和非公益类活动，带动广大市民体验汽车文娱活动。

【国家检测中心项目】　2022年5月，国家检测中心项目——湖南中机申亿检测技术有限公司落户雨花经开区。项目投资2亿元，主要建设综合检测

2022年12月5日，中林（湖南）林业投资开发集团有限公司揭牌仪式
（关　讯　供图）

2022 年 11 月 4 日，中国联通中南研究院项目签约仪式　（关　迅　供图）

大楼、精密检测大楼等内容。

【可孚医疗智慧医疗中部科技创新中心项目】　2022 年 5 月，可孚医疗智慧医疗中部科技创新中心项目落户雨花经开区。项目投资 50 亿元，用地 40 公顷，主要建设包括两方面：基于现有产业基础，可孚医疗与高校、三甲医院、科研机构建立合作，培育、孵化、转化、落地系列高端医疗器械产业项目；基于可孚医疗供应链资源，引进系列具有一定规模、较高技术含量的配套企业落地园区。

【大族激光智能装备中西南区域总部项目】　2022 年 7 月，大族激光智能装备中西南区域总部项目落户雨花经开区。项目投资约 2 亿元，占地面积 2 万余平方米，是大族激光中西南地区最大的生产、研发、销售与服务基地，主要建设 F、LION 平面切割及型材切割等系列产品生产线、创新研发中心、其他生产厂房及相应智能配套功能。

【爱数全国总部项目】　2022 年 11 月 3 日，2022 湖南—长三角经贸合作洽谈周湖南打造内陆地区改革开放高地推介会举行，雨花区政府与上海爱数信息技术股份有限公司签署项目合作协议，爱数全国总部项目落户雨花区。项目投资 5 亿元成立上市主体公司，并在长沙建立数据产业研究院，专注于人工智能和数据产业的核心技术创新研究，联合湖南本地高校和科研院所共建实验室，吸纳高端研究人才，探索推进中国数据产业标准制定和方法论研究，逐步建设为院士工作站和国家级创新实验室。上海爱数信息技术股份有限公司于 2006 年在上海创办成立，全球有 1700 余名员工，在中国上海市、长沙市、天津市、成都市，以及新加坡、德国汉堡市设有 6 个运营中心，是大数据基础设施提供商。2012 年，上海爱数信息在长沙设立第二研发总部，2022 年把上市主体落户雨花区。

【联通中南研究院项目】　2022 年 11 月 4 日，2022 世界计算大会开幕式举行，雨花区政府与湖南联通签订战略合作协议，中国联通中南研究院落户雨花区。该项目是雨花数字产业园的首个数字产业项目，选址自贸区长沙片区雨花区块高铁新城板块，投资 60 亿元，占地面积 5.47 公顷，规划建设中国联通中南研究院科研大楼、数字湖南通信枢纽数据大楼，配套成立中国联通（湖南）产业互联网有限公司，形成数字信息产业集群基地，打造全国数字经济创新引领区、产业聚集区和应用先导区。

【苏商集团华中区域总部项目】　2022 年 11 月 8 日，民革中央助力现代化新湖南建设招商大会举行，雨花区政府与苏商建设集团有限公司签约，苏商集团华中区域总部项目落户雨花区。项目投资 15 亿元，项目包括但不限于雨花区境内市政、交通、水利、教育等基础设施项目。

【零食很忙数字化总部供应链中心项目】　2022 年 11 月 8 日，民革中央助力现代化新湖南建设招商大会举行，雨花区政府与湖南零食很忙商业连锁有限公司（简称“零食很忙”）签订合作协议，零食很忙数字化总部供应链中心项目落户雨花区。项目投资 5 亿元，占地面积 7.8 公顷，规划整体建设规模约 14 万平方米，主要建设配套仓储区、物流配送中心、办公楼、总部基地、研发中心、检测中心等。零食很忙是雨花区重点培育的新零售品牌，2017 年 3 月在雨花区成立；2018 年，零食很忙门店数量突破 100 家；2021 年 5 月，零食很忙成功吸引红杉中国、高榕资本、启承资本 3 家知名

2022 年 11 月 3 日，爱数全国总部项目签约仪式　（关　迅　供图）

投资机构，完成一轮2.4亿元A轮融资。截至2022年年底，零食很忙全国门店数量约2000家，年度门店总营收约60亿元，综合纳税约1亿元。

（本栏撰稿　关　迅）

商贸流通

【概况】　2022年，雨花区开展商品市场优化升级专项行动，推进高桥大市场、红星大市场进行整体提档升级；紧盯县域商业体系建设项目，助力乡村振兴；统筹推进商圈设施改造、环境改善、品牌集聚、业态优化，推进智慧商圈建设；加大节能降耗和绿色环保宣传和建设，指导创建绿色商场。加强便民商业体系建设，推进农贸市场建设改造及活禽宰杀区改造工作，推进加油站的三次油气回收改造；督促街镇充分运用再生资源回收管理平台。

【电子商务】　2022年，雨花区推进电商物流园建设，出台雨花区块跨境电商配套政策，吸引跨境电商企业入驻，举办跨境电子商务行业培训，加快打造中南地区电商集聚区、现代物流核心区和新零售集聚城。

【生活物资供应服务保障】　2022年，雨花区加强生活必需品市场供给监测，保障市场运行稳定，制订《长沙市雨花区疫情防控期间生活必需品保供应急工作预案》等工作方案。启动长沙市生活必需品市场监测日报制度，建立以蔬菜、粮油、肉类、水果、鸡蛋、矿泉水、方便面、食盐、医药、成品油等为主的17家重点保供企业名录库，多渠道储备资源，确保市场保供稳定。

【雨花区“孵化万企 湘聚出海”跨境电商专项行动】　2022年7月26日，雨花区“孵化万企 湘聚出海”跨境电商专项行动暨长株潭跨境电子商务行业培训活动在雨花区高桥中非经贸合作创新示范园举行。由长沙市雨花区、株洲市石峰区、湘潭市岳塘区三区商务（粮食）部门及雨花区人才队伍建设工作中心共同主办、湖南省跨境电子商务协会、可孚医疗科技股份有限公司承办，长沙市、株洲市、湘潭市100余家企业参加。举办跨境电商行业嘉宾分享会，阿里巴巴国际站、麦趣跨境电商、万成云商、湖南至美通4个跨境电商百强企业对企业业务领域、开店运营实操进行讲解分享，围绕跨境电商热点、难点和痛点进行解读。

【红星全球农批中心二期中部菜篮子开业】　2022年12月17日，红星全球农批中心二期中部菜篮子开业。红星全球农批中心二期占地面积33.33公顷，建有蔬菜、海鲜水产、肉食、粮油干调4个功能板块，地上车道、高架廊桥互联互通；搭建专属信息化管理平台，配建智慧型自动化冰温立体冷库。项目蔬菜“仓”囊括一、二级批发交易，落地货、基地菜覆盖全国；海鲜水产“荟”着力打造中部最大的海鲜水产交易集散中心和网红消费新地标，引入非洲鲍鱼、龙虾等全球优质海鲜水产；肉食“库”创建肉品放心市场、标杆市场，实现一级批发、二级批零、加工配送协同发展。粮油干调“MALL”专设近7000平方米的米粉和豆制品交易专区，一站式解决老百姓餐桌所需。

（本栏撰稿　关　迅）

消费促进

【概况】　2022年，雨花区筹划“一带四圈”升级提质，圭塘河经济带实现生态与繁荣完美融合，红星商圈闪耀国际范，高铁商圈成为全省服务业示范集聚区，高桥商圈借势自贸实现“买全球、卖全球”；东塘商圈走出老商圈复兴之路。实施纾困暖企提振消费行动，联动汽车、百货、餐饮等行业开展各类主题促消费活动，做到“季季有主题、月月有活动、周周有促销”。全区开展各类促消费活动280余场，参与企业2000余家，实现线上线下销售额累计40亿元。支持品牌首店发展；加速培育消费新品牌、新模式，鼓励支持零食很忙、新佳宜等成长性企业发展；发展“夜经济”，长沙高铁吾悦广场、五江天街等26家单位获评2022年度长沙市夜间消费示范街区、商圈、名片、门店；创新发展“网红经济”，举行非洲好物网购节等，打造雨花网红产品和网红企业；扶持“老字号”企业创新发展，新增通程、红星、尚友塘3家“湖南老字号”。

【四季主题促消费活动】　2022年，雨花区开展春之约·品牌雨花、夏之礼·嗨购雨花、秋之韵·网红雨花、冬之味·福满雨花四季主题促消费活动，整合，“吃、游、购、娱、行”多领域商家，开展各类促消费活动200余场，实现线上线下销售累计40亿元。3月8日，雨花区聚焦“她经济”，组织辖区商家开展“春之约·品牌雨花”消费嘉年华；3月10日，春之约·品牌雨花暨零食狂欢节活动举行；4月

2022“秋之韵·网红雨花”消费季系列促消费活动　（关　迅　供图）

2022年9月，“‘雨’你‘溆’话·夜夜夜夜”暨“夜赏·品茶咖浓情”活动

（关 迅 供图）

28日，第四届双品网购节暨非洲好物网购节（湖南专场）活动在中非经贸合作促进创新示范园（一期）举行，雨花区同步开启“春之约·夏之礼”——“双品”好物雨花嗨购节暨非洲好物网购节；9月2日，“秋之韵·网红雨花”消费季暨红星水果美食节在雨花区红星商业街开幕。

【装配式装修和绿色建材家居消费节】 2022年6月15日，“环保材料给补贴·幸福家居更健康”2022年装配式装修和绿色建材家居消费节启动仪式在中非经贸合作促进创新示范园举行。该次消费节由雨花区商务局主办，发放1000万元消费政策补贴，派送3000万元的专项绿色环保材料优惠补贴，可让1000户装修业主享受每户最高补贴4万元的实惠。绿色家居消费刺激，重点是推广代表产业新方向的装配式装修，以及鼓励绿色建材消费，推动消费升级，提升幸福指数。活动主打的绿色建材产品是金煌集团下属蓝天豚绿色建筑新材料有限公司生产的硅藻生态板、抗菌硅藻涂料、内墙纳米绝热节能涂料等。

【雨花区汽车消费节】 2022年7月13—31日，雨花区2022年度汽车消费节举办。雨花区汽车消费节与湖南车展同步启动，凡在雨花区辖区内指定车企购买新乘用车，可在享受2022年湖南车展油补、十重大礼奖项后，可领取雨花区最高2000元油卡或消费券补贴，可享25家车企为消费者送的礼品。该次促销活动共投入财政资金100万元，拉动销售额约4亿元。

【“夜赏·品茶咖浓情”促消费特色活动】 2022年9月9—11日，“‘雨’你‘溆’话·夜夜夜夜”暨“夜赏·品茶咖浓情”活动在雨花区德思勤广场举行。该次活动由雨花区和溆浦县联合推出，采用“夜市”形式，以文创、美食为两大核心卖点，以夜经济为切入口搭建展销平台，涵盖雨花区的小咖主、盒马鲜生、中非好物等网红品牌，以及溆浦县的瑶茶、朱红橘、枕头粽粑、溆浦鹅、麻子月饼、溆浦溪磨豆制品、红薯粉、土方蜂蜜等地方特色美食，让消费者在中秋月色中品美食、赏月光，推动区县联动促消费、稳增长。

【参展食品餐饮博览会】 2022年11月24—26日，由湖南省政府主办的第七届中国国际食品餐饮博览会在长沙国际会展中心举行。雨花区商务局引导辖区的重点企业盒马鲜生、红星大市场、高桥大市场等8家企业参展，展品品类涵盖网红小吃、烧烤、面点等；推动溆浦县大江口镇伏水湾村供销合作专业合作社、湖南翱康生物科技有限公司等一批溆浦县当地企业参展，展品品类涵盖水果、茶叶、古方红糖等。

【第十届年货狂捞节】 2022年12月16—18日，第十届年货狂捞节在高桥中非经贸合作促进创新示范园举行。该届年货狂捞节由长沙市商务局、雨花区商务局指导，长沙市零售商业行业协会主办，长沙东正贸易有限公司、湖南狂捞信息科技有限公司、湖南高桥大市场股份有限公司联合承办，来自湖南省、湖北省、江西省、贵州省、重庆市等2000余名商超零售专业采购商、供应服务展商参加。该届年货狂捞节吸引线上线下联展企业80余家，联展品牌2000余个，展位面积1万余平方米，邀约超市采购人员1000余人，春节档意向成交额1亿余元。年货狂捞节由长沙东正贸易有限公司于2013年创办，汇聚拔尖供应资源，以实体零售商为重点服务对象，从供应链效益出发做好民生供应保障，为广大中小实体零售商经营助力，促进上游供应商价值效益最大化，同时让消费者便利购买到更高性价比、更高品质的生活必需品。

（本栏撰稿 关 迅）

第十届年货狂捞节部分参展品牌

（关 迅 供图）

自贸区·园区

编辑　　唐清明

自贸区雨花区块

【概况】 2022年，中国（湖南）自由贸易试验区长沙片区雨花区块（简称“自贸长沙片区雨花区块”）紧扣“发扬‘三业精神’、打造开放高地、建功全国十强”（“三业”即敬业、专业、创业）工作主题，承接长沙片区80项改革事项，新增市场主体2409家，引进“三类500强”项目3个，完成外贸进出口总额142.8亿元，培育打造5个省、市级服务业集聚区，获评“湖湘最美丝路青年集体”“2022高质量发展十佳园区”，获批国家进口贸易促进创新示范区、全国唯一中非技术贸易措施研究评议基地。

【制度创新成果】 2022年，自贸长沙片区雨花区块自主提出23项改革事项，牵头长沙片区5大项13小项改革事项实施率100%，完成率100%；推进71项全国已复制推广经验在雨花区落地；形成9项制度创新成果，其中7项纳入拟发布的湖南自贸试验区第二批制度创新成果，全国首创3项、全省首创4项；设立中非跨境人民币中心，开通6个非洲国家对公即期结售汇业务。5月18日，湖南省商务厅发布湖南自贸试验区第一批制度创新成果，长沙片区独创24项，其中雨花区块独创5项，全市占比21%。

【招商引资】 2022年，自贸长沙片区雨花区块新增市场主体2409家、比2021年增长46%，其中企业1067家、比2021年增长54%；引进外商直接投资3510万美元。策划开展7场重大招商引资活动，到新加坡、北京市、上海市、广州市、深圳市、宁波市6地精准对接。运用大数据、互联网等信息化技术，创新搭建“自贸雨花招商运营管理平台”，设计“招商一张图”。接待中粮集团有限公司、北京奇虎科技有限公司（奇虎360）等500余家国内外重点客商，引入中国电力建设集团有限公司的全资三级子公司湖南蓝天通力科技有限公司等3家世界五百强企业，引进北京超粮控股（集团）有限公司南方总部、内蒙古雅布赖盐业集团有限公司南方分公司等多个总部企业。

【重大项目建设】 2022年，自贸长沙片区雨花区块引进建发汽车体育公园二期、中核长沙肿瘤医院和中国电建集团中南勘测设计研究院有限公司投资总部。新签约超粮集团南方总部、内蒙古雅布赖盐化集团有限公司南方总部、中非经贸数字化产业园、湖南“市场采购+跨境电商”新模式产业园、中非经贸总部基地5个重大产业项目，总投资35亿元，涉及易货贸易、跨境电商、市场采购、中非经贸等重点发展产业。新建成中非技术贸易措施研究评议基地、中非经贸众创空间等功能性平台并投入使用，推进中非经贸数字化产业园、浏阳河国际文化科创基地等9个重点产业项目；完成市重大项目本年投资额6.6亿元。

【对外贸易】 2022年，自贸长沙片区雨花区块市场采购贸易出口成功拓展预包装食品业务，长沙成为全国第三、中西部唯一开展该业务的城市，于3月完成首单试单，12月26日对非出口首单成功；举办企业座谈会等专场活动，多渠道集聚供采资源；协调增设天津港、上海洋山港、厦门港为市场采购贸易通关口岸，节省企业物流成本；建立风险补偿金融机制，降低企业出口风险；探索市场采购“飞地模式”，在湖南特色产品出口集聚区，设立邵阳馆、怀化馆等21个市县特色展馆，与溆浦县、绥宁县等4地签订合作协议，带动溆浦县实现1600万美元外贸进出口；与广西自贸区钦州港片区签订战略合作协议，探索推动雨花区块打造“对接钦州、面向东盟”的进出口贸易流通体系。中非经贸博览会常设展馆实现全年365天常态化运营。推动供应链金融，“雨非产投”为中非经贸企业提供新的融资渠道和金融赋能，长沙国贸雨花子公司完成筹建。全年完成外贸进出口总额142.8亿元、比2021年增长37.3%；外贸实绩企业152家。

【优化营商环境】 2022年，自贸长沙片区雨花区块营造市场化、法治化、国际化营商环境，打造24小时政务自助服务厅；设立人才窗口和知识产权保护专窗；与中国联通湖南省分公司合作，免费为企业开通国际互联网数据专线，打通企业对接国际互联网的高速通道，是湖南省首个聚焦对外贸易建设的通信基础设施，是湖南自贸试验区首个以园区为单位开通的国际专线；推进在雨花区块内设置营商环境监督监测点；筹备企业用工风险“一站式”防控中心。

【服务业发展】 2022年，自贸长沙片区雨花区块成功推荐10栋商务楼宇纳入长沙市“三百工程”重点楼宇，8个项目纳入长沙市“三百工程”重点项目；获批2022年长沙市现代服务业引导专项资金65万元。开展2021年度雨花区现代服务业高质量发展综合评价，评选中国能源建设集团、湖南省电力设计院有限公司等10家服务业优质企业，90名现代服务业先进工作者。对全区重点楼宇开展重点帮扶，帮助21栋楼宇解决43个问题，完成双异转化48家，助推全区实现招商去库存12万平方米，编制雨花区《关于促进楼宇经济高质量发展的若干措施》，实现规上其他营利性服务业营收近300亿元，比2021年增长8.13%。全年新增规上服务业单位40家。

【雨花区自贸区工作会议】 2022年2月11日，自贸长沙片区雨花区块工作领导小组2022年第一次会议召开。雨花区委书记刘素月，区委副书记、区长黄军其等区领导及相关成员单位参加。会议传达中央、省、市关于自贸试验区建设的会议精神，汇报自贸雨花区块工作情况，通过《2022年自贸长沙片区雨花区块建设工作要点》。与会区领导及各重点成员单位围绕2022年如何完成雨花区块考核任务和改革创新事项发言。黄军其指出，要咬定目标任务，提升发展能级，深化制度创新，加强协调联动。刘素月提出，要在党建引领上创新突破，加快推动“自贸雨花党建联盟”建设，以党建引领破解自贸区发展中的瓶颈难题、困难问题；要在战略功能上创新突破，加快在深度融入 RCEP、对非本币结算、重点品类对非贸易等领域取得更大突破；要在重点任务上创新突破，加快推动自贸总部大厦、中非经贸总部基地、360 数字化智谷等一批标志性项目落地，全力打造中非文旅融合区域、中非文化交流区域；要在制度改革上创新突破，推进落实各项改革事项任务，争取打造更多国家级、省级改革案例；要在联动发展上创新突破，打造雨花经开区、电商物流园、红星全球农批中心、全区楼宇经济联动创新区，让雨花范围内的市场主体都能享受自贸区制度创新和政策创新成果；要在提升治理能力上创新突破，围绕外籍人员服务、疫情防控、环境卫生、治安管理、意识形态等方面，提高国际化的管理能力和水平；要在实干担当上创新突破。

中国（湖南）自由贸易试验区长沙片区雨花高桥区块　（罗立志　供图）

【中非经贸数字智谷项目】　2022 年 3 月 11 日，湖南省商务厅与 360 集团旗下的三六零数字安全科技集团，就促进中非经贸数字化发展签署战略合作协议。根据合作协议，湖南省与三六零数字安全科技集团在自贸长沙片区雨花区块，共同打造“中非经贸数字智谷”。4 月 19 日，长沙市举行奋力实施强省会战略重大项目集中签约仪式举行，中非经贸数字智谷项目签约落户自贸长沙片区雨花区块。11 月，该项目的可行性研究报告已通过内部专家评审会，进入区数据资源中心的审批流程；12 月 7 日，该项目通过雨花区政府第 19 次常务会议，启动立项流程，相关的立项审批、资金来源评估论证、概算批复等按程序进度完善。中非经贸数字智谷通过建设开放平台，引入 360 集团在网络安全、数据管理、金融安全等方面的核心技术，在持续创新的基础上，融入更多的“数字安全元素”，为加强中非贸易做出贡献。

【湖南高桥大市场采购贸易出口预包装食品首单顺利通关】　2022 年 3 月 29 日，在海关、市监、自贸长沙片区雨花管委会等相关部门的共同推动下，湖南高桥大市场采购贸易出口预包装食品首单顺利通关，来自湖南高桥大市场的 90 件糖果，以市场采购贸易方式申报从长沙机场口岸发往菲律宾。这是湖南省首批以市场采购贸易方式出口的预包装食品，长沙市成为继杭州市、厦门市之后第三个开展市场采购贸易方式出口预包装食品业务的城市。预包装食品，是指预先定量包装或者制作在包装材料和容器中的食品，常见的有散装糖果、袋装饼干、茶叶、盒装酸奶、袋装大米等。

【第四届双品网购节】　2022 年 4 月 28 日至 5 月 12 日，第四届双品网购节暨非洲好物网购节举行。4 月 28 日，第四届双品网购节暨非洲好物网购节湖南专场启动仪式在湖南高桥大市场中非经贸合作促进创新示范园举行。卢旺达驻华大使、中国驻肯尼亚大使、商务部电商司司长、外交部非洲司副司长等视频致辞，湖南省商务厅党组书记、厅长沈裕谋出席并致辞；湖南高桥大市场、快乐购作为企业代表进行活动推介，湖南高桥大市场优选 11 个非洲国家好物，包含辣椒、咖啡、坚果、芝麻、茶叶、可可、木制家厨、果干、果油、钻石、红酒、装饰品、工艺品、日用品、护肤品、家具等品类，共 230 余款；湖南高桥云购电子商务有限公司与长沙通程控股股份有限公司等 6 家知名企业签订非洲好物销售联盟战略合作协议，湖南高桥大市场股份有限公司与湖南麓山国际贸易有限公司签署非洲青年实习基地战略合作协议；非洲产品特卖会、非洲咖啡品鉴会等非洲品牌消费节活动同步开幕。该次活动以“品牌品质·惠享生活”为主题，遵循“政府指导、企业为主、市场化运作”原则，精选电商平台、品牌企业，开展“双品”好物嗨购节、“数商兴农”专场等系列促销活动，2.2 万余款品质好物，230 余款精选非洲特色产品集中亮相，助力非洲特色产品多渠道对接湖南市场。该次活动，线上消费者可通过“高桥优选”“高桥智贸”“京东—非洲好物馆”“淘宝—非洲好物馆”等平台参与活动、购买商品；线下，除高桥大市场，还在长沙南站候车室、步步高星城天地设立中非经贸博览会常设展馆产品体验店及非洲产品专柜。活动期间通过中非直播间连麦、非洲留学生直播带货、种草“非洲地道风物”等形式把直播间开到非洲，探秘红茶、咖啡、可可等优质产品原产地。

【自贸长沙片区雨花块与绥宁县政府合作】　2022 年 5 月 12 日，自贸长沙片区雨花管委会与绥宁县政府签署战略合作协议。8 月 19 日，2022 年雨花·绥宁市场采购贸易专场活动在自贸雨花区块高桥板块举行。雨花区、绥宁县两地集中签约，为湖南出口产品集聚区邵阳馆绥宁专区揭牌。雨花区政府副区长易静，绥宁县政府副县长唐洁分别致辞，雨花区、绥宁县相关负责人就市场采购贸易方式、绥宁名优特色产品进行专题推介。在出口产品集聚区邵阳馆绥宁专区，展区内产品包括竹笋、烤笋、腊肉和茶叶等特色农副产品，以及竹编制品、竹制西餐具、竹制滑板等优质手工产品。通过出口产品集聚区，企业可通过湖南产品国际站、国内的采购商联络站、采购商对接会、境外营销中心等途径，获取国外采购商需求，直接和客户对接。

【现代服务业高质量发展专题培训会】 2022年5月19日，2022年雨花区现代服务业高质量发展专题培训会在中非经贸合作促进创新示范园楼多功能会议厅召开。雨花区服务业各产业牵头部门、各街镇分管副职及专干、服务业重点企业代表共180人左右参加会议。全体参会人员参观中非经贸博览会常设展馆、中非电商直播孵化中心；区发改局副局长肖英、长沙片区雨花管委会副主任邓友分别对雨花区产业政策、自贸区相关政策条款、申报流程等进行宣讲解读；区统计局就服务业相关统计工作进行业务培训。

【湖南高桥大市场市场采购贸易方式2022年线上对接会】 2022年5月20日，湖南高桥大市场市场采购贸易方式2022年线上对接会启动仪式暨阿里巴巴国际站专场活动在中非经贸合作促进创新示范园举行。湖南高桥大市场通过探索市场采购+跨境电商跨境融合，借助直播带货、线上业务磋商、线上选品等方式获取更多采购商资源，推动高桥市场采购贸易业务的发展，带动省内更多企业以市场采购贸易方式出口。

【湖南市场采购贸易方式试点采购对接会】 2022年6月17日，非洲在华企业座谈交流会暨湖南市场采购贸易方式试点采购对接会在广州市举行。该次活动由雨花区政府主办，自贸长沙片区雨花管理委员会、湖南省中非经贸合作研究会、绥宁县商务局、溆浦县商务局承办，湖南高桥大市场股份有限公司执行。活动就自贸长沙片区雨花区块情况、湖南高桥大市场市场采购贸易方式试点进行专题推介，重点向国内外采购商介绍小五金、箱包、服装，体育用品等湖南名优特色产品；进行非洲在华企业座谈交流，与会领导与来自尼日利亚、多哥、几内亚的企业代表分别就货币结算及兑换、非洲农副产品准入、厂商对接、样本设计及后续质量跟进等问题进行探讨。该次活动，有利于中外企业代表更深入了解对湖南省对非经贸合作情况、产业情况、贸易方式，推动非洲在华企业的交流合作。

【“红领商港”党建联盟成立】 2022年6月28日，自贸长沙片区雨花区块“红领商港”党建联盟成立暨直播电商“红色e站”成立仪式举行。“红领商港”党建联盟由雨花区委组织部、自贸长沙片区雨花党工委、高桥街道党工委联合发起，以“组织联建、队伍联抓、工作联促、产业联育、活动联办、品牌联创、服务联动、资源联享”为发展理念，着力构建“党建引领、区域联动、多方参与、共促发展”的党建工作新格局，致力于发挥联盟力量服务企业、服务人才、服务发展。该联盟由48家单位（第一批）构成，其中管理服务部门（含属地）党组织5家、社会团体党组织3家、企业党组织20家，共有党员3400人。联盟根据行业领域特点分别设立“红色e站”，在直播电商行业打造首个“红色e站”。

2022年6月28日，中国（湖南）自由贸易试验区长沙片区雨花区块“红领商港”党建联盟成立暨直播电商“红色e站”启动 （罗立志 供图）

【2022雨花·溆浦市场采购贸易专场活动】 2022年7月22日，2022雨花·溆浦市场采购贸易专场活动在自贸雨花区块高桥板块湖南出口产品集聚区举行。省直有关部门、长沙市、怀化市、雨花区、溆浦县、自贸长沙片区雨花管委会、溆浦产业开发区负责人，自贸雨花区块高桥板块外贸企业和市场采购贸易企业、溆浦县重点企业负责人、湖南高桥大市场相关商户参加专场活动。雨花区、溆浦县相关负责人就市场采购贸易方式、溆浦名优特色产品进行专题推介；自贸长沙片区雨花管委会与溆浦产业开发区签订战略合作协议，溆浦县商务局与湖南高桥大市场股份有限公司签订战略合作协议，湖南高桥大市场采购外贸企业与溆浦相关企业签订业务合作协议；举行湖南出口产品集聚区怀化馆开馆仪式和怀化馆溆浦专区揭牌仪式，自贸雨花区块与怀化市、溆浦县联合打造约500平方米的怀化专馆，在馆内开设约100平方米的溆浦展区，溆浦服装、体育用品、蓝牙耳机等产品在展区内进行展销。

【非洲驻华使节走进中非经贸深度合作先行区活动】 2022年7月28日，2022年非洲驻华使节走进中非经贸深度合作先行区活动在自贸长沙片区雨花区块举行。来自阿尔及利亚、埃塞俄比亚、安哥拉、科特迪瓦、肯尼亚、卢旺达、南非、坦桑尼亚、乌干达、加纳、马达加斯加、马拉维、毛里求斯、莫桑比克、尼日利亚的15个非洲国家的29位驻华使节及部分在华非洲国家商协会和企业代表参观非洲37个国家的常设展馆，了解湖南对非经贸合作情况，参加非洲特色产品进口促进推介会、非洲特色产品深度洽谈会、非洲特色产品品鉴会。活动现场举行非洲出口增长伙伴项目湖南办公室揭牌仪式。

【中非合作经贸培训中心成立】 2022年8月9日，2022年度中非经贸营销经理培训班暨中非合作经贸培训中心成立大会，在中非经贸合作促进创新示范园召开。该次大会由湖南省中非经贸合作促进研究会和中非职业教育产教联盟共同举办，湖南省中非经贸合作促进研究会是由全省从事中非经贸合作的企事业单位、社会组织及在中非经贸合作领域有一定影响力的专家、学者自愿组成，中非经贸合作职业教育产教联盟是中国唯一专注非洲、打通产教、突出技能、服务经贸的职业教育联盟。中非合作经贸培训中心旨在服务中非商品经贸合作，推动中非经贸交流更好更快发展，提高湖南省中非经贸合作研究会会员企业和单位相关经贸从业人员国际化服务水平和专业化工作能力。大会举行中非合作经贸培训中心发起单位签约仪式及中非合作经贸培训中心揭牌仪式，湖南省中非经贸合作促进研究会、中非经贸合作职业教育产教联盟、湖南工商大学、湖南红星国际展览有限公司、湖南人文科技学院、浩通国际货运代理有限公司、湖南省天一国际咨询有限公司7家单位的签约代表上台签约。中非经贸营销经理培训班开课，学制1天，课程专注于非洲海外市场开拓，包括《中非贸易形势研判及最新政策解读》《国际贸易获客技巧》《新外贸全网营销》，来自研究会会员单位、中非经贸合作职业教育产教联盟单位、涉及中非经贸合作先行区的政府及企事业单位的100余名学员参加培训。

【溆浦产品通过市场采购贸易方式出口非洲首单成功】 2022年8月14日，怀化市溆浦县企业湖南航硕体育用品有限公司的篮球、足球等体育用品，由中非经贸合作促进创新示范园企业长沙宏骏进出口贸易有限公司通过市场采购贸易方式代理出口至尼日利亚，标志着溆浦产品通过市场采购贸易方式出口非洲的首单成功。湖南航硕体育用品有限公司是溆浦工业集中区一家以外贸加工为主，国内机关、学校订制为辅的，从事足球、排球、橄榄球设计、生产及销售公司。

2022年7月28日，非洲驻华使节走进中非经贸深度合作先行区活动

（区融媒体中心　供图）

【市场采购贸易试点推介会】 2022年8月25日，由自贸长沙片区雨花区块主办，湖南高桥大市场股份有限公司承办的市场采购贸易试点推介会在第五届东盟·湖南（邵阳）名优产品交易会专场举行。自贸长沙片区雨花管委会、邵东市商务局、邵东经济开发区相关负责人，湖南高桥大市场股份有限公司及邀约参展企业代表共50余人参加。自贸长沙片区雨花管委会和邵东经开区管委会举行战略合作签约，双方打造“省级经开区”联姻“国家级自贸区”的创新发展模式，实现资源优势互补、产业协同发展、平台共享共建。湖南高桥大市场外贸事业部负责人解读市场采购贸易的优势与便利，包括外贸门槛、通关政策、税收政策、收结汇政策等优势，以及贸易综合服务平台、境外渠道拓展平台、出口产品集聚区平台三位一体的市场采购贸易完整生态体系。长沙海成雅贸易有限公司、湖南卖啥网络科技有限公司、湖南手拉手进出口贸易有限公司、湖南明意湖智能科技股份有限公司等高桥大市场出口产品集聚区（邵阳馆、娄底馆、宁乡馆、永州馆）代表企业分别就产品订单、网络信息、智能科技、外贸服务等领域现身说法，为邵东县外贸企业进驻高桥大市场出口产品集聚区、参与市场采购贸易提供样板服务。

【中非技术性贸易措施研究评议基地】 2022年9月5日，（长沙）中非技术贸易措施研究评议基地通过海关总署标法中心评审；11月8日，在第五届中国国际进口博览会“非关税贸易措施高质量发展论坛”上签约；11月29日，（长沙）中非技术贸易措施研究评议基地授牌，落户自贸试验区长沙片区雨花区块。该基地为海关总署标法中心、长沙海关、长沙市人民政府共建的国家级技术服务平台，以“立足湖南、面向非洲、服务全国”为理念，聚焦对非重大产业、重点国别、重要贸易规则开展技术贸易措施研究评议，指导对非企业有效应对技术贸易壁垒，成为全国首个面向非洲的技术贸易措施研究评议基地，为湖南深化对非经贸合作增添国家级技术服务平台。该基地针对非洲国家发布的TBT（技术性贸易壁垒）、SPS（卫生与植物卫生措施）通报，加强对非技贸措施研究，减少中国出口成本、降低对非贸易门槛；针对在国际贸易中存在外来物种入侵、动物植物疫情传入、食品安全、消费品安全隐患等方面的问题，从技贸措施层面进行应对与防范；加强中非双方在标准化领域的交流与合作，提升非洲国家标准化水平。

【自贸长沙片区雨花块与宁远高新区合作】 2022年9月14日，自贸区长沙片区雨花区块与宁远高新区签订战略合作协议在雨花区中非经贸合作促进创新示范园举行。通过“创新飞地”合作模式，自贸区长沙片区雨花区块与宁远高新区将打破原有行政区划限制，通过跨空间的经济开发、园区共建等方式，实现资源互补、产业结构优化、共建共享。根据战略合作协议，双方将按照“平等互利、优势互补、长期合作、共同发展”的原则，就“创新飞地”模式合作、扩大园区企业外贸进出口规模、支持企业到园区拓展业务、构建农副产品产销平台、展会展销活动、开展商务洽谈、党建团建联谊机制7个方面进行合作。

【“金融促外贸——融资及外汇衍生品”雨花专场交流会】 2022年11月16日，自贸长沙片区“金融促外贸——融资及外汇衍生品”雨花专场交流会在中非经贸合作促进创新示范园举行。湖南康嘉利供应链有限公司、湖南雨非产业投资有限公司、湖南华壮科技有限公司等14家企业代表参会。中国农业银行介绍融资渠道及成本管理，结合“湘汇贷”“纳税e贷”等特色金融产品，阐述在汇率避险与融资支持方面的优势；中国建设银行以“跨境快贷”“小微快易”等外贸专项产品，展示全流程线上化便利优势；长沙银行推出极速付汇、极速收汇、极速开证、极速出单等产品服务。各参会企业就各金融产品的适用条件、期限利率等与银行代表进行沟通交流。

【中非志愿者之家启动】 2022年11月25日，“勇担青春责任，点亮中非梦想”中非志愿者之家启动仪式在中非经贸合作促进创新示范园举行。中非志愿者之家设立于中非经贸博览会常设展馆，是全省中非经贸合作志愿者组织，由湖南高桥大市场联合省内各高校学生志愿者成立，为中非文化交流助力，为青年志愿者们提供实训渠道。

【马达加斯加农业经贸合作对接交流会】 2022年12月16日，马达加斯加农业经贸合作对接交流会在中非经贸促进创新示范园举行。该次交流会由湖南省中非经贸合作促进研究会、湖南交通国际经济工程合作有限公司、亚欧非贸易投资联合促进会共同主办。马达加斯加农业部国际司司长马吕斯、联合国粮农组织南南项目高级专员法里罗线上参会，湖南省中非经贸合作促进研究会执行会长彭争、省农业农村厅等省有关部门，有关协会、中国与马达加斯加企业代表通过线上线下形式参加对接会。马达加斯加农业部国际司司长马吕斯介绍本国经贸政策及其产业现状与发展前景；湖南交通国际经济工程合作有限公司、亚欧非贸易投资联合促进会（简称“亚欧非贸促会”）、袁氏马达加斯加农业发展有限公司、湖南老农民农业科技有限公司代表依次作经验分享及项目介绍；在线上对接环节，双方企业进入线上讨论组进行“一对一”洽谈对接。

（本栏撰稿　罗立志）

雨花经开区

【概况】 长沙雨花经济开发区（简称“雨花经开区”）的前身为湖南环保科技产业园，是湖南省人民政府批准成立的省级开发区，2002年开园建设；2008年国家对开发区清理整顿后予以保留，国家发改委命名为长沙雨花工业园区；2012年7月，湖南省人民政府办公厅对全省开发园区进行统一规范命名，改为长沙雨花经济开发区。园区位于长沙市东南部、长株潭三市几何中心，规划面积23.07平方千米，长沙绕城高速、京港澳高速、沪昆高铁、京广高铁、洞株快速路等穿园而过，紧邻万家丽路高架、湘府路高架，毗邻地铁5号线，背靠汽车南站。依托区域内高铁、航空、高速公路、磁悬浮、城轨、地铁、快速公路，形成“七元一体”的交通网络。园区位于528平方千米长株潭城市群绿心地带，北靠200公顷天际岭国家森林公园，园区内有“一寺一湖一河”，“寺”即占地面积3.6公顷的千年古刹清泉寺，“河”即长沙唯一内城河的圭塘河，“湖”即近40公顷的同升湖。园区有全市最大的职教基地——职教城（6所职业院校），以及湖南省服务业示范集聚区——中国（长沙）创新设计产业园。

雨花经开区是国家级新型工业化产业示范基地（汽车产业，全省该产业唯一一家）、国家绿色工业园区、国家骨干冷链物流基地核心承载园区、湖南机器人产业集聚区（全省唯一一家）、长沙市人工智能产业示范园区，引进培育各类企业7000余家，形成新能源汽车及零配件的主导产业、人工智能及机器人的特色产业。截至2022年年底，园区高新技术企业数量206家，成为全省首个高新技术企业突破200家的省级园区。长沙比亚迪雨花基地是继深圳全球总部之外，集乘用车、客车、卡车及专用车等产品线最全的全球新能源战略基地和华中总部基地。可孚医疗科技股份有限公司（简称“可孚医疗”）是园区培育的首家上市企业，疫情期间，企业为全省防疫物资稳产保供作出重要贡献。湖南晓光汽车模具有限公司（简称“晓光模具”）是中南地区最大的汽车模具生产企业，是全球第二、国内唯一攻克智能梯级热成型技术的企业。湖南长步道光电科技股份有限公司（简称“长步道”）是国家工业镜头标准制定的牵头单位，其自主研发的1.5亿像素工业镜头是全球首创，360度内外壁测量用镜头填补国内空白。湖南中南智能装备有限公司（简称“中南智能”）是全省唯一一家省属国有先进智能装备制造及数字化服务平台公司。汽车智能装备科创企业——先惠智能装备（长沙）有限公司（简称“先惠智能”）为新能源汽车整机、装配、零部件客户提供智能装配线系统集成综合解决方案。半导体发光器件高新技术企业——湖南普斯赛特光电科技有限公司（简称“普斯赛特”），在封装制程、光效和显色性等方面掌握业界领先的核心技术。园区集聚航天、中轻、中铁、中铝长勘院等10余家央企，机器人集聚区的排名进入全国10强。

2022年，雨花经开区技工贸总收入达1052亿元；规模工业总产值实现752亿元，比2021年增长49%；规模工业增加值比2021年增长23.5%，位居全市园区第一。长沙比亚迪工业总产值实现672亿元，比2021年增长55%，成为全省首个产值过600亿的汽车企业。雨花经开区获省政府真抓实干“促进工业高质量发展”“五好园区”2项督查激励、市政府“促进工业高质量发展”“科技创新工作”“优化营商环境”等7项督查激励。园区项目申亿精密智能制造工厂代表雨花区参加全市产业项目观摩获评一类优秀。

（张秋莲）

【产业发展】 2022年，雨花经开区新能源汽车及零部件实现产值682亿元，比2021年增长55%；人工智能及传感器（含数控机床）实现产值60亿元，比2021年增长15%。其中，长沙比亚迪工业总产值实现672亿元，比2021年增长55%，成为全省首个产值过600亿的汽车企业；先惠智能产值实现3.2亿元，比2021年增长1倍；新入规企业中3家企业产值过亿元。新注册“三类500强”企业3家：长沙比亚迪全品牌汽车销售有限公司，中轻长泰（长沙）智能科技股份有限公司、江能智慧能源科技有限公司；签约投资50亿元以上项目1个（可孚智慧医疗中部科技创新中心）、10亿元以上项目1个（金钟亿利达科创中心）、2亿元以上10亿元以内项目5个；新增注册产业链企业46家；与“智多猩”“威高集团”“新岚资本”等近50个项目进行合作洽谈。

（张秋莲）

【项目建设】 2022年，雨花经开区突出“专”“精”“特”“新”，围绕产业链赋能，增强发展后劲。铺排重点项目84个，市重大项目30个。省重点项目比亚迪DM-i超级混合动力工厂项目二期建成投产，省重点项目可孚智慧医疗高精医学仪器生产基地项目一期实现部分投产运营，先惠智能华中区域总部产业基地项目2栋两层厂房实现当年开工当年封顶。实行“标准地+承诺制”用地模式，压缩项目审批时限，企业投资项目备案和建设用地计划许可证1个工作日完成审批。解决历史遗留问题，闲置土地处置率100%，批而未供土地处置率83%，低效用地处置率66.99%。探索项目共建模式，分别与韶山市、湘潭九华经济技术开发区、溆浦县合作，打造雨韶、雨华和雨溆3个共建工业园，探索打造“总部+基地”“上游+下游”“主机+配套”“品牌+代工”的“四加”产业协作新模式。其中，雨韶产业园项目一期标准厂房完成建设并交付使用，5家企业签约入驻，20余家企业在谈；雨华产业园一期启动主体建设；雨溆工业园9家企业签约入驻，总投资30亿余元，可提供就业岗位3700余个。

（张秋莲）

【创新驱动】 2022年，雨花经开区完成湖南省知识产权（雨花经开）综合服务分中心授牌并通过验收；举办2022年“尊重保护创新、全面开启知识产权强区建设新征程”知识产权宣传日活动。截至2022年年底，园区累计专利申请量281件，其中发明专利77件，比2021年增长30%。获批省级工程技术研究中心2家，省级企业技术中心9家，省、市院士工作站2家，拥有省级以上科技创新平台39个，拥有晓光工匠学院、长沙智能机器人研究院、航天中南光机电创新中心、西门子工业4.0创新中心等多家高精尖的科研机构和技术团队，机器人集聚区排名进入全国10强。获批国家级“小

比亚迪DM-i超级混合动力工厂项目一期的生产车间　（张秋莲　供图）

巨人”企业2家、省级“小巨人”企业9家，累计达到9家、20家。获评工信部国家级制造业单项冠军、智能制造优秀场景、国家服务型制造示范企业、平台各1家，获评国家知识产权优势企业3家；获批省制造强省项目7个，省制造业标杆示范车间1家，省智能制造系统解决方案供应商2家。湖南晓光汽车模具有限公司获省长质量奖提名奖、获批省“5G+示范工厂”；可孚医疗科技股份有限公司和长沙长泰智能装备有限公司获批2022年湖南省专利奖，湖南普斯赛特光电科技有限公司获批2022年湖南省制造业质量管理数字化优秀应用场景，湖南长步道光学科技有限公司1.5亿像素大靶面超高清镜头入选省级超高清视频典型应用案例名单等近100项奖励。

（张秋莲）

【营商环境】 2022年，雨花经开区坚持“服务产业、服务项目、服务企业”的理念，开展精准服务企业工作，企业问题动态办结率在98%以上。组织国家、省、市发改线、工信线、科技线三大类项目、平台等专项资金申报40余批次，企业获得各类政策扶植10亿余元。其中，为长沙比亚迪争取国家新能源补贴9.5亿元，争取全市巡游车补贴3600万元。成立驻比亚迪工作专班，以党建为引领，统筹做好企业内部管理、疫情防控、安全生产、周边环境整治等工作。园区安全生产实行条块结合、四级联动、网格化管理，开展整体性安全风险评估工作，是长沙市第一个完成整体性安全风险评估评审工作的园区。深化“放管服”改革，实行“一枚印章管审批”，让园区企业“一件事一次办”“园区事园区办”。创新“小步快跑”金融服务模式，率全市之先举办金融竞赛活动，搭建银企对接平台，举办11场银企对接会与金融沙龙，总授信40.53亿元，总放款17.13亿元。新推“潇湘财银贷”融资担保服务，为9家企业提供3200万元免抵押融资服务，协助企业办理知识产权质押融资5笔，总质押金额6837万元。

（张秋莲）

【党群建设】 2022年，雨花经开区对市委第七巡察组巡察反馈的三大类13个方面46个具体问题进行全面梳理，完成整改42个，基本完成整改4个。打造首个产业链上的“党代表工作室”，建设红一方面军两次攻打长沙党史陈列馆和户外学习基地—绿色经济带。园区实现“两新”组织党建工作“两个全覆盖”。打造云冷货车司机红色之家，党建引领助力疫情防控工作得到中央电视台宣传推荐，鹏基物业党建引领红色物业入选省“两新”党建典型案例。举办党的二十大精神理论宣讲会，把党的二十大精神送进企业、送进车间。挖掘发展一线的精彩故事和先进典型，发布各类报道200余篇。

（张秋莲）

【雨花经开区金融“开门红”活动】 2022年1月5日，雨花经开区“服务企业当先锋 雨花经开2022金融开门红”活动举行，启动第二届“赋能实体经济·我是金融中的精英”竞赛活动。雨花经开区10家银行与5家企业签约，授信125亿元，是2021年总授信额的2.5倍。晓光模具副总经理杜俊鸿介绍晓光模具推进的3个重点模具项目。雨花经开区引进“潇湘财银贷”和“风险补偿基金”2项金融帮扶政策，解决企业融资难、融资贵问题；计划联合园区上市龙头企业，探索成立产业链基金，服务产业链上下游企业。

（张秋莲）

【联合科创中心揭牌】 2022年1月18日，中南大学湘雅二医院与可孚医疗联合科技创新中心揭牌成立。联合科技创新中心依托中南大学湘雅二医院的技术和人才优势，以及可孚医疗的资源和产业优势，通过设立科创中心专项研发基金，以“揭榜挂帅”的形式招募研发项目，共同培育、孵化更多优秀医疗器械项目，推进成果转化。可孚医疗与中南大学湘雅二医院战略合作协议签约，该次合作首期开展3个创新项目，分别是基于机器学习的压力感知智能化胸背部矫正器械的应用研发项目，集机械、理化效应于一体的肌肉骨骼系统疾病超声波治疗器械的应用研发项目，智能化干眼视疲劳评估及助益体系的应用研发项目。

【雨花经开区重大项目集中开工】 2022年2月7日，长沙市2022年一季度重大项目集中开工，在雨花分会场，雨花经开区6个重大项目集中开工，项目总投资38.15亿元。雨花经开区该次集中开工的先惠智能华中区域总部产业基地项目、金钟亿利达科创中心项目、德永高新科孵项目、东湖和庭创新城项目、金属增材制造（3D打印）基地项目、达峰光伏智慧园项6个重大项目，涉及新能源汽车电池、新材料、光伏组件自动化产线、科技孵化园、标准化工业地产等领域，聚焦推动产业升级，是雨花经开区打造具有全球影响力的新能源汽车及零配件产业集群、具有全国竞争力的智能光学及装备产业集群、具有全省引领力的智能生物医疗（药）产业集群的实际行动。

（张秋莲）

【区领导调研雨花经开区】 2022年2月16日，雨花区委书记、雨花经开区党工委第一书记刘素月带队到雨花经开区调研晓光模具智能装备5G无人工厂项目、先惠智能华中区域总部产业基地项目、申亿马扎克智能制造工厂项目、普斯赛特第三代半导体科技智能化产业基地项目、可孚智慧医疗高精医学仪器生产基地项目，了解项目进展情况，协调解决困难问题。召开座谈会，刘素月强调，要紧盯5个观摩项目建设时间节点，确保11月底前全面完成，以重点项目建设带动园区产业全面发展；全区各级各部门要支持园区发展，围绕项目建设、手续办理、企业招工、物流运输、优化营商环境等工作重点，在一线服务企业、服务项目、服务发展。

5月19日，区委副书记、区长黄军其带队到雨花经开区调研可孚医疗智能装备总部基地、荷新路项目，了解项目进展，协调解决困难和问题。召开座谈会，黄军其强调，要聚焦“一主一特”，加快产业项目建设，培育经济发展新动能；突出招大引强，做大做强产业集群；拓展发展空间，优化产业规划布局，加速“腾笼换鸟”，提升亩均效益；加强科技创新平台建设，推动产学研深度融合，加速科技成果转化应用；推动项目落地，狠抓招商落地、开工入统、施工进度；理顺工作机制，加强工作联动；提升园区形象，加快完善公共基础设施，持续优化营商环境，筑牢生态安全、生产安全、社会稳定底线。（张秋莲）

【湖南省知识产权（雨花经开）综合服务分中心授牌】 2022 年 2 月 22 日，湖南省知识产权（雨花经开）综合服务分中心授牌。授牌仪式后，举行雨花经开区 2022 年知识产权综合服务能力提升培训。湖南省知识产权（雨花经开）综合服务分中心是长沙市第 5 家知识产权分中心，围绕园区主特产业发展实际，开展包括商标品牌咨询、知识产权公共项目申报、高校知识产权成果转化、专利侵权纠纷咨询与智力援助、企业知识产权贯标辅导工作等 10 项服务。雨花经开区广泛听取企业诉求，为每个服务事项均明确工作流程、办理时限，引进专业服务机构，发挥知识产权的引领作用。

3 月 2 日，湖南省市场监督管理局党组成员、省知识产权局局长段志雄一行，到省知识产权（雨花）综合服务分中心，现场听取中心的运行情况介绍，询问省知识产权信息服务平台的普及率，查看窗口提供专利申报、维权援助、知识产权项目咨询与协助等资料台账；走访可孚医疗科技股份有限公司、长沙正忠科技发展有限公司等企业，听取企业在经营、技术、产品以及知识产权等方面的情况。段志雄指出，省知识产权（雨花）综合服务分中心成立要抬高坐标定位，以企业需求为导向，以信息化为手段，做到服务对象、服务内容和服务措施的精准化，打造成区域有影响力的知识产权分中心。（张秋莲）

【李殿勋调研雨花经开区】 2022 年 2 月 28 日，湖南省委常委、常务副省

2022 年 2 月 22 日，湖南省知识产权（雨花经开）综合服务分中心正式授牌

（张秋莲　供图）

长李殿勋到雨花经开区调研长步道光学科技有限公司、湖南云冷冷链股份有限公司，了解园区建设管理、投融资模式、产业招商、营商环境等情况。李殿勋强调，要围绕提升传统产业、培育新兴产业和探索未来产业，清理、评估、完善现行产业政策，引领产业创新发展和转型升级；围绕科技研发、成果转化与产业培育 3 个环节，科学布局产业创新平台，按照“五好”（规划定位好、创新平台好、产业项目好、体制机制好、发展形象好）园区要求，秉持“高新产业主导、产学研协同、多链条融合、复合模式运营”理念，推动产业园区转型升级；把握政府注重“对价关系”、企业注重“商业模式”的原则开展精准招商，增强项目引进的质量和效益；坚持技术创新和制度创新并用，推动用钱、用地、用工、用能、数据交易与现代物流等专项改革取得突破，切实提高要素保障能力和水平；围绕产业对接、人才供求、知识产权运营和企业权益保障等问题，创新务实做好服务，系统提升产业投资与运行效率。（张秋莲）

【获评“全省‘五好’园区”“营商环境先进园区”2 项称号】 2022 年 2 月，湖南省产业园区建设领导小组发文，长沙雨花经开区获“全省‘五好’园区”“营商环境先进园区”2 项称号。雨花经开区坚守绿色可持续发展之路，坚持“工业新城”的整体定位、“专业园区”的产业定位和“特色立园”的招商定位，坚定走“小而特、小而精、小而优”的特色产业发展之路，以链式思维促进产业集群化发展，着力打造新能源汽车及零配件产业集群、智能光学及装备产业集群、智能生物医疗（药）产业集群。坚持空间规划、产业规划两手抓、同步抓，做好地块增减转换，推进产业空间新拓，通过提升国土空间规划编制、调区扩区等举措，进一步优化产业集聚区、人口集聚区、综合服务区和生态保护区等区域功能。出台《全力打造国家重要先进制造业高地和具有核心竞争力科技创新高地三年行动实施方案（2021—2023 年）》，推进科技创新攻坚行动。弘扬科学家精神、企业家精神、工匠精神，依托职教城院校、时代阳光企业大学、晓光工匠学院，建成省内极具特色的产教融合人才基地。与晓光工匠学院联合开展技能实训中心建设，打造晓光国家级实训教育基地。开展“同升湖”杯职业技能大赛，旗帜鲜明评选“科技带头人”“优秀企业家”“雨花工匠”，打造多层次园区创新人才库。推行“一个建设项目、一名联点领导、一名服

务专员、一份施工计划、一套工作方案”的服务机制，2022年铺排重点项目84个。（张秋莲）

【雨花经开区奋力实施“强省会”战略推进大会】 2022年4月24日，雨花经开区奋力实施“强省会”战略推进大会召开，发布《雨花经开区贯彻落实强省会战略行动方案（2022—2026年）》（以下简称《方案》）。《方案》提出，雨花经开区通过实施制造强园、创新引领、数字赋能、开放融通、绿色低碳、精美园区、金融保障、人才强园八大专项行动，在强省会战略中打头阵、当先锋、作示范；加强关键领域技术攻关，构建创新平台体系，优化创新生态环境，重点围绕新能源汽车、机器人和智能制造等领域，形成一批具有自主知识产权的核心技术。《方案》明确，雨花经开区发展目标：2023年技工贸收入破千亿元，2026年规模工业总产值突破1000亿元，园区制造业增加值占地区生产总值比重超80%，全社会研究与试验发展经费（R&D）占地区生产总值比重超过4%，高新技术企业总数达到240家，企业主体数量突破1.35万户，外贸进出口总额突破77亿元，实施20个左右10亿级项目，累计新增规模以上工业企业不少于50家。（张秋莲）

【毛伟明调研雨花经开区】 2022年7月1日，湖南省委副书记、省长毛伟明一行到雨花经开区调研可孚医疗科技股份有限公司、中国有色金属长沙勘察设计研究院有限公司。各级驻企帮扶组帮助可孚医疗科技股份有限公司、中国有色金属长沙勘察设计研究院有限公司分别解决产业基地项目二期的用地、用能、交通问题，企业拓展国际市场、解决融资难题。毛伟明指出，要带着责任、带着感情、带着办法，千方百计解难题、真心实意办实事，联企干部和企业要把中央和省里关于留抵退税、降费让利的政策研究透，用好用活用足惠企政策。（成雨景）

长沙雨花经济开发区（张秋莲 供图）

【雨溆工业园“三移交”“两授信”活动】 2022年9月25日，雨溆工业园“三移交”“两授信”活动举行。长沙市、雨花区、溆浦县、雨花经开区和溆浦产业开发区相关负责人，长沙市及溆浦县部分企业代表、银行代表参加。雨溆工业园由雨花经开区与溆浦产业开发区联合打造，现场为第一批入驻雨溆工业园的企业移交“厂房钥匙、营业执照及优惠政策”，协调金融机构为“共建园区”进行金融授信，集中、跨省授信金额5亿元。溆浦县顺成服装有限公司、湖南火凤皇智能机械有限责任公司、湖南鑫宏德高新科技有限公司、湖南爱兔服饰有限公司、怀化正忠科技发展有限公司等企业，现场领取厂房钥匙、营业执照及政策包，这些企业从事范围主要包括竹林机械研发制造、服装、高端鞋类、自动化焊接机械及机械研发制造产品。该次入驻的企业使用厂房总面积约3.3万平方米，总投资2亿余元，投产后可实现年销售额2.8亿余元，税收1100万元，新增就业岗位1300余个。（成雨景）

【云冷党群服务中心“货车司机红色之家”授牌】 2022年11月16日，雨花经开区云冷党群服务中心“货车司机红色之家”授牌仪式暨党的二十大精神宣讲分享会在云冷农产品交易中心举行。“货车司机红色之家”采用“3+N”的布局模式，其中“3”是指休闲休憩区、学习洽谈区、文体建设区，“N”是指党群服务中心、退伍军人俱乐部、充电桩、宿舍酒店、餐饮等众多配套服务。休闲休憩区、学习洽谈区设在冷库1楼北侧月台，配备有休息室2间、活动室1间、卫生间2间，配备洗衣间、洗澡间，为货车司机们提供9项热心服务、6项暖心行动、5项爱心咨询。活动现场为货车

雨溆工业园（张秋莲 供图）

司机们送上“暖心大礼包”，包括学习手册、党徽、保温杯、手机支架、口罩等。授牌仪式结束后，云冷党总支书记蒋志红以“红色领航 平安同行”为主题，宣讲中共二十大精神。

（成雨景）

【“职教联盟杯”职业技能竞赛】 2022年11月29日，雨花区2022年“职教联盟杯”职业技能竞赛举行。该竞赛由雨花区委组织部、雨花经开区管理委员会、雨花经开区经济发展局主办，晓光工匠学院承办，202名院校组学生选手和106名企业组职工选手参赛。该次比赛包含“焊接智能制造”“焊接技术”“模具钳工”“WPS办公软件操作”4个赛项的理论、实操比赛，分院校组和企业组进行，这是雨花区首次将面向企业职工的竞赛向院校学生开辟赛道。“职教联盟杯”职业技能大赛颁奖典礼暨闭幕式于2023年1月10日在湖南晓光工匠学院举行。企业组和院校组共64名选手获得一等奖、二等奖、三等奖。活动颁发“双创导师”聘书、“人才政策宣讲员”聘书以及给获奖选手颁发荣誉证书、奖金；企业代表给院校组获奖选手发放“企业就业邀请函”。

（成雨景）

【雨花经开区“党代表工作室”成立】 2022年12月13日，雨花经开区“党代表工作室”在湖南晓光汽车模具有限公司揭牌成立，这是长沙市首个建设在产业链上的“党代表工作室”。雨花经开区党工委书记袁钊和省党代表、湖南晓光汽车模具有限公司党委书记、副董事长杜俊鸿为“党代表工作室”揭牌，雨花经开区党工委委员、工会联合会主席、企业党委书记傅建辉致辞。“党代表工作室”，通过党建链、产业链、人才链，实现“党建引领、三链协同”，发挥党代表优势，推动党建工作和业务工作融起来、行业内党代表和各行业资源连起来，以人才链来服务产业链，服务“五好”园区建设。（成雨景）

·雨花经开区重点企业·

【长沙市比亚迪汽车有限公司】 长沙市比亚迪汽车有限公司（简称“长沙比亚迪”）于2009年成立，占地266.67余公顷，员工5万余人，规划年产能20万辆整车及配套关键零部件，涵盖新能源汽车冲压、焊接、涂装、总装四大工艺以及试制工厂、检测车间，零部件覆盖电机、电控、电源、发动机、电动总成、高压电气，以及空调、仪表、线束、座椅、结构件、车桥、齿轮等全系列汽车零部件。长沙市比亚迪为比亚迪汽车华中总部基地，以及全国重要的新能源汽车整车及关键零部件产业链战略基地。2022年，长沙比亚迪实现总产值672亿元，比2021年增长55%，成为全省首个产值过600亿的汽车企业。

【中轻长泰（长沙）智能科技股份有限公司】 中轻长泰（长沙）智能科技股份有限公司（简称“长泰智能”）为中国保利集团有限公司下辖中国轻工集团有限公司的二级公司，是集机、电、仪、网络数字一体化智能装备及物流仓储领域的全球优质供应商。该公司主要从事智能输送包装设备、智能物流仓储系统、自动分拣系统、人工智能、工业机器人应用系统及其他行业自动化流水生产线的研发、设计、生产、销售到系统集成服务的全产业链覆盖，是国内领先的绿色制造系统解决方案供应商、服务商，国家级重点支持专精特新“小巨人”企业、工信部两化融合管理体系贯标试点企业、国家知识产权优势企业、湖南省人工智能产业重点企业、湖南省“小巨人”、湖南省软件和信息技术服务业企业50强、湖南省智能制造系统解决方案供应商、湖南省第二批先进制造业和现代服务业融合发展试点企业等国家级、省级荣誉资质。2022年，长泰智能实现产值10亿余元，入选国家第七批制造业单项冠军示范企业。

【湖南大族激光智能装备有限公司】 湖南大族激光智能装备有限公司（简称“湖南大族激光”）是大族激光智能装备集团直属子公司，于2018年9月成立，占地面积2.2万平方米，有员工100余人（其中研发人员占比4%），是大族激光全国四大生产基地（深圳、苏州、天津、长沙）之一，是其立足长沙、辐射中西南乃至全国市场的中部地区先进装备制造基地、战略要地。作为长沙市高新技术企业、智能装备制造试点示范单位，专业致力于激光切割机、激光切管机等智能制造领域的系统解决方案。该公司全面实现信息化、智能化管理，采用标准化、模块化、通用化、系列化标准生产；与湖南大学共建智能制造研究院。2022年7月19日，大族激光与雨花经开区签订协议，将中西南区域总部落户园

长沙比亚迪汽车有限公司 （张秋莲 供图）

湖南大族激光智能装备有限公司　　（张秋莲　供图）

区，2022年，湖南大族激光公司总产值1.5亿元。

【湖南申亿精密零部件股份有限公司】 湖南申亿精密零部件股份有限公司（简称“申亿精密”）成立于2007年7月，注册资本为6150万元，是集研发选型、工艺设计、装配指导、产品销售及现场服务于一体的一站式零部件集成方案提供商，致力于为工程机械、铁路机车、卡车汽车、市建桥梁、风电电力、石油化工、核工军工及航空工业等工业企业提供综合产品服务。该公司完成供应链中心+研究中心+检测中心+智慧工厂“四位一体”的发展布局，打造集“研发设计、智能制造、检验检测、产品销售”为一体的跨界协同创新生态系统，公司嵌入式的技术指导和驻场服务模式受业界推崇，为三一重工股份有限公司、中联重科股份有限公司、山河智能装备股份有限公司和中国铁道建筑集团有限公司等企业提供连接配套方案、专业连接技术及紧固件产品。该公司检测中心具备CNAS（中国合格评定国家认可委员会）和CMA（中国计量认证）双认证资质，投资2000万余元，有仪器设备400余台（套），有多台国内或区域首台套设备，填补中南地区部分核心零部件检测和性能测试空白。该公司是“全国标准化技术委员会委员单位”“中国机械通用零部件工业协会常务理事单位”，获评国家级专精特新“小巨人”企业（工信部，2021年）、湖南省机械基础零部件创新中心（工信厅，2020年）等称号，是湖南省紧固件标准化技术委员会秘书处单位。该公司2021年前后三次增资扩股引进战略投资者，引入资金2.85亿元，于2021年11月进行股份制改造。申亿精密高端装备零部件智能制造工厂项目于2022年10月建成投产，代表雨花区参加全市项目观摩，获评一类优秀。项目投产后可实现年产值15亿余元，利税2亿余元，成为国内首个集高端精密零部件技术攻关、设计生产和标准检测于一体的智慧化样板工厂。

【可孚医疗科技股份有限公司】 可孚医疗科技股份有限公司（简称“可孚医疗”）是一家专业从事医疗器械的研发、生产、销售和服务的全生命周期个人健康管理领先企业。该公司获得国家高新技术企业、国家专精特新“小巨人”企业、湖南省工程技术研究中心、湖南省企业技术中心等称号。该公司于2021年10月25日在深交所创业板上市（证券代码：301087），首发上市募集资金37.24亿元，创湖南省民营企业首发上市募资规模之最。截至2022年年底，该公司在国内设有51家子公司，438家分公司；在长沙市、深圳市设有4个研究院，研发人员近300人；在长沙市、湘阴县、南通市、上海市、珠海市设有5个生产基地，其中长沙新生产基地占地面积约18.33公顷；与高校、科研院所、医疗机构等开展产学合作389项，一类医疗器械备案凭证、二类医疗器械注册证278项，CE（欧洲合格）、FDA（美国食品和药品管理局）等国外资质认证78项。2022年，可孚医疗获国家智能制造标杆示范企业称号，实现总产值约10亿元。

【长步道光学科技有限公司】 长步道光学科技有限公司（简称“长步道”）

可孚医疗科技股份有限公司　　（张秋莲　供图）

于2010年3月在广州市成立，2018年7月入驻长沙雨花经开区，是国内机器视觉（人工智能）工业镜头细分领域综合领先企业、国家工业镜头标准制定的牵头单位，专注于中高端光学镜头的研发、设计、生产与销售。公司主要产品为工业镜头、工业相机等机器视觉核心组件，标准工业镜头国内市场占有率第一、全球第二，线性扫描镜头技术全球领先，核心产品获得德国莱卡、日本欧姆龙、东芝、韩国三星及海康威视等国内外知名企业认可。长步道研发技术团队从研发到制造拥有8个关键技术，其中采用的非球面模压成型、超低畸变光学设计打破国际行业技术壁垒，在相机设计、图像处理、算法、机械结构、电子技术等领域拥有自主知识产权200余项。长步道自主研发的拳头产品拿下多个“首创”：1.5亿像素工业检测镜头，为全球首创；研发国内第一款同轴线扫镜头，打破国际垄断；360度内外壁测量用镜头等填补国内空白，全球唯二；研发国内首款光场相机成像镜头；推动长沙雨花经济开发区智能制造与机器视觉融合发展，带动上下游配套产业核心技术企业聚集（以商招商入驻4家企业），形成高端光学核心组件产业集群。2022年，长步道实现总产值1.9亿元。

【湖南晓光汽车模具有限公司】 湖南晓光汽车模具有限公司（简称“晓光模具”）成立于2006年，注册资金5000万元，是一家湖南本土民营企业，主要研发制造汽车车身覆盖件模具及零部件。该公司始终深耕汽车产业，与湖南大学、中南大学、中南林业科技大学建立产学研合作关系，建有“企业技术中心”“工程技术研究中心”2个省级科研平台，是国家高新技术企业、工信部专精特新重点“小巨人”企业、中国汽车覆盖件模具重点骨干企业、湖南省模具协会会长单位。2019—2021年，晓光模具连续被中国模具工业协会评选为全国模具行业“优秀供应商”。该公司主要客户有宝马汽车、北京奔驰、丰田汽车、广汽三菱、长城汽车、比亚迪汽车等汽车主机厂；奥钢联型材（中国）有限公司、海斯坦普汽车组件（天津）有限公司、卡斯马汽车系统（上海）有限公司等世界500强国际汽车零部件企业；三一重工、中联重科、山河智能等工程机械企业；中国中车股份有限公司、湘电集团有限公司等轨道交通及军工企业。该公司依托实体企业，创办“工匠学院”，建设“技能学习工厂”，与湖南省内28所院校建立深度产教融合合作关系，每年为各校师生提供见习、实习与顶岗学习6000余人次，成为湖南省首批公共实训中心平台和省第二批产教融合重点培育企业；2019年，晓光模具成为长沙市“十行状元，百优工匠”竞赛培训与比武赛点，先后为省、市、区及长、株、潭地区提供工匠赛前集训和比武服务2000余人次；2020年，与雨花经开区共建合作，成立“长沙智能制造技能实训中心”，具备12个工种培育与认证资质。2022年，晓光模具实现产值约5亿元。

长步道光学科技有限公司　　（张秋莲　供图）

【先惠智能装备（长沙）有限公司】 先惠智能装备（长沙）有限公司（简称“先惠智能”）成立于2019年，隶属于上市公司上海先惠自动化技术股份有限公司（股票代码：688155先惠技术）的全资子公司。先惠智能立足于高端装备制造业智能装备领域，为客户提供智能自动化成套设备及解决方案。2013年，先惠技术进入新能源汽车智能装备领域，先后为宁德时代、上汽大众、一汽大众、华晨宝马等企业及整车厂提供电池Pack、模组等生产线。2018年，先惠技术开拓海外市场，设备和成套产线出口到欧洲及东南亚等地。2022年，先惠智能实现产值3.5亿余元。先惠智能在雨花经开区摘得2余公顷工业用地新建先惠智能装备产业基地，项目建筑面积4万平方米，建成投产后可实现年产值近10亿元。

【湖南驰众机器人有限公司】 湖南驰众机器人有限公司（简称“驰众机器人”）是一家以智能算法为核心，提供柔性制造与智慧物流系统解决方案的人工智能企业，先后获得“高新技术企业”“湖南省小巨人企业”“湖南省优秀软件企业”“长沙市人工智能重点企业”等称号。该公司掌握人工智能算法、视觉识别感知、机器人软件架构、电子硬件控制等关键技术，成功研制具备自主知识产权的重载移动机器人、举升式AGV、牵引式AGV（自

湖南驰众机器人有限公司　（张秋莲　供图）

动导引车）等 11 个系列 100 余种产品，面向智能工厂、智能装备、智能物流，形成十大产业方向，致力于打造数字化物联新模式。该公司产品累计出口 10 余个国家和地区，为全球 200 余家国际企业提供产业升级服务。2022 年，驰众机器人实现产值 1.2 亿元。

【唐智科技湖南发展有限公司】　唐智科技湖南发展有限公司（简称“唐智科技”）以首席科学家唐德尧为核心，以自主创新的“广义共振与共振解调的机械设备故障诊断技术”为基础，结合大数据、智能物联网、人工智能等技术，提出以“故障机理诊断、免疫维修设计”为核心的理论体系，以“1+X”理念构建具有唐智特色的 TZ-PHM 系统，开创并引领机械设备故障诊断、健康管理和智慧运维产业。该公司核心技术团队有近 50 年的技术积累，近 30 年的工程应用积累，为轨道交通运载装备（高铁动车组、地铁车辆、机车车辆）提供全套的走行部故障诊断、健康管理和智慧运维解决方案。截至 2022 年年底，唐智科技产品及服务覆盖全国铁路机车、高铁、城轨领域 2.1 万台机车、100 余条城轨线路、1 万余辆城轨车辆及高铁动车组，同时在航空发动机、风力发电等领域取得开拓性业绩。2022 年，唐智科技实现产值 9000 万余元。

【湖南普斯赛特光电科技有限公司】　湖南普斯赛特光电科技有限公司（简称“普斯赛特”）于 2011 年 8 月 19 日在湖南省注册成立，注册资金 5000 万元，同时注册推出“绿达照明”专注于 LED 照明的自有品牌，是一家高科技民营企业。截至 2022 年年底，该公司有员工 175 人。该公司主要技术人员在电子信息、电子工程等相关专业技术领域方面具有较为深入的研究。该公司倡导环保节能的社会理念，致力于节能 LED 光电产品的研发、制造与应用，公司产品相比传统照明产品节能 60% 以上，寿命是传统照明产品的 4 倍以上。该公司产品远销欧美、中东、东南亚等国家，并在德国、西班牙有合作的经销商。该公司采用的技术属于高新技术企业“新能源与高效节能技术”领域。普斯赛特通过积极引进、吸收、创新国内外先进技术并与湖南大学、华南理工大学、湖南农业大学、长沙理工大学等大学实施产学研一体合作，自主研发创新，拥有实用新型专利 20 余项技术创新成果。2022 年，普斯赛特获湖南省制造业质量管理数字化优秀应用场景、绿色制造体系示范单位，公司当年实现产值 2.3 亿元。

【湖南菲尔斯特传感器有限公司】　湖南菲尔斯特传感器有限公司（简称“菲尔斯特”）是以军工起家的传感器企业，公司前身是长沙红旗仪器厂（创建于 1965 年）。该公司是中国最早四大家传感器企业之一，与北京 704 所、上海华东、余姚传感器并称传感器四大家，早期产品主要配套于军工行业。菲尔斯特是集工业传感器、智能控制仪表，物联网感知层、传输层、平台层系列产品研发、生产和销售于一体的高科技企业，主要为客户提供高端定制化传感器及物联网系统集成解决方案，产品广泛应用于航天、航海、军工、工程、纺织机械、石油、天然气、暖通空调、智慧城市、工业互联等领域。该公司累计获国家发明专利 22 项、实用新型专利及软件著作权 80 余项，连续四届通过国家高新技术企业认定，2021 年，菲尔斯特获长沙市“小巨人”企业认定；2022 年，获国家级“小巨人”及湖南省“小巨人”企业认定。该公司拥有先进的生产设备和完善的产品检测流程，为全球 60 余个国家提供个性化的解决方案。2022 年，菲尔斯特获评国家专精特新“小巨人”企业称号，实现产值 5000 万余元。

（本栏撰稿　张秋莲）

·雨花经开区重点建设项目·

【雨韶智能制造产业园】　长沙雨花经开区（韶山）智能制造产业园（简称“雨韶智能制造产业园”）项目是由长沙雨花经开开发建设有限公司和韶山高新区联合打造的高端智能制造集聚园区，是韶山市第一个“飞地园区”项目，是全省立足长株潭一体化战略的首个“飞地园区”。项目规划用地约 40 公顷，总建筑面积近 90 万平方米，总投资 30 亿余元，分期实施，项目包括工业地产和配套商住 2 个部分。项目一期、二期产业园占地 5.92 公顷，总建筑面积 12.7 万平方米，集独栋、双拼、单层厂房、多层厂房及高层厂房五元建筑形态于一身，集生产、办公、科研、中试、孵化、培训、体验等多功能于一身，重点承接人工智能传感器及机器人、航天航空、新能源汽车及零部件与其他战略性新兴产业及配套服务产业。项目全部建成后可吸引 25 ~ 30 家国内外智能制造细分市场龙头企业和近300家相关联上下游配套企业入园。2022年，雨韶智能制造产业园一期标准厂房交付使用，5家企业签约入驻。

【可孚智慧医疗高精医学仪器生产基地】 可孚智慧医疗高精医学仪器生产基地项目由可孚医疗科技股份有限公司投资建设，规划用地17公顷，总建筑面积44.6万平方米，计划总投资20亿元，计划建设呼吸支持产品、全球医学高精仪器、人工智能听力、智能康复辅具、医学电子、体外诊断试剂等多个制造中心。该项目一期于2020年10月启动建设，2022年6月建成投产；二期于2022年7月启动建设。项目初步建成专业门类齐全、产业链条完善、产业基础雄厚的产业体系，成为省内地域最大、产品品类最全的人工智能医疗设备及智能装备产业基地之一。

【申亿精密高端装备零部件智能制造工厂】 申亿精密高端装备零部件智能制造工厂项目由湖南申亿精密零部件股份有限公司投资建设，规划用地4.87公顷，建筑面积4.03万平方米，计划总投资15亿元，由研究院、高端零部件智能制造生产基地、智能制造装备检验检测认证创新孵化中心3个部分构成。该项目成功突破精密零部件生产“冷镦”关键技术难点，打破国外技术封锁，实现紧固件等精密零部件的国产化替代。项目创新推出非标柔性化生产方案，产线设备、生产工艺达世界一流水平，车铣复合加工中心、车削中心、萨克玛冷镦机等首次研制和应用国内乃至全球首台套重大技术装备。该项目全方位参与工业4.0战略布局，打造“绿色、智慧、标准”的精密零部件现代化工厂建设服务方案，可为紧固件行业提供工厂建设、技术设备、运营管理、标准检测等一站式服务。该项目于2021年年底启动建设，2022年10月建成投产，可实现年产值15亿余元，利税2亿余元，成为国内首个集高端精密零部件技术攻关、设计生产和标准检测于一体的智慧化样板工厂。

【先惠智能华中区域总部产业基地】 先惠智能华中区域总部产业基地项目规划面积4万平方米，总投资约8亿元，于2022年1月启动建设。项目计划建成集研发、办公、生产和销售于一体的中南地区新能源汽车动力总成智能装配线系统集成示范基地，为新能源汽车整机、装配、零部件客户提供智能装配线系统集成综合解决方案，布局先惠公司自主研发、应用广泛的新能源汽车动力电池模组、新能源汽车电池包（PACK）等核心高端生产线。其中，新能源汽车动力电池模组生产线生产节拍最高可达20.58秒/个，自动化率最高达95%；新能源汽车电池包（PACK）生产线生产节拍可达51秒/件，自动化率最高达89%，广泛应用于宁德时代、亿纬锂能、中航锂电等行业龙头企业。项目建成投产后，可形成年产48条基于工业互联网的智能装配线、3000台（套）智能设备的生产规模，可实现年产值近10亿元，利税5000万元。

申亿精密高端装备零部件智能制造工厂　　（张秋莲　供图）

【德永高新科孵项目】 德永高新科孵项目规划用20.87公顷，规划建设标准厂房30万平方米，建设周期约36个月，总投资13亿元，计划打造新材料、先进制造两大行业中极具竞争力的研发高地和产业中心，计划打造集产、学、研、金、介、贸于一体的“高新科孵”产业孵化园，通过引入细分领域的技术型领头雁企业，以自身资金入股，“以投带引”“资本招商”等形式推动产业培育。项目建设方长沙市德永置业有限公司是一家本土民营企业，从事房地产开发经营、仓储管理服务、物流园运营服务、装卸搬运等服务。截至2022年年底，项目一期2万平方米厂房完成基础及钢架主体龙骨的吊装。项目建成投产后，可引进入驻企业200余家，形成100亿元级的规模产业，实现年利税额12亿元。

【中南智能产业园】 中南智能产业园项目占地约4.27公顷，建设面积43144平方米，总投资约2.8亿元，项目集聚中南智能工业机器人、工业互联网、超精激光核心装备3个先进制造产业。项目由中南智能全资子公司长沙长泰机器人有限公司开发建设，湖南琨基建设集团有限公司承建，包括1栋主要承担科研、经营管理、日常办公工作的6层厂房；1栋主要承担生产、装配和部分科研工作的两层钢结构厂房和其他相应配套设施。项目于

2022年7月1日启动建设。项目建成后，中南智能工业机器人及系统集成等主营业务营收可达到约15亿元规模。

【大族激光智能装备集团中西南区域总部】 大族激光智能装备集团中西南区域总部项目于2022年7月签约落户雨花经开区洪达路2号雨花智能制造园2#栋与3#栋厂房，实际使用面积2.2万平方米，主要产品扩展至“两个品类”“三个系列”“多款机型”。项目建成投产后，可实现中西南区域光纤激光切割机从研发、生产、销售、服务全体系的覆盖，3年可实现营收5亿元，5年可实现营收10亿元。

【普斯赛特第三代半导体科技智能化产业基地】 普斯赛特第三代半导体科技智能化产业基地项目总用地面积1.23公顷，总建筑面积28306.32平方米，总投资2.5亿元，计划建设集创新研发中心、智能制造中心、智慧物流运输中心、员工发展中心于一体的智能生产基地。项目于2022年10月6日开工，截至2022年年底建设进度完成一半以上。项目建成投产后，可打造200条线的智能制造车间，可实现年销售额15亿元，税收5000万元。

【长泰智能制造装备生产基地】 长泰智能制造装备生产基地项目规划建筑面积27346平方米，总投资2亿元，计划建设钢结构联合厂房、垃圾站、危废房、绿化工程以及道路广场。项目后期计划投入生产硬件设备及软件系统。其中，硬件设备主要包括数控加工中心、高精度动平衡机、表面处理设备、柔性装配线以及柔性自动焊接生产线等；软件系统主要为生产管理MES（生产执行系统）系统、仓库管理WMS（物流仓储管理系统）系统以及数字监控系统。软硬件设施均用以满足智能化工厂配置需求，实现制造过程的标准化、系列化、智能化。

【金钟亿利达科创中心】 金钟亿利达科创中心项目是雨花经开区“腾笼换鸟”二次开发的代表项目之一，总投资10亿元，占地面积7.2公顷，建筑面积26万平方米，计划打造成集人工智能、新能源环保、现代服务业、互联网+、生物医疗于一体的企业总部基地。项目建成投产后可实现年产值约50亿元，实现税收约3亿元。

【东湖和庭创新城】 东湖和庭创新城项目由东湖高新集团与雨花经开区管委会共同投资开发运营，是湖南省第一个政企合作打造的创新型园中园，承接新能源汽车及零配件、人工智能及传感器（含数控机床）产业优质企业。项目总占地面积14.6公顷，项目一期、二期、三期已建成，该次开工的为项目四期，总投资4亿元，建设7栋标准化厂房。项目建成投产后可引进企业100余家，实现年产值约50亿元，税收约1亿元。

【金属增材制造（3D打印）基地】 金属增材制造（3D打印）基地项目由雨花经开区长沙众远新材料有限公司投资建设，计划建设高科技真空气雾化制粉产线12条，年产有效金属粉体2000吨。产品应用于增材制造、航空航天、智能制造、核工业等领域。

【达峰光伏智慧园】 达峰光伏智慧园项目致力于在雨花经开区打造一个光伏组件自动化生产智慧园区。项目总投资1.15亿元，通过柔性生产模式，满足产品多样化、差异化需求，将柔性制造技术广泛应用到产品制造各个环节，产品性能和质量可达到行业领先、国际先进水平。项目建成投产后可实现年产值约10亿元。

（本栏撰稿 张秋莲）

大族激光智能装备集团中西南总部基地 （张秋莲 供图）

·雨花经开开发建设有限公司·

【概况】 长沙雨花经开开发建设有限公司股东为雨花区人民政府，主要承接城市基础设施建设、城市更新，承担雨花经开区、重点片区、重大项目的投资建设和运营管理，开展土地一级开发、保障安置房建设、房地产开发运营、不动产经营管理、物业管理、投融资管理、内外贸易、市政公用事业运营、光伏运营等业务。总资产近300亿元，主体信用等级为AA+，是雨花区级第二个获评AA+的公司，是省内区县级园区第二个获评AA+的公司。

【公司改革】 2022年，雨花经开开发建设有限公司坚持市场化运作原则，完善公司机构改革方案、改革制度、绩效考核及薪酬管理制度，构建环保大道东延线（振东路—红旗路）电力管道铺设、99号地标准工业厂房建设。

长沙5G+工业互联网及软件产业园二期项目　　（王怡臻　供图）

考核、改进和提升的评价体系，完成母子公司工商变更。开展固定资产清查、档案管理等，全面推广OA（办公自动化）办公系统，构建内部信息平台，提高工作效率。

【项目建设】　2022年，雨花经开开发建设有限公司铺排项目62个，其中续建项目14个、新建项目24个、预备和前期研究项目24个。5G+软件产业园二期达到交付条件，大族激光装修基本完成，白田二期进入主体施工，同升保障房完成部分支护工程，白田幼儿园提质改造、智庭园光储充一期按计划推进。新开工金海路项目，完成雨污水管道治理一期工程等，推进涉铁项目，完成园区21条道路容缺移交相关手续，共完成投资约5.2亿元。

【“飞地园区”建设】　2022年，雨花韶苑一期12月首批集中交房，销售住宅198套。韶山工业园有湖南普达精密科技有限公司等3家企业入驻。落实全面推进乡村振兴的部署要求，在溆浦县探索雨溆“共建园区”。签订战略合作框架协议，签约7家企业，为第一批入驻企业移交“厂房钥匙、营业执照及优惠政策”，协调金融机构集中、跨省授信金额5亿元。

【同升湖园区建设及基础设施建设项目】　2022年6月24日，雨花经开开发建设有限公司成功申请同升湖园区建设及基础设施建设项目专项债资金1亿元。该项目主要为解决同升保障房及园区管网建设资金需求，项目内容包括同升保障房建设、

【雨花智能制造中心2#~7#栋及地下室项目】　2022年6月9日，雨花智能制造中心2#~7#栋及地下室项目通过竣工联合验收。该项目由湖南南庭投资有限公司开发建设，位于雨花区振华路与支路二交会处西南角，用地面积77068.69平方米，容积率1.12，建筑密度31.49%，绿地率30.63%，停车位1034个（地上15个、地下1019个）。

【雨花经开区雨污水管道治理工程（一期）工程】　2022年7月11日，雨花经开区雨污水管道治理工程（一期）工程通过竣工验收。项目业主为雨花经开开发建设有限公司，建设地点为雨花经开区，主要建设内容园区范围内雨污水管网的改造，含雨污分流、管道功能性修复及内涝点整治等，项目总投资约2000万元。该项目的完成，有利于提高雨花经开区道路雨水排放承载量，缓解内涝问题，改善园区的城市环境。

【雨花·韶苑（一期）建设项目】　2022年8月26日，雨花·韶苑（一期）建设项目竣工。该项目由雨花经开开

雨花智能制造中心2#~7#栋及地下室项目　　（王怡臻　供图）

发建设有限公司开发建设，位于韶山市东方红路与红旗路交会处，规划用地约26.67公顷，分三期开发，其中项目一期占地面积23729.61平方米，建筑面积86952.93平方米，涵盖1栋14层的公寓和7栋17～21层的住宅。

【雨华产业园一期工程】 2022年12月15日，九华智能制造工程机械配套产业园完成施工许可证办理，标志着雨华产业园一期工程正式开工建设。雨华产业园是雨花经开区的第二个"飞地园区"，由雨花经开区与湘潭经开区合作打造，按照"研发总部在雨花，生产基地在湘潭""主机生产在雨花，配套基地在湘潭"的模式，以产业链合作为纽带，以产业项目为带动，依托雨花区的产业优势，推进一批产业项目在"飞地园区"落地。雨华产业园由雨花经开开发建设有限公司开发运营，中国建筑第五工程局有限公司施工建设，项目占地23.4公顷，总建筑面积28.9万平方米，共47栋厂房，分三期开发，集独栋厂房、多层厂房、单层厂房、办公楼、宿舍、展示中心等多元业态于一体，致力为医疗器械、高端智造等企业提供企业生产、办公、科研、中试、孵化、培训等建筑空间及匹配成长周期的产业服务。项目一期有17栋，其中单层厂房3栋，多层厂房12栋，宿舍和食堂1栋，综合楼1栋，建筑面积8.2万平方米。

（本栏撰稿　王怡臻）

·雨花经开创新投资有限公司·

【概况】 长沙雨花经开创新投资有限公司成立于2019年3月7日，注册资本人民币1亿元，是由雨花经开区出资成立的竞争类国有独资公司。该公司下辖子公司2个：长沙雨花经开企业管理服务有限公司、湖南雨花金创引导私募基金管理有限公司，参股公司1个：中易数字科技（长沙）有限公司。公司核心业务是基金投资、股权投资、服务企业上市、科创孵化、金融服务、资产管理等。截至2022年年底，发起成立3支基金，总规模近2.35亿元。2019年发起成立长沙雨花经开鼎信私募股权基金，该基金为专项基金，规模3450万元；2020年发起成立湖南雨花盛世股权投资基金，规模1亿元，聚焦于成熟期项目的投资，投资范围主要为新能源汽车及零配件产业、智能光学及装备产业、智能生物医疗（药）产业及新兴产业；2021年发起成立湖南雨花融城创业投资基金，规模1亿元，主要面向长株潭区域内新兴优势产业，专注于种子期、初创期的科技创新型项目的投资。截至2022年年底，累计基金投资8785万元。2019年对可孚医疗科技股份有限公司投资3070万元，该公司于2021年10月25日在深圳证券交易所上市，成为雨花经开区本土培育的首家上市企业，是湖南省首发募集资金最多的民营企业；2020年对广东纳睿雷达科技股份有限公司投资1800万元；2021年对湖南申亿精密零部件股份有限公司投资2000万元，该公司完成省证监局的辅导报备工作。

2022年，雨花经开创新投资有限公司加强对投资企业的培育与辅导，储备拟上市后备企业18家，储备投资标的50余个。雨花经开创新投资有限公司参股公司中易数字科技（长沙）有限公司致力于为企业提供商事、外贸、通关、税务筹划、知识产权、灵活用工税务代征等16项服务，覆盖企业全生命周期，搭建科创孵化平台、金融服务平台、综合服务平台等，赋能企业成长，助推企业做大做强。

【基金运行】 2022年，鼎信泰和基金派发可孚医疗现金红利172.46万元，增派股份30万股。雨花盛世基金投资广东纳睿雷达科技股份有限公司于12月完成证监会注册。11月14日，完成雨花金创私募基金管理公司注册，系湖南省私募基金管理体制改革后首家注册的管理公司。

【股权投资】 2022年3月，雨花经开创新投资有限公司完成对中轻长泰（长沙）智能科技股份有限公司股权投资，投资总额1915万元；12月，通过自身融资完成对湖南长步道光学科技有限公司2000万股权投资。中轻长泰（长沙）智能科技股份有限公司、湖南长步道光学科技有限公司分别于7月、12月报省证监局辅导。

【上市服务】 2022年，雨花区新增5家企业进入上市后备库，纳入市级后备库18家，帮助中轻长泰（长沙）智能科技股份有限公司、湖南长步道光学科技有限公司等上市后备企业解决各类遗留问题15项，实现2家企业报辅。

【金融服务】 2022年，雨花经开创新投资有限公司举办金融沙龙6场次，帮助企业融资授信4.6亿元，发放贷款1.2亿元，牵头落实湖南省"潇湘财银贷"和长沙市小微企业信贷风险补偿基金（简称"风补基金"）业务，帮助9家企业融资3200万元，协调市风补基金支持园区26家中小微企业发放贷款3000万余元。

【资产管理】 2022年，雨花经开创新投资有限公司借涉铁拆迁契机，妥善处理和恒4S店纠纷；参与推动完成宝马4S店、兰天4S店拆迁搬迁工作，协调解决4S店选址、安全管理、停车场租赁等问题。

【安全生产】 2022年，雨花经开创新投资有限公司完成德永4号仓库和桥康仓库督搬，完成坤天篮球场、羽毛球场及广告制作公司督搬，开展10余轮安全生产检查，16家4S店共发现安全隐患30处，督促整改29处。

【企业服务主题沙龙活动】 企业服务主题沙龙活动是雨花经开区贯彻强省会战略，落实雨花区委、区政府"三帮三促"暨纾困暖企行动的举措。2022年，雨花经开区开展"金融促上市""金融促入规""金融＋纾困""中小企业金融普惠论坛暨长沙总部基地银企对接会”4期企业主题沙龙活动，为园区长沙长泰机器人有限公司、湘能楚天电力装备股份有限公司、湖南申亿精密零部件股份有限公司、长沙正忠科技发展有限公司等企业获取银行授信，累计为参加沙龙活动企业获批授信约4.6亿元。

1月12日，2022年首场以“强力助企业上市、全力强省会担当”为主题的企业上市经验交流“沙龙”活动举行。该活动由雨花经开创新投资有限公司和雨花经开区经济发展局联合举办，旨在组织园区优秀后备企业、中介机构、政府部门共同探讨园区企业上市工作。长沙市、雨花区、雨花经开区金融部门相关负责人及园区拟上市企业、中国国际金融股份有限公司、中国建设银行、湖南金洲律师事务所等参加活动。与会企业就上市过程中面临的困难和问题进行交流与探讨。中国国际金融股份有限公司对企业提出的问题进行解答。可孚医疗科技股份有限公司董事、副总裁、董事长秘书薛小桥分享企业上市经验。长沙市金融办相关负责人就政府如何帮扶企业上市等进行交流。雨花经开区相关负责人表示，企业要从思想上解决上市的问题，园区要着力帮助企业解决上市过程中的痛点和难点问题，引导企业推进上市进程。

2月18日，以“金融促企业入规”为主题的企业服务沙龙活动举行。长沙市雨花区虹德精工机械有限公司、湖南兴大新材料有限公司、湖南建东科技有限公司、长沙克明米粉有限责任公司等10家拟入规企业及中国建设银行、长沙银行等金融机构参加。企业家提出融资、供地等需求；金融机构就企业提出的需求，向其就信用贷、采购贷、科技贷、组合贷等融资方式进行解答；雨花经开区经济发展局、招商局、金融服务中心等部门提出解决企业难题的各项举措；雨花经开区主要负责人要求，要鼓励企业实现入规，获取更多政策与资金支持。

4月27日，雨花经开区“金融+纾困”沙龙活动举行，这是雨花经开区2022年首场以“金融+纾困”为主题的企业上市经验交流沙龙活动。华融湘江银行长沙分行与雨花经开创投公司签订金融服务平台战略合作。华融湘江银行长沙分行与湖南申亿精密零部件股份有限公司、湘能楚天电力装备股份有限公司签订合作意向书，该2家公司分别可获得华融湘江银行长沙分行授信1.8亿元、5000万元；华融湘江银行长沙分行与长沙长泰机器人有限公司、湖南中南智能激光科技有限公司签订专利质押贷该2家公司通过专利质押，可获得华融湘江银行长沙分行贷款1500万元、500万元。

6月10日，雨花经开区中小企业金融普惠论坛暨长沙总部基地银企对接会举行。该次银企对接会由雨花经开区主办，和立东升集团、长沙总部基地承办，雨花经开创投公司、雨花经开区金融服务中心协办。中国建设银行、中国银行、华融湘江银行、长沙银行、长沙农村商业银行、招商银行等金融机构与雨花经开区50余家企业进行面对面互动交流，授信金额4.5亿元，放款金额1.2亿元。现场举办“金融+产业”赋能企业发展启动仪式、中小企业普惠产品主题宣讲、融资担保政策介绍、园区企业与银行合作签约仪式、企业代表专题分享、银企自由交流等。

7月20日，“金融+纾困”企业服务主题沙龙活动举行。中国有色金属长沙勘察设计研究院有限公司、湖南宏禹工程集团有限公司、湖南驰众机器人有限公司等10家雨花经开区企业，中信银行、长沙银行、中国建设银行等金融机构参加活动。企业家就融资困难、金融产品等进行发言；银行针对企业需求，介绍科创e贷、关税e贷、项目贷、优才贷等银行产品，并回答企业家们的问题。雨花经开区产业发展局相关负责人就园区企业入规、经济效益倍增、人才政策等进行宣讲。雨花经开创新投资有限公司负责人表示，作为活动承办方，将优化企业服务主题沙龙活动方式，邀请更多金融机构为园区企业提供更优质的服务。

（本栏撰稿　汤　娟）

雨花区电商物流园

【概况】　雨花区电商物流园位于雨花区交通枢纽核心区，西至京港澳高速，南至长沙绕城高速南线，东至浏阳河，北至湘府东路，截至2022年年底，园区面积11.73平方千米，有产业项目18个，其中建投运项目5个、在建项目7个、待建项目6个，项目总投资100亿余元；有企业104家，仓储面积约60万平方米，冷库面积近55万立方米。园区围绕“两区、三中心、多业态”的发展格局，聚焦“新零售”模式和“生鲜+快消品”主题，构建产住融合的新型电商物流产业生态圈，促进“总部+产业+电商+物流”同步发展。北部聚焦高端物流地产中心、新零售总部结算中心、国际生鲜展示交易中心，打造中南地区现代物流示范集聚区；南部发挥“产业+配套+生态”的优势，建设人本、生态、智慧、社区的雨花智慧生态小镇，推进现代物流、新零售、预制菜、海关监管仓、电商产业等多种新业态发展。

2022年，雨花区电商物流园完成固定资产投资9亿元，完成税收贡献4232万元，引进零食很忙、长沙比亚迪等区内纳税大户供应链端，转化优质税源6家。指导二次招商企业围绕“生鲜+快消品”主导产业完善园区产业链形成，协助入园企业完成工商注册16家（新注册公司10家、个体户6家），入驻率98%，比2021年增长48.5%。引进零食很忙智慧物流园项目，完成仓储7-2号地项目落地，项目计划投资约4.68亿元，外商直投约1000万美元。推动红星大市场农产品有限公司获批长沙国家骨干冷链物流基地互补区。联合雨花经开区、红星农产品产业园，申报“雨花自贸协同联动区”。开展仓储场所安全隐患“大

盒马鲜生长沙运营中心暨申通长沙智慧物流产业园 （钟 敏 供图）

排查、大整治”活动，制定园区仓储安全检查标准，扫除安全监管盲区。开展“安全生产月”活动，深入各企业、在建项目进行安全生产宣传教育，制作海报160块，印发安全手册500余份；开展安全生产培训和演练2次；组织企业参加运输行业驾驶员网上培训、雨花区仓储物流企业线上安全生产培训等活动。以红星冷链（湖南）股份有限公司、湖南云冷冷链股份有限公司、红星盛业食品股份有限公司3家为主片区，以红星大市场农产品有限公司为互补区获评长沙国家骨干冷链物流基地。

【项目建设】 2022年，雨花区电商物流园的恒裕新零售智慧产业园项目、盒马鲜生长沙运营中心暨申通长沙智慧物流产业园项目、宏泰物流中心项目、长沙木文化产业园项目、万纬长沙雨花物流园二期项目、东联智慧物流园项目等完成施工许可证的办理；东百新零售供应链产业园项目完成工规证的办理。万纬长沙雨花物流园二期建成开业，恒裕新零售智慧产业园项目、盒马鲜生长沙运营中心暨申通长沙智慧物流产业园项目、宏泰物流中心项目、长沙木文化产业园项目完成主体工程建设；盒马鲜生长沙运营中心暨申通长沙智慧物流产业园项目、宏泰物流中心项目、长沙木文化产业园项目、普鑫智慧冷链物流园项目完成场地平整及桩基础建设。完成侯照路（柳树塘路—时代阳光大道）项目收回手续（赛特气体）及道路划拨手续。出具杨子路（跳马镇界—时代阳光大道）项目国有土地（湘特食品厂）及集体土地交地证明。

【营商环境】 2022年，雨花区电商物流园制定《区电商物流中心“三帮三促”纾困暖企行动方案》，走访75次，收集企业困难20个，解决企业困难16个，组织专题调度会面对面交流6次，对推进有难度的项目问题，协调区领导进行专题调研5次。就企业货车运行问题，向长沙市交警支队提交申请函，扩大园区货车通行的路段和通行时段；协调公交车路线，开通151路专线，缓解园区内上下班通勤问题。

【绿色低碳】 2022年，雨花区电商物流园指导园区企业开展绿色低碳循环改造，构建物流园区绿色低碳发展机制。万纬长沙雨花物流园、普洛斯长沙雨花物流园、长沙雨花宝湾物流园启动节能环保型仓储设施建设，其中，万纬长沙雨花物流园完成充电桩安装及部分光伏发电安装，普洛斯长沙雨花物流园完成充电桩安装并开始安装建设光伏发电板，长沙雨花宝湾物流园筹备相关项目。万纬长沙雨花物流园获评“一级三星绿色仓库”。

【生态环保】 2022年，雨花区电商物流园强化控违控渣工作管控，开展巡查1825余次，发现疑似违章搭建8处，均以函告街道、镇核查处置。联合东山城管中队，开展联合整治15次，配合执法11次，共处罚金6.6万元。组织开展“蓝天保卫战”和2022年秋冬季大气污染防治“百日攻坚”（特护期）行动。组织园区用车大户签订用车承诺书，签订29家，实现物流园区用车大户签订率100%。深入在建工地、物流园区现场开展宣传、教育，制作下发蓝天保卫战宣传资料1000余份。

【拆迁腾地】 2022年，雨花区电商物流园完成1号地西、8号地、9号地块征地补偿安置公告的发布。完成杨子路二期结算。完成黄梅冲东路项目国有土地（湘特食品厂）拆除验收工作。

【仓储用地出让】 2022年4月14日，长沙东联物流有限公司以底价3300万元竞得雨花区电商物流园一宗仓储用地。该地块有效面积为3.02公顷，容积率≤2.0，建筑密度≤50%。该项目总投资强度不低于20万元/公顷，拟围绕红星全球采购中心冷链物流，共同为入驻品牌及电商企业提供辐射中南市场的智能仓储、城市配送等仓配一体化服务功能。

【万纬长沙雨花物流园项目】 万纬长沙雨花物流园项目位于雨花区湘府东路以南、杨子路以北、川河路以西、东山路以东，总投资约5亿元，占地面积11.6公顷，建筑面积约14万平方米，3栋三层丙二类高标仓库，2栋丙一类高标仓库，1栋综合楼。万纬物流园二期项目总投资7000万元，占地面积约 2.67 公顷，仓储面积约为 1 万平方米，于 2022 年 5 月开工建设，同年 12 月 12 日完成竣工验收并投入运营。该项目为丙一类高标准仓库，可满足白酒、润滑油、食用油等物品的安全存放需求。

【雨花区普鑫智慧冷链物流园项目】
雨花区普鑫智慧冷链物流园项目是雨花区首个预制菜标准园区，位于雨花区电商物流园，雨花大道以东，总投资约 4 亿元，规划建设建筑面积为 82389 平方米，于 2022 年 11 月 15 日启动建设，主要建设集多温区冷库、农产品加工中心及配送中心于一体的冷链物流产业园，致力于打造冷链物流 + 农贸产品加工与仓储 + 新零售模式的复合型产业园。

（本栏撰稿　钟　敏）

雨花区普鑫智慧冷链物流园项目　　（钟　敏　供图）

城市建设

编辑　唐清明

城市人居环境建设

【概况】 2022年，雨花区推动“美好人居”建设，完成危房改造21栋、棚改450户，推进湖橡周边小区、红星片区天华、红星片区圭塘河植物园、雅塘片区等城市更新单元项目建设，完成32个停车场建设，争取中央、省、市各级老旧小区改造等补助资金共1.14亿元。雨花区在扩大保障性租赁住房供给，推进城镇棚户区和老旧小区改造、既有住宅加装电梯等工作中，被评为2022年度省政府真抓实干督查激励对象。

【旧改危改】 2022年，雨花区完成危房改造21栋，其中采取征收拆除的17栋、采取维修加固的1栋、采取爆破拆除的3栋。对长铁、狮子山等54个小区实施城镇老旧小区改造，涉及居民15090户、房屋407栋、总建筑面积约113.7万平方米。9月底，所有涉改小区全部开工建设。印发《关于进一步明确城镇老旧小区改造工作职责的通知》和《长沙市雨花区2022年城镇老旧小区改造工作方案》；出台《2022年雨花区城镇老旧小区改造工程项目名称特征描述清单（部分）》，实现设计、造价模块化管理，控制老旧小区改造成本；制定《小型建设工程项目承包单位预选库建立及管理办法》和《小型建设工程项目自行确定承包人实施细则》，规范小型建设工程项目自行发包；制定《建设项目施工单位管理细则》和《工程建设项目监理单位管理细则》，明确老旧小区改造现场管理的各方职责。

【棚改城改】 2022年，雨花区完成棚改450户。市级统筹棚改项目中，29个市财评总结算任务全部完成市财评进窗送审；基本完成市级统筹棚改项目扫尾清零。实施湖南建工集团、省建材局宿舍及周边地块2个社会化棚改项目，完成1个社会化棚改项目棚改立项。完成17个项目的棚改安置补贴资金结算，下拨国有土地棚改项目选择货币补偿奖励资金3745万元；下拨中央、省级保障性安居工程补助资金488.03万元；长沙市雨花城市建设投资集团有限公司申报东升家园农民安置房项目棚改专项债2笔，发行专项债券5亿元。完成平阳村城中村改造验收，向市政府上报新增同升、月塘、川河、潭阳4个村纳入城中村改造范围；申报洞井村、高升村、高桥村、大桥村4个村纳入农安房二次改造试点。

【城市更新】 2022年，雨花区湖橡周边小区城市更新单元完成投资5.50亿，A地块私房269户实现98.1%签约，96.7%腾房；B-1地块做好发布三公告前期准备；湖橡老旧小区改造除8栋筒子楼以外，其余18栋房屋改造施工全部完成。红星片区天华更新单元完成投资13.2亿，B8、B12地块启动商品房建设，完成天华回迁安置房建设；天华路、湘华路项目完成预验收。红星片区圭塘河植物园更新单元完成投资2.04亿元。雅塘片区城市更新（旧城改建）项目完成投资1.17亿元。采取委托第三方专业机构，对左家塘等8个街道潜在城市更新项目进行可行性研究，形成雨花区城市更新潜力分析成果。推进洞井街道新城社区创建“省级绿色完整居住社区”示范项目；完成11个社区15分钟“生活圈”申报创建绿色完整居住社区工作。制作《雨花区城市更新项目推介手册》，博创电工、三湘家园、中部（长沙）工程技术创新智谷等城市更新项目完成项目城市体检。

【停车场治理与建设】 2022年，雨花区完成32个停车场建设、24360个停车泊位建设。完成南雅中学、仁和医院周边、雨花区政府及周边路段、新丰路周边和长郡雨外附属第一小学及鄱阳经适房小区周边5个停车难治理项目。完成356个中心城区公共停车场接入“易停车”智慧平台。

【铁路沿线人居环境提升】 2022年，雨花区通过采取老旧小区改造、片区拆迁、违章拆除、垃圾清理、生态修复、绿地建设等多种方式，推进铁路沿线人居环境提升，完成普铁、高铁沿线共38处斑点整治。强化属地管理责任，推行铁路沿线“段长责任制”，以铁路沿线街道为单位进行分段管理，街道（镇）主要负责人担任段长，负责辖区内铁路沿线生态环境、配套设施等保护和维护工作，构建政府主导、部门协作、属地管理的多方联动责任机制。

【通程物流园小区改造】 通程物流小区位于雨花区雨花亭街道雨新路社区辖区内，韶山南路以东、长沙市中心医院以西、万科金色家园以南，建于20世纪90年代，有3栋居民楼共207户，建筑面积约1.6万平方米。随着时间的推移，该区各类基础设施老化，出现房屋渗水、小区内涝、围墙开裂等现象。2022年3月，雨花区实施通程物流小区改造工程；同年9月该工程竣工，成为2022年雨花区首个竣工的老旧小区改造项目。该工程改造内容包括小区楼栋整治；排水管网、小区道路改造，适当增加停车位，改善小区交通循环；小区绿化提质；小区内通信线路整理；完善小区基础设施等。

区城市人居环境局组织专业技术人员到现场调研，通过“上截”——小区东侧内挡墙拆除重建，市中心医院同步修复院内排水系统并对挡墙加固，“中疏”——小区内部雨污管网分流改造，“下排”——协调相邻万科金色家园小区，接通市政主管等方式，解决小区内涝问题；对该小区楼顶进行防水施工整治，铲除老化防水层，重新喷涂防水涂料，铺设SBS防水卷材，对渗水严重的地方采取灌浆处理方式，解决房屋屋顶渗水问题；对毗邻长沙市中心医院的内挡土墙实施拆除重建、硬化地面，外挡土墙墙体处生长的树根进行清除，消除内、外挡土墙存在的坍塌隐患；对小区地面进行“白改黑”后，按规定标准施画停车位50余个，对原单车棚进行改造，安装充电桩，可容纳非机动车40余辆，规范停车秩序和充电方式。

【凤凰园停车场微改造项目】 2022年5月，雨花区完成凤凰园停车场微改造项目，改扩建共增加238个停车泊位。凤凰园停车场位于雨花区东山街道长托社区辖区，紧邻南雅中学和凤凰园生鲜市场。南雅中学、凤凰园生鲜市场由于缺乏停车位，在早晚高峰期，经常造成南雅路拥堵。雨花区结合区人大代表、区政协委员建议，区静态交通管理工作领导小组办公室、东山街道等单位多次实地查勘论证，发现南雅路西侧、凤凰园菜市场南边有1处常年闲置空坪，决定将该块空地建成1处停车场，由区人居环境局组织实施，将该处纳入2021年街区微改造计划，投入约100万元，对停车场地坪进行硬化加铺沥青，施划停车位等。该项目的投入使用，有利于缓解南雅中学早晚高峰期间无序停车对道路造成的拥堵，以及周边群众买菜停车困难的问题。

【2021年街区微改造项目竣工验收会议】 2022年7月8日，雨花区2021年街区微改造项目竣工验收会议召开。区建筑工程质量安全监督站、社区、施工、监理、设计等相关单位负责人参加会议，会议由区人居环境局副局长张锡泉主持。在听取关于项目设计、施工、质量安全监管等工作完成情况汇报后，与会单位一致同意对区人居环境局实施的2021年街区微改造项目进行竣工验收。该次参与竣工验收的项目共4个，分别为长托凤凰园农贸市场周边微改造、梨子山社区周边微改造、华盛世纪新城一期小区周边建筑前坪改造、冯家冲社区微改造。其中，长托凤凰园农贸市场周边微改造项目新增停车位180个；梨子山社区周边微改造项目新增居民休闲场地332平方米、庭院路灯6个、体育健身器材若干；华盛世纪新城一期小区周边建筑前坪改造和冯家冲社区微改造项目主要对小区周边人行道建筑前坪进行整体提质和停车位改造等，解决老旧小区周边居民出行难题，改善街区品质。

（本栏撰稿　刘子溶）

征地

【概况】 2022年，雨花区集体土地铺排项目79个，涉拆面积361.52公顷；应拆合法房屋792户，合法房屋签约216户，拆除234户。完成航空路小学、红星三期、莲湖中学、新花侯路（涉铁段）、合丰路（涉铁段）、井塘安置地等46个项目合法建筑拆除清零工作。其中，井湾子街道莲湖中学征拆项目，跳马镇长沙市2019年度第三、第四（红星大市场三期）项目，红旗路上下匝道项目等多个项目均在第一阶段实现签约清零，雨花亭街道井塘安置地项目实现扫尾清零。建成保障住房安置被征地群众482人，完成和景家园一期、石马雅苑二期、东升家园等保障住房主体建设，可安置被征地群众5344人，全区已拆未安人口由年初的13823人下降至年底的13341人。优先保障延期过渡费的发放，发放延期过渡费约1.08亿元。

【征拆基础工作】 2022年，雨花区按新程序发布《征收土地预公告》5个、《征地补偿安置公告》10个、《征收土地实施公告》6个；按老程序发布征地公告3个、《土地征收实施公告》20个；出具风险评估报告7个。

【重点项目】 2022年，雨花区涉铁建设协调指挥部、同升街道、洞井街道推进地铁七号线雨花车辆段项目的拆迁腾地。跳马镇完成新韶山南路、跳马消防站结算扫尾工作，长株高速团头互通项目完成主线交地和道路施工房屋代拆；完成物流园18号地项目中搅拌站清退工作。高铁新城片区拆除合法房屋536栋，拆除率86%，完成红旗路扩征上下老闸道、新花侯路（涉铁段）等15个项目拆除清零；雅塘片区完成雅塘冲路、航空路小学、井塘安置地等4个项目拆除清零，破解城投25号地、自然村航空路修建安置用地2个项目司法拆除工作难题；红星片区完成植物园片圭塘河地块、圭塘河流域综合治理项目征拆程序，红星三期、莲湖中小学项目内合法房屋拆除清零。

【安置用房选址】 2022年，雨花区政府与长沙市轨道集团高层对接，共同商议从长沙市武广新城开发建设有限责任公司高铁片区分割出2块共14.73公顷土地给雨花城投公司用于建设武广片区黎托、东山2个街道的被征地农民保障安置用房。区征地服务中心、区资规分局报区政府明确井湾子、雨花亭、跳马镇、同升、洞井等街道保障住房安置定点选址，可安置10310人。

【分房回购】 2022年，雨花区完成石马雅苑一期、黎锦苑二期、月雅苑二期、桃花苑二期、洪塘佳苑、白田佳苑、井塘苑7个保障住房安置小区的分房工作，分房8批次，401人拆迁对象迁入新居。其中，1—3月，完成石马雅苑一期部分分房工作，安置379人；4月7日，完成黎锦苑二期部分分房工作，分配房源1套，安置1人；5月26日，完成月雅苑二期部分分房工作，分配房源5套，安置6.25人（安置申购户型有80平方米、100平方米、120平方米、140平方米，拆迁安置对象每人可申购保障住房为80平方米，安置分房80平方米、100平方米、120平方米、140平方米，分别对应等于安置1人、1.25人、1.5人、1.75人）；6月1—13日，完成桃花苑二期、黎锦苑二期、洪塘佳苑、白田佳苑部分分房工作，共分配房源8套，安置9.25人；8月10日，完成井塘苑部分分房工作，分配房源6套，安置6人。组织黎托街道、东山街道、雨花亭街道开展回购5批次，89人拆迁对象实现纯货币安置。

【社保资金筹集试点】 2022年，雨花区实施被征地农民社保资金筹集试点方案，征缴社保资金2.82亿元，累计征缴38.14亿元，征缴率100%。全区按新的社保资金筹集方案发布项目实施公告38个。

【基础审核】 2022年，雨花区把好保障住房申购资格审核关，规范调整“半边户”（指夫妻双方一方是集体经济组织成员，另一方是城镇居民的住户）、“世居非农”［世居本社区筹委会（村），且有合法建筑的城镇居民户］对象的审核流程和保障住房申购资格联合会审流程，及时审核公示，并做好人员管理台账。审核“半边户”30人（3人未通过）、“世居非农”13人（1人未通过）；完成东山街道、黎托街道、圭塘街道、同升街道和跳马镇等街镇已拆待安对象的保障住房申购资格联合会审工作，涉及12个社区（村）、23个项目、378户、158本独生证共1538人。

2022年3月28日，城投16号地挂牌前工作调度会 （冷冰然 供图）

【城投16号地项目】 城投16号地项目位于雨花区洞井街道牛头社区筹委会，时代阳光大道与荷叶冲路交会处东北角，有效用地面积为12.1公顷。项目涵盖高品质住宅和商业城市多功能综合体。2022年5月13日，雨花区城投16号地挂牌前工作调度会召开。会议就项目存在的资金、低压杆线拆除等问题进行调度。6月7日，城投16号地项目挂牌前结算工作调度会召开。会议就项目挂牌前结算工作存在的杆线拆除、自来水报审、资金到位等问题进行调度。截至2022年年底，该项目实现腾地交地。

【航空路小学项目】 航空路小学项目位于雨花区航空路与紫薇路交会处东北角，涉拆面积1.9公顷，属于公共事业建设项目。2022年10月8日，航空路小学项目拆除2户，完成该项目内合法建筑拆除清零。10月28日，雨花区雅塘片区指挥长暨周工作例会召开。会议研究讨论航空路小学项目内私房合法面积钢混结构调差补偿、石马社区统征地三期（二）项目内私房合法面积钢混结构调差补偿等问题，各部门提出意见和建议，会议重点对雅塘二期、竹塘路项目人口审核及二轮公示、国有土地收回等工作进行调度。

【红旗路扩征上下老闸道项目】 红旗路扩征上下老闸道项目需征收雨花区黎托街道川河社区筹建委员会集体土地约2.08公顷，其中菜地约0.68公顷、林地约0.08公顷、坑塘约0.23公顷、农田水利约0.2公顷、其他约0.89公顷；土地拆迁房屋面积1.65万平方米，其中住宅屋面积8248.3平方米；征收土地涉及拆迁人口总数166人，其中农村集体组织成员160人。2022年9月15日，红旗路扩征上下老闸道项目完成拆除清零。

2022年9月27日，航空路小学项目合法房屋拆除 （冷冰然 供图）

【项目征地补偿安置公告发布】 2022年1月14日，雨花区发布发布雨花区七号线车辆段地块项目征地补偿安置公告；3月9日，发布片区26号地项目征地补偿安置方案实施公告；3月11日，发布全塘路项目征地补偿安置公告；4月7日，发布片区20号地、新花侯路（涉铁段）、合丰路（涉铁段）项目征地补偿安置方案实施公告；4月12日，发布雨花区植物园片圭塘河地块项目征地补偿安置方案公告；4月21日，发布莲湖中学项目征地补偿安置方案公告；4月22日，发布石马社区统征地三期项目征地补偿安置方案实施公告；5月19日，发布长沙市2021年第五十一批次（鄱阳加油站）项目征地补偿安置公告；7月22日，发布长托社区筹建委员会生产生活安置项目（一）、（二）征地补偿安置方案实施公告；7月26日，发布长沙市2005年第一批次（第三十七中学）—雅塘冲路征地补偿安置方案实施公告；8月3日，发布红旗路上下闸道项目征地补偿安置方案实施公告；10 月 26 日，发布雨花区 G09-A06 地块项目征地补偿安置方案公告。

【石马雅苑分房】 2022 年 1 月 20 日，雨花区雨花亭街道石马雅苑第 4 批次、10 号栋分房工作完成。该次分房安置房源 100 平方米户型 2 套、10 号整栋 445 套，剩余房源 100 平方米户型 37 套。

【项目征收土地公告发布】 2022 年 3 月 1 日，雨花区发布长沙县 2008 年度金屏住宅小区统征储备用地项目征收土地方案公告；3 月 17 日，发布浏阳河风光带（片区 1 号、4 号地夹缝地）项目征收土地方案公告；3 月 21 日，发布长沙市 2022 年第三批次增减挂钩（新韶山南路）项目征收土地实施公告；4 月 29 日，发布长沙市 2020 年第四批次（中心城区）［原名雅塘冲路（韶山路—圭塘路）］项目征收土地公告；5 月 9 日，发布白沙湾中学新建项目征收土地预公告；5 月 17 日，发布雨花区雅塘油气地块项目征收土地预公告；7 月 15 日，发布长沙市 2022 年第四批次（中心城区—增减挂钩）征收土地公告（项目原名称：国欣向荣府零星用地补征）；9 月 15 日，发布长沙市雨花区石坝路（二环线—万家丽路）补征项目的征收土地公告。

【集体土地征拆安置工作会议】 2022 年 2 月 8 日，雨花区集体土地征拆安置工作调度会召开。会议总结 2021 年集体土地征地拆迁有关工作开展情况，听取各街镇 2022 年工作计划及当前征拆安置工作存在的问题和相关建议，就征拆安置工作存在的资金保障、司法程序、实施公告发布、安置保障、医社保等问题进行解答，对下阶段工作进行安排部署。4 月 18 日，新兴（白竹）安置用地项目内大坤公司房屋拆除问题研讨会召开。会议就项目内大坤公司剩余房屋面积、补偿方案等问题进行研究讨论，为新兴（白竹）安置用地项目的清零腾地奠定基础。4 月 22 日，长沙市 2021 年第五十一批次项目、浏阳河风光带（片区 1 号、4 号地夹缝地）项目征地补偿安置工作社会稳定风险评估会召开。会议就项目基本情况、群众诉求、可能存在的问题等进行研究分析，明确下一步的工作方案。长沙市 2021 年第五十一批次项目涉拆面积 0.4 公顷，属于商业服务业设施用地项目；浏阳河风光带（片区 1 号、4 号地夹缝地）项目涉拆面积 0.68 公顷，属于城市建设项目。5 月 7 日，黎托北路（龙凤小区段）项目征拆安置政策讨论会召开。会议从项目的政策层面、操作层面进行探讨并达成初步共识，明确下一步工作计划、责任人、时间节点。5 月 16 日，黎托北路（龙凤小区段）项目征拆安置政策讨论会和片区 1 号地、34 号地项目征地费用分摊调度会召开。5 月 19 日，白田社区生产安置用地项目路幅代征问题调度会召开。会议就该项目路幅代征问题的解决听取有关单位建议并明确相关责任单位等，推进白田社区生产安置用地项目的挂牌出让。5 月 26 日，长沙市 2021 年第三十批次项目、白沙湾中学新建项目和长沙市 2021 年第五十二批次项目征地补偿安置工作社会稳定风险评估会召开。会议就项目基本情况、群众诉求、可能存在的问题等进行研究分析，明确下一步的工作方案。9 月 27 日，跳马镇拆迁项目调度会召开。会议主要就红星大市场三期项目、杨子路项目、物流园 18 号地项目、S21 长株高速团头互通—S326 公路建设项目推进过程中遇到的问题，进行讨论研究解决方案。12 月 13 日，雨花区粟塘体院地块项目、雨花区红星井湾路地块项目征地补偿安置工作社会稳定风险评估会召开。

2022 年 12 月 5 日，白沙湾中学项目合法房屋安全拆除　（冷冰然　供图）

【红星大市场三期项目签约清零】 2022 年 7 月 27 日，雨花区发布长沙市 2019 年度第三、第四批次（红星大市场三期）项目征地补偿安置方案实施公告。8 月 4 日，红星大市场三期项目实现房屋签约全面清零。签约户 28 户（其中木乙冲组 17 户、大塘组 11 户）全部完成签约，完成房屋拆除倒地 23 户，腾瑞搅拌站、海力嘉业搅拌站签约，完成拆除工作。红星三期项目房屋签约拆除倒地户个人房屋补偿和青苗补偿款发放完成。该项目位于雨花区跳马镇白竹村大塘组和木乙冲组，于 2020 年 5 月 20 日发布征地公告，共征地 21.88 公顷，需动拆 28 户房屋、混凝土搅拌站 2 家。2022 年 4 月 25 日，该项目完成长沙市资规局报审后，启动签约工作。红星大市场三期项目是雨花区白竹片区启动 103 号令货币安置政策后的第一个项目，项目一期、二期及其配套设施项目均采用的是非货币集中安置模式。

（本栏撰稿　冷冰然）

征收

【概况】 2022 年，雨花区铺排国有土地征拆项目 29 个，启动 20 个项目（清零 13 个）。雅塘片区正圆小区地块（一期）阳光意愿征收项目、湖南省建工集团有限公司井湾子地块棚改项目、二十三冶（一期）棚户区改造项目、王公塘（二期）、劳动路 BCD 地块、华铭、体院路 28 号地块 7 个棚改项目实现签约清零，紫薇路（航空路—锦源路）、七里小学、园博家园 3 个基础设施项目实现签约清零，王公塘片区棚户区改造项目（一期）、劳动路两厢地块棚户区改造项目（A 地块）、长沙橡胶厂 E 地块棚改项目（汽电）3 个棚改项目实现腾地清零。签约备案私房 1279 户、单位 20 家，腾房 1206 户，拆除房屋面积约 7 万平方米。比 2021 年签约率增长 853%（2021 年 187 户、2020 年 516 户、2019 年 468 户），腾房率比 2021 年增长 876%（2021 年 149 户、2020 年 551 户、2019 年 160 户），拆除房屋约 11 万平方米（2021 年 9.3 万平方米、2020 年 3 万平方米、2019 年 8 万平方米）。雨花区征收办获全国“节约型机关”、湖南省政府颁发的“真抓实干督查激励突出贡献单位”、“长沙市文明单位”以及全市城市人居环境系统“工作突出单位”、全市城市房屋征收系统“征收业绩突出单位”“拆除工程安全管理突出单位”、“信访维稳突出单位”。

2022 年 12 月 27 日，雨花区雅塘片区正圆一期项目拆除 6 栋房屋（张 丽 供图）

【棚改项目】 2022 年，雨花区有王公塘二期、王公塘三期、劳动路 BCD 地块项目 3 个棚改扫尾项目，需签约 21 户私房、9 家单位、70 户公房，截至 2022 年年底，签约私房 9 户、单位 9 家、公房 70 户。王公塘二期完成签约清零；王公塘三期剩余 12 户私房未签约；劳动路 BCD 地块完成签约清零工作。2022 年，启动棚改项目 10 个，其中，雨花区雅塘片区城市更新正圆小区地块（一期）阳光意愿征收项目完成签约、腾房清零工作；劳动东路两厢地块棚户区改造项目 E 地块完成全部私房签约 24 户；湖橡小区城市更新单元（旧城改建）项目 A 地块进入签约腾房攻坚阶段、（B–1 地块）发布一公告；红星片区大市场更新单元 C3 地块发布二公告；湖南建工集团有限公司体院路 28 号地块棚改项目 59 户居民签订意愿征收协议；湖南建工集团有限公司井湾路地块完成签约、腾房清零；雨花区二十三冶地块棚户区改造项目（一期）腾房拆除、（二期）签约 88 户、腾房 72 户。

2022 年 10 月 28 日，王公塘棚改项目拆除 （张 丽 供图）

【基础设施项目】 2022 年，雨花区有七里小学、园博家园 2 个扫尾基础设施项目，均完成签约。2022 年，启动 5 个基础设施项目，其中，紫薇路（航空路—锦源路）道路工程项目完成签约；雨花区圭塘河流域综合治理项目（湘府路—立新桥段）发布四公告；植物园周边配套旅游基础设施项目发布四公告；关于京港澳高速公路东辅道（粟塘路—京港澳高速公路雨花互通匝道）工程项目和关于机场高速南辅道（黎托路—京港澳匝道）工程项目发布一公告。

【依法征收】 2022 年，雨花区依法依规办理各类公告等征收程序及文书 110 次，组织召开征收补偿方案论证会、社会稳定风险评估会等会议近 10 次。区征收办完成各类诉讼案件应诉工作 3 例，无一例违法情况；申请法院强制执行 1 户、执行到位 1 户。区征收办接待和处理信访案件 260 例 300 余人次，书面回复省网上信访系统 5 例、“12345”市民热线工单 28 例、信息公开 6 例、区长信箱件 2 例、其他交办件 5 例，劳动路 C 地块游某权、游某兰户信访事项得到化解。

【阳光意愿征收】 2022 年，雨花区将“政府要征收”变“群众愿征收”，在全区推行“阳光意愿征收”，实施正圆小区、湖南建工集团 28 号地块、红星大市场更新单元、植物园周边配套旅游基础设施等阳光意愿征收项目。正圆小区阳光意愿征收项目（共计 168 户，含私房 147 户、公房 20 户、单位 1 家）于 2022 年 3 月初启动，5 月底实现征拆意愿率 100% 后，6 月 28 日表决通过《雨花区雅塘片区城市更新正圆小区地块阳光意愿征收项目单位自管房屋解除租赁关系货币补偿实施细则》，7 月 1 日启动签约，用时 1 个月实现签约率 100% 并完成全部住户签约腾房。

【二十三冶棚户区改造项目】 二十三冶棚户区改造项目位于雨花区井湾子

街道辖区内，东邻万科金色麦田小区、西邻瑞景苑、北至嘉盛阳光山庄小区、南邻燕子岭社区公园，总占地面积3.77公顷，有房屋24栋，其中D级危房2栋，项目分两期实施。2022年1月5日，长沙市住建委房改处处长肖娟一行到二十三冶棚户区改造项目（一期）项目指挥部就公房征收等问题进行政策解答和指导。1月26日，二十三冶棚户区改造项目（一期）项目发布《征收补偿方案》公告。2月25日，雨花区召开二十三冶棚改项目（一期）及省建工集团井湾路项目社会风险评估会，就项目的合法性、合理性、可行性、可控性进行风险分析论证。3月16日，关于二十三冶公房处置方案及实施细则的工作会议召开。3月25日，雨花区发布二十三冶棚户区改造项目（一期）征收决定。4月22日，二十三冶棚户区改造项目（二期）发布征收范围公告。5月18日，二十三冶二期征收补偿方案论证会召开，与会各部门对方案提出相关的意见和建议。5月25日，二十三冶棚户区改造项目（二期）发布《征收补偿方案》征求意见公告。9月2日，二十三冶棚户区改造项目（二期）发布《房屋征收补偿方案（征求意见稿）》征求意见情况及征收补偿方案修改情况的公告。10月22日，二十三冶棚户区改造项目（二期）发布房屋征收决定公告。

【湖橡小区周边城市更新单元（旧城改建）项目】 湖橡小区周边城市更新单元（旧城改建）项目系长沙市首批8个重点城市更新项目之一，由长沙市产业投资集团产业城市更新公司下属长沙湖橡更新投资建设有限公司负责开发及运营。该项目位于雨花区左家塘街道辖区内，北至人民路、南至城南路、东至曙光路、西至韶山路，总面积约37公顷，总投资约100亿元，打造以“母婴健康示范街区”和长沙市“她经济”集中示范区为核心的青年发展型街区。2022年1月7日，湖橡小区周边城市更新单元（旧城改建）项目组织召开指挥长会议。会议就2022年工作开展进行铺排，部署BC地块阳光意愿征收的实施方案、A地块四公告的发布、旧改群众的维护等近期工作。1月13日，项目指挥部召开指挥长会议。1月21日，湖橡更新项目阳光意愿征收工作培训会召开，重点培训阳光意愿征收前提、背景和最终效果，具体实施方式，阳光意愿征收和行政征收区别，区内其他项目的实施案例4个方面内容。1月26日，湖橡小区周边城市更新单元（旧城改建）项目A地块发布《征收补偿方案》征求意见及修改情况的公告。2月16日，湖橡小区周边城市更新单元（旧城改建）项目A地块优惠商品房源实施细则商讨会议召开，就房源情况、购房资格、选房规定及操作流程等问题进行研究讨论。2月17日，项目指挥部召开专题调度会，重点对旧改32～36栋的拆违工作进行研究。2月23日，湖橡小区周边城市更新单元（旧城改建）项目旧改组拆违行动工作调度会召开，解读拆违行动方案，各部门认领任务。2月24日，左家塘街道组织200余人，对湖橡小区34栋、35栋实施集中拆违行动并全部腾空。3月1日，湖橡小区周边城市更新单元（旧城改建）项目旧改组拆违行动工作调度会召开，对湖橡小区32～36栋腾房、拆除和改造相关工作进行研究。3月2日，湖橡小区不成套房屋改造研讨会召开，各相关部门研究讨论湖橡小区8栋不成套房屋的旧改方案及有关问题。3月14日，湖橡小区周边城市更新单元（旧城改建）项目B-1地块发布征收范围公告。3月21日，湖橡小区周边城市更新单元（旧城改建）项目A地块发布房屋征收决定公告。4月7日，雨花区组织召开推进湖橡小区8栋不成套房屋的改造研讨会，要求按7个方面制定8栋房屋可行性实施方案。4月22日，湖橡小区周边城市更新单元（旧城改建）项目A地块工作调度会议召开。6月10日，湖橡小区周边城市更新单元（旧城改建）项目C地块工作推进会召开，对加速推进C地块阳光意愿征收下一步工作作具体安排。6月16日，湖橡小区周边城市更新单元（旧城改建）项目指挥长会议召开，探讨关于A地块12个单位签约腾房的问题，A、B地块2处房屋确权问题，关于同兴公寓清租问题等问题。6月30日，湖橡城市更新项目指挥长会议召开，研究推进8栋不成套房屋和筒子楼的改造工作，以及同兴公寓清租腾房工作等事项。7月6日，区政府二级调研员易云和一行对湖橡小区周边城市更新单元（旧城改建）项目B-1地块进行实地调研，就B-1地块确权问题进行研讨。7月20日，湖橡项目A地块房屋改变使用性质认定会议召开，对湖南正道建筑工程有限公司、中国工商银行长沙韶山路支行房屋使用性质进行研究认定。7月29日，湖橡项目指挥部指挥长会议召开，强调下阶段要加快市妇幼宿舍拆除、湖橡小区旧改、同兴公寓加快腾房等重点工作的推进。9月2日，湖橡指挥部指挥长会议召开，研究A地块全面倒地的时间目标、同兴公寓腾房、加快推进湖橡小区旧改和8栋不成套房屋改造等工作。9月23日，雨花区委副书记、区长、湖橡城市更新项目指挥长黄军其主持召开指挥长会议。10月11日，湖橡指挥部指挥长会议召开，重点研究湖橡小区8栋危旧筒子楼（不成套）房屋的设计方案。11月2日，市妇幼征收补偿工作洽谈会召开，就市妇幼征收补偿方面的评估价格及评估方式等问题进行交流沟通，基本达成共识。

【劳动东路两厢地块棚户区改造项目E地块】 雨花区劳动东路两厢地块棚户区改造项目E地块（以下简称“劳动东路项目E地块”）位于雨花区左家塘街道辖区内，东至城宇大厦、西至中邦瑞豪廷大酒店、南至劳动路、北至湖工家园，项目征收范围内有约6360平方米房屋建筑物需进行拆除。2022年1月18日，雨花区政府副区长周宏调研劳动东路项目E地块情况，现场查看地块周边情况，听取工作进展汇报，对相关工作进行调度部署。3月15日，区政府副调研员刘广平、易云和到劳动东路项目E地块进行现场指导。3月29日，劳动东路项目E地块工作推进研讨会召开，会上明确再次核实公房住户人员构成及红线内涉拆建筑物相关情况并部署下一步工作。4月12日，劳动东路项目E地块征收补偿方案论证会召开。4月20日，劳动东路项目E地块发布《征收补偿方案》征求意见公告。5月6日，劳动东路两厢地块棚户区改造项目汽配公房、E地块工作推进研讨会召开，明确依据法律化、权益最大化、矛盾最小化，推动汽配公房签约启动，依法依规，安全平稳开展劳动东路E地块征收工作。6月1日，劳动东路项目E地块发布《房屋征收补偿方案（征求意见稿）》征求意见情况及征收补偿方案修改情况的公告。6月8日，劳动东路项目E地块社会风险评估会召开，与会单位就项目的合法性、合理性、可行性、可控性进行风险分析论证。8月26日，劳动东路项目E地块工作推进会召开，就征收补偿与改制遗留问题的处置进行探讨，为征收五公告发布排除障碍。11月28日，劳动东路项目E地块发布房屋征收决定公告。

【湖南建工集团棚改项目】 湖南建工集团棚改项目是雨花区第一个社会化资本的棚改项目，位于雨花区井湾子街道辖区内，东临洞井路、西至机械化宿舍、南临景湾小区、北至红星村卢家村组安置房。2022年1月24日，湖南建工集团井湾路地块征收补偿方案论证会召开，对征收补偿方案进行论证。2月15日，湖南建工集团井湾路地块征收补偿方案论证会召开。2月21日 湖南建工集团井湾路地块棚改项目发布《征收补偿方案》征求意见公告。4月8日，湖南建工集团有限公司井湾路地块棚改项目发布《房屋征收补偿方案（征求意见稿）》征求意见情况及征收补偿方案修改情况的公告。5月18日，湖南建工集团井湾路地块棚改项目未登记建筑确权会召开。6月17日，湖南建工集团井湾路地块棚改项目及危房工作推进会召开。7月7日，湖南建工集团井湾路地块棚改项目发布房屋征收决定的公告。7月28日，湖南建工集团井湾路地块棚改项目公房征收协调会召开，要求依法依规进行补偿，解决好企业的问题。8月5日，湖南建工集团井湾路地块棚改项目改变房屋使用性质认定工作会议召开。8月24日，湖南建工集团棚改项目124户私房、168户公房全部在第一阶段签约，项目实现签约清零，其中公房实现拆除清零。11月28日，湖南建工集团体院路28号地块棚改模拟征收项目发布房屋征收决定公告 。12月7日，湖南建工集团体院路28号地块公房拆除。

2022年12月7日，湖南建工集团棚改项目体院路28号地块公房拆除

（张 丽 供图）

【圭塘河流域综合治理项目】 2022年9月1日，雨花区圭塘河流域综合治理项目（湘府路—立新桥段）征收补偿方案论证会召开，研究讨论通过征收补偿方案，明确签约和腾房的时间节点，要求加速三公告的对外公布。9月2日，圭塘流域综合治理项目（湘府路—立新桥段）发布《征收补偿方案》征求意见公告。9月19日，圭塘河植物园单元征收工作专题论证会召开，听取洞井街道相关负责人对圭塘河流域综合治理项目的情况介绍，要求找出合法依据确权，以便加速推进项目国有土地征收工作的落实。9月26日，圭塘河植物园单元征收工作专题论证会召开，确定湖南易特电子有限公司、湖南省麦香实业有限公司国有土地上的建筑参照合理性认定。9月27日，圭塘河流域综合治理项目（湘府路—立新桥段）社会稳定风险评估会议召开，通过长沙市雨花区圭塘河流域综合治理项目（湘府路—立新桥段）的社会稳定风险评估为低风险。10月12日，圭塘河流域综合治理项目（湘府路—立新桥段）发布《房屋征收补偿方案（征求意见稿）》征求意见情况及征收补偿方案修改情况的公告。10月18日，圭塘河流域综合治理项目（湘府路—立新桥段）征收工作专题论证会召开，决定同意对湖南易特电子有限公司、湖南省麦香实业有限公司2家企业的未登记房屋进行合理性认定，参照合法建筑予以补偿。11月25日，圭塘河流域综合治理项目决定公告发布研讨会召开，明确五公告的对外公布时间。

（本栏撰稿 张 丽）

公共工程建设

【概况】 2022年，雨花区公共工程建设铺排50个项目，其中续建项目16个、新建项目14个、预备项目11个、前期研究项目9个。完成花溪小学、燕子岭小学（砂子塘万境第二小学）、德馨园学校（长沙实验雨花中学）、井圭路小学4个学校项目以及长沙市公安局雨花分局执法办案中心建设，保障社会投资项目白沙中学顺利开学；

完成林科路（北）、风光带路、全塘路3条政府投资市政道路以及长月路、丽白路2条政企合作道路建设；完成金海路雨水分流箱涵、高升路雨水箱涵2个雨水箱涵项目建设；完成时代阳光大道电力埋管、长沙大道（跨万家丽）电力埋管建设；完成曙光南路挡墙抢险工程；推动朝晖路、林科路中段等市级建设平台实施项目建设，确保莲湖小学、泰禹小学、赤岗冲小学扩建、全塘路、雨花区主次干道电力埋管5个新建项目顺利进场施工，推进香松路、荷叶冲路、林科路南段等工程项目。在林科路、莲湖中学、莲湖小学等项目上争取市级资金4.8亿元，在金海路雨水分流箱涵、高升路雨水箱涵、荷叶冲路、林科路南等项目中通过优化设计和施工组织节约财政资金约1.13亿元。雨花区公共工程建设中心办结领导批示件20余件，网络舆情12件，受理“12345”市民服务热线工单900余件；在“红网时刻”“飞梦雨花”等各种新闻媒体发布各类信息70余篇。区公共工程建设中心获评雨花区2022年度强产业“三帮三促”项目帮促先进单位、雨花区2022年度项目建设百日竞赛项目实施先进单位、雨花区2022年度安全生产和消防工作良好单位。

【项目管理】 2022年，雨花区创新一体化建管模式，成立第一批共36个项目部，鼓励开展项目竞赛；研发雨花公建项目管理系统，建设“智慧公建”。在前期手续方面，对所有项目倒排工期，瞄准项目建设关键环节，对照前期工作节点，加强工作联动，设计工作持续优化，全年取得项目立项批复8个、工程规划许可证4个、总图批复3个、可研批复4个、初步设计批复3个、概算批复3个，完成5个项目施工图审查、5个项目用地红线、9个项目施工许可证，完成5个市政项目土地闲置和批而未供手续，进行131个各类项目的发包，签订施工、监理各类合同98份。制定《雨花区2022年政府投资建设工程项目计划》并以区政府名义发文。区公共工程建设中心完成支付374笔，使用财政预算资金1.39亿元，其中PPP项目1.28亿元；完成重点工程建设支付590笔，使用工程建设资金4.62亿元。完善勘察设计指导手册，精细设计管理，减少现场设计变更；落实关于推进装配式建筑要求，对莲湖小学、赤岗冲小学等新建项目均采用高精度模板按50%的装配率严格执行；优化林科路（北）挡墙专项设计，将项目建设赋予文化内涵，并深化预备项目方案设计，倡导从质量、节约、实用、艺术4个维度全面进行考评的模式。花侯小学项目设计获评“湖南绿色建筑设计竞赛铜奖”、施工获评“长沙市结构优良工程”，官寺冲路项目获评“长沙市质量安全优良工程”。

【重点工程项目调研】 2022年3月16日，雨花区委副书记、区长黄军其一行实地查看林科路、金海路箱涵等项目施工情况，要求要加快施工进程，确保在预期时间内建设完工，打通“瓶颈路”“断头路”，提升城市路网品质。11月22日，区政府调研员朱晓波调研区公共工程建设中心工作。11月23日，区人大常委会副主任向星一行视察全区新（扩）建学校建设工作，视察德馨园学校（后改名“长沙实验雨花中学”）、燕子岭小学（后改名“砂子塘五矿万境第二小学”）、莲湖小学扩建项目现场，了解各学校项目布局、建设规模、教学情况等内容。召开座谈交流会，区人大教科文卫委员与参会人员进行交流互动，就如何通过人大建议推进学校建设，在学校项目建设过程中浓厚校园文化氛围，加大信息宣传力度，增强社会对教育事业发展的意识和认识，号召有实力企业参与教育事业建设等方面进行探讨。

【安全生产】 2022年1月24—30日，雨花区公共工程建设中心开展春节前夕安全生产专项检查，检查在建项目存在的风险点，针对道路围挡设置、电力杆线防护处理、烟花爆竹燃放等问题进行督查，要求在机动车道围挡上增设反光标识、做好杆线周边地块覆盖防水工作；4月25日，召开安全生产专题调度会，传达学习有关安全生产的讲话及文件精神，各在建项目负责人签署并递交《安全生产目标责任书》，观看《生命重于泰山》和《不可逾越的红线》安全生产教育警示宣传片；4月29日至5月4日，对德馨园学校扩建工程、燕子岭小学、荷叶冲路、林科路南段等在建工程项目开展“五一”安全生产检查；五一期间，对联点社区高桥街道怡园社区开展高层房屋建筑安全及房屋违建扩建大排查行动；6月16日，召开安全生产暨消防安全培训会议，湖南省致力消防服务中心讲师李杰进行安全生产和消防安全方面的知识宣讲；8月25日，对林科路南段、荷叶冲路、风光带路、金海路雨水分流箱涵、高升路雨水箱涵等在建市政工程项目高边坡、深基坑、机械设备安全等情况进行检查；9月26日，召开安全生产工作专项调度会暨深入排查项目建设潜在风险隐患坚决防范遏制安全事故行动动员大会，传达学习关于安全生产工作的重要文件精神，对安全生产工作进行铺排调度，对在建项目及拟开工项目的安全生产管理工作进行部署和安排；9月29日至10月底，开展“守一线、保平安、促发展”专项行动，到香松路、林科路项目施工现场，进行全面安全生产检查；10月28日，对怡园社区开展安全生产检查。

【风光带路道路工程】 风光带路（曲塘路—航空路）道路工程位于雨花区雨花亭街道辖区内，南起曲塘路、北至航空路，全长约737米，道路等级为城市支路，全线设双向两车道。该次建设的主要工程内容包括道路、土石方、给排水、管线综合、交通设施、照明及景观工程等。截至2022年年底，该道路工程完成沥青面层摊铺。该项目的建设，有利于分散圭塘路、万家丽路等道路的车流量，缓解雨花亭片区交通压力。

【荷叶冲路道路】 荷叶冲路（时代阳光大道—林科路）项目位于雨花区

2022 年，荷叶冲路北半路幅进行沥青混凝土摊铺　　（邹　蛟　供图）

洞井街道、同升街道 2 个街道辖区，起于时代阳光大道、终于林科路，全长 1113.98 米，规划路幅宽 26 米，是雨花区湘府东路两厢片区的一条重要次干道。截至 2022 年年底，该项目累计完成土方外运约 18 万立方米，完成约 990 米箱涵施工及回填，北半幅道路的土路基施工完成约 850 米。项目的建成，有利于打通天际岭以南交通瓶颈。

【香松路道路工程】　香松路系城市次干道，位于雨花区圭塘街道辖区内，西起万家丽路、东至坝湾路，全长约 1.6 千米，规划路幅宽 30 米，双向四车道。香松路道路工程分“万家丽路—沙湾路”“沙湾路—坝湾路”东西两段实施，建设的内容包括道路工程、排水工程、交通工程、绿化景观工程、照明工程以及相应的市政和城管等一体化配套设施。截至 2022 年年底，该项目完成部分土方外运，部分路基及雨水支管施工。

【林科路道路工程】　林科路（湘府路—双塘路）道路工程起点位于湘府东路，途经长沙广电小区、和顺苑小区、森林公安局、森林城 4 个小区和湖南省植物园，终点接双塘路，全长约 637 米。建设的内容包括道路工程、桥涵工程、排水工程、交通工程等工程。截至 2022 年年底，该项目完成水稳层施工。

林科路（荷叶冲路—时代阳光大道）道路工程起点为拟建项目荷叶冲路，途经金科·集美天辰、东宸·林海、中建凤凰台，终点接时代阳光大道，全长 842 米，建设的内容包括道路工程、排水工程（雨、污）及管线综合、交通工程、绿化工程和照明工程等。截至 2022 年年底，该项目完成南段土方外运及路基处置，完成部分路段排水施工及土路基施工。

【文学路项目】　文学路（国友路—政修路）项目位于雨花区高桥街道辖区内，西起国友路、东至政修路，全长 350 米，路幅宽 18 米，为城市次干道。2022 年 4 月 19 日，该项目取得国有建设用地划拨决定书及划拨红线；10 月 22 日，该项目取得建设工程规划许可证。

【豹塘路项目】　豹塘路（万芙路—高升路）位于雨花区与天心区交界处，全长 614.27 米，规划路幅宽 30 米。2022 年 9 月 16 日，该道路工程完成面层沥青混凝土摊铺。

【高升路项目】　高升路（和升路—洞和路）为 2022 年雨花区重点工程，项目长 587 米，宽 26 米，为城市支路，是洞井街道交通骨架的重要一环。2022 年 5 月 31 日，该道路工程全过程工程咨询项目在长沙雨花公共资源服务中心完成招标，招标的内容为该项目的勘察、设计、监理和部分项目管理的咨询；7 月，该项目启动设计工作；7 月 12 日，高升路（和升路—洞和路）道路工程方案内审及沿线单位对接会召开；11 月，该项目完成方案设计、初步设计并顺利通过各阶段评审；11 月 23 日，该项目完成支护工程设计专项审查。该项目的建设，有利于解决鸿运佳苑、长郡雨花外国语第一附属小学因地势高低差造成的排水不畅问题，方便周边鸿运佳苑、佳天名苑、中石油洞井基地家属院等小区出行。

【桃花路项目】　桃花路（万芙路—雀园路）项目是 2022 年雨花区政府重点项目投资计划项目，位于雨花区洞井街道辖区内，是一条以服务功能为主的城市支路，道路全长约 462 米，路幅宽 20 米，总投资约 3000 万元。2022 年 2 月，该项目完成立项；完成全过程咨询招标，招标内容为项目全过程工程咨询的勘察、设计、监理和其他服务等咨询服务；9 月 1 日，项目取得用地红线；11 月 23 日，通过初步设计评审。该项目作为新建项目仙姑岭小学的配套道路，有利于小学师生、周边小区群众交通出行，带动道路沿线地块开发。

【雀园路项目】　雀园路（金海路—省农机局）项目位于雨花区洞井街道辖区内，全长约 775 米，宽 26 米，系雨花区政府重点项目投资计划项目。2022 年 3 月，该项目完成立项；11 月 10 日，雀园路（金海路—省农机局）道路工程全过程工程咨询招标工作在长沙公共资源交易中心完成。招标内容为项目的勘察、设计、监理和其他服务等咨询服务。

【卉园路道路及上跨桥梁工程】　卉园路（时代阳光大道以南 200 米）道路及上跨桥梁工程南起湖南省第三工程有限公司（长沙分公司）北向围墙、

北至时代阳光大道，路段全长 190.18 米，规划路幅宽 20 米，系雨花区洞井片区在京港澳高速以西除万家丽路以外重要南北向交通干道，是缓解韶山南路和万家丽路交通压力的重要城市主干道。2022 年 5 月 10 日，卉园路（时代阳光大道以南 200 米）道路及上跨桥梁工程取得施工许可证。

【锦源路道路工程】 锦源路（圭塘路—圭塘河）道路工程位于雨花区雨花亭街道辖区内，西起圭塘路、东至圭塘河，道路全长 542.25 米，路幅宽为 18 米，为城市支路。2022 年 7 月 20 日，锦源路（圭塘路—圭塘河）道路工程项目取得建筑工程施工许可证。截至 2022 年年底，该项目完成部分土方外运、部分路段路基精加工及第一层水稳层施工。

锦源路（旭辉雨花郡部分路段）完成沥青摊铺　　（邹　蛟　供图）

【时代阳光大道电力埋管工程】 时代阳光大道电力埋管工程位于雨花区时代阳光大道南半幅，从万家丽路口至洞井路口，路径长 1.86 千米，主要包括电力埋管、拉管、电缆井、管道沟槽开挖及回填、路面破除及恢复等施工内容，预计工期 120 天，总投资约 1800 万元。时代阳光大道电力埋管工程系雨花区政府为国网长沙电网洞井变电站配建的重要控制节点工程之一。截至 2022 年年底，该项目完成建设。

【树木岭电力隧道项目】 树木岭电力隧道项目为雨花区 2022 年重点工程建设项目，根据长沙市电力公司 2021 年申报的“十四五”规划远景电力规划，树木岭变电站向东出线采用隧道敷设于锦源路下，终点位于万家丽路西侧，全长 774 米，按 8 回 110 千伏 + 4 回 220 千伏设计，隧道标准截面高 × 宽 =4.1 米 ×3.5 米。该项目涉铁、涉水、涉轨，技术复杂，需要完成电力线审批、建设线审批、涉铁审批、涉水防洪评价、涉轨审批等多项程序后才能实施。2022 年 4 月，树木岭电力隧道项目初步设计会召开，与会专家及相关职能部门通过项目整体审查，就项目初步设计提出相关建议。

【雨花区主次干道电力埋管项目】 雨花区主次干道电力埋管项目为 2022 年雨花区政府重点项目投资计划项目，主要包括天际岭隧道电力埋管（时代阳光大道—圭白路）、朝晖路电力埋管（万家丽路—古曲路）、万家丽路下穿项目（永济院北）3 个分项工程；主要施工内容包括电力埋管项目的土建及管道安装施工，包含沟槽土方、电缆保护管、警示带、标志板、管井等。该项目系雨花区政府为国网长沙电网山塘变电站、洞井变电站配建的重要控制节点工程之一。2022 年 2 月，该项目完成立项；10 月 13 日，该项目工程招标完成，湖南华信安装工程有限公司被确定为第一中标候选单位。截至 2022 年年底，该项目进场施工。

【金海路雨水分流箱涵工程】 金海路雨水分流箱涵工程建设起点为黄谷路与花仙路交叉口，由西往东经黄谷路至金海路交叉口后，再由南向北转向，下穿长沙绕城高速，沿金海路敷设，于时代阳光大道交叉口排入圭塘河，总长约 2.1 千米。箱涵采用开挖和盾构相结合的方式，其中明挖箱涵约 745 米，盾构隧道约 1357 米。沿黄谷路北侧开挖敷设 5000×3500 箱涵，在金海路交叉口处改为 DN6000 盾构进行施工，在和太坪安置小区处由于盾构覆土较浅，重新采用明挖施工直至圭塘河。项目总投资约 1.3 亿元。2022 年 5 月 16 日，该项目实现盾构机始发；12 月 19 日，该项目箱涵工程盾构区间顺利实现贯通。截至 2022 年年底，该项目主体工程建设完成。该项目的建设，有利于加强石碑大港水系治理，解决雨花区绕城高速以南片区内涝，改善圭塘河水质。

2022 年 5 月 16 日，金海路雨水分流箱涵实现盾构机始发掘进
（邹　蛟　供图）

【高升路雨水箱涵工程】 高升路箱涵工程是石碑大港流域水环境综合整治中的重要项目，始于先锋路与高升路交叉口，接先锋路排水箱涵，经高升路、洞和路、桃花坪路及时代阳光大道，终于时代阳光大道与金海路交叉口西侧。高升路箱涵作为石碑大港流域绕城高速以北片区的排水主通道，汇集的芙蓉南路、雀园路、先锋路、韶山路、洞和路等市政道路雨水最终汇入圭塘河；新建箱涵管网 1970 米、末端智能截污井 1 座，并配套建设管涵附属等设施，重点提升排渍能力和进行水污染防治。截至 2022 年年底，高升路箱涵实现全线贯通，项目主体工程建设完成。该项目的建设，有利于完善石碑大港排水体系，提升排渍能力，净化圭塘河水质。

【长沙市公安局雨花分局执法办案中心项目】 长沙市公安局雨花分局执法办案中心项目是2021年雨花区重点工程项目之一，建设内容为新建1栋执法办案中心及门卫、受立案室，总建筑面积2227.7平方米。其中，执法办案中心2175.23平方米，地上3层，高度12.6米；门卫、受立案室52.5平方米，地上1层，高度4.6米。2022年12月，该项目实现移交并投入使用。

【莲湖中学项目】 莲湖中学项目位于雨花区井圭路以东、圭塘路以西，项目净用地约3.4公顷，总建筑面积约4万平方米，规划42个班。项目主要建筑包括综合教学楼、科教艺术楼、图书馆、室内运动场及室内游泳池等。项目建成后，可提供约2100个学位。2022年10月25日，莲湖中学项目设计方案会召开，会上专家及各个职能部门提出相关建议，项目整体通过审查。

【仙姑岭小学项目】 仙姑岭小学项目位于雨花区金海路与黄谷路交会处东北角，周边有恒大上林苑、卓越·蔚蓝城邦、碧水龙庭等小区，该区域地广人多，学校覆盖面少。该项目计划新建18个班，总建筑面积13914平方米。2022年8月19日，该项目在长沙公共资源交易中心完成全过程咨询招标，招标的内容为仙姑岭小学新建项目的勘察、设计（含施工图设计）、监理和部分项目管理的咨询服务。

【莲湖小学扩建项目】 莲湖小学扩建项目位于雨花区井湾子街道莲湖社区，项目总投资约7501.43万元，主要建设内容为以现有校舍为基础扩建部分校区，包括一栋“U”形教学综合楼、地下室和田径场、排球训练场及体育场等附属设施，并完成室外给排水、供配电、绿化、道路硬化及土石方等配套设施建设。该项目新增净用地面积约0.57公顷，扩建总建筑面积13151.93平方米，地上10070.05平方米、地下3081.88平方米，包括教学综合楼、门卫、地下室，教学综合楼建筑面积为10012.85平方米，高度23.89米；门卫建筑面积57.2平方米，高度为5.1米，地下室面积3081.88平方米；最大单跨跨度16.8米，采用装配式技术，单体建筑设计装配率为51%。2022年2月16日，该项目顺利通过可研评审；3月11日，通过初步设计评审；8月18日，在长沙公共资源交易中心完成施工招标；10月，正式进场施工。截至2022年年底，该项目完成地下室桩基及底板施工，完成5号楼二、三、四层主体施工。

2022年10月，莲湖小学项目进场施工　　（邹 蛟　摄）

【泰禹小学扩建项目】 泰禹小学扩建项目为2022年雨花区政府重点项目投资计划新建项目，位于雨花区圭塘街道辖区内，沙湾路以西、丽白路以北。学校扩建办学规模为12个班，总用地面积13158.14平方米（约1.32公顷），净用地面积9969.07平方米（约1公顷），总建筑面积15949.78平方米，其中地上建筑面积12994.85平方米，地下建筑面积2954.93平方米，装配式建筑面积12237.49平方米，装配率为50%。2022年3月，泰禹小学扩建项目规划方案专家评审会召开，会上参会各职能部门及专家原则上同意规划方案主推方案；9月，泰禹小学扩建项目（区城投23号地）工程总承包（EPC）招标在长沙公共资源交易中心完成；10月，该项目进场施工。截至2022年年底，该项目完成土方外运。

【赤岗冲小学扩建项目】 赤岗冲小学扩建项目位于雨花区左家塘街道辖区内，建设内容为在学校原址南向新增用地面积2853平方米，总用地面积5295.8平方米。主要包括新建1栋6层综合教学楼，建筑面积6147平方米，其中地上4541平方米、地下1606平方米，总投资约3442万元。施工中标单位为湖南省鸿腾建设工程有限公司，中标价为2837.59万元。2022年12月26日，赤岗冲小学扩建项目进场施工。

【井圭路小学运动场及地下停车场新建工程】 井圭路小学运动场及地下停车场新建工程项目在学校原址西侧对原有区域进行扩建，新增建筑面积8922.01平方米，其中含1栋风雨操场及功能用房，地上3层、地下1层，为学校提供94个停车位（含20个充电桩），并且新建1个200米标准田径场。2022年12月，该项目完成竣工验收。

【花侯小学项目交付使用】 花侯小学项目位于雨花区京港澳高速以东、合庆路以西、合丰路以南、机场高速辅道以北。项目总用地面积为36759

平方米，新建总建筑面积为29750.1平方米，其中地上建筑面积26552.0平方米、地下室建筑面积3198.2平方米。主要建设内容包括教学楼、综合楼、室内体育馆、门卫楼以及200米环形跑道五人制足球场及篮球、羽毛球场地和室外给排水、供配电、绿化、道路硬化、土石方等附属工程建设。项目建成后，可新增42个班级。2022年9月，该项目交付使用。

【燕子岭小学项目交付使用】 燕子岭小学（长沙市雨花区砂子塘万境第二小学）项目位于雨花区井湾子街道圭塘路，规划总建筑面积约22498平方米，规划开设36个教学班。项目一期总建筑面积1.8万平方米，在燕子岭学校原址基础上进行拆除重建（不新增用地），主要建设内容包括教学楼、综合楼、大门等。该次学校原址扩建，建设总投资6000万余元，设施设备新投入100万余元。项目建成后，学校可容纳36个教学班，学生1600人。2022年8月28日，该项目交付使用，全校500余名师生整体回迁至新校园。

【德馨园学校扩建项目交付使用】 德馨园学校位于雨花区香樟路以南、洞井路以西。新建总建筑面积33475.4平方米，其中地上建筑面积21302平方米，地下室建筑面积12173.4平方米。主要建设内容包括初中部教学楼和综合楼、小学部教学楼和综合楼、食堂兼风雨操场、门卫楼以及其他附属设施。项目建成后，可新增48个班级（小学24个、中学24个）。2022年9月，该项目实现交付使用并顺利开学。

（本栏撰稿　邹　蛟）

建设投资

【概况】 长沙市雨花城市建设投资集团有限公司（简称“雨花城投集团”）是经长沙市人民政府批准，由长沙市雨花区政府投资设立的具有独立法人资格的国有独资企业，成立于2002年4月8日。公司经营范围：以自有资产进行农业产业化和基础设施、农村交通、旅游休闲、教育、卫生事业建设、城市开发建设的投资；土地整理、开发；房地产开发、经营；建筑材料销售。下辖12家子公司：长沙市黎托新城建设开发有限责任公司、长沙市雅塘新城建设投资有限责任公司、长沙润雨棚户区改造投资有限公司、长沙市雨花现代物流中心开发建设有限公司、长沙市雨花区城中村改造投资有限公司、长沙市雨博文化商业管理有限公司、长沙市雨花产业投资有限公司、长沙市雨花城市更新投资建设运营有限公司、长沙雨花城投报建咨询服务有限公司、长沙市雨花智慧城市建设与运营有限公司、湖南雨非产业投资有限公司、长沙市雨花发展置业有限公司；合资公司1个：湖南绿地城花发展有限公司。

2022年，雨花城投集团启动市级重点项目11个；交房约642余套，安置人口1166余人，安置面积约2.8万平方米。2022年成为雨花区清廉建设“清廉单元”国企代表，相关工作经验在市、区平台广泛宣传。启动白竹公园一期、左宗棠文化园前期立项等手续办理。交付车站南路、曙光路提质改造工程；推进东升家园、中城苑、自然苑等保障性住房项目建设；全年安置约1166人。摘牌省话剧团、梨子山、小林子冲3个地块，进军房地产开发，实现土地一、二、三级联动开发；以雨花智慧城市建设与运营有限公司为主体，发力智慧城市产业，合同额2008万元。湖南建工集团井湾路地块和体院路28号地块棚改项目签约清零，标志着全市首个创新社会化棚改项目签约实现清零。盘活空置资产9773.01平方米。发行雨花城投2022年度第一期超短融资券，发行规模5亿元，最终票面利率1.95%，创湖南省AA+主体已发行债务融资工具票面利率新低。

【项目建设】 2022年，雨花城投集团启动市级重点项目建设11个；交付车站南路、曙光路提质改造工程；推进东升家园、和景家园、自然苑等保障性住房项目建设；推进雨环苑扫尾、友谊三期安置房建设等重难点项目建设，支持雨花区已售逾期难交付住宅项目建设交付，出借保交楼专项资金2.14亿元。

【融资化债】 2022年，雨花城投集团加强对政策梳理、对接金融机构，通过发行债券、银行贷款等方式，围绕降低高息债务利率，完成融资79亿余元，合规化解隐性债务6.12亿元（含棚改）。

【片区开发】 2022年，雨花城投集团以雅塘片区（旧城改建）项目为重点，完成片区产业定位方案、厂房保留方案，城市概念规划及设计方案已完成初稿；完成项目发改立项、可研批复等施工前期手续；长鼓正圆小区老旧改造项目进场施工；发行老旧小区专项债券5600万元，雅塘片区城市更新（旧城改建）项目整体授信完成，城市更新获得资金保障。

【土地收储】 2022年，雨花城投集团完成武广片区、城投51号地共23.39公顷两保用地指标落地；城投42号地、22号地、21号地完成划拨手续。

【雨花市民之家项目】 雨花市民之家项目位于雨花区香樟路592号，总建筑面积2.87万平方米（含政务中心），分地上5层、地下2层，拟建设一座集服务大厅、配套办公用房、档案馆、人才资源公共服务及电子政务中心等政务服务于一体的综合性办公建筑，打造集政务服务、便民服务、政府与群众互动为一体的公共服务平台。该项目于2019年5月开工，2022年11月9日启用。

【发行超短融资券】 2022年1月4日，雨花城投第二期超短期融资券完成簿记，发行规模5亿元，全场认购倍数4.21倍，最终发行票面利率2.83%。1月13日，雨花城投2022年第一期中期票据完成簿记，发行规模5亿元，全场认购倍数5.2倍，最终发行票面利率3.2%。6月23日，雨花城投2022年第二期中期票据完成簿记，发行规模5亿元，全场认购倍数 5.3 倍，最终发行票面利率 3.14%，为公司同种产品最低发行利率。7 月 4 日，雨花城投 2022 年度第一期超短融资券“22 雨花城投 SCP001”完成簿记发行，发行规模 5 亿元，期限 270 天，认购倍数 5.2 倍，最终票面利率 1.95%，创湖南省 AA+ 主体已发行债务融资工具票面利率新低。12 月 20 日，雨花城投集团 2022 年非公开公司债成功发行，募集资金 5 亿元，票面利率 4.5%，全场认购倍数 1.5。

【车站南路人行道及附属设施提质工程竣工】 2022 年 5 月 18 日，雨花区车站南路人行道及附属设施提质工程竣工验收。该项目南起劳动路、北至人民路，总长度 4.1 千米，造价 3585 万元，于 2021 年 12 月 10 日开工建设。项目采取分段改造方式，其中人民路至劳动路路段以提升道路 U 形界面品质为主要改造内容，致力于构建人行道空间、建筑立面、建筑前区、景观绿化、道路交通、城市家居六位一体的沿线风貌提升整体品质；劳动路至洞井路路段以提升道路两厢建筑前区及退缩空间为主要改造内容，打造景观覆绿工程。

【曙光路人行道及附属设施提质工程竣工】 2022 年 5 月 19 日，雨花区曙光路人行道及附属设施提质工程竣工验收。该项目南起劳动路中路、北至人民路，总长度 2.5 千米，造价 3165 万元，于 2021 年 12 月 15 日开工建设。项目采取分段改造方式，其中人民路至劳动路路段以提升道路 U 形界面整体品质为主要改造内容，以道路交通、两厢建筑、道路绿化整治为重点，改造沿线风貌。改造具体包括但不限于道路交通、建筑立面、建筑前区、景观绿化、服务设施。

【石马雅苑 10 号栋交房】 2022 年 5 月 25—29 日，雨花区石马雅苑 10 号栋 30 平方米部分分房交房 445 套。项目北临竹塘路、南临雅塘冲路、西接韶山路、东靠曙光路，用地面积 12.8 公顷，总建筑面积 36.38 万平方米，投资约 15.11 亿元。包含地上 24 栋单体建筑，其中 1 栋幼儿园、8 栋高层住宅、3 栋高层酒店式公寓、12 栋独立商铺和社区办公用房。项目计划建成住宅 1946 套、公寓 1537 套，可安置 3321 人。

【雨花区电子政务网络通信线路租赁服务项目】 2022 年 6 月 7 日，长沙市雨花智慧城市建设与运营有限公司中标雨花区电子政务网络通信线路租赁服务项目，标志着雨智公司初步完成智慧城市建设战略布局。该项目业务范围覆盖政务网、网络升级改造、网络运维、雪亮工程、机房建设及智慧防疫等多领域。

【自然苑农民安置房一号栋封顶】 2022 年 8 月 30 日，雨花区雅塘新城片区自然苑农民安置房一号栋封顶暨整体招商签约仪式举行。自然苑农民安置房由雨花城投集团负责建设，湖南省第三工程有限公司进行施工，位于雨花区树木岭路与航空路交会处东南角，总建筑面积约 8 万平方米，地上部分整体为框架结构，其中 1A 栋为 27 层，1B 栋为 28 层，其中 1 至 4 层为商业建筑，4 层以上为公寓式住宅。获得自然苑一号栋 15 年的经营管理权湖南天健城市服务有限公司与雨花亭街道自然经济合作社现场签约。

【东升家园保障性住房项目】 2022 年 9 月 9 日，东升家园保障性住房项目获选 2022 年长沙市“质量月”建设施工质量管理和安全生产标准化示范观摩工地，成为雨花区唯一入选保障性住房项目。东升家园项目是雨花城

2022 年，东升家园项目施工 （高 兴 供图）

投集团首个 EPC（工程设计、采购和施工一体化的项目管理模式）项目，位于雨花区高铁新城片区东山街道边山社区筹委会辖区内，由雨花城投集团开发，湖南省第五工程有限公司承建，总建筑面积约 20.8 万平方米，计划完成建筑楼 12 栋共 1523 户安置房。

【土地挂牌出让】 2022 年 11 月 30 日，雨花区城投 26 号地作为雨花区社保融资用地在长沙市 2022 年第五批次集中供地挂牌时进行挂网公示。12 月 30 日，城投 26 号地成功出让，长沙房产（集团）有限公司下属项目公司湖南国广置业有限公司以 3.76 亿元顺利摘牌。

（本栏撰稿 文 卓）

长株潭一体化建设

【概况】 2022 年，雨花区履行绿心保护和发展工作职责，统筹抓好长株潭一体化发展、南部融城片区建设和两型社会建设，制定《雨花区 2022 年推进长株潭都市圈一体化发展工作方案》《雨花区 2022 年推进长株潭区域一体化发展重点工作清单》《雨花区 2022 年推进长株潭区域一体化发展重点项目清单》，推进基础设施同网、产业创新同为、公共服务共享、生态环境同建等工作，天华路、湘路完成全部施工内容及预验收，湘潭九华砂子塘小学投入使用，石燕湖村成功创建省级旅游乡村重点村，绿心中央公园规划建设形成先行区初步方案。2022 年，长株潭一体化 27 项任务中，8 项重点工作有效推进，19 个重点项目预估项目总投资 172.6 亿元，年度预估总投资 25.8 亿元，累计完成投资 30.5 亿元。

【南部融城片区建设】 2022 年，雨花区制定《雨花区南部融城片区建设 2022 年工作要点》《雨花区南部融城片区落实市“双五”工程、十大片区建设实施方案》，明确雨花区南部融城片区工作责任目标分解表。2022 年，南部融城片区 18 个重点项目，预估总投资 94 亿元，年度投资 12.03 亿元，完成年度累计投资 12.52 亿元。

【项目建设】 2022 年，雨花区推进环保大道东延线、红旗路南延线、昭云大道、跳马镇美丽路网项目建设。雨花经开区（韶山）智能制造产业园正式投入运营；雨花智能制造·工程机械配套产业园九华飞地园区完成临建施工、基础施工，进行 10 万平方米厂房主体建设，并完成 1 家企业入驻合同签订。为盛中学完成教学楼、学生宿舍主体工程建设；黄兴医院召开项目调度会，对项目经济测算、建设模式、资金筹措进行论证建议；跳马喜雨安置地完成基础部分，进行上部构造施工；白竹安置地完成主体建设，准备交付使用。扶冲（学堂冲）生态修复项目福寿矽砂矿完成区级自检验收；曹家坪矽砂矿、芦荻塘片石二厂生态修复项目组织推进土方回填。花博园项目完成高清影像图购买，并启动核心区 5.89 平方千米工程测绘工作；绿道建设项目基本完成。

【违法违规用地整治】 2022 年，雨花区完成绿心地区卫星图斑监测工作，核查绿心地区土地使用图斑变化和督促整改，遏制绿心地区违法违规行为发生。落实街镇月巡查、中心季度督查工作机制，每季度对绿心地区中央环保督察反馈的历史违法违规项目和退出工业项目情况进行全面“回头看”，发现问题，及时整改。

【生态补偿发放】 2022 年，雨花区完成 2020 年度绿心生态基础性补偿惠民一卡通发放工作，涉及 19579 户 986.87 万元；拨付至各村的基础性补偿 312.99 万元。

【餐厨油烟治理】 2022 年，雨花区印发《雨花区 2022 年老旧小区居民家庭餐厨油烟净化治理工作方案》，完成 2000 台餐厨油烟设备的安装。

【两型单位创建】 2022 年，雨花区组织开展 2022 年市级两型示范创建申报工作，砂子塘启新小学、雨花亭街道正圆社区、洞井街道星苑社区、枫树山明昇小学等 4 家单位获评市级两型示范创建单位。

【争取资金支持】 2022 年，雨花区争取市级奖励性补助资金 871.84 万元，用于支持田心桥村官桥撇洪渠生态治理二期工程项目、三仙岭村大坝佬水环境生态治理项目及同升街道绿心保护项目等 3 个项目。争取省级长株潭一体化专项资金 1406 万元，支持跳马片区绿道项目和金屏社区鲤鱼塘水库综合治理工程、花卉园艺博览园项目 3 个项目。推荐林科路建设、龙庭社区融城示范社区建设项目申报 2023 年度省级长株潭一体化发展专项资金，通过市级审核。

“绿心体验官”LOGO

（区融媒体中心 供图）

【绿心体验官活动】 2022 年 9 月 21 日，守护城市绿心，共享品质生活——“绿心体验官”走进长株潭一体化“融城会客厅”活动举行。该活动由长沙市长株潭一体化发展事务中心和长沙晚报社共同举办，雨花区长株潭一体化发展事务中心、天心区长株潭一体化发展事务中心承办。20 余名长沙市学生、家长、老师代表担任“绿心体验官”，实地探访、观摩雨花区跳马镇两型展示馆、跳马镇多肉植物园、石燕湖景区等地。

（本栏撰稿 粟常云）

建设管理

【概况】 2022 年，雨花区推进自建房百日攻坚专项行动，推进安全生产“三年行动”，强化安全生产领域的行政执法，打好蓝天保卫战，落实“打非治违”要求，加大对违规行为的打击力度。促进房地产平稳，推进保交楼工作，推进8个在案的闲置楼宇处置。提升供排水保障水平，有序开展城区居民住宅供水设施改造，推进精美城市建设，按计划开展既有小区品质提升。区住房和城乡建设局(简称“区住建局”)获2022年度省政府真抓实干督查激励突出贡献单位。

【安全生产监管】 2022年，雨花区推进自建房百日攻坚专项行动，累计排查23355栋自建房，清零全部“三类”（一般安全隐患、较大安全隐患、重大安全隐患）隐患。开展建筑施工大排查大整治、1—4季度建设工程质量安全检查、混凝土搅拌站行业检查等各类专项检查10次，下发安全隐患限期整改通知单215份，停产通知书5份、不良行为告知书24份。

【房地产市场维稳】 2022年，雨花区推进保交楼工作，18个停工及延期交房项目实现复工复产，8878户顺利完成交房，其中，阳光城尚东湾项目于2022年10月前实现2094户的交房。帮扶支持39个项目解控预售监管资金，指导支持6个项目31万平方米加快入市销售形成供应。雨花区按照市场化、法治化原则，通过市区联动、府院联动、政企联动、政群联动的方式，压实企业主体责任，围绕“三问”（问要交多少楼、问需要多少钱、问钱从哪里来）、坚持“三在”（资产、资源和资金要留在长沙、留在当地、留在项目）、落实“三不”（资产、资源和资金不留在长沙、不留在当地、不留在项目），通过共管企业“三章”（公章、证照、印鉴）、开设风险专户、资产转移保全的方式，实施土地分宗变现、资产抵押融资、股权退出转让、代建代管代售、银行挂息展期、信托展期反投、项目破产重整等措施，挖掘企业“三资”（资产、资金、资源），提振各方信心，按照“三账”（旧账、新账、老账）要求，推进保交楼工作。

【既有住宅电梯加装】 2022年，雨花区受理电梯加装项目备案143个。既有住宅加装电梯工作获2022年度省政府真抓实干督查激励事项。

【供排水保障】 2022年，雨花区开展城区居民住宅供水设施改造，重点改造华银园、龙吉湾、鑫天花园、活力康城等物业小区户表，确保二次供水安全基本平稳。推进石碑大港流域综合治理项目，建成排水管网10千米。

【精美城市建设】 2022年，雨花区完成11个精美长沙示范项目。重点落实无障碍环境建设，确保无障碍设施功能完备、设施完好、配套到位。

【行政审批】 2022年，雨花区深化推进行政审批改革，实施容缺办理、限时办结，优化审批流程。实行施工许可证分阶段办理，核发105张建筑工程施工许可证。完成区投区建公开招标项目26个。

【建筑行业】 2022年，雨花区管建安企业1300余家，入库122家，年度总产值2768.3亿元，比2021年增长8.3%。抓好资质审批后对接管理，协助长沙市住建局对107家施工企业进行资质动态核查，做好中国建筑第五工程局有限公司等21家企业专项资金奖励申报。

【蓝天保卫战】 2022年，雨花区落实工地扬尘防治“8个100%”（即建筑施工工地围挡100%、路面硬化100%、100%洒水压尘、裸土100%覆盖、进出车辆100%冲洗、渣土实施100%封闭运输、建筑垃圾100%规范管理、工程机械尾气排放100%达标），发挥工地视频在线监控，加强日常监督巡查和重点区域、重点项目检查，全年蓝天保卫战执法立案13起，罚款17.9万元。

【农民工实名制工作】 2022年，雨花区农民工实名制工作覆盖率100%，组织《保障农民工工资支付条例》的宣传贯彻学习和落实，开展打击违法发包、转包、分包、挂靠行为检查，加大对非法开工行为的执法力度，迎接国务院农民工工作督察。配合省、市相关单位及人社部门处理拖欠民工工资纠纷，处理劳资纠纷或拖薪案件40余起，为农民工追讨工资2300万余元，有力维护了行业稳定和农民工的合法权益。

【行政执法】 2022年，雨花区落实行政执法“三项制度”（行政执法公示制度、执法全过程记录制度、重大执法决定法制审核制度），坚持程序到位、执法有据、处罚适度原则，按照安全生产、蓝天保卫战、打非治违、仓储物流整治及“格子房”整治等相关要求，加大对全区在建工地、装修项目等的巡查执法力度，巡查检查730余次，下达责令整改等执法文书180余份，立案33起罚款64万余元。

【房地产市场监管】 2022年，雨花区履行属地监管责任，落实房地产调控相关职责，推动项目加大供应，确保供需有效平衡，房价指数控制在合理水平。对接长沙市住建局，帮扶支持39余个项目解控预售监管资金，助力复工复产。指导、支持长房东旭国际、长房岭秀时代、湘和雅郡、宝能公馆、佳兆业高桥壹品、中海星樾府6个项目31万平方米加快入市销售形成供应，满足购房者的合理住房需求。采取线上线下结合的方式，组织区内房企进行集中宣传推介，提振市场信心，促进商品房消费回暖，推动商品房销售去化。2022年，雨花区新建商品房供应面积251.23万平方米，比2021年减少32.47%；成交面积230.03万平方米（内五区第二），比2021年减少45.58%；住宅均价为10415元/平方米（内五区第四），比2021年增长2.37%，总体来讲，市场预期转弱、需求收缩、价格稳中有升。

【自建房整治】 2022年，“4·29”望城区居民自建房倒塌事故发生后，雨花区落实国家、省、市指示精神和有关要求，推进自建房安全专项整治行动。搭建“5+1+13”指挥体系（“5”

2022 年 5 月 20 日，长沙商贸职院桃阳商业街自建房违建部分被拆除

（陈思铭　供图）

即 5 个工作部：综合协调部、排查整治部、司法保障部、作风督察部、宣传舆情部；“1”即 1 个园区分指挥部：雨花经开区分指挥部；“13”即 13 个街镇分指挥部），成立 4 个专项整治工作组（建设合法合规性专项整治工作组、结构安全性专项整治工作组、消防安全性专项整治工作组、经营安全性专项整治工作组），明确职责分工。出台排查整治实施细则、整治标准、闭环销号细则、进一步深化整治工作方案等文件。5 月 9 日，雨花区建筑安全工作能力提升培训班举行。300 余人参加培训，培训设置 4 堂课程，涵盖自建房安全隐患排查、房屋安全监测与鉴定、建设领域安全生产法律政策等多个方面。区委书记带队下沉一线，实地查勘各街镇情况，现场调度、当场交办、精准施策，各部门、街镇强化联动，凝聚合力，推进全区排查整治工作。截至 2022 年年底，全区累计排查自建房 23355 栋，其中经营性自建房 5120 栋，非经营性自建房 18235 栋；完成资料复核 5278 栋，入户复查 3539 栋。

【安全生产大检查】　2022 年，雨花区做好 2022 年春节期间安全生产工作，排查出安全隐患 33 处，督促立即整改。针对可孚医疗项目存在的安全隐患，责令该项目部立即停工整改，加强塔式起重机的维护保养，消除安全隐患。检查混凝土搅拌企业对混凝土搅拌车的管理制度和混凝土搅拌车司机的安全教育情况，重点检查临建板房、消防设施配备、易燃易爆品管理、应急预案及应急演练情况等。检查物业小区消防器材的配备、电梯维保、消防通道是否堵塞、外墙安全维保问题，排查出安全隐患 65 处，并要求立即整改。对存在安全隐患的雨花亭街道正圆小区存量危房，进行现场查勘，针对房屋安全隐患提供技术指导。2 月 8 日，区住房和城乡建设局到湖南海力嘉业建材有限公司，排查消除安全生产隐患，科学、安全、有序地恢复施工。4 月 28 日，区政府副区长周宏带队到雨花区高桥安置房、友谊安置房、岳煌搅拌站、顺强搅拌站等建筑工地、搅拌站开展五一节前安全生产检查。5 月 7 日，区委书记刘素月一行检查同升街道桃阳片区违章建筑拆除工作，实地查看桃阳美食街及沿线违章搭建、违规装修等情况，并现场交办问题。5 月 19 日，区委副书记、区长黄军其，区人大常委会副主任莫志刚、区政协副主席陈怀宇等到井湾子街道督导建筑安全隐患排查整治工作，现场查勘科技职院周边莲湖集体经营性自建房整治情况。9 月 17 日，区住建局开展建设领域国庆节前安全生产大检查，紧盯施工安全、消防安全、交通安全等方面，排查安全隐患 133 处，下发限期整改通知单 17 份，督促项目及时进行整改；对顺强、鲁湘、岳煌、志高等区管混凝土搅拌站进行安全生产检查，检查安全隐患 18 处，明确管理责任 18 处；9 月 27 日，组织各街道召开会议对高层建筑外墙外保温任务进行铺排和培训，与区消防大队联络对接排查数据等工作，与第三方中介对接外墙外保温技术服务工作，对资规台账库与区房屋普查系统信息库数据进行比对；指导街道办事处开展相关工作，截至 9 月 30 日，全区初步排查约 2059 栋；开展装饰装修工程项目检查，9 月 26—30 日，对未办理施工许可手续、扬尘控制不到位等违法违规行为共执法检查 37 次，下达限期整改通知 14 份，责令停工停业整顿 10 个，完成行政处罚 2 次、罚款 3 万元；对中蓝长化院、正圆小区、麻园湾巷等 68 栋 D 级危房进行排查；开展消防安全隐患排查和消防知识培训，截至 9 月 30 日，培训 26 家项目企业 1800 余人次。

【既有多层住宅增设电梯项目进行专项督查】　2022 年 4 月 19 日，长沙市住房和城乡建设局物业监管处副处长周新卷带队对雨花区往年度既有多层住宅增设电梯项目开工、竣工验收和补贴发放情况进行专项督查。督查组对雨花区井湾子街道三湘小区、圭塘街道雨花家园和雅苑小区增设电梯项目进行现场察看；召开座谈会，区住房和城乡建设局副局长余伍向督查组汇报雨花区推进既有多层住宅增设电梯项目开工、竣工验收和补贴发放工作进展情况，区直相关部门作补充汇报，督查组对各单位反映的相关问题进行交流探讨。

【建筑施工安全生产及扬尘治理工作会议】　2022 年 4 月 21 日，雨花区建筑施工安全生产及扬尘治理工作会议召开。区委常委、区政府副区长周坤，区政府副区长周宏，区政府办公室、区住房和城乡建设局、区生态环境分局等 12 家单位主要负责人；金科集美、东升家园等 26 个项目的建设单位和施工单位主要负责人；昌盛、固泰等 10 家混凝土搅拌站企业主要负责人参

2022年6月7日，雨花区建筑施工“安全生产月”启动　（姚衍韬　供图）

加会议。会议由周宏主持。区住房和城乡建设局党组书记、局长陈建良通报建筑施工安全生产、扬尘治理工作情况。区生态环境分局党组书记、局长宁璐通报“蓝天保卫战”工作情况。周宏要求，扬尘防治工作要坚持源头严防，对扬尘防治措施不到位的参建单位和个人，依法依规严肃处理。周坤强调，各建设项目要确保汛期施工、深基坑、隐蔽工程等关键部位工序安全生产，始终保持建筑工地扬尘污染防治监管高压态势，坚决打赢“蓝天保卫战”。

【建筑施工“安全生产月”活动】 2022年6月7日，雨花区建筑施工“安全生产月”活动在和景家园（二标段）工程总承包项目启动。该活动由雨花区住房和城乡建设局、区建筑工程质量安全监督站、中国国际投资（湖南）有限公司主办，中海建筑有限公司和景家园（二标段）工程总承包项目承办，区管在建工地、混凝土搅拌站管理及行业从业人员300余人参加活动。活动以“遵守安全生产法，当好第一责任人”为主题，通过观看安全生产活动月宣传视频、进行消防应急演练，企业代表安全宣誓、设置宣传展板等方式展开。

【工程建设领域质量安全管理工作培训会】 2022年6月9—10日，雨花区工程建设领域质量安全管理工作培训会在长沙高升华美达酒店举行。区住房和城乡建设局全体干部职工、区属总承包一级（含）以上建安企业的质安经理、技术负责人，区管建设项目的建设、施工及监理单位负责人、资料员、劳资员等，区属预拌混凝土搅拌站实验室主任，区属建设工程质量检测机构技术负责人，消防专业承包公司技术负责人等行业从业人员共350人参加培训。培训会采取集中授课方式，区住房和城乡建设局党组书记、局长陈建良作培训动员。省级实名制专家郭翔、黄龙，湖南六建物资租赁公司总工程师钟花荣，中建西部建设湖南有限公司副总经理蒋震，长沙市建设工程质量安全监督站综合部部长刘屹东，中电科十五所湖南区域技术负责人肖志刚等专家、上级主管部门业务骨干进行授课。培训内容包括建筑工程质量安全标准化考评，建筑施工混凝土质量控制、安全生产相关规范、标准，农民工实名制相关工作，机械设备安全管理与施工技术，交通顽瘴痼疾整治，蓝天保卫战等内容。

【雨花区“质量月”建筑施工质量管理和安全生产标准化示范观摩活动】 2022年9月20日，雨花区“质量月”建筑施工质量管理和安全生产标准化示范观摩活动在长沙市星城新宇·东升家园设计施工总承包项目工地启动。活动由区住房和城乡建设局主办，湖南省第五工程有限公司承办，区建筑工程质量安全监督站及区管建筑企业、在建工地300余人参加活动。活动以“推动工程质量创新、促进质量强市建设”为主题，分为质量管理标准化、安全生产标准化、文明施工蓝天保卫战及扬尘防治3个模块。质量管理模块主要展示铝模混凝土工程实体样板、水电安装及防火封堵、梁板钢筋安装、负筋防踩踏工具式马道、住宅质量通病防治措施、填充墙优化为剪力墙减少外墙渗漏等内容；安全管理模块主要展示可视化安全教育体验，塔吊速差防坠器演示、氧气乙炔瓶规范化管理展示等内容；文明施工蓝天保卫战模块主要展示LED节能灯照明、雨水收集重复利用节水等内容。

（本栏撰稿　秦　俭）

物业管理

【概况】 2022年，雨花区聚焦物业管理提质增效，实施党建引领物业管理工作，健全小区治理服务联动体系。利用好物业维修资金，受理项目507个，拨付资金2992万余元。雨花区物业管理工作多次获得《人民日报》、新华社、“飞梦雨花”等媒体宣传报道。

【党建引领物业管理】 2022年，雨花区推出《雨花区关于深化党建引领小区治理的八条措施》，在全区开展党建引领“红色物业”示范企业、示范小区创建工作，要求各街（镇）在辖区至少打造2个“红色物业”品牌。涌现出湖南中建物业服务有限公司、五矿物业服务（湖南）有限公司、湖南鹏基居业物业管理有限公司等一批红色物业企业，成立党组织的非公企业36家，公有制企业16家。通过推进党的组织和工作全覆盖，推进党建与物业管理深入融合，破解小区治理难题，及时疏通基层管理堵点。

【物业管理区域消防安全培训】 2022年6月是第21个全国“安全生产月”，主题为“遵守安全生产法，当好第一责任人”，雨花区住建局联合区消防救援大队、各街道（镇），共同组织开展物业管理区域消防安全培训暨实战演习。全区街道（镇）分管消防的领导和大办主任、社区书记及专干、全区物业服务企业项目负责人、有消控室的值班人员、小区安保队长参加培训，学习相关法律法规、消防基础知识、经典案例分析，实操演练消防设施设备性能及使用方法。湖南协成消防安全服务有限公司的彭教官为50名来自全区物业企业负责人开展消防安全知识专题培训。

（本栏撰稿　秦　俭）

2022年6月30日，雨花区开展物业管理区域消防安全培训　（叶　霞　供图）

城市管理

编辑　唐清明

城市综合管理

2022 年 7 月，雨花区高桥街道怡园街违章广告拆除　　（杨爱香　摄）

【概况】　2022 年，雨花区开展“净化、绿化、亮化、美化、序化”大提标、大提档，完成 90 条道路移交，升级提质 137 条“美丽街巷”。完成城南路道路品质提升项目、树木岭劳动路口交通组织优化工程施工。通过精细化维护管理，精准处置路面病害，高效实施管网疏浚。每周五定期组织全区大扫除、道路大清洗、设施大清理、垃圾大清运，推行垃圾分类引领低碳生活新时尚。保护古树名木资源，根据季节变化布置精美花卉，升级打造沙湾公园、桂花公园等人民满意公园。开展燃气“入户安检”“敲门行动”隐患排查，推动老旧燃气管网改造，专项整治渣土运输、违法建设、高铁高速两厢环境、道路箱柜、桥下空间等市容环境等。

【市容环境整治】　2022 年，雨花区落实“六个到位 六个严格”（“六个到位”即重点区域清洗精洗到位、背街小巷环境维护到位、城乡接合部综合整治到位、闲置地块常态管控到位、建筑工地文明措施到位、桥下空间精细管理到位；“六个严格”即严格责任落实、严格采集交办、严格督查通报、严格拉练考核、严格依法执法、严格问责问效）要求，深化“洁净雨花”行动。利用数字化平台自查整改各类城管问题 11.4 万余个，以暴露垃圾等问题为重点，交办各类问题 2.5 万余处，办理行政执法案件 4500 余起，罚款 310 万余元。以街镇为单位全面铺开“周末大扫除”行动，累计开展大扫除 50 余次。梳理高速高铁两厢问题，清理垃圾 1182 车，整治清理菜地、裸露黄土 540 处，拆除违章建筑、广告招牌 78 处。推进重要道路箱柜和桥下空间整治，拆除、迁移各类箱柜 112 处，粉饰美化箱柜 1283 个，加装电力箱柜栅栏 10 个。开展广告招牌专项整治，排查广告招牌 526 处，下发温馨提示单 600 余份，签订安全承诺书 42 份，拆除广告招牌 216 处。成立专班加强夜景亮化巡查，上报修复亮化灯具、设施问题 11 处。

【拆违控违】　2022 年，雨花区实行网格化管理，加强对别墅区、洋房、农安小区、铁路沿线等区域全面巡查。累计拆除 451 处、24.84 万平方米违法建设，其中长沙“4·29”居民自建房倒塌事故后，拆除违法建设 378 余处、21.28 万平方米。下发督办函 222 份，其中处置完成 167 份。违建物流仓储拆除 17 处，立案查处 12 处；对高层违建消防影响开展集中整治，处置完成 15 处；开展桥下空间专项整治，督促整治桥下空间违章搭建、违规停车、燃气使用、市容不洁等问题 40 处。

【渣土管控】　2022 年，雨花区出动渣土管理人员约 1.7 万人次，处置平台推送信息及案件 150 余件。对全区正式运营的渣土运输企业完成 4 次普查，组织 42 家企业负责人及管理人员开展安全生产教育培训 2 次。区城市管理和综合执法局每周联合区交警大队、区交通局开展执法行动不少于 2 次，累计办理案件 582 起，罚款约 178.8 万元。开展渣土运输企业常态安全检查，推进“送安全教育上门”活动，累计检查企业 176 家次，发现并督促整改问题 33 处。实施“外区企业准入备案”机制，制定渣土行业预防安全事故“四条硬措施”，升级“外防输入”专项行动，由原来的 10 个值守点位升至 14 个值守点位。全区开工工地 1166 处，出动渣土管理及执法人员 2.1 万人次，利用区渣管智慧平台处置预警案卷 164 件，抽查车辆轨迹 3910 次，发现并整改车速过快、不按线路行驶问题 73 台次。

【燃气热力工作】　2022 年，雨花区制定《雨花区加强燃气安全管理的十条措施》等制度，形成“日通报、日调度”机制，开展“敲门行动”“入户安检”，入户排查 54 万余居民用户。排查一般燃气安全隐患 15101 处，整改率 100%，老旧、农安小区液化气报警器安装 6817 个，安装率 100%；开展燃气安全执法检查 270 次，办结 70 起案件，罚款约 19.62 万元，扣押处置各类违规液化气钢瓶 954 个，移送公安机关实施行政拘留 4 起。完成国税局宿舍、银轩铭誉、测绘局宿舍、烟草公司宿舍、华隆小区等 12 处城镇燃气管道老化更新改造工作。

【行政审批服务】　2022 年，雨花区城市管理和综合执法局完成优化营商环境“再创新”工作，优化审批流程，压缩审批时限，办理各类行政许可手续 469 件。其中，办理“临时占用街道两侧和公共场地”198 件、“市政占道挖掘”190 件、“水电气报装外线审批”29 件、“园林占绿移伐”52 件。

【重要节会保障】　2022 年，雨花区制定《雨花区重要道路市容秩序保障工作手册》，在全区范围实施分级分类管控，开展三级管控。将花侯路、长沙大道等重点道路，湖南省人大、长沙南站、高桥大市场等重点区域，沙湾公园、德思勤等主要公园广场及周边区域纳入一类管控区域。按照Ⅰ级清扫保洁标准作业进行24小时保洁；按照Ⅰ等养护标准对道路路面、市政设施进行每日一巡；按照一级绿地维护管理标准进行每日一巡；市容秩序管控确保最少每日3巡，重点点位常态值守。对其他主次干道、背街小巷及包括高速、铁路沿线周边的全域范围实施二级和三级管控标准。为中共二十大、“两会”、“三考”等重要节会，“奋力强省会 喜迎二十大”主题活动及中央、省、市领导各类调研观摩活动营造最优市容环境秩序。

【“百街千巷”环境综合整治提升】 2022年，雨花区推进“百街千巷”综合整治提升，总投资约1.23亿元，委托专业设计单位按“一街一策”原则，听取居民意见，挖掘具有本色底蕴的“雨花元素”，优化全区街巷空间、完善街道功能、提升街区品质。组织和调度区市政设施维护中心及全区12个街道，对全区137条背街小巷进行提质提升，打造以人华路（红色文化）、桂花树街（桂花文化）、嘉熙路（地质文化）、农博路（非遗文化）、光明路（工业文化）、溪水路（自然景观）为代表的体现雨花区特色的一批美丽街巷。“百街千巷”综合整治提升任务共137条，其中整治类67条，整治+提质类45条，提质类25条；区市政设施维护中心实施包括30条“美丽街巷”在内的46条任务，全区12个街道共同实施91条街巷。截至2022年年底，137条街巷全面完成并验收达标。

【燃气隐患排查整治】 2022年，雨花区制定《雨花区城镇燃气安全排查整治工作方案》《关于开展岁末年初燃气安全整治工作实施方案》《雨花区城镇燃气安全整治“百日行动”工作方案》《雨花区燃气和渣土行业“两节一会”特护期隐患排查整治专项行动工作方案》。8—10月，完成燃气安全整治“百日行动”15101处隐患的整改，实现5697处工商用户报警器安装率100%的目标。累计制作安全用气视频27期，动员企业印制安全提示钢瓶贴6万份，制作并印发《雨花区燃气安全检查手册》2万份、《雨花区餐饮等工商用户安全用气告知书》1万份，制作燃气安全宣传动画2期。加强燃气安全业务培训，特别是“三员”培训（供气企业安全专管员、用气单位燃气安全员、街道协管员），组织燃气安全业务培训及应急演练89场，“三员”培训率100%。全区开展燃气执法检查270次，累计燃气安全执法处罚79起，取缔非法燃气企业7家，累计处罚金额近19.62万元，向区公安分局移送3起涉嫌非法经营案。

2022年10月12日，雨花区城市管理和综合执法局到德思勤排查燃气安全隐患 （杨勤 摄）

【自建房“百日整治”工作】 2022年，雨花区开展自建房“百日攻坚”拆违控违整治行动，区城市管理和综合执法局成立自建房“百日整治”拆违控违工作办公室，下设信息收集组、政策咨询组、督查组3个小组，每天做好信息的收集与报送、群众来访的接待、重要问题的交办与督办、周简报的编写等工作，上报市工作简报动态50篇，编写区周工作简报12份，召开全区拆违控违专题工作调度会4次。加强宣传引导，引导违建业主主动拆除违法建设。井湾子街道拆除湖南科技职业学院附近35个违建经营门面，面积4200平方米；黎托街道拆除沙湾路与体院路沿线违建，涉及住户31户53处，拆除违建面积约8140平方米；圭塘街道拆除体院巷电工器材厂内违法仓库3000平方米；同升街道拆除同升村黄狮冲组违法仓库2700平方米；雨花亭街道拆除航空路自然村仓库5500平方米；东山街道拆除恒顺物流园和联慧仓库7700平方米。

【生活垃圾分类】 2022年，雨花区开展垃圾分类“星力量·新时尚”宣传视频推广活动，提升居民垃圾分类知晓率、参与率。东塘街道在省人大小区试点“四管合一”模式（省人大机关、东塘街道、省人大社区、小区物业），洞井街道制定《省住建厅机关及和馨佳园小区生活垃圾分类操作手册》。开展执法检查专项行动和普法“五进”（进园区、进企业、进社区、进校园、进机关）活动，全年执法办案46次，罚款5.8万元。开展示范创建，区机关事务中心、区市容环境卫生维护中心、洞井小学3个单位获评省级垃圾分类公共机构示范点，梅怡岭小学、枫树山美联小学2所学校获评市级垃圾分类示范学校，东塘街道获评垃圾分类示范街道。

【城南路道路品质提升项目】 2022年5月，雨花区完成2021年城南路（车站路—芙蓉路）道路品质提升项目；8月1日，召开该项目竣工验收联合会。该项目于2021年11月启动，总投资为2471.04万元，全长2.5千米，建设内容包括重点打造人行道路空间品质、建筑前区整治、建筑立面及店招改造，包括道路绿化、路侧绿地、车行道路空间及城市家具等全要素提质。针对街道建筑立面招牌多、形象差、部分建筑破损老化等问题，雨花区实施"一楼一名一铺一牌"的改造方式，对沿路建筑物的立面材质、形式和色彩等统一控制，对老旧、破损建筑进行翻新；在人行道施工问题上，雨花区在城南路上重新用麻石铺就近2万平方米的人行道路面，人行道上原有的700个混凝土井盖换成隐形铸铁井盖；街道路旁被换上不锈钢垃圾桶，路段中的节点位置根据实际情况加设坐凳等休闲设施，全路段清洁设备箱统一设计处理。

【树木岭劳动路口交通组织优化工程】 2022年5月，雨花区完成劳动路树木岭劳动路口交通组织优化工程；8月1日，召开该项目竣工验收联合会。该工程位于雨花区劳动路树木岭路路口，总投资约223.74万元，建设内容包括道路交通信号灯、交通标志、交通标线设置、路面铣刨并修复等。

（本栏撰稿 张珊珊）

城市管理综合执法

【概况】 2022年，雨花区开展全国文明典范城市创建迎检、交通顽瘴痼疾执法整治等行动，在"三考""两会""党代会""中非经贸论坛"等重要节会期间，集中精干力量开展综合整治攻坚。区城市管理综合执法大队办理各类行政处罚案件4505起，罚款金额414万余元；处理全年办结网络问政信息27件、上级交办件23件、政协委员提案3件；办结"110"工单6547件、"12345"市民服务热线工单5827件、其他各类信访件208件，办结率99%以上。

【环境保护】 2022年，雨花区城市管理综合执法大队定期通报油烟在线监测情况，上门督促整改。组织第三方公司开展油烟检测41次，办理油烟类案件10起，罚款4.7万元；每周夜间组织专项行动，对韶山路、洞井路沿线及德思勤、比亚迪周边等地开展整治，办理烧烤类案件197起，罚款4.32万元。通过网格化平台开展常态巡查，办理焚烧类案件40起，罚款2.08万元。

【"洁净雨花"行动】 2022年，雨花区城市管理综合执法大队以渣土运输、扬尘污染、"两河"流域水污染、焚烧垃圾、规范工地市场管理、违规户外广告、发光字、桥下空间整治、人行道清障、乱吐乱扔、车窗抛物不文明行为整治、落实"门前三包"责任、强力整治违法建筑9个方面为主要内容，涵盖市容卫生、街面管理、基础建设各个方面。办案4182起，罚款金额316.08万元，其中乱吐乱扔类案件查办382起，罚款金额7640元；店外经营类案件查办234起，罚款金额9.7万元；占道经营类案件查办1043起，罚款金额22.64万元；渣土类案件查办582起，罚款金额178.8元；噪声类案件查办40起，罚款金额16.48万元；市政道路类案件查办11起，罚款金额6.65万元；园林绿化类案件查办35起，罚款金额7.65万元；市容环卫类案件查办137起，罚款金额11.35万元；机动车占道类查办1413起，罚款金额14.13万元；户外广告类案件查办4起，罚款金额1.06万元；餐厨类案件查办100起，罚款金额6.73万元；违章建筑类案件查办32起，罚款金额19.08万元；焚烧垃圾类案件查办40起，罚款金额2.08万元；露天烧烤类案件查办10起，罚款金额6500元；油烟类案件查办41起，罚款金额3.7万元；燃气类案件查办78起，罚款金额14.61万元。

【广告招牌整治】 2022年，雨花区城市管理综合执法大队督促各大型LED电子显示屏业主单位公益宣传落实到位，对督办的违法广告和电子显示屏进行拆除。排查广告招牌隐患526处，下发温馨提示单600余份，签订安全承诺书42份，拆除广告招牌216处。拆除高桥商贸城小区居民自建房大型广告5处，洞井机电市场、黎托居民自建房等地广告招牌19处、面积600平方米，责令26处电子屏广告业主进行安全自测。

【渣土扬尘专项整治】 2022年，雨花区城市管理综合执法大队抓住建筑渣土清运过程中的"出口""入口"和运输线路3个重要节点，采取定点值守和流动巡查相结合的工

2022年10月13日，雨花区城市管理综合执法大队对德思勤夜市进行督查

（杨勤 摄）

作方式，实现渣土运输环节点、线、面的无缝对接、全天候监管。以非法工地、非法消纳场、非法渣土运输车辆（三黑）和渣土扬尘污染为整治重点，开展每周一次的综合整治行动。办理渣土类案件582起，罚款金额178.8万元。

【燃气执法】 2022年，雨花区城市管理综合执法大队排查燃气安全隐患15162处，整改率100%，免费为老旧、农安小区液化气用户安装报警器6817个，开展燃气安全执法检查335次，办结64起案件，罚款17.75万元，移送公安机关实施行政拘留4起。

【“三考”期间整治保障】 2022年高考、学考、中考（简称“三考”）期间，雨花区城市管理综合执法大队重点整治考点周边等重点区域的市容环境，加强主次干道巡逻，开展“无音”行动和爱心助考行动，协助公安交管部门加强考点周边道路交通管理，给参考学生提供一个良好的休息环境、畅通的交通环境和安静有序的考试环境。

【自建房“百日攻坚”行动】 2022年，雨花区城市管理综合执法大队推进拆违控违工作，对历史违建按照计划有序拆除，对新增违建发现一处、拆除一处。配合跳马镇、各相关街道拆除安全隐患自建房682处、面积约23.15万平方米。拆除其他违法建筑224处、面积14.62万平方米，办理违建类案件31起，罚款19.08万元。通过小区顶楼平台违法建设集中整治行动，管控侵占公共用地行为，清理整治圈占行为134处、面积9492.75平方米。

【箱柜杆线相关整治】 2022年，雨花区城市管理综合执法大队对影响市民通行、有碍观瞻的人行道各类箱柜开展集中整治，制定十条措施，拆除、迁移各类箱柜112处，粉饰美化箱柜1283个，加装电力箱柜栅栏10个。

【发布自由裁量权基准】 2022年，雨花区城市管理综合执法大队在广泛征求意见的基础上，研究出台《长沙市雨花区城市管理综合执法大队关于印发〈未安装燃气报警装置案件行政处罚自由裁量权基准〉的通知》，确保对该类违法行为既依法执法，又公正人性执法。该做法作为长沙市优化营商环境改革创新示范案例进行申报。

2022年11月4日，雨花区城市管理综合执法大队在辖区捣毁1个地沟油提炼窝点 （余 意 供图）

【油烟在线监管平台】 2022年，雨花区将餐饮单位油烟净化设施安装、清洗及问题整改等事项纳入线上办理，构建起全域覆盖、全网共享、全程可控的餐饮油烟污染治理智慧管理新模式。区城市管理综合执法大队通过雨花区智慧油烟监管控大数据平台，查询各家门店油烟净化设施的具体方位、运行情况，实现“智慧治理”油烟污染。该系统实现对已安装的餐饮门店在线实时监控，及时有效处置超标排放行为，从源头遏制餐饮油烟扰民现象。截至2022年年底，雨花区有407家大中型餐饮企业油烟排放纳入餐饮油烟管理服务系统。

【查处全市最大的“地沟油”提炼窝点】 2022年11月4日，雨花区城市管理综合执法大队在雨花区跳马镇金屏社区松柳堤组山脚下一民房内，捣毁1个地沟油提炼窝点，这是长沙市查处的最大的“地沟油”提炼窝点。该次行动查处废油21桶，约2000千克；废油渣47桶，约1000千克。

（本栏撰稿 余 意）

市容环境卫生

【概况】 雨花区市容环境卫生维护中心负责全区1150万平方米的主次干道、236万平方米的主次干道绿化带及135座公共垃圾站、80座公厕、34条人行地下通道、19座过街天桥的清扫保洁维护工作；负责全区环卫公共设施设备（如站厕、通道、果皮桶等）的维护、维修等日常管理。参与公共站（厕）新建、改建、扩建技术性工作；负责全区生活垃圾的清运，大件垃圾、有害垃圾的收运处置管理。2022年，清理绿化脏乱问题9800余处、垃圾堆物410余处、卫生死角170余处，整治油污问题9900余处、路面泥沙污染问题1.17万余处。

·表10· 2022年雨花区环境卫生事业基本情况表

指标	单位	2022年	2021年	增长（%）
收运垃圾	万吨	54.51	52.85	3.1
清扫街道	万平方米	1150	1074	7.1
保洁从业人数	人	2024	2006	0.9
垃圾运输车	辆	138	136	1.5
机扫车	辆	47	49	-4.1
洒水车	辆	195	203	-3.9
公共厕所	座	80	80	0
本年新建厕所	座	0	1	-100
垃圾站	个	135	137	0
本年新建垃圾站	个	0	1	-100

【环境综合整治】 2022年，雨花区落实网格化清扫维护机制，开展每周五大扫除、主次干道绿化带大清理、人行道大清洗、环卫设施大清理等专项整治行动，重点提升韶山路、劳动路、花侯路、长沙大道、芙蓉路、红旗路、环线等26条重要干道以及湖南省人大、雨花区政府、比亚迪等窗口区域的市容环境卫生品质。开展全区重要道路、重点区域等环境卫生品质提升行动，完成中共二十大期间市容环境卫生保障工作。针对长沙南站、汽车南站、高速出入口等人流量密集区域开展环境卫生综合整治行动。完成重大产业项目观摩、领导督查调研等省、市、区各类重要督查活动线路保障180余次。

【垃圾分类】 2022年，雨花区厨余垃圾占比22.61%、可回收物占比25.32%。发放宣传册11.4万份，播放“星力量·新时尚”短视频1500余次，组织宣贯活动130余次。《长沙晚报》、湖南交通频道等媒体对雨花区垃圾分类工作进行宣传报道，累计获得媒体宣传150余次。建成分类厢房134座、分类亭11座，完成7座地埋式垃圾站改造升级，有害、大件、园林、餐厨等垃圾实现专业化收运、资源化利用、无害化处置。推进1个垃圾分类示范街道、16个示范社区、32个达标社区创建工作。

【垃圾清运】 2022年，雨花区清运生活垃圾54.1万吨，收运并处置大件垃圾4123.71吨、有害垃圾18.7吨。其中疫情期间，针对防护小区、长沙南站、汽车南站产生的生活垃圾，袋装封口前后分别进行消毒，收运至垃圾站后再次进行消毒，实行全密闭收运。废弃口罩收集运输过程中，从投放、袋装封口、收集入车、收运进站进行全流程消毒杀菌密封处理。建立从小区收集点—区转运点—市垃圾中转站的废弃口罩三级收运链条，确保废弃口罩专人管、专袋收、专桶投、专站存、专车运，做到日产日清。

【环卫信息化建设】 2022年，雨花区依托“环卫智慧平台”和作业车辆、管理人员、公共垃圾站配备的终端信息设备，对环卫作业开展全时段全路段监管，实时监控车辆作业出勤、作业时速、作业水量、行驶里程，检测公共垃圾站保洁维护情况等，对督查考核结果“日通报”，推动“全域覆盖、全时巡查、全程监管”市容环卫治理体系的建立。

【站厕建设】 2022年，雨花区新建公厕12座，提质改造公厕28座。其中重点打造圭塘河示范公厕，通过设置报警系统、无线网络覆盖、冷热水调节，增设环保除臭、母婴卫生间、第三卫生间等设施设备，打造智能人性化公厕标杆。公厕提质改造项目方面，通过分析全区公厕使用情况与“12345”异味投诉案卷，确定具体需改造的28座，以安装除臭设备、修建盲道、改造排水系统等方式对公厕进行改造升级，发挥公厕惠民实效。

【环卫安全生产】 2022年，雨花区市容环境卫生维护中心对作业车辆开展维修6000余次，在站厕管理用房及所址食堂安装一氧化碳报警器20个、燃气报警器130余个，为作业车辆安装360度可视系统100余套、配置安全锥400余个，为一线清扫员、快保员等一线作业人员配备爆闪灯1000余个。开展消防安全培训与演练、道路交通法规、车辆操作安全等各类培训10余次，提升干部职工安全意识和自防自救能力，全年未出现安全生产事故。

【应急处突】 2022年，雨花区市容环境卫生维护中心备足备齐633吨融雪剂、10000个麻袋、8台撒盐车、4台铲雪车等应急物资及设备，建立1支由78个巡查人员、400个应急人员组成的专项处置队伍，以雪为令，开展除冰保畅和应急处置工作，应对年初、年末6轮次的低温雨雪天气。在雨季来临前，及时清除主次干道泄水井盖、雨水篦子上的树叶和垃圾，提前检修各通道排水泵，做好积水抽排前期工作。配备2台大功率发电机应对通道停电、紧急抢修等特殊情况，专人值守所辖的33个地下通道，防涝排渍应急处险队24小时待命，2支维修队主汛期内时全天值班，稳妥应对多轮次雨季险情。

（本栏撰稿　陈芬芬）

市政建设与维护

【概况】 雨花区市政设施维护中心负责辖区内277条市政道路（38条主干道、81条次干道和158条支路）、1120千米排水管网、1177万平方米人行道和盲道和20653座市政排水井的维护。2022年，区市政设施维护中心围绕“市容环境品质提升”主题，提标准、补短板、破难题，推动市政维护管理、市政项目建设等主线工作纵深发展，修复路面7.7万平方米，疏浚管道116.37余千米，开出查勘修复维护工单260处

【维护管理】 2022年，雨花区聚焦维护痛点、难点，加强网格化治理和精细化管理，处置市、区两级数字化来单1.99万条，“12345”工单1800条，修复路面7.7万平方米，修复人行道3.85万平方米，调修侧平石8638米，恢复隔离设施9952个，调整各类井盖井座1322座，疏通管道11.32万余米，清掏泄水井2.46万座次，清掏化粪池2138座次，改造管道96处，数字化结案率保持100%。落实无障碍设施集中维护、排水井防坠网检查、重点项目重要单位周边市政设施整治等专项行动，结合文明典范城市创建，从31条重要道路以及16个雨花区中央驻湘单位、省直机关出发，完成产业项目观摩、领导调研考察路线维护整治任务，完善城区市政设施功能，消除道路安全隐患。通过安全生产教育、“安全生产月”活动、安全生产应急演练等，增强全员的安全生产责任意识；加强机械设备管理；针对交通繁忙道路施工、井下有限空间作业、行车安全等隐患环节，强化日常安全生产的监督、防控及应急处理体系；排查城区主次干道上存在的各类隐患问题，处置整改防汛隐患地段、井盖缺失移位以及防坠网缺失等297处隐患点。

2022年8月24日，雨花区市政设施维护中心对万家丽路人行道修补施工　　（唐心怡　供图）

【城区防汛】 2022年，雨花区针对城区的重要易渍涝点，制定工作台账并现场悬挂3个责任人公示牌，定期进行动态更新。全年出动抢险人员4873余人次，出动设备869余台次。疏浚管道11.32万米，清掏泄水井2.46座次，小型积水点改造100处。针对二十一中路段、高升路和先锋路、双塔国际等重要易渍堵点，按照“一点一策”对症下药，暂时无法进行整治点位，细化部署设备及物资储备、应急措施、人员安排及具体分工。出动维护人员对韶山路、湘府路、香樟路等重要路段的渍涝隐患及管、井淤堵等问题，及时进行维护疏浚。

【路政巡查】 2022年，雨花区处置路政类数字化案卷348条，“12345”投诉工单360条，结案率、满意率均为100%；处理大城管井座井盖问题140条；对地铁7号线施工、“电力630”攻坚任务、移动“5G工程”等，做好前期指导、事中监管、事后恢复管理，保障各项重点工程的顺利推进；区市政设施维护中心与区城市管理和综合执法局协同办理审批441件，其中包括水电气并联审批事项31件；对38处不规范占道上报进行执法督促，对18处违法占道开挖行为进行执法申请；对125处自来水爆点、38处燃气爆点进行抢修处理，办理排水入网验收5起。对辖区内道路进行常态巡查，做好巡查记录；对市政道路上出现的如道路坑洞、积水、井座下沉等问题及时发现，开出查勘修复维护工单260处；完成人行道清障摸底、迎检线路隐患排查，迎接上级检查和重大活动专线巡查工作共14次。

【项目建设】 2022年，雨花区推进民生项目建设。1月，完成圭塘路人行过街天桥项目；4月，完成时代阳光大道雨水箱涵工程；11月，完成1015座市政排水类窨井整治项目；12月，完成“百街千巷”环境综合整治30条“精美街巷”建设、完成老旧小区化粪池无害化处理项目。完成省人大桃阳苑小区功能设施补损工程、省人大机关宿舍排水管网修复工程、鄱阳小区路面修复工程、枫树山悦东方小学进出道路工程等；完成振东路与环保大道、曲塘路与雨花大道、川河路与姑婆塘路、川河路与劳动路、港岛路、花侯路（阳光城段）6处地下管网沉塌和路面塌陷应急抢险工程。

【石碑大港片区时代阳光大道雨水箱涵工程】 2022年4月15日，雨花区石碑大港片区时代阳光大道雨水箱涵工程完工。该项目于2021年11月15日启动，起点位于韶山路与时代阳光大道路口，接现状d2000合流管，终点位于洞井路与时代阳光大道路口西侧，接现状8米×3.5米合流箱涵。新建起点过

韶山路段管径为 d2400，长约 98 米；韶山路至石碑大港为 3 米 ×2 米过水箱涵，长约 287 米，全线均明挖施工，管道采用玻璃钢夹砂管，箱涵采用现浇钢筋混凝土箱涵。主要建设还包括：路面恢复工程、交通疏解、管线迁改等。项目的完工，有利于解决雨花区绕城高速以南片区内涝，改善圭塘河水质。

【老旧小区化粪池无害化处理项目】 2022 年 5 月 31 日，雨花区对辖区内建成年限较长的无物管、开敞式老旧小区进行化粪池无害化处理，重点治理左家塘街道、洞井街道、井湾子街道、圭塘街道、高桥街道、侯家塘街道、雨花亭街道、东塘街道等辖区内的老旧小区。处理后的污水对市政管网、河流无污染，达到国家污水排放标准。化粪池无害化处理项目的实施，有利于实现粪污的无害化、资源化、循环化处理，保障周边居民日常生活及健康。

【川河路姑婆塘路口塌陷应急修复工程】 2022 年 7 月 26 日至 9 月 30 日，雨花区对川河路姑婆塘路口塌陷进行抢修性施工，施工主要对该塌陷位置管道进行非开挖修复、路面坑洞进行恢复施工、管网检测及清淤。抢修工程将所有设施都进行恢复。

【排水类窨井整治项目】 2022 年 9 月 9 月 20 日至 11 月 30 日，雨花区对长沙大道、金海路、兴安路、东山路、环保大道、京珠辅道等路段共 1015 座老旧井盖进行提质更换为防沉降、防异味、防被盗、防坠落的四防井盖。四防井盖的更换，有利于解决传统直承式窨井盖常有的易溃散、沉降、噪声、被盗、跳动等病害问题，推进城区市政设施更新提质的速度，提高雨花区城市道路品质。

【省人大机关宿舍区排水管网修复工程】 2022 年 9 月 15 日至 12 月 16 日，雨花区对省人大机关宿舍区下水管网进行非开挖修复、管道清淤、箱涵修复，修复工程在化粪池靠下游东侧新建 2 米 ×2 米倒挂井，深 4 米；从新建倒挂井至下游检查井采用非开挖方式（不锈钢拼板 + 光固化）新建 D800 毫米污水管，长度 33 米。连通化粪池及下游检查井，在维持化粪池作用的前提下适当降低连接点标高；对下游 1000 米范围污水管进行清淤处理。

【2022 年雨花区“百街千巷”美丽街巷环境综合整治工程】 2022 年 11 月至 12 月 31 日，雨花区市政设施维护中心实施“百街千巷”美丽街巷环境综合整治工程，对辖区内 11 个街道 30 条道路进行提质改造。改造路段嘉熙路、光明路、桂花树街、农博路、竹塘路、冬青路、板塘路、圭星路、金科园巷、万顺路、曹家坡路、香山街、楠竹路、山塘路、旺华路、支路十、古为路、金邮巷、卉园路、水院巷、水电街、金地巷、梨园巷、新建巷、江益路、新缘路、香松路、育新路、瓦窑路、高家冲路 30 条道路，总投资为 3994.75 万元，改造总长度约 15.58 千米，道路改造面积约 18.5 万平方米，主要对机动车道、慢行系统、植物绿化、街巷家具、建筑前区、建筑立面等进行提质改造与环境综合整治。施工项目主要包括拓宽道路、增设人行道、设置临时泊位、建立志愿服务站、设立市容秩序高效能治理指挥平台，增设多彩路标、网红打卡点、彩色墙绘等。

（本栏撰稿　唐心怡）

改造后的卉园路　（唐心怡　供图）

园林建设与维护

【概况】 2022 年，雨花区园林覆盖面积 42070.6 万平方米，绿化覆盖率 41.84%；绿地面积 3681.56 万平方米，绿地率 36.07%；公园 64 个，公园面积 514.98 万平方米；绿化维护面积由 678.9 万平方米增长到 968.6 万平方米。全年除杂、清理枯枝约 430 万平方米，修剪乔木约 1.7 万株，模纹修剪约 150.7 万平方米，打草约 188 万平方米，修复园林设施约 5100 处，布置约 347 万盆时令鲜花。在辖区内高速出入口、重要路段、人行天桥等 15 处点位安装高压喷淋设施。配合办理长沙市“630 攻坚”项目、7 号线站点建设、市 5G 机房选址等绿地临时占用手续。办理行政审批件 42 件，查勘处理毁绿现场 92 起、交通毁绿 10 起，处置数字化案卷、“12345”工单 140 件，查勘处理死危树 330 株。围绕重大节会，对辖区重要道路和重要区域周边开展花化彩化，布置时令鲜花 347 万盆。燕子岭公园被评为长沙市“人民满意公园”。雨花区“奋力强省会 喜迎二十大”2022 年园林景观布置在全市获 1 个一等奖、3 个二等奖、2 个三等奖。

·表 11· 2022 年雨花区园林绿化基本情况表

指标	单位	2022 年	2021 年	增长（%）
园林绿化覆盖面积	万平方米	4270.6	4242.71	0.7
绿化覆盖率	%	41.84	41.57	0.6
绿地面积	万平方米	3681.56	3656.26	0.7
新增绿地面积	万平方米	25.3	218.57	−88.4
绿地率	%	36.07	35.82	0.7
公共绿地面积	万平方米	2964.33	2945.03	0.7
公园个数	个	64	64	0
公园面积	万平方米	514.98	508.98	1.2

2022 年，绿化维护作业 （曾彩逸 供图）

【绿化维护】 2022 年，雨花区园林绿化维护中心加强维护范围内公共绿地日常冲洗力度，日均出动水、雾车 18 台，确保主要道路浇水洗尘不低于 1 次。全年累计浇水洗尘近 4 万车次，人工浇水近 600 万平方米。处置园林类垃圾 5672.26 吨。接收数字化总案卷数 7283 条，结案数 7283 条，结案率 100%，一次性结案率 100%；“12345”市民热线工单来单 700 条，办结 420 条。

【公园管理】 2022 年，雨花区桂花公园增花 7.2 万余株，花型以姬小菊、舞春花、千日红、长春花、夏堇、多头鸡冠花等为主；护绿 400 余株，黄土裸露复绿 0.47 公顷，打药治虫 10 次。沙湾公园投入凤仙、角堇、金鱼草、石竹、孔雀草、矮牵牛等时令花卉约 3 万盆，开展卫生专项行动 30 余次、卫生大扫除行动 8 次，开展基础设施维护维修 1500 余次，对易破损的灯、木椅、标识牌等进行排查修复。

【绿委工作】 2022 年，雨花区开展“3·12”义务植树，以道路提质提档、公园增花添彩、街镇美化环境为切入点，组织开展形式多样的全民义务植树活动，植树节当天接待志愿者 1000 余名，栽植香樟、紫叶李等树木约 200 株。完成第三批 8 株古树的复壮工作；对古树生长情况进行全面排查，邀请专家把脉问诊，一树一策开展保护，组织开展古树名木保护科普宣传周（月）活动，对全区古树纠偏数据进行重新归纳整理。推进国家生态园林城市创建，成立区级创建机构，对可建项目进行实地踏勘，对照创建标准铺排任务。2022 年，全区新增绿地面积 34 公顷，其中新增公园绿地面积 24 公顷。

【园林安全生产】 2022 年，雨花区园林绿化维护中心着重对维护所生产生活用房、立体绿化、社区公园进行排查，建立问题清单和销号台账，全面消除隐患。加大事前隐患排查力度，对迎风面、新植高大树木、已倾斜的树木进行加固处理。对于已倾倒的树木，第一时间到达现场处置，优先处置影响道路交通安全的树木。开展安全事故宣传教育，充实安全检查人员队伍，定期开展安全隐患排查。加强对公园、社区公园、圭塘河风光带和京港澳高速、机场高速等防护林的防

园林技能培训　（曾彩逸　供图）

火巡查管控；加强维护作业、驾驶、消防、用水用电以及危树断枝等方面的安全教育。

【园林技能培训】　2022年4月27—28日，雨花区园林绿化维护中心邀请湖南农业大学教授吴铁明等园林绿化专家，对全区各维护所的技术骨干及一线维护人员，进行技术指导和专业培训，分析讲解园林植物品种的生长习性、修剪要点、病虫害防治等知识。教授和专家们实地指导全区重点区域、路段花化彩化工作，围绕颜色搭配、线条造型、层次营造等方面，为后续贯穿全年的节日花化彩化方案提出意见。

【长沙轨道交通7号线树木迁移】　长沙轨道交通7号线一期工程（云塘站—五里牌站）公共绿化树木迁移雨花区段涉及11个站台，共计胸径0.15米以上乔木976株，胸径0.15米以下苗木1005株。截至2022年底，0.15米以上乔木迁移892株，0.15米以下乔木全部迁移完。

2022年3月14，雨花区“两型林”义务植树　（杨　佳　供图）

【雅塘文化公园开园】　2022年，雨花区雅塘文化公园开园。该公园于2020年年底完工，公园南入口因受雅塘冲路施工影响，于2022年上半年进场施工，项目实施面积约4000平方米。

【雨花区特定区域安装高压喷淋设施项目】　2022年6月，雨花区启动对区内5个高速公路收费站出入口（雨花收费站、白竹收费站、李家塘收费站、万家丽收费站、洞井收费站）、10条重要路段（劳动东路、木莲路、湘府路、万家丽路、马王堆路、长沙大道、沙湾路、古曲南路、中意一路、时代阳光大道）、2座人行天桥（万家丽板塘人行天桥、木莲路人行天桥）共17个点位的喷淋设施安装。截至2022年年底，除中意一路、时代阳光大道2个点位暂不具备施工条件外，其余点位均按要求完成任务。

（本栏撰稿　曾彩逸）

沙湾公园管理

【概况】　长沙沙湾公园位于雨花区劳动东路以南、曲塘路以北、古曲南路以东、沙湾路以西，于2016年2月开园，总占地面积29.33公顷。公园以原始山林为底色，打造“梅花”和“体育休闲”主题特色，是一座集运动健身、文化休闲于一体的综合性城市山地公园。公园呈东北至西南走向，有西南和北向2个主入口以及东、西向2个次入口。依据地形特点，设置贯通公园的主游览路线，园内主游道长23千米，二级游步道55千米（包括木栈道15千米）。公园包括山体运动区、观光休闲区、山林漫步区和入口景观区4个区域，布设出云亭、栾华林、烟霭亭、映秀池、暗香楼、落英亭、疏影台、童趣坡、松风亭、阳光草坪、生态足球场、气膜羽毛球馆、休闲广场，形成“一带四区多点”的布局。长沙市沙湾公园管理处负责对沙湾公园进行设施维护与管理、绿地管理和游览与娱乐项目组织管理。

2022年，沙湾公园实现经济创收

沙湾公园　（张　波　供图）

179.24万元，深耕园林绿化事业，推进“党建聚合力”“清廉公园建设”“干部增知赋能”3项行动，与长沙市群众艺术馆、黎托街道沙湾社区结对共建区域党建联盟，率全市之先创建“双拥”主题公园。

【维护管理】　2022年，长沙沙湾公园开展基础设施维护维修1100余次，对灯、木椅、标识牌进行全面排查修复，更换垃圾桶内胆50个。开展卫生大扫除行动8次、卫生专项行动30次，清理卫生死角15处、沟渠25次、淀沙池10次，投放灭蟑灭鼠药物100千克，清运垃圾3万千克，清扫枯枝落叶2万千克。落实中耕施肥、修剪整形、病虫防治、清枯除杂、防寒抗旱5项基础工作，投入各类肥料22吨；修剪木芙蓉、紫薇、梅花、桂花、红叶石楠等重点乔木1500株次，修剪灌木绿篱10万平方米、草坪50万平方米；开展全园病虫害防治2次，针对性防治5次；清枯除杂82.6万平方米；通过洒水车、人工浇灌、喷灌相结合，24小时轮班作业，公园绿化安全度过4个月干旱期。对5万平方米草坪进行黑麦草追播，保持公园冬季常绿草坪特色。开展植物景观花化彩化和节日氛围营造，春节、五一、十一等节假日对花坛、花箱布置时令花卉3.5万盆，在东门和西南一级平台进行喜迎二十大节点摆花，投入时令花卉2万盆。

【安全管理】　2022年，长沙沙湾公园按照“五到位”（责任到位、管理到位、巡查到位、处置到位、宣传到位）原则开展安全管理工作。制定完善《安全生产工作制度》《低温雨雪天气应急预案》《防汛应急预案》《消防安全应急预案》，落实24小时领导带班值班制，建立突发事件应急处置机制。开展各类安全生产检查22次，整改问题32条。科学应对雨雪冰冻天气，紧盯森林防火，联合街道、部门处置护坡损毁问题，完成电设备6年来首次全面检测，实现食堂气改电，与交警部门联动完善园内交通线、交通标识、交通设施。开展消防培训2次，制作警示牌70余块，悬挂宣传标语6条，发放宣传册400余册。

【经营管理】　2022年，长沙沙湾公园实行内部改革，新设经营发展科。完成得闲茶室、东门1号项目的续签，疏影台、东门3号4号、西南停车场充电桩项目的招标以及停车收费项目的报批，实现经济增收94.24万元。落实“三帮三促”政策，优惠减免经营

沙湾公园创建双拥主题公园　（谢　婵　供图）

2022年2月23日，沙湾公园扫雪除冰

（张　波　供图）

户管理费 22.38 万元，多次深入驻园经营项目调研，助企纾困，破除经营难题。

【创建双拥主题公园】 2022 年，长沙沙湾公园率全市之先创建双拥主题公园，在公园达人坡集中设置专题宣传栏、宣传牌和景观小品，将双拥文化元素与自然生态环境有机融合，营造“拥军优属、拥政爱民”的双拥文化氛围。

【扫雪除冰】 2022 年 2 月 23 日，长沙沙湾公园开展扫雪除冰工作，应对雨雪冰冻天气，组织 50 余人对各出入口、广场及主干道积雪积冰进行处理，做好乔灌木打雪、倒伏树木处置、巡逻劝导、安全警示等工作，确保市民游客通行顺畅、游园安全。

【“3 · 12”植树活动】 2022 年 3 月 12 日，长沙沙湾公园开展“我为公园增花添彩”主题义务植树活动，吸引 9 家单位 360 余志愿者到公园植树，栽植紫叶李、桂花、碧桃等乔木 50 余株，传播爱绿护绿的生态理念。

【打造党建联盟】 2022 年 6 月 29 日，长沙沙湾公园、黎托街道沙湾社区、长沙市群艺馆 3 个党支部在陈树湘烈士事迹陈列馆会议室，进行两两结对，签署“‘党建聚合力’党建联盟协议书”，结对共建打造区域党建联盟，以“组织融合共建”“活动联合共办”“资源集约共享”“党员齐抓共管”四大举措实现人才共育、服务共推、发展共商。

（本栏撰稿　张　波）

桂花公园管理

【概况】 长沙桂花公园位于雨花区桂花路 97 号，东邻高桥大市场，西靠东塘商圈，占地面积 1.73 公顷，因公园前址为桂花水库，曾有古桂数株，故名桂花公园，于 1995 年 5 月 28 日开园，服务于周边 30 万余常住居民，日接待游客量约 5000 人次。长沙市桂花公园管理处主要负责公园内绿地养护和管理、设施维护管理、园内游览与娱乐项目组织管理，负责公园内安全防护和园内保洁工作。

桂花公园　（符梓薇　供图）

狮子山公园位于雨花区洞井街道、同升街道辖区内，仙岭路以东、时代阳光大道以南、万家丽路以西、万芙路以北合围区域，由狮子山和桃花坡 2 个山体连成，规划总用地面积约 13.3 公顷，于 2018 年 12 月 26 日开园。公园定位于发挥“城市生态绿肺功能”的体育休闲专类综合性公园，由长沙市桂花公园管理处负责管理。

2022 年，桂花公园管理处秉承“人民公园为人民”的工作理念，致力于提升老百姓家门口的绿色福利，强党建、正作风；理机制、提效益；造绿景、促发展；抓安全、保平安，获评“长沙市人民满意公园”。

【日常管理】 2022 年，长沙市桂花公园管理处实施园林“花化彩化”工作，增加城市绿量，扮靓人居环境，增花 8.5 万余株，花型以姬小菊、舞春花、千日红、长春花、夏堇、多头鸡冠花等为主；护绿 600 余株，黄土裸露复绿 1 公顷，打药治虫 10 次，施肥 3000 余千克，常态化植株造型修剪等日常工作。成立共管委员会，以公园管理为平台，以社区参与为支撑，以市民游客为载体，实现基础设施共建、信息资源共享、公共秩序共管的新机制。组织开展龙庭社区老党员生日会、免费露天电影、“喜迎二十大 奋进新征程”文艺汇演等文化活动。

【安全生产】 2022 年，长沙市桂花公园管理处完善应急预案，做好物资储备，配备专业队伍，强化巡查值守，排查安全隐患。以防火防灾为重点，完善更换灭火及破拆器材、个人防护装备和紧急呼救措施，加装专业气体灭火器，开展安全知识课堂与实地演习、防汛减灾应急演练。改造桂花园区老旧电网电线、更换房屋破损瓦片，升级狮子山公园天网摄像头。

（本栏撰稿　符梓薇）

交通运输管理

【概况】 2022 年，雨花区完善综合交通运输体系，提升道路运输服务水平。在辖区高速卡口设置疫情防控服务点，出动人员 49153 人，查验到长沙车辆 914.67 万台次，其中货车 139.83 万台次，查验到长沙人员 1095.6 万人次，免费提供核酸检测 92.87 万人次；出动检查人员 8310 人次，检查物流门店 26305 家次，处置违规运输危险货物 42 起，下达责令整改通知书 105 份，确保黎托大桥物流集散地的安全稳定。开展公路日常及专项巡查23次，对辖区86条公路进行日常及专项巡查。开展超限超载治理联合执法行动15次，查处超限超载车辆118台，非现场执法查处超限超载车辆8台，卸载货物2252余吨，责令改正、处罚运输企业10家次；开始办理绿心中央公园三环旅游路提质改造项目立项手续；区中小学、幼儿园周边道路安全隐患整治项目完工。2022年1月，雨花区在2021年度全省农村公路养护管理考评中排名全省第11名，获评长沙市2021年度路域环境治理优秀区县；雨花区跳马镇被评为2021年“四好农村路”市级示范乡镇。

【运输市场管理】 2022年，雨花区检查危货运输企业35家次、普通货物运输企业检查150家次、客运企业40家次、机动车维修企业85家次，对110家企业进行行政许可事前监督检查，对存在的安全隐患进行督促整改。完成机动车维修经营备案登记88家，办理普货车辆异地年审1908辆、货运道路运输证换证458本、业户电子证照激活967份。对101家货运企业、49家维修企业开展2021年度质量信誉考核，货运行业评出AAA级企业10家、AA级企业74家、A级企业15家、B级企业2家（湖南三方供应链股份有限公司、湖南上风冷链物流有限公司），督促B级企业进行整改，对未按要求整改的企业道路运输证进行注销；维修行业评出AAA级企业22家，AA级企业24家，A级企业3家，湖南龙骧交通发展集团有限责任公司汽车维修分公司因厂房现场无设施设备、无技术人员等原因，不符合开展质量信誉考核要求，未能初评。

【交通运输安全生产】 2022年，雨花区开展物流行业整治，对大桥物流园、合丰物流园区开展日常巡查，累计出动检查人员8310人次，检查物流门店26305家次，处置违规运输危险货物42起，下达责令整改通知书105份，涉及“三合一”的72家门店全部进行整治。常态化开展公路隐患巡查，开展公路日常及专项巡查23次，对辖区86条公路进行日常及专项巡查，现场核查后确定隐患点151处，并列入安防七期项目整治。全年校车线路审批127条，其中长沙市雨花区雷锋校车服务有限公司校车线路审批100条、湖南塞佛迪校车服务有限公司23条，湖南新领驭客运有限公司4条。开展校园周边车辆安全与校园安全联合检查行动16次。

【农村公路】 2022年，雨花区完成107国道（G107）在雨花区路线走向优化调整，相关国土空间规划申报得到自然资源部批准；谋划并确定长株潭绿心中央公园三环旅游路提质改造项目方案。万家丽南收费站南侧出入口迁建工程项目用地规划调整工作完成，启动工程可批复手续办理。农村公路“双投模式”硬化项目（第四期）喜关团及复三杨项目、太平大道新村公路项目、S104连接线（跳宋线）道路提质改造项目等3个项目完成主体建设。2022年度乡村振兴农村公路提质改造项目市计划、市级安保计划均纳入雨花区双投三期、四期、安保六期等项目一并实施；2022年日常养护计划里程共涉及356.83千米，纳入交通安全服务（公路养护）项目中实施；养护工程计划里程45.44千米，纳入雨花区太平大道项目、跳宋线项目及精细化提升项目中实施。

【公交都市建设】 2022年，雨花区着力解决公共交通出行难题，受理人民群众对于公交线路、站点设置的诉求，优化公交路网。推动长株潭公交一体化，协调长沙市交通运输局、市城市公共交通事务中心对全区公共交通问题进行研究，开展建制村公交“村村通”工作，对5条线路及站点进行调整、优化。开通C2路农村公交线路，实现全区公交全覆盖。

【治理超限超载】 2022年，雨花区开展超限超载运输长效治理行动45次，出动720人次，检查涉嫌超限车辆14141台次，查处超限超载车辆7487台，非现场执法查处超限超载车辆21台，卸载货物3375吨，责令改正、处罚运输企业18家次。雨花区重点源头企业（年货运量15万吨以上）10家，按要求安装视频监控、出厂（场）称重检测等技防设施，签订“雨花区货运源头企业合法装载承诺书”。开展线上主题宣传80次、线下主题宣传11次，组织大型宣传活动1次，发放宣传横幅26条，宣传资料7000份。组织召开雨花区道路交通运输企业（个体）交通违法警示约谈会11次、雨花区多次严重超限超载运输企业约谈会6次。

【“三环”旅游路项目】 2022年，雨花区“三环”旅游路项目获得长沙市交通运输局的支持，明确对“三环旅游路”道路提质项目给予省、市配套补助并开展“EPC加建养一体化模式”改革试点。“三环”旅游路项目包含石燕湖通景环线、雨美环线、浏金环线3条环线，项目全长99.7千米，路网辐射跳马镇所辖白竹村、冬斯港村、团然村、石桥村、三仙岭村、喜雨村、石燕湖村、新田村、田新桥村、规划金屏小镇，其中石燕湖通景环线长度约为29.1千米，包含石燕湖大道、Y329、S326、C538、C113、石鸭复线、Y331、V059、V060、CA95、V715等道路，全长约29.1千米，形成三角形区域包裹花博会园区及石燕湖村；雨美环线约为24.5千米，由X007、C522、Y330、C564、C528、C488、V269、C490等道路组成，形成环喜雨村绿心中央公园风景区旅游路；浏金环线约为46.1千米，穿越喜雨村、白竹村、冬斯港村、团然村、石桥村及三仙岭村，起点位于Y320与洞株路交界处，由Y320、C453、C480、X036、X007、C505、C504、C192、C791、C560、Y238、S326、S104等组成，该路线穿越6个村落及浏阳河、双溪港河沿岸，主题打造滨水绿道及美丽乡村景观路2个部分。项目主要建设内容为道路治理、景观打造、智慧交通赋能、绿心文化展示节点、慢行步道等。

【仓储物流整治】 2022年，雨花区开展仓储物流场所安全整治工作。制定《关于紧急开展仓储物流场所安全

2022年6月24日，雨花区仓储物流企业安全生产专题培训　（胡　芳　摄）

整治行动工作方案》，分3个阶段推进，强化与相关职能单位、街镇配合。5月10日，雨花区仓储场所安全隐患整治工作调度会召开。会议通报“5·10”同升火灾事故，对开展仓储场所安全整治行动进行安排部署，强调要对存在安全隐患的仓储场所进行整治，清掉一大批违规物流。5月13日，雨花区仓储场所安全隐患整治工作碰头会、推进会等系列会议，对摸排的隐患分批交办进行整治。5月14日，区委副书记、区长黄军其主持召开全区建筑安全和仓储物流场所隐患排查整治工作推进会。区住建局、区交通运输局分别通报建筑领域、仓储物流场所安全隐患整治工作推进情况，各街镇汇报工作进展，与会区领导对下阶段工作进行安排部署。5月15日，圭塘街道开展仓储物流专项整治行动，涉及范围厂区楼栋包括长沙创新未来、诚新食品、湖南唐氏贝贝口腔清洁用品有限公司、湖南凯撒名尊酒业有限公司、长沙市雨花区蓓蕾百货商行、长沙爵士味食品贸易有限公司等在内的数家仓储，在关停厂区周边醒目位置张贴责令停产经营通知单，对存在安全隐患的仓储进行拆除。5月17日，雨花区仓储场所安全隐患整治工作推进会召开，就整治过程中要重点攻克的几个方面难点进行讨论研究。5月30—31日，东山街道对恒顺物流园违建仓库进行整体搬迁拆除，拆除违建仓库9500余平方米。6月6日，黄军其带队到乐尔乐仓储物流公司督导仓储物流等工作。6月24日，组织相关部门、属地街道及辖区内仓储企业安全负责人开展安全生产培训，200余人参加培训，印发仓储场所安全宣传手册1万余份。9月16日，区委书记刘素月带队到雨花经开区长沙威兴风机泵业有限公司、湖南正大轻科机械有限公司，检查督导仓储安全生产工作。9月26日，刘素月带队督导仓储物流整治工作，抽查德永仓储、长沙威兴风机水泵有限公司、湖南正大轻科机械有限公司，以及园区13号地块内的部分仓储物流企业安全生产工作落实情况。10月12日，雨花区对黎托街道大桥物流集散地“三合一”（即住宿、生产经营、仓库三个功能场所合一处）消防安全隐患进行联合专项整治。

2022年，雨花区组多轮次对辖区内仓储物流场所进行全面摸排，对辖区内仓储物流场所问题较集中或有重大安全隐患问题的部位，建立整改清单，分门别类交由各行业主管部门、相关街镇进行整治。全区在用仓储场所366处（以承租方数量为准），整改完成85处，拆除倒地29处，拆除面积94900平方米。

【货运行业体检】　2022年，雨花区邀请第三方对辖区内货物运输企业开展安全体检，对企业安全现状、企业安全管理体制进行分析调查，出具普查报告、复查报告和安全生产风险评估报告。由区交通运输局牵头，分2组对276家单位上门检查，发现隐患161处，现场对经营者提出整改要求，在给予一定整改时限后，对提出的问题进行复查。全年未发生一起较大及以上安全生产责任事故。

【交通问题顽瘴痼疾整治】　2022年，雨花区提升交通运输安全治理能力，加强对辖区内道路运输企业、货运源头企业和“两客一危”企业的安全监管，全区11家重点源头企业均按要求安装视频监控、出厂（场）称重检测等技防设施，并签订“雨花区货运源头企业合法装载承诺书”。加强农村公路隐患排查整治，加强农村公路临水临崖、急弯陡坡、平交路口、学校等重点路段隐患排查，消除隐患32处。整治铁路沿线安全环境隐患整治点位5处，完成公铁并行既有防护设施移交任务7处、公铁并行新建防护设施任务2处。督促企业整治违法行为，实现隐患清零，召集辖区内被通报企业召开隐患整改约谈会议24次。向长沙市交通运输综合行政执法局移交安全生产高风险企业相关案件线索10起。在物流集散地、主要交通路口、人员密集场所等悬挂横幅标语，发放宣传手册；通过汽车南站、农村公路治超点的电子显示屏滚动播放宣传标语；进村入户发放宣传资料，以上门提醒等形式开展交通问题顽瘴痼疾整治宣传活动，悬挂横幅86条，发放宣传册1万余份，推送顽瘴痼疾整治提示信息86条。长沙市顽瘴痼疾整治办交办隐患点32处，均按照时间节点要求整改并销号。

【雨花区交通运输局第一本全流程电子证照办理】　2022年4月18日，雨花区全面推行电子证照办理、申领工作。4月21日，雨花区交通运输局成功办理第一本全流程新增道路经营许可证及对应车辆配发的道路运输证的电子证照。电子证照的推行，有利于解决证件难以保管的问题，避免因证件逾期而面临处罚的问题。

【“路政宣传月”集中宣传日活动】 2022年5月26日，雨花区“路政宣传月”集中宣传日活动暨企业安全生产交流会在湖南顺强混凝土有限公司举行。活动以“守护公路安全、争当服务先锋”为主题，组织集中学习观看《生命重于泰山——学习习近平总书记关于安全生产重要论述》专题片，宣传解读《中华人民共和国公路法》《湖南省货物运输车辆超限超载治理条例》等公路法律法规规章。通过悬挂横幅、发放宣传单、布设展板等形式，进行现场咨询解答，向企业宣传公路保护意识及货运车辆超限超载的危害性。

【雨花区实现全区公交全覆盖】 2022年9月2日，长沙市新开通“C2路”公交线路，标志着雨花区实现全区公交全覆盖。“C2路”公交线路从红星全球农批中心出发，经新平路、时代阳光大道、X048、X007、X036、S326至渡头，往返运行。该线路覆盖雨花区跳马镇白竹、冬斯港、团然、石桥4个建制村，线路单程15.5千米，沿途设置8对停靠站点，每天6：30–18：00之间以定时、定点的方式发车5趟，票价2元/人次。C2路开通前，雨花区白竹、冬斯港、团然3个建制村无公交线路通行。

【2021年雨花区农村公路大修项目】 2021年雨花区农村公路大修项目（“双投模式”第四期硬化复三杨村段）于2022年9月开工建设，包含雨花区跳马镇境内杨林新村、复兴村、三仙岭村农村公路及Y326道路，道路硬化改造总长17.16千米，其中主线路12.25千米，交叉入户路0.78千米；Y326拟换板路段里程为公路4.13千米。主要建设内容为路面工程、道路附属工程、交通安全设施等，项目总投资估算2002.71万元。

2021年雨花区农村公路大修项目（“双投模式”第四期硬化喜关团村段）于2022年10月开工建设，位于雨花区跳马镇，项目对跳马镇喜雨村、关刀新村、团然村共90条农村公路进行路面硬化，其中主线路17.43千米，Y327换板公路6.95千米。主要建设内容为农村公路路面硬化、换板、交通安全设施等，项目总投资估算2431.78万元。2022年12月17日，该项目完成所有新建农村公路路面混凝土浇筑及Y327路面大修换板。

【汽车维修电子健康档案系统推广应用】 2022年，雨花区对辖区3类机动车维修企业开展电子健康档案推进工作，为企业提升服务效能，保障消费者合法权益。利用维修企业微信工作群向企业负责人进行宣传；加强对辖区维修企业电子健康档案系统对接的业务指导，对各维修企业负责系统上传人员进行专业培训；督促未注册、注册后未联网对接、联网对接后长时间不上传数据信息的维修企业及时注册、联网对接、上传数据，提高企业注册及联网对接率。2022年，全区有163家机动车维修企业进行注册，163家完成对接，对接率100%（其中一类维修企业56家、二类维修企业31家、三类维修企业76家）。

（本栏撰稿　颜　丹）

交通安全管理

【概况】 2022年，雨花区共接道路交通事故报警99893起，比2021年上升9.11%。其中简易事故比2021年上升14.79%；一般事故比2021年下降45.29%；受伤人数比2021年下降45.21%，发生死亡交通事故比2021年下降35.85%，辖区未发生重特大事故。雨花区交警大队发挥区道路交通问题顽瘴痼疾办公室、区道安办2个平台的职能作用，协调相关部门完善道路交通安全协商协作、联勤联动、共建共享工作机制，开展专项督查16次，下发督办通知、工作提醒函27份，督促整改隐患问题48个；开展冬春攻势、百日攻坚、百日整治、拂晓行动等事故预防专项行动。

【交通秩序维护】 2022年，雨花区交警大队组织开展9次时间跨度较长的集中整治，深化摩托车电动车“一盔一带”（“一盔”即安全头盔，“一带”即安全带）、酒驾醉驾常态长效治理，每周安排28个白天固定整治点、14个夜间固定整治点和13个夜间流动整治点，查处一般交通违法行为为78万余起（其中现场47万余起、非现场31万余起），其中电动车违法233992起、未按规定系安全带112456起、货车闯禁14652起、未礼让行人45697起、查扣电动车8360起；查处酒驾醉驾2524起、渣土车违法2751起、混凝土搅拌车违法5394起；中重型货车违法7574起；低速货车、农用车、三轮车231起，查处拖拉机违法409起。

【交通安全宣传】 2022年，雨花区交警大队开展“两易”（老年人、儿童）人群精准宣教和“一盔一带”交通安全宣传，开展媒体宣传159场次，各类报刊、电视、电台、新媒体平台发稿268篇；开设橱窗416个，设立电子显示屏131处，户外宣传屏48处；张贴海报1.5万张，发放宣传资料2.85万份，“一盔一带”广告扇1.67万个，交通安全宣传手册5600本，开展交通安全宣传“五进”516场，推送交通安全出行短信3.34万余条。排查治理一批农村公路人、车、路等源头隐患，动员“两站”（交通管理站、交通安全劝导站）“两员”（交通安全员、交通安全协管员）工作人员478人，月均开展劝导3万人次，开展系列贴近农村群众的交通安全宣传教育活动。

【交通安全检查】 2022年，雨花区交警大队定期对“两客一危一货一校”（“两客”即道路客运车、旅游客运车；“一危”即危险品运输车；‘一货”即货车；“一校”即校车）运输企业开展安全检查，走访检查辖区货运企业975次、客运企业121次、危运企业42次，针对企业存在的安全隐患下达整改通知652次，对企业法人、安全员未履行安全管理职责处罚企业4家、8人次。全年开展联合执法检查100余次，督促整改高风险企业43家。

【交通安全“开学第一课”】 2022年8月26日，秋季开学前夕，雨花区交警大队邀请长沙市青少年和亲子家庭代表到交通安全主题公园，以游与学结合的形式开展交通安全课。青少年代表参观园区内的宣传板报，板报内容涵盖从汽车发展史到交通法律法规、到车管驾管业务，交通事故案例警示以及文明出行相关知识；学习辨认交通标志和交通安全法律法规；分成3组，体验行人、机动车司机和交警等不同角色。雨花交警大队交通安全主题文化公园，是适应交通安全管理新形势需要而建立的集交通安全知识宣传、体验于一体的主题文化公园，园内通过多种形式传播交通安全知识。

【“一盔一带，安全出行”主题宣传活动】 2022年9月23日，以“一盔一带，安全出行”为主题的交通安全宣传活动在雨花区泰禹小学举行。雨花区交警大队队长、泰禹小学法治副校长陶理新开展交通安全知识讲座，结合交通事故警示案例，从步行篇、汽车篇、电动篇3个篇章，讲述道路交通安全的基本常识和事故预防要点，对学生上学期间的安全注意事项进行讲解。泰禹小学德育教师杨茜对该学期上下学“一盔一带”的情况进行反馈，提醒学生和家长要注意交通安全。

（本栏撰稿　丁　翔）

长沙火车南站综合管理

长沙火车南站地区“3·5”学雷锋志愿服务活动　（侯文艳　供图）

【概况】 长沙南站位于长沙市雨花区，花侯路以东、雨花大道以西，曲塘路以南、香樟东路以北，是中国铁路广州局集团有限公司管辖的客运特等站，是连接京广高速铁路与沪昆高速铁路的重要枢纽车站，是中国中南地区的区域性铁路客运中心。长沙南站由武广铁路客运专线有限责任公司开发，中南建筑设计院股份有限公司设计，于2007年11月开工建设，2009年12月26日投入运营，2014年8月沪昆场建成，2016年11月28日东广场投入使用。站场规模为13台28线，设有京广、沪昆2个车场。途经长沙南站的铁路线路有京广高速铁路、沪昆高速铁路。长沙南站设有轨道交通站，途经长沙南站线路有长沙轨道交通2号线、长沙轨道交通4号线和长沙磁浮快线，有18条公交线路始发。长沙火车南站地区综合管理办公室（简称“长沙火车南站综管办”）为雨花区人民政府承担行政职能的全额拨款事业单位，主要负责长沙南站的交通秩序管理、市容秩序管理（不含环卫、市政、园林管理和维护作业）、治安秩序管理、经营秩序管理及其综合服务工作。

2022年，长沙火车南站综管办围绕“扮靓省会窗口形象　建设人民满意站区”的工作总目标，以疫情防控、维护秩序、优化环境、提升服务工作为重点，牵头联合站区各单位主动担当作为、奋力攻坚克难，推进站区疫情防控、客流高峰应对、旅客服务等工作，建设“平安、品质、美丽、和谐”的文明站区。2022年8月，长沙火车南站综管办获评“一星级全国青年文明号集体”。

【客流高峰应对】 2022年，长沙火车南站综管办牵头制定《火车南站地区重大节假日夜间旅客接驳方案》，根据客流等级和到达时段研判，及时协调增开地铁车次及延长运营时间，通过GPS（全球定位系统）提前调度的士，增开“夜间专线巴士”，定向运送凌晨到站旅客，实现站区快进快出、安全有序。全年没有发生一起重大安全事故，没有发生大面积旅客滞留，没有发生大面积交通拥堵。

【站区旅客服务】 2022年，长沙火车南站综管办深化“复兴号”服务品牌，以党建为引领，强化旅客服务水平，优化出行环境，增强旅客的美好出行体验。每天安排志愿者在东、西进出站旅客服务台、自助售票处、扶梯等多个岗位为旅客提供志愿服务，对老弱病残孕等重点旅客提供轮椅接送等特殊服务。统筹协调物业单位及时更换设施设备；推进站区排水系统改造工程进度，完成站房内管网改造；对西广场及花侯路、杜花路进行绿化提质改造，推进站区亮化照明提质改造。

【站区安全生产】 2022年，长沙火车南站综管办组织驻站单位集中学习宣贯新修订的《湖南省安全生产条例》，组织站区各业主单位和物业单位定期开展安全生产自查自纠。开展消防检查7次，开展安全生产自查自纠6次，开展路地联合反恐演练2次，组织站区各单位进行单元应急演练70余次，主要领导带队对站区开展专项巡查6次，排查站区的各类安全隐患，查涉设施设备、地砖破损、环境卫生等方面问题645个，督促整改到位。

2022年7月6日，长沙铁路公安处夏季治安打击整治"百日行动"誓师大会在长沙南站举行（侯文艳 供图）

【站区环境提质】 2022年，长沙火车南站综管办落实"周末大扫除"行动，每周五在站区开展大清扫、大清洗活动，加强日常普扫和动态保洁；督促物业单位做好消杀工作；统筹协调物业单位更换沟盖板20余块、地砖100余块、墙面砖60余块；对西广场及花侯路、杜花路进行绿化提质改造，周边绿化提质1万平方米；推进站区亮化照明提质改造，完成600余盏照明提质。

【长沙南站春运及暑运】 2022年春运从1月17日开始，2月25日结束，为期40天。春运期间，长沙南站到达发送旅客约706.85万人次，日均约17.67万人次，比2021年增长28%，单日客流最高峰到发27.2万人次。2022年暑运自7月1日起，至8月31日结束，历时62天。暑运期间，长沙南站到发旅客达1551.03万人次，日均到发旅客25.02万人次，客流总量达到2019年疫情发生前的客流水平。

【"最严管理"整治】 2022年，长沙火车南站综管办组织驻站执法单位发挥"联勤联动"优势，持续推进治安秩序、交通秩序专项整治行动，开展"百日整治""扫黑除恶""打喊打黑"和春运和暑运"特护期维稳"等专项行动，对"喊客拉客""非法营运""乱停乱靠""乱吐乱丢"等违法行为从严管理、从重处罚。全年查扣涉嫌非法营运车辆314台；查处喊客拉客人员2522人，其中治安拘留266人、训诫1201人、行政罚款1055人；抄牌30427起，查扣电动车1355台，查处电动车违法3660起。

【"复兴号"党建联盟】 2022年，长沙火车南站综管办以"复兴号"党建联盟凝聚站区22个党组织力量，以"联勤联动""志愿者服务""党员素养提升"为抓手，通过开展联席会议、理论学习、联合行动、党性教育、志愿服务等活动，凝聚思想、形成合力、强化服务。通过"复兴号"大讲堂、红色实践教育、"光影铸魂"电影党课等活动，加强政治理论学习。开展"我为群众办实事"实践活动，推进"绿化提质""亮化提质""排水改造""疫情防控""秩序整治""志愿服务"6项重点任务。

【"复兴号"高铁志愿服务联盟】 2022年，长沙火车南站综管办每天组织20名志愿者在东、西6个旅客服务台、自助售票处、扶梯等多个岗位主动为旅客提供志愿服务，对老弱病残孕等重点旅客提供轮椅接送等特殊服务。全年有8000余名志愿者参与站区志愿行动，指导400万余名旅客快速申领"健康码"，帮助重点旅客1800余人次，打造全国"最温暖的车站"。

（本栏撰稿 侯文艳）

2022年3月4日，长沙火车南站"复兴号"高铁志愿服务联盟开展站区大清扫、大清洗活动（侯文艳 供图）

2022年6月13日，长沙南站地区"复兴号"党建联盟主题党日活动（侯文艳 供图）

生态环境

编辑　　唐清明

环境质量

【概况】 2022年，雨花区空气优良率83.0%，$PM_{2.5}$均值36微克/立方米，比2021年削减10%，PM_{10}均值比2021年削减11.5；臭氧第九十百分位数值为163微克/立方米，重污染天数3天；辖区3个水质考核断面均达到水质目标。圭塘河从“臭水沟”变成“生态河”，得到全国人大、民建中央领导检阅肯定，治理案例入围长沙市突出生态环境问题整改“十大典型案例”名单，被省、市推荐参选“全国美丽河湖优秀案例”。

·表12· 2022年雨花区环境保护基本情况表

指标	单位	2022年	2021年	增长（%）
空气质量优良率	%	83	85	-2.4
重污染天数	天	3	6	-50
水质满足Ⅲ类标准的省、市控断面比例	%	100	100	0
危险废物转移量	吨	8657.9	3491	148
工业固体废物综合利用率	%	100	100	0

【环境监测】 2022年，雨花区针对辖区4条河流、21个湖库，优化监测断面，全年按月按季实施监测，形成专题月报、季报，根据水质情况及时预警；完成区域内各项环境执法监测任务，将数据按要求录入统一监管平台或用于实际执法；制定雨花区蓝天保卫战第三方服务总体工作方案，对第三方服务、各类在线监测、数据分析调度管理，参与分析决策；抓好雨花区排污单位自行监测和重点单位自动监控安装联网工作，雨花区在“全国污染源监测信息管理与共享平台”自行监测名录库中有106家单位，全区自行监测完成率98.27%。指导辖区内4家重点排污单位按要求开展重点污染源自动监控安装联网工作。截至2022年年底，雨花区内设有环保学院空气质量监测国控站1个、跳马航院空气质量监测市控站1个、雨花区空气质量监测小微站16个及浏阳河团然省级水质自动监测站1个。

【创建市级生态文明建设示范镇】 2022年10月26日，长沙市生态环境局自然生态保护处一行到跳马镇开展市级生态文明建设示范镇创建评审验收工作。验收组听取跳马镇创建市级生态文明建设示范工作的情况汇报，查阅创建工作台账资料，实地查看中共石燕地下支部旧址、石燕湖生态旅游风景区等清绿融合元素，询问并了解生活污水处理、村镇饮用水等方面具体情况。验收组肯定跳马镇市级生态文明建设创建工作中取得的成效，对检查中发现的问题和不足提出指导性意见和建议。通过现场核查、资料审验等方式，跳马镇各项指标总体达到长沙市生态文明建设示范镇考核要求，顺利通过该次验收。

（本栏撰稿　隋小阳）

环境保护与治理

【概况】 2022年，雨花区推进“利剑”行动，完成13个突出风险隐患问题整治，完成园区重点企业排污许可听证、核发。加强危险废物管理，集中对6个行业120余家产废单位进行培训授课，开展危废经营企业全方位体检，将500余家产废单位全部纳入固废系统，实行转移联单和计划管理。开展蓝藻水华治理，维护浏阳河雨花段水质安全。推进蓝天、碧水、净土保卫战，完成区级“碳达峰”路径研究和方案编制，完成重污染天气应急减排清单修订、233个工业炉窑和锅炉摸底排查、重点企业“一厂一策”年度整治、10个低碳示范社区试点创建、园区“一园一策”年度整改、84个重点建设用地土壤污染状况调查、跳马镇市级生态文明示范镇创建等工作，统筹完成6类7件生态损害赔偿案件办理、16个污染防治项目建设和“夏季攻势”7个无主矿山修复任务，获市政府真抓实干督查激励奖励。五轮环保督察644.75件交办件全部完成整改，石碑大港雨污混水入河、城区雨污分流改造有序推进。加强项目帮扶和企业环评业务指导，办理审批、登记报务共559件，推进67家排污许可持证企业“一证式”管理，编码非道路移动机械557台。完成19家企业排污权有偿使用费收缴，帮扶园区3个项目完成主要污染物排污权申购，持续纾困暖企提供优质服务。加强19个大气、水自动站点运维服务保障，开展蓝天保卫战分析预警工作。指导4家重点企业完成污染源在线监测平台建设，指导、督促120余家企业开展自行监测。每月按期完成辖区4条河流、21个大中型水域水质监测等工作。

【环境治理】 2022年，雨花区以改善生态环境质量为核心，完成一批大气（噪声）、水、土壤污染防治项目的治理。推进污染防治攻坚战任务，完成湖南省“夏季攻势”任务，获得长沙市污染防治攻坚战“2022年夏季攻势”和市级项目任务完成情况真抓实干督查激励。指导、督促长沙市比亚迪汽车有限公司完成“一厂一策”的编制和综合整治工作，提升长沙市比亚迪汽车有限公司VOCs（挥发性有机物）的处理效率；完成正圆社区和阳河噪声控制示范区创建工作；完成砂子塘街道梨子山社区万顺路绿色餐饮示范街创建；协调督促中国石化集团公司、中国石油天然气集团有限公司等相关单位完成16座加油站油气三次回收任务，挥发性有机物VOCs累计减排45.95吨；完成全区工业炉窑55个，锅炉178个摸底排查工作；在全市率先完成《雨花区低碳社区试点创建方案》的编制工作，完成10个低碳示范社区试点创建；完成雨花区“碳达峰”行动方案的编制工作，并通过专家验收；摸清雨花区涉大气污染的重点单位情况，完成重污染天气应急减排清单的修订；完成依托城镇污水处理设施评估及“一园一策”2022年整改工作；完成“蓝藻”应急处置工作，确保榔梨饮用水源保护地饮用水安全；配合省级下达的47个建设用地调查，按时保质完成调查工作，对市级下达“一住两公”（住宅用地；公共管理与公共服务用地）37个地块开展排查，完成84个地块场地调查工作，土壤安全利用率100%；完成雨花区农用地涉镉等重金属的排查整治工作；指导跳马镇完成市级生态文明示范镇创建工作；完成危险废物经营单位和产生单位共计117家危险废物大排查、大整治工作，建立问题清单，全区土壤环境总体安全可控。

【环境管理】 2022年，雨花区深化落实环评制度改革，加快构建以“三线一单”（生态保护红线、环境质量底线、资源利用上线和生态环境准入清单）为环境空间管控基础，以规划环评和项目环评为环境准入关口，建立并逐步健全以排污许可制为核心的固定污染源监管体系。全年建设项目环境影响评价审批22件（其中输变电工程项目2件）、排污许可33件、辐射安全许可56件、建筑工地夜间施工审批190件、非道路移动机械审核编码557台，另建设项目环境影响登记表备案210件、排污登记34件。

【突出环境问题整改】 2022年，雨花区开展防范化解重大生态环境风险隐患“利剑”行动，组织区直相关部门对照5大类24项内容开展风险隐患摸排，13个问题纳入风险隐患动态清单，按照风险等级分类推进整改；组织召开安全生产专题会议13次，领导干部带队安全生产检查28次，全年未发生突出生态环境安全事件；前五轮中央、省级环保督察及“回头看”向雨花区转办信访主办件644.75件，均全面办结。

【“蓝天保卫战”】 2022年，雨花区各执法单位分别办案工地扬尘14件、餐饮油烟10件、露天焚烧41件、露天烧烤199件、渣土执法557件、涉VOCs排放15件、高排车辆1.8万余件、烟花鞭炮92件。截至12月31日，各部门累计执法办案19012件，累计罚款金额约410.59万元。完成特定区域24个点位的喷淋设施安装，并根据气候情况开启喷淋，降低空气中的扬尘和氮氧化物。针对扬尘污染突出问题，下发22份提醒函。印发《2022年长沙市雨花区蓝天保卫战七大专项整治行动工作方案》，成立区蓝天保卫战七大专项整治行动领导小组。各街镇和相关部门重点在工地扬尘污染、餐饮油烟和焚烧、汽修和汽车4S店、加油站油气污染、挥发性有机物污染、高污染排放车辆污染、非道路移动机械污染等领域开展专项整治，严控各类污染源。区城管、住建、环保、交警、公安、交运等执法部门全面强化执法力度，开展七大专项整治、部门联合行动、交叉执法等工作，推进环境大治理。雨花区获评长沙市蓝天保卫战三年行动优秀单位。

【雨花区底线工作干部提升专业能力培训班】 2022年2月12日，雨花区底线工作干部提升专业能力培训班在雨花大会堂开班。雨花区发改、教育、科技、工信、财政、住建、交运、农业农村、商务等30个部门主要负责人，13个街镇行政主要负责人、分管节能环保工作的负责人、相关大办主任，156个社区（村）党组织书记，共约300人参加培训。长沙市生态环境局雨花分局党组书记、局长宁璐以“读懂碳达峰、碳中和政策，助力建设全国一流现代化强区”为主题进行授课，就“碳达峰、碳中和”工作由来、国内外实践经验、中国“双碳”目标及

2022年6月16日，长沙市雨花区2022年危险废物管理培训

（隋小阳　供图）

政策体系等进行解读，就碳达峰驱动力及优势、劣势、机遇、挑战，碳达峰情景设想等进行综合分析，从能源、工业、交通、建筑、低碳社区等方面提出低碳转型有关举措，就深入推进减污降碳协同增效进行讲解。

【危险废物规范化管理培训】 2022年6月16日，雨花区2022年危险废物规范化管理培训举行。雨花经开区、各街道（镇），以及雨花区包装印刷、汽车修理、医疗服务、检测检验、危险废物经营、水泥制品制造6大行业企业共130余人参加培训。湖南省生态环境厅固体废物与化学品处副处长钟静就如何规范危险废物管理进行授课，讲解危险废物管理要求、工作规程和风险防范，指导如何规范危险废物的储存、收集、转运等行为；长沙市生态环境保护综合行政执法局雨花执法大队高勇军就危险废物以案释法进行授课，讲述企业违反固体废物污染防治法的法律后果；第三方环保机构就湖南省固体废物管理系统的使用进行授课，对如何通过系统进行危险废物年度转移计划申报、转移联单填报等进行讲解和操作演示。

【蓝藻水华防控】 2022年8月15日，浏阳河石桥断面水华程度为III级，浏阳河榔梨水厂水华程度为Ⅱ级。8月16日，浏阳河石桥断面水华程度为Ⅳ级，中度水华；浏阳河榔梨水厂、榔梨水厂下游1.5千米断面水华程度分别为III级、Ⅳ级，分别属于轻度、中度水华。8月18日，浏阳河榔梨水厂水华程度为Ⅳ级，中度水华。为处理蓝藻水华问题，8月19日，长沙市环委会召开蓝藻防控应急专项会议；8月21日，雨花区政府召开蓝藻防控专题会议。长沙市生态环境局雨花分局成立蓝藻应急防控专班，开展蓝藻巡查工作，落实蓝藻水华预警信息报告，组织开展应急监测，及时共享水质、气象、应急监测数据及其他预警信息；从专家库多次抽取专家到浏阳河实地踏勘，邀请湖南农业大学教授杨海君指导雨花区蓝藻防控工作，制定《浏阳河雨花区段和圭塘河蓝藻应急处置实施方案》；通过喷洒药剂、铺设拦截网、沿河打捞等方法抑制蓝藻水华的进一步爆发。截至9月22日，累计喷施絮凝剂（聚合氯化铝等）62.7吨、蓝藻杀星3375千克、芽孢杆菌2250千克、活化剂8000千克、EM菌5220千克、小球藻菌980千克。出动投药人员207人次，船只44艘次。该次防控工作，有效防止蓝藻水华对浏阳河水环境的污染，确保省控榔梨断面以及下游国控三角洲断面的水质达标，保障榔梨饮用水源保护地的饮用水安全。

雨花区2022年“小手拉大手 环保齐步走”儿童绘画作品 （隋小阳 供图）

【排污许可证业务培训会】 2022年8月3日，雨花区排污许可证业务培训会议召开。雨花区26家汽修企业、19家医疗机构相关负责人参加会议。长沙市生态环境局雨花分局对《排污许可管理条例》和汽修行业、医疗机构污染物排放标准、排污许可证申请与核发技术规范进行解读，对企业排污许可证申请变更、重新申请等情形进行部署要求，督促企业按照条例、污染物排放标准、技术规范等文件要求及时进行完善等；雨花生态环境监测站对进一步规范企业自行监测行为和自行监测数据报送进行业务指导；第三方技术服务单位对重新申请排污许可证、执行报告填报相关内容及注意事项进行讲解，对排污单位提出的变更、重新申请、执行报告填报内容和常见问题等进行现场答疑。

（本栏撰稿 隋小阳）

生态环境保护宣传

【“小手拉大手 环保齐步走”儿童绘画作品征集活动】 2022年4月28日至5月13日，雨花区2022年“小手拉大手 环保齐步走”儿童绘画作品征集活动通过线上举行。该活动由雨花区生态环境保护委员会办公室主办，长沙市生态环境局雨花分局、雨花区教育局、雨花区美术家协会协办。活动期间，收到1000余幅投稿作品。该次活动在小学组、幼儿组分别评出一等奖5个、二等奖10个、三等奖20个，以及优秀创作奖若干，获奖作品分批通过新媒体平台展出。该次活动有利于弘扬生态环保文化，培育儿童绿色低碳理念。

【“守护蓝天，我们都是行动者”主题宣讲活动】 2022年5月30日，2022年雨花区六五环境日“守护蓝天，我们都是行动者”主题宣讲活动举行。该活动由雨花区蓝天办、长沙环保职院、共青团雨花区委、井湾子街道、雨

2022 年 11 月 23 日，以“宣传贯彻党的二十大精神，奋力促进人与自然和谐共生”为主题的 2022 年雨花区生态文明宣传活动在湖南省植物园举行

（隋小阳 供图）

花区生态保护联合会共同开展，雨花区青年蓝天卫士志愿者先锋队首批队员参加。环保专家开展宣讲培训，科普环保知识、日常保护环境举措以及环保相关法律知识；长沙环保职院环境科学系学工办主任姚彦昕、团雨花区委副书记肖安妮共同为青年蓝天卫士志愿先锋队授旗；青年志愿者们到周边的餐饮门店开展上门宣传；全体人员共同参观长沙环保职院内的空气质量微型监测站。

【2022 年雨花区生态文明主题宣传活动】 2022 年 10 月 22 日至 11 月 12 日，长沙市生态环境局雨花分局举行 7 场次“喜迎二十大 巧手绘环保”生态文明主题宣传活动。志愿者向少年儿童及同行家长宣传中共二十大精神，讲解生态环境重要性、破坏生态环境的危害、生态环境行为规范等知识，并指导少年儿童使用画笔，开展环保袋 DIY 绘制活动。少年儿童在白色环保袋上书写生态环境保护标语，制作自己专属的“定制环保袋”。

11 月 23 日，“宣传贯彻党的二十大精神，奋力促进人与自然和谐共生”2022 年雨花区生态文明宣传主题活动在湖南省植物园举行。各单位有关负责人，雨花区生态环境特邀观察员，环保志愿者以及市民朋友等 60 余人参加活动，活动实时情况通过网络直播的形式在优酷平台对外播出。雨花区委常委、副区长周坤致辞；周坤与湖南省植物园党委副书记、主任马涛为 12 位雨花区 2023 届生态环境特邀观察员颁发聘书；长沙市生态环境学会联合体的 3 位代表在现场发起“美丽中国，我是行动者”雨花倡议；湖南省植物园自然教育中心主任曾桂梅，围绕生态文明建设和植物多样性保护，讲授以《虎年聊“虎”字植物》为题的生态宣讲课。

（本栏撰稿 隋小阳）

河长制

【概况】 2022 年，雨花区以规范河长制工作管理为抓手，以强化各级河长履职为突破口，推动水生态环境持续向好。雨花区双溪港口断面稳定达到 III 类及以上水质标准，浏阳河婚庆广场断面、圭塘河口断面水质均值达到 III 类水质标准。区级河长累计巡河 24 次，乡级河长累计巡河 330 余次，村级河长累计巡河 2200 余次，组织召开河长制工作相关调度会 15 次。制定印发《雨花区 2022 年度浏阳河、圭塘河流域综合治理任务清单》，铺排工程类、管理类治理任务共 32 项。

【排查整治专项行动】 2022 年，雨花区开展妨碍河道行洪突出问题排查整治专项行动，组织全区各涉河街镇对妨碍河道行洪问题进行 2 次全面排查，现场核实疑似图斑 19 处，清理碍洪问题 2 处，完成问题整改和销号工作，顺利通过市级现场核查验收。开展“涉河流、水库、小微水体重点问题排查整治专项行动”“蓝藻防控专项行动”等，调动全区涉河街镇的河湖管护工作积极性。对圭塘河沿线排口及管道开展往复式巡查、清淤、维护工作，促进水体常态管护水平提升。开展各类巡查 3000 余次，对圭塘河沿线市政排口开展巡查维护 41 轮，疏浚截污干管约 8.58 万米，清理淤泥约 712 吨。

【河湖水体保洁月、河湖长制宣传月活动】 2022 年 1 月 17 日至 2 月 17 日，雨花区组织全区各涉河街镇开展为期 1 个月的水体保洁、河湖长制宣传活动，活动期间组织干部党员、志愿者、保洁员等 5000 余人参与全区河流水体保洁活动，发放河湖长制宣传资料 1 万余份。

（本栏撰稿 胡 靖）

2022 年 8 月 7 日，雨花区开展圭塘河河道保洁工作 （胡 靖 供图）

应急管理

编辑　　唐清明

安全生产宣教培训

【概况】 2022年，雨花区汇编《习近平总书记关于新时代安全生产工作的十个重要论述》分发至全区各部门单位党政负责人；开展2次安全生产专题区委理论学习中心组集体学习；印制下发《中华人民共和国安全生产法》7000本、《湖南省安全生产条例》1.5万册，组织全区开展《湖南省安全生产条例》专题学习200余场，参学人数共3000余人；在全区开展安全“敲门行动”，上门发放安全宣传资料、安全温馨提醒18万余份。组织全区集中观看《生命重于泰山》《不可逾越的红线》等警示专题片，共观看300余场，观众16万余人次；开展“6·16”安全宣传咨询日活动，举办全区干部职工安全生产知识竞赛；邀请相声演员、律师等各界代表拍摄26期安全用气短视频，在国家、省、市级媒体报道166次，累计观看转发人数20万余人；承办“平安是福”文艺汇演暨湖南省安全宣传“五进”活动。组织全区燃气安全“三员”［街道（乡镇）、社区（村）协管员，燃气经营企业安全专管员和用气单位燃气安全员］培训、建筑施工领域专业授课、仓储物流企业网络安全培训班等400余场“线上线下”安全生产主题培训，参训人数20万余人；开展安全生产培训“走过场”专项整治，督促辖区60余家重点生产经营单位完成自查自改，核验200余个安全培训证件；指导长沙市轨道交通运营公司开展普通类主要负责人与安全员持证培训，以线上线下相结合的方式，监督140余人通过结业考试并取得安全员证书。

【执法普法专题培训会议】 2022年1月21日，2022年度雨花区工贸企业安全生产计划执法动员部署暨执法普法专题培训会议召开。雨花区辖区企业共40余人参加培训。会议通报重庆市武隆区凤山街道办食堂燃气泄漏爆炸、湖南省衡阳石鼓区“1·8”火灾等典型安全事故；下发“执法普法资料汇编”，进行解读和现场答疑。

【《安全生产法》培训考试】 2022年5月27日，雨花区组织全区重点监管的工贸企业主要负责人专项培训和学《中华人民共和国安全生产法》考试。区应急管理局工贸科讲评部署2022年度工贸企业安全监管重点工作，组织学习《中华人民共和国安全生产法》；专家进行企业构建双重预防机制、安全生产标准化企业创建的专题授课；100名企业主要负责人进行参加《中华人民共和国安全生产法》的闭卷考试。

2022年6月16日，雨花区2022年“遵守安全生产法，当好第一责任人”主题安全宣传咨询日活动 （罗华杰 供图）

【安全宣传咨询日活动】 2022年6月16日，雨花区2022年“遵守安全生产法，当好第一责任人”主题安全宣传咨询日活动在雨花市民广场举行。区安委会成员单位、企业代表、社区群众等100余人参加活动。活动以《人命大于天》开场舞拉开序幕；开展安全生产知识问答，以“游戏+问答”形式普及安全知识；专业讲师开展电动车安全、谨防一氧化碳中毒、房屋建筑施工安全等方面的安全宣讲；区安委办授予雨花亭街道杨琦、区教育局谭永强、高桥街道鑫华社区袁彩红、湖南晓光汽车模具有限公司王俊宏4人2022年雨花区“最美应急人”称号。现场设置宣传咨询台和宣传展板，向居民发放《安全伴我行》安全宣传集、《中华人民共和国安全生产法》读本和安全宣传品，宣传各类安全知识与常识，解答居民关于安全的各类疑问。

【安全生产和应急管理专题培训】 2022年7月27日，雨花区组织开展安全生产和应急管理专题培训。区安委会各成员单位、各街镇相关负责人及安全专干，区应急管理局全体干部职工，辖区部分企业代表参加培训。湖南省应急管理厅综合协调处处长宋立冬，从“生命高于一切，风险无处不在，安全责重于山，有备才能无患”4个方面，讲授安全专业课。

【“喜迎二十大 安全促发展”职工安全生产知识竞赛】 2022年9月8日，雨花区“喜迎二十大 安全促发展”职工安全生产知识竞赛举行。该次竞赛分为共答题、抢答题、风险题和现场观众有奖抢答4个环节，竞赛内容以新修订的《中华人民共和国安全生产法》为主。参赛队伍为前期笔试中总成绩排前12名的基层工会队伍。

【仓储物流企业安全生产专题网络培训班】 2022年9月23日至10月13日，雨花区仓储物流企业安全生产专题网络培训班举行。培训课程涵盖仓储物

2022年10月3日，雨花区应急局检查国庆期间安全隐患 （罗华杰 供图）

流火灾警示教育片和动火焊接工艺较大危险因素辨识与防范2个模块，设置一课一练环节，参训人员学习完课程，考试合格后下发培训班结业证书。

【加油站从业人员线上安全生产专题培训班】 2022年11月8—20日，雨花区加油站从业人员线上安全生产专题培训班举行。全区40家加油站站长和安全员参加培训。培训内容涵盖《学习贯彻习近平总书记关于安全生产的重要论述》《加油站安全管理及事故案例分析》《危险化学品生产安全事故警示教育片》3项内容，设置结业考试环节，参训人员学习完课程，考试合格后下发培训班结业证书。

（本栏撰稿 罗华杰）

安全生产监管

【概况】 2022年，雨花区开展“1+12”重点行业领域安全大检查“百日攻坚”，强化隐患排查整治；开展全面深入排查重点行业领域潜在风险隐患专项整治，聘请三方专业机构构建起“发现—反馈—整改—验收”的隐患排查整改闭环系统，推进省安委办专项督导第4组反馈问题（隐患）整改，涉及4家单位的4类具体问题13处隐患，全部整改完成；省、市安全生产专项整治三年行动中交办的16个重大隐患，全部整改完成。推进“强执法防事故”行动，全区开展计划执法5763次，检查企业21545家，行政处罚876起，罚款金额685万余元。

【安全生产】 2022年，雨花区委、区政府召开常委会8次、常务会10次、专题会议35次，研究部署安全生产工作；审议下发19份安委会文件，厘清新兴行业安全监管职责；成立以区委书记任政委、区长任指挥长的雨花区深入排查重点行业领域潜在风险隐患总指挥部，全区开展领导带队检查1695次，排查治理各类事故隐患3896个，均完成整改。督促12个专业委员会召开60余次专委会议研究部署安全生产工作；各专业委员会主任带队督查调研70余次。区应急局排查烟花危化、工贸行业领域隐患，整改一般风险600余处；区公安分局、区交警大队开展“戴帽工程”联合执法40余次；区住建局对在建工程项目及装修项目处罚18起，罚款41.9万余元；区城管局在全市率先制作燃气安全宣传动画。东山街道对辖区各行业领域安全隐患建立分级分类台账清单；高桥街道开展“三问三上门”（问群众是否知晓并掌握基本的家庭用火用电用气、防范电信诈骗、食品安全等常识，把安全宣传送上门；问群众过年期间是否有出省计划、是否接待外地回家探亲的亲友，把防疫服务送上门；问群众是否有具体困难、对街道社区工作有没有好建议，把新年慰问送上门）安全隐患排查整治行动；东塘街道安全网格员每天开展安全小喇叭巡查宣传；侯家塘街道对小区消防安全情况实行“绿黄红”三级管理。

【工贸行业安全监管】 2022年，雨花区组织开展宾馆（酒店）、仓储基地和大型商业综合体安全生产专项检查。以仓储物流场所安全隐患整治行动为主线，共组织3个轮次的大范围摸排、整治，拆除倒地隐患场所部位373处、面积33.18万平方米。2次行动排查、抽查企业1808家，发现问题隐患5858处，下达整改指令书104份、查处违法、违规企业166家，罚款58.9万元。印发《雨花区工贸企业构建安全风险分级管控和隐患排查治理双重预防机制的实施方案》，要求园区、街镇确保双重预防体系建设工作落地、落实、落细，帮助企业构建安全风险分级管控和隐患排查治理双重预防机制。

【重点行业安全监管】 2022年，雨花区督促整改火灾隐患1882处，行政处罚单位864家，查封55家，“三停”（停工、停产、停业）13家，罚款157.09万元；实现关停或退出使用仓储场所75处；排查自建房23088栋，存在安全隐患的自建房2850栋，整改完成2480栋，拆除5栋非自建房D级危房，疏散900户；排查整改燃气隐患9447处，安装一氧化碳报警器和燃气报警器14559户，处置使用丙烷、环保油等隐患2346户，扣押并安全移交丙烷钢瓶104瓶。组织开展全面深入排查重点行业领域潜在风险隐患专项整治，排查单位1.5万余家，一般风险隐患1.11万余处，整改11079处，整改率99.72%；重大风险隐患140处，整改79处。

【检查执法】 2022年，由雨花区本级录入生产安全事故直报系统的生产安全责任事故7起，依法开展的事故调查工作3起，全区应急管理执法系统内有现场检查1980份，现场处理措

2022年4月20日，雨花区开展安全生产大检查和打非治违专项整治行动

（罗华杰 供图）

施决定书21份，责令限期整指令书425份，整改复查意见书450份，行政处罚296起，其中一般程序27起、罚款160.83万元，简易处罚269起、罚款28.84万元。无处罚当事人对处罚决定提出听证、行政诉讼。

【安全生产检查】 2022年1月9日晚，雨花区开展安全生产夜查暗访，以“四不两直”形式对辖区内养老院、医养中心、酒店、医院、宾馆、网吧、酒吧、KTV等重要场所进行突击检查，针对发现的问题和隐患，督促立即进行整改。3月18日，区应急管理局在跳马镇石燕湖村，查获油性油漆和稀释剂789件，该类油漆属易燃危化品，存在安全隐患。清明节期间，区应急管理局组织到一线排查安全隐患、检查指导清明节期间森林防火和疫情防控等工作。4月20日，雨花区开展安全生产大检查和打非治违专项整治行动，在井湾子街道井巷社区一废弃厂房内发现钢瓶残留气体泄漏，并在现场进行安全处置。“五一节”期间，雨花区开展“五一”节前安全生产大检查暨“打非治违”专项整治，聚焦餐饮商超、物业企业、工程建设、道路交通、消防安全等重点领域开展安全生产大检查大排查。4月28日，区政府副区长周宏带队到高桥安置房、友谊安置房、岳煌搅拌站、顺强搅拌站等建筑工地、搅拌站开展“五一”节前安全生产检查。4月29日，区人大常委会党组书记、主任冯聪龙带队到黎托街道枫树山大桥小学、合丰合作开发用地项目、运达广场，开展“五一”节前期间安全生产检查。8月，区应急管理局组织开展工贸企业安全生产交叉执法工作，有35人次参与交叉执法，下达“交办函”7份，交办问题19项，对检查中发现的2家企业的严重违法行为，由区应急管理局立案。国庆节期间，区应急管理局到和顺石油长沙武广加油站、长沙市小海豚军安花侯路加油站等危化企业，进行随机检查抽查，发现隐患问题现场指导督促落实整改；到跳马镇冬斯港村销售烟花爆竹的商店，检查烟花爆竹存放条件情况，宣传烟花爆竹安全管理有关知识；到长沙比亚迪汽车有限公司、湖南晓光汽车模具有限公司等工贸企业，开展安全隐患排查整治。10月11日，区应急管理局在东山街道雨花大道与姑婆塘路交会处一拆迁闲置区域内，查处1处存在安全隐患的非法加油黑窝点。10月26日，区应急管理局开展安全生产检查“回头看”行动，检查长沙市全食食品有限责任公司等企业单位。10月27日，区应急管理局到圭塘街道圭塘二小区B13栋，查处徐哥饺子店违规使用醇基燃料问题。12月1日，区应急管理局对东山街道长青村一偏僻空置场地内的非法加油窝点进行现场查处。

【烟花爆竹安全监管】 2022年1月11日，雨花区烟花爆竹安全监管工作联席会议在跳马镇召开。区公安分局、区市场监督管理局、区交通运输局等部门参加，跳马镇15个村（社区）安全专干及49家烟花爆竹门店负责人参会。会议学习湖南省安委办《关于做

2022年1月18日，雨花区应急局联合公安、跳马镇等单位开展烟花爆竹打非治违联合行动

（罗华杰 供图）

好当前烟花爆竹经营领域安全监管工作的通知》；与会各部门单位从行业监管角度对烟花爆竹门店规范经营、加强管理、提升意识等方面提出要求。1月11日，高桥街道查获无证非法销售和储存烟花爆竹2家，暂扣各类烟花爆竹13件。1月18日，区应急局联合相关单位在跳马镇查处1个超市在未办理“烟花爆竹（零售）经营许可证”的情况下，存放60余件烟花、盘鞭。1月25日，区应急局联合相关单位开展烟花爆竹“打非治违”专项行动，查处1宗未经许可擅自经营烟花爆竹的违法行为，收缴扣押各类烟花爆竹51件。

【全区安全生产工作会议】 2022年1月17日，雨花区召开全区安全生产工作会议。区委副书记、区长黄军其，相关区领导，区安委会成员单位主要负责人参加。会议指出，各街镇、各部门要推进百日攻坚专项整治，抓实抓牢消防、燃气、道路交通、建筑施工、防范非法集资和电信诈骗等重点行业领域安全生产工作，加强应急处置，确保全区安全稳定。会议强调，全区上下安全意识要到位、宣传教育要到位、排查整治要到位、应急预案要到位、值班值守要到位、责任落实要到位、综合统筹要到位。

【雨花区应急管理综合行政执法局揭牌】 2022年6月1日，雨花区应急管理综合行政执法局和雨花区应急管理综合行政执法大队揭牌仪式举行。区委副书记、区长黄军其，区委常委、常务副区长吴平辉，区委常委、副区长赵娟等出席活动并进行揭牌。黄军其强调，要扛牢“促一方发展、保一方平安”的政治责任，加快构建权责一致、权威高效的监管执法体制，守牢安全生产底线；要落实全区安全大检查“十项措施”，持续排查消防、道路交通、建筑施工、燃气、易燃易爆危险品等领域安全隐患，加大执法整治力度；要提升应急管理综合行政执法能力，持续巩固安全生产向好态势。

（本栏撰稿 罗华杰）

2022年5月13日，雨花区“5·12”全国第14个防灾减灾宣传日活动

（罗华杰 供图）

防灾减灾

【概况】 2022年，雨花区推进自然灾害风险普查工作，以创建省级、国家级综合减灾示范社区为依托，对全区352名灾害信息员信息进行登记造册，实现动态管理、实时更新，提升防灾减灾救灾能力。成功应对低温雨雪冰冻天气以及6轮强降雨，确保全区未淹一车一库，未出现大面积积水，未出现人员伤亡。截至2022年年底，雨花区通过国家级综合减灾示范社区验收1个（丰园社区），省级综合减灾示范社区1个（狮子山社区）。组织开展“5·12”全国防灾减灾日宣传演练活动，展示防灾减灾图板700块，悬挂宣传气球和宣传横幅975条，开展减灾文化宣传525次，举办减灾应急知识培训525次，开展防灾减灾演练1000次，发放防灾减灾资料10.5万份，参与群众9.5万余人次。

【雨花区“5·12”全国防灾减灾日宣传活动】 2022年5月13日，雨花区“5·12”全国第14个防灾减灾宣传日活动在雨花市民广场举行。该次活动以“减轻灾害风险 守护美好家园”为主题，长沙市应急局党委委员、副局长陈集中，雨花区委常委、常务副区长吴平辉，区直部门、街道镇、社区、居民群众共300余人参加活动。雨花区蓝天应急救援队现场模拟示范不同情况下的溺水如何自救，以及遇到他人落水如何施救；长沙市急救中心的3名医生现场传授、指导心肺复苏步骤和要领，演示怎样使用AED（自动体外除颤器）；湖南人人居安消防安全服务集团有限公司的消防宣讲员讲解传统火场逃生知识存在的一些误区，以及火灾逃生需注意的事项；现场设置的逃生帐篷，通过模拟火场环境，教大家怎样火场逃生。

（本栏撰稿 罗华杰）

应急救援

【概况】 2022年，雨花区应急云广播建设项目获评通过，在区、街道、社区三级分两期建设1976个可管可控的应急云广播系统，项目总投资约900万元，增强基层应急管理体系建设；按照省、市标准，优化多媒体会议系统+24小时值班室建设工作，实现值班管理制度上墙。编制《雨花区突发事件总体应急预案》，对全区40个专项预案进行明确，加强预案管理。建立隐患协调处置机制、雨花区应急救援联动机制、雨花区突发事件应急救援机制、应急管理值班值守等工作机制，完善应急管理体系建设，保障全区应急联动响应。落实应急值守，科学制定应急值班表，落实领导带班、值班员24小时值班值守的应急值班制度和突发事件报告制度。及时修订防汛、抗旱应急预案，提请区委书记、区长多次专题调度、靠前指挥、带队督查；汛期实行24小时防汛值守，6个督查组每小时不间断督查。按照防汛定额2倍以上标准备足防汛物资，以练备战，应对可能出现的严峻形势。

【应对低温雨雪冰冻天气】 2022年1月22日、27日、28日，雨花区先后专题部署春节前后低温雨雪冰冻天气应对工作，下发《长沙市雨花区低温雨雪冰冻灾害天气应急工作方案》和《关于做好新一轮低温雨雪冰冻天气防范应对工作的通知》，围绕防火灾事故、防交通事故、防坍塌事故，突出保畅通、保安全、保供应，层层压实防范处置责任和防控重点隐患。制作《低温雨雪冰冻天气预警提醒》安全小视频，通过1953个微信矩阵群和956个应急云广播循环播放，提醒广大居民和企业加强防范，注意出行和用火用电用气安全。开展"安全敲门行动"，对辖区每户居民进行安全提醒和隐患排查，在电梯、门厅、楼栋张贴《预防一氧化碳中毒和火灾事故》海报。下发低温雨雪冰冻天气安全短信20万条，全方位、多渠道进行预警提醒。加强应急值守，区应急、交通、交警、城管、环卫、市政等重点部门成立雨花区应急队伍，由区应急指挥部统一指挥调度。1月27日开始，落实应急队伍24小时值班和领导带班制度，确保关键时候快速有效处置到位。成立低温雨雪灾害天气督查组，对全区应对低温雨雪冰冻天气工作情况进行督查，确保全面落实到位。强化物资保障，工业盐610吨、麻袋2万个、铁铲等应急物资、7台大型除雪设备、58台应急机械车辆均准备就位。

（本栏撰稿 罗华杰）

消防救援

【概况】 2022年，雨花区发生火灾629起，比2021年下降3.53%；伤5人，比2021年下降64.29%；亡2人，比2021年上升100%，未发生较大及以上火灾事故，火灾形势整体稳中有降。区消防救援大队检查单位消防安全3335家，督促整改火灾隐患4632处，责令单位整改隐患2358家，查封76家，三停24家，下发处罚决定书189份，罚款约265.33万元。开展消防车道、建筑构造、周边水源及消防设施等熟悉演练活动28次；打赢"1·19雨花区东塘街道地矿医院火灾""湘府路高架车祸""6·13同升街道兴恒仓储火灾""抗洪抢险""9·10德永仓储3号栋火灾"等灭火救援战斗，完成冬奥会、冬残奥会、中共二十大等重大活动、重要节假日消防安保任务；争取地方消防经费总量5216.25万元，推进跳马消防站等基建项目建设，计划装备采购经费约900万元；重点加强石油化工、水域救援等专业队装备建设，指导井湾子街道农博社区微型消防站、洞井街道桃花社区微型消防站在全市多种形式消防队伍比武竞赛中获得3个二等奖、1个三等奖的成绩；区消防救援大队及红星、高桥、同升、洞井消防救站获得市级以上奖项8个，区级奖项15个，锦旗13面。参与湖南卫视的青春励志消防纪实体验节目《勇往直前的我们》拍摄。

【消防安全管理】 2022年，雨花区委常委会、区政府常务会6次研究部署消防工作，推动解决跳马消防站建设、住宅小区消防隐患整治、重大火灾隐患治理、"5·10"火灾事故处理、"高桥、洞井消防站正规化建设"、"高层建筑消防安全隐患治理"等瓶颈问题；印发《雨花区消安委成员单位消防安全工作职责规定》，明晰和界定全区各部门消防安全工作职责；区领导多次带队深入一线开展消防安全工作调研、检查，督促行业部门、街镇、社会单位落实消防安全责任。区消防救援大队牵头消防安全委员会定期召开工作例会，召开3次消安委成员单位联席会议专题研究部署全区消防安全工作，制定各类消防安全专项整治方案35份，转发火灾警示教育信息100余条，深入街道上门指导督促消防工作落实95次。每月分析通报全区火灾情况，开展火灾起数和"万人火灾起数"双排名，提请区政府对连续两个月"万人火灾起数"排名后三位的街道进行警示约谈，对连续发生亡人火灾的井湾子街道进行挂黄牌督办。对雨花经开区、街镇开展消防工作和安全生产工作考核。开展住宅小区、文物古建筑、医院、学校、大型商业综合体、易燃易爆等场所监督检查，指导行业部门督促管辖单位整改火灾隐患，建成行业部门达标创建示范单位。将消防安全失信行为纳入信用管理平台，采取线上线下结合、检查教育同步、处罚告诫并举等方式，推动585家重点单位加强消防安全管理。

【消防宣传】 2022年，雨花区消防救援大队采取消防站开放、集中培训、发放资料等形式开展消防宣传，多条救援视频素材被中央电视台经济频道《经济信息联播》《正点财经》《第一时间》刊播；邀请省、市主流媒体对中城丽景香山小区、德永仓储等30余家重大火灾隐患单位进行曝光。开展集中培训164场次，上门入户培训1125户，培训人数34295人；在中央级电视媒体发稿3篇，省级电视媒体发稿45篇，市级电视媒体发稿57篇，平面（报纸）媒体发稿38篇，新媒体客户端发稿232篇（含中央级新媒体18篇），市消防官方微信推送9条，市消防官方微博推送11条，市消防官方抖音发布51条，招募消防宣传志愿者新注册人数2012人，开展8次有影响力的消防志愿服务活动，对辖区内各中小学开展不少于2课时的消防安全课，完成消防安全教育读本配发3200册，开放消防科普教育馆41次。

【消防队伍建设】 2022年，雨花区消防救援大队开展练兵工作，建立健全练兵制度，形成消防站每周测、大队每月抽考的模式，组织3次全员普考，9次抽考，形成良好的训练氛围。开展战评、战术交流、形势分析，每季度召开战评和战术交流会，结合典型战例进行研讨分析和桌面推演，解决实际救援问题40余条。针对全区老城区、棚户区、城乡接合部火灾隐患特点，及时调整力量部署，明确重点防范区域及部位，修订完善各类应急救援预案。健全和完善灭火救援联动机制，联合专职消防队、微型消防站、义务防火队开展联勤联训20余次。制定和完善灭火预案138份，开展灭火演练122次，夜间演习39次。制定《雨花大队正规化管理督导方案》，明确8个方面督察内容，对各消防站开展视频督查168次，实地督导142次，发现督促整改问题426处，党委书记、副书记与各消防站主官开展谈心谈话30次，组织各消防站干部骨干沟通交流13次。

2022年4月21日，雨花区消防救援大队联合高桥大市场开展夜间消防演练
（刘 莉 供图）

【消防安全专项行动】 2022年，雨花区消防救援大队组织开展各专项行动，指导16家5万平方米商业综合体，5家2～5万平方米商业综合体进行达标创建并完成验收；对全区医养机构和医院开展消防安全专项检查，督促31家医养机构整改隐患55处、立案处罚7家、挂牌督办医养机构重大火灾隐患单位3家；开展燃气和瓶装液化气罐消防安全专项整治，检查燃气使用单位127家，发现隐患85处，对全区2174家燃气和瓶装液化气罐使用单位消防安全情况进行摸底；开展消防技术服务机构资质审查，检查消防技术服务机构18家，审核其从业资质及相关技术服务条件，对存在问题的4家消防技术服务机构进行立案处罚；开展私人影吧专项检查，对全区23家私人影吧开展消防安全监督检查，督促隐患整改52处；开展涉疫情场所检查指导，对辖区28家涉疫场所开展消防安全指导帮扶。

【电动自行车消防安全专项整治】 2022年，雨花区消防救援大队在全区范围内组织开展电动自行车消防安全专项整治，组织街镇摸排居民楼栋9703家，定点投送电动自行车宣传单至40.9万户车主家中；在9374家楼栋、单元、入户门厅或首层粘贴电动车主题海报；开展电动车消防安全演练1660次，对8225栋楼道进行消防安全隐患清理，清除“飞线充电”现象7312处。

【自建房消防安全专项整治】 2022年，雨花区消防救援大队成立消防安全整治领导小组，指导雨花经开区、街镇成立基层自建房消防安全工作组，指导自建房隐患整改，将隐患及时交办给属地街镇，抄告给行业主管部门。截至2022年年底，核查辖区经营性自建房5101栋，发现存在消防安全隐患自建房4443栋，其中存在一般消防安全隐患1709栋、存在突出消防安全隐患2734栋，确定自建房重大消防隐患46栋。

【仓储物流场所消防隐患整治】 2022年，雨花区消防救援大队多次约谈物流仓储场所，组织高桥、红星、同升、洞井4个消防救援站掌握辖区仓储场所分布、规模、储存物品等情况。共检查仓储场所80家，发现隐患169处、督促整改隐患102处、立案查处31家、立体仓储物流重大火灾隐患11家、查封31家、罚款55.27万元。

【夜间消防演练】 2022年4月21日，雨花区消防救援大队联合高桥大市场开展夜间消防演练。演练调集高桥站、红星站、同升站3个消防站，7台消防车、50余名指战员参加。该次演练设定的灾情为：高桥大市场电脑城二楼电井发生火灾，火势迅速向楼上扩散，三楼、四楼有人员受伤被困。各参战消防站按照作战命令，先后开展固定消防设施使用、火情侦查、疏散救人、内攻灭火、火场排烟、供水能力等作战任务，实地检验了消防员协同作战、班组配合等能力。

【消防队伍业务技能比武竞赛】 2022年9月27日，雨花区开展2022年度多种形式消防队伍业务技能比武竞赛。来自全区的10个街道代表队60余人参加竞赛。参赛队伍分乡镇专职消防队、社区微型消防站代表队和村志愿消防队3组，每组设个人和团体比武竞赛科目。其中，乡镇专职消防队竞赛项目为1500米徒手跑、一车两枪操、手抬机动泵出水操；社区微型消防站竞赛项目为搬运重物折返接力跑、一人两盘水带连接操、利用室外消火栓快速出水操；村志愿消防队竞赛项目

2022 年 9 月 27 日，雨花区开展 2022 年度多种形式消防队伍业务技能比武竞赛
（刘 莉 供图）

为 1500 米徒手跑、初期火灾扑救操、灭火器油锅接力灭火操。截至 2022 年 9 月底，雨花区建有 1 支镇级专职消防队、26 支村志愿消防队、137 个社区微型消防站，多种形式的消防救援队伍实现全区全覆盖。

【高层建筑重大火灾风险专项整治】 2022 年 9 月，雨花区立足防范重大消防安全风险需要，成立高层建筑重大火灾风险专项整治总指挥部，设有 6 个工作组和 15 个分指挥，聚焦“四类重点对象”以及高层住宅小区、园区工业高层建筑，开展消防安全隐患排查整治。区消防救援大队联合区住房和城乡建设局组成工作专班，排查全区高层建筑“四类重点对象”，高层住宅建筑和高层工业建筑内固定消防设施、疏散通道、消防车通道、外墙保温材料、消防安全管理等突出风险隐患。通过采取实行一项“楼长制”管理制度、开展一次应急疏散演练、组织一轮全面排查整治，落实一系列安防措施，开展高层建筑专项整治“四个一”行动。区消防救援大队深入辖区高层建筑及人员密集场所开展夜间突击检查，对红星紫金国际大厦开展检查，现场交办问题，督促整改落实。截至 2022 年年底，全区摸排高层建筑 3521 栋，其中“四类重点对象”高层建筑 485 栋（老旧高层商住混合体 2 栋、老旧高层住宅 48 栋、超高层建筑 71 栋、高层公共建筑 364 栋），高层住宅 2996 栋，高层工业建筑 40 栋，共排查出存在安全隐患的高层建筑 1852 栋，依托第三方消防技术服务机构对全区“四类重点对象”高层建筑进行安全风险评估，发现隐患 3133 处，其中消防安全隐患 3090 处，建筑类隐患 18 处，均督促相关管理使用单位及时整改隐患。排查出的大部分隐患为疏散通道、楼道堆放杂物，电动车违规停放充电，以及防火门未常闭、损坏，闭门器脱落，消控室自动消防设施不能正常使用等共性问题。雨花区全市率先推出“消防安全楼长制”，为辖区内 55 栋超高层建筑配备 5 名楼长（街道楼栋长、消防大队楼长、建设局楼长、社区楼长、物业公司楼长），一有突发情况，楼长就能第一时间组织初期应对处置。区住房和城乡建设局组织辖区内 446 个物业项目签订安全承诺书，组织物业、企业开展线上安全生产工作培训。

【“119”消防宣传月启动】 2022 年 11 月 9 日，雨花区“抓消防安全 保高质量发展”119 消防宣传月活动启动仪式在雨花非遗馆前坪举行。该次活动通过“线上 + 线下”“网络直播 + 现场观摩”相结合的方式进行。雨花经开区、各街（镇）、区消防安全委员会成员单位负责人、消防安全重点单位代表、重点企业代表及媒体代表等 100 余人参加仪式。现场消防主题宣传展板针对全区用电用火用气安全进行消防提示，展示家庭消防安全、预防电气火灾注意事项、电动车消防安全等市民群众最关注的消防安全常识，同时有活字印刷、扎染、泥书及长沙棕编非遗传承人用非遗文化助力消防知识传播雨花消防救援大队每月进行火灾数据分析，以数据为依据，深入分析，在辖区内开展针对性宣传活动，将消防大数据科普与消防宣传工作同步推进。

（本栏撰稿 刘 莉）

教育·科技

编辑　唐清明

教育

【概况】 2022年，雨花区完成长郡双语雨花中学、中雅培粹雨花学校、长房明宸府小学、枫树山悦东方小学、砂子塘嘉汇小学、砂子塘金科集美小学配建；长塘里思远小学、砂子塘万境第二小学新建；长沙实验雨花学校、长塘里立心小学综合楼运动场扩建等项目，新增学位14460个。完成万科金色麦田幼儿园、保利城幼儿园、长房明宸府幼儿园、璀璨天城幼儿园、大都汇幼儿园，半岛蓝湾二期幼儿园配建项目，新增园位1890个。2022年，雨花区教育工作围绕办人民满意教育目标，推进教育事业高质量发展。在省教育厅真抓实干考核中，得分继续排名全省第一，并入选激励名单；获全国首批"人工智能课程"规模化应用试点区、全省首批中小学劳动教育实验区、全省人工智能条件下教育社会实验首批实验单位、全省高考优秀考区等称号；在全国人大"双减"工作座谈会、国家智能社会治理实验基地工作会、全省规范民办义务教育发展工作推进会、全省校外培训整治会上推介典型经验。教育工作在各级媒体报道885次，其中国家级媒体报道80余次；校园足球工作获评全国典型并作为全省唯一在全国校足办官网推介；中央电视台、《光明日报》、《中国教师报》、《湖南工作》、《湖南教育快讯》等先后推介雨花区教育典型经验。

·表13·　2022年雨花区教育事业基本情况表

指标	单位	2022年	2021年	增长（%）
普通中学学校数	所	4	4	0
普通高中在校生	人	39.2	4186	−6.5
普通初中学校数	所	18	16	12.5
普通初中在校生	人	26420	24017	10
小学学校数	所	82	77	6.5
小学在校学生数	人	111868	102338	9.3
幼儿园数	所	295	287	2.8
幼儿园在园幼儿	人	58200	60002	−3
教职工数	人	8532	8841	−3.5
小学生初中入学率	%	100	100	0
高中阶段毛入学率	%	100	100	0
义务教育阶段合格学校建设	所	9	3	200

【2022年雨花区新建幼儿园】 2022年，雨花区新建雨花区教育局金色麦田幼儿园、半岛蓝湾第二幼儿园、雨花区教育局明宸府幼儿园、璀璨天城幼儿园、保利城幼儿、保利大都汇幼儿园6所幼儿园。

雨花区教育局金色麦田幼儿园位于雨花区井湾子街道井巷社区498号，占地面积2937.66平方米，校舍面积2300.75平方米，设计规模6个班。半岛蓝湾第二幼儿园位于雨花区湘府东路一段969号长房半岛蓝湾D2栋，占地面积约4000平方米，校舍面积2600平方米，设计规模9个班，截至2022年年底，有班级5个，学生139人，教职工25人。雨花区教育局明宸府幼儿园位于雨花区洞井街道时代阳光大道421号，占地面积4701.57平方米，校舍面积3383.9平方米，设计规模12班，截至2022年年底，有班级5个，学生150人，教师21人。璀璨天城幼儿园位于雨花区雨花亭街道树木岭路345号，园所占地面积3134.03平方米，建筑面积2190.35平方米，设计规模6个班，截至2022年年底，有班级2个，幼儿71人，教职工12人。保利城幼儿园位于雨花区洞井街道时代阳光大道489号，占地面积1416.61平方米，校舍面积3706.03平方米，设计规模12个班，截至2022年年底，有班级5个，学生168人，教师21人。保利大都汇幼儿园位于雨花区圭塘街道长重社区保利大都汇三期（嘉智路与东二环交会处），占地面积7200平方米，建筑面积4949.77平方米，户外5500平方米，设计规模18个班，截至2022年年底，有5个班级，幼儿114名，教师23人。

【2022年雨花区新建小学】 2022年，雨花区新建长塘里思远小学、砂子塘集美小学、砂子塘嘉汇小学、砂子塘万境第二小学、枫树山悦东方小学、枫树山明宸小学6所小学。

长塘里思远小学位于雨花区黎托街道合丰路，占地面积35593.17平方米，校舍面积29253平方米，设计规模48个班，截至2022年年底，有班级5个，学生191人，教师13人；2022年，该校获湖南省体育局举办的第二届青少年体育书画网络大赛“最佳组织奖”、全国“百班千人”读书活动集体二等奖。砂子塘集美小学位于雨花区洞井街道荷叶冲路55号，占地面积26335.14平方米，校舍面积21731.76平方米，设计规模36个班，截至2022年年底，有班级9个，学生303人，教师23人；2022年，该校获湖南省云运动会优秀组织奖、长沙市无烟校园。砂子塘嘉汇小学位于雨花区圭塘街道劳动东路810号，占地面积5621.80平方米，校舍面积24431.22平方米，设计规模36个班，截至2022年年底，有班级7个，学生283人，教师22人；2022年，该校获湖南省第二届体育云动会最佳组织奖。砂子塘万境第二小学前身是始建于1972年的二十三冶三公司的九年一贯制子弟学校，于2020年2月实施集团化办学管理，纳入砂子塘万境集团，更名为雨花区砂子塘万境第二小学，同期投资6000万余元对学校进行原址整体重建，位于雨花区井湾子街道圭塘路496号，占地面积11600平方米，校舍面积17211平方米，设计规模36个班，截至2022年年底，有班级12个，学生494人，教师28人；2022年，该校获长沙市第三批儿童友好型校园、长沙市绿色校园、长沙市无烟校园。枫树山悦东方小学位于雨花区黎托街道沙湾路424号，占地面积13500平方米，校舍面积19573.19平方米，设计规模18个班，截至2022年年底，有班级7个，学生259人，教师19人；2022年，该校获长沙市雨花区智慧校园示范校。枫树山明宸小学位于雨花区同升街道牛头桥路，占地面积103431.61平方米，校舍面积8876.01平方米，设计规模18个班，截至2022年年底，有班级7个，学生261人，教师19人。

【2022年雨花区新建中学】 2022年，雨花区新建中雅培粹双语中学、长沙实验雨花中学2所中学。

中雅培粹双语中学位于雨花区圭塘街道长塘路与全塘路交会处，占地面积32426.89平方米，校舍面积21389.12平方米，设计规模24个班，截至2022年年底，有班级10个，学生465人，教师39人。长沙实验雨花中学前身是1962年在长沙市东塘广场东北角创建的东塘完小，1972年迁址至韶山南路与井湾路交界处、井湾子家具城东侧，更名为井湾子中学，2016年9月雨花区教育局与长沙市实验中学合作办学，学校更名为长沙市雨花实验中学，2022年学校易址新建并更名为长沙实验雨花中学，位于雨花区井湾子街道木莲中路108号，占地面积46156.72平方米，校舍面积40481.87平方米，设计规模48个班，截至2022年年底，有班级16个，学生670人，教师53人。

·表14· 2022年驻雨花区高职院校一览表

学校名称	地址	主管部门	办学层次	学校性质
长沙航空职业技术学院	圭塘校区：湖南省长沙市雨花区体院路348号；跳马校区：湖南省长沙市雨花区跳马镇	中国人民解放军空军装备部	专科	公办
湖南中医药大学湘杏学院	东塘校区：湖南省长沙市雨花区韶山中路113号	湖南省教育厅	本科	公办
湖南省工业贸易学校	长沙市雨花区航空路21号	湖南省农业农村厅	专科	公办
湖南体育职业学院	湖南省长沙市雨花区体院北路71号	湖南省	专科	公办
湖南省体育运动学校	湖南省长沙市雨花区体院北路71号	湖南省	专科	公办
长沙建筑工程学校	长沙市雨花区井圭路128号	中国建筑第五工程局	专科	公办
湖南省有色金属中专	湖南省长沙市雨花区香樟路601号	湖南省教育厅	专科	公办
长沙民政职业技术学院	湖南省长沙市雨花区香樟路22号	湖南省	专科	公办
湖南科技职业学院	湖南省长沙市雨花区井湾路784号	湖南省	专科	公办
长沙环境保护职业技术学院	湖南省长沙市雨花区井圭路10号	湖南省教育厅	专科	公办

·续表 14·

学校名称	地址	主管部门	办学层次	学校性质
长沙财经学校	湖南省长沙市雨花区职教城路 68 号	长沙市教育局	专科	公办
长沙市电子工业学校	长沙市雨花区兴安路 189 号	长沙市教育局	专科	公办
长沙商贸旅游职业技术学院	湖南省长沙市雨花区圭白路 16 号	湖南省	专科	公办
长沙汽车工业学校	长沙市雨花区圭白路 109 号	长沙市教育局	专科	公办
长沙航天学校	湖南省长沙市雨花区兴安路 189 号	长沙市教育局	专科	公办

·表 15·

2022 年雨花区中小学一览表

学校名称	学段	学校名称	学段
长沙市稻田中学	完中	长沙市雨花区长塘里小学	小学
长沙市稻田特立中学	初中	长沙市雨花区长塘里阳光小学	小学
湖南师大附中雨花学校（原长沙市第二十六中学）	完中	长沙市雨花区长塘里第三小学	小学
长沙市明德雨花实验中学(原长沙市第三十七中学)	完中	长沙市雨花区长塘里立心小学	小学
长沙市雅礼雨花中学	初中	长沙市雨花区长塘里崇德小学	小学
长沙市雨花区雅境中学	初中	长沙市雨花区长塘里思远小学	小学
长沙市雨花区南雅双语实验中学	初中	长沙市雨花区育新小学	小学
长沙市一中雨花新华都学校	初中	长沙市雨花区育新第二小学	小学
长沙实验雨花中学（原雨花区井湾子中学）	初中	长沙市雨花区育新第三小学	小学
长沙市雨花区明德洞井中学	初中	长沙市雨花区雨花实验小学	小学
长沙市雨花区周南石燕湖中学(原雨花区石燕湖中学)	初中	长沙市雨花区雨花实验第二小学	小学
长沙市雨花区中雅培粹双语中学(原雨花区白沙中学)	初中	长沙市雨花区雨花实验第三小学	小学
长沙市长郡双语雨花中学	初中	长沙市雨花区雨花实验第四小学	小学
长沙市长郡雨花外国语学校	九年一贯制	长沙市雨花区王家冲小学	小学
长沙市长郡雨花外国语左家塘学校	初中	长沙市雨花区桔园小学	小学
长沙市长郡雨花外国语洪塘学校	九年一贯制	长沙市雨花区赤岗冲小学	小学
长沙市长郡雨花外国语第一附属小学	小学	长沙市雨花区砂子塘第二小学	小学
长沙市长郡雨花外国语第二附属小学	小学	长沙市雨花区劳动东路小学	小学
长沙市长郡雨花外国语第三附属小学(原雨花区韶山南路学校)	小学	长沙市雨花区桂花树小学	小学
长沙市雨花区砂子塘小学	小学	长沙市雨花区桂花树第二小学	小学
长沙市雨花区砂子塘新世界小学	小学	长沙市雨花区红花坡小学	小学
长沙市雨花区砂子塘湘天小学	小学	长沙市雨花区德馨园小学	小学
长沙市雨花区砂子塘吉联小学	小学	长沙市雨花区雅塘村小学	小学
长沙市雨花区砂子塘东澜湾小学	小学	长沙市雨花区锦源小学	小学

·续表15·

学校名称	学段	学校名称	学段
长沙市雨花区砂子塘魅力之城小学	小学	长沙市雨花区自然岭小学	小学
长沙市雨花区砂子塘嘉和小学	小学	长沙市雨花区红星实验小学	小学
长沙市雨花区砂子塘启新小学	小学	长沙市雨花区红星小学	小学
长沙市雨花区砂子塘万境水岸小学	小学	长沙市雨花区香樟小学	小学
长沙市雨花区砂子塘万境第二小学	小学	长沙市雨花区和平小学	小学
长沙市雨花区砂子塘黎郡小学	小学	长沙市雨花区洞井小学	小学
长沙市雨花区砂子塘天华小学	小学	长沙市雨花区桃花小学	小学
长沙市雨花区砂子塘集美小学	小学	长沙市雨花区圭白路小学	小学
长沙市雨花区砂子塘嘉汇小学	小学	长沙市雨花区新湘小学	小学
长沙市雨花区枫树山小学	小学	长沙市雨花区佳兆小学	小学
长沙市雨花区枫树山鸿铭小学	小学	长沙市雨花区白竹小学	小学
长沙市雨花区枫树山鸿铭第二小学	小学	长沙市雨花区冬斯港小学	小学
长沙市雨花区枫树山大桥小学	小学	长沙市雨花区复兴小学	小学
长沙市雨花区枫树山东南海小学	小学	长沙市雨花区关刀小学	小学
长沙市雨花区枫树山南屏锦源小学	小学	长沙市雨花区金屏小学	小学
长沙市雨花区枫树山中航城小学	小学	长沙市雨花区梅怡岭小学	小学
长沙市雨花区枫树山莲湖小学	小学	长沙市雨花区三仙岭小学	小学
长沙市雨花区枫树山美联小学	小学	长沙市雨花区石桥小学	小学
长沙市雨花区枫树山明昇小学	小学	长沙市雨花区石燕湖小学	小学
长沙市雨花区枫树山明宸小学	小学	长沙市雨花区跳马小学	小学
长沙市雨花区枫树山悦东方小学	小学	长沙市雨花区新田小学	小学
长沙市雨花区泰禹小学	小学	长沙市雨花区杨林小学	小学
长沙市雨花区泰禹第二小学	小学	长沙市雨花区砂子塘万境第三小学	小学
长沙市雨花区泰禹第三小学	小学		

·表16·　2022年雨花区幼儿园一览表

幼儿园名称	园所类型	幼儿园名称	园所类型
雨花区教育局幼儿园	局属公办园	雨花区乐森宝贝幼儿园	民办园
雨花区教育局幼儿园第二幼儿园	局属公办园	湖南长沙同升湖实验幼儿园	民办园
雨花区教育局幼儿园小白鸽幼儿园	局属公办园	雨花区水岸天际幼儿园	委托公办园
雨花区安祺幼儿园	委托公办园	雨花区瑞景城幼儿园	委托公办园
雨花区小牛津幼儿园	三级普惠园	雨花区英蓝桃阳幼儿园	一级普惠园
雨花区砂子塘街道桔园社区居民委员会心语幼儿园	委托公办园	雨花区桃园幼儿园	委托公办园

·续表16·

幼儿园名称	园所类型	幼儿园名称	园所类型
雨花区曼斯特全科幼儿园	民办园	雨花区金色悦铭幼儿园	委托公办园
雨花区新都幼儿园	民办园	雨花区水韵幼儿园	委托公办园
雨花区璞和洲幼儿园	民办园	雨花区合芯灵幼儿园有限公司	民办园
雨花区华银幼儿园	民办园	雨花区教育局华银天际幼儿园	委托公办园
雨花区教育局幼儿园第三幼儿园	局属公办园	雨花区教育局幼儿园桃花苑幼儿园	局属公办园
国防科大第四附属幼儿园	其他公办园	雨花区教育局新聚园幼儿园	委托公办园
湖南省水利厅幼儿园	其他公办园	雨花区摇篮树卓越幼儿园	民办园
雨花区侯家塘幼儿园	委托公办园	雨花区诺贝尔摇篮柒号幼儿园有限公司	民办园
雨花区南大路幼儿园	三级普惠园	雨花区童馨至雅幼儿园有限公司	二级普惠园
雨花区鸿园幼儿园	民办园	雨花区白沙湾幼稚园	二级普惠园
雨花区长塘里幼儿园	委托公办园	雨花区黎托中心幼儿园	委托公办园
雨花区左家塘中心幼儿园	委托公办园	雨花区晶晶盛世华章幼儿园有限公司	一级普惠园
雨花区六都红黄蓝幼儿园	委托公办园	雨花区百慧贝贝幼儿园有限公司	二级普惠园
雨花区朝晖幼儿园	三级普惠园	雨花区堡堡树幼儿园	二级普惠园
雨花区教育局幼儿园建发幼儿园	局属公办园	雨花区金色梯田融科檀香山幼儿园	委托公办园
雨花区纯然幼儿园有限公司	民办园	雨花区一二六华文高铁幼儿园	委托公办园
湖南省浦沅集团有限公司幼儿园	委托公办园	雨花区教育局幼儿园石燕湖幼儿园	局属公办园
雨花区教育局幼儿园小白鹤幼儿园	局属公办园	雨花区跳马镇冬斯港村民委员会福寿幼儿园	委托公办园
雨花区万婴蒙氏幼稚园	一级普惠园	雨花区伟材幼儿园	三级普惠园
雨花区金色卡通松生幼儿园	二级普惠园	雨花区南方幼儿园	四级普惠园
雨花区左家塘街道桂花社区居民委员会桂花幼儿园	委托公办园	雨花区白竹幼儿园	四级普惠园
雨花区万婴鑫天鑫城幼儿园	一级普惠园	雨花区双骄幼儿园	三级普惠园
雨花区金太阳幼儿园	三级普惠园	雨花区英蓝水岸新都幼儿园	委托公办园
雨花区金太阳城南郡幼儿园	三级普惠园	雨花区教育局幼儿园梅怡岭幼儿园	局属公办园
雨花区教育局启蒙幼儿园	委托公办园	雨花区童升幼儿园	三级普惠园
雨花区万婴曙光幼儿园	民办园	雨花区红黄蓝水岸新都幼儿园	委托公办园
雨花区未来城幼儿园	三级普惠园	雨花区教育局洪塘佳苑幼儿园	委托公办园
雨花区梦之航幼儿园	三级普惠园	雨花区大塘中心幼儿园	三级普惠园
雨花区湘教幼稚园	一级普惠园	雨花区美洲故事吉纽思幼儿园	民办园
雨花区颐美第一幼稚园	民办园	雨花区御景湾幼儿园	委托公办园
雨花区颐美第二幼稚园	一级普惠园	雨花区梵米尼幼儿园	二级普惠园
雨花区左家塘街道办事处湘教赤岗幼儿园	委托公办园	雨花区朗皓幼儿园	三级普惠园
雨花区晨光智能幼儿园	三级普惠园	雨花区三之三幼儿园	委托公办园
长沙铁路总公司第三幼儿园	其他公办园	雨花区教育局半岛蓝湾幼儿园	委托公办园
钢铁集团有限公司华铭幼稚园	其他公办园	雨花区贝拉德天际湘府幼儿园有限公司	民办园

·续表16·

幼儿园名称	园所类型	幼儿园名称	园所类型
雨花区森林海金童幼儿园	民办园	雨花区杰特乐幼儿园有限公司	民办园
雨花区新湘摇篮幼儿园	三级普惠园	雨花区欧顿幼儿园有限公司	民办园
雨花区智慧桥幼稚园	民办园	雨花区半岛蓝湾第二幼儿园	委托公办园
雨花区星摇篮幼稚园	二级普惠园	雨花区教育局幼儿园博长幼儿园	局属公办园
雨花区嘉乐堡幼儿园有限公司	民办园	雨花区幼幼乐幼儿园	一级普惠园
雨花区教育局幼儿园第四幼儿园	局属公办园	雨花区万婴郁阳幼儿园	一级普惠园
雨花区石马煜睿幼儿园	四级普惠园	雨花区洞井街道郁阳社区筹建委员会弘孝幼儿园	委托公办园
雨花区未来之星幼儿园	三级普惠园	雨花区爱心树幼儿园有限公司	民办园
雨花区华龙第一幼稚园	民办园	雨花区豪威尔幼儿园	三级普惠园
雨花区小红帽幼儿园	二级普惠园	雨花区佳天幼儿园有限公司	三级普惠园
雨花区香樟公馆幼儿园	委托公办园	雨花区中航城幼儿园	委托公办园
雨花区龙吉娃幼儿园	三级普惠园	雨花区教育局明宸府幼儿园	局属公办园
雨花区教育局天凯东苑幼儿园	委托公办园	雨花区教育局幼儿园东澜湾幼儿园	局属公办园
雨花区三沐幼儿园	委托公办园	雨花区教育局幼儿园明昇幼儿园	局属公办园
雨花区钰兴幼儿园	委托公办园	雨花区教育局吉联幼儿园	委托公办园
长沙正圆博智幼儿园	其他公办园	雨花区魅力星城幼儿园	委托公办园
雨花区小哈博幼儿园	一级普惠园	雨花区教育局万家城幼儿园	委托公办园
雨花区华星幼儿园	委托公办园	雨花区教育局绿地之窗幼儿园	委托公办园
雨花区东方之星幼儿园	委托公办园	雨花区凯斯幼儿园有限公司	民办园
雨花区英郡年华幼儿园	委托公办园	雨花区粟塘中心幼儿园	委托公办园
雨花区自然树幼儿园	一级普惠园	雨花区瑞莱恩幼儿园有限公司	民办园
雨花区智慧树幼儿园	委托公办园	雨花区魅力之星幼儿园	委托公办园
雨花区金色梯田融科幼儿园	一级普惠园	雨花区浪琴山幼儿园	委托公办园
雨花区自然树兰亭幼儿园有限公司	民办园	雨花区教育局幼儿园第七幼儿园	局属公办园
湖南省人民政府直属机关第二幼儿院	其他公办园	雨花区卓越蔚蓝幼儿园	委托公办园
雨花区爱迪宝贝幼儿园	三级普惠园	雨花区贝拉德同升湖幼儿园有限公司	民办园
雨花区好娃优华悦城幼儿园	三级普惠园	雨花区启卓湘水幼儿园	二级普惠园
雨花区常青藤珑璟台幼儿园	一级普惠园	雨花区教育局湘府十城幼儿园	委托公办园
雨花区常青藤成长幼儿园有限公司	民办园	雨花区教育局幼儿园绿地新都会幼儿园	局属公办园
雨花区莲景苑幼儿园	委托公办园	雨花区教育局幼儿园中建璟和城幼儿园	局属公办园
雨花区瑞恩堡幼儿园	二级普惠园	雨花区地中海幼儿园	委托公办园
雨花区五矿万境幼儿园	委托公办园	雨花区联盟佳苑幼儿园	委托公办园
雨花区五矿水岸幼儿园	委托公办园	雨花区教育局幼儿园长房东旭幼儿园	局属公办园
雨花区星摇篮万境幼儿园有限公司	民办园	雨花区教育局幼儿园明昇第二幼儿园	局属公办园
湖南省人民政府直属机关第二幼儿院德润幼儿园	其他公办园	雨花区教育局幼儿园川河苑幼儿园	局属公办园

·续表16·

幼儿园名称	园所类型	幼儿园名称	园所类型
雨花区雅齐理想城幼儿园	委托公办园	雨花区教育局幼儿园愉景苑幼儿园	局属公办园
雨花区上海城幼儿园	委托公办园	雨花区三之三星城映象幼儿园	一级普惠园
雨花区融城幼稚园	二级普惠园	雨花区教育局幼儿园蓝莓苑幼儿园	局属公办园
雨花区华婴幼稚园	一级普惠园	雨花区魅力之城幼儿园	委托公办园
雨花区思远幼儿园	委托公办园	雨花区合丰聪伶幼儿园	四级普惠园
雨花区湘教欢乐童年幼儿园	二级普惠园	雨花区黎雅苑幼儿园	委托公办园
雨花区星都荟幼儿园	三级普惠园	雨花区东方锦苑幼儿园	三级普惠园
雨花区星摇篮城南幼稚园	一级普惠园	雨花区天乐幼儿园	一级普惠园
雨花区金鹰幼儿园	委托公办园	雨花区莲湖幼儿园	三级普惠园
雨花区英蓝极客营幼儿园有限公司	民办园	雨花区旭日升幼儿园	四级普惠园
雨花区爱弥尔幼儿园有限公司	民办园	雨花区天才启智幼儿园	三级普惠园
雨花区山水庭院幼儿园	委托公办园	雨花区博才幼儿园	三级普惠园
雨花区凯恩新城幼儿园	委托公办园	雨花区雅齐幼儿园	委托公办园
雨花区教育局多多幼儿园	委托公办园	雨花区乐多多幼儿园	三级普惠园
雨花区星辰之星幼儿园	二级普惠园	雨花区蓝光河畔幼儿园	委托公办园
雨花区山水豪园幼儿园	二级普惠园	雨花区阳光心长重幼儿园	民办园
雨花区金域华府幼儿园	委托公办园	湖南省人民政府直属机关第二幼儿院恒大绿洲幼儿园	其他公办园
雨花区英蓝丽景香山幼儿园	一级普惠园	雨花区金色卡通优山美地幼儿园	二级普惠园
雨花区精博幼儿园	委托公办园	雨花区金色卡通万里时代幼儿园	二级普惠园
雨花区教育局幼儿园第六幼儿园	局属公办园	雨花区高桥星星幼儿园	四级普惠园
雨花区艾旭翼幼儿园	三级普惠园	雨花区中隆御玺吉纽思幼儿园	一级普惠园
雨花区睿之翼幼儿园	民办园	雨花区金色卡通茂华幼儿园	二级普惠园
雨花区保利大都汇幼儿园	委托公办园	雨花区金色未来雨花公馆幼儿园	三级普惠园
雨花区新城柏樾幼儿园	委托公办园	雨花区蓝山迪诺泊爱幼儿园	一级普惠园
雨花区教育局璀璨天城幼儿园	局属公办园	雨花区茂华摩码幼儿园有限公司	民办园
雨花区教育局幼儿园五一幼儿园	局属公办园	雨花区双水湾海豚贝贝幼儿园	二级普惠园
雨花区小花朵高桥幼儿园	三级普惠园	雨花区明奥嘉雨幼儿园有限公司	民办园
雨花区高桥新世纪五一幼儿园	三级普惠园	雨花区森林海美联幼儿园	委托公办园
雨花区新世纪幼儿园	三级普惠园	雨花区教育局幼儿园碧水龙庭幼儿园	局属公办园
雨花区翰林幼儿园	民办园	雨花区景环幼儿园	二级普惠园
雨花区高桥依依幼儿园	四级普惠园	雨花区育英幼儿园	二级普惠园
雨花区高桥新世纪友谊幼儿园	三级普惠园	雨花区小博士启蒙幼儿园	一级普惠园
雨花区万婴茂华幼儿园	一级普惠园	雨花区弘瀚幼儿园	委托公办园
雨花区青果树华雅幼儿园	一级普惠园	雨花区弘欣公寓幼儿园	一级普惠园

·续表 16·

幼儿园名称	园所类型	幼儿园名称	园所类型
雨花区紫东尚郡幼儿园	三级普惠园	雨花区教育局鸿运佳苑幼儿园	委托公办园
雨花区贝贝星幼儿园	三级普惠园	雨花区教育局幼儿园中海珑庭幼儿园	局属公办园
雨花区童星幼儿园	四级普惠园	雨花区红星嘉和苑幼儿园	委托公办园
雨花区金色未来幼儿园	三级普惠园	雨花区天华幼儿园有限责任公司	民办园
雨花区小明珠幼儿园	三级普惠园	雨花区教育局幼儿园枫丹丽舍幼儿园	局属公办园
雨花区一鸣幼儿园	三级普惠园	雨花区雨花幼儿园	委托公办园
雨花区旺旺幼儿园	三级普惠园	雨花区贝尔乐幼儿园	三级普惠园
雨花区英蓝上河幼儿园	一级普惠园	雨花区喜洋洋幼儿园	三级普惠园
雨花区绿城幼儿园	委托公办园	雨花区丁丁小杜鹃幼儿园	委托公办园
雨花区长兴幼儿园	三级普惠园	雨花区太和园幼儿园	委托公办园
雨花区常青藤锦湘幼儿园	委托公办园	雨花区和顺苑晶晶幼儿园有限责任公司	民办园
雨花区上河紫郡幼儿园	民办园	雨花区木莲海拔东方幼儿园	民办园
雨花区教育局幼儿园第五幼儿园	局属公办园	雨花区教育局幼儿园圭星幼儿园	局属公办园
雨花区春晓幼儿园有限公司	三级普惠园	雨花区星耀城幼儿园	委托公办园
雨花区小芙蓉幼儿园	四级普惠园	雨花区新洋幼儿园有限公司	民办园
雨花区奥林匹克花园吉纽思幼儿园	民办园	雨花区朵俊颐和幼儿园	委托公办园
雨花区诗语幼儿园	委托公办园	雨花区汇金城幼儿园	委托公办园
雨花区欣风幼儿园	三级普惠园	雨花区小杜鹃幼儿园	委托公办园
雨花区柚柚幼儿园	民办园	雨花区丁苗幼儿园	三级普惠园
雨花区阳光才子幼儿园	委托公办园	雨花区小森林富春山幼儿园	三级普惠园
雨花区小博士洞井幼儿园有限公司	三级普惠园	雨花区教育局幼儿园南城首府幼儿园	局属公办园
雨花区育灵童幼儿园有限公司	民办园	雨花区教育局幼儿园中建嘉和城幼儿园	局属公办园
雨花区教育局欧莱雅郡幼儿园	委托公办园	雨花区教育局万境蓝山幼儿园	委托公办园
雨花区嘉福幼儿园	委托公办园	雨花区教育局保利城幼儿园	局属公办园

【教育强区】 2022年，雨花区投入12.5亿元，完成12所中小学校建设；投入1.33亿元，新建公办幼儿园8所；投入3亿余元，完成中雅培粹、天华小学转设公办，增加学位5600个，民办义务教育学校在校生下降至约5%，完成同升湖学校分类登记，接受教育部规范民办义务教育专项调研获肯定。通过紧密型办学、共同体办学、对口帮扶、学区管理等模式深化12个教育集团集团化办学，新增砂子塘万境教育集团、雨花实验小学教育集团，13所区属公办中学全部实现与省、市名校合作办学，17所城区优质学校（园）联点帮扶跳马片区学校，全年组织128名优秀教师到跳马镇中小学支教。制定乡村小规模学校优化提质工作方案，全区义务教育7项资源配置指标均超过国家规定标准，教育高质量发展获省委主办的《湖南工作》专版推介，区政府教育履职评价得分全市第一，获评优秀等次。遴选89家优质社会机构参与约12万人参与的课后服务，投入100万元/年引进“非遗”课程，以“两进”（进督导、进常规视导）机制实现课后服务“6个100%”（中小学校100%开展、“5+2”服务时间100%保障、有需求的学生100%满足、教师100%参加、学生午餐100%落实、育人效果100%满意），《湖南教育》专版推介；为全区学生免除学杂费，免费提供教科书9856万余元，为2800名困难学生发放资助资金103万余元，解决近40名维吾尔族人员子女入学问题。建成15个特殊教育资源教室，开设2个年级融合班，在2022年市特殊教育工作推进会上作典型发言。

【教育教学】 2022年，雨花区以生命化课堂点校、问题化学习、四自课堂点校等联盟为引领，深化课改，选送参评全国“基础教育精品课”数量居全市第一，在长沙市中学教育质量综合评价中，明德雨花中学、长沙市一中雨花新华都学校排名全市前十，同升湖学校、金海中学排名民办中学前列，高中学业水平测试合格率100%，《走向深度学习的“431”课堂教学区域改革实践探索》获“省基础教育教学成果奖”一等奖。出台《幼儿园保教质量评价指南》《幼儿园常规视导指导手册》，雨花区教育局第一幼儿园作为全省唯一入选全国首批儿童发展友好实验园。完善幼小衔接工作机制，区域幼小衔接实现100%全覆盖，雨花区教育局第六幼儿园作为全市唯一区属园获评“省幼小科学衔接优秀试点园”。加强作业全过程管理，开展作业设计比赛，出台《低年级游艺测评指南》，分层、个性化布置作业，中小学校100%建立作业公示制度、小学100%落实每周一天无作业日、班级100%实施作业总控制度。教育评价改革案例获评省级典型案例，《光明日报》4次报道雨花区课改、学段衔接、“双减”、教育评价改革经验。以“红领巾争章行动”为抓手推动德育评价改革，入选市优秀案例；《三“新”育人，构建雨花思政大格局》入选省思政工作优秀案例；在长沙市少先队辅导员风采大赛中获团体特等奖；砂子塘天华小学少先队大队作为全市唯一学校获“2022年度全国优秀少先队集体”；枯园小学作为全省唯一学校入选第十批全国民族团结进步示范单位；育新小学入选“全国国防教育示范学校”。52节美育优质课入选国家智慧教育平台，35所学校成功创建全国体育特色校，湖南省体育局授予雨花区“年度突出贡献单位”。为98所中小学配齐“四师”（营养师、心理咨询师、运动管理师、校医），8所学校获评市级营养与健康学校，被推荐申报“全国近视防控试点区”。成立劳动教育教学指导委员会，印发参考指南，设立18个区级劳动实践工作坊，入选湖南省首批中小学劳动教育实验区。成立区教育局、区妇联、区关工委、团区委等多部门共建的雨花区家庭教育指导中心，创建一批“家长学校”，评选一批“校外实践基地”，聘请一批“校外德育导师”，形成家校社协同育人新合力。率先全省建设智慧特殊教育平台，建成15个特殊教育资源教室。智慧教育数据中心完成建设并对外开放，在长沙市智慧教育示范区创建、未来学校创建中期评估考核中居全市第一。

【教育治理】 2022年，雨花区推进依法治教，办理行政诉讼案件10起，无一败诉，完成长沙市法治政府建设实地督查。聘请120名法治副校长，联合法律顾问开展法治知识讲座。受理“12345”热线工单4162件，比2021年下降28%，办结率100%，满意率99.78%；信访件及时受理率和按期办结率为100%，有责投诉为0。建设覆盖63.29万名师生员工及同住人员的防疫大数据平台。联合交警、交运开展校车路面执法16次；交办、整改校园及周边安全隐患3000余条，建设“雷锋号护学岗”387个；实施“三百”（推选百名优秀教师、评选百门精品课程、遴选百个攻坚克难典型案例）工程，义务教育阶段学科类校外培训机构从180家压减至23家，压减率87.2%，代表长沙市接受教育部调研，工作经验在全省会议推介；关停存在安全隐患的有证园2所、无证园13所、无证培训机构58个。

【教师队伍建设】 2022年，雨花区率先在全省成立区级中小学师德培训师名师工作室，推进全国“师德涵养实验区”“首席培训师、培训师、学校教师”三级修德梯队建设；首创师德研修平台，构建“师德E平台课程资源框架”（60个专题），开发“E平台”手机端，推进师德建设管理信息化、智慧化。推进教师培训“六大工程”〔新进教师培养工程、合同制教师“半小时带”培训工程、名师孵化工程、书记校（园）长表率工程、骨干教师引领工程、德育菜单式培养工程〕，完成教师培训4042人次。获省、市级表彰14人，3人入选全省百名名师名校长培训对象，人数全市区县最多。开展第八批名师工作室遴选工作，新成立少先队、创客、初中语文等6个名师工作室，评选第三批名校长、卓越教师53名。引进教师367人，其中名优骨干、特殊人才95人。遴选人工智能助推教师发展试点校10所，入选长沙市人工智能助推教师发展试点实验区。制定并实施《长沙市雨花区2022年校园减负工作计划》，开展全区涉校“督检考评”和“进校园”工作专项督查，事项在2021年减少58%的基础上再减少7%。学校100%高标准建设“教工之家”，100%建立特殊心理、身体、疾病、家庭教师档案。爱心帮扶教职工2732余人次，发放慰问金85.88万元，提供教师公租房近300套。

【基层党建】 2022年，雨花区教育局开设“加强中小学校党的建设专题培训班”，集中培训党员3000余人次。红色情景剧《宣言》《像您一样》在长沙市教育系统“七一”先锋故事会上展演。组织“喜迎二十大 奋进新时代”微宣讲活动，参加区赛获第一名。推进党组织领导的校长负责制，覆盖面75.3%，长郡雨花外国语学校的经验做法，获区委推荐参评市委党建工作品牌。加强民办教育党建，派出4批次118名党建指导员深入民办学校、幼儿园及培训机构开展党建指导，党组织覆盖率78.54%。推进清廉学校建设，成立清廉学校建设领导小组，建设经验在三湘风纪网推介，在全市推广；对18所中小学校和35所普惠园开展经济责任审计；处理“微腐败”线索11条，记过处分3人，警告处分5人。围绕“学习二十大 争做好队员”等主题开展新媒体主持演讲比赛，培育区级“红领巾宣讲员”75名，推树优秀“红领巾讲解员”12名参加全市展播活动。

【教育工作会议】 2022年1月19日，雨花区2022年教育工作会议在雅境中学召开。区教育局党委书记、局长张新卫同志作题为《踔厉奋发 勇毅笃行 奋力推进雨花教育高质量发展》工作报告，提出2022年雨花区教育应抓好五项工作：坚持党的领导，开创教育发展新局面；紧扣改革主题，激发科学发展新活力；突出五育融合，构建全面育人新体系；推进强师战略，汇聚教师成长新动能；强化优质均衡，打造高质量发展新格局。区教育基金会理事长吴承志宣读2021年度全区教育系统绩效考核结果并对获一等奖的单位代表进行现场颁奖。区政府副区长刘燕妮就下阶段工作开展进行强调。在校长（园长）论坛阶段，长郡雨花外国语学校校长张国军、雨花实验小学校长万淑兰、砂子塘万科魅力小学校长丁君囡、雨花区教育局第一幼儿园园长邓益云就绩效考核、教育惩戒、幼小衔接等主题作主题发言。

【“开学第一课”】 2022年2月14日，雨花区十万学子同上“美好家风我传承，争做新时代好少年——开学第一课”直播活动在枫树山大桥小学举行。获评2021年全国“新时代好少年”的陈羽析作为新时代“小雨花”直播间的第一位小主播，向全区十万学子讲述她的成长故事。中共长沙市委党校法学副教授、湖南天地人律师事务所律师伍贤华，少先队员代表陈羽析及父母，广益社区党总支书记王文利等，围绕《中华人民共和国家庭教育促进法》开启微论坛。

【湖南省少先队名师工作室工作研讨会在雨花区召开】 2022年2月18日，湖南省2022年少先队名师工作室工作研讨会在长沙市雨花区天华寄宿制学校召开。团湖南省委副书记刘静，团长沙市委书记刘林志，雨花区政府副区长刘燕妮，区教育局党委书记、局长张新卫，以及市内五区少先队总辅导，各级少先队名师工作室负责人及欧阳爱湘全国少先队名师工作室全体成员等参加活动。刘静一行参观天华学校少先队活动阵地和欧阳爱湘少先队名师工作室。张新卫就雨花区2021

2022年2月18日，湖南省2022年少先队名师工作室工作研讨会（文　江　供图）

年的少先队工作成效，张国金就长沙市少先队重点工作情况及“小树苗红色基因传承计划”进行汇报。会议重点围绕2022年湖南省少先队辅导员风采大赛项目制定、省级少先队名师工作室建设标准、省少先队工作实操手册框架搭建、省少先队实践教育项目等内容进行研讨。刘静提出，2022年要围绕“喜迎二十大”、建团百年等全团工作重点谋划铺排做好一系列工作；在少先队工作发展最好的时代发挥好各级名师工作室作用；紧扣团中央工作要点，落实做好湖南省2022年少先队工作。

【集团化办学线上交流研讨会】 2022年4月8日，长沙市雨花区教育局、永州市冷水滩区教育局集团化办学线上交流研讨会召开，会场设冷水滩区教育局会议室、砂子塘小学会议室。冷水滩区政府副区长王付荣、永州市教育局基教科科长欧阳军、冷水滩区教育局局长秦功旭、基础教育股相关人员和部分校长代表以及砂子塘教育集团总校长李臻、长郡雨花外国语教育集团总校长张国军、枫树山教育集团总校长张洪波、育新教育集团总校长杨娜、砂子塘小学校长刘军辉参加会议。雨花区教育局基础教育科科长陈俊作《雨花区教育集团化办学情况》发言，解读“品牌引进”“自行集团化”“精准帮扶”等集团化办学的方式；李臻以《美人之美 美美与共 共领雨花教育新发展》为题介绍砂子塘教育集团办学的“四大抓手”：优化内部管理结构、完善因地制度建设、严实办学过程管理、加强骨干教师流动，实现集团各校“1+1＞2”共荣共生共长的美好愿景；杨娜以《践行一二三策略 助推于新教育高质量发展》分享育新教育集团的成长路径：制度共建、资源共享、发展共进，依靠军事化特点，打造少年军校；张国军、张洪波分享长郡雨花外国语教育集团、枫树山教育集团建设的实践和经验。与会双方就集团化办学管理、考核、教师交流等进行交流探讨。

【长沙市“青春向党 奋斗强国”主题团日活动在雨花区举行】 2022年4月29日，长沙市“青春向党 奋斗强国”庆祝中国共青团建团100周年主题团日活动在雨花区雅境中学举行。全市中小学生通过网络同步收看直播。活动分“觉醒·青春救国”“奋斗·青春报国”“赓续·青春强国”3个篇章，上演砂子塘小学青年教师情景剧《五四薪火 青春救国》、舞蹈《希望》《初心》、枫树山团员教师朗诵《我们的担当》等节目，呈现五四运动先驱创建中国社会主义青年团组织场景等。

【校园房屋建筑安全风险隐患排查整治】 2022年4月30日，雨花区教育系统房屋建筑安全和师德师风领域的风险隐患排查整治工作部署会召开。区教育局班子成员、机关干部、二级机构中层以上干部、全区中小学、幼儿园校级行政、校外培训机构主要负责人参会。会议培训部署约1000名教育干部职工于5月1—4日对近700所中小学幼、校外培训机构进行房屋建筑、师德师风领域安全隐患排查整治。

【教师培训】 2022年5月11日，雨花区2022年度国家义务教育质量监测实施工作培训会在雅境中学召开。全区中小学语文、英语、音乐、美术教研员，样本校责任督学，主监测员，样本校工作人员及参测学科教师参加会议。区政府教育督导室总督学徐宇明提出工作要求；长沙市教科院副院长章勇提出建议，要严密组织国测工作，真实反映雨花水平，强调国测结果应用；市教科院教育质量监测与评估中心主任邹良以《以高质量监测推进区域义务教育高质量发展》为题剖析国测工作促进教育高质量发展意义；区教育局督导室副主任黄正中进行测试程序与工作规范培训。8月18—21日，雨花区2022年新进教师入职培训在湖南师范大学开班。280余名新进教师参加培训。培训内容包括立德树人教育观、教师专业成长方法、班级工作管理智慧以及教育教学研究策略等内容，以专题讲座为主要形式，提升新教师的师德修养水平和教育教学基本功。8月21日，雨花区2022年新进名优骨干教师入职培训班在湖南师范大学举行。培训围绕“学习新课标，落实新课标”“课题研究的实施路径”“课堂教学的科学性与艺术化”“课堂教学与教研活动开展”“如何阅读一本书”等多个模块内容展开，采取专家讲座、心得交流等方式，提升教师自身综合能力和教育教学研究水平。

【信息技术与学科深度融合教学能手竞赛】 2022年5月11—12日，雨花区2022年信息技术与学科深度融合教学能手竞赛在雅礼雨花中学举行。雨花区属15所中学，87位老师分6组参赛，雅礼雨花中学调度17个班、850余名学生参与，株洲市石峰区、湘潭市岳塘区教师同步线上观摩。课前，参赛教师通过101智慧课堂平台推送前置性学习资源，诊断学情，精准分析，以学生的薄弱点、困难点与生长点为课堂教学的起点，以情景化、主任务、跨学科为基本策略，探索信息技术与学科教学深度融合的新路径、新方法。课堂上，通过签到抢答、希沃游戏等方式调动学生的情绪情感状态，通过实拍讲解、随堂讨论等功能为学生之间的展评、质疑提供平台，通过现场连线、新闻播报等创新形式来拓宽学习的空间。

【雨花实验第四小学揭牌】 2022年5月18日，雨花区雨花实验第四小学揭牌仪式举行，该校由树木岭小学更名。区教育局党委书记、局长张新卫，圭塘街道党工委书记刘明生，长重社区党总支书记龙艳霞，雨花实验小学教育集团总校长万淑兰，雨花实验第二小学校长谌小平，雨花实验第三小学书记陈莉芬、校长袁灿英，雨花实验第四小学校长楚艳芳等嘉宾和学校退休教师代表、家长代表、全体师生共同参加揭牌仪式。

【“520”心理健康日主题开放活动】 2022年5月20日，雨花区“学习力点亮未来”520心理健康日主题开放活动在育新小学举行。雨花区何俭辉中小学心理健康名师工作室首席名师何俭辉开展《“双减”背景下基于积极心理视域的小学生学习力的实践研究》微讲座，工作室成员、长郡雨外二附小潘丽老师，育新小学蒋子豪老师执教展示课《我的学习糖果》《突破思维定势》，现场推出8堂录像课。怀化市溆浦县屈原学校、株洲攸县心理名师工作室、浏阳市王运珍心理名师工作室、湖南农业大学应用心理学系师生通过网络同步参与。

【“利剑护蕾”法治进校园】 2022年5月30日，雨花区法院“利剑护蕾”法治进校园活动在南雅双语实验中学举行。雨花区法院刑事审判庭未成年人犯罪审判法官危唯以“护未成长，与法同行”主题，围绕《中华人民共和国未成年人保护法》《中华人民共和国预防未成年人犯罪法》开展法治讲座；区法院刑事审判庭庭长陈金磊、副庭长宁昊杰组织法治有奖问答竞赛并发放宣传资料1000余份；学校向法官颁发法治副校长聘书。同日，区法院“利剑护蕾”法治进校园活动在泰禹小学举行。区法院法制教育课程讲师团瞿源远从法律常识、校园霸凌、性侵犯罪和法官寄语4个方面开展法治讲座；“雨花区道德模范”钟明强讲解简单防护动作。

【湖南省“护苗·绿书签行动”系列宣传主题活动在雨花区举行】 2022年5月30日，“育苗更护苗，喜迎二十大”湖南省2022年“护苗·绿书签行动”系列宣传主题活动在雨花区砂子塘小学举行。砂子塘小学小白鸽合唱团表演歌曲《中国少年》，上演音诗舞《少年志》、故事分享《清廉自守白居易》、舞蹈《我和我的祖国》等节目；学生代表梁璟怡在向永州市双牌县五里牌镇中心小学捐赠图书仪式中发言；省儿童艺术剧院表演儿童戏剧课《巨人计划之星空》；省高级人民法院团委书记向英带开讲法制微课《让法律呵护少年的你》。

【“长株潭”区域联合教研】 2022年，长沙市、株洲市、湘潭市以教育为桥梁，以学校为纽带，加强交流、深化合作，凝聚都市圈教育力量，推进长株潭教育一体化建设进程，提高教育教学质量。6月2日，“长株潭”区域联合教研之“技术赋能学科，探寻深度融合”数学教师研训活动在长沙市一中雨花区新华都学校启动。该次教师交流平台由长沙市雨花区教育科学研究所联合株洲市石峰区、湘潭市荷塘区教研部门搭建，北京市、成都市、长沙市三地名师专家网络连线共引领，长沙市、株洲市、湘潭市三地数学老师通过线上专题培训、案例分享、经验介绍、主题论坛，实现资源共享，主题共研，成长共生。6月9—10日，2022年雨花区小学音乐学科“基于教学改革、融合信息技术的新型教与学模式”教学展示暨“长株潭教育一体化”音乐教学交流研讨活动在雨花区泰禹小学举行。湖南省教科院音乐教研员薛晖、湘版音乐教材副主编邹阳、长沙市教科院音乐教研员娄瑶琪担任评委，长沙市雨花区，株洲市石峰区，湘潭市岳塘区、韶山市四地音乐教研员及四地部分小学音乐教师现场授课或观摩，四地所有小学音乐教师参加线上直播学习。该次活动四地音乐教师展示交流16堂课，开展音乐实践活动，施展吹拉弹唱跳等技艺，开发智慧教育手段。3名专家评委对16名教师的课堂展示进行点评。9月21日，2022长株潭三地联动·教学评深度探索·智慧课堂“领航教师”培训在雅境中学举行。石峰区、岳塘区和雨花区三地各中学围绕“基于教学改革、融合信息技术的新型教与学模式”一同开启“智慧云教研”。江苏师范大学教授杨现民通过网络开展《中小学教师数据思维及其应用场景》讲座，从教育数据意识、教师数据处理技能、教育数据的可视化及解读、教育数据的创新应用模式与数据思维等方面，系统介绍中小学教师数据素养的培养路径、方法。10月，以“落实新课标，践行在课堂”为主题的手拉手系列培训研讨活动在长郡雨花外国语洪塘学校与株洲茶陵芙蓉学校、株洲炎陵芙蓉学校同步举行。活动持续2周时间，中小学11个学科组开展90余节片段教学展示及教育微表达，雨花区教科所的各学科教研员围绕落实新课标理念，推进智慧教育，推动课堂教学改革，开展13场专题讲座。

【砂子塘黎郡小学更名揭牌】 2022年6月23日，雨花区砂子塘黎郡小学更名揭牌仪式举行。区教育局党委书记、局长张新卫，东山街道党工委书记周少敏，砂子塘集团各学校的校长、书记，学校退休教师代表及家长代表等参加仪式。砂子塘黎郡小学校长骆剑致辞；砂子塘集团各校校长、书记表演舞蹈《夏日·花香》、管乐五重奏《我爱你中国》《钢铁洪流进行曲》、原创诗歌朗诵《我们的初心》等节目。张新卫强调，要合力将砂子塘集团做得更强、更优，孵化出更多像泰禹、万境这样的优质教育集团。

【湘潭九华砂子塘潭州小学揭牌】 2022年9月6日，由长沙市雨花区教育局与湘潭经开区管委会合作办学的湘潭九华砂子塘潭州小学揭牌。该校是“长株潭城市群一体化发展”推进优质教育资源共建共享项目，占地3.52公顷，开设约36个班。湘潭市政府副市长傅军，雨花区委副书记、统战部部长郭四军，湘潭市教育局副局长李奇，雨花区教育局党委书记、局长张新卫，湘潭祥和置业有限公司董事长邱晓晖，砂子塘教育集团总校长、砂子塘小学党总支书记李臻，湘潭九华砂子塘潭州小学校长刘岁芝及学校全体班子成员参加仪式。仪式由湘潭经开区党工委副书记刘华主持。郭四军讲话，希望该校能打造成一所合作办学的示范学校、社会认可的名牌学校；李臻、刘军辉分别向砂子塘潭州小学授校旗、校徽；傅军要求，湘潭经开区和湘潭市教育部门要关心关爱新学校的建设发展，支持学校高起点办学、高质量发展。

【教师节表彰大会】 2022年9月7日，雨花区庆祝第38个教师节表彰大会暨师德师风主题教育活动月启动仪式在雅境中学举行。区教育局全体班子成员、全体科室长、各二级机构主要负责人，各公民办中小学校、公办幼儿园主要负责人、民办幼儿园、民办培训学校联组长等参加会议。大会由区政府副区长刘燕妮主持。区教育局党委书记、局长张新卫作题为《真抓实干 奋勇争先 以实绩实效推动雨花教育高质量发展》教育工作汇报；区教育基金会理事长吴承志宣读《2022年度雨花区教育系统先进集体和个人评选结果通报》，10名“优秀校长（园长）、书记”、50名“优秀教育工作者”、10名“优秀乡村教师”、519名“优秀教师”、216名“优秀班主任”、3个“优秀名师工作室”和10名“优秀保安”受表彰；对南雅双语实验中学、枫树山莲湖小学等12所雨花区第二批“师德养成教育基地校”进行授牌；长郡雨花外国语学校教师陈斯聪、砂子塘小学第六都校区执行校长刘佳媛等3人作为先进个人代表、师德养成教育基地校代表发言。区委副书记、

2022年9月7日，雨花区庆祝第38个教师节暨师德师风主题教育活动月启动仪式
（文 江 供图）

区长黄军其提出，雨花区教育人要争做修身立德的楷模、业务精湛的骨干、爱生如子的典范、爱岗敬业的表率。湖南省教育厅党组成员、总督学郭建国到会并提出要求：修为师之德、行笃学之路、兴尊师之风。

【获评全国“央馆人工智能课程”规模化应用试点区】 2022年9月19日，在教育部教育技术与资源发展中心（中央电化教育馆）组织的第一批“央馆人工智能课程”规模化应用试点区（含试点校）的评选中，雨花区被评为全国第一批“央馆人工智能课程”规模化应用试点区，长塘里小学、砂子塘小学、砂子塘天华小学、泰禹小学、泰禹第二小学、长塘里阳光小学、长郡雨花外国语学校、雅境中学8所学校被评为全国第一批“央馆人工智能课程”规模化应用试点校。

【长沙市长郡双语雨花中学投入使用】 2022年9月，长沙市长郡双语雨花中学投入使用。该校位于雨花区黎托街道潭白路与粟塘路交汇处，占地面积7.27公顷，校舍面积7.7万平方米，设计规模66个班，截至2022年年底，有班级12个，学生522人，教师45人。2022年，该校在湖南省“基础教育精品课”遴选活动中获一等奖1个；在长沙市基础教育精品课遴选二等奖1个；获湖南省集体备课大赛省一等奖3个、二等奖1个、三等奖2个；长沙市第一届“中小学教育教学短视频（微课题）征集活动”特等奖1个、二等奖1个。

【新媒体主持大赛】 2022年11月15日，雨花区第三届“学习新思想 做好接班人”新媒体主持大赛在砂子塘东澜湾小学举行。该次比赛由区教育局、团区委、区文明办主办，区艺术体育科技中心、东澜湾小学承办，长沙市新华书店协办。区教育局党委委员、副局长刘翔贵致辞；从初赛100余所学校角逐出的74名复赛小选手以打快板、卖桃子、主持电视节目、讲生活故事等形式参与比赛。

【砂子塘万境教育集团成立】 2022年11月16日，雨花区砂子塘万境教育集团成立暨揭牌仪式在砂子塘万境水岸小学进行。五矿二十三冶建设集团有限公司总经理吴建国，雨花区教育局党委委员、副局长刘翔贵，砂子塘万境水岸小学的教师、家长、学生代表等参加仪式。砂子塘万境教育集团总校长李飏、砂子塘万境第二小学校长李艳妮、砂子塘万境第三小学校长徐幸操分别表态发言。刘翔贵对集团的发展提出希望：集团要内涵增长，教师要全面发展，学生要幸福成长。

2022年11月24日，雨花区民办教育协会换届选举大会　（文　江　供图）

【民办教育协会换届选举】 2022年11月24日，雨花区民办教育协会换届选举大会在雅境中学召开。雨花区民办教育协会副会长高伟作第四届理事会工作报告。会议通过民主选举、线上投票的方式选举产生45名第五届雨花区民办教育协会理事，通过线下等额投票方式，选举产生新一届理事会负责人，戴学明担任新一届会长，王再坤、邓益云、向赞勋、张晓、诸爱峰、马艳、李桂成担任新一届副会长，彭亿平担任新一届秘书长。区教育局党委委员、民办教育党委书记何兵生指出，协会要加强自身建设，互相帮助、互相支持、互相促进。

【获评全国优秀少先队集体、辅导员】 2022年12月27日，共青团中央、教育部、全国少工委发布《关于表彰2022年度全国优秀少先队员、全国优秀少先队辅导员、全国优秀少先队集体的决定》，表彰300支全国优秀少先队大队，449名全国优秀辅导员，其中雨花区砂子塘天华小学少先队大队作为长沙唯一少先队集体获“2022年度全国优秀少先队集体”称号，雨花区王家冲小学德育主任黄椰蔓获“全国优秀少先队辅导员”称号。

（本栏撰稿　文　江）

·稻田中学·

【概况】 长沙市稻田中学位于雨花区砂子塘路121号，是市级示范性完全中学，始建于1912年，始称湖南省立第一女子师范学校，因校址坐落在长沙古稻田，习称“稻田女师”“稻田女校”。“古稻田”学校是湖湘名校、红色女校，教育家朱剑凡和徐特立先后担任学校首任和第七任校长；方维夏、黄静源等革命烈士在该校授业；向警予、杨开慧、缪伯英等在该校求学。学校数次易名，数次迁徙，一度辍停，1995年，稻田中学于长沙市郊（雨花）区梨子山复校。截至2022年年底，稻田中学有初、高中教学班56个，在校学生2600余人；有专任教师207人，其中特级教师1人，正高级教师1人，高级教师59人，省、市、区卓越教师、骨干教师68人。学校涌现出中国好人谭映天、全国优秀教师华玉凤、湖南省师德标兵史雄、湖南省教学能手李烨等一批名师。稻田人秉承“志诚仁爱”的校训，发扬徐特立“革命第一，工作第一，他人第一”的精神，以“办最好初中，做精品高中”为目标，办人民满意的教育。

2022年，稻田中学落实立德树人根本任务，推进育人方式改革，立足课程核心素养，坚持五育融合，完善制度建设，优化评价体系，提升教育教学质量，办好人民满意的教育。获湖南省“红心颂党恩 喜庆二十大”青少年主题活动优秀组织奖、湖南省青少年科学调查体验活动“优秀实施学校”、长沙市第六批心理健康特色学校等。

【教学教研】 2022年，长沙市稻田中学创新教学集体研修模式，申报雨花区唐镇中学德育名师工作室，优化学校德育队伍建设；以学校肖修锋化学名师工作室、戴玖辉思政名师工作室为抓手，开展学科特色教研活动；开展青年教师“三好四有”生命化课堂教学大比武、师徒结对同课异构展示活动，拓宽教师竞技、展示舞台。组织教师开展学科创意作业大赛，评选出一批创意作业优秀作品和优秀互动课件；参加雨花区首届学科创意作业设计大赛获得3个特等奖、9个一等奖、4个二等奖；组织毕业年级会考科目教师编写校本作业并投入使用；遴选6名青年教师参加雨花区学科融合大赛，获得一等奖、二等奖；选送优质课参加省、市、区“基础教育精品课”征集遴选活动，28人次获奖，其中国家级奖励2人次、省级奖励13人次、市级13人次、区级16人次，获评基础教育精品课优秀组织单位；组织115名教师组建25支团队参加省中小学教师在线集体备课大赛；6名教师在省级以上刊物（平台）发表文章，近100人次教学论文获得省级、市级、区级奖励，2人获得长沙市中小学教师读书征文活动二等奖、三等奖（全市获奖率34%）；申报立项1项省级教育规划课题，1项市级规划课题、5项区级规划课题（微课题）在研并获奖。

【“五育”并举育人体系构建】 2022年，长沙市稻田中学落实立德树人根本任务，推进“五育”（德育、智育、体育、美育和劳动教育）并举育人体系建设。开展学习习近平总书记在庆祝共青团建立100周年纪念大会上的讲话精神，以及“学雷锋主题团队日”“学习二十大 永远跟党走”等主题活动。组织学生到稻田中学校史陈列馆、杨开慧故居爱国主义教育基地，开展爱国主义教育。邀请中国人民解放军仪仗大队的退役军人举行2022年度第一次升旗仪式，实践小队到石门县壶瓶山镇开展助学活动，志愿服务队到张家界市桑植县洪家关乡、湘西自治州花垣县开展“稻田人在乡村”社会实践系列活动，师生代表在烈士纪念日到湖南革命陵园缅怀先烈。6次实践活动被红网、“新湖南”等媒体报道；刘颜宁、周煜景等30余位学生的“新时代好少年·强国有我”征文、朗诵作品在“央视影音”客户端上播出并获得荣誉证书。开展心理健康教育活动，向学生提供预约心理咨询服务，为学生们量身定做生涯指导课程，开展心理健康月活动、团体班级辅导活动。健全学校家庭社会协同育人机制，加大家庭教育培训和指导，华玉凤、唐镇、黄怡、陈跃飞、潘霞辉5名教师考取家庭教育指导师证。依托雨花区卓越家长学校平台，开展线上家长学校培训活动10次，学校自主开展线上培训4次。

【教师队伍建设】 2022年，长沙市稻田中学聚焦思想政治素质培养和履职担当能力提高，组织开展4次行政干部务虚会。每月开展班主任工作例会，开设专题培训6场，助力德育队伍的成长。7月，工作室首席唐镇受邀担任全国第五届“种子杯”班主任风采大赛暨首届教师写作大会导师；教师谷招娣获得全国班主任风采大赛初中组唯一的特等奖；10月，联合雨花区和溆浦县的16所学校，共同解读“勤”文化，以“多师云课”的方式，实现教育资源共享的最大化。组织198名教师参加湖南省中小学教师信息技术应用能力提升工程2.0考核，195名教师合格，一次性合格率98.5%。创新疫情防控常态化条件下区域教研活动形式，探索人工智能助力教师专业发展新途径，发挥基地校对学科教研的引领作用，促进学校校本教研常态化开展。化学组、历史组分别开展校本教研展示活动。组织各学科教师参加长沙市智慧课堂创新教学比赛，获得2个一等奖、2个二等奖、1个三等奖。申报雨花区清廉学校示范点，形成“一训三风”（校训：志诚仁爱、校风：自强求实、教风：敬业严谨、学风：勤奋博彩）为主题的清廉文化品牌；建立教师个人“师德师风档案”，全体教师签署承诺书。

【校园服务管理】 2022年，长沙市稻田中学重视师生安全宣传教育，在长沙市消防安全教育教学竞赛中，教师丁素珍的《我是校园消防安全员》、谷招娣的《小小安全绳，守护“生命线”》分别获得高中组和初中组的一等奖。组织安全疏散演练5次，校内开设急救课，以紧急避险、心肺复苏、创伤救护、常见急症处理等为主要培训内容，帮助全校师生掌握现场初级救护、防灾避险、常见急症救护等基础知识和实用技能。召开1次大型教代会，完成新旧教代会的衔接；召开5次专题教代会，分别对春季秋季课后服务实施方案、发放方案、课后服务奖励方案，《2021年增量绩效发放方案》、职评考核推荐委员会名单等进行审议并通过上述方案。开展“喜迎二十大·翰墨养师德”“喜迎二十大·永远跟党走”主题书法竞赛活动；慰问老病退军婚等项职工102人次，帮助相关教师获取区级及以上帮扶72人次；支持学校气排球队、乒乓球队训练、参赛；参与“健康雨花·迈向‘十强’”健步走活动，近20名老师获“健步能手”证书、2人获“‘十强’健步达人”称号。

【稻田中学110周年校庆】 2022年，长沙市稻田中学围绕110周年校庆环

长沙市稻田中学　　（陈文娟　供图）

境布置，推进校园硬件改造升级。特立广场铜像更换底座、重新刷漆并整修路面；风雨球场灯光、墙面、顶棚字画进行更新亮化；校门口周边环境、开慧楼、天问楼及连廊进行外墙清洗；开慧楼、警予楼花斗完成补种；天问楼厕所进行提质改造：更换门板、冲水器恢复自动感应器；校门口雨棚、葡萄架雨棚和学生食堂屋顶进行除污；后操场运动设施进行维修、完善。以“百年正青春 赓续稻田红”为主题拍摄校庆宣传片，制作纪念册，续编《稻田记事录 1912—2022》，编辑校报、校刊的校庆专辑和《〈稻田风〉文选》，编排文艺节目，组织校庆征文、征画等系列活动。《中国教育报》《湖南教育》分别发文推介稻田中学的办学思想和办学成果。

【“童心向党，礼赞国旗”素质训练】 2022 年 9 月 23 日，长沙市稻田中学 2022 级初一新生在经过为期 5 天的素质强化训练后，举行主题为“童心向党，礼赞国旗”素质训练结营仪式及会操展演。14 支方阵参加表演稍息、立正、停止间转法、跨立等项目。“C2201”“C2206”“C2208”“C2210”“C2211”5 个班级获得综合素质训练优秀连队，“C2206”“C2207”“C2212”“C2214”4 个班级获得综合素质训练跑操特等奖。稻田中学副校长张兴要求学生要有明确的学习目标、思考的习惯、优雅的气质 3 点要求。

【“中国好人”谭映天座谈】 2022 年 9 月 26 日，在重阳节来临之际，长沙市稻田中学邀请退休校友——“中国好人”谭映天参加座谈。稻田中学探索立德树人有效载体，强化红色文化教育，开展形式多样的宣讲活动。“中国好人”谭映天是稻田中学的退休教师，致力于稻田中学校友会工作。座谈现场，谭映天回顾自己与 1 名 18 岁校友刘守玟的故事。1938 年，在抗日战争中，刘守玟为抢救战友，在江苏省徐州市牺牲。谭映天经过 3 年的寻访，行程 7000 余千米，寻访 80 余名老校友，帮助刘守玟完成遗愿。现场，谭映天勉励现在的稻田中学学生珍惜学习环境，学习校友精神。

（本栏撰稿　陈文娟）

科学技术

【概况】 2022 年，雨花区以创新驱动发展为引领，增强全社会 R&D 经费投入，加大高新技术企业培育，培育重点创新项目，加快中小企业培育，加强平台载体建设，推进科技计划项目，促进科技成果转化。高新技术企业认定 225 家，科技项目申报 87 家，完成技术合同登记 2488 件，新增省级工程技术研究中心 6 个。

【高新技术企业】 2022 年，雨花区组织 400 余家辖区科技企业参加线上高新技术企业申报专业云培训，帮助辖区企业解读高新技术企业申报条件和程序，使企业掌握高新技术企业认定的核心要求，更好地进行高新技术企业申报，全区 2022 年高新技术企业认定数 225 家，全年有效高新技术企业数 602 家。

【全社会 R&D 经费投入】 2022 年，雨花区组织街镇科技专干、统计专干开展全社会 R&D 经费投入工作和企业 R&D 归集填报统计人员业务培训，培训 400 余人次。区科技局开展对湖南路桥建设集团有限责任公司等 200 家重点企业走访调研，加强与上级科技部门的协调对接。

【科技计划项目】 2022 年，雨花区科技项目经过雨花经开区、街镇推荐、科技部门初审、专家评审、区直部门联审等一系列评审程序，共立项 47 个，其中重点项目 34 个、一般项目 13 个。项目扶植资金 640 万元。推荐省、市科技项目 22 个。

【科技成果转化】 2022 年，雨花区利用在中机国际设立的技术合同认定登记点，拓展科技成果转化服务功能，提高科技成果就地转化效益，推动技术交易市场繁荣。加大对重点技术合同登记单位走访调研力度，加强对企业合同登记的业务指导。完成技术合同登记 2488 件，比 2021 年增长 108.2%；成交额 227.73 亿元，位居全市第一。

【科技创新平台建设】 2022 年，雨花区围绕重点产业和领域聚集创新要素，夯实各类科技创新载体，指导重点科技型企业积极创建科技创新平台，新增省级工程技术研究中心 6 个，有重点实验室、工程技术研究中心、企业技术创新中心、科技企业孵化器、众创空间等科技创新平台 79 个，其中国家级 2 个、省级 62 个、市级 15 个。

【科创智谷建设工作座谈会】 2022 年 2 月 18 日，雨花区科创智谷建设工作座谈会召开。区政府副区长周明，区工信局、商务局等相关区直部门，街道分管负责人以及部分重点企业相关负责人，西利企源（上海）信息科技有限公司代表等参加。区科技局介绍雨花科创智谷初步构想和工作进展；与会人员重点围绕加快推进雨花区科创智谷建设，汇聚东塘地区商圈创新创业、成果转化、工程设计等科技创新资源，从功能定位、发展目标、管理体制、运行机制、组织机构、推进步骤、配套服务等方面进行交流探讨。周明指出，要更梳理泛东塘片区设计院所和重点企业的科创资源，了解企业发展需求和相关诉求，加快雨花科创公共服务中心建设和科创产业基金的设立。

【创建省级创新型区】 2022 年 5 月 26 日，雨花区创建省级创新型区工作调度暨科技创新工作部署会议召开。区委副书记、统战部部长、党校校长郭四军，区政府副区长周明，雨花经开区、区直相关职能部门负责人参加会议。区科技局党组书记、局长黄练文对争创省级创新型区工作作相关说明；长沙技术产权交易所有限公司副总经理吴葵对争创省级创新型区工作指标解释及工作进度安排作介绍；周明指出，创建省级创新型区是雨花区争创“全国科技创新十强”的重要举措；郭四军强调，要提高政治站位，统一思想认识；整合科创资源，发挥域内优势；强化部门联动，统筹协调推进。区科技局向街道（镇）解读《2022 年市考县（市）、园区指标及计分规则》文件，部署绩效考核指标任务相关工作。

【送农业科技下乡活动】 2022 年 5 月 27 日，雨花区农业科技培训活动在跳马镇举行。跳马镇党委书记尹江华、

2022 年 6 月 30 日，中部（长沙）工程技术创新智谷启航仪式（刘文涛 供图）

区科技局党组书记、局长黄练文，和区科技局副局长黄小元出席本次培训活动，跳马镇共 150 余名农业企业和农户参加。专家分别进行花木盆景园艺技术和休闲观光农业知识讲座，提升跳马镇农业企业和农户科技创新意识和专业技术水平。

【中部（长沙）工程技术创新智谷启航】 2022 年 6 月 30 日，中部（长沙）工程技术创新智谷启航仪式举行，雨花区科创公共服务中心挂牌运营。湖南省科技厅、省住建厅相关负责人，长沙市政府副市长周志凯，雨花区委书记刘素月，区委副书记、区长黄军其等区领导及相关区直部门、街镇主要负责人，相关高校专家教授、驻区企业代表、众创空间代表等 100 余人参加仪式。刘素月在致欢迎辞时表示，雨花区将推动工程设计上下游企业集聚发展，着力壮大产业集群，共同打造工程设计创新智谷；雨花区作《高标准建设中非经贸深度合作先行区》主题推介，发布《雨花区促进中小企业发展专项资金使用管理办法》政策，介绍科创产业基金的成立情况；中国能源建设集团湖南省电力设计院有限公司、中机国际工程设计院有限责任公司、中国建筑第五工程局有限公司作为企业代表发言；周志凯强调，要精心打造创新创意示范区、品质城市领航标、总部经济聚集地。

仪式结束后，召开雨花区 2022 年“院士专家雨花行”首届“智汇雨花·工程智谷”技术创新座谈会。中国工程院院士陈政清作“源头创新推动工程技术发展”的主题报告，省住建厅二级巡视员宋路明，中国生物多样性保护与绿色发展基金会绿色企业工作委员会副主任、产业组织专家王斌康，中南大学教授朱志辉，中国能源建设集团湖南省电力设计院有限公司、中机国际工程设计院有限责任公司、中国建筑第五工程局有限公司等企业负责人围绕“长沙建设工程技术优势与发展机遇”“中国工程技术创新趋势”“工程技术设计与国际标准化”等主题开展交流讨论。

中部（长沙）工程技术创新智谷采用“政府主导、央企担当”模式，整合辖区央企、国企等工程技术资源，发挥头部企业引领作用，构筑企业合作互补的新平台，形成“1+3+9+N”产业发展体系，以 1 个工程技术产业集群为核心，构筑产业孵化、共享设计、设计产业联盟 3 个创新发展平台，围绕绿色低碳、智慧融合，打造碳中和发展研究中心、绿色建筑研究中心、

新型电力系统研究中心、智慧城市研究中心等 9 个技术创新中心，完善咨询教育、基础支撑、推广提升等 N 个配套服务。

雨花区科创公共服务中心是由雨花区政府设立，区科技局管理，中机国际运营的全过程一站式科技创新公共服务平台，作为服务“中部（长沙）工程技术创新智谷”的“总枢纽”，以“链服务、促转化、强产业、兴雨花”为定位，围绕“线上＋线下”“大数据＋公共服务”打造科技创新服务链。该中心按照“政府赋能＋专业团队运营”建设模式，以政府购买社会服务的形式，打造集区科技创新发展规划、高新技术企业专项服务、科技政策咨询、科技金融、技术合同认定登记等服务功能的科技创新公共服务中心，促进科技成果转化。该中心拥有潇湘科技要素大市场（长沙）、湖南省技术转移示范机构、长沙市技术合同认定登记点（雨花区）、省科技成果评价机构、省军民融合公共服务平台核心服务机构、省科技情报学会科技政策与战略研究专业委员会秘书长单位、省技术市场优秀服务机构、市技术交易服务机构、市科技局科技创新服务机构等机构，以自主研发“科技大数据智能决策公共服务云平台”为核心，拥有一支含国务院政府特殊津贴专家、省科技厅评审专家、省工信厅评审专家、省发改委评审专家省科技情报学会科技政策与战略研究专业委员会专家、国家技术合同认定登记员等在内的专业技术经理人团队（博士、硕士占比超 70%），致力于成为“国内一流科技综合服务商”。

【潇湘科技要素大市场长沙分市场授牌】 2022 年 7 月 26 日，潇湘科技要素大市场长沙分市场授牌仪式暨长沙市技术合同认定登记推进会在中机国际工程设计研究院有限责任公司举行。湖南省科技厅副厅长朱皖出席仪式并授牌，长沙市科技局局长郭埗，雨花区政府副区长刘燕妮，中机国际工程设计研究院有限责任公司党委书记、总经理易凡以及省科技厅、市科技局、园区相关部门、区县市科技局、服务机构、科技型企业代表相关负责人共 140 余人参加仪式。潇湘科技要素大市场长沙分市场是由湖南省科技厅批准，长沙市科技局与雨花区政府联合共建，中机国际工程设计研究院有限责任公司承建运营，聚集长沙市科技创新资源，对接技术创新供给和技术创新需求交易、链接科技服务和科技金融服务，促进科技成果转化产业化的公共服务平台。

（本栏撰稿　刘文涛）

文化·旅游·体育

编辑　　唐清明

公共文化

【概况】 2022年，雨花区以“文化惠民”为出发点、传统节日为契机，开展“2022年迎新春送春联”活动、第六届“飞梦雨花”群众文化艺术节之2022年文化惠民·送戏下乡系列活动、雨花区“美好的十年·见证圭塘河蝶变”摄影艺术展等。举办“长株潭雨花非遗集市”开市活动；承办2022年“文化和自然遗产日”湖南省非物质文化遗产宣传展示主场活动暨第三届湖南非遗购物节开幕式；以“我们的节日”为主题，开展元宵节、端午节、七夕节、中秋节等传统佳节“非遗”体验活动。开设5个区级公益培训班，12期社区延伸班。通过“雨花区文旅体云”提供线上培训，课程包括太极、剪纸、瑜伽、硬笔书法、古琴等20余种。新建成乡村图书馆1个（金屏分馆）；雨花区文艺团队参加第七届“百姓大舞台·有艺你就来”市级比赛及展演，获金奖2枚、银奖7枚、铜奖8枚，4位团长获优秀文艺团长，区文化馆获优秀组织奖，凤传奇艺术团获最受关注团队奖；雨花区参加长沙市欢乐潇湘“献礼二十大·放歌新时代”群众合唱比赛，雨花区大地合唱团演唱的《在太行山上》《向往西藏》获银奖；雨花区雨旸艺术团覃玉芬团长的京剧《贵妃醉酒》获第十六届“和平杯”中国京剧十大名票第九名；雨花区凤传奇艺术团打造的原创歌伴舞作品《百姓家常》代表长沙市参加2022年省欢乐潇湘群星奖音乐作品视频录制。雨花区文化和旅游工作获获各级各类称号共53项，其中国家级3项、省级7项、市级43项。

·表17· 2022年雨花区文化事业基本情况表

指标	单位	2022年	2021年	增长（%）
艺术表演团体	个	19	16	18.8
文化馆	个	2	2	0
公共图书馆	个	1	1	0
图书分馆	个	12	11	9.1

2022年9月11日，雨花区图书馆“假日趣阅读”中秋节主题阅读活动

（刘长梅　供图）

【“书香雨花”体系建设】 2022年，雨花区新建全区首个乡村图书馆分馆金屏分馆并纳入到长沙市图书馆总分馆体系。推动馆校共建，跳马镇金屏小学成为雨花区首个参与“青苗计划——阅读，一个都不能少”馆校共建的乡村学校。截至2022年年底，雨花区建成区级馆1个、读书分会13个、图书分馆12个；成功打造全国“书香社区”1个——丰园社区、全国首个“非遗书院”——雨花非遗书院、机关阅读花园3个、自助图书馆4个、朗读亭2个。

【全民阅读】 2022年，雨花区开展“书香雨花”全民阅读推广活动，举办第十四届“书香雨花”读书节启动式暨“世界读书日”主题活动。举办雨花区青少年素质教育大讲堂第一讲和第二讲、“儿童文学周”、“书海导读”新书推荐、“春暖花开季 正是读书时——春风十里·猜猜你”读图猜书名、庆“七一”党建主题讲座等系列阅读活动，结合传统节日举办“我们的中国梦——湖湘文化进万家‘猜灯谜到图书馆’”“假日趣阅读”系列活动，全区图书场馆举办各类主题阅读活动258场次，吸引线上线下近60万人参加。开展线上阅读活动，通过“书香雨花”微信公众号推出“每天30分钟一讲座，线上阅读云打卡”。

2022 年 7 月 18 日至 8 月 19 日，雨花区图书馆“我是小小管理员”暑假社会实践志愿服务活动

（刘长梅　供图）

迎春送福公益活动在湖南雨花非遗馆举行。湖南省书协副主席、长沙市书协主席孔小平等 8 位书法家及甲骨文传承人谢兆岗、江永女书传承人李爱莲一同为市民群众写春联、送祝福。1 月 19 日，雨花区在洞井街道圭塘河公园邻邻 home 商业街前坪开展 2022 年“迎新春送春联”活动，送出 300 余副春联和 300 余张福字；1 月 26 日至 2 月 15 日，开展“我们的中国梦——湖湘文化进万家‘猜灯谜到图书馆’”活动，活动包括字谜、地名谜、成语谜等；9 月 10—12 日，在雨花非遗馆开展“月满乐中秋 趣味品非遗”2022 年中秋节非遗民俗体验系列活动。

【雨花区图书馆】　2022 年，雨花区图书馆日均到馆 200 余人次，书籍借阅量 12.18 万册；各分馆书籍借阅量 11.91 万册。新采购图书 16513 册（本），通过“书香雨花”微信公众号每月推送名家经典书籍。调动志愿者投入到图书馆疫情防控、书籍整理、活动开展等服务中，志愿服务 100 余人次。2022 年，区图书馆及各分馆先后在春季寒假组织开展“阅时光·冬日假期”主题阅读活动，推出《古代人的一天》、《团圆》阅读分享、手工灯笼制作、亲子蛋糕插花沙龙等活动；在秋季组织开展“喜迎二十大·书香立少年”主题阅读活动，推出《我们的节日·中秋节》《平语近人：小猪变形记》《我们的节日·秋分》等阅读课程。7 月 18—24 日，雨花区“儿童文学周”在雨花区少儿图书馆举行。雨花区少儿图书馆名誉馆长汤素兰教孩子们表演儿童剧，袁姐、吴浩、曾学清、肖云、刘天赐、付怡冰、谭群 7 位作家开讲文学讲座。7 月 18 日至 8 月 19 日，区图书馆组织开展“我是小小管理员”暑假社会实践志愿服务活动，为中小学生提供图书管理员实践岗位，共有 200 余名学生报名参与，累计服务时长 600 余小时。9 月 27 日，长沙图书馆金屏流通服务站揭牌暨“青苗计划——阅读，一个都不能少”金屏小学馆校共建启动仪式在雨花区跳马镇举行。10 月上旬对馆内电气线路、破损墙面、损坏灯具和电源插座进行维修更新。

【标准化村（社区）综合文化服务中心】　2022 年，雨花区新建东塘街道枫树山社区、跳马镇新田村、洞井街道融和社区、黎托街道沙湾社区、高桥街道高桥大市场社区 5 个标准化村（社区）综合文化服务中心，结合各个村（社区）的地域特色打造文化阵地，于 10 月通过长沙市文化旅游广电局验收。

【节日主题活动】　2022 年 1 月 17 日，“祖国新春好·幸福进万家”雨花区

【“百姓大舞台·有艺你就来”群众文艺团队大赛】　2022 年 2 月 26 日至 3 月 2 日，雨花区组织文艺团队参加 2022 年长沙市第七届“百姓大舞台·有艺你就来”群众文艺团队大赛。其中，风传奇艺术团的群舞《玉舞行》、秋之韵艺术团的群舞《万泉河水》获金奖，云之韵艺术团的群舞《春芽》、花之艺艺术团的群舞《永恒的记忆》、上海城艺术团的花鼓小调《社区安全牢记心》、雨晹艺术团的歌舞《永远的期盼》等 7 个节目获银奖，心飞翔残疾人艺术团的快板剧《绿水青山就是金山银山》、晓营戏剧团的

2022 年 1 月 19 日，雨花区开展 2022 年“迎新春送春联”活动（罗　真　供图）

2022 年 4 月 22 日，“春暖花开季 · 正是读书时”——第十四届“书香雨花”读书节暨“世界读书日”主题活动主会场　（刘长梅　供图）

小品《大妈，您信我一回》等 8 个节目获铜奖；风传奇艺术团获得最受关注团队奖，焦海红、李翔、杨新湘、魏利群 4 位艺术团团长获优秀群众文艺团长；雨花区文化馆获优秀组织奖。

【第十四届“书香雨花”读书节】 2022 年 4 月 22 日，“春暖花开季 · 正是读书时”——第十四届“书香雨花”读书节暨“世界读书日”主题活动启动仪式在雨花自贸区中非国际文化交流中心举行。活动贯穿全年、覆盖全区，采取线上线下互动、多场馆联合的方式举办，包括成立图书共享空间合作联盟、中非文化交流、专题讲座等，共分为世界读书日主题活动、中非文化交流系列活动、“圭塘河岸”主题交流活动、阅读“五进”活动和特色阅读系列活动 5 个板块。全区 13 个图书总分馆、13 个读书分会、13 个街道（镇）综合文化站、160 余个社区（村）综合文化服务中心、各中小学校、各书店、相关企业以及线上 30 万余读者共同参与。5 月 15 日、29 日，区图书馆组织开展“春暖花开日 正是读书时——春风十里 · 猜猜你”趣味阅读活动。活动主要针对中小学生、少年儿童读者组织开展，图选取中小学生必读书目中的封面、插画，制作成图片进行有奖竞猜。

【青少年素质教育大讲堂】 2022 年 5 月 27 日，雨花区青少年素质教育大讲堂第一讲在雨花区少儿图书馆举行。活动邀请“学习强国”学习平台播音朗诵专家团成员、湖南卫视原《乡村发现》栏目主持人、制片人李兵主讲“让好声音流淌在最美的文字里”。9 月 18 日，雨花区青少年素质教育大讲堂第二讲活动举行。活动邀请周南梅溪湖小学副校长、湖湘语文名师王迎春带领少年儿童共读图画书《我的家乡十八洞》，体验湘西风情。

【美好的十年 · 见证圭塘河蝶变摄影展】 2022 年 7 月 1 日，“美好的十年 · 见证圭塘河蝶变摄影展”作品首发仪式在雨花区溪悦荟三塘一井举办，作品展出时间为 7 月 1 日至 7 月 31 日。该次摄影展以近 10 年“圭塘河流域”发展变迁为主题，旨在唤醒大家发现美的意识，感受圭塘河流域变迁的人文与建筑景观。

（本栏撰稿　张帅云）

文化市场管理

【概况】 2022 年，雨花区制定《雨花区文化旅游体育局行政执法全过程记录清单》《雨花区文化旅游体育局重大法制审核、重大决策目录清单》，全年综合窗口办理行政许可 48 件，其中，娱乐场所经营单位 1 件、高危体育项目（游泳）19 件、互联网上网服务场所审批 11 件、旅行社分社备案 4 件、艺术品经营单位备案 11 件、营业性演出审批 1 件、文艺表演团体许可 1 件；行政变更 8 件；统计年报 229 件。

【平安文化市场建设】 2022 年，雨花区开展网吧、娱乐场所等经营场所安全生产检查巡查工作，维护文化市场的安全生产稳定。区文化旅游体育局先后检查文旅体经营单位 1505 家次，其中旅游景区、星级旅游饭店等 183 家次，高危体育项目经营场所 149 家次，

2022 年 11 月 3 日，雨花区开展艺术品市场专项检查　（苏杨　供图）

2022年5月27日，湖南省文物局文物保护与考古处处长熊建华（右二）一行到雨花区调研省级文物保护单位左宗棠墓和吉王陵　　（胡晓　供图）

文化馆及公共文化服务中心、图书馆总分馆等160家次，文化市场经营场所593家次，其他文化场所420家次。雨花区文旅体局2022年1月被长沙市“扫黄打非”领导小组表彰为长沙市“扫黄打非”优秀集体；雨花亭街道华云社区被表彰为2021年湖南省“扫黄打非”进基层示范点。

（本栏撰稿　张帅云）

文化遗产保护

【文物安全防护】　2022年，雨花区针对区域面积广、文物点位分散的特殊性，建立部门、街道（镇）、社区（村）、志愿者四级文物安全纵向保护监管体系，并引入社会力量，聘用文物保护员、巡护员志愿者49人，做到辖区内每处不可移动文物均配备保护员，对文物开展常态化巡护。

【文物排查整治】　2022年，雨花区推进文物火灾隐患整治和消防能力提升三年行动计划，下发《雨花区文物建筑消防安全专项检查工作方案》《雨花区文物安全生产大检查工作方案》《关于开展雨花区冬春文物安全防控工作的通知》等文件，在大排查、大整治行动期间，区、街（镇）社区（村）、文物单位四级联动，开展文物安全巡查60余次，检查文物单位200余次处，发现问题25处，均限时整改清零。

（本栏撰稿　张帅云）

·雨花非遗馆·

【概况】　湖南雨花非遗馆位于雨花区井湾子街道杉木冲东路198号，占地面积1.2万平方米，建筑面积4.8万平方米，主体结构4层，由湖南雨花非遗文化传播有限公司于2015年投资运营，创始人为郭存勇。馆内分设“非遗”产品销售区、“非遗”舞台演绎区、“非遗”手工体验区、“非遗”传承人工作室，聚集“非遗”项目300余个（包括书法、剪纸、皮影戏等世界级项目14个，江永女书、滩头年画、土家织锦、湘西竹编等国家级项目62个），聚集“非遗”传承人200余名，聚集“非遗”产品1万余种，开设“非遗”传习所29家，研发“非遗”研学体验项目30个。馆内以打造世界“非遗”高地为目标，为传承人、文化工作者搭建桥梁，为“非遗”产业发展创造条件，打造“吃、玩、赏、学、购”的“非遗”主题综合平台。雨花非遗书院位于雨花非遗馆内，于2018年9月20日开馆，占地600余平方米，分为综合阅览室和中厅演绎区，配备开放式阅览坐席100余个，综合阅览室406平方米，藏书3万余册，设有湖湘文化区、非遗图书区、非遗体验区、非遗演绎区、少儿阅读区、精品文创区等；中厅演绎区200平方米，定期开展“非遗”讲座。雨花非遗夜市位于雨花非遗馆东广场，于2018年9月20日首度启幕，分为非遗美食、非遗舞台、非遗驿站、非遗文创、非遗体验基地5个板块，是湖南省首个以“非遗”为载体的夜间经济场所。

2022年，雨花非遗馆组织开展二十四节气主题活动、非遗周末剧场

湖南雨花非遗馆　　（张胜娟　供图）

演出活动45场，社会实践227场，接待亲子体验及成人团队200余场，政务接待40余场，接待游客40万余人次。开办长株潭雨花非遗集市，举行非遗周末剧场专场演出28场。湖南省文化和旅游厅主办的“文化和自然遗产日”湖南非遗宣传展示宣传主场活动暨第三届湖南非遗购物节在雨花非遗大舞台开幕。带领“非遗”传承人和项目参加中国国际进口博览会，首届省、市、区旅游发展大会，“五彩湘茶 共享非遗”和湖南非遗新春集市等展示展销活动。中央电视台新闻频道《新闻直播间》刊播报道《国潮非遗 我是非遗“守”艺人 何氏父子：张灯作戏调翻新》，推介雨花“非遗”技艺；《中国旅游报》发表《湖南：让非遗融入现代生活》，向全国推介湖南雨花非遗馆惟楚文创品牌。雨花非遗馆获评全国非遗与旅游融合发展优选项目（湖南唯一）、省级非遗示范街区、省级研学旅游示范基地、十佳文旅消费新场景等称号。雨花非遗书院获评“长沙市图书馆优秀分馆”。

【非遗周末剧场】 2022年，雨花区邀请湖南省木偶皮影艺术保护传承中心每周六下午或晚间在湖南雨花非遗馆开展非遗周末剧场活动，免费为市民提供皮影剧、木偶剧惠民演出，全年演出19场。

【非遗云课堂】 2022年，湖南雨花非遗馆在全省率先推出“非遗云课堂”，为市民搭建“非遗”宣传展示和学习交流的平台，全年开展18场直播活动，累计观看21202人次，收获点赞93万余次。

【“非遗进校园”活动】 2022年，湖南雨花非遗馆通过“三点半课堂”“非遗公开课”“非遗特色课程”（包括创意木工、剪艺、活字印刷术、扎染、传统编结、皮影戏、少儿香事、拼布艺术、传统中医药、射箭、棋艺11项非遗特色课程）3项举措，以“校园非遗日”“一所学校拯救一项非遗技艺”为主题，开展“非遗进校园”活动。3月1日，2022年春季“非遗进校园”活动在砂子塘启新小学启动，雨花非遗馆选送6门“非遗”特色课程，面向学生开展“非遗”传承教育。砂子塘启新小学一年级至六年级分别开设木工、印染、活字印刷、少儿香事、拼布艺术、手工编结等特色课后服务。9月5日，2022秋季学期“非遗进校园”活动在砂子塘万境水岸小学、砂子塘黎郡小学启动，雨花非遗馆“非遗”导师为小学生讲授《趣讲非遗》公开课。

【雨花区中小学非遗传承教育实践基地授牌】 2022年1月13日，雨花区中小学非遗传承教育实践基地授牌仪式在湖南雨花非遗馆举行。2021年秋季学期，湖南雨花非遗馆精选活字印刷、湖湘剪纸、湘西竹编、皮影戏等11个项目进入雨花区的18所学校，开展理论知识、实践操作、创新设计“非遗”特色课程，学生共制作近1000件“非遗”手工艺品。湖南雨花非遗馆被授予“雨花区中小学非遗传承教育实践基地”“非遗传承与创新设计中心”；湖南女子学院被授予“非遗传承与创新设计中心”；颁发“小小非遗传承人技能大赛”奖项，雨花区10所学校共103名学生获奖；高校专家就“非遗”进校园实践进行交流、分享。

2022年2月19日，非遗棋院进驻湖南雨花非遗馆 （骆 慧 供图）

【非遗棋院进驻雨花非遗馆】 2022年2月19日，长沙非遗棋院在雨花非遗馆挂牌成立。围棋博士、文化学者何云波，湖南友阿集团董事长、湖南棋协主席胡子敬，江永知青后人、女书传人李爱莲，雨花非遗馆馆长邓运姣以及棋界人士参加活动。蓝天小学围棋兴趣班10位小朋友表演《围棋拍手歌》，代表湖南参加围棋春晚的杜妙如现场用古筝演奏展现嵇康内心世界的《酒狂》；邓运姣向何云波授予文化顾问的牌匾；李爱莲向胡子敬赠送女书作品。长沙首届“非遗杯”围棋邀请赛在非遗棋院举行，湖南省商务厅自贸区制度创新处处长马宏平以全胜战绩夺得首届“非遗杯”冠军。

【湖南省非遗宣传展示主场活动在雨花非遗馆启动】 2022年6月1日，2022年“文化和自然遗产日”湖南省非物质文化遗产宣传展示主场活动暨第三届湖南非遗购物节在湖南雨花非遗馆启动。现场举行湖南省第五批国家级代表性项目授牌仪式；展示火宫殿臭豆腐、平江香干、汉寿米糕、宝庆猪血丸子、永丰辣酱、东安鸡、芷江酸萝卜等美食，浏阳夏布、蓝印花布、岳州扇、土家织锦、龙须草席、中方斗笠、凤凰蜡染等手工艺品，湘绣、江永女书、木艺、汉服发簪等文创产品。该次活动持续5天，遴选出30项“非遗”

技艺展示展销，联合湖南14个市州“非遗”工坊、“非遗”老字号、“非遗”企业，通过线上、线下相结合的方式，宣传展示湖南省“非遗”资源；举办湖南“非遗”好物大推送活动，组织湖南“非遗”工坊、“非遗”老字号、“非遗”企业网上店铺开展打折优惠，依托电商平台集中引流推送；免费发放7.5万元“非遗”消费券，激发“非遗”市场活动。

【拾遗仔仔 · 少儿非遗主题艺术展】 2022年6月1—12日，由湖南雨花非遗馆举办的拾遗仔仔 · 少儿非遗主题艺术展免费对公众开放。该艺术展展出面向长沙市中小学生征集的优秀作品74件，涵盖剪纸、扎染、拼布、编结等8项“非遗”技艺，展现青少年对“非遗”的认知与传承。同时开展“非遗云上课堂”，教授“非遗”技艺、普及“非遗”知识。

【“缘定非遗 · 遇见浪漫”非遗民俗联谊活动】 2022年8月6日，长沙市“我们的节日 · 七夕 · 爱在长沙”主题活动暨雨花区“缘定非遗 · 遇见浪漫”非遗民俗联谊活动青年联谊专场活动在湖南雨花非遗馆举行。40余位单身男女参加。活动在传统游戏“击鼓传花”中开启，随着鼓点落下，单身男女各自作自我介绍、展示才艺。单身男女们通过一起体验油纸伞制作、木艺手作、扎染、香牌制作等“非遗”技艺，增进相互了解。活动设置互动游戏和“勇往直前—大胆告白”等环节；评选出最受欢迎男女嘉宾，送出“非遗体验官”专属体验券。

【参展进博览】 2022年11月5—10日，第五届中国国际进口博览会（简称“进博会”）在上海市举行，湖南非遗馆由雨花非遗馆组织统筹，以“湘气十足 湘韵最浓”为主题，遴选10家优秀代表性文化企业（其中“非遗”企业5家、湖南百年老字号3家、文创企业1家、外贸企业1家）参展，展示安化黑茶、江永女书、东安鸡等湖湘特色非遗项目。

（本栏撰稿　骆　慧）

地方志

【概况】 截至2022年年底，雨花区有《长沙市郊区志》《长沙市雨花区志（1988—2002）》2部区级志书，《雨花年鉴》2013卷至2022卷共10卷区级综合年鉴，《长沙市雨花区简志》《长沙市雨花区街镇简志》2部简志，《洞井镇志》《黎托乡志》《红星村志》3部乡镇村志，以及《雨花发展实录（2003—2007）》《雨花发展实录（2008—2011）》等地方志书籍资料。

2022年，雨花区开展地方志宣教活动，完成《雨花年鉴（2022）》公开出版，推进“精品年鉴品读季”活动，收集整理到雨花区年度人物19个、年度事件14个并向市里报送，其中由雨花区推介的湖南中医药大学第一附属医院儿科主任医师张涤入选《长沙年鉴》2021年度人物，完成《湖南年鉴（2022）》与《长沙年鉴（2022）》雨花区部分的组稿，完成《长沙乡镇简志雨花区卷》进行校审并报送插图88张。

【地方志宣教】 2022年，雨花区以“依法修志编鉴 留存雨花记忆”为主题在线上开展“5 · 18”地方志宣传活动，通过“飞梦雨花”向全区、全社会宣传推介雨花区历年来地方志成果。向全区各单位、各街道、镇（社区、村）发放《雨花年鉴（2021）》近300册。在区档案馆大厅设立方志宣传点，向群众免费赠送各类地方志书籍。

【方志资源挖掘】 2022年，雨花区收集整理有关雨花亭庙、圭塘河等历史资料并向外推介。挖掘和收集有关雨花区地情影像的短视频12个、长视频15个，并向省里推介报送。挖掘整理有关雨花区近十年发展的志书年鉴资料，开展“雨花这十年”主题宣传工作。完成雨花区地方文献目录的整理报送。

【“精品年鉴品读季”活动】 2022年9月下旬，雨花区地方志编纂室组织人员线上参加“精品年鉴品读季”活动启动会议暨2022年中国年鉴精品工程研讨会、第七期全国年鉴主编培训班；10月中旬，启动雨花区“精品年鉴品读季”活动；10月25日，开展“读精品、用精品、编精品”大讨论，探讨提升《雨花年鉴》编纂质量的新方式、新路径。参加全市年鉴互评互鉴工作，对《开福年鉴（2022）》全书与《芙蓉年鉴（2022）》的“军事”“经济管理”等4篇文稿进行校审，同时根据望城区对《雨花年鉴（2022）》的评议意见对稿件进行修改

雨花区区级志书　（唐清明　供图）

完善。以《从精品年鉴谈〈雨花年鉴〉存在的问题及改进》为题撰写论文并上报，获得市地方志编纂室肯定并向省里推荐参评。

【《雨花年鉴（2022）》公开出版】 2022年12月，由长沙市雨花区人民政府主办，长沙市雨花区年鉴编纂委员会编纂的《雨花年鉴（2022）》在方志出版社公开出版。该书是一部系统反映雨花区2021年度自然、政治、经济、文化、社会等各方面情况的年度资料性文献。该书设25个类目，116个分目，1233余个条目。全书共329页，93.4万余字；彩页46页，图片139余张；表格15个。

（本栏撰稿　唐清明）

档案

【概况】 截至2022年年底，雨花区档案馆有馆藏档案全宗136个，案卷59601个，录音、录像、影片172盘，照片6977张，资料4220册。2022年，档案利用人数1497人次、利用档案2567卷次、利用资料605册次、利用档案资料14358页。

·表18· 2022年雨花区馆藏档案情况表

指标	单位	2022年	2021年	增长（%）
全宗	个	136	133	2.3
案卷	卷	59601	59601	0
录音、录像、影片	盘	172	172	0
照片	张	6977	6902	1.1
资料数量	册	4220	4220	0
利用人数	人次	1497	1429	4.8
利用档案	卷次	2567	2332	10.1
利用档案资料	页	14358	15786	−9

【档案基础建设】 2022年，雨花区推动档案新馆项目建设，完成主体工程建设，开始推进新馆专业设施设备采购项目的可研和政府采购工作。推进数字档案资源建设，雨花区档案馆馆藏档案数字化率80%以上。完成雨花区疫情防控档案目录和脱贫攻坚档案目录的收集整理工作。推进“两类档案”（疫情防控档案和脱贫攻坚档案）数字化，将实体档案接收进馆。迎接市档案局档案安全检查，排查档案安全风险隐患。依法对档案电子数据进行管理，做好档案数字资源备份。推进国家档案局10号令的贯彻落实，加强对雨花域内企业的档案工作指导；加强对区临时机构、项目指挥部档案的管理和指导。

【档案管理】 2022年，雨花区印发《2022年雨花区档案工作要点》，做好2021年度全国档案事业统计调查工作，指导雨花区76个单位完成填报工作。开展2022年度档案综合检查。推行机关档案分类方案、文件材料归档范围和档案保管期限表三合一制度。

【档案宣传】 2022年，雨花区围绕“喜迎二十大·档案颂辉煌”主题开展一系列宣传活动，组织全区各部门单位观看由国家档案局举办的线上专题讲座；在区政府大院开展“6·9”国际档案日宣传活动，宣传档案法律法规；围绕主题向全区各部门单位、街道（镇）征文，推选8篇优秀作品参与国家档案局的征文活动，其中1篇获优秀奖。

【档案服务】 2022年，雨花区档案馆为档案利用者办理出国、养老保险、退休、房产交易、机关干部档案核查等事项提供服务，共提供查阅利用档案约2332卷、1497人。处理“12345”市民热线查阅婚姻、建房、人事档案等事项14条。在全区办公室系统会议上开展档案业务培训。完成档案开放鉴定，共鉴定49个全宗646卷档案。

【档案工作检查】 2022年11月2—18日，雨花区档案局（馆）对10个区直部门单位、13个街（镇）及45个社

2022年11月9日，雨花区档案局（馆）对东塘街道枫树山社区开展档案检查

（涂珍　供图）

区（村）共68家单位进行档案检查。该次检查的主要内容包括各单位文件材料归档范围和档案保管期限表制定、2021年度文件材料整理归档及档案管理、档案工作制度落实及人员配备、档案信息化建设、档案库房安全和设施设备配备使用、疫情防控、防汛防火、重点工程项目档案归档等情况。通过实地查看、现场调阅文件资料、交流反馈意见等形式，区档案局检查组了解各单位档案工作管理情况，对全区档案管理尤其是社区（村）的档案管理现状进行摸底，对发现的问题当场反馈并限期整改。该次档案检查，有利于更好把握全区档案管理现状，为雨花区档案新馆搬迁之后的档案移交工作打下基础。

（本栏撰稿　唐清明）

旅游

【概况】2022年，雨花区以“一芯两带”（“一芯”即长株潭绿心中央公园雨花片区；“两带”即圭塘河生态文旅经济带、浏阳河文旅产业带）建设为中心聚焦空间布局，明确功能分区和发展导向，构建“点状发力，线状统筹，面状聚能”高质量文旅产业发展格局。举办首届雨花区旅游发展大会暨长沙市“浏阳河百里画廊”系列活动之雨花区乡村文旅节、长沙市首届“圭塘河岸”休闲旅游节等活动；长沙市红星街区获评第二批“国家级夜间文化和旅游消费集聚区”；“雨花非遗街区”入选全国“非遗”与旅游融合发展优选项目名录，获评“非遗”街区省级示范点；“圭塘河街”入选省级旅游休闲街区。长沙顺天凯宾斯基酒店、长沙西雅温德姆酒店、长沙中维神农大酒店与长沙西雅国际大酒店成功创建金树叶绿色旅游饭店，湖南麓山国际旅行社创建五星级旅行社、龙骧集散旅游中心创建四星级旅行社已通过市级评估；神农大酒店入选长沙市十佳旅游饭店、德思勤夜经济集聚区入选长沙市十佳夜经济集聚区、雨花非遗馆入选长沙市十佳文旅消费新场景。

·表19·　2022年雨花区旅游事业基本情况表

指标	单位	2022年	2021年	增长（%）
旅游业总收入（人民币）	亿元	353	349.89	0.9
国内旅游收入（人民币）	亿元	353	349.89	0.9
旅行社总数	个	101	99	2
星级饭店总数	个	5	6	−16.7
其中：五星级	个	1	1	0
四星级	个	2	2	0
三星级	个	2	3	−33.3
二星级	个	0	0	0
星级饭店客房总数	间	1292	1339	−3.5

2022 年 2 月 16 日，长株潭雨花非遗集市开市　（钟杰　供图）

【资金扶持】　2022 年，雨花区建立全区推动质量发展领导协作机制，加强对文旅体重大决策、发展规划、重大项目建设等工作的指导协调监督。延续或调整文化旅游体育领域相应扶持政策，申报获批省级疫情纾困资金 100 万元，申报十佳文旅项目资金 30 万元，申报旅行社地接奖励、文化和旅游创建扶持、出境旅行社稳岗补贴资金 184.34 万元。

【公共服务文旅融合示范点】　2022 年，雨花区新建 2 个公共服务文旅融合示范点，分别为：高桥街道综合文化服务中心（中非国际文化交流中心）、跳马镇石燕湖村综合文化服务中心，结合各个地域的文化旅游资源打造旅游咨询服务中心，于 10 月通过长沙市文化旅游广电局验收。中非国际文化交流中心于暑假期间，开展中非文化社会实践、亲子定向活动；国庆期间，开展“中非示范园·社会实践体验官”活动，组织中小学生参加“中非之缘”“走近非洲”“印象非洲”等一日研学课程。11 月 18 日，中非文化与经贸研学实践基地通过雨花区劳动实践教育基地验收。

【长株潭雨花非遗集市开市】　2022 年 2 月 15 日，长株潭雨花非遗集市在湖南雨花非遗馆东广场开市。集市面积约 13500 平方米，有 359 个“非遗”项目参展，引进长珠潭三市“非遗”项目 34 个。江永女书、醴陵糖画、湘西竹编、非遗药膳等 34 个“非遗”项目在现场均有开设摊点，分“百年老字号”“非遗美食”“非遗文创”3 个区域进行展示展销，展示剪纸、陶艺、面塑、核雕、琥珀、景泰蓝工艺、雨花古法压榨油、攸县坛子菜等“非遗”项目。集市入口有扫码猜灯谜、答题赠元宵活动。“长株潭雨花非遗集市”“长株潭非遗研学游基地”“湖南非遗文旅研究院”揭牌，长株潭三市文化行政部门签订非遗联盟合作协议，长沙窑铜官陶瓷烧制技艺市级“非遗”传承人代表刘嘉豪、株洲市“非遗”代表熊阿公攸县坛子菜负责人徐波、湘潭市“非遗”代表龙牌酱油负责人戴晶晶、雨花区“非遗”代表湖南雨花非遗馆馆长邓运姣签署长株潭非遗商家信誉承诺书。

【首届“圭塘河岸”休闲旅游节】　2022 年 5 月 19 日，2022 年“中国旅游日”长沙推广活动——长沙市首届“圭塘河岸”休闲旅游节启动式暨雨花城市定向赛活动在雨花区溪悦荟举行。活动现场发布“圭塘河岸”休闲旅游节全年活动、雨花精品旅游线路，成立“党建聚合力 雨花联盟行”雨花文旅体产业联盟，设置文明旅游宣誓环节。首届“圭塘河岸”休闲旅游节贯穿全年、覆盖全区，包括“潮玩雨花”“韵味雨花”“乐购雨花”“美宿雨花”4 个主题板块，近 100 场活动，提升雨花区“圭塘河岸”城市 IP 知名度和美誉度。

【红星街区入选第二批国家级夜间文旅消费集聚区】　2022 年 7 月 18 日，文化和旅游部发布《关于第二批国家级夜间文化和旅游消费集聚区名单的公示》（公示期 5 日），拟定雨花区红星街区等 123 个项目为第二批国家级夜间文化和旅游消费集聚区。红星街区位于长株潭都市文旅核心圈，集城市休闲旅游区、生态文明示范区、文创场馆集聚区于一体，包含 1 个国家 AAAA 级景区（湖南省植物园）和 1 个国家 AAA 级景区（湖南雨花非遗馆），有德思勤城市广场、复地星光天地、高升·星光天地、省植物园、雨花非遗馆、悠游小镇等众多文旅网

高升·星光天地　（王勇　供图）

红地标。拥有非遗文化集市、华悦城泡芙街、梦和广场、星光集市等商业街15处、商业网点1.8万个。街区内八成以上商户夜间营业，其中约一半商户营业至22时以后。夜间商户总数约为1.4万家，营业面积达到0.72平方千米。红星街区涵盖“夜游”“夜读”“夜娱”“夜宴”“夜宿”“夜购”等丰富夜间文化体系，包括音乐餐厅、时尚酒吧、特色轻餐等，形成“购物休闲、特色餐饮、文体娱乐、演艺体验、观光旅游”五位一体的夜间经济模式。

【雨花非遗民俗艺术特色街区入选全国名录】 2022年9月3日，中国非物质文化遗产保护协会公布2022年“全国非遗与旅游融合发展优选项目名录”，雨花非遗民俗艺术特色街区入选非遗旅游街区。雨花非遗民俗艺术特色街区主体建筑湖南雨花非遗馆面积2.4万平方米，馆内聚集359个非遗项目，设置“非遗”产品销售区、“非遗”舞台演绎区、“非遗”手工体验区、“非遗”传承人工作室。截至2022年9月，该馆已接待全国各地前来研学的中小学生共30万余人次、市民游客200万人次，成为市民了解“非遗”技能、感受传统文化的大舞台。

【首届雨花区旅游发展大会】 2022年11月15日，首届雨花区旅游发展大会暨长沙市“浏阳河百里画廊”系列活动之雨花区乡村文旅节开幕式活动在长株潭绿心中央公园举行，省、市、区相关部门负责人出席开幕式。该次活动以“湘汇浏阳河‘雨’你游绿心”为主题，推出红星街区“嗨夜嘉年华”系列活动、“圭塘河岸”文旅产品优惠购活动、长株潭雨花非遗集市活动、中非国际文化交流活动、“雨溆”文旅交流互鉴系列活动5个系列活动，旨在将雨花区打造为集高品质乡村旅游、都市休闲消费、文创产业体验、生态康养度假、文化研学教育等多功能于一体的“微度假”休闲区。现场发布雨花区旅游形象宣传片；举行雨花区文旅项目签约仪式，签约6个项目，总金额22亿元；雨花区的特色旅游景区、重点文旅项目企业布置展台，推介雨花区文化旅游资源。组委会重点推介“浏阳河畔”“圭塘河岸”“绿心之美”3条雨花特色文旅线路。“浏阳河畔”之旅包含冬斯港露营基地、创新设计产业园、中非国际文化交流中心等景点；“圭塘河岸”之旅包含湖南雨花非遗馆、红星街区、“和+”共享图书馆、湖南省植物园、溪悦荟三塘一井等景点；“绿心之美”之旅包含石燕湖、曹家冲民宿群、中共石燕湖地下党支部旧址、隐山庄园等景点。开幕式后，雨花区文旅体产业联盟成员单位代表、文旅体企业代表、新媒体大V、文学艺术家等参加“漫步圭塘河 品味新雨花”重点文旅项目观摩活动。

（本栏撰稿 张帅云）

体育

【概况】 2022年，雨花区新改建室外运动场20个，落实全民健身补短板工作，投放健身器材83处；完成暑期免费培训体育项目5项和开放游泳场馆2家（菲翔体育万科魅力之城游泳馆、悦乐动游泳馆），共接待中小学生2万余人次；参加2022年“健康湖南”全民运动会长沙市选拔赛18个比赛项目，雨花区代表团获围棋、轮滑、气排球、排舞项目第一名；承办“健康湖南”全民运动会长沙市选拔赛乒乓球、拔河比赛。参加长沙市“公仆杯”篮球赛、“羽协杯”羽毛球赛、长沙市体育系统飞盘教学赛，分别获得第四名、第一名、第一名的成绩。举办“健康雨花”全民运动会暨2022年雨花区社区（乡村）趣味运动会。开展高危险性体育项目经营单位安全生产大排查大整治专项行动，整改各类安全隐患51处，转改无证场馆8家。完成长沙市创建“全国体育消费试点城市”相关工作，做好雨花区体育场地统计工作、体育产业调查工作。

·表20· 2022年雨花区体育事业基本情况表

指标	单位	2022年	2021年	增长（%）
体育场地	万平方米	293.6	232.09	26.5
体育场地	个	2620	1410	85.8
全区全民健身运动参加人数	万人	57.2	56.9	0.5
全区开展全民健身项目	项次	30	28	7.1

【“健康雨花”全民运动会】 2022年6月23日，雨花区首届“健康雨花”全民运动会暨“党建聚合力‘雨’你向十强”健步走活动圭塘河畔在溪悦荟举行。全区61支区直机关干部职工队伍和中国联通湖南总公司、溪悦荟、圭塘街道党工委3支特邀队伍参加。活动以团队为单位参赛，采取积分闯关制，以溪悦荟公园南广场为起点，沿健身步道行走，途经运动家体育中心，最终到达东广场，途中设3分钟踢毽子接力赛和现场答题2个比赛项目，

最终评选10名优胜奖和50名纪念奖。12月15日，“健康雨花”全民运动会暨2022年雨花区社区（乡村）趣味运动会开赛。活动旨在深入挖掘乡村体育文化内涵，展示雨花区人居环境整治提升和美丽乡村建设成果，展现新时代广大农民精神风貌。该次运动会有10支代表队参赛，有“欢乐毛毛虫”“心心相印”“精益求精”“十拿九稳”“携手同行”5个比赛项目，比赛设一等奖2个、二等奖3个、三等奖若干名。

（本栏撰稿　张帅云）

雨花非遗民俗艺术街区　　（唐清明　供图）

卫生健康

编辑　唐清明

综 述

【概况】 截至2022年年底，雨花区有黄兴医院（跳马镇中心卫生院）、13个街道社区卫生服务中心（其中7个公办、6个民办）、70个社区卫生服务站、37个村卫生室。辖区有三级医院8家、二级医院10家、一级医院37家，门诊部261家、诊所195家、医务室42家。辖区范围内注册卫生技术人员21611人，其中区内发证机构注册执业（助理）医师3326人，注册护士4198人。2022年完成新设医疗机构执业登记33家，完成医疗机构年度校验425家，注销医疗机构19家，办理执业（助理）医师注册登记2030人次（含变更注册），护士注册登记3338人次（含变更注册和延续注册）。

2022年，雨花区筑牢新型冠状病毒疫情防控屏障，获得2022年度长沙市政府疫情防控真抓实干督查激励。为8.02万名65岁及以上老年人提供免费健康体检，为9.21万名高血压患者、3.29万名糖尿病患者提供健康管理服务，家庭医生签约32.86万人。完成孕产妇免费产前筛查9977人，适龄妇女“两癌”免费检查13935人，新生儿先天性心脏病免费筛查7762人。全区14个社区卫生服务中心（卫生院）均与辖区内养老机构签订“医养签约合作协议书”。开展基层医疗机构中医馆“提质升级”项目。

·表21·　2022年雨花区卫生事业基本情况表

指标	单位	2022年	2021年	增长（%）	备注
卫生机构数	个	745	732	1.8	辖区内（含省市发证）
医院、卫生院	个	56	56	0	辖区内（含省内发证）
妇幼保健院（所、站）（区内发证）	个	1	1	0	区内发证
专科疾病防治院（所、站）（区内发证）	个	0	0	0	区内发证
医院、卫生院床位数（区内发证）	张	1511	1427	5.9	辖区内发证（含省市发证）
卫生技术人员	人	21611	20987	3	区内发证
执业医师和执业助理医师（区内发证）	人	3326	3063	8.6	区内发证
注册护士（区内发证）	人	4198	3993	5.1	
疾病预防控制中心（防疫站）（区内发证）	个	1	1	0	
疾病预防控制中心（防疫站）卫生技术人员	人	64	55	16.4	
卫生监督检验机构（区级）	个	1	1	0	
卫生监督检验机构卫生技术人员（区内发证）	人	23	22	4.5	
社区卫生服务中心	个	13	12	8.3	
社区卫生服务中心床位数	张	692	621	11.4	
社区卫生服务中心卫生技术人员	人	841	713	18	

【爱国卫生】 2022年，雨花区印发《关于开展“迎新春”爱国卫生专项活动助力常态化疫情防控的通知》，以“清脏治乱、讲究卫生、崇尚健康”等为重点，改善城乡环境卫生面貌，巩固常态化疫情防控成果、保障人民健康，提升病媒生物综合防制能力。推进无烟环境建设，开展第35个世界无烟日系列活动，通过世界无烟日活动引导群众培养文明健康、绿色环保生活方式，全区76个党政机关、639个医疗卫生机构、350家教育机构建成无烟单位，并对以上单位命名、挂牌。开展第34个爱国卫生月活动。投入129.8万元，引进专业公司开展公共区域病媒生物防制工作。开展冬春灭鼠和夏秋季灭蚊、灭蝇、灭蟑等行动，蚊、蝇、鼠、蟑密度达到国家C级水平；砂子塘街道金地社区金地华园小区等4个小区建成病媒生物防制设施示范

小区。推进卫生村镇创建，跳马镇创建成省级卫生乡镇，冬斯港村创建成省级卫生村，石桥村、白竹村创建成市级卫生村。启动创建国家卫生城市工作，组建创建国卫工作领导小组及各专项工作组，下发《关于印发〈长沙市雨花区创建国家卫生城市工作实施方案〉的通知》，明确创建国家卫生城市指导思想、工作目标、创建内容、工作步骤、组织保障等内容。

（本栏撰稿　黄文博）

医政管理

【医联体建设】　2022年，雨花区对接高端医疗资源，深化医联体共建共享，开展“党建聚合力·同心护健康”党建联盟活动。加强与湖南中医药大学第一附属医院、湖南省康复医院、湖南省职业病防治院、长沙市中心医院、长沙市妇幼保健院的合作，畅通绿色转诊通道。与湖南省职业病防治院、长沙市妇幼保健院建立党建联盟，开展“学史力行办实事，我为群众送健康”活动；与湖南中医药大学第一附属医院建立“湘中医”联盟，开展中医专科建设；与湖南省康复医院建立CT远程诊疗指导，提升黄兴医院医疗服务能力；与长沙市中心医院建立心电远程诊疗，提升社区卫生服务中心诊疗水平；与爱尔眼科医院开展专科医联体建设；引导优质医疗资源下沉有了新成效。

【分级诊疗体系构建】　2022年，雨花区坚持以人为本、群众自愿、统筹城乡、创新机制的原则，以提高基层医疗服务能力为重点，以常见病、多发病、慢性病分级诊疗为突破口，引导优质医疗资源下沉，构建以协同服务为导向的医疗服务体系，确保城乡医疗保障制度的稳健运行。统一诊疗方式，建立分级诊疗、双向转诊机制，形成急重症病人在长沙市中心医院住院、慢性病人和恢复期病人在基层医疗机构康复、维持治疗的服务模式。畅通双向转诊绿色通道，长沙市中心医院为基层医疗机构上转的患者提供“一站式”医疗服务，对转诊患者实施优先诊疗，优先住院；统一资源配置，建立人才流动的双向机制。长沙市中心医院组织专家团队定期到基层医疗机构进行业务指导，基层医务人员免费到长沙市中心医院进修、学习和培训。各医联体内所属的医疗机构医师开展多点执业，实行备案制。统一业务管理，建立医护质量管理体系。长沙市中心医院每季度组织医疗、护理、院感、质控等方面的专家对医联体单位的业务管理进行督导检查，确保医疗安全。

【实施国家基本药物制度】　2022年，雨花区定期开展药事管理专项督查，针对药品采购、药品养护、合理用药等情况，进行现场督查指导，聘请省、市三级医院专家开展处方点评，点评处方2150张，合格率95.68%。制定出台《关于印发〈长沙市雨花区国家基本药物制度实施方案暨绩效评价方案〉的通知》，对国家基本药物使用占比、药品采购及零差率管理、合理用药、药品配备使用管理情况、人员培训等方面定期进行绩效评价，基本药物补助经费根据考核成绩，对各单位基药专项补助经费进行奖励和扣罚。省级基本药物制度考核，雨花区获得全省第一并在全省药政工作会上作典型经验发言。制定基本药物配送企业遴选制度，遴选7家配送企业。对配送不及时、服务不到位的企业实行末位淘汰制。基层医疗卫生机构统一与遴选出来的配送企业签订购销合同，所需药品全部由省药品采购平台下单采购。区卫生健康局会计核算中心严格对社区卫生服务中心基药管理办公室提交的药品采购款（发票）、随货同行联和网上采购订单进行审核。设立雨花区药品使用监测与预警中心，挂靠在跳马镇中心卫生院，负责开展药品使用监测、数据分析及短缺药品调节等相关工作。各基层医疗机构上报短缺药品监测数据53次，涉及药品36种，短缺药品监测数据有效率100%。定期聘请省级、市级专家，对基层医疗卫生机构开展基本药物政策、药事管理、合理用药等知识集中培训。统一印制便民惠民宣传册，宣传国家基本药物制度的基本政策、两票制，开展老百姓健康课堂，答疑基本药物相关政策知识。各基层医疗机构、村卫生室均在醒目位置公示基本药物制度、药品价格及监督电话，通过电子屏、板报等方式宣传国家基本药物政策。

2022年，“党建聚合力 同心护健康”雨花区卫生健康系统区域化党建联盟

（严　睿　摄）

【“党建聚合力 同心护健康”区域化党建联盟】　2022年4月19日，雨花区卫生健康局与湖南省脑科医院、湖南省中医药大学第一附属医院等5家省级、市级三甲医院签订“党建聚合力 同心护健康”区域化党建联盟协议，开展联盟活动。区卫生健康局深化“党建+”工作机制，以区域化党建联盟为抓手，统筹辖区各方力量，联防联控抗击疫情。该次签约后，各医院和区卫生健康局按照资源共享、优势互补、

共同发展的总体思路，开展党建、医联体、科研教学、健康管理、社会公益项目等方面的合作，提升基层服务能力和党建工作水平。截至2022年4月，雨花区卫健系统各级党组织与辖区内省、市、区等各级医疗机构签订联盟协议226份，通过“党建聚合力 同心护健康”行动，促进省、市、区联动、合作，实现医疗服务资源高效配置。

（本栏撰稿　黄文博）

中医药事业

【全国基层中医药示范区创建】 2022年，雨花区印发《长沙市雨花区创建全国基层中医药工作示范区实施方案》，分解中医药创建工作任务。完善中医药工作联席会议制度协调机制，调整中医药工作协调领导小组成员单位，由中医药工作协调领导小组承担中医药创建工作任务。开展中医药科普教育工作，组织黄兴医院和13个街道社区卫生服务中心，到14所学校开展中医药文化进校园活动，在区内6所中小学建设“中医药健康文化知识角”。开展基层医疗机构中医馆提质升级项目，投入经费110万元，对11家社区卫生服务中心（卫生院）中医馆进行提质升级，添置中医药诊疗设备，浓厚中医药文化氛围，加大中医药健康知识宣教力度，丰富中医药服务内涵。开展中医药文化宣传、中医养生推广、基层中医人才培养等一系列措施，推进基层中医药示范区创建工作。

【中医交流合作】 2022年，雨花区加强和湖南省中医药大学第一附属各医院的沟通交流，争取湖南中医药大学第一附属医院对基层医疗机构的帮助扶持。砂子塘、圭塘中南院、洞井、黎托基成、井湾子仁和5个社区卫生服务中心得到湖南中医药大学第一附属医院“十大名医下基层”活动支持，由名中医熊继柏、王行宽、陈新宇等专家团队到基层医疗机构开展义诊和业务指导。全区各基层医疗机构与湖南中医药大学第一附属医院在双向转诊绿通服务、互联网远程医疗指导、中医药特色护理门诊及专科建设、人才培养、科研教学、医院管理、联合义诊、名医工作室、巡诊查房、联合挂牌等方面开展合作，提升基层医疗机构服务能力。

【中医药人才培养】 2022年，雨花区是开展“神农人才工程”培训学习，选派2名中医医生到湖南中医药大学第一附属医院参加跟师进修学习；组织9名中医医师参加中医类别全科医师转岗培训；组织38名考生参加中医师承和确有专长考试；组织基层医疗机构医师开展中医适宜技术培训、中医护理技术培训、中药传统技能骨干培训等多层次培训，从医师、护士、药师等多角度培养中医药人才。

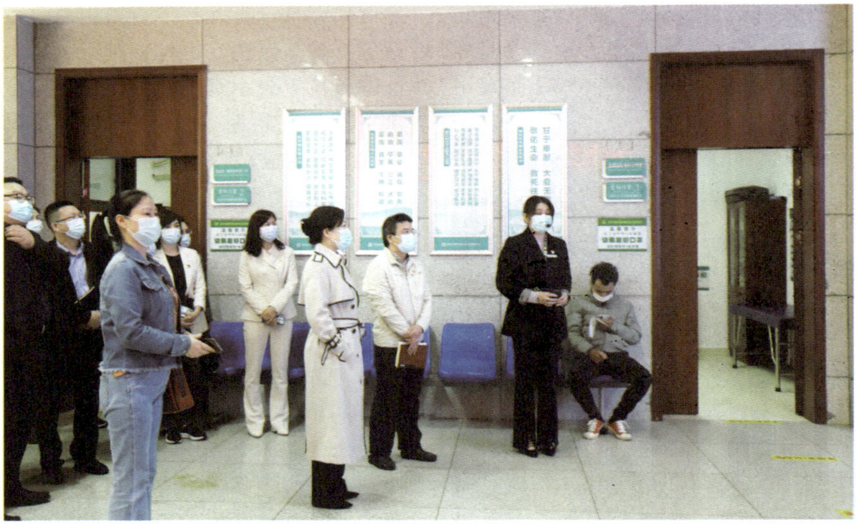

2022年4月29日，区纪委、区卫生健康局对洞井街道社区卫生服务中心进行监督考察　（黄文博　摄）

【中医药疫情防控】 2022年，雨花区发扬中医药特色优势，组织发放中药预防汤剂8.84万剂。每日收集中药需求，及时安排中药配送，确保中药第一时间介入预防干预。

【中医备案诊所管理】 2022年，雨花区落实中医备案诊所“宽进严管”政策，做好中医诊所的备案和管理工作。全区新备案中医诊所15家，办理变更9家，办理注销业务10家，截至2022年年底，全区有备案制中医诊所95家。对中医诊所疫情防控工作、医疗废物处理、安全生产等工作进行要求，对中医医疗机构开展督查，对存在问题的机构进行责令整改和停业整顿。

（本栏撰稿　黄文博）

基层医疗卫生服务

【基层公共卫生建设】 2022年，雨花区制定《雨花区落实村（居）民委员会公共卫生委员会建设工作的实施方案》，调动街道、社区的力量和资源，加快完善基层公共卫生服务体系，形成基本公共卫生服务工作合力，探索公共卫生委员会雨花模式。制定《雨花区社区卫生服务能力提升“十大提升行动”实施方案》，推动社区卫生服务中心完善服务功能，突出服务特色，改进服务质量，保障服务安全。截至2022年年底，全区建立居民电子健康档案116.18万份。

【基层卫生服务能力提升】 2022年，雨花区制定基层医疗卫生服务能力提升工作方案，组织14个卫生院、社区卫生服务中心院长、主任参加市级基层卫生管理人员培训，组织160余名基层机构医务人员开展岗位练兵“三基三严”理论考试，选送12名基层骨干参加为期1年全脱产的全科医生转岗培训，选送9名社区卫生服务中心、村卫生室的医疗骨干参加国家能力提升培训项目，开展线上业务培训和线下进修培训。组织基层医疗卫生机构527名医务人员开展线上疫情防控知识培训。

【家庭医生签约】 2022年，雨花区制定《雨花区推荐家庭医生签约服务高质量发展实施方案》，增加家庭医生签约服务供给，扩大签约服务覆盖面，强化签约服务内容，家庭医生签约32.86万人。

（本栏撰稿 黄文博）

妇幼保健

【概况】 2022年，雨花区5岁以下儿童死亡率为1.87‰、婴儿死亡率为1.42‰、新生儿死亡率为0.62‰；全区新增孕妇12282人，其中高危孕妇9415人，高危孕妇及儿童管理率均为100%；全区孕产妇系统管理率97.79%、产后访视率97.98%、新生儿访视率99.84%；“艾梅乙”（艾滋病、梅毒、乙肝）感染孕产妇及所生儿童管理随访覆盖率100%，拨付预防”艾梅乙”母婴传播专项经费133.87万元。完成省、市重点民生项目，强化0~6岁儿童健康管理，开展免费孕前优生健康检查促进生育项目，多元化开展健康教育活动。

【妇幼健康民生项目】 2022年，雨花区推进省、市重点民生实事，完成孕产妇免费产前筛查9977人、完成率151.17%，适龄妇女“两癌”免费检查13935人、完成率107.19%，孕产妇无创产前基因检测10189人，新生儿多种遗传代谢性疾病筛查9109人，新生儿遗传性耳聋基因检测9115人，0~6岁儿童眼保健及视力筛查74355人，新生儿先天性心脏病免费筛查8539人，目标人群覆盖率131.37%，异常者均进行转诊，随访率100%。上报遗传性罕见病调查问卷7438条，其中婚前224条，婚孕同检1392条，孕前检查414

2022年3月8日，雨花区妇幼所开展三八妇女节活动 （唐品佳 供图）

条（占婚检人数的52%，孕优人数的126%），孕早期5128条（占早孕人数的55%）；遗传咨询高风险249条，遗传学检测阳性82条，已提供医学指导暂未孕78人，建议行产前诊断13例，建议植入前胚胎遗传学检测2人。

【妇女保健】 2022年，雨花区健全孕产妇救治体系和三级救治网络，成立区危重孕产妇急救小组，定期开展危重孕产妇评审、模拟急救演练，落实网格化管理和下沉式服务妊娠风险管理，推进高危集中筛查、追访、上报等工作。组织市级专家开展危重症孕产妇评审3例。加强产科规范化门诊建设，完成6家助产机构产科质量、爱婴医院、母婴安全、出生缺陷等项目的质量控制，对存在的问题均整改到位。规范出生医学证明发证、补证管理，派发空白证件17940张，补办出生医学证明334张，换发6张。

【儿童保健】 2022年，雨花区加强0~6岁儿童健康管理，抽查儿童档案1323份，针对101家托幼（育）机构的卫生保健、疫情防控等工作开展督导，及时评估新办托幼（育）机构卫生保健工作9家，组织省、市专家开展新生儿死亡评审。14个街道社区卫生服务中心儿童入园体检网点实现全覆盖，开展儿童入园体检22952人次，托幼（育）机构从业人员体检7788人次，高危儿童、梅毒和艾滋病母亲所生儿童管理随访覆盖率100%。

【出生缺陷综合防治】 2022年，雨花区统筹推进出生缺陷三级预防，早孕随访和妊娠结局随访实现全覆盖，配合长沙市产前筛查中心对唐氏筛查高风险孕妇进行孕期追踪随访，收集辖区出生缺陷个案卡507张，完成业务和行政两级驳回、修改并审核1400条。免费婚检6345人、婚检率92.22%，完成免费孕前优生健康检查3610人。免费发放叶酸14517人次、43551瓶。

【生育技术服务】 2022年，雨花区开展男性精液检测63人、女性抗苗勒氏管激素（AMH）检测1192人，提供生育力评估、生育指导、健康咨询、随访等优质健康服务。提供生育指导、健康咨询、随访等健康服务，216个家庭得到爱心助孕优惠援助，配送发放免费避孕套、口服外用避孕药具、药具服务包等。举办药具知识宣传活动，发放宣传折页1万余份，发放服务37.63万人次。

【妇幼疫情防控】 2022年，雨花区完善孕产妇、婴幼儿感染新冠应急救治预案，建立快速应对机制。与长沙市中心医院沟通，建立常态化疑似病例等孕产妇产检分娩机制和场所，保障孕妇新生儿安全。全年追访管理涉疫孕产妇501名，其中阳性190人，

2022 年 6 月 23 日，雨花区 2022 年上半年危重症孕产妇评审暨母婴安全工作会议　（唐品佳　供图）

联系绿色通道转运就诊孕妇 30 余例，安全分娩 13 例，建立“雨花区阳性孕妈妈管理群”进行线上问诊。

（唐品佳）

【雨花区启动下沉式孕产妇妊娠风险管理保健服务】　2022 年 1 月 7 日，雨花区集中高危筛查活动在左家塘、高桥 2 个街道社区卫生服务中心启动。以长沙市妇幼保健院张欣、李华 2 位副主任医师为主的专家团队，分别下沉到 2 个街道社区卫生服务中心为孕妇进行产前检查和妊娠风险评估。雨花区依托长沙市妇幼保健院医联体资源，率先在全市启动该服务项目。

【妇幼业务培训】　2022 年 3 月 1 日，雨花区妇幼健康工作例会暨业务培训会议召开，对 2022 年新增的新生儿先天性心脏病筛查和遗传性罕见病防控 2 个健康民生项目进行培训，全区 50 余名妇幼工作人员参加培训。6 月 21 日，雨花区孕产妇健康管理、0~6 岁儿童保健管理、健康民生实事项目、计划生育服务等业务培训举行，全区妇幼信息员及妇幼专干参加培训。6 月 23 日，雨花区 2022 年上半年危重症孕产妇评、审暨母婴安全工作会议召开，省、市评审专家，区妇幼保健所，辖区助产机构，各社区卫生服务中心 40 余人参加会议。9 月 28—29 日，雨花区 2022 年母婴专项技术服务从业人员培训举行，辖区各级医疗保健机构 200 余名妇产科医师及助产士（师）参加培训。11 月 23 日，雨花区 2022 年下半年危重症孕产妇评审暨母婴安全业务培训会议召开，长沙市中心医院产科主任李名花进行“HELLP 综合征临床管理及救治”专项培训，区卫生健康局和区妇幼保健所相关负责人、辖区助产机构、各街道社区卫生服务中心共 40 余人参加培训。

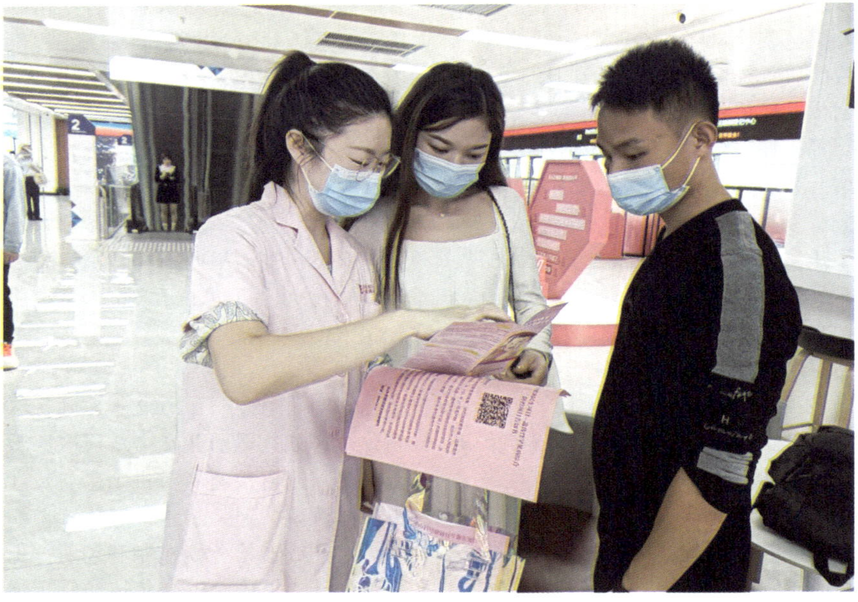

2022 年 11 月 11 日，雨花区妇幼所开展优质婚检服务行动　（唐品佳　供图）

【“两癌”防治义诊活动】　2022 年 3 月 4 日，雨花区妇幼所联合长沙市妇幼保健院在东山街道社区卫生服务中心举办“两癌”（乳腺癌、宫颈癌）防治知识讲座及义诊活动。东山卫生中心组织幼师、儿童家长 50 余人参加活动。现场播放“两癌”知识科普视频；市妇幼保健院主任医师范幸讲解“两癌”防治、HPV 疫苗接种知识；市妇幼保健院的专家与区妇幼所、东山街道社区卫生服务中心的妇保医生共同为活动参与者开展“一对一”咨询、义诊，发放优生优育宣传知识读本、备孕叶酸等物资。

【妇幼保健督导质控】　2022 年 1 月、4 月、7 月、10 月，雨花区妇幼所妇保科、儿保科、信息科、健教科等业务线人员，对全区 14 个街道社区卫生服务中心（镇卫生院）的基本公卫、妇幼重大公卫项目、妇幼信息质控、健教宣传、民生项目等工作展开督导质控。督导以实地查看、查阅资料、问卷调查、现场指导与交流等方式进行，帮助各中心及时发现问题并进行整改。

【免费婚孕检宣传活动】　2022 年 5 月 20 日，雨花区妇幼所在婚孕检中心开展“爱的优生传递”主题“5・20”

2022年5月21日，雨花区妇幼所与侯家塘街道红旗社区卫生服务中心联合开展母乳喂养主题孕校课堂（唐品佳　供图）

免费婚孕检服务宣传活动。活动的每一个环节安排专人引导、服务，在婚姻登记处向新人发放宣传资料，讲解免费婚孕检政策，引导新人到婚检窗口有序排队候诊；在新婚学校开设循环小课堂宣讲优生优育知识，在登记预约、等候区域设置投影滚动播放婚孕检知识宣传视频，提供婚检孕检优生优育知识宣传科普。婚检医生为180对新人提供免费婚前医学检查服务，发放宣传资料700余份，发放免费叶酸115瓶。

【母乳喂养宣传活动】　2022年5月21日，雨花区妇幼所与侯家塘街道红旗社区卫生服务中心联合开展母乳喂养主题孕校课堂。湖南省职业病防治院产科助产师孔汝为现场孕妈妈及家属们讲解母乳喂养知识，教授母乳喂养的方法和技巧。2022年母乳喂养宣传日，雨花区开展义诊、孕妇学校、主题宣传等活动13场，发放宣传资料750余份，推动辖区孕产妇和居民对母乳喂养的了解和认识。

【"爱心传递 防止出生缺陷"主题公益性活动】　2021年9月10日，雨花区妇幼所联合圭塘街道中南院社区卫生服务中心，开展"爱心传递 防止出生缺陷"主题公益性活动。活动现场，工作人员通过发放宣传资料、叶酸补充剂、避孕药具等方式，对新婚夫妇进行孕前优生健康检查、降低出生缺陷风险的"一对一"知识宣传。

【爱心助孕义诊活动】　2022年11月11日，雨花区妇幼所联合市妇幼保健院专家团队在砂子塘街道社区卫生服务中心开展爱心助孕和优生优育健康义诊活动。该次活动为8对夫妇进行专家免费爱心助孕义诊并发放爱心助孕卡。区妇幼所党员服务队联合开展"优质婚检服务行动"，为当天登记结婚的新人开展免费婚孕检查、免费发放避孕药具和叶酸等服务。

（本栏撰稿　唐品佳）

疾病预防控制

【概况】　2022年，雨花区坚持依法防控、科学防控、联防联控，取得新冠疫情防控胜利，落实传染病疫情和突发公共卫生事件24小时监测和应急响应，对辖区内预防接种单位开展免疫规划培训，落实适龄儿童预防接种证查验工作及疫苗补种工作，开展结核病防治培训及督导，重点关注学校结核病防控，开展性病、艾滋病高危人群行为干预，开展地方病监测，推动慢性病管理提质增效，推进中英减盐项目，落实学校常见病监测与干预工作，实施城市癌症早诊早治筛查项目，开展长沙市心理健康促进行动主要指标调查，完成职业病危害因素监测和职业性尘肺病例调查，开展饮用水、餐饮具、食源性疾病监测，开展消毒与病媒生物控制，推进健康教育与健康促进项目，组织线上线下重点卫生宣传日活动，建设高水平健康科普大赛，探索运营"雨润花开"健康雨花立体化公益支持平台项目。区疾病预防控制中心获国家级"减盐研究贡献奖"，获省级"2021年度湖南省城市癌症早诊早治项目工作先进集体奖""2021年度全省结核病防治工作先进集体"，获市区级"2022年长沙市健康科普大赛图文类十佳作品""2022年长沙市健康科普大赛图文类优秀作品""2022年长沙市青年文明号""食品安全与环境卫生工作先进单位"。区疾病预防控制中心黄芬、段利霞被评为"2021年度癌症早诊早治项目工作先进个人"，周利被评为"2022年度湖南省城乡生活饮用水卫生监测项目先进个人"，吴铁钢被评为"2022年长沙市健康科普大赛优秀健康科普工作者"，周建湘、胡蓉、奉赜睿、文聪、肖双、卓强东被授予"贡嘎县抗击新冠肺炎疫情先进个人"。

【疫情监测】　2022年，雨花区建立以32家网络直报医疗机构为单位的传染病报告管理信息系统，每天24小时全面监测辖区医疗机构上报的传染病疫情和突发公共卫生事件，区疾控中心安排6名专人全年365天进行传染病报告卡审核、分析和预警信息的核实、调查、处理，通过每日至少4次的网络信息巡查，及时发现疫情苗头，深入现场进行风险排查，将防控关口前移。及时审核传染病报告卡46516张，死亡报告卡9233张，处理预警信息658条，报告质量综合率100%，疫情网络报告及时率、审核及时率均为100%。2022年，报告现住址为雨花区的甲乙丙类传染病22种25933例，报告发病率2020.65/10万，死亡8例，报告死亡率0.62/10万，发病前五位的病种为流行性感冒、手足口病、乙肝、其他感染性腹泻病、梅毒，占总报告数的93.34%。无甲类传染病报告，报告乙类传染病14

2022年7月28日，雨花区承办湖南省第12个世界肝炎日主题宣传活动
（易璐瑶　供图）

种2394例，报告发病率186.53/10万，死亡8例，报告死亡率0.62/10万；丙类传染病6种23539例，报告发病率1834.12/10万，无死亡病例。2022年，报告现住址为雨花区的死亡人口数7533例，报告粗死亡率586.96/10万。死因居前三位的疾病是心脏病、脑血管疾病、肿瘤，死亡病例网络报告及时率、审核及时率均为100%。定期对辖区内所有网络直报医疗机构开展传染病、死亡病例的报告管理督查，抽取7家网络直报医疗机构开展每季度法定传染病漏报调查。

【疫情防控人员物资保障】　2022年，雨花区建立科学有效的应对机制、组织领导、方案预案、人员培训、物资储备、经费保障，充实人员和物资储备。采购一次性医用防护服、一次性医用口罩、医用防护口罩、一次性外科手套、75%医用酒精、紫外线消毒车、一次性使用病毒采样管、一次性病毒采样器、新冠病毒抗原检测试剂盒等60余种防疫物资，保障疫情防控物资供应，并确保储备30天以上足量防疫物资。

【疫情防控应急值守】　2022年，雨花区疾控中心建立6支应急机动队，安排专班人员轮流值守24小时卫生应急值班电话，2022年新开通2条值班电话线路，全年接听市民电话咨询15.22万通次，来电办结率100%，办结事项抽查回访满意率100%。设立常态化防控、突发情况处置、启动应急响应3种突发公共卫生事件工作机制，保障突发公共卫生事件发生时能够规范、及时、科学处理。

【疫情防控培训演练】　2022年，雨花区多次组织各级各部门开展新冠技能培训和演练。1月15日、17日，分2批次组织全区流调专班人员、各街道社区相关主任及各社区卫生服务中心及服务站医务人员进行新冠疫情防控能力提升培训及演练；2月17日，举行雨花区疫情防控应急处置培训；10月15—23日，区教育局将各单位、中小学校、幼儿园等单位负责防疫工作的人，分批轮流到新冠疫情防控前线指挥跟班学习、涉疫人员管理、学校疫情防控应对等事宜。为做好各类重大活动、会议、展会及大型考试进行疫情防控保障，区疾控中心派出专业人员进行现场疫情防控指导及驻点，累计140余人次。

【重点传染病防控和卫生应急】　2022年，雨花区规范开展不明原因肺炎、人禽流感、霍乱、手足口病、狂犬病、出血热、钩体、克雅病等重点传染病的采样监测和调查处置工作。霍乱防控：辖区5—10月统计4家肠道哨点监测医院接诊腹泻病例3607例、检索数1559例，检索率43.2%；5—10月霍乱弧菌环境监测中采集外环境和食品标本75份，均未检出霍乱弧菌阳性标本。手足口病防控：全年雨花区报告手足口病病例2083例，无本地重症病例、死亡病例；按照监测方案每月需采集5例普通病例标本开展病原学监测，需送检手足口病例咽拭子标本60份，实检标本数60份，送检率100%，检测结果为19份其他肠道病毒阳性，9份CAV16阳性，32份检测结果阴性，阳性率为46.7%。狂犬病防控：全年雨花区犬伤门诊共接诊处置狂犬病暴露病例7044例。狂犬病确诊病例1例，完成采样送检及流行病学调查工作。肾综合征出血热防控：全年雨花区报告出血热病例3例，按照监测方案进行流行病学个案调查及血清标本采样工作，其中，流行性出血热病毒抗体检测阳性2例，阳性率为67%，处置及时率100%。不明原因肺炎主动搜索：全年区疾病预防控制中心在湖南省儿童医院、湖南省第六工程有限公司建设医院、湖南省康复医院、湖南省脑科医院、湖南省中医药大学第一附属医院、长沙市妇幼保健院、长沙市中心医院7所医院开展主动监测及督导工作，截至12月31日，监测报告总住院病例114389例，肺炎病例数17204例，重症肺炎病例总数2065例，因重症肺炎死亡数121例，不明原因肺炎病例数0例，其中主动监测完成率为100%。人禽流感防控：全年开展1次禽流感职业暴露人群血清流行病学监测，采集样品5人份，未收到阳性结果反馈；1月、4月、7月、10月开展活禽交易市场的禽流感常规监测4次，完成禽流感常规外环境监测采样12份，未收到高危型别通报。登革热防控：全年辖区无登革热病例报告。钩体病防控：全年辖区无钩体病报告。克雅病：全年辖区无克雅病病例报告。

【免疫规划】　2022年，雨花区新增儿童预防接种门诊1个。对全区各预

2022年11月24日，雨花区疾控中心在雅礼雨花中学开展学生常见病监测工作
（段利霞　供图）

防接种单位的分管负责人、免疫规划专干开展1次免疫规划培训，培训180人次。雨花亭街道社区卫生服务中心联合雨花亭街道“雨润花开”健康立体化平台支持项目组在金色梯田融科幼儿园开展“及时接种疫苗 保障生命健康”主题教育宣传活动。全区接种疫苗135.92万剂次，其中免疫规划疫苗17.63万人份，非免疫规划疫苗118.29万剂次，报告疑似预防接种异常反应个案86例，未发生任何预防接种安全事故。及时调查处置免疫针对性疾病病例151例，其中AFP（急性弛缓性麻痹）病例25例、麻疹风疹疑似病例103例、流脑病例2例、乙脑病例21例。开展春、秋两季适龄儿童接种证查验及疫苗补种工作，查验学校66家、托幼机构305家，应查验人数35749、实际查验35749人，查验率100%；接种完成人数33198人，应补种人数4551人、实补种人数4347人，补种率95.50%。开展免疫规划宣传活动，通过“飞梦雨花”平台发布预防接种相关宣传稿件5件，累计阅读量1.2万人次。

【结核病防控】　2022年，雨花区非结防机构共报告肺结核病例或肺结核疑似病例413例，经核实报告重卡11例，追踪到位276例，其他到位0例，转诊76例，转诊到位76例，总体到位364例，总体到位率98.68%，转诊到位率100%。每2个月对各街道社区卫生服务中心及卫生院结核病防治工作督导1次，每季度对定点医院督导1次。启用软件系统管理抗结核药品，每月及时报送药品报表，准确率100%。组织开展“3・24”世界结核病日的宣传工作。及时调查核实93条结核病预警信息，对身份为教师或学生的病例开展追踪和处置。组织开展幼儿园、中小学和大中专院校的入学新生结核病筛查统计和分析工作，对148所学校进行结核病防控督查，提出防控指导意见，调查处置学校结核病散发疫情50起、聚集疫情0起，督促相关学校落实晨午检、因病缺课登记、消毒通风及健康教育等防控措施，做好患病学生的休复学管理和PPD（结核菌素）试验强阳性学生的告知工作，疫情均得到有效控制，未造成疫情流行和传播。

【性病、艾滋病防控】　2022年，雨花区4家艾滋病自愿咨询点（VCT）均运行良好，完成咨询检测1392人次。对黎托强制戒毒所新入所的101名被监管人员开展梅毒、丙肝及艾滋病病毒抗体筛查。完成国家级孕产妇HIV监测任务400名，哨点监测完成率100%。全区16家HIV初筛实验室均运行良好，筛查重点人群及自愿检测者184661人，其中筛查性病病人7300人，受血或输血液制品者24897人、术前检查者83777人、孕产妇17348人、自愿检测者10094人、其他41245人。对艾滋病高危行为人群开展预防艾滋病、性病宣传教育、监测等干预工作，发放宣传资料1万余份。

【慢性病防控】　2022年，雨花区建立居民健康档案107.65万份，建档率85.10%；为辖区65岁及以上老年人提供健康体检67541人，健康管理率53.61%；管理高血压63059人，系统规范管理率68.01%，血压控制达标率50.32%；糖尿病患者健康管理23810人，规范管理率65.34%，血糖控制达标率45.26%。全区累计录入重性精神疾病患者国家系统在册档案4173份，发现报告率3.30‰，在册管理率99.93%、规范管理率99.66%、面访率99.81%、服药率99.78%、规律服药率99.37%、精神分裂症患者服药率99.77%；城市癌症早诊早治项目完成5个癌症临床筛查570例，其中肺213例、乳腺112例、胃98例、肠107例、肝脏40例。完成口腔筛查257例；组织开展特定健康问题哨点监测，完成0~2岁197人、3~5岁164人、6~17岁1061人、18岁以上609人的问卷和体格检查工作。开展以“血压要知晓，降压要达标”等为主题的慢性病系列宣传活动；开展长沙市心理健康促进行动主要指标调查，完成居民心理调查310人，全人群心理健康素养达标率27.7%，男性心理健康素养达标率31.0%，女性心理健康素养达标率25.4%。完成年度辖区学生常见病监测与干预工作，完成监测学校10所，完成学生常见病监测2969人，调查数据符合率100%，监测任务完成率100%。启动辖区儿童青少年健康心理促进行动，在辖区8所学生常见病监测学校开展调查及评估工作，完成1375名中小学生的心理健康状况评估和知晓率调查，心理健康核心知识知得分在80分以上1100人（80%）。

【地方病防控】 2022年，雨花区开展“4·26”全国疟疾日和“5·15”防治碘缺乏病日系列宣传活动；完成27例“三热”（疟疾、疑似疟疾、不明原因发热）病人的疟原虫血片镜检；各街道社区卫生服务中心开展碘缺乏病监测和碘缺乏病健康教育宣传工作，完成200名儿童的尿碘、盐碘含量及100名孕妇尿碘、盐碘含量检测以及结果分析和上报工作；对10例疑似布鲁氏菌病患者开展采样筛查，对其中5例阳性病例进行流行病学调查处置和健康教育工作。

【卫生监测】 2022年，雨花区开展生活饮用水、餐饮具、医疗机构消毒质量及公共场所等日常监测，累计采集样品1134份，检测合格1116份，合格率98.41%。监测生活饮用水199份，合格数199份，合格率100%，每季度将市政管网末梢水33项水质检测结果在雨花区政府门户网站进行公示。开展食品安全风险监测工作，完成半固体复合调味料、含乳饮料、巧克力、粽子、蜜饯、月饼、饼干、小面包蛋糕、熟制坚果及其籽类、薯片及薯条、大米、稻谷、玉米粒、现制饮料、甜品、包子、馒头、花卷、面包、油条等5大类164份样品的采样、送检及数据录入等工作，结果显示19份稻谷样品与脱壳后19份大米中的镉含量超出国家标准，5份现制饮料、6份甜品大肠埃希氏菌计数超出国家限量范围，3份油条、1份包子、1份花卷、1份红糖馒头铝含量超出国家标准。开展食源性疾病病例监测，覆盖各级各类医疗机构，上报病例662例，审核及时率100%，委托湖南省儿童医院开展食源性疾病病例主动监测工作，采集标本120份；对23起疑似食源性疾病暴发事件进行电话核实，规范处置。开展毒蕈中毒事件监测工作，未发生毒蕈中毒事件。开展病媒生物密度监测工作，设置监测点26个，鼠密度监测布放3000个夹，其中有效夹2764个，捕鼠5只（均为黄胸鼠），总密度0.19%；蚊密度监测布灯70盏，捕捉到蚊子1109只，密度12.01只/小时；蝇密度监测布笼35个，捕获蝇类579只，平均密度为15.4只/笼；蟑螂密度监测布放粘蟑纸600张，回收粘蟑纸584张，阳性粘蟑纸数16张，侵害率2.73%，捕获蟑螂18只，平均密度0.029只/张。对“三考”（学考、中考、高考）21家考点饮用水进行抽样检测，检测样品46份，合格率100%。完成对20家用人单位工作场所职业病危害因素监测工作；完成107例职业性尘肺病人的随访工作，完成率100%；完成辖区54家放射诊疗机构及5家非医疗机构的调查、资料收集及数据整理工作。对跳马镇改造后的户厕进行抽查，开展现场卫生评估，对粪便无害化处理后样品进行抽检，抽样检测粪污水72份，合格率100%。

2022年5月15日，雨花区承办湖南省碘缺乏病宣传日活动（谢晓静 供图）

【检验检测】 2022年，雨花区开展诺如病毒核酸检测132份；对辖区内出厂水、井水、末梢水、二次供水、直饮水的理化、微生物指标开展检验检测工作，开展水质相关检测3311项次；对辖区内开展食品、餐饮及食品风险监测，检测605项次；对雨花区居民户及居住半年以上常住人口中8～10岁儿童、孕妇和新生儿开展碘监测检验，开展盐碘检测300份和尿碘检测300份；对辖区内开展医疗器械监测，检测1178项次；对辖区内公共场所开展公共用具、空气质量、游泳池水的专项监测，检测1122项次；开展艾滋病、梅毒、丙肝、风疹、麻疹、霍乱、布鲁氏菌、出血热等病毒血清学检测5439项次；检测农村厕所改造污水、霍乱监测项目361项次。参加梅毒、HIV质控考核，盐碘、尿碘考核，水样中铅含量测定考核，大米中镉含量测定考核，食品中金黄色葡萄球菌考核，省疾控食品中铅镉考核，考核结果均为合格及以上等级。采取集中培训、一对一带教、实战操作等多种形式，对63人，开展421天次核酸检测培训，均顺利通过省临检中心组织的临床基因扩增检验技术培训，获得合格证书。

（本栏撰稿　卓强东）

卫生监督执法

【概况】 2022年，雨花区加大医疗执业、传染病防治、职业卫生、公共场所卫生、学校卫生、生活饮用水卫生监督执法力度，检查各类单位4800余家次，办理一般程序案件81起、简易程序案件22起，罚款5万元以上案件2起，罚没金额到位61.2万元。区卫监执法局参加长沙市卫健委案卷评查获一等奖单位，2份案卷获优秀案卷奖，区卫监执法局曹政伟被湖南省卫监局评为“中医药卫生监督执法办案能手”，谭晖甫被省卫监局评为“十佳新闻宣传工作者”。对区属709家医疗机构进行4轮全覆盖监督检查，下发通报28份。

【医疗机构监督】 2022年，雨花区有医疗机构753家，其中市级以上医院44家，区属医疗机构709家。结合常态化疫情防控和专项行动开展督导检查，下达卫生监督意见书1500余份，对存在较重问题的医疗机构及个人予以立案，立案22起，结案21起，罚没52.7万元。办理大案要案2件，其中长沙雨花芽本质口腔门诊部未取得医疗机构执业许可证擅自执业案没收违法所得3.53万元，罚款21.16万元。

【职业卫生监督】 2022年，雨花区以职业卫生法律法规入企培训、宣传周、专项行动为重点开展监督检查，检查职业卫生技术服务机构6家、职业健康检查机构3家、建材企业10家、职业卫生用人单位100家。立案10起，其中一般程序2起、简易程序立案8起，罚款1.2万元。

【公共场所卫生监督】 2022年，雨花区开展日常监督、自建房改建公共场所专项检查、游泳场所专项检查和隔离酒店全覆盖巡查，检查公共场所850家，下达卫生监督意见书639份，立案46起，结案43起，罚款4.16万元。推行卫生许可告知承诺制，再次简化审查内容和审查环节，新办承诺制证件242本并及时上门复核，保证便民利民的同时又加强事中事后监管，优化营商环境。

【饮用水卫生监督】 2022年，雨花区结合现制现售水专项检查和日常卫生监督，检查生活饮用水单位293家次，下达卫生监督意见书200份，立案2件、结案2件，罚款0.42万元。对现制现售设备水质进行抽检，相关结果在雨花区政府门户网站和“飞梦雨花”公众号公示，提醒居民理性健康消费。

2022年5月19日，雨花区饮用水卫生宣传周活动 （谭晖甫 供图）

【学校卫生监督】 2022年，雨花区开展春、秋两季学校卫生检查和护苗行动，对饮用水、学校环境卫生、传染病防治进行监督检查。检查学校（含托幼、托育机构）441所。对学校周边200米范围内的游艺厅、网吧、宣传治疗性病的机构、黑诊所等进行全面排查。对长沙悦智教育咨询有限公司聘用未取得上岗前“托幼（育）机构工作人员健康合格证”的工作人员开展托育服务案进行立案处罚，全区通报批评。

【“双随机、一公开”】 2022年，国家下发雨花区双随机监督检查任务148家，关闭14家，完成134家，完成率100%；立案查处16起，结案16起，立案率10.8%；罚款1.26万元。开展自选双随机工作，监督检查43家，其中职业卫生9家，学校卫生8家，二次供水和现制现售水26家，立案4起，罚款1.2万元。

【医疗机构信用等级评定】 2022年，雨花区按医疗机构全年不良执业行为违反法律法规的情节和社会危害程度对559家医疗机构信用等级进行评定，评定A级7家，占比1.3%；B级541家，占比96.8%；C级11家，占比1.9%。通过实施信用等级评定，强化医疗卫生行业自律意识。

【新冠疫情防控检查】 2022年，雨花区卫监执法局对700余家医疗机构开展4轮拉网式全覆盖新冠疫情防控检查，督促各类单位落实防控措施，下发检查通报28份，开具卫生监督意见书2400余份，责令停业整顿15家。

【卫生监督宣传】 2022年，雨花区卫监执法局投入专项经费6万元，开展生活饮用水、爱眼护眼和《职业病防治法》等专题宣传，培训卫生监督协管员160人，发放宣传品4000余份，收回调查问卷320份。在“新湖南”客户端、“湖南卫监”微信公众号、“飞梦雨花”等媒体发布宣传通讯28篇，宣传、普及卫生健康法律法规。4月26日，区卫监执法局组织雨花区职业卫生用人单位观看宣传周启动仪式；4月26—27日，以“一切为了劳动者健康”为主题，联合区疾控中心、同升街道社区卫生服务中心在湖南海福来科技有限公司，开展2022年《职业病防治法》宣传进企业活动；5月19日，在洞井街道丰园社区开展以“关注饮水安全，健康人人共享，守护一江碧水，共创人水和谐”为主题的饮用水卫生宣传周活动，向社区居民普及生活饮用水卫生法律法规知识；5月20日，在长郡雨花外国语第一附属小学开展饮用水卫生安全教育，为学生讲解饮用水与健康知识。

【卫生监督专项检查】 2022年4月23—25日，雨花区卫监执法局联合区疾控中心，聘请省、市专家，在全区开展职业卫生技术服务机构、职业健康检查机构专项检查，检查职业卫生技术服务机构6家、职业健康检查机构3家；7月21日至8月30日，对全区游泳场所进行专项检查，检查游泳场所110家次，其中处理投诉40家次，投诉满意率100%，监督检查内容包括游泳场所及从业人员持证情况、池水消毒记录、池水检测记录、消毒产品使用、警示标志设置、信息公示等内容，对4家不合格单位进行处罚，罚款7200元；6月8日，对全区医养结合机构开展卫生监督专项检查，重点围绕医养结合服务情况、新冠疫情防控、医疗机构的执业资质、医疗质量安全管理核心制度、老年人健康管理等内容，对长沙市第一社会福利院、永济老年养护院等6家医养结合机构开展检查；11月1—15日，对全区29家健康体检服务机构进行专项检查，重点对健康体检服务机构的执业资质、人员资质、体检项目备案、放射诊疗工作、出具的健康体检报告、医院感染控制、医疗废物处置等情况展开检查，规范健康体检秩序。

【健康检查服务机构培训】 2022年5月18日，雨花区卫监执法局在区公共卫生大楼召开从业人员健康检查服务机构培训工作会。湖南省职业病防治院、黄兴医院、各街道（镇）社区卫生服务中心、湖南山水健康体检中心等21家健康检查服务机构50人参加会议。会议传达省、市卫生健康委关于规范从业人员健康检查服务工作的相关要求，通报典型案例，对《湖南省食品及公共场所等行业从业人员健康检查管理办法》进行解读。

【现制现售水培训】 2022年6月22日，雨花区在区公共卫生大楼举办现制现售水监督执法培训班，各街镇公共服务（社会事务、行政审批）办卫生监督专干，区卫监局全体卫生监督员参加。培训就现制现售水的概念及相关法律法规、现制现售饮水机和管材卫生要求、饮水机设置、水源水质、出水水质、滤芯滤膜更换、相关卫生信息公示等卫生知识进行讲解，对雨花区现制现售水监督的现状及难点进行分析。

（本栏撰稿 谭晖甫）

健康服务

【健康宣传】 2022年，雨花区制定《雨花区2022年重点卫生宣传日活动方案》，由各街镇负责活动策划和组织实施，各基层卫生服务中心、黄兴医院提供专业技术支撑。通过线上线下相结合的方式，开展“5·15碘缺乏病防治日”“5·20全民营养周”“9·1全民健康生活方式日”“11·14联合国糖尿病日”等24个重点日宣传活动，惠及总人数100万余人次，其中省卫健委、省疾控中心联合开展的2022年联合国糖尿病日主题宣传活动在雨花区洞井街道融合社区举办。（黄文博）

【健康促进】 2022年，雨花区组织开展无烟医疗卫生机构建设、健康教育活动实施、健康教育效果评估等业务培训，每季度开展业务督导；开展健康科普大赛，征集健康科普作品14件，择优参与省级、市级科普大赛评选，获长沙市健康科普大赛图文类十佳作品及图文类优秀作品奖项。（黄文博）

【职业健康】 2022年，雨花区印发《长沙市雨花区职业病防治规划（2021—2025年）》，推动部门协同形成合力。开展职业病危害专项治理工作，确定30家用人单位纳入治理范围，并对其开展检查。开展职业病防治项目，完成20家用人单位职业病危害因素检测，通过省、市审核。139家用人单位完成职业危害申报，矿山、冶金、化工、建材等企业申报率100%；职业病危害现状评价3家；职业病危害因素定期检测和评价122家，职业健康检查6189人。开展职业病防治普法宣传及培训工作，组织辖区153家企业开展第20个《中华人民共和国职业病防治法》宣传周活动，组织65家用人单位参加职业病防治相关法律法规及知识培训。鼓励企业、劳动者参与争创职业健康示范企业、争做“职业健康达人”等创建活动，向长沙市卫健委推荐职业健康示范企业候选单位1家，“职

2022年6月30日，雨花区卫生健康局举行“党建引领聚合力 清廉在心助前行”雨花区卫生系统庆七一暨健康促进医院建设主题活动 （严睿 供图）

业健康达人”候选人 3 名。（黄文博）

【妇幼健康教育】 2022 年，雨花区举办健康教育活动 13 次，群众参与共 1798 人次，开设新婚、孕妇、儿童家长学校线上线下健康课程 400 余堂、服务 2 万人次，印制并下发妇女保健、孕产保健、儿童保健、健康民生项目、预防出生缺陷等宣传折页 15 万册，全区妇幼健康教育覆盖率 93.01%，孕妇学校培训覆盖率 89.19%，母婴保健核心知识知晓率 94.21%，母婴健康行为形成率 86.74%。（唐品佳）

【家庭服务】 2022 年，雨花区以维护计生家庭利益为出发点，构建全区统一的利益导向政策体系。整合民政、人社、住建、教育等职能部门为计生特殊家庭提供政策咨询、社会救助、家政对接等多项帮扶服务，奖扶工作准确率 100%，惠及 24847 人，奖励扶助资金 4265.28 万余元。雨花区户籍的失独家庭居民，由区财政出资给予每人每年 1000 元的医疗补助。

（黄文博）

【防疫健康服务】 2022 年疫情应急处置期间，雨花区通过“飞梦雨花”公众号、“开放雨花”App 及时公布病例风险点 100 余个、高风险区 23 个，提高居民群众防控意识。依托“AI 智能语音”开通“雨花健康服务热线”，全市首个开通区级健康服务专线，建立并完善人工回复及 AI 语音回复知识库，为居民和企事业单位提供发热门诊等咨询服务，开通后接听电话 799 个，及时回复居民群众关注的热点问题。（黄文博）

【“雨润花开”健康雨花立体化公益支持平台项目】 2022 年，雨花区与长沙群英会协作，探索运营“雨润花开”健康雨花立体化公益支持平台项目，激活健教馆宣传教育功能，打造健康教育示范标杆。依托雨花区健康教育馆，面向社会招募志愿者，开展“我用童声讲健康，亮出新生代风采”小小讲解员、“小小健康宣传员，传播健康新理念”健康小达人培养计划等系列主题活动，面向雨花区中小学生开放志愿服务岗位，截至 2022 年年底，在册登记志愿者 115 人，志愿服务爱心企业 1 家，其中医疗类专家志愿者 72 人、个人志愿者 43 人。雨花区健康教育馆接待学生、群众 1 万余人次，通过多媒体动画、图文展板、仪器测量、互动体验等形式，从不同角度传播健康知识，倡导健康生活。在各街道开展健康教育常规活动、健康教育特色活动 43 场，在各学校、企业、社区开展“健康雨花”大讲堂 9 场。在微信公众号、微博、“雨润花开”健康雨花立体化支持平台项目知识店铺投放“健享雨花”录播课 17 节，讲授“健康雨花”直播课 7 次，惠及 3 万余人次。在红网、智慧长沙、星辰在线等平台宣传健康知识 123 篇。在疫情期间，以公益医疗资源为纽带，联合长沙群英会开展“雨”你同行·社区医疗公益行动 & 一个箱子进千个家庭行动，筹集家庭药箱 1000 个，在洞井街道 21 个社区（村）开展义诊活动 16 场，约 1200 人参与义诊，为 707 人提供基础检查服务。2022 年 12 月，该平台项目报送的作品“守望课程”获 2022 年长沙市健康科普大赛图文类十佳作品。（卓强东）

【心理健康促进行动主要指标调查工作培训会】 2022 年 9 月 2 日，雨花区 2022 年心理健康促进行动主要指标调查工作培训会举行。雨花区卫生健康局、区疾控中心相关负责人，东塘街道公共服务办、黎托街道公共服务办、东塘街道社区卫生服务中心、黎托街道基成社区卫生服务中心分管领导及项目专干参加会议。区卫生健康局要求各单位做好组织实施工作，高质量完成后续调查，普及心理健康教育知识，提高居民心理健康素养水平。区疾控中心介绍该次培训的目的及要求，从调查方案、调查问卷填写、调查软件使用 3 个方面展开培训，重点规范现场调查的流程及操作细节。所有参训人员通过现场操作考试。

（黄文博）

·黄兴医院·

【概况】 黄兴医院（长沙市雨花区跳马镇中心卫生院）位于雨花区跳马镇金屏社区，下辖团然、五七 2 所分院，管理 17 个村卫生室。是雨花区唯一一家集医疗、公共卫生服务于一体的公办综合性医疗机构。截至 2022 年年底，医院编制床位数 160 张，占地面积约 8060 平方米，业务用房建筑面积 1.4 万余平方米，职工 167 人，卫生技术人员 144 人，医师 59 名（其中主治医师 20 人），护士 53 名（其中主管护师 13 人，其他医技人员 26 人）。设科室 14 个，其中，临床科室 6 个（全科门诊及妇科门诊、综合一、二、三科、团然分院住院部、五七分院住院部），公共卫生科 4 个（免疫规划、妇女保健、儿保门诊、慢性病管理科），医技科室 4 个（放射、B 超、心电图、检验科）。

2022 年，黄兴医院采取“健康体检 + 结对帮扶 + 政策支援”三位一体服务模式，组织 15 名党员干部对驻点 2 个帮扶村共 5 户贫困家庭开展走访慰问、健康体检、赠送药品等活动；结合老年友好医院、健康促进医院的创建，推进党建 + 业务有机融合；完成侯家塘、跳马镇、红星农批的紧急疫情防控任务。

【村医服务能力提升】 2022 年，黄兴医院对村医加强业务培训和标准化的业务管理，规范服务流程，加强医疗质量监管。组织 17 名村医开展预防接种、孕产妇管理、0~6 岁儿童管理、慢性病管理及肺结核病患者筛查等工作；完成对村民的入户访视、健康体检、管理居民健康档案等工作；在健康扶贫工作中，乡村医生加入家庭医生团队，带领家庭医生团队走乡串户完成所有贫困户的走访及签约。

【健康管理服务】 2022 年，黄兴医院建立家庭医生团队，上门宣讲签约到户，落实“两病”（高血压、糖尿病）规范管理。截至 2022 年年底，全院建立居民电子健康档案80944人，建档率81.2%。为79.69万名65岁及以上老年人免费体检，体检率57.6%；为7598名高血压患者和2387名糖尿病患者提供健康保健服务，规范管理率分别为91%和93%；为396名严重精神障碍患者提供健康管理服务，规范管理率100%。

【中医药工作】 2022年，黄兴医院中医药门诊及住院就诊约3560人次，年住院人次1150人次，病床使用率100%，治愈好转率约97%，医疗差错事故为0。理疗治疗收入比2021年增长约31%。逐年增加各种中医适宜技术，从最初5类15项中医适宜技术，2022年增加至8类20余项中医药适宜技术。每月在宣传栏发布中医药宣教相关资料、结合公众号发布中医药宣传，让更多的居民了解中医药、认识中医药。中医科面积扩大100%，在治疗室加装床帘、电源、床头柜、中医氛围宣传图等。

【黄兴医院与湖南省直中医医院签约】 2022年9月9日，湖南省直中医医院与黄兴医院医联体签约仪式暨“杏林传千古 中医惠众生——邻里医家亲健康行”活动在黄兴医院举行。双方签署“医联体”合作协议，挂牌成立“湖南省直中医医院中医医联体联盟单位”。该次合作签约，有利于雨花区引导优质医疗资源有序、有效下沉，提高医疗资源利用效率和整体效益，建立和推动分级诊疗格局的形成。

（本栏撰稿　骆训武）

社会生活

编辑　　唐清明

居民生活

【居民收入】 2022年，雨花区城镇居民人均可支配收入为70239元，比2021年增长4.9%。其中，人均工资性收入37371元、经营净收入9751元、财产净收入5910元、转移净收入17207元。从构成收入的4个板块看：工资性收入保持平稳增长，比2021年增长4.4%，雨花区坚持经济发展就业导向，夯实区域经济发展基础，就业状况持续向好，全区工资性收入保持平稳增长，是居民增收的最主要动力；经营净收入稳定增长，比2021年增长4.7%，雨花区打造中部（长沙）工程技术创新智谷，集聚辖区工程技术资源，构筑企业合作互补新平台，为居民经营净收入增长提供动力源泉；财产净收入较快增长，比2021年增长5.3%，受疫情频发和经济不景气等因素影响，居民理财投资更趋向稳健，租金收入和红利收入成为拉动人均财产净收入增长的重要支柱；转移净收入快速增长，比2021年增长5.9%，雨花区加大对离退休人员、困难群众等的社会保障力度，推动全区转移净收入快速增长。 （陈思光）

·表22· 2022年雨花区城乡一体化城镇住户收支调查表

指标	单位	附加单位	2022年	2021年	增长（%）
调查户月数	户		1080	1080	0
可支配收入	元	人	70239	66958	4.9
消费性支出	元	人	53330	51378	3.8
恩格尔系数	%	–	26	26	0
可支配收入	元	人	40239	66958	4.9
消费性支出	元	人	53330	51378	3.8
家庭居住人口	人	户	3	3	0
自有现住房总建筑面积	平方米	人	36		2.9

【居民消费】 2022年，雨花区城镇居民人均消费支出为53330元，比2021年增长3.8%。分类别看，食品烟酒消费13915元、衣着消费3049元、居住消费9588元、生活用品及服务消费6357元、交通通信消费4399元、教育文化娱乐服务消费11213元、医疗保健消费3854元、其他用品和服务消费954元。雨花区消费增长强劲，八大类生活消费支出呈现不同幅度的增长。其中，交通通信支出、教育文化娱乐支出增长明显，分别比2021年增长6.8%和5.9%，主要是受国际油价上涨出行成本增加、居民对教育文化活动重视程度增加等因素影响直接拉动此类消费快速增长；生活用品及服务、食品烟酒、医疗保健、其他用品和服务支出平稳增长，分别比2021年增长3.6%、3.5%、3.3%、3.3%；居住、衣着支出小幅增长，分别比2021年增长1.8%、0.8%。 （陈思光）

【婚姻登记管理】 2022年，雨花区办理结婚登记5277对、离婚登记1928对。11月9日，区婚姻登记中心搬迁至雨花市民之家2楼。搬迁后的区婚姻登记中心占地面积约1000平方米，按照民政部AAAAA级婚姻登记机关标准打造，划分为咨询引导区、候登区、结婚登记厅、离婚登记厅、颁证厅、婚姻家庭辅导室6个功能区。区婚姻登记中心办理婚姻登记业务量比2021年同期上升60%，列入全市唯一全省婚俗改革试点单位。 （王银平）

【殡葬服务管理】 2022年，雨花区加强殡葬改革宣传，开展大墓、豪华墓清理整治，做好殡葬惠民直补和免除工作，基本殡葬服务费用免除100万余元。 （王银平）

就业创业

【概况】 2022年，雨花区新增就业2.3万人，其中城镇新增就业18935人，城镇登记失业率控制在1.42%以内，安排失业人员再就业1.3万人；城镇调查失业率控制在5.5%以内。投入区级就业资金426万元，为就业政策落实提供保障。出台春节期间稳工稳产“八条措施”（支持企业节日稳产、降低企业生产成本、保障企业生产要素、鼓励员工坚守岗位、开展新年暖心活动、鼓励员工尽早返岗、保障员工合法权益、抓实疫情防控措施），覆盖区内6704家企业。在比亚迪厂区车间开办6期针对企业岗位需求及对

2022年2月7日，"春风送温暖 就业送真情"——雨花区2022年"春风行动"
（刘雅婷 供图）

应工种的"订单式"培训，减轻企业用工压力。组织开展惠企利民人社政策宣讲会14期。举办线上线下专场招聘会12场，发布岗位1万余个。2022年，1927名离校未就业高校毕业生实现就业1864人，就业率96.73%。新增4家就业帮扶车间，全区7家就业帮扶车间共吸纳脱贫劳动力43人，全区脱贫劳动力就业比例95.51%。雨花区就业创业工作被《中国劳动保障报》以《雨花区精准发力助就业》为题刊发在2022年11月8日第5版头条。

【招聘服务】 2022年，雨花区通过"春风行动""就业直通车"等形式，到湘西土家族苗族自治州、怀化市等地开展援企劳务对接招聘活动，为园区企业新招员工2万余人。组织开展区内现场招聘会11场，现场发布岗位4284个，举办线上招聘会1场，发布岗位5000余个。发布2022年"长株潭企业招聘岗位信息"17期，累计为长株潭地区389家企业免费发布招聘岗位1776个，招聘需求15663人。"湘就业"微信公众号审核通过431家企业招聘信息，发布招聘岗位575个，招聘需求人数26176人。"311"（为有就业意愿的登记失业人员在一年内免费提供3次岗位推荐、1次职业指导、1次职业培训信息）服务覆盖人数17888人，推荐岗位10.96万次，推荐培训902次，职业指导次数20143次。在长沙市比亚迪汽车有限公司启动金秋招聘月"云招聘"活动，在湖南体育职业技术学院举办"就在雨

·表23·

2022年雨花区劳动就业情况表

指标	单位	2022年	2021年	增长（%）
城镇新增就业人员	人	18918	16193	16.8
城镇登记失业人员	人	3819	5364	−28.8
城镇登记失业率	%	1.39	1.97	−29.4
安排下岗失业人员再就业	人	13338	13721	−2.8
大龄就业困难对象再就业	人	2389	3895	−38.7

2022年6月8日，2022年长沙市雨花区高校毕业生就业服务季活动启动仪式及现场招聘会
（刘雅婷 供图）

花 职赢未来”高校毕业生就业服务季启动仪式暨大型现场招聘会。

【高校毕业生就业服务季活动启动仪式】 2022年6月8日，2022年长沙市雨花区高校毕业生就业服务季活动启动仪式及现场招聘会在湖南体育职业技术学院体育场举行。该次活动有100余家企业参与，提供就业岗位2000余个，招聘需求1万余人，来自雨花区高职院校1200余名应往届毕业生参加。活动现场设立企业招聘区、就业创业指导政策宣传区、直播带岗区和职业规划指导区4个特色展区。企业招聘区按不同行业进行展示，展现企业精神，方便求职者筛选行业与岗位；就业创业指导政策宣传区、直播带岗区和职业规划指导区，实现“就业＋创业”“求职＋指导”“线上＋线下”“政策＋宣传”四位一体的招聘会新模式。该次招聘会期间，雨花区将长株潭地区的湘潭市岳塘区、株洲市石峰区、株洲经开区人社部门推荐的适合高校毕业生的企业岗位信息，统一制作成“长株潭企业招聘岗位信息”，通过官方就业平台及H5、海报在朋友圈、微信群等平台进行推送。

【“乡村领雁”培训班】 2022年9月19—26日，雨花区聚焦乡村振兴就业帮扶，在跳马镇举办“乡村领雁”创业培训班，跳马镇35名乡村实体创办者、农村经济实体经营者、管理者参加培训。该次培训由马兰花中国创业培训项目的专业团队全程跟进，采用交互式的授课方法，侧重于创业实践应用和创新能力提升；培训结业后，团队指导老师提供60天的“陪跑式”后续服务，指导参训学员如何改善企业、创新经营、优化项目。

（本栏撰稿 刘雅婷）

社会保险

【概况】 2022年，雨花区正常参保单位4.09万家，养老保险参保人数41.2万人，全区符合城乡居民基本养老保险参保条件的困难群体人员100%参保。城镇职工养老金实现“18连调”，企业职工养老金2073.8元/月，较2021年度增长90.99元/月，机关事业单位养老金5664.22元/月，较2021年度增长162.9元/月。兑现社保费“减免还缓补”优惠政策，有7180家参保单位享受失业保险稳岗返还资金补贴3077万余元，惠及8.1万人。对特困行业受疫情影响无法按时缴纳企业职工养老、失业、工伤保险费的实施暂缓缴纳，208家企业在雨花区成功申请缓缴。

【社保基金监管】 2022年，雨花区构建“1+N”政策监管体系，制定区级社保基金监管方案，配套制定社会

2022年9月6—7日，雨花区社保基金安全警示教育暨节前廉政教育提醒会

（刘雅婷 供图）

·表24· 2022年雨花区社会保障情况表

指标	单位	2022年	2021年	增长（%）
年末企业职工参加基本养老保险人数	人	334968	331395	1.1
在职人员	人	310704	309190	0.5
退休人员	人	24264	22205	9.3
年末城乡居民基本养老保险投保人数	人	67662	68945	−1.9
年末参加工伤保险职工人数	人	262363	258942	1.3
年末参加失业保险职工人数	人	228893	223487	2.4
年末领取失业保险金职工人数	人	1769	1488	18.9

保险基金管理提升年工作方案、社保经办机构内部控制细则等。健全疑点数据派发、核查、审核、反馈机制，压实疑点数据核查责任。落实“一事双岗双审”，对工作人员权限实时清理，增设社保基金监督科，实行业务经办岗位轮岗交流，完善社保政策、经办、信息、监督“四位一体”风险防控体系。

【社保经办服务】 2022年，雨花区制作社保宣传小视频，重新编印各项社保业务指南，在官网宣传业务办事指南，设置首页浮窗链接，为咨询热线定制来电彩铃及未接通电话短信回访，为群众开辟业务咨询“绿色通道”。全年累计接听咨询电话1.2万余个，受理解决“12345”便民服务工单7000余条。

（本栏撰稿 刘雅婷）

住房保障

【概况】 2022年，雨花区非定向公租房新增审批215户，异动、取消77户；特殊困难急需住房保障对象认定（特困认定）111户；经济适用住房货币补贴（8万）新增审批3户；雨花区定向限价商品房新增审批1户；公共租赁住房实物配租签约新增183户；长沙市城镇“半边户”“世居非农”购保障性住房资格审核24户；发放商品房屋租赁登记备案证111份；非定向公共租赁住房租赁补贴发放290户次，金额为48万元；为长沙市交通运输局、长沙市轨道交通集团、雨花区市政设施维护中心、区园林绿化维护中心4家单位16816人次发放公益性岗位租赁补贴款共630.6万元；为新城新世界小学13名职工发放住房补贴共计29万元；对2800余户公租房在保对象在湖南省公租房管理信息系统进行新增导入，对200余户历年来已取消资格的公租房保障对象在湖南省公租房管理信息系统进行异动退出。

【住房保障管理】 2022年，雨花区为15户D级危房对象配租公租房，

2022年10月13日，雨花区住房和城乡建设局到公租房粟塘小区对新湘小学增设校门事宜现场调研

（王楚藩 供图）

10户棚改拆迁对象配租公租房，25户拆迁对象核实并注销已失效的经适房保障资格，协调长沙市住房保障局对280户存量公房及私房住户享受房改和住房保障情况进行核查。10月开始对公共租赁住房在保对象进行年审，对雨花区10月在保2503户4058人公共租赁住房保障对象，对公安、婚姻、残联、社保、公积金、工商、税务、住房、车辆、出入境等相关信息数据进行居民家庭经济状况核对，并出具核对报告。

【住房保障服务】 2022年，雨花区加强住房保障宣传引导，到公租房小区进行政策宣传；接待产业园区企业、住房租赁企业等主体保障性租赁住房有关咨询。加强公租房日常管理工作，每个月开展至少一次安全专项检查。指导长沙房产（集团）有限公司做好公租房运营管理。清理应退未退住户，有效清理违规住户67户（含退出户及二次申请户）。做好棚改购房奖励审批发放，审批雨花区国有土地棚改项目货币安置被征收户购房VIP（会员）奖励22户，发放奖励108.3万元。雨花区2022年保障性租赁住房筹集任务为7354套，年内完成年度筹集任务数。发展住房租赁市场试点工作，2022年度雨花区第七、八、九批住房租赁奖补项目共8家企业1547套房源参与评审，并通过长沙市住房和城乡建设局备案；对已纳入试点的租赁企业进行监管。

【公租房摇号选房】 2022年，雨花区通过多渠道筹集房源，采取筹集一批，配租一批的方式，为6个月轮候期内38户符合条件的保障对象配租公租房。全年为221户保障对象配租公租房，1.7万人次发放租赁补贴款共678万元。

（本栏撰稿 秦 俭）

医疗保障

【概况】 2022年，雨花区推进医保经办机构服务体系和综合能力建设，实现普通门诊医疗费用跨省直接结算，构建医保经办“15分钟服务圈”，打造基层医保一体化服务示范点，成立长沙银行朝阳支行雨花医保服务驿站。辖区内长沙市中心医院等6家医疗机构实现“普通门诊医疗费用跨省直接结算”及“5个门诊慢特病治疗费用跨省直接结算”；以黎托街道基成社区卫生服务中心为代表的16家医疗机构开通门诊共济跨省异地直接结算。落实脱贫攻坚与乡村振兴战略过渡期困难群体医保参保缴费分类资助政策和医疗救助政策，落实参保资助193.57万元，落实医疗救助470万元。区医疗保障局获湖南省医疗保障脱贫攻坚成果与乡村振兴有效衔接工作表现突出单位。

2022 年 5 月，雨花区医疗保障局执法队伍到定点医疗机构现场检查
（何 静 供图）

【医疗保障】 2022 年，雨花区常住人口参保人数 123.1 万人，参保率稳定在 95% 以上，全区 11146 名特殊困难群众实现参保全覆盖，参保率 100%。及时办结医疗、生育费用结算 8687 次，报销费用 9232 万元；落实“两病”（高血压、糖尿病）门诊待遇，惠及高血压、糖尿病患者 1.94 万人次，报销 147.7 万元。推进医院结算工作，完成对全区 35 家协议医疗机构总控预拨 5800 万余元，门诊统筹、特门、单病种等门诊费用共审核结算 1352 万元。全区新增 76 个医保定点协议医药机构，满足群众就近就医购药的需求。

【医保政务服务】 2022 年，雨花区推出“全龄友好”服务工程，开展“走流程、解难题、优服务”行动，优化医保窗口服务。11 月 9 日，医保业务窗口搬迁至雨花市民之家，每个窗口独立配备一体化设备。办理异地安置备案 3500 人次，实现省内异地就医无需备案、跨省网上备案，联网直接结算。安排专人接听咨询电话，开展线上帮、代办，服务群众 3 万余人次；完善“12345”工单处理流程，回复“12345”市民热线 7000 余件，完成度、回访满意度均为 100%。

【医疗救助】 2022 年，雨花区报销医疗救助 3468 人次，拨付医疗救助资金约 800 万元。推进精神障碍患者救助工作，疫情期间坚持送药上门服务，全年免费发放精神控制性药品 7000 人次，报销药品费用 75 万元，完成常规体检 371 人次，报销住院救助金额 16 万元。

【医保基金监管】 2022 年，雨花区完成打击欺诈骗保套保挪用贪占医保基金集中整治工作“回头看”任务；将医保基金监管纳入区绩效考核；开展打击欺诈骗保工作“联部署、联数据、联行动”的“三联”合作模式，形成监管合力；聘请 15 名社会监督员，筑牢社会监管阵营。组织 401 家医保协议定点医药机构开展全面自查自纠，督促 19 家违规机构退还医保基金 9.17 万元，线上审核拒付 20 万元，现场监管查处违规医疗机构 15 家，追回（含处罚）51.69 万元，协助长沙市医疗保障局追回 361 名死亡人员超期享受医保待遇 30.97 万元。全年守卫医保基金 111.83 万元。

【医保政策宣传】 2022 年，雨花区制作“一分钟读懂医保”医保政策宣传短视频 11 个，分批次投放抖音、微信视频号等各个网络平台，通过移动云端开展医保宣传服务，投放群众微信朋友圈 60 万次；组织全区机关事业单位、街道社区、中小学生、医疗机构开展医保政策培训 7 次，印制发放宣传折页 40 万余份，在跳马镇举办“医保微服务”进社区宣传活动；制作参保缴费二维码，通过网格化管理形式推广。

【雨花医保服务驿站】 2022 年 8 月 24 日，长沙银行朝阳支行雨花区医保服务驿站挂牌成立。该驿站以“医保驿站中心、便民服务阵地”为宗旨，秉承“便民服务、医保为您”的服务理念，成立医保专业团队，设立医保服务专窗，向全区参保群众和单位提供标准化、全能化的医保服务。线下驿站为群众提供医保卡制卡发卡、信息关联查询、账户一次性提现、医保缴费指导等服务，为有需求的单位提供上门服务；线上组建医保问题咨询群和专干业务交流群，搭建医保政务大厅、长沙银行与参保群众三方畅通交流桥梁，方便医保政策宣传和业务解答，被《湖南医疗保障工作》及湖南红网刊载报道。2022 年，雨花区医疗保障局先后在园区、企业、银行和医药机构等 5 个领域创建 5 个医保服务驿站。

【基层医保一体化服务示范点】 2022 年 9 月，雨花区在跳马镇田心桥村成立基层医保一体化服务示范点，按照“依法下放、宜放则放”原则，将 12 项高频服务事项下放到村级经办，同时增设医保经办窗口，加强工作人员培训，提高服务能力水平，让村民在家门口就能享受到从参保、续保到报销、领药、停保的“一条龙”服务。完善一体化村卫生室，加强村医医保政策培训，为当地群众提供门诊统筹服务及“两病”门诊用药待遇保障。向田心桥村委拨付能力提升资金，为村级卫生室设备升级提供支持。

（本栏撰稿　何　静）

社会救助

【概况】 2022 年，雨花区社会救济总人数 5034 人，比 2021 年下降 0.9%。其中，居民最低生活保障人数 4422 人，

2022 年 6 月 24 日，2022 年雨花区社会救助业务培训会和政策宣传活动

（尹正煜　供图）

比 2021 年下降 1%；特困供养人数 612 人，比 2021 年下降 0.6%。发放低保救助 3491.41 万元、特困救助 720.5 万元、临时救助 334 万元；发放春节慰问金 570 万余元，配套米、油等物资 5000 余份，慰问户数 1.1 万余户；为流浪乞讨人员提供食宿 534 人次，提供乘车凭证 373 人次。出台社会救助工作评估实施办法、严格规范临时救助备用金使用等制度，发放社会救助资金 4890.2 万余元，救助困难群众 6.94 万人次。开展低保专项治理、审计、低保预警，实行低保动态管理、低保错时年审。制定出台《雨花区社会救助工作评估实施办法》《雨花区民政局关于严格规范临时救助备用金使用的通知》，加强社会救助对象经济核查。实行政府购买社会服务参与特困人员自理能力评估，建立分散供养特困人员立体化照料服务机制，将符合条件的 101 名困难群众纳入特困救助范围。打造雨花亭街道党建引领下的社会救助非物质文化传播新阵地。组织 2 次全区性社会救助业务培训和政策集中宣传活动。

【低保“单人保”】　2022 年，雨花区落实低保“单人保”政策，摸排低保边缘户、低收入人口，建立困难群众基本档案，加强低保边缘户、特困对象等动态监测，全年新增城乡低保 406 人次（其中纳入“单人保”130 人）、退出 442 人次。

【党建引领下的社会救助非物质文化传播新阵地】　2022 年，雨花区雨花亭街道以“非遗”剪纸为载体，在麻塘桥社区香樟鑫都小区打造党建引领下的非物质文化传播社会救助新阵地，调动社区居民群众的积极性，将“乘风破浪姐姐团队”等社会救助工作人员和服务对象的感人故事通过剪纸，利用街道、社区的公共空间呈现出来，让“非遗”文化承载社会救助故事，树立救助工作典型，鼓励和帮扶困难群众实现自救。

【社会救助业务培训】　2022 年 6 月 24 日，2022 年雨花区社会救助业务培训会和政策宣传活动举行。区民政局相关负责人和工作人员，全区各街（镇）、社区（村、筹委会）社会救助工作分管领导及工作人员共 230 余人参加培训活动。区社会救助事务中心工作人员就低保业务工作、特困人员救助供养业务工作、临时救助业务工作、低收入认定等进行培训。

【社会救助工作联席会议】　2022 年 6 月 29 日，雨花区社会救助工作联席会议召开。区政府二级调研员孙夙，区民政局等 22 个区直部门及 13 个街镇参加会议。会议学习社会救助工作最新文件，对《长沙市改革完善社会救助制度的实施办法》《关于建立健全城市特殊困难群体帮扶长效机制的意见》等文件进行解读。区民政局党组书记、局长易方顿表示，将抓好政策制度落实、体制机制完善、社会救助改革、日常管理规范，加强乡村振兴政策衔接做好兜底性保障，加强各职能部门在社会救助工作中的“同频共振”。

【专项救助行动】　2022 年 7 月 14 日至 9 月 30 日，雨花区在开展“夏季送清凉”专项救助行动，通过多种救助方式，为在主次干道、过街天桥、广场、桥梁涵洞旁等人流密集场所的生活无着人员送食品、送水、送防暑降温药品。自 11 月 4 日始，雨花区开展“寒冬送温暖”专项救助行动，为生活无着人员送上冬衣、冬被、棉鞋等御寒物资和方便面、矿泉水。

（本栏撰稿　王银平）

社会福利

【儿童福利】　2022 年，雨花区落实儿童主任岗位津贴制度，发放困境儿童各类补贴近 66 万元，其中，发放孤儿基本生活费 18.3 万元、18 岁以上在读孤儿助学金 1.8 万元、事实无人抚养儿童基本生活补贴 45.89 万元；规范办理收养登记 2 人。

【未成年人保护】　2022 年，雨花区接受湖南省、长沙市未成年人保护专项督导工作组到区进行督导。组织开展业务培训，落实儿童主任岗位津贴制度，组织开展密切接触未成年人行业从业人员入职查询，开展“你我同行 学法用法 共护未来”未成年人保护主题知识有奖竞答和《中华人民共和国未成年人保护法》宣传月活动。印发未成年人保护应知应会宣传资料 800 份。

【福利慈善】　2022 年，雨花区慈善救助 4500 余人次、190 万余元。落实老年人、残疾人福利保障，及时发放高龄津贴 2774 万元、残疾人“两项”补贴 1167.07 万元。安排救助资金 85

2022 年 3 月 4 日，“医博向阳基金”慈善救助项目暨“消化道健康”公益普查活动
（王银平　供图）

万元开展“暖心工程”“烛光工程”等慈善送温暖活动，为 145 名困难学子申请市级助学金 80 万余元。推进福彩转型升级，实现视频票自有厅转型，发展社会网点 52 个。

【“医博向阳基金”慈善救助项目启动】2022 年 3 月 4 日，“医博向阳基金”慈善救助项目暨“消化道健康”公益普查活动在长沙市医博肛肠医院举行。雨花区民政局副局长阳伟军和长沙医博肛肠医院院长易文峰，及其他参与人员共同为项目揭牌，宣布“医博向阳基金”慈善救助项目暨“消化道健康”公益普查活动启动。“医博向阳基金”是长沙医博肛肠医院在雨花区慈善会设立的专款专项救助项目，主要针对雨花区范围内患胃肠、肛肠病的患者。该项目致力于帮助更多患者得到及时、科学、精准、有效的诊断治疗。

2022 年 8 月 29 日，2022 年雨花区“喜迎二十大，同心护未来”儿童主任培训暨未成年人保护工作主题活动开班仪式
（王银平　供图）

【未成年人保护综合治理专项督导推进工作会议】 2022 年 4 月 15 日，雨花区未成年人保护综合治理专项督导推进工作会议召开。区平安办、区未保办成员单位、各街道（镇）相关负责人等 50 余人参加。会议传达长沙市平安办、市未保办有关通知精神，解读说明雨花区做好未成年人保护综合治理专项督导工作的主要内容、职责分工、工作措施及配合协调，对下阶段的工作进行安排部署，提出具体要求。会议听取各部门各单位未保综合治理工作汇报，与会人员就如何做好下一阶段工作提出建议和意见。会议强调，要提高认识站位，提高工作标准，坚持底线思维。

【儿童主任培训】 2022 年 8 月 29—30 日，2022 年雨花区“喜迎二十大，同心护未来”儿童主任培训暨未成年人保护工作主题活动举行。社区（村）儿童主任，区未保中心工作人员，区民政局养老服务和儿童福利科工作人员，街镇公办服务办主任、儿童福利工作专干、社工站等从事儿童福利方面的工作人员，共 210 余人参训。培训邀请长沙市民政局、雨花区检察院、中南大学、长沙民政职业技术学院、湖南省社工协会从事未成年人保护和儿童福利工作的行业专家和教授进行授课。培训旨在让儿童主任学习未成年人保护法律法规和儿童福利政策、突出严厉惩治性侵害未成年人违法犯罪、从业（入职）查询、强制报告制度、儿童主任实务工作必备技能，儿童之家建设运营管理等内容。

（本栏撰稿　王银平）

基层治理

【概况】 2022 年，雨花区实行村（社区）工作事项准入制度，为社区减负。组织开展多轮履职培训，完善员额管理系统，规范社区专职人员管理，强化社区人才支撑。优化议事协商机制，指导修订村规民约（居民公约），幸

2022 年 11 月 23—24 日，雨花区基层治理骨干业务培训班 （王银平 供图）

福里社区获评全省第三批“十佳”村规民约（居民公约），推荐韶山路、茶园坡等 4 个社区参评市优秀村规民约（居民公约）。打造东澜湾社区市级民政民生工作创新实验点。东山、侯家塘、井湾子街道获评长沙市 2022 年度加强基层治理真抓实干成效明显示范街道，砂子塘、左家塘、高桥获评优秀街道。接受中办督查组到长沙督查调研基层治理体系和治理能力现代化建设情况。怡园社区等 11 个社区（村）成功创建市“五型”示范社区（村），东澜湾社区获评湖南省和谐社区，金科园社区获评全省先进基层群众性自治组织，韶山路社区欧阳晓琦被评为全省优秀城乡社区工作者。开展村（社区）“万能章”和村（社区）机构挂牌清理整治。推进侯家塘街道泉塘社区移交长沙县管理工作。

【地名管理】 2022 年，雨花区修改编纂《雨花区地名图集》《雨花区标准地名录》《雨花区地名词典》《雨花区地名志》。开展界线联检，完成 20 块地名标志制作安装。

【省民政厅调研雨花区社区治理工作】 2022 年 2 月 18 日，湖南省民政厅基层政权建设和社区治理处处长廖剑波带队到雨花区砂子塘街道金科园社区、高桥街道怡园社区，实地调研基层社区治理工作，听取基层社会治理经验分享。金科园小区有 28 栋居民楼，居住 1500 余位花甲老人，其中空巢老人居多。金科园社区调动小区老党员们的积极性，对人居环境进行集中改善，翻修坑洼的道路，在上下坡、上下楼梯处增设不锈钢、防腐木等扶手，说服不同楼层的居民同意加装电梯。怡园社区利用“6+2 协商会议”，即每周组织社区、小区党支部、业委会、物业公司、开发商、商业运营商六方常态化会商和区相关职能部门、街道相关业务条线，围绕小区居民需求、监督物业服务、小区管理重大事项表决等，形成定期沟通、现场接单、马上就办的良性互动。怡园社区利用“互联网”+ 治理模式，开发“怡呼百应”可视化指挥管理平台。

【基层治理骨干业务培训】 2022 年 11 月 23—24 日，雨花区基层治理骨干业务培训班举行。雨花区民政局党组书记、局长易方顿作开班动员讲话。该次业务培训围绕落实落细“三个清单”，村（居）规民约奖惩机制，村（居）务公开、民主监督，常见纠纷法律知识及处置方法，加强清廉村（居）建设等展开，邀请湖南省民政厅基政处处长廖剑波、副处长祝林书，省委党校讲师李辉，专业律师李红青进行授课。

（本栏撰稿 王银平）

社会组织

【概况】 2022 年，雨花区注册社会组织 383 家、注销 17 家、变更登记 30 家、撤销 5 家；完成社会组织年检 304 家。开展打击整治非法社会组织专项行动，厘清行政机关与行业协会商会职能边界，严格行业协会商会登记审查。开展“党建领航 · 群智共享”主题沙龙，促进社会组织发展。全区 13 个街镇社工站提质发展，寸草心社会服务中心获评全省“十百千”示范社会组织，温心家园社工站获评“长沙市五星社工站”。投入 37 万元实施公益创投，支持社会组织参与党建、环保、扶老、助残等社区治理项目。推进“五社联动 幸福邻里”重点社区（村）创建，43 家社区（村）完成市民政局创建验收。

【社会工作职业水平考试考前培训】 2022 年 5 月 13 日，雨花区 2022 年社会工作职业水平考试考前培训开班。雨花区民政局副局长阳伟军，相关科室负责人及社会组织工作人员等 350 余人参加培训。湖南师范大学公共管理学院社会学系讲师冯元讲解社会工作专业岗位开发和人才使用、社会工作专业岗位开发使用的主要问题以及相关激励机制等内容，分享社工应该怎样去解决在工作中遇到的困难，将考试的重难点进行梳理和归纳。

【上榜 2021 年度“长沙慈善公益组织影响力榜”】 2022 年 5 月 16 日，长沙市第二届（2021 年度）长沙慈善榜发布，雨花区寸草心社会服务中心、群英公益发展促进中心和爱萌特殊儿童康复中心等 3 个公益组织上榜 2021 年度“长沙慈善公益组织影响力榜”。区民政局建立社会组织孵化中心，加强社会组织能力建设；培养社会组织专业人才，全区有持证社会工作者572名；开展公益创投，支持社会组织参与扶贫帮困、扶老助残、环境保护等活动，打造“寸草心”“群英会”等社会组织品牌，促进慈善公益事业发展。

（本栏撰稿　王银平）

老龄事务

【概况】 2022年，雨花区新建轻松关爱老年养护院（200张床位）、和家老年养护院（54张床位）2家养老机构，建成12家居家养老服务站，完成175户特殊困难老年人居家适老化改造，开展50家家庭床位试点，完成6家社区居家养老服务站标准化建设。发放4197名残疾人“两项补贴”（困难残疾人生活补贴、重度残疾人护理补贴）1163.92万元，发放21123名高龄津贴2774万元。加强养老政策扶持，完善养老服务机构从业人员岗位补贴制度，出台家庭养老床位试点、创建养老服务示范街道等实施方案，发布《长沙市雨花区基本养老服务清单（2022年版）》。开展同升街道养老特色街区建设，争取湖南省民政厅资金支持200万元。开展打击整治养老诈骗专项行动，妥善安置区社会福利中心218名在院老人。对幸福时光老年公寓等养老机构开展上门核酸检测，拨付24家养老服务机构补贴资金20.7万元，给予14家养老机构疫情防控补助资金35.43万元；送上慰问物资和疫情防控物资。

·表25·　2022年雨花区基本养老服务清单一览表

服务对象	服务项目	服务内容及标准	责任单位
所有老年人	入住养老机构服务	根据养老服务需求，自愿选择养老机构入住	区民政局
	日间照料服务	居家老年人可选择就近的街道（镇）综合养老服务中心、社区居家养老服务站，选择包括生活照料、健康服务、精神慰藉、文化教育、紧急救援、安全指导、法律咨询等日间照料服务	区民政局、各街道办事处跳马镇
	居家上门服务	居家老年人可选择专业养老服务机构，选择包括生活照料、健康服务、精神慰藉、文化教育、紧急救援、安全指导、法律咨询等上门服务	区民政局、各街道办事处跳马镇
达到待遇享受年龄的老年人	职工基本养老保险	为符合条件的参保老年人按时足额发放基本养老金	区人社局 区财政局
达到待遇享受年龄的老年人	城乡居民基本养老保险	为符合条件的参保老年人发放基础养老金和个人账户养老金	区人社局 区财政局
80周岁及以上老年人	高龄津贴	80周岁及以上老人可申请高龄津贴： 80—89周岁的老人，每人每月发放100元； 90—99周岁的老人，每人每月发放200元； 100周岁及以上的老人，每人每月发放500元	区民政局 区财政局
申请财政补贴养老服务老年人	老年人能力综合评估	申请财政补贴养老服务的老年人，由政府委托第三方评估机构进行生活能力筛查评估	区民政局
养老特殊困难老年人	优先入住公办养老机构	建立公办养老机构轮候制度，经济困难的空巢、独居、失能（失智）、残疾、高龄以及计划生育特殊家庭老年人、为国家和社会作出特殊贡献的老年人的老年人优先入住	区民政局 各街道办事处 跳马镇
	特殊困难老年人探访关爱服务	为独居、空巢、留守、失能、重残、计划生育特殊家庭老年人定期开展探访和帮扶服务，防范和化解意外风险	区民政局 各街道办事处 跳马镇

·续表 25·

服务对象	服务项目	服务内容及标准	责任单位
居家失能（失智）老年人	家庭养老床位	居家失能、部分失能老人申请家庭养老床位，可享受养老服务机构为其住所进行适老化和智能化改造，并提供类似养老机构专业服务。为符合条件的老年人提供服务的机构可以申请建床补贴和服务补贴	区民政局
	失能（失智）老年人家庭成员照护培训	针对符合条件的失能（失智）老年人家庭成员开展免费培训，普及照料失能、失智老年人的护理知识和技能	区民政局 区人社局
经济困难的失能半失能老年人	基本养老服务补贴	依据老年人能力评估结果和养老服务需求，为符合条件的困难老年人以购买服务的方式提供居家养老服务。 申请家庭养老床位和入住养老机构时可以用于服务费用	区民政局 区财政局
经济困难的失能半失能老年人	特殊困难老年人家庭适老化改造	为分散特困供养、享受低保的高龄、失能、留守、空巢或残疾老年人、重点优抚对象、计划生育特殊家庭（拥有产权或长期居住权，且近期没有纳入动迁规划）进行住宅及家具设施适老化改造	区民政局 区财政局
符合条件的残疾人	重度残疾人护理补贴	符合条件的重度残疾老年人，按照不低于 100 元 / 月的标准发放重度残疾老年人护理补贴	区民政局 区财政局 区残联
	困难残疾人生活补贴	经认定符合条件的困难残疾老年人按照不低于 140 元 / 月的标准发放困难残疾老年人生活补贴	区民政局 区财政局 区残联
活保障范围老年人	最低生活保障	将符合最低生活保障条件的贫困家庭中的老年人全部纳入最低生活保障范围；对获得最低生活保障金后生活仍有困难的老年人，采取必要措施给予生活保障	区民政局 区财政局 各街道办事处 跳马镇
特困老年人	特困老人生活保障	为特困老年人提供基本生活条件、照料服务、疾病治疗、住房救助、丧葬服务。 特困供养的基本生活标准按 1.3 倍低保标准执行	区民政局 区财政局 各街道办事处 跳马镇
	特困老人供养方式	特困老年人可自主选择机构集中供养或在家分散供养的方式。 全自理、半护理、全护理特困人员的照料护理补助标准原则上不低于当地上年度最低工资标准的 1/10、1/6、1/3，并根据省定指导标准适时调整。 集中供养特困人员以及分散供养中患精神障碍疾病、传染病的生活不能自理特困人员，其照料护理补助标准上浮，原则上不低于 50%	区民政局 区财政局 各街道办事处 跳马镇
流浪乞讨老年人	流浪乞讨救助	生活无着的流浪、乞讨老年人，依照有关规定给予救助	区民政局 各街道办事处 跳马镇

【雨花区入选全省真抓实干养老服务体系建设成效明显区】 2022年1月20日，湖南省政府公布2021年度真抓实干成效明显地区予以表扬激励的名单及激励措施，长沙市雨花区入选养老服务体系建设成效明显的市、县市区名单。雨花区出台《关于推进养老服务高质量发展的实施意见》等文件，基本形成以养老服务高质量发展为中心的“1+N”政策保障体系；针对不同类型老人提供精准服务，推进公办养老机构公建民营改革，推动专业机构+社会组织养老品牌发展，依托街道、社区建设“嵌入式”养老服务机构，就近为老年人提供服务；加强与长沙民政职业技术学院、和家护理职业技能培训学校的合作，定期开展全区的护理员培训、护理技能竞赛，开展养老机构等级评定。

【省人大常委会调研雨花区居家养老服务工作】 2022年5月9日，湖南省人大常委会副主任、省总工会主席周农率调研组到雨花区砂子塘街道金科园社区尚体·乐活长者运动康养服务之家、和润居家养老服务中心，以及白沙社区居家养老服务中心，调研居家养老服务工作开展情况。尚体·乐活长者运动康养服务之家是一家面向老年人的社区多功能康养场所，整合体育、养老、卫生健康等公共服务资源，为老年人提供体质测试、基础健康检测、科学健身指导、慢性病运动干预、运动康复训练、健康知识普及和休闲社交等“一站式”运动康养服务。截至2022年5月，雨花区基本养老服务补贴制度覆盖率100%；发展老年餐桌16个，构建“社区助餐+送餐上门”养老助餐服务体系；在全区各个街道（镇）举办老年人各类兴趣班100余个，满足全区3万余老年人在家门口上老年大学。周农要求雨花区探索多样化、多层次的居家社区养老新模式，逐渐把养老服务延伸到老年人家中，提升居家养老服务覆盖率，推进居家养老事业发展。

【养老机构等级评定和家庭养老床位试点专题培训】 2022年9月23日，雨花区组织开展2022年养老机构等级评定和家庭养老床位试点专题培训。全区16家养老机构和3家居家养老服务站参加培训。雨花区民政局副局长余铁光作开班动员讲话。雨花区华衡公益发展中心培训老师，从养老机构等级评定国家标准、养老机构等级评定政策文件、长沙市养老机构等级评定实施细则（试行）、评估指标等方面进行解读；白沙社区居家养老服务站工作人员带领大家参观智慧居家养老样板间，从家庭养老床位建设标准、服务流程和监管、系统操作等方面进行介绍，现场演示居家适老化改造产品、家庭养老床位智慧管理系统的操作方法。

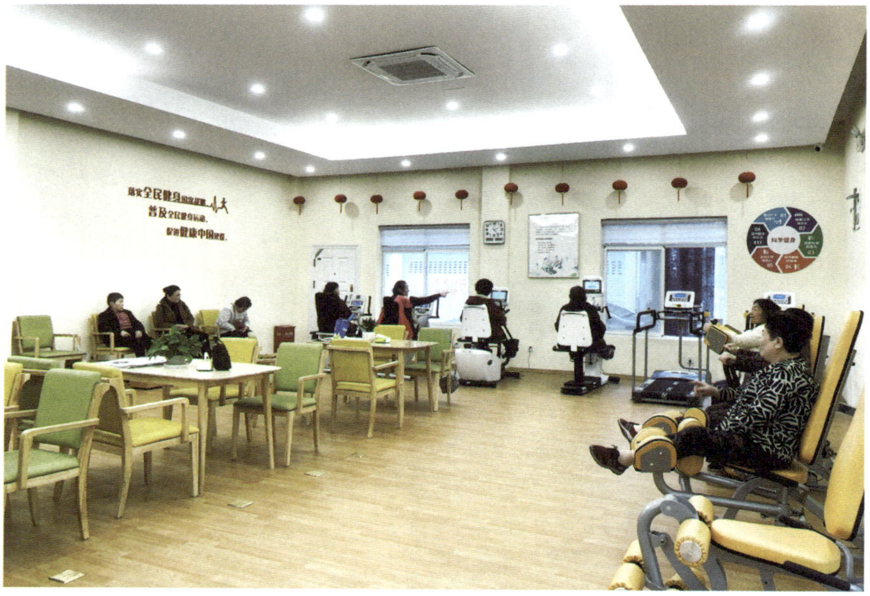
砂子塘街道金科园社区尚体·乐活长者运动康养服务之家 （王银平 供图）

【养老护理员培训】 2022年11月21—27日，雨花区组织开展线上+线下养老护理员职业技能提升培训。培训由雨花区民政局主办，湖南省名淞职业培训学校承办，全区近100名养老护理员分2个批次进行培训。该次培训主要包括养老护理员职业道德和职业守则、老人日常照料、睡眠照料、清洁照料、康复护理、急救技术等内容，以“理论授课+实训操作”的方式授课，指导学员将理论和日常护理结合，按照护理技能规范操作，提高服务质量和水平。

（本栏撰稿 王银平）

退役军人事务

【概况】 2022年，雨花区建档立卡和优待证申领工作被长沙市退役军人事务局通报表扬，随军随调家属安置工作在全市率先完成。长沙市优抚医院、育新小学、雨花家园社区等5个单位获评2022年长沙市双拥示范点，数量居全市第一。信访稳定、信息宣传、优待证申领工作被长沙市退役军人事务局评为先进单位。

【服务保障体系建设】 2022年，雨花区完善区本级、街道（镇）、社区（村）三级退役军人服务“两站一中心”181个，东山街道、跳马镇2个街镇和雨花亭街道雨花亭社区等12个社区（村）被评为长沙市“五优”退役军人服务站。74个示范型（标杆型）退役军人服务站完成初审。“兵支书”“兵委员”队伍人数138人，其中跳马镇新田村“兵支书”吴正伟获评2022年长沙市乡村振兴领域最美退役军人。“老首长工作室”“红管家”“红袖章”等13支退役军人志愿服务队参与理论宣讲等活动。挖掘宣传长沙市最美退役军人童彬原、“湖南好人”孙家闯、

2022 年 3 月 3 日，雨花区举办“春风送温暖 就业送真情”专场招聘会

（陈 灿 供图）

见义勇为钟明强等先进模范。

【双拥优抚】 2022 年，雨花区做好退役军人优待证申领，相关工作经验被退役军人事务部官网推介。开展军地共建活动，长沙市中心医院与南部战区雷达兵某旅开展医疗卫生军地协作，东塘街道政院社区与国防科学技术大学前沿交叉学科学院联合开展国防教育活动。现役军人子女按政策享受到入园、入学优待。为立功获奖军人家庭开展上门送喜报活动，发放奖励金。组织开展春节、“八一”走访慰问活动。发放各类抚恤、补助和优待经费，优抚对象年度确认率 100%。迁移 3 座零散烈士墓至湖南革命陵园安葬，就地保护 1 座。发放各项军休经费，依托社会专业养老服务机构，为全区军休人员开展主动关怀、生活帮助。接收安置军队退休干部和士官。

【移交安置】 2022 年，雨花区完成 7 名营职以下及专业技术军转干部、7 名随军随调家属、转业士官安置工作，安置率、满意率 100%。接收市级统筹安置转业士官，按时足额发放待安置期间生活费，及时接续社保和医保。为退役士兵“一站式”办理报到登记、党组织关系结转和服预备役登记等手续。摸底 150 余家企业，与三一重工集团有限公司 、中建物业管理有限公司、湖南万家丽实业集团有限公司等 30 余家企业合作，召开 6 场线下招聘会和 3 场线上招聘会，长沙市比亚迪汽车有限公司、蓝思科技股份有限公司、步步高商业连锁股份有限公司等 70 余家企业提供 6000 个岗位。

【退役军人专场招聘活动】 2022 年 3 月 3 日，雨花区举办“春风送温暖 就业送真情”专场招聘会，帮助辖区退役待业军人和求职居民解决就业困难。该次招聘会吸引长沙市比亚迪汽车有限公司、蓝思科技股份有限公司、步步高商业连锁股份有限公司等 30 家企业，为各个层次的求职群体提供涵盖酒店管理、超市运营、理财经理、货车司机等 2000 余个多元化就业岗位，发放各类宣传资料 1000 余份，提供政策咨询 120 人次。

【退役军人、其他优抚对象优待证首发仪式】 2022 年 5 月 7 日，雨花区退役军人、其他优抚对象优待证首发仪式举行。雨花区退役军人事务局党组书记、局长潘武，各街镇退役军人服务站、合作银行相关负责人以及 3 位退役军人代表参加发证仪式。雨花区于 4 月 8 日启动优待证申领工作，成立工作专班、下发实施方案，汇编操作手册，开展业务培训，广泛宣传政策，督导组下沉指导，截至 5 月 7 日，有近 7000 人办理优待证申领手续。

【童彬原获评 2022 年度长沙市“最美退役军人”】 2022 年 11 月 9 日，长沙市发布 2022 年度“最美退役军人”。经街、区、市三级退役军人事务系统推荐、审核，雨花区退役军人、湖南金煌科创投资集团有限公司董事长童彬原获评 2022 年度长沙市“最美退役军人”。

（本栏撰稿 陈 灿）

2022 年 11 月 9 日，雨花区退役军人、湖南金煌科创投资集团有限公司董事长童彬原（右一）获评 2022 年度长沙市“最美退役军人” （陈 灿 供图）

民族宗教事务

【民族工作】 2022年，雨花区开展铸牢中华民族共同体意识宣传教育，宣传中共民族宗教政策和《城市民族工作条例》《宗教事务条例》等法律法规；组织学习交流活动9场次。加强少数民族流动人员服务管理，解决少数民族融入城市过程中遇到的困难和问题。开展民族团结进步创建工作，湖南高桥大市场股份有限公司完成全国民族团结进步示范单位验收授牌，桔园小学获评全国民族团结进步示范单位，长沙农村商业银行天翼支行信贷办公室、井湾子街道井湘社区完成全省示范单位验收授牌，湖南雨花非遗馆被命名为省级民族团结进步教育基地，黎托街道广益社区、高桥街道怡园社区获评全市创建示范单位，怡园社区作为全省唯一，成功申报国家民委“各族群众互嵌式发展计划”试点项目(民族团结进步创建工作)。

【宗教工作】 2022年，雨花区举办全区民族宗教界代表人士学习中共二十大精神宣讲活动，开展“五进五好”（“五进”即中共二十大精神、国旗国歌、社会主义核心价值观、政策法规、中华优秀传统文化进宗教活动场所；“五好”即政治品格好、守法遵规好、文明友善好、传承文化好、服务社会好）宗教中国化大讲堂等活动。举办防范宗教向教育领域渗透培训4场，培训教育领域人员530人次。加大宗教活动场所规范化管理力度，加强财务监管，聘请第三方审计公司对清泉寺进行财务审计。组织各宗教活动场所、民间信仰场所负责人和少数民族商户代表开展安全生产培训和消防应急演练，开展安全隐患检查排查。完成清泉寺危房排危，启动修缮重建。

【清泉寺排危改造修缮工程】 2022年1月10日，雨花区政府副区长周明到清泉寺检查危房排危工作进展情况，实地检查清泉寺安全管理、制度建设等工作，了解大雄宝殿、僧人楼房屋D级危房排危工作进程，要求扎实有序开展排危工作。3月15日，长沙市清泉寺危房排危改造修缮工程调度会召开。9月19日，区委副书记、统战部部长、党校校长郭四军带队检查调研宗教工作，实地检查清泉寺疫情防控、消防安全等安全生产工作，了解清泉寺危房排危修缮工程和场所宗教活动、人员管理等情况，要求树牢安全意识，加强日常安全检查巡查，依法加快推进清泉寺危房排危建设工程。9月27日，清泉寺排危改造修缮工程开工奠基仪式举行。10月9日，清泉寺修缮工程财务工作暨财务审计布署会召开。10月25日、10月31日，区民族宗教事务局党组书记、局长章志刚带队到清泉寺推进排危改造修缮工程工作。

2022年6月23日，雨花区民宗领域安全生产培训和消防应急演练活动

（吴文静 供图）

【民宗领域安全生产培训及检查】 2022年2月22日，雨花区民族宗教事务局党组书记、局长章志刚带队到大安寺检查相关工作。5月6—12日，章志刚带队督查宗教活动场所（民间信仰场所）房屋安全隐患排查工作。5月10日，章志刚带队到雨花亭街道开展房屋安全隐患排查相关工作。5月31日至6月1日，章志刚带队到长沙市清泉寺、大安寺、丰田古寺和团头河聚会点开展安全生产检查，检查场所的房屋安全、消防安全、文明敬香、汛期防汛等情况，排查安全隐患，现场提出整改意见。6月23日，雨花区民宗领域安全生产培训和消防应急演练活动在高桥街道怡园社区举行。区民族宗教事务局全体干部、各街镇统战专干、部分少数民族经营门店代表以及各宗教（民间信仰）活动场所负责人参加培训演练。章志刚作动员讲话。湖南省致力消防服务中心讲师熊洪辉以“遵守安全生产法 当好第一责任人”为主题，从新消防法法律法规学习、房屋安全及自查、消防隐患排查、突发火灾事故的应急处理、火灾逃生与自救、公共安全6个方面作安全知识专题授课，教授消防器材的使用方法，现场指导实操演练。7月6日，章志刚带队到东山街道开展宗教工作检查。9月2日，区民族宗教事务局副局长林畅到潭阳洲活羊临时屠宰点现场进行危房督促搬离和指导危房处置工作。10月20—21日，章志刚带队检查

宗教活动场所安全生产工作。

【民族团结进步示范单位授牌】 2022年5月25日，湖南省民族宗教事务委员会党组副书记、副主任胡建新带队到雨花区调研，为2021年获评全国民族团结进步示范企业——湖南高桥大市场股份有限公司、全省民族团结进步示范岗位——长沙农村商业银行天翼支行信贷办公室、全省民族团结进步示范学校——雨花区桔园小学授牌。湖南高桥大市场股份有限公司党委于2011年成立民族工作领导小组，以街道民族团结进步服务站和大市场“民族之家”为载体，用心服务市场内各民族商户，带动商户实现经营项目优势化、档次化、品牌化。长沙农村商业银行天翼支行信贷办公室推动“铸牢中华民族共同体意识”与“建设有温度的百姓银行”相互融合，强化服务岗位的宣传窗口功能，推出“民族团结贷”，帮助各民族商户解决融资难问题。桔园小学把民族团结进步创建工作作为新时期学校德育创新的抓手，以国情教育、爱国主义教育、民族历史教育、民族团结教育为重点，多维度铸牢中华民族共同体意识。

【“民族团结一家亲 粽情粽意迎端午”活动】 2022年6月2日，“民族团结一家亲 粽情粽意迎端午”活动在雨花区井湾子街道井湘社区举行。新疆维吾尔自治区驻湖南工作组党委书记、组长肖志东，区民宗局党组书记、局长章志刚及社区居民群众参加活动。各族居民代表相互切磋包粽子技艺，交流心得，穿插有“端午有奖问答”环节。井湘社区是雨花区的一个纯居民社区，社区设立有民族团结进步服务站、民族团结广场、民族文化长廊，开展民族团结进步宣传教育，为各族居民提供精准、贴心的服务。

【省民族团结进步单位授牌】 2022年9月8日，湖南省民族团结进步创建工作现场推进会召开，公布《湖南省民宗委关于命名第十批全省民族团结进步示范区示范单位和第三批民族团结进步教育基地的通知》并举行集中授牌，雨花区井湾子街道井湘社区获评湖南省民族团结进步示范社区称号，湖南雨花非遗馆获评湖南省民族团结进步教育基地称号。井湘社区打造民族团结进步服务站、同心广场、民族文化长廊等民族工作阵地和国家通用语言培训、各族群众免费健康咨询、各族群众同过传统佳节等民族工作品牌，团结带领居民群众共同参与社区建设。湖南雨花非遗馆培育“非遗”项目，开展“湘疆少年手拉手”等活动，促进各族青少年交往交流交融。

【民族宗教界代表人士学习党的二十大精神】 2022年11月18日，雨花区民族宗教界代表人士学习党的二十大精神宣讲活动举行。雨花区民族宗教事务局副局长李雄、区少数民族群众服务中心主任卢桂，宣讲中共二十大报告中关于民族宗教工作的重要论述及“非凡十年”党和国家民族宗教工作取得的成就，围绕铸牢中华民族共同体意识、提升宗教工作法治化水平等内容进行论述。

（本栏撰稿 吴文静）

精神文明建设

【概况】 2022年，雨花区出台《雨花区2022年精神文明建设工作要点》《雨花区深化拓展新时代文明实践中心建设实施方案》《雨花区2022年创建全国文明典范城市“十大行动”实施方案》《雨花区2022年乡风文明示范行动实施方案》等系列文件，实施雨花区2022年创建全国文明典范城市“十大行动”（市容环境全域提升达标行动、文明餐桌推进行动、新时代文明实践提质行动、雷锋精神传承行动、乡风文明示范行动、时代新人培育行动、诚信建设引领行动、文化惠民提质行动、文明交通提质行动、未成年人关爱保护行动），开展清扫、清理、清运“三清”行动，加大校园、医院、市场、社区（小区）等重点区域及周边环境整治；实施“1+N”新时代文明实践工作雨花模式，全覆盖建成新时代文明实践中心、所、站和基地188个，打造跳马镇新时代文明实践所、浦沅社区新时代文明实践站等30个示范样板；开展“我们的节日”等群众性精神文明实践活动3000余场次；开展文明实践活动和志愿服务活动1万余场次。

【志愿服务活动】 2022年，雨花区开展“雷锋家乡学雷锋·德润雨花志愿红”主题志愿服务活动，推行“158N”（“1”即每个社区在新时代文明实践站设立专职“雷锋志愿者”工作室；“5”即每个社区（村）聘请5名专职“雷锋志愿者”；8是明确8个方面的职责任务；“N”即通过发挥社区专职“雷锋志愿者”职责作用，联动全区更多的志愿者、志愿服务组织参与学雷锋志愿服务）志愿服务模式，完善“专职雷锋志愿者”队伍管理，注册、招募“兼职雷锋志愿者”17.66万人，

2022年6月2日，“民族团结一家亲 粽情粽意迎端午”活动（吴文静 供图）

组建志愿服务组织（团队）590个，开展志愿服务活动7000余场次，展播志愿服务专题视频6期，截至2022年年底，注册雷锋志愿者、参与志愿服务人数17.66万人，占本区域常住人口的13.9%，累计有志愿服务时长记录的志愿者人数为16.58万人，占注册志愿者人数的93.87%，2022年有志愿服务时长记录的志愿者人数为14万余人，占注册志愿者人数79.32%。

【未成年人工作】 2022年，雨花区打造“雷锋号护学岗”“五力小雨花”品牌，开展“扣好人生第一粒扣子·传承红色基因”“童心向党·喜迎二十大”“传承好家风·争做新时代好少年”等系列主题活动1000余场次，培育、推介一批“新时代好少年”，抓实复兴少年宫、学校少年宫建设。

【典型推评】 2022年，雨花区培育“湖南好人”“长沙好人”共11人，“新时代湖南好少年”“新时代长沙好少年”共7人，推介省、市学雷锋志愿服务先进典型10个，创建一批省级、市级文明（标兵）单位、文明社区、文明村镇、文明家庭、文明（标兵）校园，中央、省、市级媒体报道1000余篇。

【“雷锋号护学岗”】 2022年，雨花区在全区全面推广、常态建设“雷锋号护学岗”，为全区387所中小学校、幼儿园撑起爱的保护伞，消除校园周边安全隐患，将小小护学岗打造成“安全保护神、友好策源地、文明风向标、联动守望桥”；对全区387所中小学校、幼儿园开展“雷锋号护学岗”专项督查并进行问题通报，确保护学岗工作落实落细，常态长效。

【文明创建工作讲评会】 2022年7月21日，雨花区文明创建工作讲评暨培训会召开。会议播放文明创建工作暗访片，区委宣传部副部长、文明办主任李敏汇报全区文明创建工作情况；东塘街道作文明创建工作典型发言；市文明办副主任杨立平、汤文辉，市委宣传部四级调研员袁军从全国文明典范城市、全国文明城市创建入户调查、新时代文明实践工作、新时代文明实践志愿服务、实地考察等方面进行专题培训。

2022年7月17日，雨花区文明创建工作讲评暨培训会　（骆　慧　供图）

【长沙火车南站地区综合管理办公室获评“一星级全国青年文明号”】 2022年8月11日，全国创建青年文明号活动组委会发布《关于认定一星级全国青年文明号集体的通报》，长沙火车南站地区综合管理办公室列入榜单。长沙火车南站地区综管办围绕“扮靓省会窗口形象 建设人民满意站区”的总体目标，建设“平安、品质、美丽、和谐”文明站区。长沙火车南站地区综管办组织站区各单位部门，加强车站、地铁、的士、公交联动，保障旅客接驳；加强“网约车”通道管理，将东广场“网约车”通道改为公益性服务场地；完成黎托汽车站候车区移至负一楼改造工作，旅客换乘更加便捷。组织站区各执法单位联勤联动，在暑运特护期期间，定期开展防恐防暴、应急处置演练；开展“扫黑除恶”“最严管理”等专项整治行动。加强巡回保洁和动态保洁，定期开展“大清洗”“大清扫”活动；对站区绿化、亮化进行提质，对站区的标识标牌进行整体升级改造。“复兴号”高铁志愿服务联盟组织志愿者为旅客提供咨询引导、行李搬运、不文明行为劝导、协助查验健康码、秩序维护等服务，对老弱病残孕等重点旅客提供轮椅接送、行李搬运等特殊服务，帮助旅客快速通行。截至2022年8月1日，日均提供防疫咨询服务2000余人次，帮助旅客找回遗失的物品600余个，帮助20个家庭找回他们在长沙南站走失的孩子，帮助900余名行动不便的特殊人群购取票并送上车。

（本栏撰稿　骆　慧）

街道·镇

编辑　唐清明

雨花亭街道

【概况】 长沙市雨花区雨花亭街道地处长沙市雨花区“腹地开发”和长株潭三市融城的前沿阵地，北起南二环、劳动东路，西至韶山南路，南抵香樟路，东邻万家丽路，辖区内有长沙市中心医院及湖南路桥集团、湖南冶金材料研究院、湖南有色冶金劳动保护研究院等企事业单位。截至2022年年底，街道辖区面积近8.6平方千米，常住人口10.37万人，辖曲塘、雨新路、路桥、正圆、新星、自然岭、华云、雅塘村、香南郡、麻塘桥、雨花亭11个社区，井塘社区筹委会，自然、石马2个经济合作社，有政府机关、企事业单位2000余家。街道办事处驻地位于雨花区香樟路808号。

2022年，雨花亭街道发挥湖南路桥建设集团、天人建设安装有限公司等头部企业引领作用，拓展完善建安、设计2个产业链；正圆小区阳光意愿征收项目一期成为长沙市首个阳光意愿征收项目，完成航空路小学、长沙市第三十七中学等项目征拆工作，完成自然保障住房（107）、国人城东方红小学、新星小学等10个项目结算交地。对自然苑保障住房剩余2户、井塘“两安”用地及东方红小学项目剩余1户进行依法拆除；加强社区员额管理，全年员额晋级晋档20余人，对新入职人员3人进行考核，对95名社区员额人员的员额档案进行清理，完成路桥、香南郡社区居委会成员的补选工作；打造麻塘桥“聚力up”、洪斌书记工作室等新势力党建品牌。推进“快递外卖小哥红色之家”建设，累计服务快递外卖小哥群体2000人次。卫计新村首创“居民自治委员会”，盘活“潮汐车位”，党建引领开放式小区治理模式多次迎接省、市调研并获新华社推介。“乘风破浪姐姐团队”经验被作为长沙市唯一经验推广点在全市分享推广。

【街域经济】 2022年，雨花区雨花亭街道实现固定资产投资55亿元，比2021年增长6%，完成限额比上社零总额23亿元，比2021年增长34%。完成高新技术企业新增或续订16家，其中，2家进入全区研发投入排名前十。认定技术交易合同登记311件。全街有在建项目旭辉雨花郡、雨花金茂智慧科学城、五江天街碧桂园印象、高峰御园等13个项目，开发综合体项目自然苑1A1B项目，投资额35.59亿元。

【城建城管】 2022年，雨花区雨花亭街道有棚改项目2个、征拆项目14个。国有土地方面：正圆小区阳光意愿征收项目一期实现签约率100%，二期处于前期准备工作阶段；紫薇路项目（航空路—锦源路）完成拆除腾地。集体土地方面：完成航空路小学、长沙市第三十七中学等项目征拆工作，涉及私房21栋，腾地2.46公顷。完成自然保障住房、国人城东方红小学、新星小学等10个项目结算交地；推进井塘村“城中村”项目扫尾工作，完成交地，进入挂牌招商合作阶段；筹备雅塘二期、竹塘路（石马村段）项目征拆工作。对自然苑保障住房、井塘“两安”用地、东方红小学等8个项目实现征拆“清零”。完成石马雅苑安置房主体建设工作。落实市容日常管理，处置市级平台案卷5980条，区级平台案卷2068条，结案率100%。深化“洁净雨花”“周末大扫除”等环境综合提质行动，完成园丁街、看守所路、溪水路、井塘路、北冲路5条道路提质改造。推进蓝天保卫战新三年计划，全街空气质量优良率83%。开展“裸露黄土问题整治”“散煤整治”“餐饮油烟整治”“扬尘治理及臭氧治理”等专项行动，维护环境安全。

【社会事业】 2022年，雨花区雨花亭街道城乡居民基本医疗保险、城乡居民基本养老保险参保全覆盖，退休养老金资格认证8026余人。全年线下劳动维权30起，协助追回拖欠工资800万余元。国务院欠薪平台欠薪投诉466起，处置率100%。灵活就业办理与咨询280人次，社保补贴426人次，金额116.94万元，政务窗口好评率100%，居民养老保险参保71人，社保卡提取回写63人，转移5人。退休人员死亡申报51人、居保待遇人员死亡申报20人。进行企业退休人员及居保待遇人员死亡遗属待遇申报60余人。企业退休养老认证8026人、居保待遇人员认证510人，待遇发放率100%。推进雨花亭社区、雅塘村社区的养老服务站工作，利用共享资源，投入数10万元进行改造，基本完成该2个项目的验收；推进“最多跑一次”“互联网+政务”等工作，街道第二次录入办计量10243条，未亮一次红牌。完成23个停车场、8898个停车泊位建设。完成大吉小区等4个老旧小区房屋改造更新。推进“岭南家园”“旺盛家园”处遗工作，解决群众办证难题。实现城镇新增就业2498人，失业再就业1313人。雨花亭街道系获2022年雨花区唯一“湖南省人事争议金牌调解组织”的街道。华云社区先后承接省级充分就业社区建设、国家统计局劳动力调查入户等工作任务。慈善救助尿毒症患者4人，救助款1.92万元；帮助事实无人抚养儿童11户，金额5万余元。新增加高龄津贴发放180余人，高龄津贴发放到位。2022年长沙市困难家庭子女高等教育慈善助学，完成8个符合条件的贫困学生申报，共资助4万元。自2022年9月《长沙市殡葬管理条例》实施，街道为9个生态葬、异地火化的对象办理报销申请。

【综合治理】 2022年，雨花区雨花亭街道推动1件10年以上信访积案、1件重复信访问题、2件重点信访案件清零。调解各类纠纷案件107起，调解成功率97%。推进反电信诈骗等各类行动，鼓风小区成功创建为雨花区首个“无诈样板小区”。完善房地产项目风险防控机制，做好世茂璀璨、五江天街南街、旭辉雨花郡保交楼工作。开展自建房“百日攻坚”专项整治，推动221处安全隐患整改到位。推进安全生产整治三年专项行动，开展联合执法73次，排查各类安全隐患917处，辖区未发生一例重大安全事故。做好国家食品安全示范城市的创建工作，开展食品安全专项整治行动18次，出动人员200余人，督促经营户落实主体责任。发挥网格化管理平台作用，及时对各类案件分流派单、限期处理、跟踪落实，全年处理“12345”市民热线工单4705件，满意度98.37%。开展全国文明典范城市创建工作，下大力气整改交办问题300余条。

【基层党建】 2022年，雨花区雨花亭街道开展理论中心组学习12次、宣讲活动20次。全街95个党支部全部实现“五化”标准，达标率100%。成立小区党支部29个，党组织覆盖率100%。开展“三零”（零事故、零案件、零上访）社区创建工作，6个社区创建为“三零”社区。严格党员管理，按要求和程序发展党员11人。对黄某某、宋某某等4名违纪违法党员给予党纪处分。成立雨花亭街道区域化党建协同委员会。推进“项目党建”，海绵公园、金茂智慧城等一批产业项目把支部建在项目上。打造麻塘桥“聚力up”、洪斌书记工作室等新势力党建品牌，促进基层治理发展模式多元化。结合“我为群众办实事”实践活动，帮助居民群众解决停车难、燃气入户等20项民生实事。派出15名小区党建指导员，对62个小区全覆盖，成功化解居民矛盾纠纷893起，化解率100%。推进“快递外卖小哥红色之家”建设，服务快递外卖小哥群体2000人次。卫计新村首创“居民自治委员会”，盘活“潮汐车位”，党建引领开放式小区治理模式多次迎接省、市调研并获新华社推介。配合区委巡察组常规巡察，就反馈的3方面14大类问题召开专题民主生活会抓整改落实。

【区域化党建联盟共建协议】 2022年，雨花区雨花亭街道推进“党建聚合力”工程，坚持融合发展抓区域共建，街道党工委和长沙市公安局公共交通分局党委、泰禹二小党支部等9家单位签订“党建聚合力”区域化党建联盟共建协议书，街道及社区共与42家驻区街单位实现党建联盟共建，开展共建项目近50个，解决车位、燃气入户、加装电梯等一批民生实事，创建“580睦邻空间”“洪斌书记工作室”“快递外卖小哥红色之家”等党建品牌。10月21日，雨花亭街道和中国电信雨花政企分局签订“党建翼联”协议；10月27日，雨花亭街道和长沙中心医院开展“树旗扎根”行动；10月28日，雨花亭街道和中国移动雨花区分公司签订“党建和创”协议。

【龙吉湾水改】 2022年2月25日，雨花区龙吉湾小区水改工程启动。龙吉湾小区始建于2003年，有居民1870户，自2019年开始频繁出现停水及管网破裂情况，影响小区居民正常生产生活。为解决好居民的用水问题，雨花亭街道统筹资源优势，按照居民自筹解决一点、企业担当一点、争取政策支持一点的方式，引导居民、政府、

雨花亭街道雨新路社区卫计新村“580睦邻空间” （涂立夫 供图）

正圆老旧小区改造　　（涂立夫　供图）

企业参与共建。经过三方努力，共发动居民自筹资金660万元，争取项目资金1140万元，解决龙吉湾小区水改工程的经费问题。

【正圆老旧小区改造】 2022年6月，雨花区正圆老旧小区改造被纳入雅塘片区城市更新项目，成为首个区级城市更新项目。该项目占地总面积约4公顷，涉及改造房屋25栋，居民996户。8月1日，雨花区正圆小区地块（一期）阳光意愿征收项目实现签约率100%，长沙市首个阳光意愿征收项目成功生成。该项目于5月底实现征拆意愿率100%后，7月1日启动签约，用时1个月成功实现签约率100%。正圆小区阳光意愿征收项目（一期）位于雨花亭街道雅塘片区，涉及居民168户，均系D类危房。私房产权面积均在27~51平方米之间，产权权属清晰。截至2022年12月，正圆老旧小区基本完成主体工程改造。

【自然苑一号栋封顶签约】 2022年8月30日，雨花区雅塘新城片区自然苑农民安置房一号栋封顶暨整体招商签约仪式举行。通过"四议两公开"程序（即村党组织提议、村"两委"会议商议、党员大会审议、村民会议或者村民代表会议决议；决议公开、实施结果公开）进行层层筛选，湖南天健城市服务有限公司先后以代表会的全票通过以及成员户主大会96.09%的通过率，获得自然苑一号栋15年的经营管理权。自然苑农民安置房一号栋，位于雨花区树木岭路与航空路交会处东南角，交通位置优越，由雨花城投集团负责建设，湖南省第三工程有限公司进行施工，总建筑面积约8万平方米。顺利封顶后，有利于缓解雅塘新城片区的生产安置问题。

【湖南省人事争议金牌调解组织】 2022年9月，雨花区雨花亭街道劳动人事争议调解服务站获评2022年"湖南省劳动人事争议金牌调解组织"称号，成为全区唯一获此称号的单位。为充分发挥人民调解作用，雨花亭街道劳动人事争议调解服务站主动引导辖区企业规范化、法制化、标准化管理，指导企业建立健全劳动争议调解委员会或调解中心，将劳动争议解决在萌芽状态，避免和降低因用工制度不健全、劳资矛盾激化造成的法律风险。截至2022年年底，调解劳动纠纷案件496起，涉及金额1700万余元。调解跨国务工劳动纠纷1起，追回工资4.1万元。

（本栏撰稿　涂立夫）

高桥街道

【概况】 长沙市雨花区高桥街道位于雨花区东北部，东邻浏阳河支流圭塘河，南接劳动东路，西靠京广铁路，北至人民东路，截至2022年年底，街道辖区面积4.71平方千米，总人口89236人（常住人口34343人、流动人口54893人），辖火焰、金环、怡园、高桥大市场、五一、永定、永祥、鑫华8个社区和高桥、友谊2个集体资产管理委员会。街道辖区有省邮政局、长沙海关等驻街单位28家，有高桥大市场、高桥建材市场、高桥汽配城等综合（专业）型市场8个。街道办事处驻地位于雨花区万家丽中路88号。

2022年，高桥街道完成10家新增"四上"单位的申报工作，建立完善52家"四上"企业"一企一档"，开发高桥"统计智慧小助手"软件；处置城管数字化案卷10180条，开展辖区重点领域隐患排查工作、自建房安全整治"百日攻坚"专项行动、"敲门入户"燃气排查行动、老旧小区提质改造等；全年录入一网通办数据5320条，政务服务事项覆盖率91.99%，"12345"市民服务热线工单4619件，满意率98.28%；建成高桥街道1个新时代文明实践示范所、8个社区新时代文明实践站，培育永祥、怡园、鑫华3个社区为新时代文明实践示范站，实现所、站建设全覆盖。获评"平安湖南建设先进集体"、长沙市首批基层治理真抓实干督查优秀街道、长沙市优秀乡镇街道统计站点等称号；怡园社区获评"湖南省级充分就业社区"称号。

【街域经济】 2022年，雨花区高桥街道完成全社会固定资产投资41亿元，比2021年增长24%；完成市考税收6亿元；完成限额以上社会消费品零售额57.68亿元，比2021年增长2.24%；营利性服务业营业收入11亿元，比

2021年增长9.82%。完成规模企业研发经费（R&D）数1483万元，比2021年增长25%；每万家企业法人高企数年度完成率53.55%；高新技术企业按照3年内有效高企数，签订27家；技术交易合同完成25份，合同金额3121万元。对接辖区企业约580余次，收集42个企业（项目、楼宇）各类困难和诉求93个。开展2022年四季主题促消费活动，可孚医疗、新佳宜商贸、和顺石油与华洋华迪4家社零重点企业统筹做好疫情防控和复工复产。构筑对非贸易大平台，打造非洲非资源性产品集散交易中心，形成咖啡、坚果、芝麻等10条非洲非资源性产品产业链；成立中非经贸企业孵化中心，吸引108家对非龙头企业入驻；建成中非经贸合作促进创新示范园，打造中非经贸博览会常设展馆；成立全国第一个开展中非直播带货的专业直播基地中非直播电商孵化中心。组织10个社区（集资委）开展防范非法集资重点宣传活动12场，参与群众1200余人，发放宣传手册2000余份。排查并上报“湖南乐智新能源有限公司（来骑哦湖南运营中心）”“湖南鸿升品牌管理有限公司”涉嫌非法集资行为，为居民及时追回款项20万余元。

【城建城管】 2022年，雨花区高桥街道开展辖区重点领域隐患排查工作，排查高层建筑施工、仓储物流、人员和消防密集场所等单位461家，查处并整改隐患526处。推进自建房安全整治“百日攻坚”专项行动，排查房屋685栋（经营性自建房669栋），发现重大隐患4栋（已拆除）、较大隐患257栋，均按要求落实整治措施。统筹推进老旧小区提质改造，成功申报五一社区铭轩楼、火焰社区军供站2个2023年老旧小区改造项目；推进周南雨花中学、华隆小区2个2022年老旧小区改造项目。全年厨余垃圾占比22.27%，家庭厨余垃圾占比11.82%，可回收物占比23.12%。开展“敲门入户”燃气排查行动，发现安全隐患622个，全部整改到位，实现清零。对中央环保督察“回头看”51个工单全部复查。处理投诉及网格案件360起。发现并制止违规设置招牌96块。拆除违规广告招牌76处，拆除面积710平方米。推动泊爱蓝湾小区和锦湘国际小区重大消防安全隐患问题整改销号。

【社会事业】 2022年，雨花区高桥街道新增城镇就业人员2299人，城镇登记失业率控制在4.5%以内。有居民养老参保人数5339人，发放养老金155.9万元，居民医疗保险登记人数24614人。

【综合治理】 2022年，雨花区高桥街道“一站式多元解纷和一站式诉讼服务”工作站，调处矛盾纠纷28件，涉及金额199.62万元，调处成功率100%。畅通农民工欠薪法律援助绿色通道，受理法律援助案件514件，调解成功率99%。开展联合执法行动18次，处理餐饮油烟拓展问题17起，开展燃气安全演练12次，整改隐患622处，整改率100%。成立雨花自贸高桥板块综合管理站，开展专项整治行动50余次；开展违章建筑、违章广告拆除行动21次，拆除面积7530平方米。

【基层党建】 2022年，雨花区高桥街道党工委研究党建和意识形态工作12次，开展理论学习中心组学习16次。以中共二十大代表马石光为首的高桥宣讲团队开展理论宣讲20余次，主流媒体正面宣传报道230篇。针对青年党员开设“求是”课堂36期，轮训党员3000余人次。新发展党员9名、预备党员转正34名。联合雨花自贸管委会打造“红领商港”党建品牌，开创自贸党建新模式。探索成立“E网同心”电商行业党建微联盟，打造以街道党工委为核心、高桥大市场为阵地、16家直播企业为基础的“1+1+X”行业党建体系。探索“党建＋文化＋休闲”的模式，整合驻街单位、非公企业、社会组织等资源，打造集楼宇党建会客厅、政策理论宣讲台和城市网红打卡点于一体的时尚党建阵地——怡悦众创空间。

【安全生产“零点行动”】 2022年，雨花区高桥街道坚持每周四由党政班子成员带队开展安全生产“零点行动”。推动泊爱蓝湾小区和锦湘国际小区重大消防安全隐患问题整改销号，实现辖区重大消防安全隐患挂牌单位清零。开展重点领域隐患排查，排查整治一般隐患477处、重大隐患1处，全部完成整改，对辖区685栋自建房、179栋高层建筑、36家物流门店、9处建筑工地、25家快递站点、1个农副产品市场开展专项整治行动47次。

【“高桥好人联盟”揭牌成立】 2022年1月26日，“我们的节日·春节”系列新时代文明实践活动之“尚善高桥·德润雨花”主题活动暨高桥好人联盟成立仪式举行。长沙市文明办副主任丁德喜、汤文辉，市文明办、雨花区委宣传部等相关负责人，高桥好人联盟代表刘金华、游端霞，高桥街道专职雷锋志愿者参加。游端霞分享志愿服务的历程。活动为高桥好人联盟和2021年度新时代文明实践特色品牌项目授牌，为高桥街道2022年度专职雷锋志愿者代表颁发聘书。截至2022年1月，“高桥好人联盟”成员中有坚持“诚信立市、质量兴市”的“中国好人”刘金华，有“服务群众、助美他乡”的“中国好人”游端霞，有“坚守承诺 拒绝假冒伪劣产品”的“湖南好人”于乾坤，有贴身照料瘫痪丈夫的“长沙好人”张妙英等40余人。

【高桥街道获评“平安湖南建设先进集体”】 2022年6月，雨花区高桥街道获评“平安湖南建设先进集体”称号。高桥街道综治中心整合网格、法院、综治、应急、司法等部门力量，集中办公，打造“三个一”（一站式调解服务、一键式应急处理、一网式监控视频）工作模式，调度安保力量多措并举，打击犯罪，全方位进行治安防控，电动巡逻车全部上路，同时壮大红袖章工程，调动平安志愿者的参与积极性，构建群防群治体系。持续利用“视频补盲”平台建设，在农安小区等治安重点防范区域安装监控摄像头加强监管，依托“互联网＋群防群治”等智能系统实现一网式监控，构建起辖区立体化治安防控体系。

【马代表工作室成立】 2022年6月，雨花区高桥街道在永祥社区打造以中共二十大代表马石光为首的快递行业党代表工作室——马代表工作室。马石光以工作室为依托，收集新业态，包括快递、外卖等群体的心声和意见，然后形成可行性报告；与永祥社区合作，成立“马小哥”志愿服务队，参与抗疫、反诈骗等志愿服务活动。

（本栏撰稿　胡云蔚）

左家塘街道

【概况】 长沙市雨花区左家塘街道地处雨花区北部，东以京广铁路为界，西至韶山路，北起人民路，南至劳动东路。截至2022年年底，街道辖区总面积7.8平方千米，人口近18万人（包含常住、寄住和流动人口），居民户数7.01万户，常住人口13.19万人，辖赤岗、长钢、曹家坡、长岭、阿弥岭、桂花、官塘冲、嘉园、红花坡、湖橡、荷叶塘、牛角塘、曙光、树木岭、车站南路、长铁、狮子山、王公塘、窑岭、营山巷、左家塘21个社区，共有住宅小区196个、开放式小区129余个、物业小区67个（专业物业59个）。辖区内有长沙市中级人民法院、长沙市科学技术协会、长沙市勘测设计院、长沙市康达戒毒所、长沙市禁毒支队、长沙监狱、长沙市市政工程责任有限公司、长沙市妇幼保健院、桂花公园、赤新农贸市场、友阿百货、中铁五局总部、湖南省国立投资控股有限公司等驻街企事业单位。辖区内有雅礼实验中学左家塘校区、长郡雨花外国语左家塘学校、桂花树小学、枫树山鸿铭小学、枫树山鸿铭二小、红花坡小学、劳动东路小学、车站南路小学、赤岗冲小学9所学校；有金太阳城南郡幼儿园、万婴曙光幼儿园、左家塘中心幼儿园、左家塘街道桂花社区居民委员会桂花幼儿园、新湘摇篮幼儿园、长沙市雨花区梦之航幼儿园、万婴幼儿园、颐美第一幼稚园、华铭实验幼稚园、启蒙幼稚园、森林海金童幼儿园、颐美第二幼儿园、金太阳幼儿园、阳光幼儿园、湘教赤岗幼儿园、湘教幼儿园、万婴蒙氏幼稚园、长沙市雨花区智慧桥幼稚园、长铁三幼、晨光智能幼儿园、未来城幼儿园、松生幼儿园22家幼儿园；有67家文化体育机构、73家医疗卫生机构。辖区内有文化站1个，面积2000平方米；社区文化综合服务中心21个，总面积1.48万平方米。街道办事处驻地位于雨花区桂花路271号

2022年，左家塘街道推进湖橡小区周边城市更新单元（旧城改建）项目、劳动东路两厢地块棚户区改造项目、王公塘片区地块棚改区改造项目建设；助推重点项目湘和雅郡、东唐兴愿封顶并开启销售；雅郡铭苑、华恒锦绣世纪二期如期推进；新启动的9个社区18个老旧小区提质改造项目顺利开工；拆除影响老旧小区改造违章建筑13047.9平方米；顺利拆除长钢社区炮库危房；深化党建引领小区治理，实现全街67个物业小区“小区党建”全覆盖；创建标准化小区13个，探索老旧小区“共享儿女”上门服务工作经验，获评“全市2022年度基层治理真抓实干督查激励对象”称号。

【街域经济】 2022年，雨花区左家塘街道完成市考税收5.26亿元；实现全社会固定资产投资总额10.01亿元，其中产投1.67亿元；完成社会消费品零售总额近9亿元，全年新增“四上”单位6家。铺排产业项目23个；湘和雅郡、东唐兴愿封顶并开启销售，雅郡铭苑、华恒锦绣世纪二期如期推进。省话剧团地块成功摘牌，定王豪城地块实现挂网招拍。

【城建城管】 2022年，雨花区左家塘街道推进3个城市更新项目，湖橡小区周边城市更新单元（旧城改建）项目A地块私房实现98.1%签约、96.7%腾房；劳动东路两厢地块棚户区改造项目A地块实现腾地，BCD地块实现签约清零，E地块发布征收五公告启动签约，24户私房签约清零。王公塘片区地块棚改区改造项目一、二期顺利腾地。完善数字化城管基础建设，数字平台受理案件11714件，其中市数字化平台立案8802件、区平台立案2912件，城管工作数字化信息结案率和整改率每月均为100%。加强拆违控违工作，组织拆除行动14次，拆除计划内违章7处2015平方米；制止拆除在建新建违章27处1849平方米。对城南路、车站南路、曙光路等区域的招牌广告进行全面规范。纠正各类乱摆乱占违章经营1740余起；劝导教育门店主、流动摊主2160余人次，查处人行道违章停车1670余起，违章占道作业310起，查处损坏、侵占、污染人行道现象236起，拆除影响市容市貌的违章设施281处、各类违章户外广告招牌457处。组织开展大扫除活动，定期对背街小巷、小区楼栋的堆物、杂物，裸露垃圾、卫生死角、绿化带枯枝败叶、白色垃圾进行清除清运。开展垃圾分类宣传活动，在省、市媒体报道垃圾分类工作35次，自媒体报道32次。做好分收分运工作，累计生活垃圾总量为50179.6吨、厨余垃圾总量为12132.24吨、可回收垃圾总量14018.3吨，厨余垃圾占24.18%，家庭厨余占14%、可回收物占22%。

【社会事业】 2022年，雨花区左家塘街道民生支出占公共预算支出比重70%。新增城镇就业1835人，离校未就业高校毕业生就业率96.37%；全街基本实现社会保险全覆盖，城镇居民医疗保险参保人数22671人，发放社会救助资金120万余元；开展“治欠保支”行动，处置国务院欠薪平台非工程建设领域投诉226起，协助追回“农民工”报酬189万元。做好特殊困难群体救助帮扶，救助帮扶446人、发放524万元。新增社区居家养老服务站4个。实现全街67个物业小区“小区党建”全覆盖，创建标准化小区13个，推进开放式小区引进专业物业服务相关工作，窑岭社区“庭院党建＋”获湖南省第四批优秀社区工作法。“12345”热线接单7638条，完成回复回访7468条，联系率100%、满意率98%。

【综合治理】 2022年，雨花区左家塘街道抓好“三零”社区创建和平安街道建设，处理信访件38件，重复访数量比2021年下降69.5%。街道辖区有重点D类危房4处，街道制定老旧危房“一栋一策”排危除险方案，拆除长钢炮库2栋危房，拆除面积1461.78平方米；将联运公司宿舍30户住户、美术印刷厂12户住户全部疏散搬离。成立“两站两员”（交通安全管理服务站、管理员；交通安全劝导站、劝导员），配合开展道路安全整治。交通安全劝导站的42名劝导员，按要求上传劝导日志33648条，开展精准宣教3400人次，社区精准宣教完成率100%；开展道路交通安全集中宣传教育6次，配合交警、派出所开展戴帽行动12次，戴帽率98%。对辖区内燃气经营网点、使用醇基液体燃料数量进行摸底并建立台账，重点检查燃气用户违规储存、“黑燃气”、消防器材不足、安全警示标识缺损等隐患问题。开展“三员”（供气企业安全专管员、用气单位燃气安全员、街道协管员）培训3次，开展燃气专项检查12次，取缔黑窝点1个，暂扣黑燃气2车32罐，发现问题5起，责令整改到位，辖区工商用户燃气报警器安装率100%。

【基层党建】 2022年，雨花区左家塘街道推出“党建聚合力”工程，与长沙市妇幼保健院、长沙产业城市更新投资建设有限公司等重点企业单位签订共建协议，“项目党建”工作被人民网、湖南卫视推介，《做实“项目党建”打造“三心工程” 助推城市有机更新发展》的经验文章在《长沙组工通讯》第三期发表。探索老旧小区“共享儿女”上门服务重点老人工作经验，擦亮鑫天鑫城小区党建品牌。推进庭院党建工作，《推行“庭院党建+”破解改制企业生活型社区治理难题》经验被“学习强国”学习平台推介；阿弥岭社区的《探索国企离退休党员党建“四融”新模式》获得湖南省离退休干部党建工作创新案例评审优胜奖；成功改造湖橡老旧小区居民楼栋19栋，约926户，改造总面积约6万平方米。全街有12个社区符合“三零”社区创建标准。

【长钢炮库排危拆除行动】 2022年5月6日，雨花区左家塘街道组织工作人员150余人及2台大型机械和1台雾炮车，启动长钢炮库排危拆除行动。该处危房为20世纪80年代建设的C类危房，存在严重安全隐患。自雨花区建筑安全百日整治行动启动以来，左家塘街道制定排危拆除处置方案，用2天时间做通24户住户工作，妥善进行安置转运。2栋危房顺利拆除并实施现场围挡，拆除面积1461.78平方米。

2022年5月6日，左家塘街道启动长钢炮库排危拆除行动（严 瑾 供图）

【湖橡小区周边城市更新单元（旧城改建）项目】 湖橡小区周边城市更新单元（旧城改建）项目是长沙市2021年首批8个重点城市更新片区项目之一，位于雨花区左家塘街道，北至人民路、南至城南路、东至曙光路、西至韶山路，规划面积约37公顷，由长沙产业城市更新公司作为实施主体负责实施。项目主要采用照“留、改、拆、补、建”的更新方式，以“医城融合、产城融合”的更新理念，依托现有长沙市妇幼保健院和鸿铭中心商业街的产业基础，打造以“母婴小镇”和时尚城市综合体为核心的长沙市“她经济”集中示范区。该项目A地块东邻国立小区、南至城南东路、西邻长沙市妇幼保健院、北邻附二组，涉及住宅楼12栋，共有住户275户，其中私房住户269户、公房承租户6户，涉及12家企事业单位，征拆面积约3万平方米，项目内可供挂牌出让土地面积1.36公顷；B地块分为B-1地块、B-2地块2个地块，主要包括市妇幼北边区域，建材宿舍1栋、建筑宿舍1栋、附二组私房2大栋、长岭上街私房30栋、长岭上街公房（长房集团）平房1栋、中铁五局2栋等共计37栋，涉及居民私房户数约230户，公房4户、单位4家；C地块主要为沿人民路相关区域，征拆面积约9.22万平方米，其中住宅约621户。旧城改建项目纳入旧改范围的湖橡宿舍小区共27栋房屋，主要为原湖南橡胶厂宿舍，含筒子楼8栋，涉及居民1294户。截至2022年年底，该项目A地块私房实现98.1%签约、96.7%腾房，完成长沙市妇幼1、2号栋宿舍楼的拆除工作，项目二期B-1地块征收工作启动，三期B-2和C地块进行阳光意愿征收；旧城改建投入5200万元，完成19栋老旧房屋改造工作，改造建筑面积约6万平方米，惠及居民927户，拆除违章建筑3500余平方米，实施雨污分流改造、外墙面改造等改造措施，从基础设施、建筑修缮、公共设施、环境整治、便民设施和社会治理等方面进行全方位提质。

【王公塘D类危房拆除】 2022年11月2—4日，雨花区左家塘街道组织工作人员200余人，对王公塘社区王公塘04栋、05栋2栋D类危房实施拆除，拆除面积6293.95平方米。王公塘04栋的倒地标志着王公塘片区地块棚改区改造项目二期完成腾房拆除清零。

（本栏撰稿　严　瑾）

侯家塘街道

【概况】 长沙市雨花区侯家塘街道东起韶山北路，南至劳动西路，西到芙蓉中路，北抵人民中路。截至2022年年底，街道辖区面积1.78平方千米，常住人口6.5万人、流动人口近3万人，辖梓园、湘农桥、水院、韶山路、麻园湾、廖家湾、活力、侯家塘、广济桥、枫树岸、电院、泉塘12个社区。辖区有中国能建湖南省电力设计院、湖南省儿童医院、省国网电力、海利集团、长沙市公证处等企事业单位；有湖南省地质中学、长沙市雅礼十五中学、长沙市十一中学、枫树山小学、长塘里小学、长塘里三小、湖南省水利厅幼儿园、侯家塘幼稚园、鸿园幼儿园、南大路幼儿园、长塘里幼儿园、朝晖幼儿园、金翰幼儿园共计13所中小学幼儿园，及湖南省儿童医院1所大型综合三甲医院。街道办事处驻地位于雨花区劳动西路与芙蓉中路交会处东北角。

2022年，侯家塘街道推动小林子冲地块项目、电院试验工厂地块项目等重点项目建设；提质麻园湾等10条街巷，完成嘉熙中心等3条街巷施工；推动省儿童医院周边环境提质、长塘里市场整治等；新创建标准化小区共10个；提质改造老旧小区3个，既有多层住宅加装电梯30台；麻园湾69号栋纳入全市危房改造示范项目，街道获评全市人居环境工作突出单位称号；获评长沙市2022年真抓实干示范街道；累计排查自建房278处，重大安全隐患5处，整改率100%，全年未发生一起安全生产事故和较大以上火灾事故。

【街域经济】 2022年，雨花区侯家塘街道完成市考税收3.18亿元，固定资产投资6.67亿元，限额以上社会消费品零售总额35.78亿元，其他营利性服务业营业收入60.5亿元，增速10.89%。申报入库投资项目11个，其中亿元以上投资项目1个。重点关注小林子冲地块项目建设，推动项目尽早开工。推进电院试验工厂地块项目，推动项目尽早开启征收。落实企业联系和服务机制，走访重点企业70余家。对嘉熙中心、佳天国际、汇富中心、雨花大厦等重点楼宇进行清查，成功转化湖南省城乡资源勘测设计院有限公司、中国银河证券股份有限公司长沙韶山北路证券营业部等一批优质长效税源企业。

【城建城管】 2022年，雨花区侯家塘街道抢抓“百街千巷”提质工程机遇，提质麻园湾等10条街巷，配合区市政中心完成嘉熙中心等3条街巷施工。创建源头分类示范小区4个，在6个小区投放使用智能垃圾分类厢房。拆除新建违章建筑3处、60平方米。处置城管数字化案卷8700余条。落实“六控十严禁”，开展各类联合执法行动100余次，处理餐饮油烟扰民问题60余起。推动省儿童医院周边环境提质、长塘里市场整治等。坚持物业管理和服务标准建设常态化，新创建标准化小区共10个；提质改造老旧小区3个，既有多层住宅加装电梯30台，打造同时申报、同时审批、同时施工的“成片式”加装特色亮点。

【社会事业】 2022年，雨花区侯家塘街道在广济桥、麻园湾、侯家塘、电院、枫树岸5个社区试点推出家庭养老照护床位服务举措，推动“家门口养老服务”提档升级，获评长沙市2022年真抓实干示范街道。城镇新增就业人数1500人，失业再就业人数536人，困难人员再就业140人。发放各类救助资金103.65万元，实现对辖区困难群体的兜底保障。

【综合治理】 2022年，雨花区侯家塘街道推行政务服务“马上办、网上办、就近办、一次办”，在“一网通办”平台办理业务4600余件，未出现逾期办结件及红黄牌警告；推进网格化基层治理，办结网格化案卷12178件，签收办理“12345”热线工单2585件，回访满意率98.01%。推动泉塘社区移交长沙县管理、梓园社区阵地改造。围绕自建房、食品、消防、燃气、仓储物流等重点，开展隐患排查整治，检查160余次，发现并整改安全隐患54处。对辖区所有楼栋划分红、黄、绿3个等级，有红级23个、黄级64个、绿级110个，进行差异化监管、清单式治理。排查自建房278处，重大安全隐患5处，整改率100%，全年未发生一起安全生产事故和较大以上火灾事故。完成汇富中心、枫丹雅苑、光大银行和兴威新嘉园消防安全隐患整改验收。推进国家食品安全示范城市创建。开展禁毒、反电诈、打击非法集资行动，联合派出所、城管、工商等部门开展集中清查整治行动3次，检查重点场所50余家，依法取缔和整治涉黄场所27家；开展集中涉黑涉恶线索排查9次，累计摸排场所90余家；开展防范电信网络诈骗宣传活动80余次，全年电诈发案比2021年下降17.60%，市域社会治理及平安建设工作多次接受省、市两级调研视察。

【基层党建】 2022年，雨花区侯家塘街道开展理论中心组学习13次，集中研讨3次。出台小区党建“十五条”，建成小区党支部38个，物管小区党组织覆盖率100%，组建371人的楼栋长队伍，挖掘一批“和事佬”“红袖章”党员志愿者，参与小区旧改、安全生产等重难点工作。制定《“四讲五能”街道干部能力提升培训方案》，创新开展街道季度述职讲评工作。开展“两委”换届回头看，提出改进建议25条。制定《侯家塘街道党政班子成员党风廉政建设责任分解表》《侯家塘街道谈话提醒制度》等，压紧压实班子“一岗双责”责任。5次召开专题会研究，对照巡察反馈问题出台23项制度。截至2022年年底，巡察反馈的48个具体问题全部整改到位，整改率100%。

【盘小宝亲子乐园开业】 2022年3月8日，盘小宝亲子乐园开业。该乐园位于雨花区侯家塘街道金色家族，是一家集“综合游乐、多元课程教育、职业体验、主题餐饮、汉服摄影及自主动漫IP研发”于一体的亲子教育乐园。湖南时代阳光董事长朱光葵、益丰大药房董事长高毅、徐记海鲜董事长徐国华、茶颜悦色董事长吕梁及文和友CEO冯彬等到场，为盘小宝的开业剪彩庆贺。开业包括“门票派送”“充值送礼”“国风乐园体验”“开业霸王餐”“百分百抽奖”等活动，实现1.2万人流量。

【老旧小区共享物业模式】 2022年11月，雨花区侯家塘街道梓园社区探索“共享物业”模式，将地域邻近、情况类似的老旧小区连片整合，利用惠民资金“打包”给同一家物业公司管理。老旧小区共享物业，既让居民获享服务，也可降低运营成本，吸引物业公司入驻。截至2022年年底，梓园社区街域内19个小区58栋居民楼已由物业公司接管。

【第九届社区“邻里节”】 2022年12月13日，雨花区侯家塘街道韶山路社区举办第九届“邻里节”。活动以舞蹈《我和我的祖国》开场。侯家塘街道相关负责人与社区“核工先锋”为社区核工业先锋浮雕墙揭幕。社区联合湖南省维善公益服务中心向“核工先锋”们献礼，聘请11位“核工先锋”为“核工精神”宣讲团成员。韶山路社区党总支书记欧阳晓琦现场开展“学习贯彻党的二十大精神”主题微宣讲。雨花区人大代表何秋柏、程云涛等上台述职。现场设有“喜庆二十大《美丽中国 美好生活》摄影展”，展现人民幸福生活和秀丽山川。长沙市特巡警支队纪检监察室的在职党员与社区党建联盟单位的志愿者一起，开展党建、廉洁、就业、社保、垃圾分类、救助、未成年人权益保护、移风易俗、安全生产等宣传。

核工业先锋浮雕墙长19米、高1.9米，由玻璃钢材料制成，呈古铜色，历时6个月制作完成，主题内容分为“决策、勘查、炼铀、成果”4个篇章，雕刻着核工业先锋群像。同时，设计制作3个核工业宣传文化长廊，展现核工业的老照片、老奖章、老报纸，成为社区激发爱国热情、弘扬民族精神、加强党性修养的重要阵地。

（本栏撰稿 钮泽莹）

砂子塘街道

【概况】 长沙市雨花区砂子塘街道地处东塘商圈东南角，沿韶山路和劳动路呈扇形打开，一直至环线，韶山中路、劳动中路、曙光南路、洞井路、车站南路、砂子塘路、万顺路、新建东路“四纵四横”的路网覆盖全街。截至2022年年底，街道辖区面积2.6平方千米，总人口79373人（其中常住人口67238人、流动人口12135人），辖砂子塘、桔园、茶园坡、白沙、金地、金科园、梨子山、野坡8个社区。辖区内有长沙卷烟厂、凯德置业等驻街单位60余家。街道作为长沙传统商圈——东塘商圈的重要组成部门，以潇湘大厦为中心，文化创意产业圈初现雏形；沿韶山中路现代服务业产业带，顺天、万博汇云谷等品质楼宇集中，凯德置业、凯宾斯基、沃尔玛等百强企业汇聚。沿曙光南路特色商业带，泰禹国际占据节点，阳光锦城承接凯德商圈；沿劳动中路，友谊、通程、步步高等本土零售企业云集。辖区有湖南中医药大学湘杏学院1所大学，稻田中学1所中学，王家冲小学、砂子塘小学（包括本部与万博汇校区）、砂子塘第二小学、桔园小学、育新三小5所小学，区教育局第一幼儿园、区教育局第二幼儿园、小白鹤幼儿园、小白鸽幼儿园、安琪、小牛津、心语、曼斯特、新都、璞和洲等幼儿园；8所文化综合服务中心。域内有雨花亭遗址、张祖策等历史人文资源。街道办事处驻地位于雨花区曙光南路1号。

2022年，砂子塘街道推进茶园坡片区土地整合开发、房屋安全整治，完成金科园社区和桔园社区老旧小区改造，完成铁路沿线整治；新申报创建2个标准化小区；引入浙商银行、天泽交通建设有限公司、宏林建设公司入驻；获评长沙市2022年度基层治理真抓实干优秀街道。率全省之先推行政务服务“一口式”受理模式；率全省之先推行网格化管理模式，实现“一网通办”管理要求；创新社区“三级六步”（三级：议事协商、联动协商、听证协商；六步：确定议题、审查议题、公示议题、协商、备案、结果公示）自治协商工作模式，成为全省社会治理创新案例；创新“党委牵头、购买服务、专业运营、群众参与”的居家养老服务模式，实现居家养老服务全覆盖。

【街域经济】 2022年，雨花区砂子塘街道完成全社会固定资产投资6.72亿元，其中产业投资5.74亿元；完成市考税收3.19亿元，完成社会消费品零售总额35.82亿元，新增限额以上社零单位2家。浙商银行入驻进入实质性选址阶段；主动服务中国检验认证集团湖南有限公司整合；对接湖南映晟交通建设工程有限公司，成功引进五矿集团控股全资央企子公司天泽交通建设有限公司；对接中伟集团有限公司、湖南宏林建设工程集团有限公司入驻万博汇云谷。开展“三帮三促”纾困暖企专项行动，走访重点企业47家，解决中医附一创新传承大楼项目施工环境、潇影集团艺术小镇打造等问题。依托“政策快车”企业服务App，帮助475户小微企业、个体户减免租金64万元。

【城建城管】 2022年，雨花区砂子塘街道推进茶园坡片区土地整合开发项目，协助区政府与中交鼎信股权投资管理有限公司签订合作备忘录。实施建筑安全领域自建房安全整治“百日攻坚”，督查全街7处自建房，完成房屋鉴定，其中6处鉴定为3级、1处拆除，对4处经营性房屋督促关停。全街D类危房腾房72户，格子房清租

36户，整改7处。该项工作代表雨花区迎接市专项督查，获得市专项交叉检查组的肯定。依托小区综合治理模式，加强桔园路、王家冲巷、夜宵一条街等重点区域的常态化整治。完成茶园坡、野坡社区环境改造工程，实施桔园、金科园社区旧改项目。拆除桔园社区铁路周边多年来难以根治的违章建筑群5000平方米，清退违建居民40余户，工程进入扫尾阶段。街道实现“垃圾分类”工作完成区级占比24%，各级环保案卷问题动态清零，环保投诉整改完成率达100%，空气质量优良率保持在80%以上。

【社会事业】 2022年，雨花区砂子塘街道建成7个运营良好的社区居家养老服务站，其中有5个AAAA级中心均由专业养老机构运营，涵盖全托、日托、上门、老年餐桌、老年课堂等服务，阵地总面积6000余平方米，拥有床位150个。对接中冶长天国际工程有限责任公司，依托金科园社区内企业阵地，推动全国、全省首家街道层级示范性养老服务中心建设，结合全街7个社区居家养老服务中心实现基层养老全覆盖。完成雨花区教育局第一幼儿园围墙绿化安全隐患整治工作。围绕创建省级食品安全示范区目标，排查涉食单位近1000家，开展宣传培训35次。加强农贸市场规范管理，全年无食药品安全事故发生。针对市容秩序、楼栋牛皮癣、市政设施损坏、绿化带垃圾等方面，排查、整改各类问题600余个。全街完成网络创业电商班和直播班等创业培训班3个，培训学员105人，城镇新增就业1406人，失业人员再就业823人。其中，就业困难人员再就业179人，跟踪回访实名制大学毕业生就业191人，跟踪回访率100%、就业服务率100%、毕业大学生就业率96.86%，完成对39家用工单位的薪酬调查，申报灵活就业人员社会保险补贴843人次，金额190万元。截至2022年年底，低保在册274户、374人，全年累计发放低保金298.3万余元；特困在册23户，全年累计发放特困金22.2万余元；开展医疗救助70人次，发放医疗救助金26.9万余元；开展临时救助105户次，发放临时救助金30.3万余元；开展特殊困难群体帮扶（五帮扶）53人次，发放帮扶资金15.7万余元；开展精神病人药物救助436人次，住院救助36人次；住房低收入认定23户；低保边缘家庭认定7户。

【综合治理】 2022年，雨花区砂子塘街道推进平安建设，强化区域警务，从源头上治理电信诈骗、规避金融风险。推进安全生产三年专项整治，组织执法检查和领导班子成员带队检查，安全隐患整改率100%。组织安全专题培训4次，依托湖南省协成消防职业培训学校排查和培训“九小门店”（小学校或幼儿园、小医院、小商店、小餐饮场所、小旅馆、小歌舞娱乐场所、小网吧、小美容洗浴场所、小生产加工企业）。组织对长沙变压器厂仓储场所的专项整治和常态管理。以桔园社区为试点，引进万科旗下的“万物云”公司，探索和推广“党委主导、社区主治、企业主体、居民主动”的城市开放式小区社会综合治理新模式。街道在砂子塘小区引进速连公司加强停车管理，在金科园社区引入“邻邦一点通”加强小区管理等，并在全街推广小区综合治理模式，治理经验作为“呈阅件”得到市领导批示。全年办理窗口事项6561件，办件覆盖率和“好评率”排名全区第一。坚持网格管理机制，处置网格案件9520件，办结“12345”工单2549件，满意率98.47%。

【基层党建】 2022年，雨花区砂子塘街道深入实施“党建聚合力”工程，强化组织建设，完成机关党支部换届，成立“两新”综合党委，实现组建率3个100%。推进博士理论宣讲团“双学双做·送学上门”项目，提升“家门口的思政课”党员教育品牌。坚持“四治融合”（自治、德治、法治、智治）引领小区治理，巩固提升金科园社区党建点，探索推进桔园社区党建引领综合治理。打造万博汇小区党建示范点、梨子山网络课堂示范点、白沙和梨子山老年教育基地示范点、快递外卖小哥红色之家、万博汇楼宇直播电商联盟等一批党建特色品牌，金科园社区退休干部第四党支部成功创建全市示范退休干部党支部。以打造“清廉街道”为目标，全面履行党风廉政建设主体责任。强化宣传报道，实现各类新闻报道150余篇。

【砂子塘街道综合养老服务中心建设项目】 砂子塘街道综合养老服务中心项目是街道级示范性养老服务中心与中高端养老机构相结合的综合性养老服务单位。该项目由湖南莱康新纪元企业发展有限公司（简称“莱康公司”）投资建设、运营，对原中冶长天集团机电设备厂闲置厂房进行施工建设、适老化改造。总建筑面积3096平方米，设置床位120张，可提供全托、日托、上门服务、业务指导及机构养老等服务。该中心一楼约800平方米，为开放式、功能性活动区域，根据不同需求进行区域划分，设有接待管理区、生活服务区及文娱活动区。利用智能化养老服务设备为中心及街道辖区内老人提供日间照料、老年餐桌、上门服务、业务指导等全方位服务；打造“一老一小 朝夕相伴”阵地，用于未成年人保护及中国传统文化宣教。该中心二至四楼可为有认知症障碍及有护理需求的老人提供专业的照护服务。

2022年年初，雨花区确定莱康公司草拟的砂子塘街道综合养老服务中心建设项目装修方案符合消防验收要求，可以实施该项目。7月，砂子塘街道向区政府递交《申请街道综合养老服务中心建设费用的请示》，与区民政局相关负责人进行相关工作汇报；与莱康公司对接沟通，金科园社区对接中冶长天负责人等一行赴莱康雨花亭项目调研，砂子塘街道与莱康公司碰面，就布局设置、服务要求、合同签署等方面洽谈，就打造街道综合养老服务中心召开工作推进会。8月，砂子塘街道就街道综合养老服务中心工作推进会暨三方合同事宜进行商讨。9月，砂子塘街道与中冶长天就合同细节问题多次探讨，并确定最终稿；与中冶长天签署租赁合同，拟将原中冶长天3096平方米的厂房打造为“街道综合养老服务中心”，并与莱康企业签署运营合同。11月，街道有关工作负责人到金科园机电设备厂与中冶长天进行街道综合养老服务中心场地的拆违项目验收，现场查看拆违情况，拆违情况验收合格；就规范合同签订一事与中冶长天企管部部长傅寅哲沟通协商，对重点和难点问题讨论方案与解决办法。12月，雨花区政府副区长邓波就砂子塘街道综合养老服务中心建设工作召开调度会，成立联络专班，形成会议备忘，推进项目建设工作。

【茶园坡片区土地开发项目】 茶园坡片区土地开发项目位于雨花区砂子塘街道茶园坡社区洞井路、劳动路和车站南路3条城市主干道交会处中间，周边有存量可集约整合开发土地合计22.87公顷，地块由老旧小区4个、国有企业3个、零星用地3个、商品房小区2个、棚改用地2个、教育用地1个、集体土地1个等共同组成。22.87公顷地块分布情况：已开发用地3.8公顷，建成2个商品房项目（今利园1.33公顷、都市兰亭2.47公顷），剩余用地19.07公顷，其中长沙顺特变压器有限公司用地面积5.67公顷、湖南省送变电公司用地面积4.53公顷、雨花城投集团棚改用地面积1.47公顷、中外运集团南华物流公司用地面积3.33公顷，周边4个老旧小区用地面积1.4公顷，雨花亭石马村集体土地约2.67公顷。片区整合开发地块涉及公共用房37栋、厂房15栋、商铺1处、住宅28栋、居民519户（公房20户），合法建筑总面积约8.8万平方米，临建面积约1.4万平方米。集体土地共有48栋房屋，226人，总建筑面积9600平方米。经区征收征地部门初步测算，19.07公顷用地总征收成本16.5亿元，不含长沙顺特变压器有限公司债务5亿元（1.9亿元债务已进入司法程序）。16.4公顷国有土地整合开发总征拆成本为12.6亿元，2.67公顷集体土地征拆成本2.1亿元。

2022年1月，雨花区砂子塘街道抽调部分工作人员全力支持配合推动片区开发工作。定期研究调度片区开发工作，先后提出分期开发、将雨花亭石马村集体土地约2.67公顷纳入片区整体开发等设想。完成该片区存量土地调查摸底工作；完成片区企业走访工作、上门走访片区内居民群众，进行拆迁意向前期摸底。区人居环境局安排湖南方圆建筑工程设计有限公司围绕片区土地整合运用政策问题进行可行性规划研究。4—6月，街道就茶园坡片区走访南华物流、送变电等单位，召集地块权属单位负责人，召开议事协商会议。落实顺特变压器有限公司诉求、耀华中学教育用地置换相关事宜，将北面的耀华中学（规划的劳动路小学，用地规模0.7公顷）与东南角整合后的零星用地（省纺机宿舍区三块零星地块，总用地规模0.72公顷）进行置换，并建议调整用地性质。6月，长沙市人居环境局副局长胡智慧一行调研茶园坡片区土地整体开发项目，研讨片区实施城市更新可行性。3—8月，街道先后接洽厦门建发集团有限公司、中国葛洲坝集团有限公司、中建国际投资集团有限公司、中国交通建设集团有限公司等多家企业。8月，中国交通建设集团有限公司与区政府签订框架协议，提出片区初步设想。10月，多次召开研讨会，就片区开发模式、前期开发成本等问题进行研讨。

【引入万科物业参与社区建设管理】 2022年，雨花区砂子塘街道桔园社区引入万科物业参与社区建设管理，是党建引领下桔园社区创新基层治理的关键一招。经过一年时间的沟通、协调、论证，通过议事协商、联动协商等方式，成功引进万科物业进驻桔园社区。桔园社区依托引入的万物云空间科技服务有限公司建设智慧社区，为社区提供24小时市容巡查、停车管理、交通维护、治安防控、应急处置、安全巡查、志愿服务、管家服务等综合治理服务。通过优化交通和专人疏导，改善社区交通状况；通过每盏路灯配备专属二维码，启用小程序一键上报功能；社区配备应急消防车；通过桔园社区智慧运营平台大屏幕，时时掌控社区公共区域情况，及时驱离乱停车辆等，使桔园社区从开放式老旧社区转变为云上智慧社区。

【创建全市示范退休干部党支部】 2022年，雨花区砂子塘街道金科园社区第四退休党支部成功创建全市示范退休干部党支部。该支部探索建立“网格党建＋分类管理”工作模式，84名退休党员，选举产生组建1个支部班子。社区依托老党员之家，建设居家养老服务中心、长者运动中心等引入2家养老机构，提供上门送餐、医养康养等专业贴心服务，定期开展免费理发、家电维修等生活服务；开设“兴趣课堂”，发动党员骨干和“五老”能人开办书画、剪纸、唱舞等课程，开展“和美金科百家宴”“和美金科邻里节”“崇廉拒腐、清白做事、干净做人”主题党日活动，以及曾建军“喜迎二十大”主题作品展、“洁净雨花·扮靓金科园”活动。发动退休党员在网格内、楼栋里开展“四微共享”（收集微心愿、开展微行动、办好微实事、展现微星光）党建志愿服务，收集认领微心愿100余条，开展“微行动”500余次，办好“微实事”20余件，有效破解电动车飞线充电、老年食堂等一大批群众关注的热点难点问题。

【第七届“最美白沙人”表彰主题活动】 2022年1月18日，雨花区砂子塘街道白沙社区在和家养老服务中心举行“崇德向善迎新春·红红火火过大年”暨第七届“最美白沙人”表彰主题活动。活动由白沙社区联合辖区单位长沙熙康健康管理有限公司、长沙老年友善医院、和家居家养老服务中心联合举办。“最美志愿者”“最美服务居民工作者”“最美五好家庭”“最美社区居民”“最美社区建设奉献者”等58名先进个人获得“最美白沙人”。通过开展“最美白沙人”评选和表彰活动，以评选表彰弘扬正能量的形式，在社区营造学习先进典型的良好氛围。

【梨子山社区赤岗公寓开通燃气】2022年1月24日，梨子山社区赤岗公寓开通燃气。2022年，雨花区砂子塘街道、梨子山社区与长沙市燃气实业有限公司进行20余次对接沟通，与该栋周边小区、单位协调，通过专家实地考察，先后反复5次提出方案、否决方案，召开议事协商会10余次，最终使得赤岗公寓开通燃气。

【“福润砂子塘·春满幸福家”新春文艺会演】 2022年1月26日，雨花区砂子塘街道举行“我们的节日·春节”雨花区新时代文明实践活动——2022年砂子塘街道“福润砂子塘·春满幸福家”新春文艺会演。演出分为“团圆幸福家”“团聚幸福家”“团结幸福家”3个篇章，舞蹈、合唱、小品、朗诵轮番上演，包括基层奋进故事、奉献故事、感人真事等节目。

【平安建设“敲门行动”】 2022年2月6日，雨花区砂子塘街道开展平安建设“敲门行动”，对街域内餐饮企业、物流快递点、独居老人、老旧住宅小区、酒店宾馆等场所开展安全专项宣传，为经营单位和辖区居民发放安全知识宣传资料。重点对大型商超、物业公司、仓储物流的消防设施设备运行情况，以及是否存在疏散通道不畅通、住宅小区楼道内电动车违规充电或停放、用火用电不规范等突出安全隐患进行检查。累计督查各社区6次、酒店（宾馆）12次、物业公司8次、商场15次、快递物流点8次、废品收购点6次，对发现的24处安全隐患均整改到位。

【党支部共建】 2022年7月29日，雨花区砂子塘街道机关党支部与辖区“两新”党支部共建，在金科园社区马克思中国化党性教育基地开展“经典来分享，书香溢支部”读书分享会。参加结对共建的街道机关第一党支部与湖南地腾有限公司党支部，机关第二党支部与长沙泰安保安有限公司党支部分别签订共建协议，明确将在组织共建、活动共联和资源共享等方面互融互促。湖南地腾有限公司、长沙泰安保安有限公司是砂子塘街道“党建引领、助力千企”的重点企业。街道通过党建聚合力开展送学、送政策、送服务进企业活动，让企业享受到政策的最大红利，带动企业发展。

【引进天泽交通建设有限公司】 2022年10月，湖南天泽交通建设有限公司落户于雨花区砂子塘街道韶山中路顺天国际金融中心南塔9楼，10月9日税证落地。该公司于2022年10月完成股份制改造，变更为由五矿集团控股的全资央企子公司，注册资金为5亿元。

（本栏撰稿　朱青梅）

东塘街道

【概况】 长沙市雨花区东塘街道位于雨花区西北部，东以韶山中路为界与砂子塘街道相接，西以芙蓉中路为界与天心区赤岭路街道毗邻，南以南二环为界与天心区文源街道接壤，北以劳动西路为界与侯家塘街道相连。截至2022年年底，街道辖区面积2.4平方千米，总人口7万人（其中常住人口4.6人、流动人口2.4人），辖东塘、省人大、枫树山、牛婆塘、芙蓉南路、浦沅、华银园、政院、新雨、七里庙10个社区。辖区内有湖南省人大常委会、省工商联、省气象局、省质量技术监督局、人民日报湖南分社、雅礼中学等机关事业单位47家。辖区有中学3所、小学2所、幼儿园7所；文化综合服务中心10个；24小时书屋1家；综合性养老服务中心1个、居家养老服务中心8个、老年公寓1个、老年食堂2个。医疗机构37家，其中省级医院为湖南省脑科医院（湖南省第二人民医院）、湖南省职业病防治院、湖南省康复医院3家，市级医院为长沙老年康复医院、长沙中科皮肤病医院、长沙百灵糖尿病专科医院3家，东塘街道社区卫生服务中心1个，社区卫生服务站4个，其他门诊部等26个。

2022年，东塘街道建成省人大社区代表联络站，探索全过程人民民主的基层实践路径；创新老旧小区物业管理连片承包和居民自治“双模式”，获长沙市改革办推介；创新垃圾分类“四抓四促”工作法；高效处置“3·26”涉雅疫情；街道新时代文明实践所入列全市示范点，“我是接班人”特色栏目接受中央文明办检阅。东塘街道华银园社区获评全国民主法治示范村（社区）复核保留名单，政院社区“老首长”工作室志愿服务项目获评湖南省“五十佳”老党员老干部志愿服务项目，浦沅社区获评湖南省“最美志愿服务社区”，省人大社区龙小羽家庭获评湖南省最美家庭；东塘街道获评长沙市优秀青年突击队、长沙市百大优秀文明实践所、长沙市无偿献血组织工作先进单位、长沙市第七次全国人口普查先进集体、长沙市信访工作“三无街道”标兵单位等称号。

【街域经济】 2022年，雨花区东塘街道完成固定资产投资15.1亿元；市考税收3.05亿元；社会消费品零售总额8.49亿元；营利性服务业收入32.94亿元，比2021年增长2.74%。新增红旗渠水系排水改造工程等项目16个，完成投资总额15亿元。建立东塘会客厅联动机制，完成楼宇招商去库存2.5万余平方米，湖南商会大厦、中机国际大厦2栋楼宇保持在亿元税收行列，英维创新大厦、鑫融国际广场、建鸿达兴业IEC、神农商务楼4栋楼宇保持在千万税收量级。省建六公司雨花分公司落户东塘街道，年度新增金东酒业、神华能源2家税收超千万税源企业。街道统计基层基础工作接受全省统计系统集中观摩，获评长沙市统计站点目标管理综合考评一类单位和“五星级”统计站。

【城市管理】 2022年，雨花区东塘街道创新垃圾分类“四管合一”模式（省人大机关负责对垃圾分类工作进行监督；东塘街道负责垃圾分类工作组织落实、指导、督促；省人大社区负责做好垃圾分类工作的沟通协商和宣传；物业服务企业负责做好垃圾分类工作的相关宣传、劝导、收集、转运工作），城管和垃圾分类工作排名全区第一。在省人大机关小区推行垃圾分类“四管合一”模式，压实“单位、物业、街道、社区”四方责任，小区292户居民垃圾分类参与率达100%，街道作为全区唯一“省级生活垃圾分类示范街道”通过省、市考评验收，城管、垃圾分类工作持续排名全区第一。开展环境卫生“三清”行动，街域内8条道路纳入全区“百街千巷”综合提升计划均提前达效，省人大社区人华路代表全区接受长沙市领导检阅。

【社会事业】 2022年，雨花区东塘街道城镇新增就业任务数1250人，完成1430人；离校未就业高校毕业生就业指标，2022年教育部下发数据92人，就业服务率100%，就业率95.65%。街道常住人口46522人，其中职工医疗保险参保37120人，城乡居民医疗保险参保7778人，参保率96.51%，困难人员参保缴费率100%。街道低保为107户126人，月发放低保金88920元，特困供养9户9人，月发放特困供养金8775元，实现应保尽保。其中2名特困供养对象集中供养在长沙市第三社会福利院。5名半自理和全护理特困对象护理人月发放护理费3258元。2022年春节慰问走访低保户105户，百岁老人5人、孤儿1人、事实无人抚养儿童2人、散居特困供养对象6人、精简退职2人、优抚对象180人、残疾人97人、其他困难户669人，共发放慰问金54.5万元。推进推动困扰8年、涉及1699户的华银园水改难题顺利破解，庭院管网改造全面完成。完成电梯加装32台，获省人大办公厅致函省住建厅点名表扬。创新老旧小区物业管理连片承包和居民自治“双模式”，以枫树山社区为试点，针对开放式老旧小区特点，结合“单元长制”居民代表常态化联系服务群众工作试点，探索物业公司连片承包和居民自治管理“双模式”。

【综合治理】 2022年，雨花区东塘街道推动星都心小区、云鼎公馆和雅第大厦消防隐患整治顺利实施，全年全街未发生一起安全生产事故和较大以上火灾事故。完成自建房检测和整治，累计拆违1120平方米，支持配合长沙市福利院、市轻工所、市税务局等辖区单位做好排危处置工作，代表全区接受省、市自建房整治专项督查10余次。信访件参评率、参评满意率持续保持100%。全街无1例重复信访问题，中富航银座、东塘服装交易大楼、湖南省脑科医院医患纠纷等群体性矛盾均得到有效化解。

【基层党建】 2022年，雨花区东塘街道基层治理实践得到中办督察组调研肯定。巩固区域化党建“一统六联”（“一统”即充分发挥街道党工委在城市基层党建中的轴心统揽作用，通过区域化党建协同委员会将辖区内的所有党组织“统”起来；“六联”，就是深化思想联心、制度联体、队伍联建、资源联享、活动联办、服务联合）模式，运行资源、需求、项目“三张清单”机制，联合省人大机关等党建联盟单位，助推43项民生实事落地见效。打造英维创新大厦“‘党建+’红色磁场”楼宇党建新品牌，建成英维创新大厦楼宇人才服务站、中机国际博士后科研工作站，形成英维创新大厦—湖南商会大厦—兴业大厦—鑫融国际广场“非公党建一条街”。以师徒帮带培养、分级分类培训、一线实践锻炼“三个抓手”实施“青苗工程”，“东塘基层治理讲习所”全年开讲80余场，累计培训2165人次。深化“党风民情观测哨”清廉建设品牌，组建民情观察员、党风监督员、家风宣传员3支队伍，开展家风建设。

【华银园小区治理】 华银园小区位于雨花区东塘街道华银园社区，是一个纯居民小区，有居民近1700户，于2001年入住。由于小区业主结构复杂、矛盾诉求多样、基础设施日益老化等，造成小区消防系统瘫痪、自来水管泄漏等一系列问题。2022年，华银园社区党委以华银园小区水改问题为切入口，发挥基层党组织作用，重新分设党支部，选出12名党员成立小区水改临时志愿小组，选出16名居民代表、58名单元代表，形成“单元代表管单元，居民代表管栋分片，志愿小组及支部管全盘”的小区水改模式。6月，华银园小区明确水改方案、推进方式和完成节点。6月29日，湖南省委常委、长沙市委书记吴桂英到东塘街道实地调研华银园水改问题，与信访群众代表和有关区县、部门负责人共同研究解决方案、明确相关事项。9月，小区水改工程正式施工。社区党委筹备成立业委会（原业委会已解散5年），其中水改小组中有部分成员被推选为小区第五届业委会成员；小区离退休二支部书记兼任业委会主任。华银园小区党支部、业委会与物业公司三方联动，打通党组织服务群众的“最后一公里”。

【“七一”党建公园管理移交】 2022年，雨花区东塘街道向区园林绿化维护中心申请协调“七一”党建公园管理移交工作，经会议讨论，决定移交给区园林绿化维护中心维护管理。该公园位于东塘街道七里庙社区，于2019年12月建成，占地8000平方米，覆盖建发中央公园小区、湖南省气象局小区、地税局小区等7个小区，辐射近1.7万人。公园自2019年建成后疏于管理，街道、社区先后投入人力、物力、财力对其进行临时托管，但因经费不足，导致公园杂草丛生。移交区园林绿化维护中心管理后，公园品质得到提升，儿童娱乐设施、休闲锻炼场地、志愿活动开展一应俱全。

【“党建微课堂”开讲】 2022年2月25日，雨花区东塘街道干部基层治理能力讲习所——“党建微课堂”首期开讲。东塘街道42人参加。首期“党建微课堂”由街道基层党建办张雅琦、柳叶分别进行授课，街道工委委员、人大工委主任熊灿点评，通过讲授理论、分享经验、讨论问答等方式，学习党务知识和“两新”党建做法及经验。

截至 2022 年年底，“党建微课堂”开讲 80 余场，累计培训 2165 人次。

【东塘商圈西南角背街小巷提质改造】2022 年 3 月 13 日，东塘商圈西南角背街小巷完成提质改造，惠及 1500 余户居民家庭。该小巷位于雨花区东塘街道韶山路与劳动路交会处西南角的大华宾馆周边，近 800 米长，于 2021 年年底启动提质改造。改造后路面用沥青铺就，画有白色交通标线，道路一侧用麻石铺就的 1.2 米宽人行道，从巷口开始有两段各长 60 米的文化墙，包含党建元素、红色诗词等内容。

【第五届“中国创翼”创新创业大赛】2022 年 4 月 21 日，“创响新时代 共圆中国梦”——第五届“中国创翼”创业创新大赛长沙市雨花区选拔赛决赛在东塘街道举行。该届大赛瞄准制造业、服务业、乡村振兴等领域，向全区发出“求贤令”，征集到 120 个优质项目。经过 2 轮选拔，20 个项目脱颖而出晋级决赛。经过比赛，湖南大学设计学博士马超明带领的柔性移动焊接机器人项目、曾完成多项国家重大课题的陈建华带领的电督督项目、长沙民政职业技术学院大学生何依欣带领的登高·三污一体化农村污水处理系统项目分获制造业组、服务业组、专项赛组第一名。

【多层住宅增设电梯政策宣讲会】2022 年 8 月 3 日，雨花区东塘街道举办多层住宅增设电梯政策宣讲会，街道辖区楼栋长及业主代表共 40 余人参加活动。区住建局廖伟解答“什么房屋能加装电梯、楼栋居民怎么样商量加装、加装什么电梯、怎么样保证电梯的质量”等问题，阐述电梯使用时的维护和政府的资金补助政策，对居民在电梯加装流程中所存在的疑虑进行解释；浦沅小区居民胡美华分享小区单元电梯加装中遇到的困难及解决方法；现场向居民发放宣传资料 100 余份。东塘街道辖区内有老旧小区 60 个，小区内住房多为楼梯房，适合加装的小区多。自长沙市既有住宅加装电梯政策出台后，街道强化政策宣传、强化平台搭建、强化民主协商，推进老旧小区电梯加装工作，截至 2022 年年底，辖区共加装 84 台电梯，其中竣工验收 20 台，完工待验收 41 台。

【东塘街道残疾人联合会第六次代表大会】2022 年 9 月 8 日，雨花区东塘街道残疾人联合会第六次代表大会召开。会议通过民主选举产生街道新一届残联主席和理事长，选举产生出席雨花区残疾人联合会第六次代表大会的代表。截至 2022 年 8 月，东塘街道有残疾人 869 人，为 193 人发放残疾人生活补助 34 万余元，为 180 人发放护理补助金 82 万余元，为 11 名残疾人申请居家托养服务，为 102 名贫困残疾学子发放教育救助金。东塘街道为各社区配备专（兼）职委员，采取上门服务、一口式受理服务方式服务残疾人；服务辖区内残疾人托养机构，对入驻的“阳光特殊儿童服务中心”“长沙市爱福自闭症儿童教育中心”，在业务上予以指导，安全措施上予以监督，资金物资上予以捐助。街道多次组织开展残疾人招聘会，为残疾人提供就业便利；举办各类培训班，发动辖区“两代表一委员”提供定向岗位，开发社区环卫、长沙市爱福自闭症儿童教育中心前台接待等公益性岗位，优先安排残疾人就业。

（本栏撰稿　彭佳玉）

圭塘街道

【概况】长沙市雨花区圭塘街道为雨花区区治所在地，整体自北向南呈狭长“7”字型地貌，街道范围东至京港澳高速，南抵省森林植物园，西临京广铁路，北到长重机械厂，截至 2022 年年底，街道辖区面积 12.6 平方千米，户籍人口 6.98 万余人，常住人口 12.83 万余人，下辖雨花家园、中南院、长重、劳动东路、圭塘、体院路、大塘、美林景园、景程、泰安、金福、升达、和润、广顺源、月雅 15 个社区，圭塘、月塘、大塘 3 个经济合作社。辖区内单位 1200 余家，个体户 2.3 万余家，中央驻街单位 7 家，厅、处级驻街单位 7 家，厅、处级驻街学院（学校）3 家。辖区有中学 1 所、小学 8 所、幼儿园 33 所；有社区综合文化服务中心 15 个；有雨花区图书馆、雨花区少儿图书馆、泰安自助图书馆、和＋共享图书馆、新华书店乐之书店 5 个图书馆；有圭塘街道综合养老服务中心（与中南院居家养老服务站共用），9 个居家养老服务站（AAAA 级：雨花家园社区、美林景园社区、中南院社区、升达社区 4 个居家养老服务站；AAA 级：体院路社区、广顺源社区 2 个居家养老服务站；AA 级：大塘社区、景程社区 2 个居家养老服务站；A 级：和润社区 1 个居家养老服务站），共计床位数 74 个，其中托养床位 20 个；有圭塘社区、劳动东路社区、长重社区、泰安社区 4 个居家养老活动室；有圭塘 1 个街道社区卫生服务中心、长重医院 1 所医院、门诊机构 55 个。

2022 年，圭塘街道在现代服务业指标、市考税收指标、投资增容成效等方面取得成效；劳动东路社区新城新世界小区成立业委会、圭塘社区湘核佳苑小区实施“五方联席议事团”、中南院社区中南家园小区实施业委会自治开展物业管理；妥善处置潇湘名城、恒大御府、远洋天铂等房地产领域纠纷，京豪大厦和玉竹家园小区业主成功办理不动产权证；山水豪园小区完成“消防重大隐患单位”摘牌，丽景香山小区降级为一般隐患单位条件；解决环保类交办案件 166 件，市城管数字化采集环保类问题 42 个，成功解决泰安社区“社区生活馆”油烟、噪声扰民问题；建成 18 个新时代文明实践所（站、实践基地），打造“三站两基地”特色河畔文化阵地等新时代文明实践活动品牌；人大代表议案“关于加固长冶小区护坡的建议”得到解决；打造全区首个“共享式”快递外卖小哥红色之家，打造包含中国联合网络通信集团有限公司湖南省分公司、湖南省环保厅、中南勘测设计院等单位的区域化党建联盟。圭塘街道获评长沙市信访工作“三无”街道、长沙市基层人力资源和社会保障平台标准化建设优秀街道，街道团工委获评“长沙市五四红旗团委”；雨花家园社区获评湖南文明社区、长沙市示范老年教育基层教学点、长沙市“健康养老”先进单位、长沙市和谐社区创建“五型”示范社区；劳动东路、中南院2个社区获评长沙市五社联动·幸福邻里重点社区创建一等社区，美林、长重、广顺源3个社区获评长沙市五社联动·幸福邻里重点社区创建二等社区。

【街域经济】 2022年，雨花区圭塘街道完成市考税收25.9亿元，固定资产投资82亿元，产业投资30亿元；限上社会消费品零售总额17.14亿元，营利性服务业127亿元；投资增容累计新增固投项目12个、70.85亿元。新争取中国联合网络通信有限公司湖南省分公司12.8亿元省外固投和省环保厅14亿元市外固投，中南勘测设计院实现现代服务业营收额104亿元，占全区总额35.2%。辖区67家企业申报扶植政策资金共2000万元。转化9家异地税源，促成中国联合网络通信集团有限公司湖南省分公司22亿元项目投资入库，引进重点税源单位长沙雨隆置业有限公司，世界500强企业苏商建设集团在圭塘街道注册子公司。成功化解“蜂长企服”涉嫌非法集资问题，治理“挖矿”非法游戏活动20批。

【城建城管】 2022年，雨花区圭塘街道城投25号地实现拆除清零，“大塘村生产生活安置用地35亩地”实现土地出让和开工建设，“大塘村生产生活安置用地56亩地”通过市土委会审批准备挂牌。湘安棚改完成腾房并启动拆除。体院棚改业主100%同意征收。月塘小学一期、泰禹小学扩建等5个项目破土动工，长投·新成人才公寓、砂子塘·嘉汇小学、中雅·培粹双语中学等6个项目竣工交付。深化文明创建，注册志愿者18064人，活跃率87%，居全区第一。开展文明实践志愿服务活动400余次。成功推荐大塘社区退休老党员卢圣告为“长沙好人”。办理各类投诉件、督办件1500余件，数字化案件9276件。管控违法建设138处，拆除违法建筑1.55万平方米。开展路线保障60余次。开展环境综合整治50余次，处置违规摊贩和店外经营500余处。在全区第一批完成“百街千巷”验收工作。办理环保案件174件。

【社会事业】 2022年，雨花区圭塘街道开展职业技能培训85人次、创业培训144人；城镇新增就业1787人，失业人员再就业1235人，离校未就业大学生登记233人，就业率96.52%；4名创业主体申请创业担保贷款170万元，社保补贴办理270人次共71万余元，对52家企业进行薪酬调查，为122名失业人员办理就业困难对象认定；指导和润社区和雨花家园社区创建省级充分就业社区。办理灵活就业人员社会保险2000余件、城乡居民养老保险缴费540人、城乡居民养老保险转移6人。低保、重残人员医疗救助13户，救助金额71982元；精神障碍患者药物救助437人次，救助金额57294元。完成高龄津贴签字认证5520人，新增170人，变更165人，一卡通系统发放高龄津贴180万余元。为89户低保户及特困供养对象发放低保金和各类补贴105万余元，为13个住房保障低收入对象办理认定，为13个低保边缘家庭办理认定并发放补贴1265元，临时救助84户，发放救助金33万元。为辖区256位残疾人申请困难生活补助，为263位重度残疾人申请护理补贴，共发放补助金近70万元。2022年春节慰问发放慰问金27.6万元（其中区民政局下拨专项慰问金25.8万元，街道配套1.8万元），慰问553人。“六一”前夕走访慰问困境儿童，发放慰问资金5.73万余元。第五批次困难群体帮扶工作累计帮扶人数139人，帮扶总资金25万余元。推进72个惠民项目备案和实施工作，投入惠民资金340.43万元。启动4个老旧小区改造工程，完成3个篮球场、1个健身广场提质改造。一网通办平台办件5277件，成为全区第一个承诺压缩率和可办事项覆盖率都达标的街道。在全市“五社联动 幸福邻里”重点社区创建中，劳动东路社区和中南院社区获评一等社区，美林社区、长重社区、广顺源社区获评二等社区。推进3个小区成立首届业委会、4个小区完成业委会换届，妥善调解小区物业矛盾200余次。新增中雅培粹双语中学1所中学、砂子塘嘉汇小学1所小学、保利大都汇幼儿园、半岛蓝湾第二幼儿园2所幼儿园。

【综合治理】 2022年，雨花区圭塘街道处理各类信访事件200余起，接待来访群众82批780人次，息访息诉20余起。抓好常态化扫黑除恶、反电信诈骗、反邪教、禁毒、国家安全等工作，社会管理综合治理民调排名全区第一。落实“三管三必须”（管行业必须管安全、管业务必须管安全、管生产经营必须管安全）要求，开展安全排查1764次，发现并整改一般隐患458处，处罚违规企业12家次，罚款1.7万元。开展仓储物流整治，5家重大或较大隐患仓库全部拆除，全区自建房工作交叉检查排名第一。

【基层党建】 2022年，雨花区圭塘街道党工委举行党建工作研讨会17次、中心组理论学习12次，组织中共二十大精神宣讲160余次。街道辖区新成立非公企业党组织39个，新成立社会党组织6个，覆盖率分别为79.37%、93.10%。在人民网等主流媒体上稿100余篇。接受区委第五巡察组巡察，反馈问题皆整改落实到位。通过成立楼宇商圈党群服务中心——旭辉·赋能站。通过社区党组织调动共治，凝聚小区党支部、业委会、物业的合力，在“核邻有约”五方联席议事团工作机制建立、长重小区成功引进物业公司、丽景香山小区和山水豪园小区消防隐患成功整改等事项中发挥作用。将“和+”共享图书馆打造为全省首个党建共享基地。

【旭辉·赋能站党建项目】 2022年，雨花区圭塘街道助力旭辉国际广场打造楼宇党建赋能站，打造红管家、金哨子、菁英汇3个平台，旭辉楼宇出

旭辉·赋能站党建项目　　（吴　伟　供图）

租率95%以上，税收贡献1亿余元，实现街道与楼宇共驻共建、资源共享。1月7日、2月17日，张家界市武陵源区、长沙市望城区月亮岛街道考察团分别到旭辉·赋能站考察学习，了解街道、社区和楼宇运营商“三帮三促”纾困暖企行动开展情况，双方就楼宇党建引领楼宇经济高质量发展的做法交换意见；1月20日，长沙市委两新工委调研组一行到旭辉·赋能站指导楼宇党建工作，从精心摸排企业需求、精准开展互助帮扶和精细提供一站服务3个方面提出建议；3月4日、6月13日，雨花区委书记刘素月等区领导先后2次到旭辉·赋能站调研，提出要持续深化楼宇党建工作质效，以党的建设把准楼宇经济航向、以党的建设提升楼宇服务品质、以党的建设凝聚楼宇发展合力，助力全国一流现代化强区建设。

【保利大都汇项目】　保利大都汇项目位于雨花区圭塘街道东二环东侧长重社区范围，总建筑面积68.6万平方米，建成集住宅（46万平方米）、商业（9万平方米）、学校为一体的综合性项目。截至2022年年底，该项目2、4期封顶交房，3期主体建设完成65%。

【平吉上府项目】　平吉上府项目位于雨花区圭塘街道圭塘河与曲塘路交会处西北角，总建筑面积20万平方米，有3栋住宅、3栋公寓、1个商场、1个幼儿园。截至2022年年底，该项目北区地块2栋住宅25层施工，南地块基坑基本完成。

【月塘小学项目】　月塘小学项目属于红星天铂配建项目，位于雨花区圭塘街道红星天铂东北边；整体新建，占地3.2公顷，36个班，分二期建设。截至2022年年底，该项目一期全部拆除腾地，进行一层施工。

【原长冶机械厂土地收储腾地项目】原长冶机械厂土地（20.6公顷）收储腾地项目位于雨花区圭塘街道扬子路，净用地17.07公顷（轨道8号线车辆基地占用11.33公顷，变电站占用0.93公顷），剩余4.8公顷用于解决雨花区社保融资用地缺口。2022年2月，发布第一次清租腾地通告，同时项目指挥部分2个摸底小组对持有合法租赁协议的租赁户进行全面走访摸底并登记，原长冶厂区租赁户36家（含7家一级承租方）全部进行登记；4月19日发布第二次清租腾地通告；6月1日开始，所有货物只出不进，原长沙冶金机械厂厂区出口有3个，分别为西面出口、南面出口、东南出口，西面出口砌围墙进行封闭、并安装监控设备，2家小企业搬离。

【体院路社区提质改造工程】　雨花区圭塘街道体院路社区辖区小区多为二十世纪八九十年代的老旧小区，绝大多数居民家中的餐厨油烟都靠排气扇外排，每到饭点，小区内油烟呛人，且厨房外墙上多有油渍。2022年，圭塘街道免费为老旧小区安装420台油烟净化装置，提升人居环境。体院巷是体院路社区辖区内背街小巷，存在道路破损、车辆乱停放等问题，影响居民出行。2022年9月，圭塘街道按整治计划，对车行道进行疏通排水沟、更换破损沟盖板、设置隔离柱、整治空中管线、重新粉刷围墙立面等，改善背街小巷环境面貌。2022年，辖区省医药学校家属楼和402队家属楼，开始实施老旧小区改造，历经整修后，3个老旧小区人居环境得到改善。5月7日，区人居环境局在体院路社区召开湖南省地质矿产勘查开发局402队小区和湖南食品药品职业学校北校区宿舍楼人居改造项目提质改造方案居民意见表决会。7月15日，区人居环境局、圭塘街道、体院路社区、小区业委会、物业公司一起考察现场，确认施工项目，做好施工队进场前的对接工作。8月28日，项目进场施工。截至2022年年底，湖南省地质矿产勘查开发局402队小区人居改造项目1—6栋屋顶防水全部完成，楼梯间施工完成95%以上，围墙、篮球场、健身器材广场施工，广场改造贴麻石板，室外铺设沥青，标线均已完成。湖南食品药品职业学校北校区宿舍楼人居改造项目1—2栋屋顶防水施工、楼梯间施工已完成，室外排水、化粪池施工、铺设沥青、标线完成。

【湖南航空工业局416小区及配套基础设施改造项目】　2022年5月11日，雨花区人居环境局组织社区、物业、业主对湖南航空工业局416小区及配套基础设施改造项目方案进行表决。8月26日项目开标，9月16日举行技术交底会议，9月底进场。截至2022年年底，该项目完成6栋、8栋屋顶防水、楼梯间、室外排水、外立面贴砖、外墙漆、新建围墙、室外监控、路灯、弱电、室外铺设沥青、标线施工。

【中南家园小区及配套基础设施改造项目】 中南家园小区隶属于圭塘街道中南院社区，小区分为东区和西区，中南家园东起东三路围、西止香莲路、南起雨花实验小学围墙、北止香樟中路。中南家园小区及配套基础设施改造项目东、西区涉及改造楼栋数为52栋、1737户，建筑面积约11.25万平方米（其中西区约2.8万平方米、东区约8.45万平方米），小区用地面积13.11万平方米（其中西区约2.6万平方米、东区约10.51万平方米）。2022年3月17日，雨花区圭塘街道中南院社区召开“有话你来说”中南家园老旧小区改造意见征集会，居民、社区党员和业委会成员近60人参加。会上居民提出问题，区、街领导回应政策问题，设计单位解决专业问题，为居民排疑解惑。4月29日，区人居环境局项目负责人到中南院社区组织召开社区老旧小区改造方案居民代表决议会，会上居民代表举手表决，全票通过改造方案。8月26日项目开标，9月初项目进场施工，9月16日举行小区及配套基础设施改造经济、技术交底会。截至2022年年底，先后进行1—8栋，12—14栋，20—22栋，34—36栋的化粪池、污水管网、雨水管等改造；屋面防水工程（除4栋）改造，9—19栋外墙油漆施工以及部分楼栋的生态停车位、休闲小花园基础改造。

【“房屋建筑安全百日整治行动”专项整治】 2022年“4·29”望城居民自建房倒塌事故后，雨花区圭塘街道开展“房屋建筑安全百日整治行动”专项整治工作。经摸排，辖区有自建房144栋，其中经营性房屋115栋，隐患房屋41栋。5月27日，区委常委、区政府副区长周坤到圭塘街道调度经济、自建房隐患排查整治和信访维稳工作。会议就经济工作开展，月塘村自建房屋、大塘村自建房屋、圭塘村自建房屋、辖区危房、辖区护坡等隐患排查整治等进行调度和研究。6月5日，圭塘街道召开会议，就长重社区、

2022年6月6日，雨花区委副书记、区长黄军其（左三）现场调研圭塘街道长重社区D级危房文物楼整治工作　　（吴　伟　供图）

体院社区的危房住户人员清理，大塘经济合作社13处违章建筑拆除等问题进行专题调度。会议要求，要推进危房人员清理和违章建筑拆除工作，做好方案和预案，统筹力量，明确职责，综合推进。6月6日，区委副书记、区长黄军其带队到圭塘街道长重社区现场调研D级危房文物楼整治工作，要求做好危房迁出人员的安置、安抚工作，加快启动对文物楼的修缮工作。经过整治，4栋重大隐患房屋全部拆除，35栋较大隐患房屋和2栋一般隐患房屋全部整改。

【区域化党建联盟联席会议】 2022年6月28日，雨花区圭塘街道联合和润社区组织辖区内各单位、企业党组织，在湖南省地质院举办“同心同向，融合赋能”区域化党建联盟联席会议。雨花区和省地质院相关负责人以及17家互联共建成员单位参加。雨花区和圭塘街道相关负责人为共建单位颁发“党建互联共建”牌匾；各单位成员代表就各党支部如何加强联建，更好推动各单位党组织的参与，以及在职党员进社区如何发挥作用等内容进行交流。大家一致认为，要以党建引领社区基层治理，各单位党支部、党员会积极配合圭塘街道、和润社区做好日常工作，彼此之间开展系列惠民便民文娱活动。圭塘街道和润片区有湖南省地质院、湖南省生态环境厅、湖南中烟工业有限责任公司、湖南省工程地质矿山地质调查监测所等多家省、市企业单位、学校、金融机构以及各类企业。圭塘街道联合辖区内各单位企业党组织，出台《区域化党建互联共建联席会议制度》和《党建联盟公约》，实现以党建融合共建，得到辖区单位的支持，新增中国联合网络通信有限公司湖南省分公司12.8亿元省外固定资产投资和省生态环境厅14亿元市外固定资产投资。

【城投25号地拆迁】 2022年8月2日，雨花区法院对城投25号地最后一户拆迁户曹某某户一栋合法建筑依法进行司法拆除，拆除房屋面积225平方米。雨花区城投25号地项目位于雨花区圭塘街道月塘经济合作社金字垛组扬子路旁，属于月塘经济合作社农民安置房项目。项目于2019年启动拆迁，截至2020年7月25日，除最后一户曹某某户外，其他合法建筑全部

拆除完毕。

【“大塘经济合作社 35 亩地”成功摘牌】 2022 年 11 月 16 日，“大塘经济合作社 35 亩地”在长沙第四轮土拍（第 3 次集中土拍）中被湖南辉美置业有限公司摘牌。“大塘经济合作社 35 亩地”位于雨花区圭塘街道香月路和长塘路东北角，出让面积 18881.68 平方米，纯住宅，成交价 32356 万元，楼面价约 5193 元 / 平方米，主要挂牌条件为：大塘经济合作社有权优先购买竞得人开发该宗地 11800 平方米物业用于村民安置，其中商业面积不超过 1800 平方米、住宅面积 10000 平方米，购买安置物业总价不超过该宗地挂牌出让后大塘经济合作社获取的政策性土地返还款的 45%；须在 G08-G11-3 保留划拨地块出资配建小学，该小学总建筑面积不少于 7000 平方米。

（本栏撰稿　吴　伟）

黎托街道

【概况】 长沙市雨花区黎托街道东面、北面向浏阳河环绕，南邻东山街道、圭塘街道，西与高桥街道隔圭塘河相望，是长沙高铁新城核心片区，雨花区“东大门”，截至 2022 年年底，街道辖区面积 15.5 平方千米，总人口 16 万余人，下辖广益、东澜湾、体育新城、黎锦苑、幸福里、明城、阳河、托溪、沙湾 9 个社区居委会，潭阳、川河、合丰、粟塘 4 个社区筹委会，花桥、大桥、平阳 3 个经济合作社，花桥、万科、愉景湾 3 个社区筹备组。辖区有沙湾路、京港澳高速、花侯路、雨花大道、川河路和曲塘路、劳动路、潭白路、粟塘路、长沙大道（机场高速）“五纵五横”相交的路网覆盖全街，地铁 2 号、4 号、5 号、6 号线经辖区，综合交通体系覆盖成型；有运达凯斯（Kids）国际幼儿园、枫树山大桥小学、广益中学等 47 所学校，湖南省体育馆、长沙市妇女儿童活动中心；有花侯新市民公园、沙湾公园，浏阳河、圭塘河风光带横贯全境。

2022 年，黎托街道推进运达中央广场三期、花桥禧新城、花桥大厦、德奥悦东方等项目建设，花侯小学、枫树山悦东方小学、黎托中学完工并实现开学，阳青东路交付使用；集体土地项目内合法建筑签约 82 户，拆除 93 户；5 个业委会完成换届选举并备案，完成托溪、沙湾 2 个社区居委会选举及整章建制，打造复兴少年宫“映红湾党建联盟”等基层治理品牌；推进粟塘社区长坡冲自建房重点整治工作。13 个新时代文明实践站全面达标提效，东澜湾社区成功创建为省级文明社区并通过市级新时代文明实践示范站验收，幸福里社区打造市级乡村“复兴少年宫”，街道本级和幸福里、明城社区创建成为区级新时代文明实践示范点。

2022 年 6 月 28 日，长沙市雨花区圭塘街道区域化党建联盟（和润片区）联席会议召开

（吴　伟　供图）

【街域经济】 2022 年，雨花区黎托街道完成固定资产投资 123 亿元，比 2021 年增长 23.3%；完成限额以上社会消费品零售总额 30 亿元；比 2021 年增长 45%。帮助企业申报各类扶植奖励资金 4200 万余元，开具产权证明 360 份，新增市场主体 1800 家，完成税收 8.5 亿元。

【城建城管】 2022 年，雨花区黎托街道完成拆迁腾地项目 7 个，腾地面积 23.86 公顷，交地面积 20.86 公顷，“两安”用地开发 27.15 公顷，花桥、平阳地块完成出让；大桥经济合作社与湖南运达实业集团有限公司合作开发项目进入结算阶段；大桥中欣时代广场项目重新引进中铁建工集团有限公司参与建设；合丰“两安”项目完成主体建设。合丰社区新花侯路（涉铁段）6 户合法建筑 5 天内签约清零，为长沙市重点工程项目新花侯路跨浏阳河桥项目建设打下基础；川河社区和景家苑（扩征）项目内涉拆房屋 7 户 5 天内签约清零；川河社区红旗路上下匝道项目 45 户合法建筑 5 天内签约清零。推进浏阳风光带一、二标，合丰路（涉铁段），新花侯路浏阳河跨桥，合阳路，京港澳高速东辅道，机场高速南辅道等项目施工建设。地铁 6 号线花桥站、花桥污水处理厂完工。紧盯高铁、高速两厢，长沙大道、花侯路、雨花大道重点道路沿线，对沿线堆物、牛皮癣、违规广告等进行集中整治 60 余次，拆除违规广告牌 40 块，清理堆物 300 余处，牛皮癣 1300 余处，开展迎检保障任务 100 余次，数字化案卷处置按期结案率保持 100%。开展蓝天保卫战联合执法巡查整治行动 90 次，整改市、区交办问题 15 件，查获渣土扬尘污染事件45起，扣车29辆，查获露天焚烧事件1起。完成各级林长河长巡查150余次，开展清河净滩、森林防火等宣教活动1200余次。

【社会事业】 2022年，雨花区黎托街道发放低保19万余元，帮扶慰问困难群众467人，城镇新增就业1877人，失业人员再就业1020人。调处农民工工资纠纷52起，追回拖欠工资2520万余元。申报实施惠民资金项目22个，新增停车场3家、停车位6336个。推进东澜湾社区申报民政民生创新工作实验点、国际人才会客厅建设，幸福里社区居民公约成为全省十佳、长沙唯一上榜的村规民约，完成托溪、沙湾2个社区居委会选举及整章建制工作。深化“微网格”管理体系，推选409名楼栋长、298名单元长，吸纳各类网格志愿者1335名，成立志愿者队伍38支；全年网格员上报案件7219件，结案7219件，结案率100%，“12345”综合回访满意度98.32%。截至2022年年底，街道辖区内有学校47所 、文化综合服务中心11个、养老服务中心6个、医疗机构1个。

【综合治理】 2022年，雨花区黎托街道开展住宅小区“黎托八清”（清强弱电井、清应急疏散通道、清消防栓和灭火器、清地下车库、清防火门、清电梯设备、清电气线路、清电动车违规充电和油烟管道）、农安小区“两告知十查”（告知两个温馨提示、两个责任书；查消防栓和消防通道、查楼道堆物清理、查油烟管道、查电动车违规充电、查易燃易爆和危化品、查阳台防护窗、查电气线路、查用气安全、查“三合一”“多合一”场所、查消防设施设备），开展工贸、烟花爆竹危化行业领域专项整治，收缴烟花爆竹78件、危险化学品136件；通过消防安全“百日攻坚”行动，推动小区规划新建电动车集中充电桩103处。开展辖区高层建筑消防安全大整治，对辖区517栋高层建筑进行摸底建档，排查64栋，发现隐患1034处，整改隐患767处。对重点企业开展安全生产行政执法检查123家次，办理行政处罚案件24件，罚款1.95万元。开展重点行业安全隐患排查，排查企业门店1041家，发现各类隐患519处，现场整改隐患问题479处，限期整改隐患问题39处。开展安全生产宣传，发放安全折页、温馨提示、粘贴海报共3万余份，开展防内涝、高层建筑消防、有限空间作业、人员密集场所等各类应急救援演练活动72次。化解信访积案2件。化解各种群体性不稳定事件31起，调处各类矛盾纠纷278件，其中死亡纠纷8起，涉及金额375.94万元。推动“保交楼、稳民生”，化解阳光城尚东湾项目建设矛盾风险。推广安装“国家反诈中心”App累计3036人。印制发放宣传资料2万余册，宣传展板20块，易拉宝30块，组织开展集中宣传和扫楼活动26次，开展防范电诈培训活动24场次。制定打击养老诈骗工作方案，摸排各类场所46家、社会组织12个，组织宣传活动31场次，发放宣传折页4万余份、宣传手提袋1000个，转发宣传链接1200条。联合派出所在辖区内开展治安突击行动7次，开展禁毒清查11次，开展打击非法传销工作排查行动30余次。

【基层党建】 2022年，雨花区黎托街道党工委开展理论学习中心组学习12次，领导带头讲党课4次，开展习近平新时代中国特色社会主义思想和中共二十大精神等宣讲60余场次。为26名50年以上党龄老党员发放“光荣在党50年”纪念章，组织开展发展党员业务培训，按程序发展11名新党员（含抗疫一线新党员1名），完成55名预备党员转正工作。成立黎托街道两新综合党委，街道社区两级共选派29名党建指导员联系“两新”组织开展党建指导工作。开展“两新”党组织组建攻坚行动，单独组建党支部34个，联合组建党支部17个，党组织覆盖率85%。开展新业态、新就业群体摸底工作，摸排新业态企业22家，新就业群体250余人，通过“两新”党组织组建攻坚行动实现组织覆盖新业态企业5家。开展“党建引领，助力千企”活动，为湖南华宏铁路高新科技开发有限公司协调解决贷款400万余元。保利商城“快递外卖小哥红色之家”投入使用，京港澳高速雨花收费站疫情防控点以及花桥、合丰和川河3个项目指挥部成立临时党支部。推进党建引领红色物业，全街物管小区成立党支部36个，实现100%覆盖，通过小区物管六方联动，40余起物业矛盾纠纷及时化解。

【自建房安全隐患整治】 2022年，雨花区黎托街道开展自建房安全整治工作。5月1日，区委书记刘素月一行到黎托街道考察和指导房屋安全隐患排查等工作；5月8日，长沙市政府副市长周志凯一行督导黎托街道居民自建房排查整治工作情况；5月10日，黎托街道安全生产工作部署会暨大排查工作推进会召开；5月12日，粟塘社区长坡冲组重点区域房屋大排查大整治工作调度会召开，区人大常委会党组书记、主任冯聪龙对黎托街道重点整治区域粟塘社区长坡冲组自建房进行现场察看，区人大常委会副主任、区总工会主席周艳芳一行到花桥经济合作社督查建筑物安全排查情况；5月17日，区委副书记、区长黄军其实地察看、督导粟塘社区长坡冲重点整治区域情况；5月18日，长坡冲组重点整治区域启动拆违工作；6月9日，黎托街道房屋安全隐患排查及“格子房”专项整治工作调度会召开；7月21日，黄军其一行到大桥社区就格子房整治和经营性房屋安全鉴定工作进行现场督查；8月19日，黄军其对大桥社区格子房拆除工作进行实地抽查。全年排查自建房1868户，其中存在安全隐患1094户、一般安全隐患635户、较大安全隐患419户、严重安全隐患40户，全部整治到位；房屋安全鉴定1647户，近80万平方米；格子房整治194户；拆除安全隐患房屋240户，拆除面积48480平方米。粟塘社区长坡冲组地块面积约1.05公顷，片区内的房屋自建于2006年8月，用于村民在体育新城“60号令”拆迁后临时过渡。经过10余年的变化，区域内有30户53处房屋，有近200人的租赁户居住

黎托街道自建房整治 （毛俊芳　供图）

在此，临沙湾路的房屋主要为经营门店经营，区域内的房屋基础差，水、电、气基础设施落后，存在安全隐患。粟塘社区长坡冲作为全区自建房重点整治区域，街道全方位对安全隐患房屋进行鉴定并督搬督拆，拆除29户9600余平方米。

【基层治理品牌】 2022年，雨花区黎托街道打造广益社区“红色议事厅”、东澜湾社区“党建+”、幸福里社区“双网双带”、黎锦苑社区“党建+志愿服务”、阳河社区“阳光e家”、沙湾社区“映红湾党建联盟”等党建品牌，筑牢基层治理战斗堡垒。广益社区成功创建市级民族进步团结示范社区，东澜湾社区“恰同学少年汇”、幸福里社区“初禾少年志”通过上级验收，幸福里社区获评乡村“复兴少年宫”称号。

广益社区“红色议事厅”协商议事机制，由社区党总支牵头，小区党支部、业主委员会、监事委员会、物业公司、志愿服务队、小区居民共同参与，组成小区党建事业“合伙人”，构建党群共商共建共融平台，收集了解社情民意，让居民的大小难题、各类烦心杂事在“红色议事厅”上得到解决。幸福里社区“双网双带”，通过“双网”（社区党建网+社区治理网）的党建+网格化治理模式，将辖区分成4个大网格圈，把网格圈划分在小的网格里，把党员下沉到网格里开展服务；通过“双带”（党员带网格管理+党员带社区组织），把支部建在网格上，让党员服务家门口，加强沟通联系，汇集多方力量促进基层治理。黎锦苑社区“党建+志愿服务”，坚持以“服务社区居民、维护社区环境、服务人民群众、服务社会大众”为宗旨，常态化开展安全生产、疫情防控、文明创建、全民反诈、守望相助、法律宣传、垃圾分类宣传、扫黑除恶宣传等志愿服务，激发广大社区居民奉献社会的服务意识，将志愿服务的触角延伸到每个角落。阳河社区阳光e家，采取“1+N”运营模式，引入社会组织力量，集聚党群合力，深化社区与社会组织、社会资源联动机制，打造“1”

2022年2月25日，2022年黎托街道“四讲四有”干部能力提升培训班开班动员会暨第一期培训举行 （毛俊芳　供图）

个服务平台，运用共建、共治、共享的理念，通过开展品牌化志愿服务，为社区居民提供N项特色服务项目。

【“四讲四有”干部能力提升培训班】2022年，雨花区黎托街道围绕全区能力提升年，推出“四讲四有”（讲忠诚、讲担当、讲情怀、讲自我革命，有素质、有能力、有底线、有突出业绩）干部能力提升培训班。黎托街道围绕全年重点工作，列出一张学习培训清单，排出每月学习主题、时间、授课人等，课程涵盖经济发展、基层党建聚合力工程、征地拆迁、项目建设、安全生产、应急救援、舆情处置、疫情防控、城市管理、物业管理等领域，旨在全面提升全街干部政治素养、综合能力、业务能力，以学习实效强化工作作风，提升工作效能。2月25日，黎托街道“四讲四有”干部能力提升培训班开班动员会暨第一期培训举行。黎托街道工委委员、组宣委员王庭松以《固本培元夯实基础 项目为王踔厉奋进》为题，从区街经济指标任务、街域经济短板、经济工作怎么抓等方面授课。全年举办“四讲四有”干部能力提升培训班8期，培训学员1000人次。

【地块出让】2022年4月12日，［2022］长沙市012号地块以近6.84亿元的底价出让，由长沙德奥房地产开发有限公司与旭辉集团股份有限公司联手摘得，地块位于雨花区黎托街道辖区内，紧邻圭塘河，出让面积55751.58平方米，地块用途为商业、住宅，成交楼面价为3200元/平方米。该宗毛坯限价12800元/平方米。7月14日，［2022］长沙市052号以总价约3.96亿元底价出让，由长沙广泰领峰置业有限公司（广泰实业联合体）摘得，地块位于雨花区黎托街道辖区内，出让面积29937.11平方米，地块用途为商业、住宅，成交楼面价3392元/平方米。

【沙湾社区揭牌】2022年9月30日，雨花区黎托街道沙湾社区党支部、沙湾社区居委会举行揭牌仪式，标志着黎托街道沙湾社区公共服务中心投入使用。沙湾社区成立于2021年11月，因辖区有沙湾公园而得名。社区所辖范围东至沙湾路、西至古曲路、南至曲塘路、北至劳动路，辖区占地面积1.09平方千米，总人口1.7万余人。辖区有长沙市自然资源规划局、长沙市群众艺术馆、沙湾公园管理处等单位；有京武浪琴山、半山壹号、红墅湾、国中新城、优山美地等小区；有保利MALL、天虹商场、山姆会员商店等商业综合体。

【阳青东路交付通车】2022年9月，阳青东路交付通车。阳青东路是雨花区黎托东片区东西主要道路，道路长1.5千米、宽26米，双向四车道，联络江榕路与雨花大道，2019年6月由长沙市政中标承建。阳青东路的通车，有利于川河苑、育新第二小学、南雅双语实验中学上万名居民学生交通出行。

（本栏撰稿　毛俊芳）

洞井街道

【概况】长沙市雨花区洞井街道是长株潭“两型社会”建设的前沿阵地、“生态绿心”区域和长株潭一体化的“功能纽带”，东连武广新城，西通湘江生态产业经济带，北融红星商圈，南接雨花经济开发区，截至2022年年底，街道辖区面积22.3平方千米，总人口23万余人，下辖高升、新城、商贸城、丰园、新裕、湘天、植物园、南庭、龙庭、歇马亭、星苑、天际岭、仙岭、天华荟、牛头、融和共16个社区，洞井、桃花、鄱阳3个社区筹委会，天华、板塘、高升、牛头、和平5个经济合作社。京港澳高速、万家丽路、韶山路，长沙绕城高速、时代阳光大道、湘府路“三纵三横”的路网覆盖全街，长株潭城际轻轨在辖区设置洞井站、湘府路2个站点，地铁5号线经辖区，综合交通体系成型；辖区有湖南省植物园，圭塘河风光带横贯全境。

2022年，洞井街道推进天华更新单元项目建设；助推中海星樾府、天华生活安置小区、嘉晟康园等新建项目顺利落地；组织拆除洞井村下铺组集体门面、天华水产市场、红星二级蔬菜批发市场等区域建筑；拆除违法违章建筑59195平方米；推进中蓝长化院4栋D级危房整治；完成融和、牛头2个新社区选举，推进鄱阳“筹改居”工作；打造“五美好少年”青少年服务特色项目；解决长郡雨外附小周边道路交通拥堵、世纪桃花苑小区入户门厅破旧等基层治理重点难点问题。洞井街道获评2022年湖南省基层社工站项目优秀案例、2022年湖南省乡镇（街道）“五星级”社工站、长沙市政法工作红旗街道；新城社区创建为省级绿色完整社区；丰园社区获评省级综合减灾示范社区、长沙市“五型”示范社区、长沙市示范离退休干部党组织，高升社区获评长沙市“五优”退役军人服务站，湘天社区获评2022年基层人力资源和社会保障平台标准化建设优秀社区。

【街域经济】2022年，雨花区洞井街道实现税收约7.9亿元；完成固定资产投资约81.17亿元；完成社会消费品零售总额8.7亿元，比2021年增长1.2%；实现其他营利性服务业收入13.8亿元，比2021年增长9.5%；完成工业总产值4.4亿元；实现规模企业研发经费3.23亿元，比2021年增长11.3%；申报新增高新技术企业14家、社零单位7家。有库内项目22个，有待入库项目4个。恒大金融广场、金科集美天辰等“保交楼”项目复工；中海星樾府、天华生活安置小区、嘉晟康园等新建项目顺利落地；推进长房岭秀时代等项目建设；帮促鑫盛公馆等建成项目加强招商引资。完成郡原美村、德庆水韵山城等已建成项目税费清算；新引进重点税源单位2家；组织开展房产税源、重点楼宇、异地税企业专项清查，摸排企业600余家，转化异地税源单位7家。组织摸排上报非法集资风险单位6家。维护好企业名录库，为第五次经济普查工作做好前期准备。

【城管城建】 2022年，雨花区洞井街道天华更新单元项目内原安置小区拆除预签约30%；天华经济合作社与中铁五局集团有限公司签订生产安置项目工程建设与项目运营协议；组织拆除洞井村下铺组集体门面、天华水产市场、红星二级蔬菜批发市场等区域建筑2.5万平方米。圭塘河流域综合治理项目国有土地内发布五公告，集体土地内发布征地补偿安置公告。第26批次项目日内1户合法房屋签约。地铁7号线车辆段项目完成3家4S店43819平方米建筑拆除；高升路、金海路箱涵项目进入扫尾阶段；天华路、湘华路、豹塘路均修建完毕并投入使用；荷叶冲路、林科路项目办理相关手续；湖南省警备局等项目均按计划推进。15处土地卫片违法用地图斑整改到位。植物园路等7条道路通过市级“百街千巷”整治提质改造验收。推进鄱阳、和平等3个公共站厕建设。新增社会停车位1176个，完成黑梨路停车难重点区域整治项目。拆除违法违章建筑59195平方米。妥善处置和平八组燃气次高压管道被房屋占压等燃气安全隐患。

【社会事业】 2022年，雨花区洞井街道居民养老保险参保缴费1582人，灵活就业人员企业养老保险新增续保1238人。低保救助3247户4334人，发放救助金288万元；特困救助611户618人，发放救助金62万元；发放高龄津贴1180人次123万元；做好69名困境儿童未成年人保护工作。调处农民工工资维权纠纷16起，追回工资1000万余元。指导新成立1个小区业委会，指导7个小区业委会完成换届；6个供水改造小区，完成水改方案公示；完成3个既有小区的品质提升工作；督促5个小区完成外立面隐患整改。推进鄱阳“筹改居”工作，拨付惠民资金394万元。街道社工站通过末期考核和五星级社工站评估验收。开展城乡社区治理创新培育，成功创建仙岭等2个区级绿色低碳社区，星苑等2个社区的居家养老服务站及植物园、高升、南庭、龙庭等5个社区的“五社联动”项目通过区级验收，新裕社区打造“五美好少年”青少年服务特色项目。天华小学实现“民转公”（民办转公办），麓山国际实验中学签约落地；完成中航城、长房明宸府2所公办幼儿园和金科集美天辰、长房明宸府2所公办小学的学位建设；取缔关停无证幼儿园9家，关停违规办学培训机构2家；协调处理校园周边安全隐患问题32条。在“一网通办”平台办理业务1万余件，未出现逾期办结件及红黄牌警告；政务服务大厅办理业务5000余件，群众满意率100%。受理市民服务热线工单1.15万余件，按时办结率100%，满意率98.3%，问题解决率80%。处置网格巡查案卷1万余条。及时处理上级领导批示批办、问政湖南投诉、领导信箱投诉400余件。街道每月开展一次红十字应急救护知识培训活动。组织291人次参与无偿献血。

【综合治理】 2022年，雨花区洞井街道开展“扫楼行动”，防范和打击治理电信网络诈骗、养老诈骗；妥善处理不稳定事件近100起；做好204名在册吸毒人员的社区戒毒（康复）；组织开展洞井商贸城、复地星光、和平八九组涉黄涉毒等问题综合整治，做好市域社会治理现代化试点评估验收；开展道路交通安全联合整治行动24次、“戴帽工程”专项提升行动28次，交通亡人事故比2021年下降33.3%。接待信访群众230批次1000余人次，受理办理信访案件80起。开展领导带队安全生产检查198次，排查治理隐患230条；执法检查企业单位160家，简易处罚22家；开展专题研讨、宣讲、培训、学习96场次、培训演练41场次，桃花红星花卉市场消防微站参加全市消防微站比武获得2个第二名；督促蓝天建材城、融程领秀、大为家园等重大火灾隐患挂牌单位整改销号；排查高层建筑532栋，督改隐患342处；排查自建房1355栋，初判存在安全隐患的289栋完成鉴定，存在安全隐患的149处整治到位。政企协力成立专班组，推进中蓝长化院4栋D级危房整治。重点就湘中物流、福武仓储等隐患问题成立专班，开展仓储物流行业安全整治及仓储物流行业消防安全“百日攻坚”行动，关停仓储物流场所2家。

【基层党建】 2022年，雨花区洞井街道选优培强社区党组织书记“领头雁”队伍，组织开展小区党组织书记履职情况综合考评，开展党员集中轮训。成立天华更新单元综合改造项目临时党支部。打造华坤时代商圈党群服务中心，推动“两新”党建提质增效。召开4次党风廉政建设工作专题研究会。开展新冠疫情防控督查30次、农村集体“三资”管理突出问题治理专项监督6次，谈话提醒300余人次。处理上级交办、转办信访件9件，处理党员涉酒驾、醉驾、吸毒等违纪线索7件，处分违纪党员6人，提醒谈话1人。承办人大代表建议10条，政协委员提案2件；组织人大代表、政协委员集中视察红星片区天华更新单元、京师律师事务所、高升星光天地、长沙南红色记忆馆、鄱阳汇金中心等项目，推进林科路建设、中蓝长化院D级危房处置、翡翠云天小区外墙修复等问题解决，人大代表为群众办实事37件，政协委员帮扶20余名困难家庭人员实现就业。

【龙庭社区党建引领“红色物业”】 2022年，雨花区洞井街道龙庭社区以党建为统领，社区、物业公司、业主委员会密切配合，让物业服务更加规范，让“红色因素”渗透到小区治理的方方面面。“党建+物业”助社区多元治理，龙庭社区与嘉和城小区物业联合成立党员先锋督导组、中建红管家、专业攻坚小分队、红色志愿者联盟4支红色队伍。“党建+养老”助社区老幼服务，社区建成居家养老服务站，为老人提供休闲、健身、棋牌、唱歌、健康等多样化、多层次的养老服务，针对留守、困难家庭儿童，推出“欢乐集结号”短期周末公益服务项目，包含书法、阅读、绘画、篮球等课程。“党建+文化”助社区红色氛围。龙庭社区红色展厅是湖南省首家由物业主导打造的社区红色文化展厅，投资近200万元，于2021年6月建成。展厅分为3个部分，第一部分主题为奋斗百年路，展示着救国、建国、兴国、富国和强国历史；第二部分主题为起航新征程，展示着中建物业“红优家”党建体系成果凝聚的正能量和征集的红色老物件；第三部分主题为美好新家园，展示着龙庭社区中建嘉和城小区的红色故事和红色记录。截至2022年年底，该展厅迎接参观个人500人次、团体30余支。

【“洞井青年说”活动】 2022年2月25日，雨花区洞井街道组织46名青年干部开展“洞井青年说”活动，旨在激发青年干部干事创业的激情，推动洞井高质量发展。青年干部们立足岗位分享工作思路和干事热情。洞井街道党工委书记宋电对干部提出“坚信念，强执行”“肯吃苦，蓄力量”“炼格局，勇担当”3点希望。洞井街道开办青年干部读书班，通过业务培训、能力提升、教育提醒等方面措施，增长青年干部才干；龙庭社区通过社区阵地延伸搭建升级，利用“三个平台”工作法解决问题，实现该社区环境的更新、治理能力的提升、居住品质的升级和文化氛围的营造；南庭社区创新利用“五聚工作法”（聚治、聚言、聚资、聚力、聚心），解决旺坤家园的外墙皮剥落问题和电路改造。

【区领导调研洞井街道】 2022年3月15日，雨花区委书记刘素月到洞井街道实地考察湖南省植物园周边配套旅游基础设施项目、红星片区天华更新单元项目、鄱阳汇金中心产业项目、中建嘉和城小区党建示范点、邻里服务中心，了解小区党建、项目建设、楼宇招商等工作推进情况以及社区排查、大数据排查等疫情防控措施落实情况，听取洞井街道工作情况汇报。刘素月强调，要以党建汇聚各方资源、凝聚各方力量，破解发展瓶颈难题；以党建引领片区城市更新、基层治理；以全区干部能力提升年为契机，不断提升团队整体和个人能力。4月12日，区委副书记、区长黄军其到洞井街道板塘经济合作社、牛头经济合作社，实地查看规划用地、土地征迁及项目建设推进情况，听取相关规划研究方案汇报。黄军其强调，要全力攻坚项目建设，以项目建设带动有效投资。

【龙庭社区文化馆开馆】 2022年6月28日，龙庭社区文化馆开馆，这是雨花区首个社区文化馆。该馆汇集舞蹈、合唱、戏曲、书法等艺术门类，为社区居民提供专业培训、专业排练、公益文化活动等。挂牌仪式上，龙庭社区开展“喜迎二十大 奋进新征程”——文艺会演活动，居民和辖区单位带来自编自导自演的文艺演出；洞井街道党工委书记宋电为社区老党员颁发“光荣在党50年”纪念章。该馆的开馆，有助于把雨花区优质公共文化服务向基层进一步延伸。

【美好生活节】 2022年6月20日，雨花区洞井街道丰园社区开展“美好不止FUN肆生活”第一届美好生活节活动。该次美好生活节通过趣味亲子游戏、二手市集、才艺展示等形式开展，现场设置垃圾分类、洁净雨花、蓝天保卫战以及如何预防电信诈骗等宣传展板，党员志愿者们进行现场讲解。

【嘉业物流园项目沿街门面拆除】 2022年6月30日，雨花区洞井街道联合区城管执法大队、洞井派出所、桃花社区筹委会等，出动200余名工作人员、10台大型挖机和6辆降尘喷雾车，拆除2万平方米嘉业物流园项目沿街门面违法建筑。嘉业物流园于2008年7月与洞井街道桃花社区筹委会（原桃花村）签订“土地租赁合同”，将位于和太坪组约6.2公顷农民“两安”用地出租给湖南嘉业物流有限公司用于经营现代物流业，合同租期15年。湖南嘉业物流有限公司于2011年在租赁场地内及临街位置建设约4万平方米配套房屋，其中办理临建手续的约4000平方米。2016年11月，雨花区人民政府决定在全区开展物流货运市场专项整治行动，嘉业物流项目被列入整治中，至2017年8月，嘉业物流园信息部约12124平方米建筑完成拆除工作，仍保留物流园沿街门面约2万平方米，和极少部分因与湖南嘉业物流有限责任公司有合同纠纷而未搬走的经营户。2022年4月30日，雨花区开展自建房安全整治“百日攻坚”专项行动，嘉业物流园沿街门面被列为违章建筑。

【联企纾困专项行动】 2022年7月12日起，雨花区洞井街道帮扶工作小组走访调研辖区“四上”企业（规模以上工业企业、资质等级建筑业企业、限额以上批零住餐企业、国家重点服务业企业）、重点小微企业及高新企业共80余家，了解企业经营情况，听取并收集企业经营中遇到的痛点难点问题，收集困难问题113件，发放惠企宣传册200余份，送达惠企汇编材料80本，线上政策口袋书转发量超3000次，帮助企业解决急难愁盼的问题，推进纾困暖企行动。

【“清河净滩”专项行动】 2022年7月22日，雨花区洞井街道组织青年志愿者、环卫工人、民工队伍等20余人在圭塘河（植物园段）沿河路段开展“清河净滩”专项行动。该项行动从宣传保护河流知识、清理沿岸垃圾等方面入手，清除河岸两侧生活垃圾、建筑垃圾、堆积物，共清理出河滩垃圾杂物3大卡车；青年志愿者担起“民间河长”的角色，向过往群众进行护河宣传，劝导过往市民不要随手乱扔垃圾、私自下河游泳。该次活动有利于提高青年志愿者的环保、责任意识，推动湖南省植物园周边市容环境整治工作。

【“快乐社区365”活动】 2022年7月9日，雨花区洞井街道高升社区联合湖南公共频道快乐365、湖南省人力资源服务中心开展“快乐社区365”文明实践潇湘行文艺活动。活动通过电子荧屏播放交通安全电动自行车、摩托车宣传警示案例图和警示教育视频，发放交通安全宣传资料100余份，向居民群众讲解骑行电动车戴头盔、驾乘机动车系安全带的重要性。通过互动问答环节，提高居民群众对交通法规的知晓率和安全文明出行的遵守率。

【乱源预警整治验收】 2022年7月19日，长沙市公安局治安支队副支队长梁晓国带领市公安局乱源预警整治验收小组成员，就洞井商贸城的乱源预警整治工作进行验收测评。验收组一行到洞井商贸城进行实地测评，开展群众满意度调查，到洞井街道办事处查看工作台账并听取工作汇报。梁晓国提出工作建议：坚持动态的风险隐患排查机制，坚持乱源动态整治不放松，坚持街所联动互补共赢。

【砂子塘天华小学揭牌】 2022年9月2日，雨花区砂子塘天华小学揭牌仪式暨2022年秋季开学典礼举行，标志着天华寄宿制学校实现“民转公”，更名为砂子塘天华小学，可提供2200余个公办学位。砂子塘天华小学校长欧阳爱湘致辞；雨花区政协主席王清政、区政府副区长刘燕妮，区教育局、砂子塘教育集团等相关负责人为学校更名揭牌；秋季开学典礼在舞蹈《开学歌》中拉开帷幕，辅导员带领3位少先队员作红领巾寻访汇报《少年有志，童心向党》，青年教师们进行诗朗诵《奋斗青春，逐梦教坛》，砂子塘天华小学小白鸽艺术团合奏合唱《高高飘扬的国旗下》。砂子塘天华小学位于雨花区洞井街道天华小区，创办于2001年，系砂子塘教育集团第一所分校。学校以双线并进的“四自”教育彰显办学特色，形成顺应天性、回归生活、五育并举的“天华教育”品牌。自办学以来，学校先后获得“全国优秀少先队集体”“全国爱国主义示范基地”“全国青少年校园足球特色学校”“湖南省优秀民办学校”“湖南省绿色学校”等。

【中海星樾府项目】 2022年9月25日，中海星樾府项目开盘。中海星樾府项目位于雨花区洞井街道连山塘路127号，为红星片区G09-A093、G09-A109号地块出让项目，城市更新首开区项目，项目预计投资30亿元，占地面积约5.87公顷，住宅面积约22.8万平方米，规划11栋精装住宅，配建1所中学。

【人才交流会】 2022年9月26日，雨花区洞井街道组织开展人才交流会。来自洞井街道辖内的重点企业80余名优秀人才代表参加。洞井街道党工委副书记、办事处主任陈昊聚焦长沙人才政策“升级版45条”，为辖区企业普遍关注的高层次人才认定、紧缺急需人才引进等人才工作问题进行解读，对申报A、B、C、D类人才条件的规定和范畴、申报程序、可享受的福利待遇，高精尖人才引进的政策补贴、发放规定、认定条件等进行解答。湖南大学法学院副院长蒋海松开讲“习近平总书记经济思想解读”专题课，解答“什么是新常态”“在经济下行与疫情叠加的冲击下，如何适应新常态”“如何在新常态推动经济发展从传统要素驱动向创新驱动转变”等问题。

【预防未成年人性侵安全教育直播讲座】 2022年10月23日，雨花区洞井街道“关爱儿童，守护花开”预防未成年性侵安全教育直播讲座举行。长沙市医学院的守望课程志愿者讲师陈尚通过举例引导、以案释法、观看视频、互动问答等方式，从“初、学、懂、践、果”5个部分，讲解认识性侵害、识别性侵害、预防性侵害、应对性侵害等内容，科学引导未成年人学会增强自我保护意识，提高安全规避、安全反抗、安全拒绝和安全求助的能力。活动累计在线观看人数3988人次，获得68127个点赞。

【中建优街开业】 2022年11月18日，中建优街（嘉和城）开业。中建信和地产有限公司商业管理分公司党总支书记、总经理孟凌发布“聚商”党建品牌体系，中建信和地产有限公司党委副书记、纪委书记、董事、工会主席童孝义先生宣读共建协议，雨花区商务局、洞井街道相关负责人为党建共建进行揭牌。现场设有党建宣传栏，向广大职工群众、商户、客户传达相关党建内容。中建信和地产有限公司商业管理分公司布置“聚商红色长廊”，打造党员学习教育基地；打造“聚商红色驿站”，为商户、客户提供便民服务和后勤保障；设置“聚商红色影厅”，每月设定“红色展播日”，公益对群众进行思想教育；打造“聚商红色议事厅”，供联动联建、内外部单位、商圈商户开展交流学习、商讨议事使用。中建优街（嘉和城）位于雨花区洞井街道时代阳光大道与联圭路交会处东南角，聚焦精品零售、特色餐饮、生活配套、儿童游乐、娱乐体验，打造生活补给、社交美食、亲子体验、娱乐影视、时尚购物五大中心，成功引进60余家多元化品牌，其中主力品牌包括中影宸星影城、世纪华联超市、麦当劳、良品铺子、大斌家、周大福、回力、老百姓大药房等。商场前期签约率97.4%，按期开业率95.2%，开业首日客流量更是突破10万余人次。

【天华经济合作社生产安置项目签约】 2022年11月9日，雨花区洞井街道天华股份经济合作社与中铁五局集团有限公司在红星片区指挥部，举行天华经济合作社生产安置项目工程建设与项目运营签约仪式，标志着天华经济合作社生产安置项目工程建设进入实施阶段。按照签署协议，天华股份经济合作社将采取EPC+O（设计+总承包+兜底运营）的合作模式运营，中铁五局集团有限公司将联合湖南国富资产管理有限公司，在天华合作社生产安置用地上打造17.3万平方米的商业集群，其中12.3万平方米为整体打包运营，5万平方米为村民自住。天华股份经济合作社原有安置房屋均为砖混结构，建筑标准低，公共设施不配套、商住未分离，红星大市场搬迁后，空租率上升，村民收入锐减，2019年，雨花区委、区政府明确将天华股份经济合作社所在片区列入红星片区城市更新改造项目首开区，先行启动开发建设。

【天华生活安置小区首栋高层封顶】 2022年12月24日，雨花区红星片区天华生活安置小区工程完成一号栋主体结构封顶。天华生活安置小区项目位于雨花区洞井街道，湖南省植物园以西、天华水库以北、圭塘河以东、湘府东路以南，总建筑面积83482.72平方米，共有8栋住宅和1栋幼儿园，1号至5号栋为高层住宅，6号至8号栋为多层住宅。该项目由中国建筑第五工程局有限公司总承包公司负责施工，是红星片区城市更新单位首开区，是雨花区重点民生工程。项目全部完工后，可安置村民505户，安置居民1616人。

（本栏撰稿　石梦霞）

井湾子街道

【概况】 长沙市雨花区井湾子街道东临圭塘河、西靠韶山路、南至红星美凯龙、北抵香樟路，地处长沙南城核心，截至2022年年底，街道辖区面积9.8平方千米，常住人口17.1万人，下辖冯家冲、赤岗岭、三湘、香樟路、德馨园、井湾子、融城苑、红星村、农博、井湘、井圭路、井巷、井旺、湘莲、金盾社区15个社区。辖区内有长沙建筑工程学校、长沙民政职业技术学院、湖南科技职业技术学院、长沙环保职业技术学院4所大中专院校，长沙市雅境中学、雨花实验中学、长沙外国语学校3所中学，砂子塘万境水岸小学、枫树山莲湖小学、砂子塘万境水岸二小、德馨园小学、韶山南路小学、香樟小学、红星实验小学、红星小学、长塘里立心小学9所小学。

2022年，井湾子街道走访企业、项目、楼宇200余次，推进莲湖实业生产安置用地、长沙民政职业技术学院综合楼等重点项目建设；二十三冶棚改项目一期90天内、湖南省建工集团棚改项目49天内、莲湖中学项目20天内全部签约清零；新建金盾社区养老服务站，德馨园小区成立首届业主委员会；整治“三合一”场所21家，香颂国际等17处重大隐患整改验收销号；收发上级文件、通知近6000份（条），印制街道本级，文件2300余份；统筹会议安排360余场次；把党的建设贯穿于基层社会治理的各方面和全过程，实施“铸魂补钙、提质提档、支部建设、服务优化”四大工程，推动基层党建与社会治理同向发力、双轮驱动，探索出一条符合老旧社区特点和规律的城市基层党建新路。井湾子街道获评湖南省示范性政协委员工作室、湖南省乡镇街道“五星级”社工站、2022年度真抓实干加强基层治理示范街道、长沙市文明标兵单位、长沙市信访工作“三无乡镇（街道）”先进单位、2022年全市城市房屋征收工作组织实施突出单位、长沙市第七次全国人口普查先进集体等称号。井巷社区获评湖南省民族团结进步示范社区、全省五四红旗团支部，井巷社区《30年老旧工矿社区的蝶变“密码”》入选全省干部教育培训“三百工程”攻坚克难典型案例；红星村社区工会户外劳动者服务站入选全省“百优驿站”；湖南雨花非遗馆获评湖南省民族团结进步示范教育基地。

【街域经济】 2022年，雨花区井湾子街道预计实现社会固投18亿元(其中产业投资14亿元），新增固投项目16个，完成率100%。服务业预计完成营业收入9.69亿元，同比增长15.2%。社零预计完成15.1亿元。市考税收全年预计完成9.3亿元。红星街区入选第二批国家级夜间文化和旅游消费集聚区；雨花非遗民俗艺术特色街区作为全省唯一入选全国非遗与旅游融合发展优选项目名录；长株潭首个非遗主题集市在雨花非遗馆开市。

【城建城管】 2022年，雨花区井湾子街道汽电四分厂（长橡E地块）拆除清零，红星片区圭塘河西岸项目搬迁完毕。先后出动1000余人对德思勤及周边实行整治，加大对冯家冲菜市场、臻和路、木莲路等重点区域的综合整治，拆除违法建筑44处、3.2万平方米，硬化路面2000余平方米，完成15条背街小巷提质改造。覆盖裸露工地黄土1.6万平方米，安装油烟净化器254家。突出48个小区党支部的引领作用，协调化解新点苑、上海城、中建桂苑、莲湖汽配城等物业小区重大矛盾纠纷，办理物业类投诉交办件1000余件，满意率从95.6%升至98.3%。

【社会事业】 2022年，雨花区井湾子街道申报实施惠民资金项目52个，组织开展创业班、技能提升班共22期，发放高龄津贴177.85万元、城市低保106.65万元、特困供养25.5万元、临时救助资金31.59万元、残疾人“两项补贴”（困难残疾人生活补贴和重度残疾人护理补贴）103.34万元，帮扶困难群众37户、困境儿童58人，帮助1000余名农民工追讨欠薪200余万元。15个社区儿童之家运行良好，老旧小区加装电梯11台，新增停车位4298个，完成冯家冲社区微改造，长塘里立心小学、德馨园小学、万境水岸第二小学完成扩建。及时处理上级领导批示批办件20件，办理“问政湖南”“领导信箱”等各类来信、留言430余件。通过“一网通办”系统平台二次录入事项8254件，办结率100%。办结网格化案卷13625条，办理“12345”热线工单6063条，回访5866条，满意率98.8%。规范整理文书档案1462件。16个新时代文明实践所（站）实现阵地提质，开展新时代文明实践活动1500余场次，涌现“三色马甲”“520帮帮团”“追梦人宣讲团”等多个优秀志愿服务团队，推介“湖南好人”1名、“长沙好人”1名。全区首批“非遗进社区”工作站在井湘、农博、红星村、井巷4个社区挂牌亮相。

【综合治理】 2022年，雨花区井湾子街道开展各类安全教育培训、演练200余场次，排查整改四类重点高层建筑隐患350余处，对9家仓库点位展开6轮次巡查。截至2022年年底，全街建有充电桩棚165处。关停无证小歌厅10家、无证游泳馆3家，关停取缔有证幼儿园2家、无证幼儿园3家，清理整治无证办学7家。处置违规储存空置氧气罐100余罐，收缴违规使用丙烷气体35瓶，查处送黑气车辆1台、黑气点2个，查处违规生产经营香水半成品香精84桶、香水成品40箱。处理网上信访件216件，完成上级交办件6件，成功化解2起信访案。

【基层党建】 2022年，雨花区井湾子街道创新家门口的微党课、板凳会、诗书画展等形式，推动学习升温。湖南省委常委、长沙市委书记吴桂英2次调研街道，并到井巷社区讲党课，中共二十大代表田卫国开展专题授课。组织开展中心组理论学习12次，党政领导到基层支部累计讲党课16场次。开展基层党组织整建提质专项行动，农博社区和红星村社区电诈案件分别下降76%和30%。实现“两新”组织“三个100%”覆盖，推出“快递外卖小哥红色之家”农博社区站。组织签订党员廉政承诺书384份，发出督查通报7期，对全街3000余名党员干部开展全面排查，谈话提醒94人次。完成区纪委交办件2件，办案2起，开除党籍6人，给予党内警告处分2人，谈话提醒94人次，签订党员廉政承诺书384份。推进8个清廉社区建设，探索打造井湘社区“清廉单元长”品牌，井巷社区被评为区清廉社区示范点。

【长沙民政学院综合楼建设项目】 长沙民政学院综合楼建设项目位于雨花区井湾子街道，是列入国家重大建设项目库的重点项目，“十四五”期间计划投资近4.43亿元，于2022年2月12日开工，总建筑面积96330平方米，为2栋一类高层公共建筑，其中宿舍楼24层、实训楼20层，裙楼以下设3层地下室，停车位423个以及室外水电、道路广场、绿化景观、标志标牌等附属设施建设。综合楼项目建设是该校实现人才培养质量高、服务区域发展能力强、引领职教改革突出、建设“国内示范、国际窗口”综合性职业技术大学进程中的重要一环。2022年，该项目完成基坑支护工程、桩基工程、基础工程、地下室主体工程，进入地上主体工程施工；完成基坑回填60%，绿色施工等标准化工地建设初具规模，地上主体工程施工进度部分进入地上五层结构施工。

【自建房排查整治工作】 2022年，雨花区井湾子街道推行“8833”（“8”即八步：分片、自查、录入、搬离、鉴定、排危、销号、建制；“8”即八查：一查是否基础出现沉降，二查是否墙体位移开裂，三查是否破坏承重结构，四查是否二次“长高”，五查是否二次“长胖”，六查是否有外力压迫，七查是否违规经营，八查是否有其他安全隐患；“3”即三处理：关停一批、整改一批、拆除一批；“3”即三保障：党建聚合力作用保障、党组织战斗堡垒作用保障、党员志愿者先锋模范作用保障）工作法，开展自建房排查整治工作。全年累计排查自建房884栋，完成房屋安全鉴定805栋，整改格子房90处；累计拆除隐患房屋65处、1.6万平方米，41处严重安全隐患20天内全部安全拆除；制作自建房整治工作简报77份。

【“雨花非遗进社区 文明实践共传承”活动】 2022年2月16日，“我们的节日·元宵”长沙市雨花区新时代文明实践活动暨“雨花非遗进社区 文明实践共传承”在湖南雨花非遗馆举行。现场展示剪纸、茶道、香道、女书、滩头年画等非遗项目；湖南雨花非遗馆与井湾子街道签订“雨花非遗进社区”合作项目，在4个社区设立非遗工作室，通过体验、互动、表演等创新方式，将非遗融入社区居民群众的生活。

【省委老干部局调研冯家冲社区】 2022年3月9日，湖南省委老干部局副局长皮巨飞一行到雨花区井湾子街道冯家冲社区专题调研湖南省老干部大学中建五局冯家冲社区分校（以下简称“冯家冲社区分校”），实地察看信和学院、中建五局历史文化展厅、老干部学校大楼等，调研分校场地、教学、志愿者团队建设等基本情况，对社区老干部大学存在的问题及难点进行交流。冯家冲社区分校于2021年9月15日揭牌成立，面积约1000平方米（含室外场地），社区居民约1.24万人，其中老年人数占40%。冯家冲社区分校坚持“党建引领，政治立校，企地共建”的管理模式，坚持以“以人为本、丰富生活、陶冶情操、增进健康、提高素质、共创和谐”的办学宗旨，开设合唱、舞蹈、书法等8门专业课程，9个班级，学员352人；不定期开展党史学习教育、法律维权、老年健康养生等各类网络课程学习；运用互联网和多媒体技术优势，发挥“党建＋互联网”在离退休干部党员学习方面的作用。

【“四色马甲”志愿服务队】 2022年4月2日，雨花区井湾子街道井巷社区组织由“街道联点干部＋社区党委＋社会组织＋企业机构＋退役军人＋党员居民志愿者”等人员组成的30余名志愿者，分别身着“红、蓝、绿、白”，“红马甲”排队区负责秩序维护、引导宣传，“蓝马甲”周边区负责区域消杀、坐席调度，“绿马甲”登记区负责扫码登记、口罩配发，“白天使”采样区负责样本采样、物资部署，开展核酸采样。所有志愿者统一由“邻帮网格调度中心”专职坐席员统一调度，现场部署一名专职网格巡查员，依托手机App“网格系统”，可随时将视频、图像、定位、信息于一体直接上报至“调度中心”。

【刘素月调研井湾子街道】 2022年5月20日，雨花区委书记刘素月深入井湾子街道调研并召开座谈会。刘素月以“四不两直”方式前往长沙民政职业技术学院、湖南女子学院、湖南科技职业学院周边，检查自建房整治工作；到香樟路社区湘樟园小区、冯家冲社区井湾路居民楼栋，督导消防安全工作；听取井湾子街道工作情况汇报。刘素月强调，要抓牢自建房排查整治、消防安全等重点工作；攻坚积案化解，及时研判预警，及时应急处突；抓好常态化疫情防控和防汛防涝；紧盯核心商圈、老旧市场、居民小区，打造干净、清爽、整齐的市容环境；攻坚片区开发，狠抓项目建设，加快土地出让和产业升级，培育更多新一轮发展的增长点。

【冯家冲农贸市场综合整治行动】 2022年5月31日，雨花区井湾子街道冯家冲农贸市场最后一处违建门面拆除，历时10天的综合整治行动结束。该次行动由井湾子街道牵头，出动150人、4台车，分为现场整治组、健康安全组、交通秩序组、公共安全组4个小组，集中整治该处乱搭乱建、占道经营、违规停车、食品安全等问题。

【快递小哥红色之家服务联盟签约仪式】 2022年6月20日，雨花区井湾子街道农博社区在湖南雨花非遗馆举行"党建引领聚合力 志愿服务惠民生"快递小哥红色之家服务联盟签约仪式。快递小哥是城市最辛勤的劳动者，是服务民生的重要力量。该红色之家包括桌椅、微波炉、书籍、口罩、消毒液、充电器等设施，提供技能培训、入职、申请入党、加入工会、法律咨询等服务。农博社区聚焦"快递小哥"需求，设置"微心愿墙"，每月让辖区非公党组织认领心愿。"快递小哥"发挥走街串巷的优势，参与到社区治理、宣传工作中，提供社区巡逻"随手拍"、楼道卫生"随手清"、共享单车"随手摆"、安全隐患"随手报"、文明风尚"随手宣"、宣传资料"随手发"、意见建议"随手写"等志愿服务行动。农博社区与湖南雨花非遗馆党支部、湖南坤颐房地产开发有限公司党支部、湖南广誉远联合党支部、首脑美容美发培训学校、社区公益超市、农博社区卫生服务站、专职雷锋志愿者签订合作协议。由雨花非遗馆提供休息场地，首脑美容美发提供爱心理发服务，社区公益超市提供慰问服务，农博社区卫生服务站提供义诊服务，实行"以服务换服务"的"双向供给"机制。

【二十三冶棚改项目(一期)签约清零】 2022年6月23日，井湾子街道二十三冶棚改项目（一期）用时90天，实现应签约的474户全部清零，成为雨花区2022年棚改户数最多且首个签约清零项目。二十三冶棚改项目（分两期实施）总占地面积3.77公顷，共有房屋24栋，其中D级危房2栋。2022年3月25日，二十三冶棚改项目(一期)征收决定发布，井湾子街道第一时间召开征收工作动员会，成立临时党支部，吸纳街道、指挥部、社区、部门及社会组织党员28名，按照支部联项目、小组包片区、党员包楼栋、志愿者包住户的"四级分包"架构，通过任务清单、责任清单和问题清单"三张清单"，日汇总、日调度、日分析"三项"机制，为项目推进提供保障。

【长塘里立心小学园区内危房拆除】 2022年7月14日，位于雨花区井湾子街道融城苑社区辖区的长塘里立心小学园区内4栋违章危房拆除。该4栋危房邻近融城花苑小区围墙，为保障辖区居民安全，融城苑社区组织小区业委会、长塘里立心小学校长一行到小区围墙附近进行实地察看，由专业人员进行实地勘测，召开协商会议，决定于假期动工拆除。

【统计财务业务知识培训】 2022年7月19日，雨花区井湾子街道组织开展统计业务知识培训。培训内容涵盖统计基础知识，以及工业、商贸业、建筑业、服务业、劳动工资及固定资产投资等多个领域的统计业务知识，讲解各个统计指标的统计口径、所需支撑材料报送要求、部分数据计算方法以及各种报表的填报要点，讲解数据上报详细操作规程和基层统计工作实务，与实际案例相结合，介绍工作流程及实际工作中需要注意的有关问题和解决办法。11月16日，井湾子街道组织开展财务及内控培训会。培训邀请财务、法律有关专家，就财务报销、资产管理、行政采购、合同管理、项目建设、财务风险防范等方面进行授课。课后组织研讨交流，就工作中遇到的实际问题进行现场答疑。会议要求，必须狠抓财政收入、严控财政支出、创新财政管理、强化资金监管，建立更加公开、高效、廉洁、务实的财务管理运行机制。

【消防安全骑行启动仪式】 2022年9月7日，雨花区井湾子街道为辖区各社区配备12辆安全巡查电动自行车、1辆消防小水车并举行消防安全骑行启动仪式。活动宣读《井湾子街道安全巡查电动车使用规则》，要求巡查时，需技术熟练的人员驾驶；严格落实安全生产巡查机制，做到快速反应，及时解决；爱护车辆并做好安全保障工作。

【中共二十大精神宣讲】 2022年11月8日，湖南省委常委、长沙市委书记吴桂英到雨花区井湾子街道井巷社区宣讲中共二十大精神。吴桂英在井巷社区公共服务中心、井巷社区新时代文明实践站，了解社区学习宣传贯彻党的二十大精神情况，调研基层党建、老旧小区改造、志愿者活动等工作；从举旗定向的政治宣言、伟大变革的精彩答卷、守正创新的理论文献、指引未来的行动纲领、践行初心的民生指南、自我革命的庄严宣示、团结奋斗的冲锋号角7个方面，对中共二十大精神进行系统阐述。社区干部、老党员、青年党员、居民代表结合自己的所思所悟进行交流。认真听取大家发言后，吴桂英逐一回答了"基层党建""推进共同富裕""社区治理""团结奋斗"等方面的提问。吴桂英强调，要坚持共建共治共享，打造坚强战斗堡垒，提升党建引领城市基层治理效能。11月17日，雨花区委副书记、区长黄军其到井湾子街道宣讲中共二十大精神，传达学习省委、市委、区委主要负责人深入社区（村）宣讲精神，督导文明创建工作。黄军其强调，要充分发挥新时代文明实践中心（所、站）阵地作用，及时把理论宣讲送到群众身边，推动中共二十大精神在基层落地生根。11月22日，井湾子街道冯家冲社区邀请中共二十大代表、中国建筑第五工程局有限公司党委书记、董事长田卫国在中建五局信和学堂开展中共二十大精神宣讲。田卫国讲述自己参加中共二十大的感受和体会，从准确把握中共二十大报告的精神实质和丰富内涵、深刻领悟“两个确立”的决定性意义、共话社区治理3个篇章进行宣讲和传达学习。

（本栏撰稿　王诗雨）

东山街道

【概况】　长沙市雨花区东山街道地处长沙东南部，北起劳动路、西靠京珠高速、东至浏阳河、南临长沙绕城高速，地处高铁、地铁、磁浮交会的综合交通枢纽中心，是高铁会展新城的核心区域，位处湖南自由贸易试验区的核心片区，截至2022年年底，街道辖区面积14.2平方千米，常住人口2.2万余人，流动人口3万余人，下辖东山镇、南雅、黎郡、黎雅、东恒、高铁新城6个社区，边山、侯照2个筹委会，长托、黎托、黎明渔场、东山4个经济合作社。街道辖区有劳动东路、新花侯路、香樟东路、曲塘路、北支路、南支路、杜花路以及下穿京珠高速路等形成的方格网状的城市交通路网系统，地铁2号线、4号线经辖区，长沙南站、黎托高速汽车站位于辖区内，有黎托生态公园，有雨花区合丰堤委会、星辰农电公司城区分公司雨东供电所、雨花区黎托邮电所、雨花区农村商业银行社东山支行、雨花区东山街道动物防疫站、东山街道社区卫生服务中心、长沙东广建筑工程有限公司、湖南东山建筑工程有限公司等企事业单位，有南雅中学、雅礼雨花中学、黎郡小学、砂子塘启新小学等区属中小学，湖南省人民政府直属机关第二幼儿园恒大绿洲幼儿园、金色卡通万里时代幼儿园、黎托中心幼儿园、小博雅幼稚园、立思黎雅幼儿园、太和园幼儿园、雨花区教育局绿地之窗幼儿园等幼儿园。

2022年，东山街道紧扣“高铁枢纽经济开放创新区、高端现代服务业集聚区”发展目标，统筹抓好社会各项事业协调发展，新增引进中国联通中南研究院、中核长沙肿瘤医院等重大项目4个，新建中国联通中南研究院雨花过渡办公基地、中核长沙肿瘤医院一期、长沙一中雨花东山中学、官司冲小学、雨花区普鑫冷链智慧物流园、东百长沙雨花物流中心6个项目；铺排征拆项目17个，其中续拆项目12个，新启动项目5个，涉拆房屋33栋，涉拆面积31.58公顷；处置数字化案卷市、区数字化及街道网格通案卷16500余条，按时结案率、及时处置率均为100%；办理涉蓝天保卫战案件56起、罚款13.26万元；有惠民资金项目12个，使用资金133万元；深化南雅社区“一里三桥”工作措施，以“君师里”党建文化品牌为总揽，推行“幸福桥”物业管理模式、“彩虹桥”志愿服务模式、“连心桥”协商议事模式；在各大主流媒体发稿145篇，其中国家级媒体9篇，省级媒体70余篇，市级媒体7篇、区级媒体57篇。学习强国推介基层党建引领社会治理、党建竞跑 经济提速冲刺“双过半”等东山街道先进工作经验4次。东山街道获评长沙市2022年度基层治理真抓实干激励对象、长沙市2022年度信访工作“三无”乡镇（街道）。

【街域经济】　2022年，雨花区东山街道完成全社会固定资产投资79.89亿元，新增入库固投项目14个，新增计划投资70余亿元；实现限额以上社会消费品零售总额10.29亿元，比2021年增长12.32%；实现市考口径税收3.72亿元，比2021年增长28.56%；实现规模工业总产值1.95亿元；实现其他营利性服务业营业收入4.97亿元；新增市场主体1900余家，新增“四上”单位10家，入库固投项目12个，开启预售楼盘2个，清理建安税项目30个，转化异地税源22家，引进重点税源2家。开展诚信宣传活动4次，“信易贷”平台注册3000家，无纸化承诺560份；开展防范和打击非法集资宣传活动30余次；发送政策文本1000余份，组织12家企业申领扶持奖励，依托政策助企纾困；开展5G基站、变电站堪踏选址，推动新基建建设；商场、楼盘开展主题消费活动5次，提振消费活力。围绕佳兆业·云顶都汇、恒大都汇广场、绿地长沙城际空间站等重点项目资金短缺、建设推进、信访维稳等问题成立工作专班，帮助企业纾困解难。统筹解决黎托、边山、侯照、长托“两安”用地开发问题，黎托“两安”用地重启招商，边山推动招商与出让。

【城建城管】　2022年，雨花区东山街道城投21号地（五期保障住房项目）结算交地；片区20号地发布实施公告；片区32号地、33号地、34号地、物流园统征1号地、侯照“两安”用地完成前期工作；新化锯条加工厂扩建项目发布实施公告。长托村“两安”用地［生产生活安置地项目（一）］、长托村“两安”用地［生产生活安置地项目（二）］、长托村“两安”用地（G06-H19地块）发布实施公告。物流园8号地、9号地发布一、二公告。实现片区26号地、29号地、物流园项目成功挂牌出让，出让面积15.14公顷。对侯照、边山、长托、东山、黎托、渔场6个社区筹委会（经济合作社）延期过渡费相关资料进行审核，全年发放延期过渡费3500万余元。开展多余保障住房处置（回购）工作。组织侯照、边山、长托、东山、黎托、渔场6个社区筹委会（经济合作社）开展多余保障住房处置（回购）工作，回购64户82.5人、6600平方米（其中，农业指标6280平方米，半边户指标320平方米），处置款2598万元。对片区32号地、33号地、34号地等项目进行保障住房申购资格联合会审，审核329户1300余人，独生证约150本。推进保障住房建设，四期安置房项目（东升家园）12栋楼主体结构封顶；五期保障房（城投21号地）交地；六期保障房用地（片区34号地）进入扫尾清零阶段。对辖区所有在建工地、住宅楼、混凝土搅拌厂等行业安全管理进行监管，开展领导带队检查20余次，联合安全检查60余次，检查单位100余家（次），开展行业安全培训会10余次，申报5个市级绿色社区；长托凤凰苑菜市场停车场、绿地城际空间站E12地块停车场新增停车位2500余个；完成停车智慧平台的录入工作一类停车场5个，二类停车场9个共14个停车场；推进城中村改造，收集整理50余户城中村改造相关资料。发放义务植树宣传册600余份，核实并上报2022年新增园林绿化面积24公顷。对辖区16台工地非道路移动机械设备进行执法检测。推进马路市场安全隐患专项整治工作，街道马路市场全部取缔。加强道路交通安全管理工作，开展联合执法80次，查处摩托车不戴头盔、无牌无证驾驶等820余起；排查整治交通安全隐患40余处；加强交通安全宣传，悬挂横幅20余条、张贴宣传海报500余张、免费发放头盔200余顶、转发微信1200余条。清运厨余垃圾4086吨，其中社区清运厨余垃圾1634吨，街道直运厨余垃圾2452吨，全年可回收物收运6894吨。

【社会事业】 2022年，雨花区东山街道帮扶困难群体31户，其中本市户籍30户，非本市户籍1户，共发放帮扶资金10.05万元；春节慰问705户，发放慰问金34.5万元，发放春节慰问物资260份；为辖区内191户低保特困对象发放低保金额168.7万元，为困难家庭中患有特大疾病的7人申请办理医疗救助35317余元，为困难群众20人申请临时救助，发放救助金额54012元。办理灵活就业困难人员社会保险补贴274人，金额38.53万元；新增城镇就业532人，失业再就业人数292人，就业困难人员再就业92人；高校离校未就业大学生跟踪回访率100%，就业服务率100%，就业69人，就业率95.83%；就业创业培训70人，小额贷款放款90万元，完成率75%；认定“就业困难人员”52人，办理退休人员139人，丧葬费办理76人，城居养老新参保33人，城居全覆盖摸底调查2298人；基本医疗保险全覆盖人数49060人，参保率96%；企业退休社会化管理认证3321人；薪酬调查14家企业，社会保险困难人员参保核查434人，医疗追缴30人，追缴金额30251.26元；受理劳动争议案件350余起，成功调解260起，为农民工追讨各类款项8200万余元。享受困难残疾人生活补贴残疾人130人、重度残疾人护理补贴残疾人114人。为近2000人次辖区居民提供社会工作服务，完成情况为：工作坊3个共10场、小组3个共13场、社区活动24个（其中50人以上大型活动4场）。帮扶慰问困难儿童33名、孤寡老人10名。

【综合治理】 2022年，雨花区东山街道查处违法违规案件及暂扣车辆移交执法处罚29余起，共处罚金8.91万余元；劝离流动摊贩、规范店外经营等违规行为6200余次，行政处罚139起共6280元；对人行道机动车违停抄牌处罚3000余次；对辖区内的540余块非法移动灯箱、临时户外宣传、违规道旗进行收缴；对黎郡社区周边约2000平方米影响市容环境的夜宵亭棚进行暂扣收缴，拆除大型违规招牌和违规户外立面广告1100余平方米；清理牛皮癣、非法小广告7100余处；规范维修工地围挡及围挡破损400余处；修补沟盖板、井盖缺失、人行道破损、隔离柱缺失损坏和处理违规接坡240余处，处理无证掘路12起，下发限期整改通知5起。对辖区500余家门店重新张贴“门前三包责任书”，规范店外经营740余起，对“门前三包”不到位的门店温馨提示140余次，责令清洗地面油渍污染190余起，及时整改率100%。组织开展渣土运输企业、重点工地约谈会，约谈重点工地13家、重点企业3家。开展清明节期间的禁烧限放工作，收缴纸钱约50千克。

【基层党建】 2022年，雨花区东山街道开展庆祝建党101周年系列活动，颁发“光荣在党50年”纪念章8枚；新发展的8名预备党员进行集中入党宣誓；召开东山街道庆祝中国共产党成立101周年表彰大会，表彰先进基层党组织3个、优秀共产党员37名、优秀党务工作者13名。黎郡社区党支部以“256”（“2”即党员双重积分管理、“5”即五化联动体系、“6”即六方协商议事）工作法培育“同心圆”党建品牌；东恒社区党支部以“东山红”党建品牌凝聚基层治理合力，完善7个特色党建阵地。湘府东路跨浏阳河大桥项目与侯照社区筹委会成功签订党建共建协议。发动800余人次党员志愿者助力疫情防控。开展6期“东山论建”基层党组织书记论坛。新成立中共湖南中运投资有限公司支部委员会、中共湖南容德文化科技有限公司联合支部委员会、中共湖南恒强混凝土有限公司联合支部委员会、中共长沙市兴彩商业运营管理有限公司联合支部委员会等16个“两新”党组织。组织开展“忠心向党、尽心履职、正心养廉”等14次专题教育；开设东山街道干部能力提升培训学堂，开展5期干部能力提升培训班，定期进行政治理论学习和业务技能培训交流，锻造建强东山街道“四个新城”（开放新城、高效新城、品质新城、幸福新城）的干事创业精兵。加强对全街886名直管党员、853名在职党员的兜底管理工作，新发展党员8名，入党积极分子35名。举办2022年度入党积极分子培训班，完成8名新发展党员入党宣誓。对获得党内功勋荣誉表彰的党员、生活困难党员、老党员、老干部，组织开展摸底，走访15名慰问对象。学习贯彻习近平新时代中国特色社会主义思想，开展14次专题教育，党工委理论学习中心组组织学习12次。长沙党建推介“严把‘三道关口’提升发展党员质量”等东山党建经验2次。开展宣讲活动50余场次。

【安全生产】 2022年，雨花区东山街道开展安全生产检查人员2460余人次，检查、督导企业2000余家，排查安全隐患880处（全部整改到位），排查重大风险9处，管控2处，排查重大隐患2处（整改到位1处），市级交办的关于恒顺物流隐患问题完成整改销号；开展企业负责人做好“五件事”活动82家，组织开展警示约谈10余次；组织“打非治违”行动171次，取缔非法违法生产经营单位17家，临时查封关停企业4家，采取强制措施（断电）3家；对辖区内企业单位开展计划执法检查150次，实施行政简易处罚34起，罚款6.4万元，下达责令整改通知书47份。开展消防安全检查400余次，排查出租房、人员密集、“九小”等场所1700余家，整治隐患500余处，查封57家；出动交通安全生产检查人员900余人次，开展交通安全联合执法24次，排查整治安全隐患40余处（已全部整改）；排查仓储物流企业35家，发现安全隐患58处（全部整改），拆除1.08万平方米。印制发放各类安全宣传资料12万余份，安全宣传纸杯5万只，发送短信提醒1万余条，举办各类安全生产专题培训80余场，观看典型事故案例剖析警示教育片56余场，开展安全知识竞赛、网络微课堂、微电影等活动11场，开展安全应急演练活动118余场。

【高铁沿线环境整治】 2022年，雨花区东山街道开展铁路沿线环境集中行动12次，出动城管执法人员和协管人员500余人次、环卫人员320余人次、挖机25台班次、随车吊12台次、铲车17班次、转运车30台次，累计发现铁路安全隐患32起并全部及时处理。

【自建房安全隐患排查整治】 2022年，雨花区东山街道排查自建房总数452栋（边山104栋、长托75栋、侯照133栋、黎托140栋）。其中，经营性200栋（边山6栋、长托59栋、侯照11栋、黎托124栋）、非经营性自建房241栋（边山98栋、长托16栋、侯照111栋、黎托16栋）。排查出重大隐患2栋，较大隐患11栋，一般隐患3栋，隐患均全部整治到位。鉴定自建房197栋，其中鉴定经营性自建房191栋（不含拆除的10栋隐患经营性自建房），非经营性自建房6栋。出具鉴定房屋鉴定报告，其中鉴定结果为A级1栋、B级196栋。东山街道对隐患自建房按照“一栋一策”制定整改方案，分类落实改造、加固、拆除等措施，拆除隐患自建房（含违章建筑）37栋，面积17638平方米。

【燃气安全整治】 2022年，雨花区东山街道开展燃气安全整治“百日行动”工作，宣传燃气用户8763户，瓶装液化气用户369户，上户发放燃气安全宣传资料1400余份，现场宣传指导、安全教育6000余户，现场整改问题216处，督促79家未安装燃气报警装置的用户及时安装，区交办整改问题8家直排热水器全部完成整改，其他交办问题338处完成整改336处，剩余2处下达整改通知并停气。

【东恒社区“东山红”党建项目】 雨花区东山街道东恒社区打造“东山红”党建品牌，构建党建引领、共建共治共享的基层社会治理格局，成功创建“长沙市五型示范社区”（“五型”即美丽宜居型、智慧便民型、文明共建型、和谐善治型、幸福共享型）。建设长度为150米的恒心少年党史教育长廊，以红军长征为主题建设总面积为1000平方米恒心党建广场，用12块宣传展板讲述长征故事；在恒大国际广场小区建设面积700余平方米的“东山红·党性锤炼馆”；在小区风雨廊设立“恒里风尚角”，宣扬社会主义核心价值观和传统美德等；在24小时自助图书馆建立“新时代新经典红色书籍专栏”，共建书香社区；组建退役军人志愿者服务队、社区党员服务队、红色文化服务队、恒星志愿者服务队等4支红色队伍，参与社区综合治理。截至2022年年底，推动解决恒大国际广场小区垃圾站的改造、专场疫苗接种、电动车充电棚等居民群众关心关注的难题50余个，化解处理各类矛盾纠纷166件。东恒社区探索“五星共治”（“五星”即社区党支部、物业、小区党支部、居民代表、业委会）的党建引领小区治理机制。建设“红五星”小区党群服务中心，设立红星党建园、繁星议事厅、五星共治室、恒星志愿站、民星沙龙会“五个功能区”，凝聚社区党组织、小区党组织、业委会、物业企业、居民代表“五大主体”，以场地共享、资源共用、矛盾共调、事务共管、服务共担“五大举措”，实现小区党建、小区治理、学习教育、志愿服务、议事协商一体推进。

【万科星光里项目】 万科星光里（又名轨道万科悦府）项目位于雨花区东山街道，杜花路、官寺冲路、支路12—5、支路12—9、支路12—3、支路12—8合围地块，由长沙轨道万科置业有限公司开发，占地面积9.53公顷，总建筑面积约30.5万平方米，土地出让金额12.6亿元，计划总投资29.26亿元。规划建设18栋住宅、1栋公寓式酒店、1所幼儿园和部分商业。截至2022年年底，该项目14栋住宅主体封顶，4栋住宅主体施工。

【长沙城际空间站项目】 长沙城际空间站位于雨花区东山街道花侯路与曲塘路交会处，由绿地集团旗下长沙绿地新里程置业有限公司开发，项目含3个地块，总占地面积20公顷，总建筑面积128万平方米，土地出让金额30亿元，计划总投资100亿元。E-12地块规划建设11栋住宅、1栋酒店式办公大楼；E-16地块规划建设1栋五星级酒店、1栋超高写字楼、2栋公寓式办公楼、6栋创意办公楼和东西两侧裙楼商业；F-022地块规划建设1栋酒店式办公大楼、6栋住宅、1栋幼儿园。项目拟建设成为集五星级酒店、超高层商务大楼、商务办公楼、公寓、住宅于一体的大型城市综合体。截至2022年年底，E-12地块：5栋住宅、1栋公寓竣工，6栋住宅主体封顶、内部装修；E-16地块：8栋公寓主体封顶、机电设备安装，1栋超高层酒店主体封顶、外墙幕安装、室内装修，1栋超高层写字楼主体建至41层；F-022地块6栋住宅封顶、室内装修，1栋幼儿园主体封顶，1栋公寓竣工。

【建发·玖洲和鸣项目】 建发·玖洲和鸣项目位于雨花区东山街道11号路、平阳南路、18号路、红旗路合围地块，由建发集团旗下长沙兆祥房地产有限公司开发，项目含I-21地块、I-22-1地块、I-13地块3个地块项目，总占地面积14.33公顷，总建筑面积43.5万平方米，土地出让金额14.56亿元，计划总投资34亿元。截至2022年年底，该项目16栋住宅主体封顶、砌体施工；4栋住宅主体工程施工。

【佳兆业·云顶都汇项目】 佳兆业·云顶都汇项目位于雨花区东山街道香樟路与花侯路交会处东南角，由湖南永域置业有限公司开发，总占地面积77.4亩，总建筑面积37.7万平方米，土地出让金额6.24亿元，计划总投资16.5亿元。规划建设4栋公寓式办公楼、2栋创意办公楼、2栋酒店、2栋商业及裙楼商业。截至2022年年底，3栋公寓竣工，2栋公寓主体工程施工。

【浏阳河国际文化科创基地项目】 浏阳河国际文化科创基地项目位于雨花区东山街道，红旗路以东、江榕路以西、湘秀路以南、香樟路以北，由长沙市天集容德地产开发有限公司开发，总占地面积12.13公顷，商业部分6公顷，住宅部分6.13公顷；总建筑面积63万平方米，商业部分42万平方米，住宅部分21平方米；土地出让价格13.76亿元，计划总投资34亿元。G–09地块（一期）规划建设16栋多层住宅和部分商铺；G–08地块（二、三期）规划建设7栋商办楼（公寓、酒店、办公）、剧场和部分多层商业。项目围绕文化产业和科技创业导入产业资源，建设4个国际IP+产业运营中心：影视演艺文化艺术中心、科技金融中心、时尚场景经济中心、艺术教育中心，打造融合主题产业、研发创智、科技孵化、企业办公、高端配套服务等聚集的文化科技产业园区。截至2022年年底，一期9栋住宅主体封顶、砌体施工，5栋住宅主体施工；二期1栋公寓主体建至2层。

（本栏撰稿　胡　琼）

同升街道

【概况】 长沙市雨花区同升街道东与跳马镇接壤，西南与天心区大托镇为邻，北邻洞井街道，长沙绕城高速、京港澳高速、京广高铁、沪昆高铁从中穿过，拥有李家塘、绕城互通和万家丽路3个入城口，截至2022年年底，街道辖区面积23.3平方千米，是雨花区面积最大的街道，常住人口2.2万余人、流动人口8.7万余人（含职教城师生），下辖古樟树、联盟、景环、仙姑岭、同升湖、新聚园、新兴、桃阳8个社区，白田、洪塘、金井3个社区筹委会，新兴、桃阳、联盟、同升4个经济合作社，成立兴安社区筹建办、佳新社区卫生服务中心。辖区内有国家税务总局湖南省税务局、湖南省公共资源交易中心、湖南中烟投资管理有限公司、中国轻工业长沙工程有限公司等企事业单位；长沙商贸旅游职业技术学院、长沙航天学校、长沙市电子工业学校、长沙财经学校、长沙汽车工业学校5所大中职院校，长郡雨花外国语学校、砂子塘嘉和小学等7所中小学，23所幼儿园。

2022年，同升街道推动旭辉雨金广场和中建璟和城项目建设，实现重大项目投资17.5亿元；确保中建璟和城、中建凤凰台、龙湖日盛奕境项目如期交付住宅住房5000余套；吉联三小项目落地建设；红星冷链智能物流体系建设项目完成前期手续办理；顺利完成5个社区、合作社补选以及2个新社区选举工作，成立街道两新综合党委，组建9个两新党支部；组织拆除兴恒仓储、桂花物流、黄狮冲组、恒源玻璃厂、同超冷库等违规经营性仓储物流；拆除违法违章建筑71580平方米、新增违法违章建筑208平方米、格子房58栋5150平方米、白田自建小冷库26家3000平方米；完成同升街道第三届残疾人联合会换届选举工作；培育仙姑岭"岭聚力"、古樟树"和家园"、同升湖"湖畔书院"等党建品牌和党建示范点；建立红星冷链"货车司机红色之家"，助推货车司机等新就业群体融入基层治理；引进长沙市首座非遗文旅餐饮"草根大院"，打造文旅休闲为一体的诗酒田园；成功申报萧文昭墓入选长沙市第七批市级文物保护单位；推动同升湖社区、仙姑岭社区、古樟树社区成功申报为"五社联动 幸福邻里家"示范社区；古樟树社区成功创建为"长沙市五型示范社区"、"长沙市五优退役军人服务站"。同升街道获评长沙市信访"三无"街道。

【街域经济】 2022年，雨花区同升街道完成固定资产投资24.51亿元（调减后）；完成产业投资47847万元；完成市考税收17.09亿元；完成社会消费品零售总额56亿元；完成营利性服务业33.85亿元，比2021年增长17.61%。完成8家高新技术企业申报，净增市场主体2857家。街道召开经济工作务虚会1次、调度会10次，"抓发展优作风"业务能力提升培训会4次、一季度经济工作讲评会1次，对固定资产投资、项目帮扶、招商引资等重点工作实行每月调度，每季讲评。集中组织社区（筹委会）、经济合作社业务骨干开展扫楼行动，摸底企业805家、个体户701家、税务企业5829家、异地税源企业118家，成功转化104家，引进重点税源企业4家，维护骨干税源企业32家。走访房地产项目8个、企业32家、楼宇1个。解决旭辉雨金广场道路建设、社区公园移交、宝马汽车4S店搬迁选址等问题，推进6个续建项目、2个新建项目建设。

【城建城管】 2022年，雨花区同升街道拆除违法违章建筑71580平方米、新增违法违章建筑208平方米、格子房58栋5150平方米。整体拆除联盟兴恒仓储、桃阳桂花物流仓储、同升黄狮冲组仓储、桃阳恒源玻璃厂仓库、桃阳同超冷库5家仓库2.67万平方米，新兴水果仓储、同升乐尔乐仓库、桃阳湘楚物流、桃阳小区南面仓库（雅蒙塑业、乐家巢、阿必达）、新兴一字墙仓库5家仓库清空并停止使用，共2.5万平方米，拆除白田自建小冷库26家3000平方米。完成城投16号地、新兴白竹安置地2个项目拆迁扫尾工作。督导检查夜市集中点，收缴流动摊贩经营工具160余个。处置数字化市平台受理案卷4323宗，处置率100%，区平台受理案卷处置率99%以上。开展百街千巷整治工作，提质职教城路等6条街巷道路，开展环境卫生治理40余次，提升高速、高铁沿线环境，完成迎检线路保障50余次。全街厨余垃圾占比21.44%，可回收物占比21.91%。整改区蓝天办交办环境污染问题37个；开展渣土夜巡行动100余次；完成8宗违法用地国土卫片图斑块整改，复绿面积达2.7公顷；安装绿心地区界碑界桩29个，对绿心地区界碑界桩实现数字化、智能化、规范化、动态化管理。

【社会事业】 2022年，雨花区同升街道发放辖区681户863人低保对象低保金50万余元，医疗救助金额支出27万余元；新增城镇就业人数2553人，城镇登记失业率控制在5%以内，调解处置劳务纠纷250余起（欠薪平台213起），涉及金额300万余元；新建居家养老服务站1所，打造“七彩老人”服务品牌。完成街道残联换届选举工作，为111名残疾人、106名重度残疾人发放“两项补贴”（生活护理、护理补贴）29万余元，其中新增“两项补贴”人员17名，退出“两项补贴”4人，申请辅助器具适配18人。完成古樟树社区“长沙市五型示范社区”、“长沙市五优退役军人服务站”，古樟树、仙姑岭、同升湖等社区“五社联动 幸福邻里”申报、创建及验收工作。抓好村（居）务公开，专题调度20余次，专题督查6次，整改挂牌不规范情况20余处。新增备案社会组织16个，完成20个社会组织备案年审，实现社会工作和志愿服务点、社区发展基金全覆盖。发放独生子女保健费、伤残（死亡）扶助金等各项计生奖扶资金40万余元。组织315人参加献血活动。新建3个妇女组织，协调解决妇女来信来访问题2件，慰问困难儿童3名、困境妇女6名。整治校外违规培训、无证办学培训机构7家，约谈13家，关停无证幼儿园3所。完善12个新时代文明实践所（站）阵地建设，完成湖南志愿服务系统注册12465人，志愿者活跃9198余人、活跃率73.3%。开展微宣讲、环境保护、童心向党、家风家训、文化文艺等系列新时代文明实践活动1000余场次，其中区级活动7场。辖区17支志愿服务团队，为街道13个老年集中小区中的贫困、残弱、独居老人等提供居家养老上门志愿服务。成功推选骆金连为2022年11月“湖南敬业奉献好人”，推评辖区世东医药董事长方荣国为2022年1月“湖南助人为乐好人”候选人，挖掘助人为乐好人张霞林并推荐“长沙好人”。

【综合治理】 2022年，雨花区同升街道立足创建全国信访工作“示范区”，依据“诉源治理”机制多元化解矛盾，将辖区矛盾纠纷解决在基层、化解在萌芽状态。开展信访积案化解“百日攻坚”专项行动。受理国家信访局交办件、网上信访、省长信箱等各类案件87件，信访案件受理率、按期答复率、群众参评率均为100%。开展社会治安隐患大排查、大整治行动，组织参与禁毒排查专项整治行动10余次。发展“红袖章”志愿者队伍，在册志愿者3000余人。街道刑事案发数比2021年下降12.27%。开展反电诈宣传，组织讲座和宣传活动50余场，张贴宣传海报1.5万余张，发放宣传资料1万余本，转发推文和视频5000余条，多平台推广“国家反诈中心”App，累计注册6232人次。推进“打非治违”专项整治、工贸行业隐患排查、重点领域排查，开展安全生产、消防安全“双百行动”（安全生产百日攻坚行动、消防安全百日攻坚行动），新增21个电动车集中停放点。查处非法销售烟花鞭炮门店9家，现场收缴并销毁烟花鞭炮38件，“地毯式”排查整治辖区危化单位12家，检查危化单位30次，处置问题9处，下达责令整改通知书1份，处置改装货车非法加油行为3起。开展消防安全知识培训和应急逃生演练数十场，实地组织2次森林灭火应急救援演练。

【基层党建】 2022年，雨花区同升街道开展理论中心组学习10次，开展习近平新时代中国特色社会主义思想、党史学习教育等各类宣讲活动，聚焦学习宣传贯彻党的二十大精神。落实“双培”工程，培养入党积极分子46人，发展新党员10人，预备党员转正45人。成立临时党支部。盘活点亮红军攻打长沙纪念园等红色教育路线，打造仙姑岭“岭聚力”、古樟树“和家园”、同升湖“湖畔书院”等党建品牌和党建示范点。开展清廉同升“代言人”活动，打造同升湖社区“廉花讲亭”、古樟树社区“廉礼会客厅”、砂子塘嘉和小学“家风馆”等清廉单元示范点，砂子塘嘉和小学“老物件会说话”家风馆获人民网报道。

【龙湖日盛奕境项目】 龙湖日盛奕境项目位于雨花区同升街道，正大路以东、兴安路以西、黄谷路以南、新兴路以北，由长沙顺盛房地产开发有限公司开发建设，用地面积39287.74平方米，建筑面积12.09万平方米，包含住宅、底商和幼儿园，容积率为2.5，绿地率约为40%。2022年2月9日，同升街道帮扶工作组走访龙湖日盛奕境项目，协助解决项目北面红线问题，报雨花经开区，提请协助解决；3月9日，雨花经开区工务局负责人表示已制定问题解决方案，不会影响项目4月验收；3月16日，区政府副区长周明走访该项目，为保障项目顺利推进提出建议意见；9月26日，解决该项目红线划分、调规验收等历史问题；12月30日，该项目一次性全部交付业主。

【大观文化中心项目招商引资】 大观文化中心项目位于雨花区同升街道振华路和兴安路交会处，由长沙大观文化智能科技有限公司投资建设，是雨花区文旅发展的重点项目之一，占地面积为0.71公顷，建筑面积21294.94平方米。项目整体以“文化、艺术、格调”为主导，围绕长沙市大观仓艺术博物馆，通过艺术展馆、文化沙龙、联合办公、创客空间、音乐餐吧、青年社交商业等业态组合，打造艺术、文化、创意、社交为一体的文化建筑综合体，旨在宣传、发扬湖南省本土文化艺术，以满足文化专业人士和广大市民的文化需求。2022年3月4日，同升街道党工委委员、办事处副主任雷灵军一行拜访湖南新华书店集团，为大观文化中心项目招商助力；5月19日，雨花区成立文旅体产业联盟，包括长沙市大观仓艺术博物馆在内的14家单位成为第一批成员；5月23日，雨花经开区党工委书记袁钊带队走访大观中心项目，就项目存在的招商、产权分割、政策支持等问题进行现场办公，问题分解到园区和街道职能部门，要求为项目做好服务。

【6条街巷整治提质】 2022年，雨花区同升街道按照“一街一策”方案，落实巷长制职责，对内支路八、明志路、兴业路、职教城路、汽配路、联盟佳苑北侧道路6条街巷进行整治提质，路面补损2000余平方米、安装隔离柱500余根、翻新道路标线1万余米、清理杂草、撒草籽1000余平方米、补种绿化2000余平方米，补栽人行道行树50余棵、翻新围墙1500余平方米、修复围墙500余平方米。

【萧文昭墓入选长沙市第七批市级文物保护单位】 萧文昭墓位于雨花区同升街道联盟社区同升路湘水郡小区后山，2020年12月被认定为雨花区一般不可移动文物，是一座具有长沙地区传统民间墓葬特色的近现代墓葬。20世纪90年代，萧氏后人对墓葬进行重新修缮，基本恢复墓葬原有的规模形态。墓碑两块次碑遗失，该次修缮未进行恢复。由于修缮未按传统做法实施，导致墓围、墓冢、香炉等构筑材料均发生改变，影响墓葬完整性。为加强文物保护和利用工作，2022年9月26日，萧文昭墓申报长沙市第七批市级文物保护单位，12月30日进行公布。同年12月，同升街道发布萧文昭墓修缮工程竞争性比选公告，工程是对萧文昭墓进行修缮提质改造，主要去除20世纪90年代不当修缮，恢复始建时期麻石材质墓冢，优化周边环境，新建墓围、墓冢、墓碑、香炉、踏步台阶。

【草根大院项目】 草根大院项目位于雨花区同升街道新兴经济合作社李家塘组，是长沙首座非遗文旅餐饮大院，总占地1.67公顷，总投资2000万元，可同时容纳1000人就餐。项目依托原生态自然环境，以汉代民居古镇建筑风格为特色，融入湖湘民间非遗传统文化艺术，设立湖湘民间菜高研院、非遗亲子体验中心、非遗展示中心等文旅休闲为一体的诗酒田园，居民可在就餐过程中感受湖湘民间“非遗”文化的魅力。截至2022年年底，该项目完成基础建设。

【佳新社区卫生服务中心成立】 2022年2月，佳新社区卫生服务中心在雨花区同升街道联盟佳苑成立，旨在为居民提供快捷、高效的健康服务。该中心下设院办、财务科、医技科、公卫科、护理部、全科、儿科、妇科、产后康复中心、口腔科、中医科、预防保健科、检验科、医学影像科等科室，为辖区9万社区居民提供门（急）诊、14项免费公共卫生服务。

【自建房安全隐患排查整治】 2022年5月5日，雨花区同升街道房屋建筑安全隐患集中排查整治百日攻坚行动工作调度会召开。会议就全街房屋建筑安全隐患集中排查整治工作和桃阳片区违章建筑拆除攻坚行动作具体部署，强调要高度统一思想、突出重点整治、形成强大合力。2022年，雨花区同升街道按省系统要求排查整治录入自建房屋445栋，其中，经营性211栋，非经营性234栋。初判存在结构安全性隐患130栋［其中严重安全隐患30栋（含前期上报市房屋安全鉴定为B级的5栋和检测为C、D级的25栋），较大安全隐患59栋（含安置小区58栋格子房、恒源玻璃厂，均鉴定为B级），一般安全隐患41栋］。经房屋结构安全鉴定和复核，存在合法合规性隐患40栋，结构安全隐患27栋、消防隐患165栋、经营安全性隐患41栋，均已上报整治销号。

【仓储物流安全隐患整治】 2022年5月17日，雨花区同升街道仓储物流安全隐患整治集中攻坚誓师大会召开。会议强调对辖区内的仓储物流进行安全隐患排查，督促经营单位停止使用存在安全隐患的设施，确保设施、场所符合保障公民人身、财产安全的要求，整治整改违法违规经营仓储，尽快搬出货物，在规定的时间内将仓库拆除到位，消除安全隐患。街道历时5个月摸清白田小区自建冷库26家，涉及经营户20余家，街道、社区联合各大仓储市场方多次座谈、实地考察，制订搬迁方案，由康庭园拿出专用空间助力商户重建，26家自建冷库已安全搬离、拆除。截至2022年年底，由街道负责整治的13家（3家由园区负责），11处整治到位，桃阳老农民仓储按要求加速转型升级、建立新的生产基地，金井金平仓库按照货物只出不进原则，将丙类货物清空。

【同升街道残联换届选举】 2022年9月7日，雨花区同升街道第三届残疾人联合会换届选举大会召开。街道、各社区残疾人及亲属共45名代表参加。同升街道残联理事长张露代表街道第二届残联理事会对残联工作作报告。选举出新一届残联主席团、理事会及出席雨花区第六次残疾人代表大会的代表。新当选的街道残联主席胡杨表态发言，区残联理事长杨忠讲话。

【中共二十大精神宣讲】 2022年10月16日，雨花区同升街道全体人员集中收看中国共产党第二十次全国代表大会开幕式，聆听习近平总书记所作的报告。11月24日，同升街道党工委书记刘昌军领学中共二十大精神，录制宣传视频、开展座谈宣讲，11月25日，中共二十大代表马石光等到街道辖区党组织开展微宣讲，把中共二十大精神引进农家庭院、辖区企业、社区阵地。同升街道挖掘各行各业20余名典型代表，通过“简短快”的小视频宣讲中共二十大精神。

【森林防灭火】 2022年10月20日，雨花区同升街道在龙塘水库开展森林防灭火培训暨应急演练。全街8个涉林社区的森林灭火队及森林灭火水泵队、森林灭火油锯队、风力灭火机队等共110余人参加演练。演练针对森林防灭火的特点，讲解油锯、风力灭火器等扑火器具的原理，现场示范使用方法和注意事项。10月23日，同升街道召开森林防灭火工作调度会。会议对街道的森林防火宣传、巡查、值守、重点人员管控、应急队伍建设和应急物资准备等工作进行部署，对隐患和风险点再次进行分析梳理，商讨解决方案。

【粟塘小区监控系统升级改造项目试运行】 2022年12月26日，雨花区同升街道新聚园社区所辖的粟塘小区监控系统升级改造项目启动试运行，全天候对小区的居民楼栋、车辆停车场和街巷路口进行无死角、无盲区的视频监控。粟塘小区自2010年起接收长沙市内的低收入无房户家庭入住，截至2022年年底，粟塘小区居民有5000余户近1万人。在粟塘小区建设之初装有安防监控摄像头100余个，基本覆盖小区内部道路、楼栋、电梯以及地下车库。随着年月渐久，设备老化破损、系统故障等问题日益严重，后端监控视频多数黑屏且时有画面丢失，基本的安防功能无法实现。2022年，新聚园社区党支部将粟塘小区监控系统升级改造项目工作纳入年度“我为群众办实事”项目清单。9月上旬，新聚园社区党支部牵头召开粟塘小区监控系统升级改造工作会议，邀请粟塘小区居民、物业代表列席，就小区安防监控设备、门头、文化广场等方面的改造提升进行民主协商，推荐产生粟塘小区监控系统升级改造项目居民监督小组，全程参与项目实施。9月中旬，中标单位进场施工，历时80余天实现小区监控设备升级换代：原有老化的模拟线路全部更换为较易维护的网络线路，优化监控点位并将原模拟摄像头全部更新为网络高清摄像头，系统增设服务器并连接综合管理平台，监控室整体更新为高清大屏，升级监控录像硬盘容量，新增高空抛物电子眼和为期1个月的试运行。该次智慧安防监控系统共安装摄像头163部，政府投入惠民资金近40万元。

（本栏撰稿　叶　萍）

跳马镇

【概况】 长沙市雨花区跳马镇因关羽跃马跳涧而得名，获中国首批花木之乡、省级百里花木走廊、国家级生态乡镇、“湖南首批十大农业特色小镇”、长沙市首届“魅力乡镇”等称号。跳马镇位于雨花区南部，是雨花区唯一的农业乡镇，处于长株潭三市交会处，南部片区的启动区，东与浏阳市柏嘉镇、株洲市云田镇相邻，西与雨花区同升街道、天心区暮云街道相接，南与株洲市石峰区井龙街道、湘潭市昭山镇接壤，北部紧邻雨花经开区、长沙县黄兴镇，截至2022年年底，镇域东西最大距离为17千米、南北最大距离为23千米，辖区面积177平方千米，户籍总户数20844户，总人口69577人，下辖金屏、斑竹塘2个社区，跳马、关刀新村、杨林新村、复兴、三仙岭、石桥、喜雨、团然、冬斯港、白竹、石燕湖、新田、田心桥13个行政村。镇域北侧为长沙绕城高速，东侧为长株高速公路，南侧为沪昆高速公路，西侧为京港澳高速公路。沪昆高铁、京广高铁穿镇而过；洞株公路快速化改造项目于2020年8月全线通车；镇域内有“省道326”1条省道、“县道052、县道J13、县道047、县道J12、县道049”5条县道。

跳马镇纳入生态绿心保护区域面积171.47平方千米，占全镇总面积的96.9%，占长沙绿心的53.6%，占长株潭绿心的32.5%。其中，禁止开发区79.34平方千米，限制开发区88.10平方千米，控制建设区4.03平方千米。镇域内山体林地多，约93平方千米，占镇域总面积的52.5%。辖区内有5条河流，其中市管河流1条为浏阳河，区管河流3条分别为双溪港、官桥撇洪渠、圭塘河，镇管河流1条为团头河。圭塘河发源于跳马镇石燕湖，全长约21.8千米。辖区内有鸭巢冲水库、百倍冲水库等12个水库；有426个小微水体片区。全镇登记注册农民专业合作社187个；家庭农场10个，其中，1个省级示范家庭农场（春莲家庭农场），1个市级家庭农场（伍捷家庭农场）；星级农庄4家，其中5星级农庄有辰午山庄、雅园度假村2家，4星级农庄有育景休闲山庄、天石山庄2家。林地面积8666.67公顷，林地覆盖率56.27%。全镇建设生物防灭火林带45.5千米，主要分布在石燕湖景区周围及与湘潭市、株洲市等交界线山脊处。境内有清代左宗棠墓（湖南省文物保护单位）、明代长沙王墓群、嵩山古寺、大安古寺等众多历史遗迹，育英儿童抗战工作团、中共石燕地下党支部旧址等红色遗迹。有中学1所、小学14所、幼儿园15所；中小学在岗教职员工329人、幼师职工239人；中学生1540余人、小学生3996人、幼儿1862人。

2022年，跳马镇推进“党建引领、兴花富民、美丽乡村、文化提升”四大工程，打造乡村振兴示范和绿心发展的样板；发展休闲观光、科普教育、保健养生为主要内容的农业服务业；发展农业文化创意产业，推动花卉苗木转型升级，建设湖南花木文创产业示范园，打造全省花木产业集聚区；创建全市“两长”（河长、林长）示范乡镇，推进临时泵站及管网提质升级。全年完成口径税收8287万元，社会固定资产投资16.5亿元；创建3个市级示范型、17个市级达标型美丽宜居村庄，惠及村民群众800余户；实施乡村振兴产业帮扶项目17个，投入资金840万余元；长株潭绿心中央公园、花博园落户跳马镇。跳马镇成功创建第二批市级生态文明建设示范镇；跳马镇守护绿心政协委员工作室被评为全省示范性政协委员工作室和全市优秀政协委员工作室；跳马镇退役军人服务站被评为长沙市首批“五优”退役军人服务站；关刀新村的《激发“绿心”发展活力 促进村集体经济创收》案例入选长沙市集体经济典型案例选编。

【镇域经济】 2022年，雨花区跳马镇完成一般公共预算收入9902万元；完成全年口径税收8287万元（其中市考税收5388万元），完成区级税收1712万元；完成社会固定资产投资16.5亿元，产业投资10亿元，新增固投项目19个，累计投资额6.35亿元；规模工业企业2家，完成规模工业产值11642.6万元，比2021年增长-19.09%；规模服务业企业2家，完成销售收入3832.3万元，比2021年增长-54.74%；规模商贸业企业1家，完成销售收入256.3万元，比2021年增长1.1%；市场主体净增903个，其中个体户净增715户；企业主体净增188个。省级重大项目长沙红星农副产品全球采购中心二期试营业；为盛高级中学累计完成投资1.64亿元，完成主体建设。14个村社集体经济总收入1709.01万元，其中2个村集体经济收入超过200万元。农民人均纯收入2.8万元。

【项目建设】 2022年，雨花区跳马镇录入区财政评审管理系统136个项目，其中招标文件送审3个（完成3个）、合同送审42个（完成30个）、预算送审18个（完成17个）、结算送审73个（完成21个）。跳马村安置房正负零以下及附属工程完成立项、施工图审查、预算，11月4日招标公告发布，项目总投资1720万元。喜雨村安置房正负零以下及附属工程完成立项、施工图审查、预算、招标工作，中标单位为韶山市方圆建设有限公司，中标金额为459.63万元，项目总投资750万元。白竹安置区室外附属设施工程完成项目备案、施工图审查、预算，11月4日招标公告发布，项目总投资1100万元。新田航院集镇提质改造项目进行现场勘察，项目总投资500万元。对43个存在遗留问题的项目进行整改，办理结算进窗项目18个。

【城乡建设】 2022年，雨花区跳马镇发现地质灾害隐患点3宗，进行1次地质灾害隐患预防演练；完成宅基地房地一体审核2591份。完成房屋拆迁腾地37户（红星三期28户，团头互通代拆房屋9户）。其中物流园18号地、新韶山南路（省重点）、S21长株高速团头互通项目均完成房屋拆除清零，进行扫尾结算阶段；洞株城际公路改扩建工程（圈内）项目完成实施公告发布；红星大市场三期项目所有房屋全部拆除倒地，青苗、设施、迁坟以及线杆迁改等工作基本完成，腾瑞、海力嘉业搅拌站完成拆除倒地，红线范围内的违章建筑完成拆除。跳马消防站以及绿心中央公园跳马片区绿道项目均完成结算交地工作，交由区国资集团组织实施。跳马镇的安置地主要包括白竹安置地（一期）和（二期），物流园34号地，跳马、喜雨安置地，冬斯港村桔园安置地，团头互通安置地。2022年，物流园34号地由区城投集团办理土规调整工作；跳马、喜雨安置地完成集体建设用地手续办理工作，完成总平面布置图批复、施工图审查工作，完成建设工程规划许可证办理工作，正负零以下基础及附属工程完成招投标工作；冬斯港村桔园安置地完成附属工程招标工作。

【城乡管理】 2022年，雨花区跳马镇启动农村生活污水治理项目，顺利通过省、市、区三级发改部门绿心准入审批。对混凝土生产企业、道路扬尘、工地扬尘问题定期开展专项巡查，从源头抓好大气污染防治工作。组建违规运输渣土巡查整治专班小组，开展夜间巡查，加强对辖区重点工地、重点路段渣土车运输遗撒、污染路面的检查力度。8月，及时发现上报浏阳河团然段蓝藻污染，采取防治防控措施，治理蓝藻水华污染。开展“5·22”生物多样性日宣传活动，发放生态文明宣传册500余份。推进“洁净跳马”行动。创新“专项执法整治+日常执法检查”模式，开展城管各类专项执法检查，办理各类案件62个、罚款近18.45万元，报请公安部门刑事拘留1人，行政拘留1人。其中办理市容环卫类案件9个，罚款5.15万元；城市绿化类案件1个，罚款1200元；餐厨垃圾类案件1个，罚款1000元。加强大气污染防治，办理渣土类案件35个，罚款11.23万元；办理焚烧类案件14个，罚款7500元。

【社会事业】 2022年，雨花区跳马镇发放惠民惠农、耕地地力、扶贫补贴资金3362.64万元，惠及全镇17684人次。公交C2路联通白竹等4村，实现公交线路“村村通”。打造1所综合养老服务中心、12所村社居家养老服务中心。有低保456户828人，特困供养364户380人（含集中供养55人）；低保动态管理退出44户83人，新增低保36户84人；特困供养动态管理退出27人，新增特困供养15人。城市特殊困难群体帮扶中医疗帮扶、基本生活帮扶、急难帮扶共36户，帮扶金额78750元。有孤儿4人、留守儿童7人、困境儿童189人、事实无人抚养儿童6人。全镇15个村社区均挂牌儿童之家。为102名贫困学生申请助学资金，做到应助尽助。

全镇新增城镇就业110人；农村劳动力转移就业和创业人数200人；提供辖区内离校大学生143人实名制登记就业服务率100%，就业率95.1%；失业登记434人，就业人数301人，失业再就业率69.3%；就业困难人员6人，就业6人，就业率100%；发放转移就业交通补贴155人，补贴金额46200元，贫困劳动力返乡回流22人，全部实现就业；各类公益性岗位安置131人，发放岗位工资90万余元，就业帮扶车间就业人数43人。购买城乡居民医疗保险人数48745人，已缴费1197.05万元；城乡居民养老保险缴费人数12247人，缴费362.86万元；异地住院报销已收44人次，医疗保险信息修改88人次；医疗救助25人次，救助金18.2万元。有精神障碍患者药物救助对象164人，定点医院住院对象22人。有残疾人1492人，对残疾人家庭进行无障碍改造5户，发放残疾人辅具30件，残疾人及残疾人子女发放助学补贴56人，新办残疾人证72人。完成新一届镇残联换届选举工作。完成对退役军人及其他优抚服务对象的建档立卡工作，为服务对象申领优待证，为24名困难对象发放救助金2.58万元；开展建军95周年慰问活动，慰问重点优抚对象、困难退役军人和烈军属。跳马敬老院占地面积约3.33公顷，其中房屋建筑面积4581平方米，设有床位150张，其中护理型床位120张，护理型床位占比为80%，总投资1800万余元，截至2022年年底，有老人94人，其中特困供养老人54人，社会寄养老人40人；自理老人33人，半失能老人35人，全失能老人26人。

全镇出生人口数268人，其中男孩125人，女孩143人；孕产妇死亡率控制在0‰，6岁以下儿童死亡率控制在0‰；开展孕前免费优生健康送检120对；完成春夏两季及年度无偿献血任务324人；发放药具23727人。特扶对象发放人数91人，新增6人，退出1人；农村奖扶对象发放人数1681人，新增309人，退出30人。独生子女保健费发放人数824人，退出169人；办理生育服务证213本，办理生育登记回执190份，全镇各级协会为计划生育特殊家庭办理重病大病住院护理补贴23人，扶助资金2.1万余元。

推进左宗棠文化公园项目建设，开展左宗棠墓散落构件回收工作；推进吉王陵安防工程建设，开展设施设备采购工作；新建关刀新村篮球场，提质改造斑竹塘社区篮球场，为跳马镇“美丽宜居村庄”项目建设申请20套体育健身路径；建成金屏社区图书流通服务站，为斑竹塘社区、金屏社区、新田村图书馆申请15万元书籍；申报新田村创建湖南省乡村旅游重点村；筹备跳马镇第一届群众文化艺术节；拍摄跳马镇文旅宣传片。总投资160万余元，对全镇的石燕湖中学、新田小学、梅怡岭小学、冬斯港小学、关刀小学及石燕湖小学进行维修改造建设。适龄儿童入学率保持100%，辍学率为0；小学升学率100%，入学率100%，中学巩固率100%，初中生毕业率100%。开展暑期防范学生溺水工作，顺利通过省、市、区关于防溺水工作的考核，实现辖区内学生暑期零溺水；完成全镇“五类”学生义务教育阶段教育补助的摸排和应补尽补工作，核查“六类”学生的控辍保学及送教上门情况；开展师德师风宣传工作3次，开展师德师风督查和自查自纠工作4次。

【综合治理】 2022年，雨花区跳马镇调处各类矛盾纠纷259起，成功调处259起，调处成功率100%；接收湖南省网络信访系统来访13件、来信10件、投诉24件，除1件来访件、8件投诉件外，其余全部办结；国务院“互联网+督查”平台留言信件办理3件。跳马派出所接处警4654起，日平均13起；立刑事案件149起，破案63起，破案率45%，破案率比2021年下降21.25%；受理行政案件148起，办理86起，结案率58.10%；刑拘51人，治安处罚108人；排查化解纠纷1084起。5月，在红星全球农批中心设立警务室，派驻民警2人、辅警4人。跳马派出所在辖区范围设立了30个点位，对“一盔一带”工作开展专项整治行动；加强暑期重点水域巡查，开展防溺水宣传；开展校园安全检查，维护辖区校园治安稳定；向居民群众讲解电信诈骗犯罪的种类、常用作案手段、方式、特点，提高了辖区群众防范意识和甄别能力。跳马司法所调处矛盾纠纷116起，调处成功112起，调处成功率96%，协议涉及金额462.53万元；开展各类普法宣传、律师讲座活动17场次，发放各类法律法规宣传资料近6万份；接待近500名群众简单法律咨询；接收社区服刑人员304人，解除矫正277人，在册人数27人，其中缓刑27人，无一例脱管、漏管案件。跳马人民法庭审结各类民事案件513件，人均结案256件，结案率100%，收结比106%，法定审限内结案率100%，当庭裁判率81%，简易程序适用率94%，调解率40%，一审服判息诉率94%，生效案件服判息诉率100%，裁判文书和流程有效公开率100%；妥善调处化解或审理裁决各类涉农民事纠纷300余件，向区直街道提出司法建议1次、情况通报1次，组织基层党政干部进行问题研讨和法治教育3次，深入村组等基层自治组织现场指导21次，涉及农资买卖、民事侵权、家庭纠纷、合同纠纷等案件开展巡回审判30余次；建立法院与镇政府定期协商会谈机制，建立人民调解员管理办法并在调解平台录入人民调解员、网格员8人，在各村（社区）联系人民调解员17人，对接镇矛盾调解中心、镇商事调解工作站2个特邀调解组织，录入特邀调解员2人；通过调解、撤诉、司法确认结案183件，调撤率45.19%；诉前调解案件152件，调解成功117件，诉前调解案件占比37.53%，调解成功率76.97%。跳马交警中队查处各类交通违法行为4740余起，其中查处货车超载2734起，面包车超员624起，老年代步车7起，不按车道行驶614起，酒驾、醉驾37起，违停81起，电动车不戴头盔507起，摩托车涉牌涉证52起，货车其他违法45起，拖拉机、三轮车违法39起，查扣摩托车25台，向区顽瘴痼疾办上报388处隐患点，悬挂交通安全宣传横幅100余条，发放交通安全宣传册5000余份，文明劝导1.4万余次。

开展工贸、烟花爆竹、危化、仓储物流等专项“打非”整治行动，开展相关培训活动48余场，印发宣传资料1.5万余份，收缴违法违规烟花爆竹300余件，转移违规存储危险化学品4起，未发生1起安全生产事故。对辖区内50家烟花爆竹门店、161家仓储物流企业、6家加油站、23家工贸重点监管企业、14所学校、34栋高层建筑等进行全面安全隐患排查。排查检查企业门店344家次，排查安全隐患135处，责令停产整顿3家次，因存在重大安全隐患关停3家次，约谈警示9家次；开展简易行政处罚3起，累计处罚5000元；开展消防疏散通道和安全出口畅通清理行动15余次，清理违规停放电动车52台，处置违规充电行为45起，拆除占用消防通道6起，整治群租房4处。检查仓储物流企业194家次，排查隐患69处，开展警示约谈2次，挂牌整改6家，处罚1家，实施简易处罚1000元。开展消防安全联合整治行动5次，清理违规停放电动车

38台、处置13起违规充电行为；完成辖区内冷库整改3家。

【基层党建】 2022年，雨花区跳马镇开展理论学习中心组学习10余次，开展书记讲党课4次，组织基层党支部书记讲党课100余次，聘请市、区两级党校教师对全体镇村干部授课2次。开展农村党员冬春训暨跳马“讲习所”培训班等活动，落实镇党校建设。开展党群连心“五个到户”（党员联系到户、民情走访到户、政策落实到户、产业对接到户、精准服务到户）、村社“敲门行动”，解决基层治理突出问题，创建“三零”（零上访、零事故、零案件）村社。推进“红映三仙 党领前行——五力绘绿心”“快递外卖小哥红色之家”等党建示范点创建。发挥“幸福田心桥”“融合发展新关刀”“生态宜居石燕湖”等示范作用，打造“红星作桨逐梦远航”“红映三仙 党领前行”等品牌。在中央、省市媒体刊载新闻稿件100余篇，“花乡跳马”公众号原创短视频《森林防火，人人参与》《防一氧化碳中毒，平平安安过冬》等播放量破万。开展自查自纠2次，节假日等重要时间节点开展专项检查6次。针对乡村振兴、农民自建房安全隐患排查、防汛抗旱、森林防火、安全生产、征收拆迁等工作落实情况开展专项督查40余次，下发督查通报10期；围绕绿心保护、美丽宜居村庄建设、“三资”管理等工作开展专项菜单式监督20余次。

【绿心保护】 2022年，雨花区跳马镇开展耕地保护，累计摸排可恢复耕地图斑358.87公顷，平整地块面积125.6公顷，举证面积79.07公顷，入库面积57.47公顷。启动长株潭绿心中央公园跳马片区绿道建设。完成池子塘采石场、四马冲采石场、福寿矽砂矿、旺兴建材、天山水泥片石矿5个项目生态修复施工，并通过区、市验收；楠木坡片石场、曹家坪矽砂矿2个项目完成主体工程施工并通过区、市验收。完成环保大道东延线项目等6宗违法违规用地整改。清退原红腾建材厂引进的汽车生产废料分拣企业。完成“三区三线”（“三区”即城镇空间、农业空间、生态空间；“三线”即城镇开发边界、永久基本农田保护红线、生态保护红线三条控制线）划定，拓展建设空间10平方千米、调出基本农田221.33公顷。在白竹村承办省“四大家”领导2022年义务植树活动。年初成立守护绿心政协委员工作室，全国、省、市、区四级，长沙、株洲、湘潭三市37名政协委员，分成1守5助共6个小组入驻履职；成立一支守护绿心的志愿者队伍；撰写一批涉及圭塘河上游生活污水的处理、加拿大一枝黄花的生态入侵治理等多个方面的提案；举办“我为绿心种棵树”活动，首期活动200余人参与。

【乡村振兴】 2022年，雨花区跳马镇实施乡村振兴产业帮扶项目17个，投入资金840万余元，实施乡村建设项目13个，投入资金424万元，实现联农带农350余户。截至2022年年底，跳马镇有1015名脱贫人口，人均年收入21839.36元，比2021年增长13.48%。开展乡村振兴主题培训班，开展巡回政策理论、实用技术宣讲150余场次，惠及群众2000余人。与42家街道（园区）、企业、社会组织开展联村共建行动，聚焦花卉苗木产业，引导资金、技术、人才等要素在乡村落地。打造石燕湖曹家冲等3个民宿示范片区，建成运营26栋，自主经营民宿平均增收30万余元/户，组集体直接创收30万余元/年。承办首届雨花区旅游发展大会，推介跳马“美食+美景”名片。发展乡村旅游，石燕湖村入选湖南省乡村旅游重点村名录，启动左宗棠公园、白竹公园规划建设。推出以百倍冲水库休闲、导航台登山观光、天鹅池露营基地等为主体的“文化休闲旅游组合套餐”。落实长沙乡村振兴产业人才“1+13”系列政策，建设跳马镇乡村振兴人才联系点，举办首届“园艺技能人才大比武”，建立花卉苗木人才培训基地。开办农村转移劳动力免费技能培训、SYB创业班、乡村领雁创业培训班、花卉园艺培训班等9期，惠及群众400余人。认定初级乡村工匠35人、初级新型职业农民2人，申报中、高级新型职业农民2人，中级、高级乡村工匠22人、名匠工作室1个。

【乡村治理】 2022年，雨花区跳马镇推进移风易俗工作，开创形成“跳马新课堂”“稻花香”新风室、新乡贤劝导队等乡村治理跳马特色模式。创建1个镇级新时代文明实践所、15个村社新时代文明实践站、2个新时代文明实践基地，初步形成覆盖镇、村两级的农村地区文明实践网格体系。打造“文明之花·跳马绽放”品牌，深化新田村“稻花香”、斑竹塘“缤纷佳园”、石燕湖“生态宜居”、“推进幸福田心桥”、“融合发展新关刀”5个站点品牌建设。石燕湖村获评省级文明村，新田村获长沙市移风易俗典范村，成功推评区级文明村8个，实现县级及以上文明村占比率100%。

【农业农村】 根据第三次全国土地调查结果，雨花区跳马镇耕地面积1332.67公顷，其中永久基本农田面积1028.87公顷，一般耕地面积303.8公顷。2022年，跳马镇播种面积200余公顷，收获总产量1500吨。耕地地力补贴发放农户数3764户，补贴面积386.31公顷，补贴金额60.84万元；粮食补贴发放农户数1317户，补贴面积206.17公顷，补贴金额15万余元。粮食种植面积180公顷，参加农业保险投保146.67公顷，因旱情理赔资金12万余元，因汛情理赔资金约3.8万余元。开展大棚房整治，大棚房日常工作接入湖南省设施农业用地管理信息系统，每月定期录入巡查情况。对加拿大一枝黄花进行整治，对全镇涉及面积100余公顷开展化学防除为主防治行动。开展畜禽基础免疫工作，安排部署春、秋两季动物集中免疫，免疫生猪5468头、家禽2.4万羽、牛羊135头、犬类1400余只，全年养殖的畜禽强制免疫率100%。对蔬菜规模种植基地和种植大户不定期抽样检测，镇农残检测室完成抽检400批次，合格率100%；监管蔬菜生产企业自检3000批次，合格率100%；第三方蔬菜水产、禽蛋现场执法抽样465批次，合格率为100%。对22家农资店组织培训1次，不定期督查12次；督查3家蔬菜生产企业36次，对不合规范的现场整改；督查5家水产企业12次。年检拖拉机34台，其中33台属于跳马镇镇域内，1台为雨花区区域内（委托代检），签订承诺书68份；开展拖拉机顽瘴痼疾联合执法行动共计10余次，纠正违规闯禁、未按道路安全规范行驶的拖拉机5台，扣押无牌无证、无合法手续拖拉机1台；加大平安农机宣传力度，出动宣传车10次；完成农机补贴核机111台次，补贴资金95000元。

【林业】 根据第三次全国土地调查结果，雨花区跳马镇林地面积1.17万公顷。2022年，跳马镇打造森林防火作战室，配备16台无人机、4台消防车、22台水车，组建261人的森林防火应急处置队伍。森林督查图斑核查整改全部到位。成立松材线虫病防控专项行动工作领导小组，开展枯死松树采伐清理除治工作，加强对第三方技术单位的技术指导和监督工作。清理枯死松树4877株，打孔注药保护6177株，注射药物19030支，初步实现跳马松材线虫病无疫情。设立镇级林长8人，村级林长14人，落实专职护林员24个，并根据人事变动及时更新14个林长公示牌，实现林长全覆盖。申报“一县一特”特色产业6家，协同市、区林业部门做好实地确认，资料整理、申请上报等工作，申报项目全部完成验收。加强森林资源保护，专业护林员人数增加至33人，组织护林员业务培训，推广巡护系统App，对辖区内的林业“三乱”（乱砍滥伐林木、乱征滥占林地、乱捕滥猎野生动物）进行巡护巡查，及时劝阻处置违法行为。开展营林绿化及资源监测工作，推进白竹村义务植树EPC工程、国土绿化试点示范项目、雨花绿心区“一带一圈”林相改造项目等。推进国土绿化试点示范项目，2022年度国土绿化试点示范项目完成96.13公顷，计划实施退化林修复完成66.67公顷。开展2022年度雨花区生物多样性资源调查、森林蓄积量调查监测等工作。全年办理植物检疫证3000余份，林草种子经营许可证新办及延续换证（代办）10余份，受理群众林业相关咨询业务100余次。严格把关涉林建房情况，核查10余户，无违规占用林地新建房屋情况。调处林地林权纠纷8宗（次）。为民众提供临时用地、林业生产、土地复绿、地形及小班数据等方面专业建议及技术指导10余次。

【花卉苗木产业】 2022年，雨花区跳马镇有园林企业、苗木合作社等400余家，苗木从业人员5万余人，苗木品种100余个。全镇花卉苗木种植面积866.67余公顷，洞株公路两厢精品园年销售额15亿余元。引进种植花卉苗木新品种10余个（娜塔栎、中国红紫薇、第四代红叶石楠、求实苗木场李德桂会长的各品种树木提根艺术等）。花农李德桂成功申请国家发明专利3项。提质改造求实苗木场、关刀园艺场2个1万平方米设施化花卉苗木标准化基地，以点带面引导花木产业转型。

【银行】 2022年年末，湖南星沙农村商业银行股份有限公司跳马支行各项存款余额25.18亿元，比年初净增1.95亿元；各项贷款余额10.02亿元，比年初净增1.19亿元；跳马支行移动营销系统全年签约667户，惠农快贷共授信1106户。长沙农商银行跳马支行各项存款51170.02万元；对公存款账户312户，金额近1.1亿元，占比21.48%；储蓄存款账户28767户，金额近4.02亿元，占比78.48%，其中个人定期存款34649.37万元，占比86.27%；各项贷款3.46亿余元，其中法人贷款客户25户，金额2.66亿余元，零售贷款客户210户，金额7995.31万元；利息收入为1672.51万元，利息支出1152万元。长沙农商银行杨林支行各项存款余额8865.05万元，其中储蓄存款8488.1万元，对公存款376.95万元；各项存款日均7078万元；各项贷款余额5133.48万元；贷款户数151户，较年初增加68户。长沙农商银行冬斯港支行各项存款余额1.69亿余元，比年初净增4694.07万元，其中储蓄存款近1.67亿元，对公存款269.75万元；各项存款日均1.54亿余元；各项贷款余额5164.23万元，比年初净增1142.74万元；贷款户数140户，较年初增加52户。中国邮政储蓄银行跳马支行金融类业务实现总资产1.6亿元，其中保险3000万元，理财3500万元，其余为居民存款。

【电排工作】 2022年，雨花区跳马镇安排人员对明渠段各点实际到水情况进行测试，掌握到水时间点，科学合理安排开机时间。3台机组全年累计运行5880小时，补水1268万立方米，保障圭塘河的水质、基流。汛期期间，组织职工对站内被水淹的区域进行冲洗打扫6次。完成跳马电排灌区自查自评报告。开展跳马电排灌区电子地图绘制相关工作，完成跳马电排灌区的范围、灌溉面积及灌排工程设施矢量图的绘制并上报数据。团头抗旱机台进行试机抽水，机组运行状况良好，停用多年的灌区机台通过购置新水泵、疏通渠道，恢复灌溉功能，对灌区进行引水灌溉。

【农村供电】 2022年，雨花区跳马镇运维10千伏线路15条422千米，有公变台区468台10.08万千伏安，专变台区95户139台6.67万千伏安，有低压用户30925户，户均配变容量3.26千伏安。截至2022年年底，跳马所10千伏线路故障率1.18次/百千米，10千伏配变停运率191次/百台，10千伏配变平均停运时长8.59小时；完成售电量1.3亿千瓦时，售电均价715.63元/千千瓦时，电费回收率100%，实时电费回收率95.99%，低压线损率3.58%。

【防汛抗旱】 2022年，雨花区跳马镇成立防汛抗旱指挥部，更新“三个责任人”公示牌12块。落实防汛物资储备，新采购救生衣30件，砂89吨，碎石112吨，分别与本地4家单位签订防汛物资代储协议。对12座水库的维修养护服务进行服务外包，对水库进行维修养护处理。开展日常巡视检查、汛期专项检查，排查安全隐患。制定镇、村两级季节性缺水应急预案。开展饮水安全全面核查，由各村及时送水入户，保障脱贫户、监测户、低保户、特困供养、重残户等对象饮水安全。做好抗旱物资的相关储备工作，新采购一批抽水机。推进田心桥村集镇段自来水入户工作。加强公共取水点建设。

【水利工程】 2022年，雨花区跳马镇完成跳马镇污水处理厂临时泵站提质改造工程建设，解决因临时泵站处理能力不足而引起的周边环境污染问题。完成石塘水库溢洪道整改及启闭机基座修复。推进曙光垸鹅公山泄洪渠涵闸改造工程建设，防止汛期洪水漫过鹅公山泄洪渠堤防进入曙光垸，对垸内构成威胁。推进冬斯港村新竹支渠修复工程，对新竹支渠被冲刷部分及闸门进行修复。推进小型农田水利设施冬修工作事宜，进行现场踏勘。推进蛇腰塘坝顶道路硬化工程项目建设。推进洞塘水库溢洪道下游渠道修缮工程项目建设。推进颜家塘水库灌浆工程项目建设。

【邮政电信】 2022年，雨花区跳马镇邮政行业业务收入总量完成810万元，其中跳马邮政完成260万元、团然邮政完成240万元、田心桥邮政完成310万元。函件业务送达8.6万件。快递收寄包裹业务量完成3.4万件、特快8000件、小包揽收4.2万件。报刊业务全年征订20万总流转额。邮政网点搬迁至跳马镇金屏社区朱家桥组，总资产1.6亿元，其中保险3000万元，理财3500万元，其余为居民存款。跳马镇电信局完成收入2050万元；完成杆线迁改、升高101处，整体完成线路优化103千米，优化5处无线信号，配合美丽乡村整改机箱、机柜、配套设施97个；优化提升区域内20.5%用户实际宽带速率，共计3123户。

【“洁净跳马”行动】 2022年，雨花区跳马镇对石燕湖大道、石鸭公路、红星全球农批中心周围路段等重要节点进行巡查，发现问题及时处理，消除盲点死角。开展市容秩序联合执法行动10余次，出动城管工作人员600余人，清理牛皮癣及建筑立面约2300处、整治店外经营、流动摊贩6000余次，拆除违规宣传横幅50余处。配合区数字化平台工作，处置数字化案件1232余件。开展马路市场专项管控，进行马路市场管控整治。出动垃圾托运车70余辆整治房前屋后、主干道沿线、集镇等重点区域乱象6000余处。推进垃圾分类处置转运，转运生活垃圾8518吨，厨余垃圾2045吨，分类占比24%。

【自建房安全隐患排查整治】 2022年，雨花区跳马镇有序推进绿心退出企业、佳兆业、航院、石燕铺集镇经营性自建房等违建整治，拆除违建面积近1.2万平方米。截至2022年年底，摸排全镇自建房16459栋，整改严重安全隐患17栋、较大安全隐患80栋、一般安全隐患115栋；完成全镇212栋隐患房屋整治，改造危房4户，实现危房改造动态清零。

【燃气安全整治】 2022年，雨花区跳马镇多次召开燃气安全工作调度会议，查摆突出问题。排查居民安全用气20987户，工商用户192户，燃气经营站点15家，发放宣传资料5000余份，发放免费燃气报警器82个，发现隐患121处，均完成整改。8月，查处1家未取得燃气销售资质的“黑气站”，暂扣燃气钢瓶49个，并对责任人处以行政拘留5日处罚。向餐饮等场所发放燃气安全明白卡及燃气使用安全告知书，与燃气经营站点签订“跳马镇瓶装燃气供应安全规范管理责任书”。

【白竹安置地项目】 白竹安置地（一期）项目位于雨花区跳马镇白竹村大塘组、水碧冲组，长沙市征地办核定用地指标2.84公顷，主要用于安置红星大市场一期、红旗路、跳马乡统征用地项目拆迁户，共需安置86户330.5人，该项目执行的拆迁政策标准为长沙市103号令，安置政策是原长沙县非货币安置政策，即参照原60号令安置模式建设6层安置房，按照1～3人90平方米，增加1人增加10平方米标准批建安置房，正负零以下由政府出资建设，正负零以上由拆迁户出资建设，该项目需建设安置房15栋。白竹安置地（二期）项目位于跳马镇水碧冲组、大塘组及同升街道新兴村，市征地办核定用地指标4.08公顷，主要用于安置时代阳光大道及其边坡扩征项目、川河路及其边坡扩征项目、红旗路边坡扩征项目、红星大市场二期项目的拆迁户，共需安置124户510人，执行拆迁安置政策标准及安置模式与白竹安置地（一期）一致。

（本栏撰稿　刘希贤）

附　录

编辑　唐清明

重要文献

抢先机 拼经济 促发展 为奋力建设全国一流现代化强区而团结奋斗

——在区委六届四次全体会议上的讲话

中共雨花区委书记 刘素月

（2023 年 1 月 16 日）

同志们：

这次会议的主要任务是：以习近平新时代中国特色社会主义思想为指导，深入学习贯彻党的二十大精神，认真落实中央和省委、市委经济工作会议精神，省委、市委全会精神和省、市“两会”精神，总结 2022 年成绩，分析当前形势，部署 2023 年工作，动员全区上下大干快上、奋勇争先，抢先机，拼经济，促发展，奋力建设全国一流现代化强区。下面，我受区委常委会委托，向全会报告工作。

一、顽强拼搏，勇毅前行，2022 年雨花各项工作在诸多大战大考中取得了十分来之不易的成绩

2022 年，是雨花发展进程中极具考验、极其艰辛、极不平凡的一年。区委总揽全局、协调各方，团结带领全区广大干部群众，以迎接服务党的二十大胜利召开和学习、宣传、贯彻党的二十大精神为主线，高效统筹疫情防控和经济社会发展，统筹发展和安全，经历了诸多重大考验，战胜了诸多风险挑战，交出了“强省会”开局之年的优异答卷。全年工作呈现十大亮点：一是高质量发展首次挺进全国十强。在壹城智库、赛迪顾问和中小城市研究院发布的高质量发展全国百强区榜单中，雨花区分别前进 6 位、6 位、12 位，跃升至第 9 位、第 13 位、第 14 位，均居中西部省份城区第一。二是雨花经开区提前迈入千亿级园区行列。全年技工贸总收入达到 1052 亿元、成为全市首个破千亿的省级园区、提前三年实现千亿目标，连续两年获评省级“五好”园区。比亚迪产值达到 672 亿元、增长 55%，成为全省首个产值过 600 亿元的汽车企业。三是自贸雨花再添两个国家级平台。接受庆伟书记带领省四大家领导视察调研，得到充分肯定；获评国家进口贸易促进创新示范区、全国唯一中非技术性贸易措施研究评议基地；全年预计完成外贸进出口 145 亿元、增长 39.4%、高出全省平均增速 16.6 个百分点，其中对非贸易增长 263.6%、居全省第一。四是数字经济发展竞速新赛道。中国联通中南研究院、360 中非经贸数字智谷、爱数信息全国总部、零食很忙全国数字化总部供应链中心等项目先后落地，浏阳河·雨花数谷启动建设。五是绿心中央公园总体设计正式获批。承办省四大家领导义务植树活动，花博园、花木产业示范园、浏阳河郊野公园等项目落地，绿道项目加快推进。六是圭塘河治理创造示范样本。植物园段启动建设，全流域水质不断提升，得到全国人大领导检阅肯定，获评生态环境部、住建部、水利部示范案例，成为中央党校授课案例，在《人民日报》《央视新闻联播》宣传推介。七是“飞地园区”形成辐射带动。强化省会中心城区担当，打造共建工业园区的“雨溆模式”，多次得到伟明省长批示肯定。雨韶产业园投入使用，雨华产业园加快建设。八是“三大片区”做优做强。高铁、红星、雅塘片区拆迁腾地、项目建设、基础配套、产业导入不断取得新的突破，成为雨花发展新的增长极。九是精准打赢多轮疫情歼灭战。高效处置涉雅疫情，守牢高铁南站、高速路口、比亚迪、大市场、大冷库等重点区域，全区党员干部、医护人员日夜坚守、连续奋战，守护了人民群众的健康，赢得了加快发展的先机。“乙类乙管”后，推行“234”工作法，全力做好重点人群动态服务和“关口前移”工作，得到中央调研组充分肯定。十是扛牢省委城市基层党建联系点责任。不断拓展“党建聚合力”工程的广度和深度，基层党建经验做法获得中办督查组调研肯定，被《人民日报》《中国组织人事报》推介，成为省委组织部授课案例。一年来，主要抓了八个方面工作：

（一）深学笃行习近平新时代中国特色社会主义思想和党的二十大精神。在学习领会上全面跟进，坚持第一议题制度，第一时间组织传达学习、专题研讨、集中轮训，以“关键少数”先学一步、深学一层，带动全区上下全面跟进、走深走实。在宣传宣讲上全面覆盖，县级领导带头深入联系街镇、分管领域宣讲，开展“就认这个理·党的二十大精神进

基层”宣讲活动200余场，推出系列主题宣传，党的二十大精神传遍雨花大地。在贯彻落实上全面着力。今天区委全会将审议通过《深入学习宣传贯彻党的二十大精神 为奋力谱写中国式现代化的雨花新篇章而团结奋斗的决定》，以实际行动忠诚捍卫“两个确立”、坚决做到“两个维护”。

（二）坚定不移推动经济高质量发展。稳经济增长，全年完成GDP2478.2亿元、居全省首位、贡献率全市最高；规模工业增加值增速28%（不含烟）、全市第一；一般公共预算收入168亿元、增长8%（剔除政策因素影响）；社零770亿元、全市第一；固投670亿元、增长8.9%；外贸进出口264.5亿元、增长13.2%。添发展动能，铺排市级重大项目144个，41个新建项目全部开工，年度投资完成率达128%；新引进投资额10亿元以上产业项目5个，新注册“三类500强”企业投资项目7个。全区高新技术企业突破600家、居内四区第一，雨花经开区率先全省省级园区突破200家。实施中央和省市重点改革事项26项、自主探索改革23项，自贸雨花区块全国首创3项、全省首创2项。强市场活力，深入开展省市干部联企、区“三帮三促”纾困暖企行动，全年新增“四上”企业107家、规模以上工业企业15家，12家企业进入全省上市后备企业资源库，市场主体增长13.8%、总量超24万户、企业超9.4万户，稳居全省第一。

（三）着力提升城市功能品质。规划得到提升，完成“三区三线”划定，拓展城镇建设空间16.86平方千米，形成林大林科院、黎托南、潭阳洲、金屏等一批重点片区规划成果。雨花经开区编制规划与治理提升研究纲要，推动更高水平产城融合。建设明显提质，坚持“四精五有”理念，全面完成“百街千巷”环境综合提质项目137个；新建主次干道14条、完成道路移交77条；新建雨水污水管网13.5千米；新建停车场32个、新增停车泊位24360个；推进国有土地征拆和集体土地拆迁项目99个，实施老旧小区提质改造54个。管理不断提标，制定市容环境、园林绿化维护作业标准，实行分级分类管控，统筹实施高铁站区、高铁高速两厢等重点区域环境综合提质，扎实开展箱柜、广告招牌等专项整治。

（四）全面加强民主法治建设。全力支持和保障区人大及其常委会依法行使职权，任免国家机关工作人员157人次，听取专项报告13个，开展调研视察11次，办理代表建议100件，省人大社区代表联络站得到省人大常委会高度肯定。发挥人民政协协商民主重要作用，开展主席会议成员视察6次、专题协商会议8次，办理提案96件，守护绿心工作室、井巷社区工作室获评全省示范单位。巩固和发展爱国统一战线，开展“喜迎二十大、同心献良策”课题调研、“民企大走访、同心促发展”等活动，成立全省首家区级侨联青年委员会。建设更高水平的法治雨花，深化行政复议体制改革，行政负责人出庭应诉工作得到省市司法部门高度肯定，农博社区提名全省“最美公益普法集体”。同时，抓好国防动员体制改革和新时代雨花民兵队伍建设，促进工会、妇联、共青团、侨联、科协、残联等群团组织全面发展。

（五）守正创新做好宣传思想文化工作。壮大主流思想舆论，策划开展“非凡十年”“强省会有我”“高质量发展在雨花”等主题宣传，在中央、省市主流媒体推出雨花报道1.7万余条，相关工作5次被央视新闻联播刊播。促进文化繁荣发展，举办首届雨花旅发大会，开办长株潭雨花非遗集市，雨花非遗民俗艺术特色街区入选全国非遗与旅游融合发展优选项目名录。布局推进“一芯两带”文旅产业发展，红星街区获评国家级夜间文化和旅游消费集聚区。深化文明创建工作，新时代文明实践中心、所、站建设实现全覆盖，持续打造“雷锋号护学岗”“五力小雨花”品牌，全力以赴创建全国文明典范城市。守牢意识形态阵地，强化意识形态领域风险排查、专项检查和专项巡察，构建多主体参与、多种手段相结合的综合治网格局。

（六）坚持在发展中保障和改善民生。扎实推进乡村振兴，全区监测户、脱贫户人均年收入增长13.5%，在全省乡村振兴年度考核实地测评中得到充分认可。跳马镇创建市级美丽宜居村庄20个，建管水平有力提升。持续深化污染防治，中央、省级五轮环保督察640余件交办件全部办结，蓝天、碧水、净土、静音保卫战持续深入推进，65个重点建设用地污染状况调查整治全部完成。全力办好民生实事，完成省市重点民生项目28个，雨花市民之家建成使用。新（扩）建学校、幼儿园18所，新增学（园）位2.1万个，“双减”工作经验在全国推介。新建养老机构2家、社区居家养老服务站12家。街镇社区卫生服务中心（卫生院）全覆盖，成立标准化家庭医生社区工作室54个。多举措攻坚安置难题，全区已拆未安人口下降9000余人。

（七）切实维护社会大局平安稳定。抓实安全生产，强力推进自建房百日攻坚专项行动，“三类”隐患全部清零，在全市两轮交叉检查中排名前列。深入推进安全生产百日攻坚行动，“三类”事故起数分别下降37.5%、35.9%、3.9%。抓好平安建设，健全国家安全工作机制；开展严打整治“冬春攻势”“利剑护蕾”等专项行动，八类恶性案件破案率100%。保持扫黑除恶、防电信网络诈骗、防养老诈骗高压态势，市域社会治理现代化试点工作得到省督导评估组充分肯定，区劳动纠纷“一站式”调处中心被推荐为全国金牌组织，得到国家人社部等多部门联合通报表扬。抓牢信访维稳，创新突发事件处置流程，建立房地产项目专班稳控机制和风险防控“七步法”，推动重点重复信访问题基本清零，党的二十大、全国“两会”、冬奥会、冬残奥会等特护期均实现“五个不发生”和“三零”目标。

（八）持之以恒推进全面从严治党。强化政治建设，持续深化政治考察和政治巡察，制定出台坚决维护党中央集中统一领导和进一步贯彻落实中央八项规定及其实施细则精神的规范性文件，严守政治纪律和政治规矩。接受省委审计委员会经济责任审计和自然资源审计，达到了“强身健体”的良好效果。建强组织体系，新成立非公企业党组织317个、覆盖率由22%上升至77%，新成立社会党组织54个、覆盖率由30%上升至81%，成立小区党组织484个、实现组织和工作全覆盖。锻造过硬队伍，举办“六强”学堂，开展全体干部“守一线、保平安、促发展”专项行动，选树“勇担当、善作为”雨花好班子、好干部。全年获评省政府真抓实干督查激励事项5项、综合大督查典型经验1项，居内四区第一。深化正风肃纪，一体推进不敢腐、不能腐、不想腐，处置问题线索264件。深入推进“清廉雨花”建设，打造圭塘河清廉风光带，培树一批清廉建设示范单元，“洞庭清波”专项治理成为全省示范案例。

同志们，艰难方显勇毅，笃行诠释担当。成绩的取得，根本在于党中央和省委、市委的坚强领导，关键在于全区上下的顽强拼搏、团结奋斗。一年来攻坚克难，一次次闯关夺隘，我们收获了雨花事业的发展、干部能力的提升和精神状态的振奋，更加注入了比黄金更重要的信心。在此，我代表区委常委会，向关心、支持和参与雨花改革发展的全体区委委员、老领导、老同志，以及全区广大党员干部群众表示衷心的感谢并致以崇高的敬意！

在总结成绩的同时，区委常委会深入分析工作中存在的不足，主要体现在：培育发展新动能、新支撑、新优势还有待进一步加快；基层治理体制机制还有待进一步理顺；人民群众对美好生活的向往还有待进一步回应；干部队伍抓发展、抓安全的能力水平还有待进一步提升，等等。对这些问题，我们将采取有力措施，认真加以解决。

二、抢抓机遇，乘势而上，大踏步迈出推动高质量发展、加快现代化建设的坚实步伐

2023年是全面贯彻落实党的二十大精神的开局之年，中央和省委、市委经济工作会议，省委、市委全会，省、市“两会”相继召开，作出了一系列重大战略判断和战略部署，极大地提振了发展信心，带来了新的发展机遇。我们要坚定信心决心，谋定快动、大干快上，抢得先机、赢得主动，全力以赴打好补短板、锻长板、拼经济、促发展的主动仗，奋力推进雨花新一轮的大发展。

区委确定2023年全区工作的指导思想是：以习近平新时代中国特色社会主义思想为指导，全面贯彻党的二十大精神，深入落实习近平总书记对湖南重要讲话重要指示批示精神，认真落实中央和省市决策部署，坚持稳中求进工作总基调，全面落实“三高四新”战略定位和使命任务，奋力实施强省会战略，践行“四个争当”使命，落实“三升三降”要求，围绕“抢先机，拼经济，促发展”工作主题，全面提升发展能级、增创发展动能、厚植发展优势、共享发展成果，大踏步迈出推动高质量发展、加快现代化建设的坚实步伐，奋力建设全国一流现代化强区。

区委提出“抢先机，拼经济，促发展”工作主题，一是要牢牢把握高质量发展这个现代化建设的首要任务，奋力建设全国一流现代化强区；二是要全面吹响“大抓项目、大抓产业、大抓经济”的冲锋号角，全速、全员、全程、全面推进，扩内需、促投资、强主体、引外资、防风险，确保实现经济质的有效提升和量的合理增长；三是要号召全区上下想在前、谋在前、干在前，抢资金、抢政策、抢项目，一步领先、处处领先，一步主动、处处主动，赢得加快发展的先机。

2023年主要预期目标：地区生产总值增长7%，地方一般公共预算收入增长7%，规模工业增加值增长8%，社会消费品零售总额增长7%，固定资产投资增长7%，服务业增加值增长7.5%，进出口总额增长15%，引进外资实现重大突破，十强创建实现更大争先进位，力争实现取乎其上、得乎其上的最好结果。

重点抓好四个方面：

（一）加快建设具有核心竞争力的现代化产业体系，提升发展能级。产业是雨花的立区之本、强区之基、兴区之源。我们要把产业发展牢牢抓在手上，加快提升雨花现代化产业体系的竞争力、影响力，为推动高质量发展、加快现代化建设提供强有力的支撑。抢抓重点产业链，开展产业链培育行动，深耕新能源汽车及零配件、人工智能及传感器、智能生物医疗、数字经济、研发设计、特色金融、现代商贸物流、文化旅游、花卉苗木等重点产业链，做强优势产业、做优传统产业、做大新兴产业、培育未来产业，加快形成“大产业集群、大企业集聚、大项目集成”的发展格局。雨花经开区要当好产业链建设的排头兵，加快培育更多顶天立地的大企业和专精特新“小巨人”，全力以赴创建国家级园区。抢抓重点片区，开展片区建设行动，加快打造高铁片区、红星片区、雅塘片区三大增长极，全面推进林大林科院片区、泛东塘片区、湖橡片区、电商物流园片区、金屏组团片区等新的增长点，进一步优化全区功能和产业布局，以产兴城、以城促产、产城融合。雨溆、雨韶、雨华等“飞地园区”作为服务全省产业协同的重要区块，要在全省当标兵、作示范、走在前。抢抓重点楼宇，开展楼宇升级行动，围绕楼宇招商、去化升级、特色打造、品质提升、服务提质等全面发力，打造更多“立起来的产业集群”。今年，围绕产业链培育、片区建设、楼宇升级三大行动，实行“链长”“指挥长”“楼宇长”工作机制，领导挂帅，专班推进，深入一线抓征地拆迁、抓土地出让、抓招大引强、抓项目攻坚、抓联点服务，打好产业项目建设大会战，掀起争先比拼、竞相发展的热潮。

（二）加快打造创新驱动和开放赋能的重要引擎，增创发展动能。惟创新者进，惟开放者强。我们要加快把创新和开放锻造成为雨花最强劲的发展引擎，为推动高质量发展、加快现代化建设插上腾飞的翅膀。强化创新驱动力，依托中机国际、中建五局、中南院等一批工程设计头部企业，加快转化一批研发成果、打造一批创新平台、推动一批企业集聚，全面提速中部（长沙）工程创新智谷建设；依托中国联通中南研究院、360中非经贸数字智谷、爱数信息全国总部、零食很忙全国数字化总部供应链中心，带动一批大数据、区块链、元宇宙等数字产业项目落地，全面推进浏阳河·雨花数谷建设，开辟新领域，制胜新赛道。强化开放牵引力，自贸雨花区块要发挥好开放的辐射、牵引和带动作用，高水平办好第三届中非经贸博览会，完善投资贸易便利化政策体系，深化首创性改革探索，建设好中非经贸深度合作先行区、进

口贸易促进创新示范区等国家级平台，有力推动全区外贸规模性增长、外资突破性提升。要全力推动企业境内境外上市，拓展“两个市场”、用好“两种资源”、畅通“两大循环”。强化环境支撑力，坚持“两个毫不动摇”，推动国企市场化转型，旗帜鲜明、依法依规支持民企发展壮大，积极开展企业纾困增效行动，加快打造市场化、法治化、国际化一流营商环境，让国企敢干、民企敢闯、外企敢投，让环境“软实力”成为发展“硬支撑”。当前，要抓住春节有利时机，强力推进湘商回归和返乡创业工作，加强感情联络，开展环境推介、政策宣传、项目对接、精心服务，确保取得实效。

（三）加快把绿水青山转化为金山银山，厚植发展优势。生态是雨花的资源禀赋，也是推动高质量发展、加快现代化建设最大的优势和潜力所在。我们要加快把生态优势转化为发展优势，使绿水青山持续发挥生态效益和经济社会效益。全面推进“一芯”发展，要抢抓历史性机遇，迅速打开绿心中央公园核心区建设的新局面，高标准高水平推进绿道、花博园、花木产业示范园、金屏融城科创新城、潇影影视拍摄文旅融合基地等项目建设，推动石燕湖创建AAAAA级景区，加快把“绿心之芯”打造成“全域美丽大花园”，积极创建全国“两山”实践创新基地。全面推进“两带”建设，加快圭塘河植物园段综合整治，打造全国城市内河治理的示范样本；大力发展文旅经济、夜间经济、商圈经济，提升圭塘河生态文旅经济带品牌效应，争创国家级旅游休闲街区。浏阳河文旅产业带要整体规划设计，推动一批重大项目落地，加快培育数字产业文化集群，打造产业发展和文化旅游交相辉映的百里画廊。全面推进“三生”融合，统筹好生产、生活、生态三大空间布局，把生态文明建设贯穿于城市功能定位、规划设计、建设管理各环节，加快培育绿色转型发展的新场景、新业态、新模式，推动产业生态化、生态产业化、生活品质化。雨花经开区和各大片区都要奋力打造“三生融合、三态协同”的示范区。

（四）加快实现人民群众对美好生活的向往，共享发展成果。推动高质量发展、加快现代化建设，根本目的是增进民生福祉。我们要坚持尽力而为、量力而行，让改革发展成果更多更公平惠及人民群众。着力夯实保障基础，落实就业优先战略，抓好重点群体就业服务，兜底帮扶困难群体就业。加快健全多层次社会保障体系和分层分类社会救助体系，加强对特殊和困难群体关心关爱。加快保障性住房建设。着力发展民生事业，新建中小学9所、公办幼儿园4所，新增学（园）位1.1万个，提升教育优质均衡水平。加强基层医疗卫生机构能力建设，推进黄兴医院扩容提质。发展居家和社区养老服务，推广智慧型家庭养老床位试点和居家适老化改造。促进村级集体经济稳步健康发展，确保年收入50万元以上行政村占比达到60%。着力改善人居环境，统筹推进城市更新项目，扎实做好老旧小区、城中村、棚户区和危房改造，让群众的幸福感在家门口升级。扎实开展“市容环境品质巩固提升年”行动，加快完善城市交通、防洪排涝及新型基础设施，提升常态化、数字化、智能化管理水平。精准发力打好蓝天保卫战，持续改善空气质量；久久为功打好碧水保卫战，加快雨污合流、污水管网建设，推动水质有效提升。着力提升治理效能，扛牢省委城市基层党建联系点责任，先行先试探索“单元长”制，推动基层党组织动员能力和服务群众实效“双提升”。加快智慧化档案馆建设。推进综合行政执法改革，进一步夯实基层治理基础。精准高效落实好疫情防控优化措施。加快推进安全体系和能力现代化建设，把国家安全、社会综治、安全生产、信访稳定、意识形态等底线工作抓紧抓实抓细抓到位，绝不让安稳之患成为发展之憾。

三、上下同欲，团结奋进，全面汇聚推动高质量发展、加快现代化建设的强大合力

事业发展，关键在党，关键在人。要以“党建聚合力”工程为抓手，推动全区上下拧成一股绳、汇成一股劲、聚成一条心，合力共为，奋勇争先，打开事业发展新天地。

（一）树牢抢先机的意识。加强党的政治建设，提高各级党组织和党员干部政治判断力、政治领悟力、政治执行力，事事马上办，人人钉钉子，个个敢担当，推动中央和省市区委各项决策部署快落实、真落实、严落实。深化党的思想建设，用党的创新理论武装头脑、指导实践、推动工作，准确识变、科学应变、主动求变，牢牢把握发展的制高点和主动权。

（二）激发拼经济的干劲。强化党建引领，把支部建在产业链上、建在片区上、建在项目上、建在商圈上、建在楼宇上，人人在一线冲锋，人人在一线攻坚，在一线服务企业、服务项目、服务发展。开展“勇担当、善作为”雨花好班子、好干部评选，营造比学赶超的浓厚氛围。强化引导激励，充分调动各方面积极性、主动性、创造性，让干部敢为、地方敢闯、企业敢干、群众敢首创在雨花蔚然成风。

（三）提升促发展的能力。把干部队伍建设摆在突出位置，常态化开展“六强”学堂，分批次开展干部轮训、外出培训，推动人人懂经济、人人会经济、人人抓经济。加强干部斗争精神和斗争本领养成，加强思想淬炼、政治历练、实践锻炼、专业训练，在经济发展、基层治理和急难险重任务中练就硬脊梁、铁肩膀、真本事。树立选人用人正确导向，以实绩论英雄，让干与不干不一样、干多干少不一样、干好干坏不一样。优化引才育才留才机制，把各方面优秀人才集聚到雨花事业发展中来。

（四）强化守底线的自觉。坚定不移全面从严治党，推进政治监督具体化、精准化、常态化，发挥巡察利剑作用，持续深化纠治“四风”，一体推进不敢腐、不能腐、不想腐，引导党员干部增强守底线、严自律的自觉，想干事、会干事、干成事、不出事。健全容错纠错机制，落实“三个区分开来”，把实践作为检验各项政策和工作的标准，为担当者担当，为负责者负责。

与此同时，区委将一如既往支持区人大及其常委会依法履行职权；支持区政府依法行政、高效履职；支持区政协

履行政治协商、民主监督和参政议政职责；充分发挥统一战线的重要法宝作用；支持新时代雨花民兵建设；推动群团组织高质量发展，让团结成为雨花最大的优势、合力成为雨花最大的力量。

同志们，雨花区依靠团结拼搏走到今天，也一定能够依靠团结拼搏走向更加美好的明天。让我们更加紧密地团结在以习近平总书记为核心的党中央周围，深入学习贯彻习近平新时代中国特色社会主义思想和党的二十大精神，在省委、市委的坚强领导下，聚焦“抢先机，拼经济，促发展”工作主题，勠力同心，踔厉奋发，大踏步迈出推动高质量发展、加快现代化建设的坚实步伐，为奋力建设全国一流现代化强区而团结奋斗！

名词解释

1. **“三高四新”战略定位和使命任务：**着力打造国家重要先进制造业高地、具有核心竞争力的科技创新高地、内陆地区改革开放高地；在推动高质量发展上闯出新路子、在构建新发展格局中展现新作为、在推动中部地区崛起和长江经济带发展中彰显新担当、奋力谱写新时代坚持和发展中国特色社会主义的湖南新篇章。

2. **“四个争当”：**争当“三个高地”排头兵、争当长株潭一体化桥头堡、争当现代国际商贸服务先行区、争当宜居幸福示范区。

3. **“三升三降”：**提升经济贡献度、提升产业业态、提升环境品质；推动安全事故、信访积案、社会风险下降。

4. **“五好”园区：**规划定位好、创新平台好、产业项目好、机制体制好、发展形象好。

5. **“三帮三促”：**帮扶重点项目促项目提速，帮扶重点企业促企业增效，帮扶重点楼宇促业态升级。

6. **“三区三线”：**城镇空间、农业空间、生态空间三种类型的国土空间；生态保护红线、永久基本农田保护红线和城镇开发边界。

7. **“四精五有”：**精准规划、精美建设、精致管理、精明增长，有颜值、有气质、有内涵、有格调、有品位。

8. **“234”工作法：**搭建“双五”机制（重点人群“五级包保”机制、重点人群健康服务“五个一”机制），优化“三级”体系（社区〈村〉、街道〈镇〉、三级医院联动诊疗体系），抓好“四项”重点（重点人群、重点场所、重点地区、重点保障），做好重点人群动态服务和“关口前移”工作。

9. **“两个毫不动摇”：**毫不动摇巩固和发展公有制经济，毫不动摇鼓励、支持、引导非公有制经济发展。

10. **“三个区分开来”：**把干部在推进改革中因缺乏经验、先行先试出现的失误和错误，同明知故犯的违纪违法行为区分开来；把上级尚无明确限制的探索性试验中的失误和错误，同上级明令禁止后依然我行我素的违纪违法行为区分开来；把为推动发展的无意过失，同为谋取私利的违纪违法行为区分开来。

长沙市雨花区人民代表大会常务委员会工作报告

——在雨花区第六届人民代表大会第三次会议上

雨花区人民代表大会常务委员会主任　冯聪龙

（2023年2月9日）

各位代表：

我受雨花区第六届人民代表大会常务委员会的委托，向大会报告工作，请予审议。

换届以来的主要工作

2022年，是区六届人大常委会依法履职的开局之年。在区委的坚强领导下，区人大常委会坚持以习近平新时代中国特色社会主义思想为指导，认真学习贯彻党的二十大精神，践行全过程人民民主，围绕中心、服务大局，依法有效行使监督权、决定权、任免权，圆满完成了区六届人大一次、二次会议确定的目标任务。换届以来，共组织召开人民代表大会2次、常委会会议11次、主任会议17次，依法作出决议决定11项，组织视察和调研12次，任免国家机关工作人员174人次，开创了人大工作新局面，为建设全国一流现代化强区贡献了智慧和力量。

——我们深入学习贯彻党的二十大精神。党组理论中心组开展2次专题学习，组织干部集中轮训，领导干部带头在机关、联点街道、人大代表中宣讲，推动学习贯彻党的二十大精神往深里走、往心里走、往实里走。通过全面系统地学习，深刻领悟"两个确立"[1]的决定性意义，深刻理解"五个牢牢把握"[2]的丰富内涵，忠诚捍卫"两个确立"，自觉做到"两个维护"[3]。

——我们全面落实中央人大工作会议赋予的新使命。深入学习贯彻中央人大工作会议精神，区委出台《关于贯彻落实中央人大工作会议和省委推进会精神的任务分解表》，督促落实47项重点任务，推动全区人大工作创新发展。市委在区县贯彻中央人大工作会议精神督查中，充分肯定雨花市在代表履职平台建设、建议督办、"法律讲堂"等9个方面的亮点特色，对雨花区贯彻中央人大工作会议精神给予高度评价。

——我们主动参与"法治护航强省会"重大行动。积极落实市人大常委会开展的"法治护航强省会"系列活动，听取13个专项工作报告，助力提升雨花对全市、全省的经济贡献度；听取法治化营商环境工作汇报，支持破解涉企执法服务保障中的重点难点问题；通过代表建议等方式，呼吁省人大常委会出台《中国（湖南）自由贸易试验区条例》，助推自贸长沙片区雨花区块高质量发展。《人民之友》杂志以《雨花区人大常委会聚焦发展硬实力，全力服务强省会》为题，推介区人大常委会服务强省会战略的创新举措。

——我们用心践行全过程人民民主。落实习近平总书记关于发展全过程人民民主的理念，把探索全过程人民民主作为年度工作重点，打造163个社区（村）代表联络站，抓实跳马镇民生实事项目人大代表票决制，邀请公民和代表列席常委会会议，组织市、区两级"一府两院"政情通报，提升了代表和群众参与常委会工作的深度广度。省人大社区代表联络站组织五级人大代表服务选民的做法，得到省人大常委会的高度肯定。

一、坚决扛牢政治责任，坚持党的领导迈出新步伐

坚持党的领导是人民代表大会制度的最大优势。常委会旗帜鲜明讲政治，始终坚持以习近平新时代中国特色社会主义思想统揽和指导人大工作，自觉把党的领导贯穿于人大工作的全过程各方面。

全面强化思想理论武装。建立"第一议题"制度，采用"一名常委会副主任＋一名委室主任＋一名委室副主任"的学习研讨新模式，围绕从严治党、安全生产、意识形态等主题，开展中心组学习11次，筑牢信仰之基、补足精神之钙、把稳思想之舵，用习近平新时代中国特色社会主义思想武装头脑、指导实践、推动工作。邀请专家作《深刻领会习近平总书记关于全过程人民民主重要论述》专题讲座，解读全过程人民民主的历史背景、核心要义和实践路径，深化人大干部对全过程人民民主的认识和理解。

认真贯彻党委决策部署。紧扣"三高四新"战略定位和使命任务、实施强省会战略、迈向全国十强奋斗目标，从坚持党的领导、增强监督实效、强化决定权、发挥代表作用

等方面，谋划部署全区人大工作，使党的主张通过法定程序转化为全区人民的共同意志。组织全体区人大代表，专题学习十九届六中全会、省市区党代会精神，引领代表找准自身履职与坚持党的领导的最佳切入点、结合点。按照区委的统一部署，主动参与疫情防控、安全生产、自建房排查整治等中心工作，做到区委的决策部署到哪里、人大工作就跟进到哪里、职能作用就发挥到哪里。

落实党的全面领导制度。始终坚持区委的领导，落实重大事项报告制度，就召开人民代表大会、年度工作要点、人大代表补选等重大事项，向区委报告工作 6 次。常委会党组全面履行领导责任，召开党组会议 13 次，第一时间传达学习贯彻党委的决策部署，研究“三重一大”事项，发挥“把方向、管大局、保落实”的作用。坚持党管干部和人大任免干部的有机统一，依法规范行使人事任免权，圆满实现了组织意图。

二、切实增强监督实效，服务中心大局彰显新作为

围绕中心、服务大局是人大工作的鲜明主题。常委会紧扣迈向全国十强奋斗目标，紧贴人民群众对美好生活的向往，开展正确监督、依法监督、有效监督，更好服务大局、体现人民意志。

推动经济高质量发展。全面贯彻新发展理念，强化经济监督职能，助推雨花经济持续健康发展。调研雨花经开区，支持发展“一主一特”产业，壮大新能源汽车、智能光学、生物医药三大制造业产业集群，助力打造千亿级园区。审议国民经济和社会发展计划，批准重大项目 245 个；定期听取执行情况报告，提出服务重大项目、聚焦重点领域等审议意见，助力区域经济“强筋骨”。视察自贸长沙片区雨花区块建设，支持推进制度创新，提高对外开放水平。听取长株潭绿心中央公园规划情况汇报，组织绿心中央公园建设暨“双联双为”[4]专题座谈，推动绿心中央公园高标准规划、高质量建设。听取雅塘片区、红星片区、高铁片区建设情况汇报，区人大常委会领导带头参与雅塘片区、高铁片区、绿心中央公园等片区和项目建设，支持推动重点片区发展。听取“提升经济贡献度”和“提升产业业态”情况汇报，支持相关部门依法履职、协同配合，在提升对全市全省的经济贡献度上当先锋作表率。作出将湖南体育职业学院家属区地块、雅塘片区城市更新正圆小区地块纳入棚改计划 2 个决议，支持提升城市品质，改善 1134 户群众的住房条件。

深化财政预算监督。全面贯彻党中央关于支出预算和政策拓展改革精神，实现对财政预算的全口径审查和全过程监管。听取和审议区级财政预算计划、执行、调整和决算情况报告，支持政府加大对重大项目和民生支出力度，做好“六稳”[5]工作，落实“六保”[6]任务，为雨花经济社会高质量发展提供财政支撑。听取政府性债务情况汇报，全区债务风险处于安全可控范围。听取 2021 年度国有资产管理情况综合报告、国有自然资源管理情况专项报告，推动进一步理顺国有资产管理机制，提升国有自然资源资产保护利用水平。听取 2021 年度区本级预算执行和其他财政收支审计查出问题整改工作情况汇报，组织对 9 个整改单位开展满意度测评，完全整改率达 94.44%，比去年提高 5.21%；督促整改落实问题资金 260.29 万元，挽回经济损失 163.88 万元，推动问题整改有效落实。完善区人大预算联网监督系统，提高预算监督的及时性有效性。

推进区域治理现代化。贯彻落实推进国家治理体系和治理能力现代化的部署，助推区域治理能力现代化。为助力提升基层执法水平，开展基层行政执法专题调研，深入黎托、左家塘、同升等 5 个街镇和 9 个执法责任单位全面了解工作情况；面向基层发放调查问卷 430 份，收集意见建议 45 条；学习长沙县、芙蓉区、浏阳市改革经验，借鉴浙江等地的创新做法。历时半年，形成《推进综合行政执法改革 提升基层治理效能》的调研报告，相关建议被区委采纳；向市人民代表大会提交《关于加快推进街镇“一支队伍管执法”的建议》，为破解执法权责不明、合力不强等问题建言献策。把法治化营商环境作为 2022 年“司法公正长沙·雨花行”的主题，分别听取区公安分局、法院、检察院、司法局关于法治化营商环境工作报告，推动雨花市营商环境持续向好。视察全区防汛防涝工作，督促完成水库除险加固、排查整治隐患，保障人民群众生命财产安全。组织人大干部和人大代表全面参与自建房安全排查整治，助力如期完成数千栋房屋的整治任务。听取民族宗教工作汇报，协同市人大常委会调研民族宗教工作，助推全区民族宗教工作走在省市前列。此外，听取“安全事故下降”“信访积案集访下降”等工作汇报，助力防范化解区域风险。

扎实开展法律监督。落实习近平总书记法治思想，监督法律的贯彻实施，发挥法治稳预期、促善治的作用。接受全国人大常委会《长江保护法》执法检查，圭塘河流域治理得到全国人大常委会领导的高度肯定。落实《中华人民共和国监察法》的规定，首次听取区监察委关于《整治群众身边腐败和作风问题工作情况的专项报告》，实现对“一府一委两院”监督的全覆盖。开展《固体废物污染环境防治法》执行情况和绿心矿洞修复的调研，推进历史遗留矿山生态修复治理工作。配合省市人大常委会完成对《中华人民共和国民事强制执行法》《湖南省居民自建房安全管理若干规定》等 4 部法律法规的立法征求意见工作，共收集意见建议 16 条，其中戴勇坚代表提出《湖南省农村经营性自建房管理办法》的立法建议被省人大常委会采纳；对《中华人民共和国非物质文化遗产法》《长沙市湘江流域水污染防治条例》等 3 部法律开展执法检查，推动法律法规在雨花市有效实施。审查规范性文件 8 件，保障区内非涉法规范性文件的合法有效实施。交办督办信访案件 12 件，维护来信来访群众的合法权益。

助力增进民生福祉。坚持以人民为中心的发展思想，围绕群众关注的重点难点热点问题开展监督，助力解决人民群众的操心事烦心事揪心事。面对 2022 年疫情多轮暴发的严峻形势，区人大常委会领导靠前指挥，机关干部全部下沉社区，各级人大代表捐款 183 万元，在抗击疫情一线中展现

人大担当、贡献代表力量。听取全区常态化疫情防控工作汇报，督促相关部门压实责任，全力守护人民群众的健康与安全。听取全区教育“双减”工作情况汇报，推动提高学校课堂教学质量，规范校外培训机构管理，助力打造全国一流教育强区。视察长沙实验雨花中学等3所学校的扩建项目，督促加快建设进度、提升学位供给能力。视察砂子塘街道白沙社区居家养老服务站等3所养老机构，推动实现“区有院+街镇有中心+社区有服务站”三级养老网络全覆盖。听取全区“已拆未安人数下降”情况汇报，组织市人大代表向市政府提出《解决“两安”用地指标落地问题的建议》，推动尽快解决已拆未安群众的安置问题。携手馨心公益组织，为对口帮扶的溆浦县部分学生捐赠69万元的爱心学习包。听取区公安分局、法院、检察院、司法局关于全区防范打击电信网络诈骗犯罪工作汇报，推动形成“重拳整治、齐抓共管”的强大合力。视察全区“提升环境品质”工作，督促部门和街道落实提升环境品质工作责任。调研全区医保基金安全监管、农村公路养护、农民建房审批等工作，助力解决群众反映的“急难愁盼”问题。

三、广泛凝聚代表力量，践行全过程人民民主交出新答卷

人大工作有作为核心在代表，人大工作有活力关键靠代表。常委会充分尊重代表的主体地位，完善保障机制，拓展履职平台，以高质量代表履职践行全过程人民民主，真正做到为民用权、为民履职、为民服务。

强化代表履职保障。组织区人大代表参加初任履职培训、专项履职培训，在浙江大学举办代表履职能力提升班。强化代表工作保障和经费保障，为全体区人大代表赠订《人民之友》杂志，下拨代表履职平台建设经费62万元。开展“双联双为”活动，组织市区镇人大代表，走访联系群众1323人次，收集建议意见296条，帮助解决问题179个。开展代表小组活动52次，推动代表履职常态化规范化。通过建立人大代表履职激励机制，搭建人大代表履职平台，涌现出一大批“政治坚定、服务人民、爱岗敬业”的优秀人大代表，营造了“学有榜样、赶有目标”的创先争优氛围。

搭建民主民意平台。出台《关于进一步规范全区人大代表履职平台建设的意见》，明确按照“五有”[7]标准，规范升级街镇人大代表活动室，建设社区（村）人大代表联络站，为代表搭建联系服务群众的平台。建立《雨花区人大代表联络站制度》，每月20日，组织“五级代表”[8]进站履职，“零距离”听民意、察民情、解民难，共接待群众2000多人次，收集意见建议300多条。跳马镇人大升级民生实事项目人大代表票决制，组织90名镇人大代表，投票决定跳马村和喜雨村安置房正负零以下基础及附属工程、白竹小区一期附属设施工程等3个民生项目，助力改善拆迁群众的居住条件。邀请代表参加执法检查、调研、视察、政情通报等工作485人次，拓宽代表知情知政渠道。全体区人大代表扎根选区，向选区选民述职，接受询问和满意度测评，践行了“人民选我当代表，我当代表为人民”的承诺。

聚焦服务发展大局。在省、市人民代表大会上，组织驻区省、市人大代表，围绕实施强省会战略、绿心中央公园建设、自贸区建设、营商环境、乡村振兴等主题审议发言，提出建议意见，为雨花发展争取政策、项目、资金支持。关于争取自贸区政策支持的建议，被确定为省人民代表大会长沙全团重点建议。市人大常委会评选2022年度重点建议督办件16件，其中由雨花代表团提出的有5件，占全市总数的31.2%。《关于强力发展“22+X”产业链，提升现代化长沙城市核心竞争力的建议》，被确定为市长领办件、市人大常委会主任重点督办件。市政府高度重视，制定全领域产业发展规划，引导22条产业链向X产业链延伸拓展，推动雨花乃至全市产业链发展。

督促办好建议议案。组织区人大代表集中视察，了解全区经济社会发展情况，收集群众意见建议，为代表撰写高质量建议打好基础。创新建立“区委主要领导批办、区政府领导领办、区人大常委会领导督办、区属部门单位主办”的代表建议“四办”机制，提升问题解决率和代表满意率。此外，建立优秀建议评选表彰制度，激发代表们撰写建议的积极性、主动性。区六届人大一次会议以来，共督办代表建议100件，办理态度、办理结果满意率均达到100%，实现建议内容高质量、办理高质量。大会立案件《关于加快燕子岭小学扩建的议案》，推动燕子岭小学如期交付，增加24个班、1200个学位，破解了辖区小学学位紧缺难题。《关于解决雨花区老旧小区停车难问题的建议》等16件代表建议被评为区六届人大一次会议优秀建议。

四、始终坚持守正创新，自身建设展现新气象

加强自身建设是坚持和完善人民代表大会制度的重要任务。常委会始终坚持以党建为引领，坚持守正创新，提升履职水平，打造政治坚定、服务人民、尊崇法治、发扬民主、勤勉尽责的模范机关。

坚持党建引领。落实区委关于开展驻区省直单位党建共建的要求，整合辖区党建资源，与省人大常委会办公厅开展“争当服务保障先锋、争做履职为民表率”等系列活动，得到省人大常委会的高度肯定。完成机关党总支、机关支部和退休支部的换届，机关党组织班子选优配强，政治功能和组织功能进一步提升。组织机关党员干部赴浏阳市红色教育基地，开展主题党日活动，激励党员干部传承革命精神、服务雨花发展。落实党风廉政建设主体责任，支持派驻人大机关纪检监察组履行监督职责，开展领导干部违规收受红包礼金、在企业兼职、违规参与仓储物流类经营性活动等专项整治及以案促改警示教育，营造风清气正的政治生态。

强化工作效能。在机关开设8期“法律讲堂”，由人大各委室主任系统地讲授监察法、长江保护法、防汛条例、审计法、宗教条例、非物质文化遗产法、地方组织法、家庭

教育促进法和信访工作条例等9部法律，提升机关干部的法律素养和履职能力。完善人大工作制度机制，以更加深入的调查研究打牢履职基础，以更有质效的审议议题把握履职关键，以更加严格的督办确保履职效果，形成了“严、实、细、快”的务实作风。注重人大理论研究，多篇文章在《人民之友》《长沙人大》等杂志上发表，其中刊发在《人民之友》上的理论文章《奋力谱写人大依法履职新答卷》，推介了区人大常委会的实践创新。区人大常委会网站刊发信息125篇，及时全面宣传了全区人大工作和雨花发展的可喜成就。

抓实基层工作。换届以来，各街镇人大积极探索创新，擦亮了人大工作的雨花品牌。东塘街道在省人大社区开展示范代表联络站建设，打造宣传站、民意窗、连心桥、监督岗、大课堂、新阵地和调研园等“七大功能”，开发“连线代表”微信小程序，打通联系服务群众“最后一公里”。跳马镇打造“红领绿心、乡村振兴”人大代表联络站，“五级三市”[9]代表联动，为辖区经济社会发展提供有力支持。砂子塘街道开展“代表进网格”活动，助力提升基层治理能力。侯家塘街道整合韶山路社区“五园一吧一站”资源，规范代表联络站建设。雨花亭街道探索“党建＋代表”工作模式，助推“我为群众办实事活动”。圭塘街道推行“代表在一线”工作法，助力街域高质量发展。同升街道组织辖区各级代表为优化营商环境建言献策，为建设“五好”园区[10]贡献力量。此外，高桥、左家塘、黎托、洞井、井湾子、东山等街道不断创新工作举措，基层人大工作亮点纷呈。

各位代表，区人大常委会取得的工作成绩，得益于区委的正确领导，得益于全体人大代表和人大工作者的辛勤努力，得益于“一府一委两院”的密切配合，得益于全区人民和社会各界的关心支持。在此，我谨代表区人大常委会，向大家表示衷心的感谢和崇高的敬意！

同时，我们清醒地认识到，面对新形势新任务新要求，常委会的工作还存在一些差距和不足：监督支持高质量发展的力度有待进一步加大；落实发展全过程人民民主的载体有待进一步丰富；代表扎根选区有效履职有待进一步提升；常委会的自身建设有待进一步加强等等。对此，我们将虚心听取各方面意见建议，认真加以改进。

名词解释

1. **“两个确立”**：党确立习近平总书记党中央的核心、全党的核心地位，确立习近平新时代中国特色社会主义思想的指导地位。

2. **“五个牢牢把握”**：牢牢把握过去5年工作和新时代10年伟大变革的重大意义；牢牢把握新时代中国特色社会主义思想的世界观和方法论；牢牢把握以中国式现代化推进中华民族伟大复兴的使命任务；牢牢把握以伟大自我革命引领伟大社会革命的重要要求；牢牢把握团结奋斗的时代要求。

3. **“两个维护”**：坚决维护习近平总书记党中央的核心、全党的核心地位，坚决维护党中央权威和集中统一领导。

4. **“双联双为”**：区人大常委会组成人员联系人大代表、人大代表联系人民群众，为民代言、为民服务。

5. **“六稳”**：稳就业、稳金融、稳外贸、稳外资、稳投资、稳预期。

6. **“六保”**：保居民就业、保基本民生、保市场主体、保粮食能源安全、保产业链供应链稳定、保基层运转。

7. **“五有”**：有场所、有人员、有制度、有计划、有保障。

8. **“五级代表”**：国、省、市、区、镇人大代表。

9. **“五级三市”**：“五级”是指国、省、市、区、镇，“三市”是指长沙、株洲、湘潭三个城市。

10. **“五好”园区**：规划定位好、创新平台好、产业项目好、体制机制好、发展形象好。

政府工作报告

——在雨花区第六届人民代表大会第三次会议上

雨花区人民政府区长　黄军其

（2023年2月8日）

各位代表：

现在，我代表区人民政府向大会报告工作，请予审议，并请各位政协委员和其他列席人员提出意见。

一、2022年工作回顾

2022年是本届政府的开局之年，也是雨花发展史上极具考验、极其艰辛、极不平凡的一年。一年来，面对艰巨繁重的改革发展稳定任务，面对需求收缩、供给冲击、预期转弱三重压力，面对疫情持续反复等超预期因素冲击，我们在省委省政府、市委市政府和区委的坚强领导下，在区人大、区政协的监督支持下，深入贯彻习近平新时代中国特色社会主义思想和党的二十大精神，坚决落实"疫情要防住、经济要稳住、发展要安全"重要要求，全面落实"三高四新"战略定位和使命任务，奋力实施强省会战略，践行"四个争当"使命，落实"三升三降"要求，迎难而上、砥砺前行，尽最大努力交出了殊为不易的答卷。

——高质量发展首次挺进全国十强，在壹城智库、赛迪顾问、中小城市研究院高质量发展全国百强区榜单中，分别跃升至第9位、第13位、第14位，稳居中西部省份城区第一。

——在大战大考中顶住压力，牢牢稳住经济大盘，完成地区生产总值2478.2亿元、增长4.5%，经济总量居全省首位、贡献率全市最高。

——抢抓本轮国土空间规划编制机遇，全面完成"三区三线"划定，拓展城镇建设空间16.86平方千米，岳麓山实验室林科院、黎托南、潭阳洲、金屏等片区形成一批规划成果。

——比亚迪成为全省首个单厂产出超过600亿元的汽车企业。雨花经开区技工贸总收入达到1052亿元，成为全市首个破千亿的省级园区。

——中国联通中南研究院、爱数全国总部、零食很忙全国数字化总部供应链中心落户，浏阳河·雨花数谷启动建设，数字经济再添发展新动能。

——获评国家进口贸易促进创新示范区，全国唯一中非技术贸易措施研究评议基地落户，自贸雨花区块荣获全国"2022高质量发展十佳园区"称号。

——探索共建雨溆工业园，"雨溆模式"成为全省乡村振兴对口帮扶示范样板，工作经验获全省推介。

——长株潭绿心中央公园总体设计正式获批，花博园、省花木产业示范园等项目落地，绿道（一期）完成主体建设，绿心地区高质量发展迎来新机遇。

——圭塘河流域综合治理得到中央领导检阅肯定，获评生态环境部、住建部、水利部示范案例，在人民日报、央视新闻联播宣传推介。

——高效处置涉雅疫情，守牢高铁南站、高速路口、商贸市场、物流冷库等重点部位，守护了全区群众生命安全和身体健康。实施"乙类乙管"后，推行"234"工作法，得到中央调研组肯定。

一年来，我们主要做了以下工作：

（一）坚持稳中求进，经济质效实现新提升。经济运行稳中有进。主要经济指标呈现企稳回升、稳步向好发展态势，完成地方一般公共预算收入79.16亿元，增长8%；规模工业增加值增长14.3%，排全市第一；固定资产投资增长9%，增速高于全市3.9个百分点；社会消费品零售总额768亿元、排全市第一，增长1.7%；城镇居民人均可支配收入达70239元，增长4.9%。发展动能稳步增强。144个重大项目年度投资完成率达128%。新注册"三类500强"企业投资项目7个，新引进投资10亿元以上产业项目5个。新增国家级专精特新"小巨人"企业2家、省级专精特新"小巨人"企业8家，高新技术企业突破600家。新增省级工程技术研究中心5家、省级企业技术中心9家、省级科技企业孵化器1个，中部（长沙）工程技术创新智谷启动建设。市场主体稳定增长。"三帮三促"纾困暖企行动贯穿全年，持续送政策、解难题、优服务，帮助企业（项目）解决各类难题850个，全年增值税留抵退税49.73亿元、居全省第一。顺利通过省级知识产权建设强区复核验收。全省首个经济数据智慧e平台投入使用。新增"四上"企业122家、规模以上工业企业10家，12家企业进入全省上市后备企业资源库。市场主体增长13.8%，总量超过24万户、稳居全省第一。

（二）加快转型发展，产业升级显现新动能。"一主一特"不断壮大。DM-i超级混合动力工厂、可孚智慧医疗高精医学仪器生产基地（一期）、申亿精密高端装备零部件智能制造工厂投产运营，先惠智能华中区域总部产业基地完成主体建设。新能源汽车及零部件、人工智能及传感器（含数控机床）产业链产值分别增长55%、15%。雨花经开区获评国家骨干冷链物流基地核心承载园区、全省“五好”园区、全省促进工业高质量发展园区。数字经济蓄势待发。新引进重大数字产业项目3个、总投资超过70亿元，上下游齐头并进、各领域融合发展的数字产业方阵正汇聚成型。互联网软件服务业规上企业规模持续扩大。建设5G基站1230个，重点场所5G网络通达率100%。商贸流通扩容提质。高桥大市场、红星农副产品大市场交易额分别达1660亿元、486亿元，均获评全国“诚信兴商典型案例”。零食很忙、盒马鲜生等新零售企业发展壮大。红星农副产品全球采购中心（二期）、万纬物流（二期）投产运营，电商物流园配套仓储面积、冷库容量连续三年保持两位数增长，“总部+产业+电商+物流”定位日益凸显。现代农业提档升级。参与筹办第二十三届中国中部（湖南）农业博览会，花木产学研合作示范基地在跳马挂牌成立，5个精品花木种植基地启动建设，花木种植面积13万亩，从事花木行业的企业508家，登记注册农民专业合作社201个，创建省、市示范家庭农场各1个，收入超过50万元的集体经济组织占比达94%。文化旅游融合发展。举办首届雨花区旅游发展大会，布局推进“一芯两带”文旅产业发展，中非国际文化交流中心特色产业园、左宗棠文化公园等项目加快建设，长株潭雨花非遗集市开市运营，雨花非遗民俗艺术特色街区入选全国非遗与旅游融合发展优选项目名录，红星街区、圭塘河街旅游休闲街区分别获评国家级夜间文化和旅游消费集聚区、省级旅游休闲街区。优势产业巩固提升。烟草业稳定增长、转型升级步伐加快，建筑业逐年壮大、产值占全市三分之一以上，有力发挥了稳经济“压舱石”作用。

（三）突出示范引领，开放合作带来新气象。制度创新先行先试。实施中央和省市重点改革事项26项、自主探索改革23项，推动71项全国已复制推广经验落地见效，中非跨境人民币中心创新自贸金融服务，对非本币结算贸易试点、外国人来湘签证管理服务创新试点稳步推进，自贸雨花区块形成制度创新成果全国首创3项、全省首创4项。开放步伐持续加快。开通厦门港、天津港、白云机场等9个市场采购贸易试点一体化通关口岸，中老铁路老挝香蕉班列开通运行，中非经贸博览会常设展馆常态化运营，中非经贸总部基地、中非经贸数字化产业园、中非经贸众创空间等平台加快建设。自贸雨花区块新增市场主体2409家、增长46%，其中企业1067家、增长54%。全区预计完成进出口总额264.5亿元，其中市场采购贸易出口金额首次突破百亿大关、增长26.8%，对非贸易总额31亿元、增长135%。区域合作拓展延伸。主动融入长株潭都市圈建设，雨韶智能制造产业园（一期）投入使用、入驻企业5家，雨华智能制造产业园（一期）启动建设。强化省会中心城区担当，携手溆浦县共建雨溆工业园，7家企业签约入驻，其中4家投产运营。

（四）深化建管融合，城乡发展呈现新面貌。发展空间持续释放。红星农副产品全球采购中心（三期）、航空路小学、新星小学、自然苑保障性住房等46个集体土地项目完成拆除清零，城投16号地、城投21号地等11个项目腾地交地。启动16个国有土地征拆项目，长鼓正圆（一期）、五矿二十三冶、王公塘（一期二期）等13个项目签约腾地。湖橡周边小区城市更新单元A地块基本完成腾房。片区开发抓紧推进。高铁新城片区黎托生态公园、长塘里思远小学等13个项目竣工，合丰路、枫树山明宸小学等交付使用。红星片区圭塘河植物园段综合治理稳步推进，天华生活安置小区加快建设，天华路、湘华路建成通车。雅塘片区金茂智慧科学城加快推进，车站南路竣工通车，雅塘文化公园、市儿童福利院投入使用。承载能力不断增强。全力服务和保障地铁7号线建设，地铁6号线开通运营。风光带路、全塘路、豹塘路竣工通车，林科路（北）基本完成建设。石碑大港流域综合治理抓紧推进，雀园路、万芙路截污干管以及时代阳光大道雨水箱涵完成建设。智慧电网“630”攻坚有序推进，洞井铺、新兴、蔡家变电站完成选址选线。精细管理深入实施。开展“百街千巷”环境综合整治提升行动，全面完成137条街巷提质改造。持续深化“洁净雨花”行动，推进高铁站区、高铁高速两厢、园区、省植物园等重点区域环境综合提质，高标准做好市容市貌、环境卫生、市政维护、绿化管养、箱柜整治，完成道路移交90条。161个社区实现生活垃圾分类全覆盖。创建市级美丽宜居村庄20个。生态环境有效改善。中央、省级环保督察五轮共计645件交办问题完成整改。持续打好蓝天、碧水、净土保卫战，空气质量优良天数达302天，圭塘河水质稳定保持Ⅲ类标准、浏阳河（雨花段）水质达到Ⅱ类标准，65个重点建设用地污染状况调查全部完成。推进省级生态文明示范区创建，完成“碳达峰”实施方案编制。

（五）推动普惠共享，民生福祉取得新成效。保障体系更加健全。扎实做好高校毕业生、农民工、退役军人等群体就业工作，新增城镇就业1.89万人，城镇调查失业率控制在5.5%以内。脱贫人口年度增收13.48%，获评全省对口帮扶先进单位。城乡养老保险、医疗保险保障水平稳步提高，为困难群体发放救助资金、补贴津贴9090万元，区、街（镇）、社区（村）三级退役军人服务保障体系不断完善。“保交楼、保民生、保稳定”全力推进，18个风险楼盘复工复产。东升家园、中城苑、自然苑等保障性住房加快建设，1010名被征地群众搬进新居。民生事业全面发展。28个省、市重点民生实事项目全面完成。新建中小学、公办幼儿园18所，新增学（园）位2.1万个，教育“双减”工作经验在全国推介。成立标准化家庭医生社区工作室54个，街道社区卫生服务中心（卫生院）实现全覆盖。新建养老机构2家、社区养老服务站12家。新（改）建停车场32座，新增停车位24360个。新（改）建公共厕所40座。新增设既有多层住宅电梯204台。社会大局和谐稳定。创新出台小区治理“八条措施”，搭建“热线+网格”平台，“三零”社区（村）建设纵深推进。扎实开展自建房“百日攻坚”专项行动，“三类”隐患全部整改清零。深入推进安全生产百日攻坚行动，生产安全事故起数、交通亡人事故起数、火灾起数分别下降37.5%、35.9%、3.9%。成功应对极端高温干旱天气，实现了大旱之年无大灾。省级食品安全示范区创建扎实推进。化解信访积案27件，区劳动纠纷“一站式”调处中心被评为全国金牌组织。成功打赢党的二十大安保维稳攻坚战，扫黑除恶斗争常态化推进，禁毒工作取得积极成效，电信诈骗、养老诈骗等涉众型犯罪得到有效遏制。在赛迪顾问“幸福百强区”榜单中，排名第16位、居全省首位。

（六）聚焦能力提升，自身建设再上新水平。在政府系统持续掀起学习宣传贯彻党的二十大精神热潮，忠诚拥护“两个确立”、坚决做到“两个维护”的立场更加坚定，落实中央、省市和区委决策部署更加有力。扎实开展重大事项合法性审查，深化行政复议体制改革，严格执行行政执法“三项制度”，政府系统行政负责人出庭应诉率100%。自觉接受人大法律监督和政协民主监督，办理人大代表议案建议98件、政协提案93件，办复率、满意率均为100%。全省中心城区首个政务综合体“雨花市民之家”正式启用，“一网通办”“一网通管”“一网治理”政务服务体系基本形成，自贸雨花区块、红星农批中心“全科式”15分钟政务服务圈成为便捷办事的前沿阵地。干部作风、服务效能明显改善，分别有5项、26项工作获得省、市政府真抓实干督查激励表彰，1项工作获评省政府综合大督查典型经验。审计、统计监督职能作用有效发挥。深入推进党风廉政建设，营造了廉洁奉公、干净干事的良好氛围。

同时，国防动员和后备力量建设持续加强，民族宗教、人防、机关事务管理、档案史志等工作取得新成效，工会、共青团、妇联、工商联、残联、科协、红十字会、老干、老龄等工作展现新作为。

各位代表！过去一年，全区上下全力以赴稳经济、抓发展、惠民生，众志成城战疫情、防风险、保平安，付出超乎寻常的努力，取得超出预期的成效。这是市委、市政府和区委坚强领导的结果，是区人大、区政协监督支持的结果，饱含了各位代表、各位委员的智慧和力量，是全区人民一道拼出来、干出来、奋斗出来的！在此，我谨代表区人民政府，向在各个岗位辛勤劳动、无私奉献的雨花人民，向给予区政府工作大力支持的各民主党派、工商联、无党派人士、人民团体、驻区单位，向各位人大代表、政协委员、老领导、老同志和社会各界人士，表示崇高的敬意和衷心的感谢！

在迈向新征程的道路上，我们也更加清醒地认识到，全区经济社会发展存在一些困难和问题，主要体现在：高质量发展基础还不稳固，支撑发展的大项目、好项目不够多；重大平台的聚合效应有待进一步发挥，产业导入、项目建设的承载空间有待加速释放；财政收支矛盾比较突出；教育、医疗、养老、住房等民生工作与群众新期待还有差距；安全生产领域存在薄弱环节，疫情冲击导致的各类衍生风险需要高度警惕；干部服务企业、服务项目、服务群众的本领有待进一步增强。对此，我们一定正视问题、直面挑战，采取有效措施加以解决，推动高质量发展再上新台阶。

二、2023年工作安排

2023年是全面贯彻落实党的二十大精神的开局之年，是实施“十四五”规划承上启下的关键一年，做好全年工作意义重大。当前，世界形势错综复杂，国内改革发展稳定任务艰巨繁重，需求收缩、供给冲击、预期转弱三重压力仍然较大，但经济长期向好的基本面没有改变，发展韧性和空间仍然充足。我们要深刻认识到：“抢先机”的要求越来越迫切，中央继续实施积极的财政政策和稳健的货币政策，省、市抓紧出台一揽子配套政策措施，各类政策协调配合、加力显效，今年经济运行有望总体回升。唯有抢抓时间窗口期、政策机遇期，想在前、谋在前、干在前，做好项目准备、政策对接、工作衔接，全力起跑、全速冲刺，方能在新一轮发展中抢得先机、赢得主动。“拼经济”的态势越来越激烈，随着疫情防控政策优化调整，各地铆足“大干一场”的劲头，千方百计推动经济全面恢复，呈现百舸争流、千帆竞发的比拼态势。唯有迅速紧张起来、行动起来，全面吹响大抓项目、大抓产业、大抓经济的冲锋号角，扩内需、促投资、强主体、引外资，紧追“前方标兵”、甩开“后方追兵”、超越“左右强兵”，方能在比较中奋进、在奋进中赶超、在赶超中突破。“促发展”的基础越来越夯实，在“三高四新”战略定位和使命任务的指引下，在强省会战略的带动下，全区重点片区开发、重点产业建设不断取得新进展，自贸试验区、绿心中央公园等平台集聚叠加，发展新动能不断汇聚、新优势不断塑造，雨花正处在厚积薄发的释放期、转型发展的关键期。我们要把握大势、乘势而上，奋力推动高质量发展迈出更大步伐，在全面贯彻落实党的二十大精神的开局之年取得首战之胜。

2023年政府工作的基本思路是：以习近平新时代中国特色社会主义思想为指导，全面贯彻党的二十大精神，深入落实习近平总书记对湖南重要讲话重要指示批示精神，认真落实中央和省市决策部署，坚持稳中求进工作总基调，全面落实“三高四新”战略定位和使命任务，奋力实施强省会战略，践行“四个争当”使命，落实“三升三降”要求，围绕“抢先机，拼经济，促发展”工作主题，全面提升发展能级、增创发展动能、厚植发展优势、共享发展成果，大踏步迈出推动高质量发展、加快现代化建设的坚实步伐，奋力建设全国一流现代化强区。

全区经济社会发展的预期目标是：地区生产总值增长5.5%以上，地方一般公共预算收入增长6%以上，固定资产投资增长6%以上，社会消费品零售总额增长5%以上，城镇居民人均可支配收入与经济增长基本同步。城镇调查失业率与省市目标保持一致。

重点做好以下几方面工作：

（一）着力增强发展内生动力。从改善社会心理预期、提振发展信心入手，更好发挥投资关键作用，持续强化消费基础作用，不断增强经济高质量发展的内生动力。攻坚项目建设。把十大重点片区作为项目建设的主战场、主阵地，围绕281个重点项目，倒排工期、挂图作战、集中攻坚，抓紧打造雨花经开区、高铁新城片区、红星片区、雅塘片区等重要增长极，大力培育自贸雨花高桥片区、绿心生态片区、岳麓山实验室林科院片区等新增长点。全面推进31个国有土地、69个集体土地项目征拆，重点做好城投16号地、湖橡更新项目、天华、红星大市场、长鼓正圆等地块出让。突出招大引强。紧盯重点片区、重点产业链、重点楼宇，综合运用省市联动招商、中介合作招商、一线驻点招商，全力招大商、招强商、招外商，抓紧打造湖南新加坡高端现代服务业合作示范区，力争全区新引进“三类500强”企业投资项目5个以上。大力推进湘商回归和返乡创业，吸引更多湘商在雨花投资兴业。促进消费回暖。精心组织开展系列促消费活动，提档升级汽车、电器、家居等实物消费，提质扩容餐饮住宿、文化体育、健康养老、家政等服务消费，培育定制消费、体验消费、智能消费、时尚消费、数字消费等新型消费增长点，大力发展夜间经济、首店经济、网红经济、银发经济，力争服务业增加值增长7.5%。激发市场活力。深入开展强产业“三帮三促”，办好企业（项目）服务日，全面构建亲清政商关系，让更多的企业敢干、敢闯、敢投。推动企业开办全程网办、“非禁即入”落地落实，“双随机、一公开”监管覆盖率达100%。扎实开展市场主体倍增工程，力争新增市场主体2.64万户以上，市场主体总量超26.6万户。精心组织实施第五次全国经济普查，全面摸清底数，不断挖掘市场主体发展潜力。

（二）着力提升园区发展质效。深化“五好”园区创建，抓紧打造高质量发展强劲引擎，力争园区规模工业总产值突破830亿元。培育壮大产业集群。支持比亚迪新能源汽车动力系统箱体扩产，加快可孚智慧医疗智能装备总部基地（二期）、普斯赛特第三代半导体科技智能化产业基地等项目建设，推动先惠智能华中区域总部产业基地等项目建成投产，梯度培育一批10亿元、20亿元、50亿元、100亿元能级企业，力争新引进投资50亿元项目1个、投资2亿~10亿元项目3个、投资1亿元以上项目5个，新能源汽车及零部件、人工智能及传感器（含数控机床）、智能生物医疗（医药）大健康产业链产值分别增长10%、8%、12%。实施创新驱动发展。聚焦科技前沿和产业发展需求，鼓励支持申亿五金、长步道、中南智能、唐智科技等企业攻克一批“卡脖子”技术。推进国家机械基础零部件创新平台、长株潭创新医疗器械中心建设，发挥湖南工业4.0创新中心、大族智能制造研究院、省机械基础零部件创新中心等科创平台辐射带动作用，力争新增专精特新“小巨人”企业2家、高新技术企业50家、规模以上工业企业10家、上市企业1家。提升园区承载能力。持续优化园区规划、路网、管网等基础配套，重点推进比亚迪生活配套综合片区开发。抓好兴马实业、金钟亿利达、华宇企业等工业企业“腾笼换鸟”、二次开发，把更多的资源留给科技含量高、投资强度高、规模化程度高的总部企业、头部企业和科技创新型企业，推动园区亩均税收增长6%以上。全力争取政策支持，推动园区调区扩区，争创国家级园区。

（三）着力完善现代产业体系。围绕十条重点产业链，积极发挥产业基金撬动作用，持续建链、补链、延链、强链，在打造现代产业体系上集聚新动能。大力培育数字经济应用产业。加快中国联通中南研究院、爱数全国总部、中非经贸数字智谷、零食很忙全国数字化总部供应链中心建设，带动一批大数据、区块链、元宇宙等项目落地，抓紧打造浏阳河·雨花数谷。集聚发展工程设计产业。出台工程技术产业发展规划，启动孵化器建设，抓好招商引企，依托中机国际、中国能建湖南院、中国电建中南院等龙头企业集聚更多研发设计资源，推动中部（长沙）工程技术创新智谷实质性建设。鼓励支持特色金融产业。支持金融机构深耕雨花，吸引更多供应链科技、财富科技、保险科技、支付科技等金融科技类企业落户，推动长沙国贸、湖南财盛、雨非产投供应链金融平台发展，积极开展外商股权投资基金（QFLP）试点，加快打造中部融资（金融）租赁创新示范区。巩固壮大商贸及物流（含新零售）产业。鼓励高桥大市场、红星农副产品大市场发展新模式、新业态，稳步扩大交易额。推进红星农副产品全球采购中心（三期）、盒马鲜生长沙运营中心暨申通长沙智慧物流产业园、恒裕新零售智慧产业园、湖南普鑫氢慧冷链物流园等项目建设，支持零食很忙、盒马鲜生、新佳宜等新零售企业加快布局，力争电商物流园仓储面积达100万平方米、冷库容量突破100万立方米。做优做强新型建筑及环保应用产业。鼓励中建五局、五矿二十三冶等龙头企业开展关键核心技术攻关，推广使用绿色建筑、装配式建筑、可再生能源建筑，持续拓展国际国内市场，带动本地中小企业集群发展。同时，把楼宇经济作为推动现代服务业发展的主要抓手，完善楼宇经济政策体系，制定楼宇经济发展规划，积极招引一批规模大、效益好、成长性强的企业，重点打造10栋主导产业鲜明、集聚效应突出的特色楼宇。

（四）着力打造开放合作高地。推进更深层次改革、更高水平开放，在省、市打造内陆地区改革开放高地中打头阵、当先锋、作示范。持续深化制度创新。积极开展规则、规制、管理、标准等领域改革探索，深化5大类13小项改革试点，探索新型易货贸易模式，抓紧打造对非本币结算贸易交易平台，加快建设中非技术贸易措施研究评议基地、中非跨境人民币中心，力争新增制度创新成果全国首创、全省首创各1个。拓展对外开放通道。积极融入RCEP，加强与广西钦州港、云南磨憨等口岸以及上海临港片区联动合作，深化与黄花综合保税区、金霞保税物流中心等协同联动，争取开通钦州—长沙双向铁海联运班列、磨憨—长沙冷链专列、湘港澳高铁快运，加快保税仓、出口监管仓布局建设，推动更多湘品跨境出海。推动外贸再创新高。高水平建设国家进口贸易促进创新示范区。精心筹备、参与第三届中非经贸博览会，持续推进中非经贸合作促进创新示范园建设，加快打造中非经贸数字化产业园、中非经贸众创空间、中非经贸总部基地，抓紧建设中非国际矿产品交易中心、湖南“市场采购+跨境电商”新模式运营中心，巩固拓展10条进出口产业链，争取更多优质非洲农产品准入、扩大中非海关 AEO 互认合作，做大做强雨花供应链金融支撑，自贸雨花区块新增企业 1000 家以上。力争全区进出口总额增长 12% 以上，其中自贸雨花区块对非贸易总额翻一番。融入区域协同发展。抓紧启动绿道（二期），加快推进红旗路南延线、107 国道改线（含昭云大道长沙段共线部分）项目前期工作，发挥“飞地园区”雨韶智能制造产业园、雨华智能制造产业园产业协同作用，加快形成“总部在雨花经开区、配套生产基地在株洲、湘潭”的发展布局。做深做实对口帮扶，深化“五方挂钩、五项转移”，力争雨溆工业园落户企业完成投资 10 亿元、主导产业实现主营业务收入 20 亿元、税收 1 亿元。

（五）着力建设幸福宜居城区。落实“四精五有”理念，发扬工匠精神，下足“绣花功夫”，努力让城市更美丽更宜居、群众更满意更幸福。完善城市功能配套。启动湘林路、高升路（和升路—洞和路）等建设，推动林科路（南）、荷叶冲路等建成通车。持续推进新型智能电网建设，加快新兴、蔡家、洞井铺等变电站建设，完成佳园新城等 10 个小区电力“专改公”项目。新建 5G 基站 1000 个。扮靓城市颜值气质。抓好湖橡小区周边、红星片区圭塘河植物园、天华等城市更新单元建设，加快赤岗、麻园湾等 77 个城镇老旧小区改造。实施“百街千巷”巩固提升工程，提质改造体院路、牛头桥路、杨子路等 30 余条支路街巷。新建 4 个街角花园，绿化提质 7 处地铁站出入口。强化城市管理常态化分级分类管控，持续深化“洁净雨花”行动，发动全民参与垃圾分类、周五大扫除，营造干净清爽的城市环境。攻坚环境污染防治。深入打好蓝天保卫战，抓好 11 个空气质量标准站建设，全面完成省、市下达的空气质量提升、重度污染消减等工作任务。深入打好碧水攻坚战，加快石碑大港流域综合治理，完成洞和路、高升路、时代阳光大道等截污干管建设，力争圭塘河入选全国美丽河湖案例。深入打好净土保卫战，推进农用地、重点建设用地土壤污染治理和安全利用，有效管控土壤污染风险。打造生态绿心样板。积极对接新一轮绿心总规修编，进一步优化空间布局、用地布局、产业布局，推动绿心中央公园实质性建设，加快推进花博园、金屏组团、浏阳河郊野公园（白竹公园）、左宗棠文化公园等项目，争创全国“两山”实践创新基地。持续推进矿山矿坑生态修复、林相改造，严厉整治违法违规用地行为，筑牢高质量发展的绿色屏障。

（六）着力加快乡村振兴步伐。把产业振兴作为乡村振兴的重要抓手，把增加农民收入作为“三农”工作的中心任务，探索绿心地区高质量发展新路径，奋力跑出乡村振兴“加速度”。加快发展现代农业。精心承办省四大家领导义务植树活动，抓好省花木产业示范园建设，启动红星花卉交易中心搬迁，加快 5 个精品花木种植基地建设，做优做强花卉苗木协会、花木产学研合作示范基地，引进 2 个以上现代农林产业基地，力争花卉苗木产业链产值达 50 亿元。深入落实“田长制”，完成年度耕地恢复任务，加快推进高标准农田建设，牢牢守住耕地保护红线。加快建设美丽乡村。深化农村人居环境整治提升行动，实行城乡一体的环境卫生管理制度。完成绿心中央公园旅游三环路提质改造 100 千米、农村公路硬化 50 千米，完成 3 个小型抗旱机台提质升级、30 口山塘治理，抓紧推进双溪港水系连通及水美乡村建设试点。争创 2 个以上示范型美丽宜居村庄。深入开展农村精神文明建设，争创国家级治理示范镇村。加快推动共同富裕。巩固拓展脱贫攻坚成果，严格落实“四个不摘”要求，强化“两业”帮扶，新增有效衔接产业项目 12 个，实现全区脱贫户和监测户人均纯收入增长 10% 以上。深入推进农村集体产权制度改革和农村土地制度改革，积极盘活村级闲置资产，鼓励采取“公司 + 合作社 + 基地 + 农户”模式，大力发展特色民宿、休闲农庄、中小型采摘园等庭院经济，新增农民专业合作社 15 个、家庭农场 20 个，努力让农民钱袋子鼓起来、农村集体富起来。

（七）着力推动民生事业发展。采取更多惠民生、暖民心措施，着力解决好人民群众急难愁盼问题，不断将更多的“民生愿景”变为“幸福实景”。办好重点民生实事。在完成省、市重点民生项目的基础上，集中精力办好以下十件民生实事：完成 360 户棚户区改造任务，新增停车位 1 万个，新增既有多层住宅电梯 120 台，新（改）建公共站厕 19 座，建设社区养老服务设施 5 家，新（改）建群众身边的健身场地设施 14 个，送戏下乡进社区 20 场，放心肉智能监管平台新增入驻主体 4934 户，完成困难残疾人家庭无障碍改造 40 户，完成年度农村电网乡村振兴工程。兜牢民生保障底线。持续抓好被征地农民、高校毕业生、退役军人和城镇困难人员等重点群体就业创业工作，新增城镇就业 1.46 万人以上。落实企业职工基本养老保险全国统筹、失业保险省级统筹工作，抓紧打造医保经办“15 分钟服务圈”。健全分层分类的社会救助体系，鼓励发展社会福利、社会工作、志愿服务等公益事业。持续做好双拥优抚安置工作。加快和景家园、东升家园、自然苑等保障性住房建设。扎实做好“保交楼、保民生、保稳定”工作，确保房地产市场平稳健康发展。提高公共服务水平。新（扩）建雅礼实验雨花中学、枫树山莲湖小学、泰禹小学等 9 所中小学，新增公办幼儿园 4 所，新增学（园）位 1.1 万个。加强疾病预防控制体系建设，提质升级黄兴医院，推进黎托街道社区卫生服务中心建设。推进同升街道、砂子塘街道养老服务中心建设，推广智慧型家庭养老床位试点和居家适老化改造。推进区“两馆一中心”择址迁建，提质打造 2 家乡村图书馆，完成 5 个标准化村（社区）综合文化服务中心建设，支持雨花非遗馆提质改造，持续办好长株潭雨花非遗集市。

（八）着力筑牢安全发展根基。始终保持“时时放心不下”的责任感、紧迫感，坚决守牢安全发展底线，努力实现高质量发展和高水平安全良性互动。切实筑牢安全生产防线。严格落实“四方责任”“三管三必须”要求，全面落实国务院安全生产十五条硬措施，紧盯道路交通、消防安全、仓储物流、建筑施工、城镇燃气等 12 个重点行业领域，全面加强安全隐患排查、监管执法、宣传引导，持续抓好自建房“四性”问题整治，坚决防范和遏制较大及以上事故发生。科学精准抓好疫情防控。落实新型冠状病毒感染防控方案（第十版），抓实抓细“乙类乙管”各项重点任务，突出保障群众用药需求，统筹安排医院、社区卫生服务中心、发热门诊等医疗资源，重点抓好老年人和患基础性疾病群体的防控和救治，着力保健康、防重症，确保疫情防控平稳转段和社会秩序稳定。持续深化基层社会治理。完善网格化管理、精细化服务、信息化支撑的基层治理平台，持续开展“三零”社区（村）创建，不断深化“物业管理十条”“小区治理八条”措施，提升12345热线工单办理水平。加强和改进人民信访工作，理顺社会矛盾纠纷多元预防调处化解综合机制。深入开展省级食品安全示范区创建，守护人民群众“舌尖上的安全”。完善社会治安综合防控体系，推进扫黑除恶常态化，严厉打击电信网络诈骗、非法集资、黄赌毒等违法犯罪行为，建设更高水平的平安雨花。

三、全面加强政府自身建设

各位代表！适应时代之变、顺应时代之需、回应时代之问，我们将持续加强政府自身建设，勇于改革创新，提升治理效能，让思想、能力、行动跟上时代前进步伐、跟上事业发展需要。

把政治建设摆在首位。坚定拥护“两个确立”，坚决做到“两个维护”，始终在政治立场、政治方向、政治原则、政治道路上同以习近平总书记为核心的党中央保持高度一致。坚持不懈用习近平新时代中国特色社会主义思想凝心铸魂，坚持好、运用好贯彻其中的立场观点方法，不断提高政治判断力、政治领悟力、政治执行力。不折不扣落实中央、省市和区委各项决策部署，确保党的领导贯彻落实到政府工作各领域各方面。

把法治理念贯穿始终。深入践行习近平总书记法治思想，深化法治政府建设，加快推进“八五”普法，自觉运用法治思维和法治方式防范风险、维护稳定、推动发展。健全完善“三重一大”决策机制，严格落实法定决策程序，加强政府合同法律审查，提高科学决策、民主决策、依法决策水平。依法接受人大法律监督，自觉接受政协民主监督，主动接受社会各界监督，加强审计监督和统计监督，确保政府工作始终在法治轨道上高效运行。

把创新实干落到实处。强化责任担当，勇于攻坚克难，对上级作出的部署、定下的工作，不讲价钱、不打折扣，坚决做到工作不推诿、事情不拖延、问题不积累。全面推行“一线工作法”，“链长”“指挥长”“楼宇长”带头示范，一级带动一级，深入产业项目建设主战场、企业帮扶最前沿，形成干在一线、比在一线、成在一线的浓厚氛围。健全完善激励机制和容错纠错机制，充分调动全区各方积极性创造性，千方百计争项目、争资金、争政策，全力以赴抓项目、兴产业、促发展，奋力把手中的“施工图”转化为发展的“实景图”。

把清正廉洁化为自觉。以更大的决心和勇气推进政府系统党风廉政建设，锲而不舍落实中央八项规定及其实施细则精神，扎实推进“清廉雨花”建设。严于律己、严负其责、严管所辖，紧盯行政审批、土地出让、工程招投标等重点领域和关键环节，完善内控机制，堵塞监管漏洞，全力防范廉政风险。强化预算刚性执行，严格控制“三公”经费和一般性支出，以政府“紧日子”换取市场主体“稳日子”、人民群众“好日子”。

各位代表！砥砺奋进开新局，凝心聚力再出发。火热的奋斗在召唤着我们！让我们更加紧密地团结在以习近平总书记为核心的党中央周围，在市委、市政府和区委的坚强领导下，聚焦“抢先机，拼经济，促发展”工作主题，勠力同心、踔厉奋发，大踏步迈出推动高质量发展、加快现代化建设的坚实步伐，为奋力建设全国一流现代化强区而团结奋斗！

名词解释

1. **“三高四新”**：打造国家重要先进制造业高地、具有核心竞争力的科技创新高地、内陆地区改革开放高地；在推动高质量发展上闯出新路子、在构建新发展格局中展现新作为、在推动中部地区崛起和长江经济带发展中彰显新担当，奋力谱写新时代坚持和发展中国特色社会主义的湖南新篇章。

2. **“四个争当”**：争当“三个高地”排头兵、争当长株潭一体化桥头堡、争当现代国际商贸服务先行区、争当宜居幸福示范区。

3. **“三升三降”**：经济贡献度、产业业态、城区环境“三提升”，安全事故、信访积案、社会风险“三下降”。

4. **“三区三线”**：农业空间、生态空间、城镇空间三种类型空间，以及分别对应划定的永久基本农田保护红线、生态保护红线、城镇开发边界三条控制线。

5. **“234”工作法：**搭建“双五”机制（重点人群“五级包保”机制、健康服务“五个一”机制），优化“三级”体系（社区〈村〉、街道〈镇〉、三级医院联动诊疗体系），抓好“四项”重点（重点人群、重点场所、重点地区、重点保障），做好重点人群动态服务和“关口前移”工作。

6. **三类500强：**世界财富500强、中国企业500强和民营企业500强。

7. **专精特新：**中小企业具备专业化、精细化、特色化、新颖化的特征。

8. **“三帮三促”：**帮扶重点项目，促项目提速；帮扶重点企业，促企业增效；帮扶重点楼宇，促业态升级。

9. **“一芯两带”：**长株潭绿心中央公园、浏阳河文旅产业带、圭塘河生态文旅经济带。

10. **碳达峰：**某个地区或行业年度二氧化碳排放量达到历史最高值，然后经历平台期进入持续下降的过程，是二氧化碳排放量由增转降的历史拐点，标志着碳排放与经济发展实现脱钩。

11. **“双减”工作：**减轻义务教育阶段学生过重作业负担，减轻校外培训负担。

12. **十大重点片区：**雨花经开区、高铁新城片区、雅塘片区、红星片区、自贸雨花高桥片区、电商物流中心片区、绿心生态片区、岳麓山实验室林科院片区、中部（长沙）工程技术创新智谷片区、井湾子片区。

13. **十条重点产业链：**新能源汽车及零部件产业链、人工智能及传感器（含数控机床）产业链、智能生物医疗（医药）大健康产业链、新型建筑及环保应用产业链、数字经济应用产业链、工程设计产业链、特色金融产业链、现代商贸及物流（含新零售）产业链、文化旅游产业链、花卉苗木产业链。

14. **融资（金融）租赁：**由出租人根据承租人的请求，按双方的事先合同约定，向承租人指定的出卖人，购买承租人指定的固定资产，在出租人拥有该固定资产所有权的前提下，以承租人支付所有租金为条件，将一个时期的该固定资产的占有、使用和收益权让渡给承租人。

15. **RCEP：**区域全面经济伙伴关系（Regional Comprehensive Economic Partnership），由东盟十国发起，邀请中国、日本、韩国、澳大利亚、新西兰共同参加（“10+5”），通过削减关税及非关税壁垒，建立15国统一市场的自由贸易协定。

16. **AEO：**以任何一种方式参与货物国际流通，并被海关当局认定符合世界海关组织或相应供应链安全标准的一方，包括生产商、进口商、出口商、报关行、承运商、理货人、中间商、口岸和机场、货站经营者、综合经营者、仓储业经营者和分销商。

17. **五方挂钩、五项转移：**推进政府、部门、园区、企业、金融机构挂钩，推动产业、项目、资金、技术、劳动力和人才转移。

18. **“四精五有”：**精准规划、精美建设、精致管理、精明增长，有颜值、有气质、有内涵、有格调、有品位。

组织机构及负责人

·中共雨花区委员会·

书　记　刘素月（女）
副书记　黄军其
　　　　郭四军（9月免）
　　　　余宏卿（11月任）
常　委　钟孝明
　　　　李　颖
　　　　胡　斌（9月免）
　　　　蔡泽敏
　　　　刘江红
　　　　吴平辉
　　　　周　坤
　　　　赵　娟（女，1月挂职）
　　　　向　勇（9月任）

·雨花区人大常委会·

主　任　冯聪龙
副主任　李劲松
　　　　周艳芳（女）
　　　　莫志刚
　　　　向　星（女）
　　　　王青春

·雨花区人民政府·

区　　长　黄军其
常务副区长　吴平辉
副 区 长　周　坤
　　　　　易　静（女）
　　　　　周　明
　　　　　邓　波
　　　　　周习文
　　　　　刘燕妮（女）
　　　　　周　宏
　　　　　赵　娟（女，1月挂职）
　　　　　谢国富（12月任）

·政协长沙市雨花区委员会·

主　席　王清政
副主席　陈怀宇
　　　　周凌云（女）
　　　　周建雄
　　　　吴海军
　　　　戴碧锋

·中共雨花区纪委、雨花区监察委员会·

区纪委

书　　记　钟孝明
常务副书记　张辉煌
副 书 记　尹　红
区纪委常委　谢新德（3月任）
　　　　　傅丹成（女）
　　　　　李　婷（女）
　　　　　黄　洪
　　　　　杨　柳（女）
　　　　　张艳君（女，12月免）

区监委

主　任　钟孝明
副主任　张辉煌
　　　　尹　红
委　员　傅丹成（女）
　　　　宁　毅
　　　　廖丽莉（女，12月任）
　　　　曾爱云

·长沙雨花经济开发区·

党工委书记　袁　钊
副书记、管委会主任　陈海波
党工委委员、管委会副主任　李剑刚
　　　　　　　　　　　　谭爱兵
　　　　　　　　　　　　黄　金（女，9月免）
　　　　　　　　　　　　罗　闽（11月任）
党工委委员、工会联合会主席　傅建辉
党工委委员、纪工委书记　姜泽红

党工委委员、纪检监察室主任　李逾之（5月免）
办公室主任　张　磊（6月免）
　　刘小龙（8月任）
办公室副主任　杜　江
　　何健泉
产业发展局局长　黄　芳（女）
产业发展局副局长　李登高（9月任）
经济合作局副局长　廖瑛英（女，5月任）
开发建设局局长　周子贤（8月任）
开发建设局副局长　李　甜
行政审批局局长　杨　勇（4月任）
规划建设局局长　蔡贤俊（9月免）
招商合作局局长　李伟才
招商合作局副局长　刘黎黎（女，4月免）
营商环境局副局长　丁恒秋
　　谢姣梅（女）
财政金融局局长　戴江南（女，3月任）
安委办副主任　丁志辉（9月任）
社会事务局局长　彭聪颖
企业党委专职副书记　戴江南（女，4月免）
纪工委副书记、监工委副主任　张　磊（6月任）
纪检监察室副主任　余锡辉

雨花经开开发建设公司

党委书记、董事长　刘双果（4月任）
副书记、副董事长、总经理　王　坤（9月免）
　　游　伟（9月任）
党委委员、监事会主席　谢　曙（5月免）
监事会主席　胡天蛟（7月任）
党委委员、纪委书记　刘显明
党委委员、董事、副总经理　郭兆捷（5月免）
　　杭　东
董事、副总经理　黄　宇
　　李朝雷（7月任）
副总经理　汪武静

雨花经开创新投资有限公司

党委书记、董事长　黄红军
党委副书记、副董事长、总经理　谢文勇
党委委员、监事会主席　胡　杨（5月免）
　　谢　曙（5月任）
党委委员、纪委书记　李登高（7月免）
董事、副总经理　杜明鲜
　　盘　瑶（女）
　　刘　创（7月任）
副总经理　吴　磊（月免）
　　骆　杨

·长沙火车南站地区综合管理办公室·

党工委书记　谢国富（12月免）
　　王润虎（12月任）
主　　任　谢国富（10月免）
　　王润虎（10月任）
党工副书记、副主任　罗龙忠
党工委委员、副主任　肖建璋
党工委委员、纪工委书记　游　伟（7月免）
党工委委员　王　坤（7月任）
综合管理部部长　黎　薇（女）
社会事务部部长　李朝晖
执法协调部部长　黄　磊（4月免）
　　朱剑锋（6月任）
综合管理部副部长　邓　佳（女，6月免）
　　杨　帆（6月任）
社会事务部副部长　袁　首（女）
执法协调部副部长　向　斌

·中国（湖南）自由贸易试验区长沙片区雨花管理委员会·

党工委书记、管委会主任　肖向东
党工委委员、管委会副主任　邓　友（女）
　　黄　磊（4月任）
党政综合局局长　万　强
制度创新局（优化营商环境办公室）局长　张　鑫（女）
招商合作局（现代服务业发展中心）局长　谷　旭
贸易服务局局长　彭　聪（女）
财政金融局局长　李琴琴（女，7月免）

·区委工作机构·

区委办公室［区直属机关工作委员会、区档案局、区委台湾工作办公室（区政府台湾事务办公室）］

主　　任　蔡泽敏（4月任）
常务副主任　刘革新（12月免）
　　黄　坚（12月任）
副主任　宋　电（兼，9月任）
　　尹美娜（女）
　　肖上峰
　　刘希颖
主任会议成员　杨　平（女）
　　周红雨（女，5月免）
　　胡永谦
　　昌名林
　　谢淑贞（女，5月任）

区直属机关工作委员会
书　　记　蔡泽敏
常务副书记　黄　坚（12月免）

区档案局
局　　长　刘革新（兼，12月免）
　　　　　黄　坚（兼，12月任）

区接待服务中心
主　　任　杨　平（女）
副 主 任　何　明（女，5月免）
　　　　　毛　明（女，5月任）
　　　　　马　倩（女）

区档案馆（区委党史研究室、区地方志编纂室）
馆　　长　周红雨（女，5月免）
　　　　　谢淑贞（女，5月任）
副 馆 长　尹亿民
　　　　　黄子彧（女）

区网格化综合服务中心（区群众工作服务中心）
主　　任　昌名林
副 主 任　谭水平（5月免）
　　　　　车　伟（女，3月免）
　　　　　任启友（3月任）
　　　　　郑瑞雅（女，5月任）

区直属机关党员教育服务中心
主　　任　毛　明（女，5月免）
　　　　　罗　央（女，5月任）

区委全面深化改革委员会办公室
主　　任　蔡泽敏
专职副主任　刘　旺（5月免）
　　　　　刘　群（女，5月任）

区委外事工作委员会办公室
主　　任　肖上峰（6月任）

区委财经委员会办公室
主　　任　刘希颖（6月任）

区委政策研究室（区委财办财经科）
专职副主任　车　伟（女，3月任）

区委督查室
主　　任　罗　宇（女）

区委机要局（区保密委员会办公室）
专职副局长（专职副主任）　刘　群（女，5月免）
　　　　　何　明（女，5月任）

区委组织部（区委非公有制经济组织和社会组织工作委员会、区委老干部局、区公务员局）
部　　长　李　颖
常务副部长　肖　瑞
副 部 长　沈　敏
　　　　　周　扬（女）
部务会成员　易光明
　　　　　黄春艳（女）

区委非公有制经济组织和社会组织工作委员会
书　　记　沈　敏
副 书 记　尹　平（女，12月免）
　　　　　赵　文（女，12月任）

区委基层党建工作领导小组办公室
主　　任　沈　敏
副 主 任　饶洁琳（女，3月任）

区绩效考核工作办公室
副 主 任　李　娜（女，3月免）
　　　　　邹　祎（女，5月任）

区人才队伍建设工作中心
主　　任　饶洁琳（女，3月免）
　　　　　易　平（女，5月任）

区委老干部局
副 局 长　李　奕（女）

区老干部活动中心
主　　任　宫文娥（女，5月免）
　　　　　王海燕（女，7月任）

区委宣传部（区新闻出版局〈区版权局〉、区文明办）
部　　长　刘江红
常务副部长　何红辉（女，12月免）
副 部 长　别必雄（3月免）
　　　　　李　敏（女）
　　　　　万时舟（3月任）

区文明办
专职副主任　马　芳（女，12月免）
　　　　　谢　鹏（12月任）

区未成年人思想道德建设中心
主　　任　胡莉姣（女，7月免）
　　　　　黄秋香（女，7月任）

区新闻中心（区融媒体中心）
主　　任　余　颖（女）

区委统战部
部　　长　郭四军（10月免）
　　　　　余宏卿（12月任）
常务副部长　谢淑贞（女，5月免）
　　　　　谢　锋（5月任）
副 部 长　赵正坤
　　　　　李逾之（5月任）

区委政法委员会
书　　记　余宏卿
常务副书记　董正军
副 书 记　陈大勇
　　　　　乔雪峰
政工室主任　余　奕（女）
　　　　　周永浩（9月任）

区委网络安全和信息化委员会办公室（区互联网信息办公室）
主　　任　黄利萍（女）
副 主 任　常　晖
　　　　　廖　莎（女，8月免）
　　　　　胡莉姣（女，8月任）

区委机构编制委员会办公室
主　　任　黄春艳（女）
副 主 任　程　献
　　　　　邹希敏（女）

区机构编制实名制信息中心
主　　任　唐天明（6月免）
　　　　　何　敏（女，8月任）

区委巡察工作领导小组办公室
主　　任　谢新德
副 主 任　张新其
　　　　　彭　芬（女）
巡察组组长　陈春华（女）
　　　　　程　缅
巡察组副组长　李琴琴（女，8月任）

区委党校（区行政学校）
校　　长　郭四军（10月免）
　　　　　余宏卿（12月任）
常务副校长　周　敏（女）
副 校 长　龚剑新
　　　　　王　超
教 育 长　彭飞龙

·区人大工作机构·

区人大常委会办公室
党组成员、主任　彭劲宇
副　主　任　余宗龙（12月免）
　　　　　蒋　平（女，12月任）
　　　　　张海燕（女，6月免）
　　　　　罗奇林（6月任）

区人大监察和司法委员会（区人大法制委员会）
主任委员　刘松山
副主任委员　陈　伟（女，4月免）
　　　　　张海燕（女，5月提名）

区人大民族华侨外事委员会
主任委员　赵　灿（女，12月免）

区人大财政经济委员会（区人大常委会预算工作委员会）
主任委员（主任）　陈　萍（女）

区人大教育科学文化卫生委员会
主任委员　石远康

区人大环境与资源保护委员会
主任委员　仇　莹（女，12月免）
　　　　　陈　智（12月提名）
副主任委员　蒋　平（女，12月免）
　　　　　余宗龙（12月提名）

区人大农业与农村委员会
主任委员　刘　归

区人大社会建设委员会
主任委员　黎大强

区人大常委会选举任免联络工作委员会
主　　任　刘素娟（女）
副 主 任　王赞谊（女）

·区政府工作机构·

区政府办公室
党组书记、主任　单东霞
副　主　任　李　茜（女）
黄行健
李最好
殷　昊
王　卓（3月免）
周子贤（7月免）
谭　琰（4月任）
黄金山（女，4月任）
王　璐（4月任）
黄　华（9月任）
党组成员、派驻纪检监察组组长　邹建娇（女）
党组成员、区政府督查室主任　杨　龙（4月任）
区政府研究室专职副主任　李玺成（6月任）

区发展和改革局
党组书记、局长　李国庆
党组成员　周秋国
党组成员、副局长　李文昭
王　琪（女，4月任）
张国庆（11月任）
副　局　长　肖　英（女，6月免）
郑　谨（女，9月任）

区教育局
党组书记、局长　张新卫
党组副书记、副局长　许惠芝（女）
党委委员、副局长　黄　华（9月免）
刘翔贵（4月任）
党委委员　李宏伟
何兵生（3月任）
区政府教育督导室总督学　徐宇明（4月任）

区科学技术局
党组书记、局长　黄练文
党组副书记、副局长　刘望峰（女）
党组成员、副局长　黄小元
副　局　长　李江涛
高　磊（1月任）

区工业和信息化局
党组书记、局长　彭谱城
党组副书记、副局长　吴海平
党组成员、副局长　李跃权
副　局　长　梅响利
赵春芳（女）
郑　谨（女，9月免）
余　奕（女，9月任）

区民族宗教事务局
党组书记、局长　章志刚
党组副书记、副局长　王海军
党组成员、副局长　李　雄
副　局　长　周　剑（女）
林　畅（女）

区民政局
党组书记、局长　易方顿
党组副书记、副局长　汤　勇
党组成员　余铁光（12月任）
副　局　长　余铁光
党组成员、副局长　欧阳伟军
区社会救助事务中心主任　邓颖晴（女，3月任）
区生活无着人员救助站站长　师　俊（3月任）

区司法局
党组书记、局长　言自平
党组副书记　朱江梅（女，12月免）
副　局　长　朱江梅（女）
党组副书记、副局长　李　博
党组成员　李　勇（3月免）
副　局　长　李　勇（4月免）
副　局　长　黄　滔
胡东晖
王　莎（女，3月任）
刘真蒸（女，12月任）

区财政局
党组书记、局长　舒　畅（女）
党组成员　张孟晗
文艺明
史　良（3月免）
刘勇志（3月任）
郭　勇
副　局　长　张孟晗（12月免）
张　柱（4月免）
刘勇志（4月任）
朱　慧（女，6月任）
总会计师　史　良（4月免）
张　柱（4月任）

区人力资源和社会保障局
党组书记、局长　易光明

副局长　李小冬
　　　　李喜伶（1月任）
党组成员、副局长　周　亮（女，8月免）
　　　　朱剑锋（6月免）
　　　　邓　佳（女，6月任）
党组成员　尹　平（女，12月任）
区就业服务中心（区创业服务中心）主任　刘　宏（4月免）
　　　　刘　娜（女，4月任）
区社会保险服务中心主任　王微艳（女，4月免）
　　　　彭　畅（女，4月任）

区住房和城乡建设局（区人民防空办公室）

党组书记、局长（主任）　陈建良
党组副书记　李　勇（6月任）
副局长　李　勇
党组成员、副局长　付光雄（5月免）
　　　　何　军
　　　　刘真烝（女，12月免）
党组成员　罗　能
　　　　宁资国（5月任）
　　　　赵文武
　　　　罗明军（12月免）
副局长　余　伍（女）
　　　　宁资国（6月任）
区城乡建设执法监察大队大队长　胡　波
区物业维修资金管理中心主任　王　冰（女）
区住房保障服务中心主任　刘　霞（女）

区交通运输局

党组书记、局长　杨万敏
党组副书记、副局长　许用方（女）
党组成员、副局长　谭　波（女）
　　　　陈　锐
副局长　杨国辉

区农业农村局（区林业水利局、区乡村振兴局）

党组书记、副局长　陈　智（12月免）
党组书记　刘革新（12月任）
局长　夏晓波
党组成员、副局长　刘　娟（女，3月免）
　　　　石　浩
　　　　伍　勇
　　　　刘　炯（女）
区委农村工作领导小组专职副主任　许文智（5月任）
党组成员、总工程师　谢志强
副局长　戴　阳

区商务局

党组书记、局长　李绍萍（女）
党组副书记、副局长　陈　敏（女，9月免）
党组成员、副局长　胡　凯
　　　　骆　毅
　　　　吴亚婧（女，8月任）
副局长　蒋华雄（1月任）

区文化旅游体育局（区文物局）

党组书记　董玲玲（女）
局长　赵　灿（女）
党组副书记、副局长　黄　超
党组成员、副局长　邓　波
　　　　唐天明（7月任）
区图书馆馆长　汤海清（10月免）
　　　　肖友良（女，10月任）
区文化馆主任　陈嘉琪（女，7月免）
　　　　马　宁（7月任）

区卫生健康局

党组书记、局长　章　波（女）
党组副书记　陈泽香（5月任）
副局长　陈泽香
党组成员、副局长　武振刚（12月免）
　　　　罗　宁（女，5月免）
　　　　张丽娜（女）
党组成员　何　芳（女，5月任）
　　　　朱向辉（10月任）
　　　　周建湘（5月任）
副局长　何　芳（女，6月任）
　　　　朱向辉（11月任）
　　　　陈　军（兼）
　　　　陈　谨（兼）

区计生协会

专职副会长　刘　娣（女，12月免）
秘书长　李丽萍（女）

黄兴医院

党支部书记、院长　兰川烨
纪检负责人　李　岚
党支部委员、副院长　何　韬
　　　　严爱辉
副院长　刘红武（4月任）

区疾病和预防控制中心

党支部书记、主任　周建湘
党支部副书记　吴　军（女）

副主任　范文广
黄　芬（女）
杨欣霖（女）

区卫生计生综合监督执法局

党支部书记　陈琳波（女）
局长　李　志

区妇幼保健计划生育服务中心（区妇幼保健所）

党支部书记、所长　肖　卫（女）
党组副书记　彭　利（女，10月任）
副所长　刘建伟（女）
陈　霞（女）

区审计局

党组书记　万　多
局长　杨胜艳（女）
党组成员、副局长　刘勇志（3月免）
史　良（3月任）
刘　晓（3月任）
党组成员　张倍源
总审计师　张倍源（6月任）
政府投资审计中心主任　张倍源（6月免）
陈飞剑（10月任）

区退役军人事务局

党组书记、局长　潘　武
党组成员、副局长　周果平（12月免）
付光雄（6月任）
彭　彬（女）
邱　明

区应急管理局〔区防汛抗旱指挥部办公室、开发区（园区）应急管理局〕

党委书记、局长　刘　伟
党委副书记、副局长　杨自强
党委委员、副局长　喻海奎
蔡远航（6月任）
党委委员　刘建新（5月免）
开　拓（3月免）
副局长　开　拓（4月免）
陈　泽
周永浩（9月免）
王　凯（8月任）

区市场监督管理局（区知识产权局）

党组副书记、局长　苏　波
党组书记　韩　哲（3月免）
苏　波（3月任）
党组副书记、副局长　王　强
党组成员、副局长　李海舟
胡逐波
宋　明
周舞云（女）
副局长　吴　冕
李志忠
吴伟民
魏学峰
党组成员　陈晓东

区市场监督管理综合行政执法大队

大队长　苏　波（12月任）
副大队长　潘凤华
罗　军
沈　静（女）

区统计局

党组书记、局长　刘　波（女）
党组成员、副局长　钱永刚（12月免）
韩彬彬（女）
副局长　朱　慧（女，6月免）
郭　璇（女，6月任）
区普查中心主任　程钰超

区城市管理和综合执法局

党组书记、局长　喻鹏飞（7月免）
党组书记　石　华（7月任）
局长　石　华（8月任）
党组成员、派驻纪检监察组组长　刘中华
党组成员、副局长　于新鑫
党组成员　王铁龙（3月任）
副局长　赵红专
王铁龙（4月任）
周祖辉
李　涅
刘　勇

区城管执法大队

党委书记、大队长　喻鹏飞（7月免）
石　华（7月任）
党委委员、常务副大队长　周新元
党委委员、副大队长　姜胜才
党委委员（兼）、副大队长　徐　浪
党委委员　冀治宇
张　靖（女，12月免）

区市容环境卫生维护中心

党委书记、主任　易恒良
党委委员、副主任　肖佐邦
　　曹智勇（3月任）
副主任　刘　庆

区市政设施维护中心

党委书记、主任　彭　晖
党委委员、副主任　孙三林（3月免）
　　宋兴武
副主任　周清香（女）
　　徐　英
　　谢佳曦（3月免）

区园林绿化维护中心

党委书记、主任　胡国强（4月免）
　　曹锟宇（4月任）
党委副书记、副主任　刘鹏飞
党委委员、副主任　杜令德
副主任　唐术江
　　杨　志
　　伍全国

桂花公园管理处

党支部书记主任　曹锟宇（3月免）
　　曹旭鑫（3月任）
党支部委员　徐小青（女，12月免）
　　盛建华（12月任）
副主任　徐小青（女）
党支部委员、副主任　张达唯
党支部委员、纪检员　彭　超

沙湾公园管理处

党支部书记　许　军（女，5月免）
　　罗　宁（女，5月任）
主任　许　军（女，6月免）
　　罗　宁（女，6月任）
党支部副书记、副主任　周　伟
副主任　涂安娜（女）
　　陈　瑾（女，6月免）
　　张彩霞（女，6月任）
纪检员　唐义民

区行政审批服务局

党组书记、局长　朱映凯（6月免）
党组书记　熊　灿（7月任）
局长　肖　英（女，6月任）
党组副书记、副局长　陈　琳（女）
党组成员、副局长　刘建新（6月任）
　　杨　莎（女）

区信访局

党组书记、局长　刘泳麟
党组成员、副局长　张贻俊
　　康　韬（5月任）
党组成员　张　奎
副局长　宁资国
　　陈　明
　　陈志刚
　　王志爱（4月任）

区医疗保障局

党组书记、局长　彭　灿（女，3月免）
　　胡国强（3月任）
党组成员、副局长　肖跃武
　　陈　翔（3月任）
副局长　张国科

区城市人居环境局

党组书记　杨　胜（7月免）
　　蔡贤俊（7月任）
局长　杨　胜（8月免）
　　蔡贤俊（8月任）
党组成员、副局长　张锡泉
　　黄姿子（女）
副局长　蒋勇壮
　　王　健

区机关事务中心

党组书记、主任　周智婷（女）
党组副书记、副主任　周佳祥
党组成员、副主任　钟小平（4月免）
　　何　芳（女，6月免）
　　王　扬（女，5月任）
　　丁浩天（12月任）
副主任　李玉琴（女）

区征地服务中心

党组书记、主任　张　浩（3月免）
　　吴志坚（3月任）
党组成员　彭　文
副主任　杜　刚
　　谢铁罗（6月免）
　　万时舟（3月免）
　　童　荡（4月任）
　　杨茂富（9月任）
　　黄子洋（挂职）（女）

区金融事务中心

党组书记、主任　莫　伟
副　　主　　任　曾宪锋（12月免）
　　　　　　　　罗　琳（女）
党　组　成　员　卿小洁（女，12月任）

区公共工程建设中心

党组书记、主任　周　彬
副　　主　　任　李清红（女）
党组成员、副主任　邓　卓
总　会　计　师　缪卉芬（女）
总　工　程　师　资　伟

区国有资产事务中心

党组书记、主任　黄　超
党组成员、副主任　李俊龙
　　　　　　　　王　琪（女，4月免）
副　　主　　任　肖　飞
　　　　　　　　李　博（9月任）

雨花国有资产经营集团有限公司

党委书记、董事长　刘　庄（女）
党委委员、总经理　陈　敏（女，7月任）
党委委员、监事会主席　黄建文
党委委员、董事、副总经理　王东山（12月免）
　　　　　　　　甘　硕
党委委员、纪委书记　肖　明
董事、副总经理　杨佳祺
副　总　经　理　陆文钦
　　　　　　　　吴　磊（8月任）

雨花城市建设投资集团有限公司

党委书记、董事长　廖昌规（12月任）
党委副书记、副董事长、总经理　刘双果（3月免）
副董事长、总经理　马　晖（女，6月任）
党委委员、董事、副总经理　方明星
　　　　　　　　黄　斌
党委委员、纪委书记　李德贵（女）
副　总　经　理　游晋源
董事、副总经理　胡天蛟（5月免）
　　　　　　　　杨小军（5月任）

区长株潭一体化发展事务中心

党组书记、主任　黄　桦
副　　主　　任　许欣媛（女，6月免）
　　　　　　　　邹洪亮（6月任）
　　　　　　　　吴　凡（女，9月免）
　　　　　　　　周　慧（10月任，跳马镇挂职）
党　组　成　员　邱　维（女，12月任）

区电子商务物流中心

党工委（组）书记　钟　波
党工副书记、主任　余　忠（6月免）
党工委（组）委员　张　康（5月任）
　　　　　　　　钟　磊（3月任）
　　　　　　　　李胤宁（5月任）
副　　主　　任　王铁龙（4月免）
　　　　　　　　张　康
　　　　　　　　钟　磊（4月任）
　　　　　　　　李胤宁（6月任）

区城市房屋征收和补偿办公室

党组书记、主任　邓文欢
副　　主　　任　刘　琨（女）
　　　　　　　　杨　洋

·区政协工作机构·

办公室

主　任　王广安（3月免）
　　　　李杏仁（女，3—12月任）
　　　　何红辉（女，12月任）
副主任　侯　莉（女）

委员学习联络委员会

主　任　李　芳（女）
副主任　聂庆媛（女）

提案委员会

主　任　汤艳辉（女）
副主任　李晓梅（女）

农业农村和人口资源环境委员会

主　任　李　文

文教卫体和文史委员会

主　任　李杏仁（女，3月免）
　　　　王广安（3月任）

经济科技和外事委员会

主　任　张希林

社会法制和民族宗教委员会

主　任　夏晓波（3月免）

韩　哲（3月任）

·长沙市雨花区人民法院·

党组书记、院长　戴智明
党组副书记　彭智勇（12月免）
副院长　彭智勇
党组成员　钟红梅（女，12月免）
聂志强（12月免）
黄　婧（女，12月任）
党组成员、副院长　李　勇
肖述华
副院长　隆孜平
党组成员、执行局局长　黄　森（12月免）
审判委员会专职委员　蒋忠良（12月免）
张朝晖（12月免）
黄　森（12月任）

·长沙市雨花区检察院·

党组书记、检察长　尹跃连
党组副书记　彭智勇（12月任）
党组成员、副检察长　周　新
曾永清（12月免）
副检察长　张明秀（女，12月免）
冯　苹（女，12月任）
党组成员　常欣彧（女，12月任）
专职委员　王世萍（女，12月免）
李小乔（女）

·群团组织·

区总工会

主席　周艳芳（女）
党组书记、常务副主席　李　悦（女，5月免）
朱映凯（5月任）
党组成员、副主席　谭洪波（12月免）
刘　伟（7月免）
党组成员　张　靖（12月任）
副主席　廖　莎（女，7月提名）
张　靖（12月提名）

共青团雨花区委员会

书记　喻浩浩
副书记　肖安妮（女）
冷宇婕（挂职）（女）
王思琦（兼）（女）
徐　卓（兼）

区妇女联合会

主席　喻思旭（女，7月免）
黄　蔚（女，7月任）
副主席　谢　斌（女，4月任）
龚　政（挂职）（女）
仓　萍（兼）（女）
李　理（兼）（女）
龙　燕（兼）（女）

工商业联合会（商会）

主席（会长）　莫志刚
党组书记、常务副主席（常务副会长）　谢　锋（5月免）
李逾之（5月任）
党组成员、副主席（副会长）　赵　琰（女）
曾　锦（女）
刘　娣（女，12月任）

区残疾人联合会

理事长　杨　忠
副理事长　肖曙光
蒙正国（7月免）
汤海清（8月任）

区归侨侨眷联合会

主席　邹　霞（女）

区科学技术协会

主席　刘　艺（女）
副主席　王　勇（3月免）
李　勇（3月任）
陈　军（兼）
刘翔贵（兼）
周　帅（兼）
杜俊鸿（兼）
贺　礼（兼）

区红十字会

常务副会长　陈　军

·垂直管理单位·

长沙市公安局雨花分局

党委书记、局长　周习文
党委副书记、政委　陈效林（1月免）
魏　灏（女，9月任）
党委副书记、副局长　师建伟
吴向明（1月任）

党委委员、副局长　祝新喜（6月免）
成劲林（7月免）
李振宇
饶　益（6月任）
杨跃华
彭　飞（7月任）
党委委员、副政委、纪委书记　解庆武

长沙市自然资源和规划局雨花区分局
党组书记、局长　刘　军（3月免）
周远宏（3月任）
党组成员、副局长　全学文（3月免）
杨凌云
汤　菁（女）
邓　勇
孔　昶（3月免）

长沙市生态环境局雨花分局
党组书记、局长　宁　璐
党组副书记、副局长　蒋朝东
党组成员、副局长　刘佩良
王　强
党组成员　邓光明
副局长　周吉成
邹志军

国家税务总局长沙市雨花区税务局
党委书记、局长　黎妙坤
党委副书记、副局长　李文虎（10月免）
党委委员、副局长　邓　明（8月免）
张　靖
饶玉华
李剑平（8月任）
易　珂
党委委员、纪检组组长　易　舸（5月免）
易利娜（女，5月任）

国家统计局雨花调查队
队长　左建军
副队长　吕　伟
纪检员　张海亚

区消防救援大队
党委书记、教导员　高　涛（8月免）
佘光辉（8月任）
副书记、大队长　徐　毅
副大队长　邹欣昂
王　健

区交警大队
大队长　陶理新
教导员　李　乐（10月免）
周智文（10月任）
副大队长　李　林
李　卫
李拓宇
袁德智

长沙农商银行雨花支行
党总支书记、行长　伍月红（女）
党总支副书记、宣传委员、纪检委员、行长助理　贺　旋
纪检委员、协理员　张中豪（2月免）
组织委员、副行长　夏文华（8月免）
组织委员、综合管理部经理　唐思凌（女，8月任）

·民主党派·

民革雨花区工委
主委　陈　泽

民盟雨花区工委
主委　周凌云（女）

民建雨花区工委
主委　肖　英（女）

民进雨花区工委
主委　夏晓波

农工党雨花区工委
主委　钟志良

致公党雨花区工委
主委　蒋福山

九三学社雨花工委
主委　马　晖（女）

·街道、镇·

雨花亭街道
工委书记　邓　星
工委副书记、办事处主任　周洪灵
工委副书记　周　智（2月任）
工委委员、人大工委主任　朱旻芙（女）
工委委员、政协联络处负责人　李　娜（女）

政法委员　李　娜（2月免）
工委委员、政法委员　陈石泉（2月任）
工委委员　彭　伟（7月免）
工委委员、组宣委员　周　智（2月免）
工委委员、组宣委员　开　拓（8月任）
工委委员、纪工委书记　柏贞柱（10月免）
张　萤（10月任）
办事处副主任　李　娜（女）
曹永忠（7月免）
蒋福山
陈石泉（2月免）
谢铁罗（5月任）

高桥街道

工委书记　罗　闽
工委副书记、办事处主任　谢冬波
工委副书记　钟之兴（3月任）
工委委员、人大工委主任　吴志坚（3月免）
曾　频（3月任）
工委委员、办事处副主任、政协联络处负责人　李铁新（7月任）
工委委员、纪工委书记　刘贤兵（3月免）
黄　河（5月任）
工委委员、组宣委员　黄　河（5月免）
宁　静（女，5月任）
工委委员、办事处副主任　何伟华（7月任）
彭益波（7月任）
办事处副主任　曹　雄（6月任）
黄　庆（女，9月任）

左家塘街道

工委书记　聂文涛
工委副书记、办事处主任　刘助斌
工委副书记、政协联络处负责人　常　曙（5月免）
余勇峰（5月任）
工委副书记　徐建文（3月免）
龚　错（3月任）
工委委员、人大工委主任　莫正文（3月免）
徐建文（3月任）
工委委员、纪工委书记　王　炯
工委委员、组宣委员　苏继纯（3月免）
工委委员、办事处副主任　谭水平（5月任）
肖　蔚（女，5月任）
办事处副主任　黄赤松
严　磊
王　宇（女，9月任）
谭水平（11月免）
人大工委副主任　王　宇（女，9月免）

侯家塘街道

工委书记　王润虎（10月免）
工委副书记、办事处主任　余静雯（女）
工委副书记、政协联络处负责人　陈　勇（7月免）
工委副书记　彭　帅
工委委员、人大工委主任　喻伯正（3月免）
别必雄（3月任）
工委委员、组宣委员　田　莺（女）
工委委员、纪工委书记　高稳固
工委委员、办事处副主任　孙　雷（4月免）
钟之兴（4月免）
王　磊（7月任）
陈嘉琪（女，5月任）
办事处副主任　周湘玉（女，6月任）
人大工委副主任　杨科锋（女，8月任）

砂子塘街道

工委书记　钟　波
办事处主任　李　勇（4月免）
彭　灿（女，4月任）
工委副书记　李　勇（3月免）
徐　安（女，3月免）
杨大有（兼，1月免）
彭　灿（女，3月任）
曾　涛（3月任）
李海斌（兼，2月任）
工委委员　龚　错（3月免）
徐　安（女，3月任）
官文娥（女，5月任）
许　浩（7月任）
人大工委主任　徐　安（女，4月任）
工委委员、办事处副主任、政协联络处负责人　鲁伏华
工委委员、纪工委书记　刘伟峰
工委委员、组宣委员　井　璟
办事处副主任　谭　琰（4月免）
龚　错（4月免）
陈　伟（6月免）
官文娥（6月任）
李杏红（女，6月任）
许　浩（6月任）
毕　盛（9月任）
人大工委副主任　李杏红（女，6月免）

东塘街道

工委书记　蒋多利（女，7月任）
工委副书记、办事处主任　蒋多利（女，7月免）
李章博（7月任）
工委副书记　孙　雷（7月任）

袁　贤（兼）
工委委员、人大工委主任　熊　灿（7月免）
周　亮（7月任）
政协联络处负责人、办事处副主任　王　况（6月任）
纪工委书记　匡喜乐（女，5月任）
组宣委员　匡喜乐（女，5月免）
工委委员　王　况
匡喜乐（女）
工委委员、办事处副主任　杨建立
赵　迪（5月任）
陈建军（5月任）
办事处副主任　邹　祎（女，6月免）
涂柏林（女，6月任）
人大工委副主任　涂柏林（女，6月免）

圭塘街道

工委书记　刘明生
工委副书记、办事处主任　黄杰刚
工委副书记、政法委员　张　良（3月免）
邓　漓（6月任）
工委委员、人大工委主任　黄　蔚（女，6月免）
张艳君（女，12月任）
工委委员、副主任、政协联络处负责人　罗飞跃
工委委员、组宣委员　彭　可
工委委员、纪工委书记　曾　涛（3月免）
李　盛（4月任）
工委委员、办事处副主任　郭兆捷（6月任）
谢佳曦（4月任）
办事处副主任　李　盛（4月免）
黄金山（女，3月免）
朱红梅（女，4月任）
人大工委副主任　朱红梅（女，3月免）
陈　瑾（女，4月任）

黎托街道

工委书记　段灿军
工委副书记、办事处主任　邹　鹏
工委副书记　孙俊宗（3月免）
刘　娟（女，3月任）
彭　勇（兼）
人大工委主任　孙俊宗（4月任）
工委委员　孙俊宗（3月任）
工委委员、政协联络处负责人、办事处副主任　张竣飞
工委委员、纪工委书记　钟吉星
工委委员、组宣委员　王庭松
工委委员、政法委员、办事处副主任　张光祥
工委委员、办事处副主任　陈志龙
办事处副主任　邹轶亮（6月免）
肖建国（6月免）
孙军涛（6月任）
吴　凡（女，9月任）

洞井街道

工委书记　宋　电（7月免）
喻鹏飞（7月任）
工委副书记、办事处主任　陈　昊
工委副书记、人大工委主任　文健雄（4月免）
工委副书记　李德祥
石永强（兼）
工委委员、办事处副主任、政协联络处负责人　万建军（7月免）
刘贤兵（7月任）
工委委员、办事处副主任　柏贞柱（9月任）
肖　骞（7月任）
工委委员、纪工委书记　杨　文（9月免）
肖建国（9月任）
工委委员　张　琳（兼）
工委委员、组宣委员　王　扬（女，5月免）
唐　静（女，5月任）
办事处副主任　孙军涛（6月免）
邹轶亮（6月任）
张　莹（9月免）
周凭姿（女，6月任）
张　科（挂职）
人大工委副主任　周凭姿（女，6月免）

井湾子街道

工委书记　龙峥嵘
办事处主任　张　浩（4月任）
工委副书记　张　浩（3月任）
曾　频（女，3月免）
陈　明（3月任）
罗　跃（兼）
王曙光（兼）
工委委员、人大工委主任　李应飞
工委委员、纪工委书记　刘舜乾
工委委员、组宣委员、政法委员　许文智（5月免）
工委委员、组宣委员　李超旭（5月任）
工委委员　曹永忠（5月任）
胡祥松（7月任）
办事处副主任　杨铁辉
胡祥松
贺丽琴（女）
曹永忠（6月任）
许欣媛（女，6月任）
人大工委副主任　李超旭（6月免）
工委委员　胡　刚（挂职）

东山街道

工委书记　周少敏
工委副书记、办事处主任　李　勇（3月任）
工委副书记　陈　朔（3月免）
　　曾伟波（3月任）
工委委员、人大工委主任　李章博（7月免）
工委委员、政法委员、政协联络处负责人　李　继
工委委员、纪工委书记　张　敬
工委委员、办事处副主任　黎　华
工委委员、组宣委员　熊婷婷（女，5月任）
办事处副主任　许　浩（5月免）
　　谭振波
　　周　宇
人大工委副主任　龚雅莉（女）

同升街道

工委书记　刘昌军
工委副书记、办事处主任　胡　开
工委副书记　周晓辉
　　陈　明（3月免）
工委副书记、人大工委主任　曹旭鑫（3月免）
人大工委主任　刘黎黎（女，4月任）
工委委员　刘黎黎（女，3月任）
政协联络处主任　陈　明（7月免）
　　雷灵军（7月任）
工委委员、纪工委书记　陈丹丹（女，5月任）
工委委员、组宣委员　刘小龙（7月免）
工委委员、办事处副主任　雷灵军
办事处副主任　陈丹丹（女）
　　范年慧
　　师　俊（挂职，3月免）
　　胡　杨（6月任）
　　胡一兮（6月任）
　　彭　特（9月任）
人大工委副主任　彭　特（8月免）
　　倪建强（8月任）

跳马镇

党委书记　尹江华
副书记、镇长　杨　胜（5月任）
镇　长　石　华（5月免）

副书记、政协联络处主任　贺　耀
副书记　石　华（7月免）
　　曾　理（兼，5月免）
　　李　晖（兼，7月任）
党委委员、人大主席团主席　方　婷（女）
党委委员、纪委书记　黄文钦
党委委员、副镇长　张新良
　　邓　滴（5月免）
　　周海林（5月任）
　　刘　旺（5月任）
党委委员　赵　迪（5月免）
　　喻　达（5月任）
副镇长　李昌胜
人大主席团副主席　易　文

重要文件目录

·表26·

2022年雨花区委重要文件目录一览表

文号	标题	发文日期
雨发〔2022〕1号	印发《关于推进清廉雨花建设的实施方案》的通知	1月20日
雨发〔2022〕2号	关于加强新一届区委班子建设的决定	2月25日
雨发〔2022〕3号	关于印发《长沙市雨花区促进经济高质量发展扶植奖励办法（试行）》的通知	3月16日
雨发〔2022〕4号	关于印发《雨花区贯彻落实强省会战略行动方案（2022—2026年）》的通知	4月22日
雨发〔2022〕5号	关于做好2022年“三农”工作全面推进乡村振兴重点工作的实施意见	4月22日
雨发〔2022〕6号	转发《区委宣传部、区司法局关于开展法治宣传教育的第八个五年规划（2021—2025年）》的通知	4月28日
雨发〔2022〕8号	印发《关于全面推行田长制严格耕地保护的实施方案》的通知	9月13日
雨发〔2022〕10号	印发《关于加强对“一把手”和领导班子监督的责任清单》的通知	9月22日
雨发〔2022〕11号	关于印发《区委领导班子成员分工》的通知	10月19日
雨发〔2022〕13号	关于认真学习宣传贯彻党的二十大精神的通知	11月11日

（张小彤）

·表27·

2022年雨花区政府重要文件目录一览表

文号	标题	发文日期
雨政发〔2022〕1号	关于“8·24”“8·28”“9·23”三起道路交通事故调查报告的批复	1月15日
雨政发〔2022〕2号	关于恒丰佳星园等3家重大火灾隐患单位延期整改火灾隐患的批复	2月2日
雨政发〔2022〕3号	关于长沙市雨花区历史遗留矿山认定的公告	2月12日
雨政发〔2022〕4号	关于长沙市雨花区农业农村局2022年度安全生产监督检查计划的批复	1月29日
雨政发〔2022〕5号	关于长沙市雨花区教育局2022年度学校安全生产监督检查工作计划的批复	1月29日
雨政发〔2022〕6号	关于长沙市雨花区卫生健康局2022年度安全生产监督检查计划的批复	1月29日
雨政发〔2022〕7号	关于长沙市雨花区发展和改革局2022年度能源安全工作监督检查计划的批复	1月29日
雨政发〔2022〕8号	关于长沙市雨花区文化旅游体育局2022年度安全生产检查计划的批复	1月29日

·续表 27·

文号	标题	发文日期
雨政发〔2022〕9 号	关于长沙雨花经济开发区管理委员会 2022 年安全生产监督检查计划的批复	1 月 29 日
雨政发〔2022〕10 号	关于长沙市雨花区交通运输局 2022 年安全监督检查计划的批复	1 月 29 日
雨政发〔2022〕11 号	关于长沙市雨花区市场监督管理局 2022 年度安全生产监督检查计划的批复	1 月 29 日
雨政发〔2022〕12 号	关于长沙市雨花区消防救援大队 2022 年度消防监督检查计划的批复	2 月 13 日
雨政发〔2022〕13 号	关于长沙市自然资源和规划局雨花分局 2022 年度安全生产监督检查计划的批复	2 月 13 日
雨政发〔2022〕14 号	关于长沙市雨花区住房和城乡建设局 2022 年度安全生产监督检查计划的批复	2 月 13 日
雨政发〔2022〕15 号	关于同意变更雨花区恒大项目预售资金代管专户名称的批复	2 月 15 日
雨政发〔2022〕16 号	关于长沙市雨花区应急管理局 2022 年度安全生产监督检查计划的批复	2 月 28 日
雨政发〔2022〕17 号	关于长沙市雨花区有责任主体废弃矿山认定的公告	3 月 2 日
雨政发〔2022〕18 号	关于黎托片节约集约试点项目 26 号地（含城市次干道）长托、边山社区筹建委员会征地补偿安置方案的批复	3 月 3 日
雨政发〔2022〕19 号	关于石马社区统征地三期（一）、（二）项目石马社区筹备委员会征地补偿安置方案的批复	3 月 21 日
雨政发〔2022〕20 号	关于实施通程物流小区改造工程的通告	3 月 28 日
雨政发〔2022〕21 号	关于新花侯路（涉铁段）项目合丰社区筹建委员会征地补偿安置方案的批复	4 月 4 日
雨政发〔2022〕22 号	关于合丰路（涉铁段）项目合丰社区筹建委员会征地补偿安置方案的批复	4 月 4 日
雨政发〔2022〕23 号	关于黎托片节约集约试点项目 20 号地（磁浮线项目）征地补偿安置方案的批复	4 月 4 日
雨政发〔2022〕24 号	关于长沙市雨花区福武仓储服务部（板塘仓储园）等 2 家重大火灾隐患延期整改的批复	3 月 31 日
雨政发〔2022〕25 号	关于对长沙长亿玩具有限公司等 2 家重大火灾隐患单位实行挂牌督办整改的通知	4 月 2 日
雨政发〔2022〕26 号	关于同意对湖南蓝天建材发展有限公司等 2 家重大火灾隐患进行摘牌的批复	4 月 20 日
雨政发〔2022〕27 号	关于实施雨花区 2022 年老旧小区及配套基础设施改造工程的通告	4 月 22 日
雨政发〔2022〕28 号	关于整合成立雨花经开发展集团有限公司工作方案的批复	4 月 30 日
雨政发〔2022〕29 号	关于“7·12”“8·23”“8·25”三起道路交通事故调查报告的批复	5 月 7 日
雨政发〔2022〕30 号	关于黎托片节约集约试点项目 27 号地（城投 21 号地）边山社区筹建委员会征地补偿安置方案的批复	5 月 30 日
雨政发〔2022〕31 号	关于长沙县 2008 年度金屏住宅小区统征储备用地（跳马消防站）项目金屏社区居民委员会征地补偿安置方案的批复	6 月 10 日
雨政发〔2022〕32 号	关于长沙市雨花区牛头村（一）农民安置住房（城投 16 号地）项目新兴、牛头社区筹建委员会征地补偿安置方案的批复	6 月 14 日

·续表 27·

文号	标题	发文日期
雨政发〔2022〕33 号	关于同意对长沙市雨花区安菱汽配商行重大火灾隐患进行摘牌的批复	6 月 14 日
雨政发〔2022〕34 号	关于对湖南大管家仓储有限公司（桃花仓库）重大火灾隐患单位实行挂牌督办整改的通知	6 月 15 日
雨政发〔2022〕35 号	关于印发雨花区促进中小企业发展专项资金使用管理办法的通知（规范性文件：YHDR—2022—00002）	7 月 5 日
雨政发〔2022〕36 号	关于印发雨花区全民健身实施计划（2021—2025 年）的通知（规范性文件：YHDR—2022—00001）	6 月 27 日
雨政发〔2022〕37 号	关于“5.10”兴恒仓库火灾事故调查报告的批复	7 月 8 日
雨政发〔2022〕38 号	关于长托社区筹建委员会生产生活安置项目（一）、（二）长托社区筹建委员会征地补偿安置方案的批复	7 月 20 日
雨政发〔2022〕39 号	关于长沙市 2019 年度第三、第四批次（红星大市场三期）项目白竹村民委员会征地补偿安置方案的批复	7 月 22 日
雨政发〔2022〕40 号	关于长沙市 2005 年一批次（第三十七中学）—雅塘冲路项目自然社区筹建委员会征地补偿安置方案的批复	7 月 24 日
雨政发〔2022〕41 号	关于红旗路扩征上下闸道项目川河社区筹建委员会征地补偿安置方案的批复	8 月 1 日
雨政发〔2022〕42 号	关于对长沙市德永置业有限公司等 3 家重大火灾隐患单位实行挂牌督办整改的通知	9 月 5 日
雨政发〔2022〕43 号	关于同意对湖南谋信物业服务有限公司（山水庭院）等 4 家重大火灾隐患进行摘牌的批复	9 月 5 日
雨政发〔2022〕44 号	关于长沙雨花经开发展集团有限公司职能定位和发展战略的批复	9 月 9 日
雨政发〔2022〕45 号	关于成立雨花经开区德永置业有限公司 3 号仓储物流“9·10”火灾事故调查组的通知	9 月 12 日
雨政发〔2022〕46 号	关于对湖南莲兴物业管理有限公司（莲湖大市场）等 2 家重大火灾隐患单位实行挂牌督办整改的通知	10 月 7 日
雨政发〔2022〕47 号	关于同意对鑫兴佳园等 5 家重大火灾隐患进行摘牌的批复	10 月 6 日
雨政发〔2022〕48 号	关于对湖南嘉源新管家物业管理有限公司（雅第大厦）等 3 家重大火灾隐患单位实行挂牌督办整改的通知	10 月 30 日
雨政发〔2022〕49 号	关于对长沙市万科物业服务有限公司（中城·丽景香山）等 3 家重大火灾隐患单位进行摘牌的批复	10 月 30 日
雨政发〔2022〕50 号	关于公布规范性文件清理结果的通告	10 月 31 日
雨政发〔2022〕51 号	关于对长沙华维物业管理有限公司（枫丹雅苑）重大火灾隐患进行摘牌的批复	11 月 16 日
雨政发〔2022〕52 号	关于长沙市牛头村三号储备用地（荷叶冲路）项目牛头社区筹建委员会征地补偿安置方案的批复	11 月 27 日
雨政发〔2022〕53 号	关于黎托片节约集约试点项目 32、33、34 号地（支路 16）项目侯照社区筹建委员会征地补偿安置方案的批复	11 月 27 日

·续表 27·

文号	标题	发文日期
雨政发〔2022〕54 号	关于黎托片节约集约试点项目 33 号地东山、侯照、边山社区筹建委员会征地补偿安置方案的批复	11 月 27 日
雨政发〔2022〕55 号	关于对中远公馆等 3 家重大火灾隐患单位实行挂牌督办整改的通知	12 月 1 日
雨政发〔2022〕56 号	关于对长沙市德永置业有限公司等 3 家重大火灾隐患进行摘牌的批复	12 月 1 日
雨政发〔2022〕57 号	关于圭塘河和双溪港河道管理范围复核成果的公告	12 月 12 日
雨政发〔2022〕58 号	关于雨花经开区德永置业有限公司 3 号仓储物流“9·10”火灾事故调查报告延期提交的批复	12 月 5 日

重要新闻报道

·表 28·　2022 年雨花区重要新闻报道一览表

标题	报道媒体	时间
长沙雨花经开区引百亿“金融活水”助企业降本增效	学习强国	1 月 7 日
企业（项目）服务日，有事您说话（奋进新征程 谱写新篇章·贯彻落实省第十二次党代会精神）雨花区创新举措推进项目建设，比亚迪全新 DM-i 新能源汽车项目跑出加速度	《长沙晚报》	1 月 9 日
科技赋能，比亚迪向新而行，比亚迪 DM-i 超级混合动力工厂项目生产和建设双向发力，加速推进长沙新能源汽车产业发展	《长沙晚报》	1 月 10 日
昔日“龙须沟”变身最美城市内河，圭塘河井塘段城市“双修”与海绵城市建设示范公园成为新晋“网红”打卡点	《长沙晚报》	1 月 10 日
从“1”到“N”华美蝶变——来自长沙比亚迪汽车的启示	《湖南日报》	1 月 11 日
项目引擎助力，勇当强省会先锋，雨花区以项目建设为主推手，兴产业、促开放、提品质、惠民生，加速迈向“全国十强”	《长沙晚报》	1 月 11 日
长沙雨花区：创新人大建议办理四步工作法	《人民日报》客户端	1 月 15 日
幸福长沙河湖荡漾	《经济日报》	1 月 15 日
踔厉奋发开新局——长沙市雨花区部署 2022 年经济工作	《湖南日报》	1 月 15 日
245 个重点项目提速城东南发展（强省会 兴产业）雨花区出台 12 项行动方案促经济建设 为强省会兴产业助力	《长沙晚报》	1 月 16 日
党建聚合力 奋进添动力，雨花区以高质量党建引领高质量发展，在强省会战略中彰显担当作为	《长沙晚报》	1 月 26 日
长沙雨花区：年宵醉人惹芬芳 虎年开满幸福花	中央电视台新闻频道《2022 千家万户中国年》	1 月 29 日
龙腾虎跃庆新春 幸福美满中国年（报道长沙雨花区金科园社区）	中央电视台综合频道《新闻联播》	2 月 1 日
乘势而上，开启新的征程——长沙雨花经开区以新气象展现新作为	《湖南日报》	2 月 7 日
湖南长沙南站工作人员为旅客提供帮助（新春走基层）	《人民日报》	2 月 10 日
听到“帮帮忙”的求救，79 岁好邻居冲进火场灭火救人（践行核心价值观的长沙故事）	《长沙晚报》	2 月 11 日
“突击队员”值关卡	《光明日报》	2 月 12 日

·续表28·

标题	报道媒体	时间
鼓斗志明方向，坚信念聚力量（采访雨花区委书记刘素月）	长沙电视台新闻频道《长沙新闻》	2月14日
“烟花三月”下园区，它靠什么“四季如春”	观潮的螃蟹	3月2日
推进全流域综合治理，湖南省长沙市雨花区——又见清水流圭塘（美丽中国）	《人民日报》	3月3日
加装电梯180台 改造老旧小区36个，雨花区今年将办好14项重点民生实事	《长沙晚报》	3月3日
昔日“臭水沟”今日“景观带” 长沙圭塘河打造“会呼吸的公园”	中新网湖南频道	3月3日
惊蛰时节，气温回暖。28.3千米的圭塘河已是春水汩汩，河之两岸，杨柳依依，百花初绽。二十年之治，圭塘河不仅成了城市风景，更是成了百姓财富——一河春水向长沙	《长沙晚报》	3月4日
锻造强引擎，“五好”园区这样炼成，雨花经开区创新实干加速高质量发展，以园区之强助力省会之强	《长沙晚报》	3月4日
责任在肩抓实干，协力同心勇向前（全国人大代表邹彬发言）	中央电视台综合频道《新闻联播》	3月8日
各地多彩活动庆祝“三八”国际妇女节（报道长沙女子动车检修队）	中央电视台综合频道《新闻联播》	3月8日
责任在肩抓实干，协力同心勇向前（全国人大代表邹彬发言）	中央电视台综合频道《新闻联播》	3月8日
深度观察 | 绿心又添新绿，南城美不胜收	长沙观察	3月20日
中非经贸深度合作先行区助力湘品出海，小农机产业链强势增长，一季度订单金额超百万美元	长沙电视台新闻频道《长沙新闻》	3月26日
隔离的雅礼学子拿到平板电脑 学习不掉队	红网抖音号	3月28日
中非经贸合作 湖南先行先试	《湖南日报》	4月3日
众商追捧开新路——雨花区中非经贸合作促进创新示范园的故事	《湖南日报》	4月6日
无人车助力疫情防控“最后一公里”	新华社客户端	4月8日
逐鹿百强区——解读长沙“创新百强区”发展密码 雨花区：科技成果转化出新招，技术贸易“就像逛淘宝一样方便”	长沙电视台新闻频道《长沙新闻》	4月9日
从实验室到“应用场”的雨花加速度，雨花区推动实用性研究转化落地，打通科技成果转化“最后一公里”	《长沙晚报》	4月12日
雨花奏响高质量发展春之章，雨花区筑牢疫情防控防线，大力推动项目建设，凝聚发展强劲动能，勇当“强省会”先锋	《长沙晚报》	4月15日
让勇担当、善作为成为雨花鲜明标识——长沙市雨花区贯彻落实强省会战略述评	《湖南日报》	4月19日

· 续表 28 ·

标题	报道媒体	时间
勇担当善作为 奋力贡献强省会雨花力量，雨花区聚焦实施“强省会”战略，践行“四个争当”使命，在全面建设现代化新长沙中奋勇争先	《长沙晚报》	4月21日
长沙雨花区：100元逛自贸——打卡非洲咖啡街	学习强国	4月21日
大熊猫五金“湘品”乘自贸东风“出海”湖南自贸区长沙片区雨花区块小五金产业链一季度出口额超3000万美金	长沙电视台新闻频道《长沙新闻》	4月23日
长沙雨花区：奋力实施“强省会”战略，力争2026年GDP达到3600亿元	湖南电视台卫星频道《湖南新闻联播》	4月24日
长株潭都市圈首个“飞地园区”运营，首批企业入驻投产——雨花“起飞”	《湖南日报》	4月27日
打破社区和地域界限，长沙雨花区探索“共享老年食堂”	《三湘都市报》	4月27日
发布落实“强省会”行动方案，加速推进重大项目建设，雨花区 全力打造经济强区开放高地	《湖南日报》	4月28日
抓好党建促民生（现场评论）	《人民日报》	5月5日
2万多件货品30多个小时搬进新“家”（自建房安全整治百日攻坚一线报道）雨花区东山街道拆除8800余平方米违建仓库，同时贴心服务商户解仓储难题	《长沙晚报》	6月2日
特稿 | 这个端午，湖南雨花非遗馆奉上文化盛筵	长沙观察	6月3日
国潮非遗·我是非遗“守”艺人 何氏父子：张灯作戏调翻新	中央电视台新闻频道《新闻直播间》	6月11日
门面拆除前，为租户找好临时过渡点（自建房安全整治百日攻坚一线报道）雨花区合丰社区拆除3栋存在安全隐患的违法自建房	《长沙晚报》	6月12日
“一寸都不能少”湖南铁腕守护长株潭城市群“绿心”	新华每日电讯	6月13日
纾困暖企全力以“复”——长沙市雨花区多措并举让企业有信心、有奔头	《湖南日报》	6月22日
幸福雨花，诗意栖居，雨花区着力打造宜居幸福示范区	《长沙晚报》	6月25日
筑牢产业发展底座 助力“强省会”战略铺排，雨花经开区抢抓战略机遇，交出亮眼答卷：今年前五月，园区规模工业总产值同比增长25.6%、规模工业增加值同比增长15.2%	《长沙晚报》	6月28日
产金融合 血脉相通，雨花经开区为企业提供专业的一站式综合金融服务，不断提升企业的获得感幸福感安全感	《长沙晚报》	6月28日
产融聚力实体经济，企业发展“乘风破浪”（采访长沙雨花经开区党工委副书记 管委会主任）	湖南电视台经济频道《经视新闻》	6月28日
乘着“强省会”的东风奋力奔跑——看乘势而上、持续进位的雨花探索	《湖南日报》	7月1日
释放“红色引擎”驱动力 跑出强省会雨花“加速度”雨花区创新城市基层党建，践行“四个争当”使命，落实“三升三降”要求，以雨花之强助省会之强	《长沙晚报》	7月1日

·续表 28·

标题	报道媒体	时间
“九子登科”！全国高质量发展榜单出炉，长沙拿到“大满贯”	观湖的螃蟹	7月1日
全力办好发展经济最大实事 为“稳经济强省会”贡献雨花力量（稳经济 强省会·区县（市）委书记同期声）（雨花区委书记 刘素月）	《长沙晚报》	7月8日
变“各自为战”为“整体联动”雨花区开展党建共建解难题	《湖南日报》	7月12日
大美长沙｜圭塘河 夜色美	学习强国	7月12日
湖南自贸区长沙雨花区块与溆浦县探索打造外贸“飞地模式”	湖南电视台卫星频道《湖南新闻联播》	7月22日
雨花深耕基层社会治理创新“试验田”	《法治日报》	7月24日
30多年改革进取，发源于村集体经济的红星实业集团，以党建引领村集体经济高质量发展，成长为农业产业化国家重点龙头企业，共同富裕的红星实践（实施强省会战略 推进高质量发展）	《长沙晚报》	7月25日
老旧工矿社区焕新有“密码”雨花区井巷社区以党建引领基层社会治理，让幸福在家门口升级	《长沙晚报》	7月27日
再干一个二十年——写在雨花经开区建园二十周年之际	《湖南日报》	7月28日
与最优者对标 奋力书写高质量发展的雨花答卷，雨花区奋力实施“强省会”战略，在拉高标杆中争先进位，在加压奋进中跨越赶超，在攻坚克难中开创新局	《长沙晚报》	7月29日
高桥十年：漂洋过海的咖啡豆 咖啡店铺店主：非洲咖啡豆的进货时间从一周缩短到一两个小时	《三湘都市报》	8月6日
打破垄断解决“卡脖子”难题，雨花经开区“小巨人”领跑“大赛道”	《湖南日报》	8月8日
面对商圈增多、客源分流以及网上消费冲击，作为长沙标志性商业中心之一的东塘商圈，不断调整优化业态布局——东塘商圈，复兴之路在脚下	《湖南日报》	8月8日
警银联动，紧急止付30万元｜百日行动	光明网	8月10日
新闻速览|30万保住了！七旬老人执意投资养老业务 民警和银行柜员联手劝阻	央视网	8月12日
雨花区“百街千巷”提颜值增气质，137条支路街巷今年全面升级（为民办实事 争创典范城）	《长沙晚报》	8月14日
绿色是园区发展最美底色·雨花经开区从2013年起先后婉拒50多个项目，31家企业退出绿心区域·扮靓青山绿水做活园区经济，今年1—6月雨花经开区完成规模工业总产值同比增长19%	《长沙晚报》	8月15日
缘结雨花 溆品入非，自贸区长沙片区雨花区块助力“湘品出海” 溆浦篮球等产品出口非洲首单成功	《长沙晚报》	8月15日
湖南：高水平建设中非经贸深度合作先行区，前七月对非进出口增长43.5%（报道长沙市雨花区副区长）	湖南电视台卫星频道《湖南新闻联播》	8月20日

· 续表 28 ·

标题	报道媒体	时间
拆违增厕改走廊 筒子楼返老还童，雨花区侯家塘街道麻园湾社区 69 号栋顺利完成改造	《长沙晚报》	8 月 24 日
长沙市红星街区——喧闹与宁静交织的和谐乐章	《湖南日报》	8 月 30 日
非凡十年争先进位 以雨花精彩为全局添彩，十年来，雨花区以党建为引领，聚焦产业提质、开放提速、创新提效、生态提升、民生提档，区域发展实现历史性跨越	《长沙晚报》	9 月 9 日
“三高四新”润湖湘	《经济日报》	9 月 11 日
积厚成势攀高峰——落实“三高四新”战略定位和使命任务的雨花答卷	《湖南日报》	9 月 16 日
雨溆共建 产业先行 雨溆工业园今年启动共建以来，雨花经开区创新区域合作模式，加速招商引资，5 家企业领厂房钥匙率先入驻	《长沙晚报》	9 月 27 日
迈向开放高地 雨花朋友圈满满国际范，雨花区抢抓自贸区建设机遇，以竞跑者的姿态和韧劲，逐梦开放高地，推动高质量发展	《长沙晚报》	9 月 28 日
湖南长沙：老龄社区为老服务有“妙招”	新华社客户端	10 月 5 日
蝶变圭塘河	湖南电视台卫星频道《岁月》	10 月 8 日
红领商港聚力 开放大潮澎湃 雨花区探索自贸试验区党建新路径，红色引擎驱动创新发展	《长沙晚报》	10 月 8 日
圭塘河畔绽放实力雨花（奋进新征程 建功新时代 · 非凡十年）党的十八大以来，雨花区实现综合实力精彩跨越、开放水平不断提升、城区品质持续蝶变	《长沙晚报》	10 月 9 日
电视专题片《领航》播出引发社会各界热烈反响（采访湖南长沙雨花区市民 李博）	中央电视台综合频道《新闻联播》	10 月 14 日
把中央出台的各项改革开放政策落实到位——湖南阔步迈向开放高地（报道湖南自贸区长沙片区雨花区块的高桥板块被定位为“国际高桥，中非商港”）	《人民日报》	10 月 15 日
拾阶而上写华章——感受长沙市雨花区非凡十年的澎湃力量	《湖南日报》	10 月 16 日
长沙雨花经开区：十年奋进 扬帆再起航	《湖南日报》	10 月 17 日
争当“三个高地”排头兵，雨花迈向全国一流强区，勇担当、善作为，雨花区奋力打造“三个高地”，汇聚高质量发展新动能	《长沙晚报》	10 月 17 日
幸福蝶变在井巷（二十大时光）	《长沙晚报》	10 月 17 日
在党的二十大代表中，几位新就业形态劳动者的名字备受关注——奋斗者的“高光时刻”（报道圆通快递员马石光）	《工人日报》	10 月 20 日
中机申亿检验检测及高端零部件智能制造生产基地项目将于年底投产，填补湖南紧固件的短板，补齐短板，小零件做成大产业（今日之项目 明日之产业 · 项目探营记）	《长沙晚报》	10 月 23 日

·续表 28·

标题	报道媒体	时间
加快构建新发展格局——全国各地各行业掀起学习贯彻党的二十大精神热潮（报道长沙雨花经开区党工委副书记、管委会主任陈海波）	《经济日报》	10 月 24 日
新征程 从头越 深学细悟笃行，昂扬奋进新征程（采访长沙市雨花区委书记 刘素月）	湖南电视台卫星频道《湖南新闻联播》	10 月 28 日
如果风景会说话：看新发展理念打造下的长沙圭塘河	观潮的螃蟹	10 月 30 日
湖南：大力发展中非经贸合作，推动对外贸易稳定增长（采访中国（湖南）自由贸易试验式长沙片区雨花管委会主任）	湖南电视台卫星频道《湖南新闻联播》	10 月 30 日
“快递行业大有作为，我们充满信心”——马石光回单位宣讲党的二十大精神	《湖南日报》	11 月 3 日
《长沙晚报》“学习贯彻党的二十大精神·百名记者走基层”活动第二站来到雨花区东塘街道浦沅社区，为中国式现代化打造美好生活“新场景”	《长沙晚报》	11 月 3 日
喜报！湖南长沙雨花区成功获批国家进口贸易促进创新示范区	长沙观察	11 月 4 日
吴桂英在雨花区井巷社区宣讲：让党的二十大精神家喻户晓深入人心	长沙观察	11 月 8 日
全国首个对非技术贸易服务平台落地长沙	《湖南日报》	11 月 9 日
招商引资捷报频传！零食很忙数字化总部供应链中心落户雨花	红网	11 月 9 日
19 千米绿道，尽览绿心之美，总投资 1 亿元，长株潭绿心中央公园绿道开建	《长沙晚报》	11 月 10 日
全国首个对非技术贸易措施研究评议基地落地长沙	新华社客户端	11 月 11 日
碧水蓝天绘新景——长沙市雨花区奋力建设人与自然和谐共生的美丽家园	《湖南日报》	11 月 11 日
让人民群众在共建共治共享中感受美好生活，雨花区迅速学习领会宣讲精神，持续提升党建引领基层治理效能	《长沙晚报》	11 月 11 日
湖南：瞄准“新三样” 打造“新引擎”	《新华每日电讯》	11 月 12 日
以雨花优服务促发展高质量（营商就是赢未来）雨花区对标国际国内一流，多措并举全面提升营商环境	《长沙晚报》	11 月 16 日
湖南：瞄准“新三样”打造“新引擎”（采访长沙雨花经开区党工委书记 袁钊）	湖南电视台卫星频道《湖南新闻联播》	11 月 19 日
雨花经开区坚持“服务产业、服务项目、服务企业”的理念，推出“硬举措”，优化营商环境，提升“软实力”立足服务岗 当好“服务员”	《长沙晚报》	11 月 21 日
长沙市雨花区：深化教育评价改革 推进教育高质量发展	《光明日报》	11 月 22 日
蝶变的圭塘河，流淌着诗和远方	《潇湘晨报》	11 月 25 日
“云”社区的智慧新生活（新时代新征程新伟业·学习贯彻党的二十大精神）雨花区桂园社区引进社会资本参与治理，开放式老旧社区变成云上智慧社区	《长沙晚报》	11 月 26 日

·续表 28·

标题	报道媒体	时间
老旧社区积极探索创新基层治理模式【新时代新征程新伟业】井巷社区焕然一新的“密码”	《工人日报》	12 月 1 日
持续优化防控措施 全力保障生产生活（报道长沙市雨花经济开发区云冷农产品交易中心）	中央电视台综合频道《晚间新闻》	12 月 4 日
湖南省长沙市政协发展基层协商民主，务实协商，引导居民共建共治（报道湖南省长沙市雨花区井湾子街道井巷社区）	《人民日报》	12 月 7 日
湖南招商引资团队将出访新加坡和非洲三国（采访自贸区长沙片区雨花党工委书记 管委会主任 肖向东）	湖南电视台卫星频道《湖南新闻联播》	12 月 8 日
长沙市雨花区：“连片”打包！老旧小区有了“共享管家”	红网	12 月 9 日
雨花区“数字”驱动高质量发展，前 3 季度，数字经济核心领域增速达 9.7%	《湖南日报》	12 月 11 日
新时代新征程新伟业 湖南：稳中有进 前十个月规模工业增加增长 7.4%（采访雨花经开区党工委书记 袁钊）	长沙电视台新闻频道《长沙新闻》	12 月 11 日
城有文明气自华——雨花区在长沙市创建全国文明典范城市工作中彰显担当作为	《湖南日报》	12 月 12 日
“80后”老旧小区有了共享管家(新时代新征程新伟业·学习贯彻党的二十大精神·百名记者走基层）雨花区东塘街道枫树山社区探索物业公司连片承包，服务老旧小区居民	《长沙晚报》	12 月 13 日
加快恢复市场活力 湖南：招商引资进行时，出海招商团行李箱里诚意满满（采访湖南自贸区长沙片区雨花管委会招商合作局局长 谷旭）	中央电视台财经频道《经济信息联播》	12 月 15 日
敢闯敢干：“抢单”告捷生产忙（采访中国（湖南）自贸试验区长沙片区雨花党工委书记 管委会主任 肖向东）	中央电视台财经频道《经济半小时》	12 月 16 日
加“数”前行（新时代新征程新伟业·学习贯彻党的二十大精神·百名记者走基层）雨花区以数字经济助力高质量发展，“浏阳河·雨花数谷”竞速新赛道、培育新动能	《长沙晚报》	12 月 18 日
长沙红星全球农批中心二期开门迎客，为湖南乃至中部地区“菜篮子”提供保障	《湖南日报》	12 月 18 日
视频丨布洛芬、抗原……全都共享，长沙市雨花区大力推广“共享药品”“发热诊室”	红网	12 月 20 日
免费发放 10 万份防疫健康包（报道长沙市雨花区东塘街道社区卫生服务中心）	中央电视台新闻频道《新闻直播间》	12 月 24 日
坚定不移走产业立区之路——来自长沙市雨花区高质量发展的启示	《湖南日报》	12 月 26 日
生态雨花 绚美绽放——长沙市雨花区打造“绿心之芯”纪实	《湖南日报》	12 月 27 日

索 引

说明：

1. 本索引分主题索引和表格索引。

2. 主题索引中文标目按索引词首字汉语拼音顺序排列（彩页、特载、大事记、附录中的重要文献及组织机构及负责人除外），首字母音序相同者，按第二音序排列，依次类推；数字和字母开头的标目排在最前面。

3. 类目、分目、次分目、人名作索引词的用加粗宋体字标明；索引词后的阿拉伯数字表示内容所在页码，拉丁字母 a、b、c 表示左、中、右栏。

4. 表格索引以表格题名为标目，仅标注所在页码，不标注分栏。索引按照表格在全书中的先后顺序排列。

主题索引

数字和字母

A

B

E

F

H

J

M

N

P

Q

T

表格索引